인간교정학

PENOLOGY
&
CORRECTIONS

KIM OK-HYEON
2020

온라인강의 bupgum.conects.com
gong.conects.com

박영사

저자 소개

김옥현은 고려대학교 법학과를 졸업하고 1996년 사법시험 형사정책 기본서 「신경향 형사정책」(법학사)을 저술하여 고려대학교 사법시험 형사정책강의를 시작한 후 「쉽게 풀어쓴 형사정책학」(고시연구사), 「객관식 형사정책」(배종대 교수 공동저술, 홍문사)을 연구 · 저술하였고, 태학관 법정연구회 · 춘추관법정연구회 · 한국법학원과 연세대학교 · 서강대학교 · 성균관대학교 · 경희대학교 · 중앙대학교 등에서 20년간 사법시험 형사정책강의를 하였다.

1999년부터 경찰대학교 부설 경찰수사보안연수소 연구위원 · 겸임교수를 맡아 로널드 L. 에이커스의 「Criminological Theories」를 중점연구하면서 이스턴 코네티컷대학 루고(William Lugo)교수, 노스캐롤라이나 주립대학 티틀(Charles Tittle) 교수 등과 학술 교류 연구하며 미국 범죄학(criminology)을 경찰간부교육과 범죄정책개발에 접목하며 범죄학 · 형사정책 · 교정학을 연구하여 왔다.

교정학 · 범죄학 연구 저술로는 「쉽게 풀어쓴 교정학」(고시연구사), 「맥 교정학」(서울고시각), 「쉽게 풀어쓴 김옥현 교정학」(훈민정음), 「경찰범죄학」(박영사) 등이 있다.

현재 사단법인 한중문자교류협회 이사장을 맡아 중국교육부와 공동으로 한중문자 · 문화 교류 교육사업을 펼치고 있고, 공단기 · 법검단기에서 교정직 교정학 강의와 프라임법학원에서 경찰간부 후보생 선발시험 범죄학 강의를 하고 있다.

머리말

본서는 종래의 이론을 평가하고 새롭게 학설을 제시하는 연구서 내지 학술서가 아니며, 기존의 지식을 종합하고 정리하여 대학 경찰행정학과 및 교정 관련 학과의 학생, 교정직 수험준비생들에게 교정학을 가르치는 실용적 교재로서 저술되었다.

책은 저술 목적에 따라 그리고 어떤 독자를 주된 대상으로 삼았느냐에 따라 서술 범위, 설명 수준 및 기술 방식 등이 크게 좌우될 수밖에 없다. 현재까지 우리나라에서는 교정학이 학문적으로나 실용적으로나 다양한 교재가 출간되어 있지 않고, 내용적인 범주 공유와 체계적 기준도 미흡한 실정이다. 물론 이전의 일본의 감옥학적 연구를 바탕으로 한 일본학자들의 저술들이 편집 소개되는 수준의 척박한 교정학 분야에 학문적으로 앞선 미국 교정학의 방대한 연구성과들을 우리나라 실정에 맞게 선정하고 체계화하여 저자의 관점과 주장을 담아 저술하신 이윤호 교수님의 훌륭한 저술(박영사 간, 교정학)이나 우리나라 형의 집행 및 수용자의 처우에 관한 법령을 해석, 분석하여 개선방향까지 제시한 신양균 교수님의 탁월한 실정법 연구서(화산미디어 간, 형집행법) 및 여러 저술들이 나와 있지만 아직까지는 다른 과목들에 비해 연구성과가 매우 빈약하고 객관적인 논증이 만족할 정도로 이루어지지 못하고 있음도 간과할 수 없는 현실이다.

이러한 현실은 교정학을 공부하여 수험준비에도 대비하려는 학생들에게 교재 선택에 혼선을 주고 있고, 출간된 지식으로 인생을 걸고 치열하게 준비 했음에도 객관성과 타당성이 의심되는 내용들이 출제되어 정답 시비가 끊이지 않고, 시험합격 당락 기준에 있어서도 불공정과 혼란을 야기하는 부작용으로 나타나고 있다.

최근 정답시비에 휩싸였던 다음 몇 가지 사례만 보더라도 그 심각성을 충분히 알 수 있다.

- 아일랜드제(Irish System)는 크로프톤(W. Croton)이 창안한 것으로 매월 소득점수로 미리 책임점수를 소각하는 방법을 말하며, 우리나라의 누진처우방식과 유사하다(2017년 9급 국가직 교정학개론 시험).
- 조선시대 유형(流刑)은 중(重)죄자를 지방으로 귀양보내 죽을 때까지 고향으로 돌아오지 못하게 하는 형벌로, 기간이 정해지지 않았다는 점에서 오늘날 무기금고형에 속한다(2013년 7급 국가직 교정학 시험).
- 휠러(S. Wheeler)는 재소자의 교도관에 대한 친화성 정도가 입소 초기와 말기에는 높고 중기에는 낮다고 하면서 교도소화의 정도가 U자형 곡선 모양을 보인다고 한다(2019년 9급 국가직 교정학개론 시험).
- 유엔범죄예방 및 형사사법총회－국제형법 및 형무회의를 계승한 것으로 1955년 스위스 제네바에서 제1회 회의를 개최하였다(2019년 교정직 사무관 승진시험).

본서는 이와 같은 현실을 반영하여 학생들이 본서를 교재 삼아 공부하면서 교정학의 객관적인 지식을 정확하고 체계적으로 이해하고, 7·5급 공무원 시험 등의 준비에도 크게 부족함이 없이 대부분의 시험준비 범위를 포섭할 수 있도록 하는데 중점을 두었다. 또한 우리나라에 출간되어 있는 교재의 내용들을 최대한 반영하면서도 우리나라에서 교정학의 지식과 정보로서 소개해야 할 필수(必修) 내용으로 한정하고, 모호함이 없도록 객관성과 타당성이 의심되는 사항은 외국의 원서(原書)까지 대조하여 명확성을 높일 수 있도록 최선을 다하였다.

더 나아가 이론과 현행법을 균형 있게 연계하여 교정에 관한 지식과 정보를 구체적으로 실무에 적용하고 보다 발달된 교정제도 개선에 미력하나마 도움이 될 수 있도록 정책적 함의를 담는 데에도 노력하였다. 이러한 점을 중시하면서 용어나 개념을 현재 우리말의 어의와 현행법에 적합하게 선정하고, 문장을 보다 논리적이면서 쉽게 기술하였다.

본서는 학생들에게 교정학을 가르치는 교재의 목적으로 저술되었으므로, 저자의 학술적 소신과 관점은 최대한 절제하고 현재까지의 주류적인 논증체계에 입각하여 국내·외의 교정학 문헌들을 종합하여 실용적 교정학으로서 기능을 할 수 있도록 체계를 구성하고, 기본적이고 중요한 논제들을 빠짐없이 다루려는 노력 또한 소홀히 하지 않았다.

부디 이 미흡한 책이 우리나라 교정발전에 조금이나마 기여하면서 교정학 공부와 수험준비에도 유용하게 활용되어진다면 더 없는 보람이 될 것 같다. 여러 측면에서 부족함과 전문성의 취약점이 있겠지만 많은 분들의 비판과 조언을 겸허히 받들면서 더 좋은 교재로 계속 다듬어나갈 것을 약속드린다.

이 책이 출간되는 과정에서 감사드려야 할 분들이 많지만, 먼저 교정학의 학문과 교정제도 발전에 큰 기여를 하여주시고 계신 이윤호, 신양균, 허주욱 교수님 등 훌륭한 선배 연구자분들께 감사와 존경을 올리며, 이 책의 출간이 이루어질 수 있도록 기획하고 후원해주신 조성호 이사님과 안상준 대표님 그리고 아름다운 편집에 애써주신 김보라 과장님께도 고마운 마음을 전하고 싶다.

또한 나의 사랑하는 딸로서 중국정부초청장학생으로서 푸단(복단)대학교 법학과를 좋은 성적으로 졸업하고 이 책의 기본자료를 정리하고 원서들과의 비교 검증에 많은 기여를 하며 실질적으로 공동저술 수준의 노력과 실력을 보였지만, 저작의 공로를 오롯이 아빠에게 양보한 김연비에게도 감사와 사랑을 전하며, 앞으로 훌륭한 외교관이 되어 우리나라의 국익수호에도 큰 기여를 해줄 것을 당부한다.

2020년 1월

김옥현

목차

제1편 교정학 총론(總論) · 1

제2편 각론(各論) - 수용자 · 267

제3편 각론(各論) - 미결수용자 및 사형확정자 · 467

제4편 각론(各論) - 수형자 · 497

부 록

1

교정학 총론(總論)

제1장

교정학 기초개념과 기본이론

제1절 교정의 의의와 교정학

I 교정의 의의(意義)

1. 교정의 교정학적 · 법률적 의미

교정(矯正)이란 영어 'Corrections'을 번역한 말이다. 이는 원래 "교정 · 보호시설에서 제재를 통하여 수용자(재소자)[1]의 잘못된 품성이나 행동을 바로잡음"이라는 의미를 지닌 학문용어였다. 현재는 범죄자나 비행자를 일정한 시설에서 감금하여 교정하는 것(시설 내 처우)에 한정하지 않고 지역사회에서 생활을 유지하도록 하면서 교화하는 것(사회 내 처우)으로까지 확대되고 있으므로"지역사회 내에서 잘못된 품성이나 행동을 바로잡음"이라는 의미로까지 확장되어 사용되고 있다.

그러므로 현재의 '교정'개념은 "교정 · 보호시설 또는 지역사회 내에서 비행자(非行者)나 범죄자의 잘못된 품성이나 반사회적 위험성을 치료 · 개선하여 바로잡음"이라는 뜻으로 사용되고 있다.

교정은 형 집행 분야에서는 '재사회화'라는 개념으로 활발히 언급되고 있다. 재사회화(再社會化)란 범죄인으로 하여금 앞으로는 법을 어기지 않는 준법시민으로 살아가도록 변화시키는 노력을 말한다. 재사회화는 보통 '사회복귀'라는 개념으로 표현한다.

---

1 수용자(收容者)란 범죄 또는 비행으로, 교정시설이나 보호시설 따위의 특정한 장소에 갇혀 지내는 사람을 뜻한다. 이와 같은 뜻으로 재소자(在所者) · 재감자(在監者) · 수감자(收監者) · 수인(囚人)이라는 말도 있으나, 교정학에서는 「형의 집행 및 수용자의 처우에 관한 법률(약칭: 수용자처우법 또는 형집행법)」상 법률용어인 '수용자'를 사용하는 것이 적합한 용어사용이다.

2. 행형(行刑)에서의 교정처우(矯正處遇)

교정학에서 '교정'이란 비행자 또는 범죄인의 재사회화(사회복귀)를 위한 교육적 · 복지적 차원의 처분을 말한다. 이러한 차원에서 교정은 유죄가 확정된 수형자의 처벌을 통해, 그들이 앞으로 법령을 위반하지 않고 사회에 적응하며 살아갈 수 있도록, 그들을 지역사회로 재통합시키기 위해 취해지는 행동이 중심이 되고 있다.

'교정'이라는 용어는 원래 의학 또는 생리학 · 심리학에서 유래하였는데, 행형(行刑)과 관련해서는 범죄인을 병자로 보는 의료(치료)모델에서 비롯되었다. 의료모델에 따른 교정은 범죄자의 결함적 특성을 과학적으로 진단하여 적절한 치료 개선을 하면 재범이 방지될 것이라고 가정한다.

형사학 분야에서의 '교정'은 실증주의 범죄학을 기반으로 하는 교화개선주의(교정주의, Correctionalism) 이념을 토대로 범죄인의 교화 · 개선을 통한 재사회화(Resocialization, 사회복귀)를 목표로 하는 근대 행형사조에서 비롯된 것이다.

교화개선은 범죄를 저지르게 하는 동기를 없앰으로써 범죄자가 준법성향으로 변하도록 하는 것이다. 교화개선의 전제는 행위자의 범죄원인이 되는 결함 · 가치관 · 태도 · 기술부족 또는 기본적 인성을 변화시키면 범죄성향이 완화될 수 있다는 것이다.

행형에 있어서의 교정을 위한 처우를 '교정행형'이라고 한다. '교정'과 '처우'(Treatment)는 교정주의 맥락에서 비슷한 의미를 지닌 용어로 혼용되고 있다.

교정행형(矯正行刑)이란, 범죄인을 단순히 책임에 입각하여 응보적으로 처벌한다는 차원을 뛰어넘어 범죄인이 사회에 다시 복귀하여 건전한 시민으로 생활할 수 있게 하는 것을 목표로 하는 형벌 집행을 말한다. 즉 범죄인의 개별적인 범죄 유발 특성을 고려하여 그 범죄인에게 알맞은 교정처우를 시행하는, '재사회화 또는 재통합을 위한 처우의 개별화 조치'를 교정행형이라고 한다.

3. 우리나라 행형분야에서의 교정

(1) 우리나라에서 교정이라는 용어가 행형분야에 최초로 도입된 것은 1950년 「행형법(行刑法)」 제정에 의해서이다.
이 「행형법」 제1조는 본법의 목적으로서 "수형자를 격리하여 교정 · 교화하며, 건전한 국민사상과 근로정신을 함양하고 기술교육을 실시하여 사회에 복귀시키는 데 있다"고 하였다. 이는 행형의 기본이념이 교육형주의에 입각한 교화 개선 기능을 수행하는 것임을 선언한 것이다. 따라서 행형은 단순히 구금에 의한 신병확보 작용(격리)에 그쳐서는 아니 되고, 형사법상의 범죄인을 교화·개선시켜 정상적인 사회구성원으로 살아갈 수 있도록 재사회화시키는 적극적인 조치가 되어야 한다.

(2) 1961년 「행형법」 개정에 의한 '교도소'·'교도관' 용어 사용

1961년 1차 행형법 개정에서는 그 때까지 「행형법」에서 사용하고 있었던 '형무소(刑務所)', '형무관'을 '교도소', '교도관'이라는 용어로 바꾸었다. 교도소(矯導所)란 '바로잡아[矯] 올바른 길로 인도하는[導] 곳[所]'이라는 뜻을 지니고 있다. 형무소가 '형을 집행하는 곳, 벌받는 곳'이라면, 교도소는 '변화된 삶을 준비하는 곳, 교정교화하는 곳'이다. 따라서 이는 단순히 명칭을 다르게 하였다는 데 그치는 것이 아니라, 종래의 응보주의적 처벌·구금 위주의 행형이 교육형주의에 입각한 교화와 개선으로 그 목표가 전환되었음을 의미한다.

Ⅱ 교정개념의 정의(네 가지 개념 분류)

교정개념은 크게는 협의(狹義)와 광의(廣義)로 나누며, 「형의 집행 및 수용자의 처우에 관한 법률」은 협의의 개념을 채택하고 있다. 교정개념을 세분하면 협의는 최(最)협의와 협의, 광의는 최광의와 광의로 나누어 네 가지로 구분된다.[2]

1. 최협의(가장 좁은 의미)의 교정개념

자유형(징역·금고·구류)의 집행을 뜻한다. 즉, 시설내처우(자유박탈적 교정) 중 구금성 보안처분(범죄예방처분)을 제외하고 자유형의 집행과정에서 이루어지는 처우만을 말한다. 「수용자처우법(형집행법)」상 '수형자'에 대한 처우이다.

2. 협의(좁은 의미)의 교정개념

수형자에 대한 교정에 형사피의자 또는 형사피고인에 대한 미결수용 및 사형확정자 수용을 포함시킨 개념이다. 즉, 수형자에 대한 교정처우와 사형확정자 및 미결수용자에 대한 처우를 합한 개념이다. 이 개념이 「수용자처우법(형집행법)」에서 채택하고 있는 교

2 이윤호, 교정학, 2012, 10~11면. 허주욱, 교정학, 2013, 4~6면.

정개념이다. 협의의 교정은 '법률에 형벌을 과하도록 정해진 행위'에 해당하는 '형법적 범죄'에 대한 사법절차와 자유형 집행을 전제로 한 개념이다.

3. 광의(넓은 의미)의 교정개념

수형자, 미결수용자의 처우에 구금성(자유박탈적) 보안처분(Protective Measures)을 포함시킨 개념이다. 구금성 보안처분으로는 「소년법」상 소년원 수용처분, 「치료감호 등에 관한 법률」상 치료감호 등이 있다. 광의의 교정이란 수용[3]을 통한 시설내처우 전체를 내포하는 개념이다.

4. 최광의(가장 넓은 의미)의 교정

이 개념은 시설내처우 뿐만 아니라 사회내처우까지 아우르는 개념이다. 우리나라에서 시행되는 사회내처우로는 보호관찰, 사회봉사명령, 수강명령(성폭력 치료프로그램 이수명령), 갱생보호, 가석방, 전자장치 부착명령, 약물치료명령 등이 있다.

5. 우리나라는 일본의 영향을 받아 보호관찰과 갱생보호 등 사회내처우를 '교정' 개념에 포함시키지 않고 '보호'라는 용어로 지칭하고 있다. 이는 법무부직제가 교정행정을 관할하는 「교정본부」와 보호행정을 관할하는 「범죄예방정책국」으로 나뉘어져 있는 것과 관련이 깊다. 범죄예방정책국에서는 보호관찰, 치료감호, 소년원 수용, 위치추적 등의 보호행정 업무를 관할한다.

'교정'과 구분하여 '보호'를 사용하는 경우, '보호'에는 '사회내처우'와 '보호처분 시행을 위한 시설내처우'가 포함된다.

---

3 보안처분이란, '보안과 개선의 처분'을 줄인 말이다. 이는 넓은 의미로는 '범죄를 예방·진압하기 위하여 국가가 행하는 형벌 이외의 일체의 강제조치'이고, 좁은 의미로는 '범죄인 또는 범죄적 위험이 있는 자에 대하여 일정한 범죄행위가 있었을 것을 전제로 하여 과하는 치료·격리 등 자유박탈적 또는 자유제한적 형사처분을 말한다. 보안(保安)이란 '사회의 안녕과 질서를 유지함'이라는 뜻인데, 이는 사회방위를 주목적으로 하는 처분임을 강조한 용어이다. 개선처분이란 재범위험성이 있는 범죄인을 교화하여 정상적인 시민으로 만들기 위한 조치를 말한다. 보안처분은 부과기준이 '책임'이 아니라 '재범위험성'이므로 '강제적 예방'처분으로 이해하자.

6. 오늘날의 일반적인 '교정'의 의미

보편적인 교정의 정의로는 최광의의 정의가 바람직하다. 그 이유는 오늘날 교정환경이 지역사회교정(사회내처우)의 확산, 여러 행위에 대한 비범죄화 추세, 새로운 범죄의 탄생, 피해자에 대한 새로운 인식, 회복적 사법의 대두, 교정의 민영화 확대 등 기존의 교정시설이나 제도가 다루기 어려운 새로운 환경이 조성되고 있어, 교정행위의 장소가 시설내 보안 및 처우 중심으로부터 사회내 감시 및 처우 중심으로 그 방향이 선회하고 있기 때문이다. 또한 시설과 지역사회와의 연계의 중요성이 강조되고 있고, 가벼운 범죄행위에 대해 형사책임을 묻지 않는 추세가 존재하는가 하면, 기존의 시설내 구금환경에서는 교화효과가 의문시되는 새로운 범죄유형들이 출현하고 있는 것도 최광의의 교정이 바람직한 이유이다.

Ⅲ 교정과 행형(行刑)의 관계

실무상으로는 '교정'과 '행형'이라는 용어가 동의어로 혼용되고 있다.

1. 행형(行刑)의 개념(두 가지 개념 분류)

(1) 넓은 의미의 행형

1) 넓은 의미의 '행형'은 '모든 종류의 형벌의 집행'을 의미한다.
2) 현행 형법상 형벌로는 「형법」 제41조가 9종의 형벌을 규정하고 있다. 형벌의 종류에는 생명형으로서 사형(死刑), 자유형으로서 징역 · 금고 · 구류, 자격형(명예형)으로서 자격상실 · 자격정지, 재산형으로는 벌금 · 과료 · 몰수가 있다. 신체형은 조선시대까지는 인정되었으나 현대국가에서는 거의 인정되지 않으므로, 우리나라에서도 인정하지 않고 있다.
3) 「형사소송법」 제5편 "재판의 집행"에서 규율하고 있는 것이 이 개념에 해당된다. 학문용어로는 '형집행(刑執行)'이라 부른다.

(2) 좁은 의미의 행형

좁은 의미의 행형은 자유박탈을 수반하는 형사제재조치의 집행만을 의미한다. 즉, 자유형과 자유박탈적 보안처분의 집행이 이 개념에 해당된다. 이 중에서도 특히 자유형 확정판결을 받은 수형자가 교정시설에 수용될 때부터 석방될 때까지의 집행과정인 '자유를 박탈하는 형벌을 집행하는 행정'이 이 개념의 중심내용이다. 학문용어로는 '행형(行刑)'이라고 부른다.

「형집행법(수용자처우법)」의 규율내용이 이에 해당한다. 우리나라에서는 좁은 의미의 행형에 대한 관리주체가 법무부 교정본부이므로, 법무부 범죄예방정책국이 관할하는 치료감호처분이나 소년원 수용처분은 본래의미의 행형범주에서 제외되고 있다.

2. 행형과 교정

(1) 근대 이후 교육형주의가 대두되면서 19세말 이후 형사학(범죄과학)분야에서 실증적인 연구결과가 계속 발표되자 이의 영향을 받아 행형분야에도 '교정'이라는 용어가 등장하게 되었고, 범죄인의 교화개선을 위한 과학적 교정처우가 강조되기에 이르러 오늘날에는 '행형'보다 '교정'이라는 용어가 더 많이 통용되고 있다. 그러나 행형과 교정은 사용영역이나 역사적 단계에 따라 개념적으로 구분될 수 있다.

(2) '행형'과 '교정'을 구분하는 입장에 따르면,

1) '행형'은 교정시설에서의 자유형의 집행과정을 의미하고, '교정'은 행형의 이념 내지 목표를 의미한다.
2) '행형'이라는 용어는 형사절차의 법률적·형식적 측면을 강조하는 개념이고, '교정'은 이념적·실천적 측면을 강조하는 개념이다.
3) '행형'개념에는 '수형자의 교화개선'이라는 특별예방(사회복귀) 목적 이외에 응보 목적이나 일반예방(억제) 목적까지 포괄하고, '교정'개념에는 일반예방·응보 목적은 배제하고 특별예방 목적 내지 교육적 목적이 우선시된다.
4) '행형'은 교정의 기초를 조성하는 법적 개념이고, '교정'은 '행형'의 목적 개념이다.
5) '행형'에는 비행소년에 대한 보호처분을 포함시킬 수 없으나, '교정'에는 포함시킬 수 있다.
6) 최광의의 '교정'개념 정의는 '행형'이라는 개념으로 설명하기에는 적합하지 아니하다. 사회내처우는 '행형'이라는 개념으로 포섭하기 어렵기 때문이다.
   현대에는 범죄인처우에 있어서 사회내처우도 중시되고 있고, 교정학의 연구범위에 사회내처우도 일반적으로 포함되고 있으므로 교정학에서는 '최광의의 교정개념'까지 포섭하는 '교정'이라는 용어가 더욱 적합하다.

Ⅳ 교정(행형)의 중요성

1. 범죄발생 후 수사 · 기소 · 재판 · 행형(교정) · 보호 등 일련의 과정 전반을 형사사법(刑事司法)절차라고 한다. 그 중에서 자유형을 통한 교정은 형사사법과정의 마무리 단계로서 범죄인을 교화개선하여 선량한 시민으로 사회에 다시 복귀할 수 있도록 하는 중요한 분야이다. 오늘날 범죄는 계속 양적으로 증가하고, 범죄유형은 다양화 · 지능화 · 전문화 · 조직화 · 포악화되는 경향을 보이고 있다. 범죄는 현재 크나큰 사회문제이다.

2. 병적인 사회적 사실인 범죄로부터 사회를 보호 · 방어하는데 있어서 형사입법 · 수사 · 재판만으로는 한계가 있으므로 형사사법작용의 마무리 단계로서 교정의 중요성이 나날이 증가하고 있다. 범죄인의 격리구금과 교정교화활동을 통해 사회의 안녕질서 유지와 재범방지를 담당하는 교정업무가 그 실효를 거두지 못한다면, 그 피해는 시민이 생활하는 사회로 전가될 수밖에 없다. 그러므로 교정에 대한 전사회적인 참여와 중요성 인식이 더욱 강화되어야 한다.

3. 교정직 공무원은 국가의 어떠한 영역 못지 않게 중요한 역할을 담당하는 '법무행정 공무원'이다. 따라서 그에 상응하는 이미지 개선을 위해 부정적 선입견이 배어있는 '교정직 공무원'이라는 직함보다는 긍정이미지를 지닌 '법무행정직 공무원'으로 개칭할 것을 제안하고자 한다.

Ⅴ 교정학(Penology · Corrections)

교정학은 비행자 내지 범죄인의 교화 개선을 위한 과학적인 기술과 이론을 제공하는 학문이다. 교정학의 범주에는 범죄인 등을 처우하는 교정시설 및 지역사회의 제반활동을 연구하는 학문도 포함된다. 즉, 인간교정을 위한 여러 활동을 연구하는 학문이다. 그러므로 오늘날에는 '치아 교정학'이나 '척추 교정학'과 구분하여 '인간 교정학'이라는 용어로 전문성과 명확성을 높일 필요가 있다.[4]

---

4 일반인들은 대부분 '교정학'이라는 말을 들으면 척추교정이나 치아교정, 아니면 문서의 교열 · 교정 같은 걸 생각한다. 2019.04.03. 오마이뉴스 김윤지 기자.

(1) 교정학은 사실학 내지 경험과학으로서의 성격과 규범학으로서의 성격을 지니고 있다.

1) 교정학은 구금형(자유형)의 내용 및 집행과정 등을 중심으로 교정 전반에 관한 학리(원리나 이론) 및 이념을 체계적으로 연구하는 경험(존재) 과학이다. 또한 범죄인의 재범방지를 이념으로 교정관계 법령과 제도를 연구하는 규범학으로서의 성격도 지니고 있다.

또한 넓은 의미의 형사정책학의 한 분야로서, 법학·심리학·사회학·사회복지학·정신의학 등 관련 학문의 종합적 응용이 요구되는 종합학문이다. 오늘날에는 범죄학·피해자학이 내포된 형사정책학과 밀접한 연관관계를 바탕으로 하면서도 독립과학성이 인정되고 있다.

범죄인의 교화개선 및 교정행정과 관련된 일련의 문제들을 이론적·과학적으로 연구하여 범죄의 예방 및 진압에 기여하는 학문이다.

2) 교정을 사회복지학의 관점에서 연구하는 학문을 '교정복지학'이라고 하고, 심리학의 관점에서 교정을 연구하는 학문을 '교정심리학'이라고 한다.

또한 교정학의 연구영역 중 주로 자유형의 집행을 주된 연구대상으로 하는 학문을 '행형학'이라고 한다. 행형학에서는 수형자분류, 구금제도, 교도작업, 교화프로그램, 처우제도, 급양(給養), 보건, 가석방 등을 연구의 대상으로 하며, 종전에는 '감옥학'이라는 용어가 사용되었다.

(2) 교정학의 연구대상

교정학의 궁극적인 목표는 범죄인의 처우를 통한 교화개선 내지 재사회화로, 이 세상의 범죄를 줄이는 데 있다. 따라서 범죄와 범죄인, 형벌과 보안처분 등 형사제재 및 보호처분 등 형사사법제도를 연구대상으로 한다. 여기서 범죄·범죄인이란 형법상 범죄·범죄인에 국한되지 않고 비행·비행청소년, 미결수용자 등을 포괄하는 넓은 의미의 범죄·범죄인을 의미한다.

(3) 교정학의 발전과정

근·현대에 와서 구금형(자유형)은 전 세계적으로 형사처벌의 대표적이고 상징적인 제도이다. 자유형을 집행하는 기관은 교도소이다. 교도소는 처벌과 교화라는 양면성을 지니면서 정치·경제·종교 및 과학기술의 발전과 함께 역사적 산물로 변천되어 왔다. 교정학은 구금형(자유형)과 교도소를 중심으로 연구되는 학문분야이다. 교정학은 교정제도의 목표 내지 이념으로 응보(응징)·억제(일반예방)·사회복귀(특별예방)·무능력화(무해화) 중 어떤 것을 중심이념으로 삼느냐에 따라 성격과 내용을 달리하면서 발전하여 왔다. 범죄의 원인을 자유의사론(자유의지론)적 입장에서 보느냐 결정론적 입장에서 보느냐와 밀접한 관련이 있다.

교정학은 감옥학으로 시작하여 행형학, 교정교육학, 교정보호론 등으로 세분화되며 발전해 왔다. 오늘날에는 이러한 역사와 내용을 포괄하여 '교정학'으로 통합·정립되었다.

학습 체크 포인트

01 '교정(Corrections)'이라는 말은 범죄인 또는 비행자를 교육 · 개선시켜 사회에 복귀시킴으로써 재범을 방지하려는 조치를 말하는데, 이에는 지역사회내에서 실시하는 처분도 포함된다.

02 '재사회화(Resocialization)'는 범죄원인을 사회적 차원보다는 개인적 원인으로 찾고자 할 때 유용하다.

03 교정학에서의 '교정'이란 그 대상을 범죄인으로 한정하지 아니하고 비행자까지 포함시키고, 그 수단 · 방법으로는 형사처분만 인정하는 것이 아니고 보호 · 복지처분까지 인정하고 있다.

04 재사회화(Resocialization)란 '사회변동과 새 환경에 적응하기 위해 새롭게 사회화하는 과정'을 의미하는 사회학 용어인데, 교정학에서는 교정교화 · 사회복귀 · 갱생(更生) · 재활(再活) 등과 같은 의미로 사용하고 있다.

05 교정학에서 사용하는 '재사회화'란 잘못된 원초적 사회화로 인한 일탈자 · 범죄자 역할을 버리고 준법자 역할을 할 수 있도록 짧은 기간 안에 교정교화시키는 조치를 뜻한다.

06 오늘날에는 교정학에서 '재사회화'보다 진일보한 '재통합(Reintegration)' 개념이 강조되는 추세이다. 재사회화는 교정시설 내에서의 처우를 통한 범죄인 자체의 교화개선에 중점을 두지만, 재통합은 교정시설 내 처우와 지역사회의 원조를 조화시키고, 범죄자 자체의 교화개선뿐 아니라 지역사회의 포용도 중시한다.

07 사회재통합적 교정은 수용관리와 처우의 조화, 범죄자의 개선과 피해자의 원상회복 균형, 수용자의 인권보장과 교정기관 통제권한의 균형적 강화, 시설내처우와 지역사회교정의 상호 보완, 교정기관과 지역사회의 협력, 낙인효과로 인한 재사회화 효과 경감 제거, 교정대상자와 가족 · 지역사회 유대 유지 등을 통해 범죄의 재발방지와 예방에 의한 사회보호와 범죄자의 효율적인 사회복귀를 궁극적인 목적으로 삼고 있다.

제2절 행형(行刑)의 이념과 교정처우

Ⅰ 행형의 이념 및 목적론의 발전과정

형벌의 목적론은 시대에 따라 응보[5]형주의, 일반예방주의에서 특별예방주의 내지 교화개선주의, 교육형주의로 변화·발전하였다. 이러한 흐름에서 1970년 이후 미국에서는 신응보주의와 무능력화주의로 회귀하는 경향을 보이기도 하였다. 따라서 형벌 내지 형사사법의 핵심적인 목표는 응보, 제지(억제), 교화개선, 무능력화로 제시할 수 있다.

1. 응보형주의(Retribution)

응보형주의란, 형벌은 형벌의 고통 그 자체를 넘어선 어떤 사회적 목적을 달성하기 위하여 범죄자에게 과하는 것이 아니라, 행하여진 범죄에 대하여 그 범죄의 책임에 상응한 해악(고통)을 통해 보복하는 것으로 인식하는 자기목적적 형벌관이다. 이는 형벌이 그 해악적 성격에도 불구하고 어떤 효과가 있건 없건 단적으로 옳은 것이기 때문에 당연히 집행되어야 한다는 논리이므로 '절대형주의'라고도 한다.

응보형주의의 이론적 근거는 자유의지론(비결정론·자유의사론)이다.

응보주의는 현대를 기준으로 보면 맹목적 형벌관으로 평가되지만, 칸트, 헤겔, 비르크마이어 등이 이 형벌관을 정립시킬 당시에는 중세 절대주의 전횡(專橫; 권세를 혼자 쥐고 제 마음대로 함)에 대하여 범죄와 형벌의 형평성을 추구하는 의미를 지닌 이론이었다.

응보주의는, 범죄를 통해 사회악을 행한 범죄인은 반드시 그가 범죄로 사회에 해를 끼친 만큼, 형벌을 통해 해악을 가해 보복하는 것이 정의(正義)라고 생각하였다. 따라서 이에 따른 행형은 준엄·가혹·처참한 것일 수밖에 없다.

응보주의는 형사정책적 목적인 범죄예방 및 사회방위를 달성할 수 없는 맹목적 형벌관이므로 형사정책적으로 무기력하다는 비판을 받고 있다.

---

5 응보(應報)란 '범죄피해에 상응(비례)하는 보복'을 뜻하는 말로서 '앙갚음'이라고도 한다. 범죄와 관련하여 '응보'란 '범죄인으로 하여금 죄 값을 치르게 한다'라는 의미이다.
응보형은 범죄와 형벌에 대해 '눈에는 눈, 이에는 이'로 표현되는 동해보복(同害報復)으로 상징되듯이 무한(無限) 복수를 제한하는 형벌을 말한다. 이와 같이 합리적으로 통제된 복수를 가리켜 '응보'라고 개념화 한다.

2. 일반예방주의(General Deterrence)

일반예방주의란, 형벌은 범죄를 행할 잠재적 가능성이 있는 일반인에게 형벌의 공포감을 심어주어 범죄를 저지르지 못하도록 억제하여 범죄를 예방하는 작용을 하는 것이라고 보는 억제이론에 기반을 둔 입장이다. 소위 일벌백계의 형벌집행방식이다. 이 이론도 자유의지론(비결정론)에 바탕을 두고 있다. 일반예방주의는 '형벌집행을 통한 일반예방주의'와 '형벌 예고를 통한 일반예방주의'로 나눌 수 있다. 전자는 잔혹한 형집행을 통해 범죄예방효과를 거두려는 것이다. 후자는 형벌의 내용을 명확히 법률에 규정하여 범죄에 대응하는 형벌을 예고함으로써 범죄충동의 심리를 강제로 억제시켜 범죄를 예방하는 효과를 추구하는 것이다. 이를 '심리강제설'이라고도 하는데, 독일의 포이에르바흐(Feuerbach)에 의해 집대성되었다. '심리강제설'은 형벌의 고통이 커질수록 범죄예방효과가 커진다는 논리이므로, 형벌의 목적을 '교육을 통한 재사회화'로 보는 교육형주의와 충돌된다.

최근에는 종래의 소극적 일반예방보다 적극적 일반예방이 강조되고 있다. '적극적 일반예방'이란, 범죄인의 처벌을 통해 법질서의 존재와 그 작용을 확인시킴으로써 일반인들의 준법의식을 고양시켜 범죄를 행하지 않도록 하는 것이다.

일반예방주의는 획일적인 형벌을 통해 사회방위만을 강조하고 범죄인의 교화개선은 고려하지 않기 때문에 교정주의에 부합하지 않고, 응보주의처럼 가혹·준엄한 엄형(혹형)주의로 흐를 위험이 높다. 그리고 인간의 존엄과 가치 보장 차원에서 보면, 다른 사람들이 범죄를 범하지 않도록 하는 수단으로 범죄인을 처벌하는 것은 존엄성을 지닌 인간을 수단을 사용하는 결과가 되므로 문제되고 있다.

또한 실증적인 관점에서도 일반예방효과에 대한 비판이 제기되고 있다. 이 비판논리에 따르면, 대부분의 범죄인들은 자기 자신만큼은 잡히지 않을 것이며, 따라서 형벌을 피해갈 수 있다고 믿기 때문에 범죄를 저지른다고 한다. 따라서 범죄를 범하려는 사람들에게 형벌로 경각심을 주거나 심리적 강제를 느끼게 하는 것은 별로 효과가 없는 방법이라는 것이다.

3. 특별(특수)예방주의(Specific Prevention)

특별예방주의란, 형벌은 각각의 범죄인을 교화 개선시켜 재범을 하지 않도록 함으로써 범죄로부터 사회를 방위(보호)하는 것을 목적으로 하는 것이라고 보는 형벌관이다. 일반예방이 미연예방에 중점을 두는 데 비해, 특별예방은 재범방지에 역점을 둔다. 그러므로 특별예방의 목표는 범죄인의 재사회화이다.

특별예방주의는 실증주의 범죄이론의 의사결정론에 바탕을 두고 있다.

특별예방주의에 의하면, 교정은 수형자의 적절한 처우를 통하여 수형생활 이후에 범죄를 범하지 않도록 하려는 국가작용이다. 현대의 교정은 특별예방을 기반으로 하고 있다.

리스트(Liszt)에 의해 정립된 특별예방주의의 핵심은, 기회(순간)범죄인에게 형벌을 과함으로 형벌의 위하(위협효과)를 통해 재범하지 못하도록 하거나, 개선 불가능한 범죄인을 사회로부터 격리시킴으로써 격리기간 중이라도 범죄능력을 무해화(무능력화)시켜 범죄인으로부터 일반국민을 보호하거나 개선 가능한 상태범을 처우를 통해 개선시킴으로써 누범이 되지 않도록 개선하는 작용을 형벌집행과정으로 보는 것이다.

리스트는 특별예방주의를 바탕으로, 제각기 다른 범죄원인에 의해 범죄를 범하게 되는 범죄인의 재범을 방지시키는 특별예방을 형벌의 목적으로 삼아야 한다는 목적형주의를 정립하였다.

그러나 그간의 실증조사의 결과를 보면 특별예방의 목표인 재사회화는 그리 긍정할 수만은 없다. 자유형 등 시설내처우의 집행과정을 보면, 처우를 통하여 범죄인이 새로운 준법시민으로 변하기보다는 오히려 더 심각한 범죄에 물들 가능성이 더 높다는 것이다. 이 때문에 근래에 와서는 시설내처우를 제한하려는 움직임이 세계 각국에서 강하게 나타나고 있다.

4. 교육형주의(Education)

리스트의 특별예방주의 내지 목적형론은 독일의 리프만(M. Liepmann), 이탈리아의 란자(V. Lanza), 일본의 마키노 에이이치(牧野英一) 등에 의해 더욱 진보적으로 발전하여 교육형주의가 정립되었다. 교육형주의 입장에서는 수형자에게 사회방위를 위한 형벌집행과 병행하여 직업교육 · 기술교육 · 개선교육 등을 실시하는 것을 중시한다.

교육형주의 입장에서는 "형벌집행은 곧 교육과정이며, 교육을 통한 범죄인의 사회복귀가 형벌의 목적"이라고 주장한다(리프만). 란자는 "형벌은 교육이 아니고는 그 존재이유가 없다"라고까지 하였다.

19세기 말부터 20세기에 이르기까지 범죄학(형사학) 분야에 있어서 실증적이고 과학적인 연구가 성숙하면서, 이에 영향을 받아 행형학(교정학) 분야에서도 '교정(corrections)'이라는 용어가 등장하게 되고 범죄자의 교화개선을 위한 교정처우가 강조되었다.

범죄자의 처우개념은, 재범 방지(예방)라는 관념과 함께 교육형주의에 입각한 현대 형법, 행형법의 정립과 더불어 중요시되었다. 범죄자 처우(Treatment of Offender)는 형벌의 개별화 운동, 행형개혁운동에 힘입어 크게 발전하였다.

교육형주의는 형벌이론 중 가장 발전된 이론체계이다.

이 입장은 강한 국가가 약한 범죄인에게 해를 가해 억압하는 것이 아니라 서로 다른 사람들을 인정하고 국가와 범죄인이 서로 소통하면서, 범죄인 자신도 어찌할 수 없는 개별적인 범죄 원인을 치료·개선, 재통합(재사회화)하여 범죄로부터 사회를 방위해야 한다는 논리이기 때문이다.

교육형주의에 대한 비판으로 제기되는 것은, 교육형주의는 형벌의 권위를 실추시킨다는 것과 형벌과 교육은 결코 양립할 수 없는 작용이라는 것이다.

「형의 집행 및 수용자의 처우에 관한 법률」 제1조는 "이 법은 수형자의 교정교화와 건전한 사회복귀를 도모함을 목적으로 한다"고 규정하여 특별예방주의 내지 교육형주의를 자유형의 기능 내지 목적으로 선언하고 있다.

5. 신응보주의(Just Deserts)

신응보주의는 특별예방주의나 교육형주의에 바탕을 둔 교정정책이 재범방지에 실패했다는 사실을 배경으로 1970년대 중반 미국에서 활성화된 형벌이론이다.

이 입장은 교육형주의의 이념과 효용성을 부정하고, '범죄인들은 범죄를 통해 사회에 해를 끼쳤으므로 마땅히 처벌받아야 한다'는 당위적 공과론에 입각하여, 범죄인의 개선보다는 범죄에 상응한 자유(구금)형을 중시하므로 '신응보주의'라고 한다.

이 형벌론은 미국의 알렌(F. Allen), 모리스(N. Morris), 윌슨(J. Wilson), 포겔(D. Fogel), 마틴슨(R. Martinson) 등에 의하여 체계화되었다. 특히 마틴슨은 교정처우무용론(Nothing Works)을 확산시켜 반(反)사회복귀적 추세에 결정적인 영향을 끼쳤다. 이들은 고전주의적 형벌이념을 부활시켜, 응보주의에 입각하여, '동일 범죄에 대한 동등한 형벌원칙(정의모델)'과 상습범죄인에게 사회로부터 장기간의 격리를 적용받도록 하는 이론체계(선별적 무해화)를 발전시켰다.

이 입장은 획일적으로 엄격한 형벌을 집행함으로써 교도소의 과밀화를 야기하고, 교정주의를 포기함으로써 형사정책적 처우목적을 상실하였다는 비판을 받고 있다.

6. 선별적 무능력화(Incapacitation)

신응보주의에 바탕을 두고 '동일한 범죄에 대한 동등한 형벌원칙'을 강조한 이론이 '사법(정의)모델'이라면, 신응보주의에 바탕을 둔 형사정책적 대안논리로 발전된 것이 '선별적 무능력화'(Selective Incapacitation)정책이다. 이는 신응보주의적 경향을 반영한 정책이지만 뒤에 설명되는 정의모형(justice model)과 차이가 있다.[6] 선별적 무능력화는 모든 중범죄자를 장기간 구금시켜 범죄를 줄이자는 집합적 무능력화와도 대비된다.

이 주장은 적은 수의 상습적 범죄자(경력범죄자)들이 중대범죄의 대부분을 저지른다는 가설을 전제로 한다. 따라서 이들 소수의 상습적 중범죄자를 사회로부터 장기간 격리시킬 수 있다면, 적어도 그 기간 중에는 이들의 범죄능력을 무력하게 만들 수 있으므로 범죄량을 대폭 감소시키면서도 교도소의 과밀수용문제를 해소할 수 있다는 것이다. 왜냐하면, 교정시설에는 이들 상습적 누범자나 직업범죄자 등 만성적 중범죄자만을 수용하고, 경미한 범죄자나 비상습적 범죄자는 사회내처우를 적용하는 정책이기 때문이다. 결론적으로 정리하면 이 방안은, 상습누범자들을 사회로부터 추방하여 범죄를 감소시키고, 또한 중범죄자들만을 구금하여 교정시설 수용자를 줄이자는 것이다. 이 이론의 대표적인 주장자는 피터 그린우드(Peter Greenwood)이다. 이 주장은 모든 범죄자에게 획일적으로 공정하게 형벌을 적용하는 것을 정당화하지 않기 때문에 신응보주의적 접근방법과는 다소 차이가 있다. 응보는 과거지향적이나 무능력화는 범죄의 예방을 목적으로 하기 때문에 미래지향적이다. 또한 무능력화가 일반예방(일반제지)과 다른 점은 범죄의 특성을 기반으로 하지 않고 범죄자의 특성을 기반으로 한다는 점이다. 무능력화가 특별예방(교화개선)과 다른 점은 범죄인을 개선하고자 하지 않는다는 점이다.

이 이론은 소수의 상습적 범죄자가 비율적으로 많은 범죄를 저지른다는 것이 통계상으로 확인되고 또 누가 상습적 범죄자인가를 예측하는 기술이 발전하면서 형사사법상 그 중요성이 증가하였다. 이는 과학적 범죄예측방법에 의하여 재범의 위험성이 높을 것으로 판단되는 범죄인을 선별하여 장기간 구금하는 방법이다.

선별적 무능력화는 범죄자 대체효과를 야기할 수 있어 사회 전체적으로 범죄를 줄

---

6 일부 교재에서는 선별적 무능력화 정책을 정의모델의 일환인 것처럼 설명하고 있으나, 이는 타당성이 낮다. 정의모델과 선별적 무능력화 정책은 특별예방주의에 바탕을 둔 의료모델 등 교화개선주의를 비판하는 입장이라는 점에서 공통점이 있으나, 정의모델은 책임에 비례하는 공정한 형벌을 강조하는 '획일적 처벌주의'에 속하지만 선별적 무능력화는 행위자의 상습성에 따른 '차별적 처벌주의'에 해당하므로 양자의 처벌논리는 차이가 있다. 같은 취지의 견해는 허주욱, 앞의 책, 85면 참조.

이는데 도움이 되지 않을 수 있다는 것이 한계로 지적되고 있다.

선별적 무능력화는 집합적 무능력화에 비하여 교정예산의 절감과 교정시설 과밀화 해소에 도움이 크지만, 선별적 무능력화는 범죄위험성을 정확히 예측할 수 있어야만 성공할 수 있는데, 범죄예측에 있어서 잘못된 긍정(False Positive)과 잘못된 부정(Fulse Negative)은 극복하기 어렵다. 따라서 그로 인한 문제와 부작용이 나타날 수 있다.

'잘못된 긍정'이란, 범죄위험성이 없는 사람을 범죄위험성이 높다고 잘못 인정하는 것이다. 이는 형사사법망의 확대를 초래하고, 개인의 인권침해 문제가 발생한다.

'잘못된 부정'이란, 범죄위험성이 높은데 범죄위험성이 없다고 잘못 판단하는 것이다. 이는 사회방위를 해치는 문제가 발생한다.

예측의 문제 이외에도 죄형법정주의의 위반, 형평성과 위헌성 논란 등이 문제로 지적되고 있다.

선별적 무능력화가 죄형법정주의에 위배된다고 보는 입장에서는, 선별적 무능력화는 범행에 상응한 처벌을 가하는 것이 아니고 미래에 예견되는 위험성을 토대로 가중처벌을 가하는 것이므로 책임주의에 어긋난다고 주장한다. 또한 형평성과 관련해서는 비슷한 범죄를 범한 사람들 사이에서 나타나는 처벌의 차이뿐만이 아니라, 그 대상이 기업범죄나 화이트칼라범죄는 제외되고 주로 하류계층의 노상범죄[7]에 적용된다는 점도 문제된다.

삼진법은 이 이론을 기반으로 입법화되었다.

삼진법은 야구경기의 Three Strike Out이라는 경기규칙을 형사사법절차에 원용하여 제도화한 형사정책이다. 이 법에 따르면, 한 번 두 번 범죄를 범할 때까지는 그 범죄에 적정한 형벌을 부과하여 교화선도하여 사회에 복귀할 기회를 주지만, 그가 다시 세 번째 범죄를 저지르면 범죄의 경중을 불문하고 종신형을 처하여 사회로부터 영원히 격리시킨다.

삼진법은 1993년 미국 플로리다주에서 강력범에 대해 최초로 입법·시행된 이래 워싱턴주·캘리포니아주 등에서도 시행되었는데, 이들 주 모두 일정한 중죄를 2회 범한 자가 다시 중죄를 범한 경우 원칙적으로 종신형에 처하도록 하였다.

7 노상범죄란 'street crime'을 번역한 용어이다. '거리의 범죄'라고도 한다. 이는 빈곤계층이 범하는 강도·절도·폭행·손괴 등을 뜻하는 범죄학 용어이다.

7. 배상주의[8]

배상주의는 피해자 중심의 이론이라는 점에서 범죄인(가해자) 중심의 이론인 응보주의, 공리주의, 사회복귀주의와 큰 차이점이 있다.

배상주의의 내용은 작은 정부이론과 맥을 같이한다. 작은 정부이론에서는, 정부는 사회제반사에 가능한 한 적게 개입해야 하고 가능한 한 사회의 여러 기능을 자유시장에 맡겨야 한다는 논리이므로, 범죄문제에 대해서도 시장원리에 의해 해결하도록 하는 것이 바람직하다는 입장이다.

배상주의 입장에서는, 범죄행위를 포함한 모든 위법행위들이 시장경제원리에 의해 민사법에서 배상될 수 있는 불법행위로 처리될 수 있다고 본다. 즉, 형사범을 민사범화(民事犯化)할 수 있다고 주장한다.

배상주의의 대표적 주장자는 랜디 바넷(Randy E. Barnett)이다. 그는 사법(司法)체계의 배상절차에서 위법행위에 대한 도덕적 평가보다는 피해자에게 끼친 손실의 정도에 대한 시장가치의 평가를 중시한다.

이 이론에 대한 비판점은, 부유하면 할수록 다른 사람에게 해를 미칠 수 있는 능력도 커질 수 있다는 문제가 발생한다는 것이다.

II 교정처우

1. 범죄자처우의 의의(意義)

본래 '처우'(Treatment)는 '조처하여 대우함'이라는 뜻을 지닌 용어이다. 교정학에서 사용하는 처우(處遇)는 범죄 원인성(犯因性)을 '치료하다'는 의미로, 행형(行刑)이 범죄자의 재사회화(사회복귀) 내지 교화개선에 중점을 두기 시작하는 때부터 사용되고 있다. 즉, 자유형이 응보적이고 격리적으로 집행되는 것에 대한 반성을 촉구하는 차원에서 사용되기 시작했다.

처우와 관련된 용어로서 교정절차와 관련하여 중요한 것은 사법처우, 교정처우, 보호처우 그리고 시설내처우(폐쇄형 처우), 사회적 처우(개방형 처우), 사회내처우(사회형 처우) 등이다.

형사사법분야에서 일반적으로 '처우'라는 용어가 사용되게 된 계기는 1955년 「범죄예방 및 범죄자처우에 관한 유엔회의」가 설립되면서부터이다. 이 회의 1차 대회에서 「수

---

8 배상주의에 관한 소개는 이백철, 교정학, 2016, 30~31면.

용자 처우에 관한 유엔 최저기준규칙」이 채택되면서 행형분야에서 '교정처우' 또는 '시설내처우'가 본격적으로 사용되기 시작했다. 이러한 처우 중시 경향은 형벌의 목적을 수형자의 재사회화에 두는 특별예방주의 내지 교육형(교정)주의에 바탕을 두고 있다.

교정학에서 사용하는 학문용어로서 '범죄자처우'란, '형사사법과정에서 범죄자의 범죄적 인격과 특성 등을 고려하여 그에게 알맞은 처우를 개별적으로 시행하는 것'을 말한다. 이와 같은 취지를 살리고자 하는 교정처우이념이 '처우의 개별화'이다. 재사회화 목적을 중시하는 입장에서는 범죄의 직접적 원인을 사회적 차원보다는 개인적 원인에서 찾고 있기 때문에 처우의 개별화가 중시된다.

2. 사법처우 · 교정처우 · 보호처우

(1) 사법처우(司法處遇)

'사법처우'란 처우의 개별화를 위해 행형 또는 교정단계 이전 양형(量刑)[9]단계에서 형사제재의 종류와 정도를 결정하는 것을 말한다. 즉, 범죄자의 개인적 성향·환경·범죄행위 등의 요인을 파악하여 어떤 종류의 제재를 어느 정도로 부과할 것인가를 결정하는 과정이다. 이에 관련하여 중시되는 제도가 '판결 전 조사제도'[10]이다.

(2) 교정처우(矯正處遇)

'교정처우'란 행형단계에서 이루어지는 범죄자처우로서, 주로 시설내처우와 같은 개념으로 사용되고 있다. 교정처우는 재판의 집행과 범죄인의 개선·갱생(재사회화)이라는 복합적 의미를 지니고 있다. 가장 좁은 의미의 범죄자처우이다. 오늘날에는 시설내처우에 바탕을 둔 사회적 처우가 중시되고 있다.

(3) 보호처우(保護處遇)

'보호처우'는 사법처우와 연계해서 교정처우 이전단계에서 또는 교정처우 이후의 단계에서 재사회화를 목적으로 행하는 사회내처우를 말한다. 사법처우와 연계해서 행하여지는 대표적인 보호처우가 선고·집행유예 시 보호관찰·사회봉사명령·수강명령 등이고, 교정처우와 연계된 것으로는 가석방 시 보호관찰이나 갱생보호가 대표적인 보호처우이다.

---

9 '양형'이란, 형벌의 종류와 양을 정하는 과정의 업무를 말한다.

10 '판결 전 조사제도'라 함은 유죄가 인정된 자에 대하여 형선고 전에 범죄자에 관한 정보, 즉 인격과 환경에 관한 상황, 전과기록을 조사하고 이를 양형의 기초자료로 이용하게 하는 것을 말한다. 판결 전 조사의 결과는 법관의 양형판단에 유용한 자료를 제공하여 양형의 합리화에 도움이 될 뿐만 아니라, 이를 나중에 교정기관에 송부하면 교정행형의 실효를 거두는 데에도 유리하게 된다.

3. 시설내처우 · 중간처우 · 사회내처우

(1) 시설내처우(폐쇄형 처우)

'시설내처우'란 범죄인을 교정시설에 구금, 자유를 박탈하여 형벌을 집행하는 전통적 방식을 말한다. 시설내처우는 자유형의 집행을 전제로 한다. 옛날부터 현재까지 자유형의 집행방법에는 유형주의(流刑主義)와 구금주의(拘禁主義)가 있었다. 오늘날에는 유형(유배형)주의는 거의 사라졌으므로 자유형의 집행은 구금주의를 의미한다고 할 수 있다.

시설내처우의 중심은 교정시설이다. 근대 이전의 교정(행형)시설은 신체형의 변형된 형태로서의 자유형을 집행하기 위한 시설로서 등장하였다. 따라서 동굴이나 지하실, 탑 등에 감금하여 범죄자를 무해화하는 방식으로 이루어지고 있었다. 그 후 16세기 중엽부터 근대적인 교화개선적 교정시설이 나타났다.

현재 자유형은 그 재사회화 효과에 대한 신랄한 비판에 직면에 있다. 종래에는 감옥파산론이 제기되었고, 최근에는 미국의 처우모델의 영향을 받아 자유형에 대한 회의론이 대두되고 있다. 즉, 범죄자를 구금시설에 구금하고 사회로부터 격리시켜 범죄자의 재사회화(사회복귀)를 추구한다는 것 자체가 자기모순이라는 것이다. 또한 많은 조사연구결과에 의하면 자유형의 교화 개선효과가 의심스럽다는 결과를 내놓고 있다. 이러한 점에서 자유형은 많은 비난을 받아 위기에 직면하고 있어서 그 결과 사회내처우가 확대되고 있다. 즉, 자유형을 중심으로 한 시설내처우를 가능한 한 회피하고 사회내처우를 확대하는 것을 목표로 나아가고 있다.

(2) 중간처우(개방처우 · 사회적 처우 · 개방형 처우)

최근 세계 각국의 교정처우는 시설내처우에서 사회내처우로 그 중점이 변천되고 있다. 미국과 유럽 각국에서 과잉구금 · 시설내처우의 폐해, 폐쇄시설에서의 사회적응의 곤란성 증대, 석방 후의 낙인폐해 등의 이유에서 범죄자를 시설내에서 처우하는 것보다는 사회내에서 처우해야 한다는 주장이 제기되고 있다.

최근의 범죄자처우의 현황을 보면, 시설내처우도 개방처우, 귀휴제, 외부통근제 등의 도입으로 전통적인 시설내처우의 완화경향이 나타나고 있다. 시설내처우에서 사회내처우로 교정정책이 변화하는 데 있어서 주목해야 할 것이 시설내처우와 사회내처우의 결합형식인 중간처우(개방처우, 사회적 처우)제도이다.

이 중간처우제도는 본래 전통적인 시설내처우와 사회내처우의 중간에 위치하는 처우형태로서, 시설내에서 격리나 구금의 정도를 완화하고 일반사회와 교류를 확대하여 사회복귀를 쉽게 하기 위하여 나타난 제도이다. 전통적인 시설내처우와 사회내처우가 각국의 법제에 따라 조금씩 차이가 있듯이 중간처우제도도 그러하다. 이 제도는 최근 세계적으로 관심이 증대되고 있다. 중간처우제도는 시설내처우와 사회내처우의 중간단계의 처우로 주로 석방예정자나 교정성적이 우수한 수형자가 그 대상이 되고 있다.

우리나라에서 시행되고 있는 중간처우제도로는 외부통근제, 외부통학제, 귀휴제, 가족만남의 집 이용, 가족만남의 날 참여, 사회견학 등이 있다.

(3) 사회내처우(지역사회교정 · 비시설처우 · 사회형 처우)

'사회내처우'는 시설내처우에 대응하는 개념으로 범죄자를 교도소, 소년원 등의 교정 · 보호시설에 구금하지 않고 사회 내에서 자율적인 생활을 영위하도록 하면서 그 개선갱생을 원호하는 처우를 말한다. 보호관찰, 사회봉사명령, 수강명령, 갱생보호, 가석방, 전자감시명령, 가택구금 등이 이 제도에 속한다.

Ⅲ 교정처우의 모형(모델)

오늘날 행형단계에 있어서의 형벌목적, 즉 행형목적은 수형자의 사회복귀 내지 재사회화에 있다. 그러나 사회복귀적 교정행형이 현대 교정의 목표이념으로서 일반적으로 인정되고 있다 하더라도, 어떠한 방법으로 범죄성을 치료 개선하여 사회복귀를 달성할 것인가에 관한 구체적인 처우모형에는 여러 형태가 있다.

1. 개선모델(Rehabilitation Model)

개선모델은, 행형목적이 궁극적으로 범죄자의 교화 · 개선을 통한 범죄방지에 있어야 한다고 보았다. 19세기 교육형사상이 개선모델의 이론적 기초를 형성하였다. 이 입장에서는 회개 · 반성을 통한 정신적 교화 · 개선을 중시하였다. 이 모델은 수형자 개인의 교화 · 개선에 중점을 두기 때문에 사회와의 관련성이 적다는 문제점이 있다.

2. 의료모델(Medical Model)

의료모델은 사회복귀(재사회화)를 교정의 이념으로 삼고, 범죄를 치료가 필요한 도덕적 질병으로 보았으며, 생물학적 결정론에 바탕을 두고 있다. 이 모델은 1950년대에서

1970년대 사이에 미국에서 지배적인 처우모델로서 운용되었다.

이 모델을 주장하는 사람들은 범죄는 밝힐 수 있는 개개인의 정신의학적 원인에 의하여 발생되고 과학적 방법으로 치료(Treat) · 교정(Correct)이 가능하다고 보고 있다. 이 모델은 범죄자를 인격이나 사회화에 결함이 있는 사람으로 간주하고 의학적 차원에서 접근하는 범죄자처우방법이다. 즉, 의사가 환자를 치료하듯이 교정당국이 인격형성이나 사회화에 결함을 가진 수형자를 치료 · 교정해야 한다는 것이다.

이 모델은 범죄행위의 원인을 심리적 결함에서 구하고 있음으로 범죄인의 처우방법으로 심리적 · 내적 상태의 변화에 주력한다. 이런 맥락에서 의료모델은 치료모델 · 의학모델이라고도 한다. 의료모델은 미국의 부정기형제도의 기초를 제공했다. 즉, 수형자를 치료되어야 할 범인성을 가진 환자로 봄으로서 치료되지 않은 수형자의 형기를 치료될 때까지 연장하여 석방하지 않아도 된다고 보았다. 이 방법론은 국가형벌권을 자의적으로 확장시킬 위험이 있어 인권침해를 초래할 가능성이 많다.

이 모델은 수형자에 대한 처우를 의사의 치료와 동격으로 놓아, 수형자를 단순한 치료객체로 이해함으로써 수형자의 자기결정의 자유를 침해하면서 교정시설 내에서 강제적으로 치료 · 교정하는 것에 중점을 두었다. 따라서 교정기관은 적법절차의 원칙을 대폭 완화하여 재량으로 처우하는 것과 부정기형에 의한 수형기간의 연장이나 전문적인 처우를 위한 비공개적 행형 및 외부기관의 간섭배제 등이 정당화되었다. 이 모델주장자들은 범죄자에 대한 형기는 범죄행위(책임)에 대한 것이 아니라 범죄자를 교정시키는 데 요구되는 치료기간이어야 한다고 주장하였다.

이러한 처우방법은 긍정적인 재사회화 효과보다는 오히려 부정적인 효과가 많이 나타났다. 그 부작용으로는 재량권 남용으로 인한 수형자의 인권침해, 형기의 장기화, 개인적 자기결정의 자유 침해로 인한 인간의 존엄성 침해 등을 야기하여 1960년 후반부터 많은 비판을 받게 되었다. 이 모델은 사회에 대한 관심은 높은 반면에 개인에 대한 관심은 아주 낮은 것이 특징이다.

3. 사법(司法)[11]모델(Justice Model)

이 모델은 극단적인 개선모델이나 의료모델에서 나타나는 인권침해에 대한 반성으로 포겔(D. Fogel)에 의해 1970년대에 체계화되었다. 미국에서는 이 무렵 뉴욕의 아티카

11 국가권력을 입법 · 행정 · 사법으로 나눌 때 입법(立法)은 법을 만드는 기능이고, 행정(行政)은 법에 따라 정책을 집행하는 기능이고, 사법(司法)은 법규를 위반했을 때 처벌하는 기능을 뜻한다. 따라서 사법절차는 처벌절차라는 의미로 이해하자.

(Attica)교도소 폭동 등이 사회적 문제가 되면서 교정이데올로기에 대한 회의론이 등장하였다. 이러한 상황에서 자유의지론에 바탕을 두고 범죄행위에 상응하는 처벌만 부과하며, 범죄자의 법적 지위와 권리의 보장이라는 관점에서 처우의 문제에 접근하는 사법모델이 부각되었다. 이는 형벌은 범죄행위에 의한 사회적 해악에 대한 대가로써 마땅히 처벌되어야 하기 때문에 처벌한다는, 당위적 공과론(Jest Deserts)에 입각하여, 책임에 상응하게 법적 절차에 따라 공정한 형벌을 부과하는 것이 정의를 실현하는 국가작용이라는 논리이다. 이러한 맥락에서 공정모델·정의(正義)모델·법치모델이라고도 부른다

이 모델은 범죄자를 단순한 교정의 객체로 취급하는 기존 관점을 거부하고 자유의지적이고 책임 있는 권리·의무의 주체로 인정하여 범죄자의 법적 권리보장을 중시한다. 교도소 수용의 목적은 재사회화를 위한 필요가 아니라 응보·위하이고, 일정기간 자유박탈이라고 본다(신응보주의). 이 모델은 형이 무거워지고 구금이 장기화될 수 있다는 점과 그 결과 행형단계에서 중요한 재사회화 이념이 무시되고 응보주의모델로 회귀했다는 비판도 있지만, 수형자의 인권보장을 가장 강조한 모델로서 높이 평가된다.

이 모델은 범죄인의 교화·개선보다 신응보주의에 기초한 교정제도의 개선에 중점을 두었다. 교정의 중점을 범죄인의 교화·개선에서 법률에 근거한 공정한 형집행으로 변환할 것을 주장했다. 이 모델은 형사사법기관의 재량권 남용을 국민에 대한 국가권력의 남용으로 보고, 형집행의 공정성을 정의로운 사법작용으로 보았다.

정의모델에서 주장하는 교정제도의 개선방안

- 정기형에의 복귀(부정기형 폐지) → 법관의 재량권 제한
- 가석방 폐지 → 선시제 채택
- 미결구금일수의 형기 산입
- 수형자의 자치 확대와 자발적·임의적 처우 참여
- 수형자에 대한 법적 권리보장 규정 정립
- 옴부즈맨제도의 채택 등 수형자권리구제제도의 확충
- 범죄자에 의한 피해자에 대한 보상 추구
- 교도소처우의 공개
- 대규모교도소의 소규모화

4. 재통합모델(새로운 사회복귀모델)(Reintegration Model)

이 모델은 재사회화 이념을 유지하면서도, 수형자를 정해진 처우프로그램을 적용하는 단순한 대상(객체)으로 보지 않고 주체성과 자율성을 가진 처우의 주체로 인정하여 수

형자의 동의와 자발성을 전제로 한 처우를 강조한다.

이 모델은 사회복귀에 필요한 지도·원조를 처우내용으로 하여 형이 집행되어야 한다고 본다. 이 모델에서 수형자는 재사회화되지 않을 권리도 인정되어야 한다고 보고, 구금에 내재하는 부정적 효과를 최소화하여 수형자가 자유로운 사회구성원으로서 법공동체에 재통합(재편입)될 수 있도록 도움을 주고 필요한 원조를 해주는 사회내처우를 강조했다.

재통합모델은 수형자의 주체성과 자율성을 인정하면서 그 동의와 참여하에 처우프로그램을 결정하고 집행하려는 것이므로, 이 모델은 수형자가 처우의 객체로 전락되는 것을 막고 처우의 주체적 지위를 확보하게 된다. 따라서 이 처우프로그램에는 수형자를 강제로 참여시키는 것이 허용되지 않는다.

교정직원도 처우직원과 보안직원의 구별 없이 모든 직원이 수형자들과 함께 치료공동체를 형성하며, 수형자는 교정직원과 상호신뢰에 입각하여 자발적으로 규율을 지키고 처우프로그램에 참여함으로써 상호학습을 통한 영향력을 주고받는다. 이 처우모델에 의하면 수형자의 법적 지위 확립과 교정행형은 조화를 이룰 수 있다. 이리하여 사회복귀적 처우모델로서는 재통합모델이 가장 이상적인 것으로 인정되고 있다.

재통합모델은 범죄인의 교화개선뿐 아니라 사회의 개선도 중시한다.

이 모델의 가장 기본적인 사고는 범죄자의 문제는 범죄문제가 시작된 그 사회에서 해결되어야 한다는 것이다. 따라서 범죄자의 교화개선은 물론이고 교화개선된 범죄인이 사회에서 복귀해서 더 이상 문제없이 사회에서 정상적인 생활을 영위할 수 있도록 하려면, 범죄를 유발했던 그 사회도 변화·개선되어 재사회화된 범죄인을 수용하여 사회와 범죄인이 다시 통합되어야 한다. 그래야만 범죄문제가 근본적으로 해결될 수 있다는 것이다. 이 주장의 논리는 사회도 범죄유발의 책임이 있으므로, 그 사회가 그 책임을 다하는 차원에서 범죄인이 사회와 재통합할 수 있도록 도와야 한다는 것이다. 이를 위하여 사회는 범죄인에게 법을 준수하는 생활을 개발할 수 있도록 도움을 주어야 하며, 범죄인은 이런 기회를 이용하는 방법을 습득해야 한다. 그러기 위해서는, 범죄인이 일반시민으로서, 직장인으로서, 가족구성원으로서, 자신의 정상적인 역할을 수행할 수 있는 기회가 그 사회에서 충분히 주어져야 한다. 이렇게 되기 위한 중요한 전제는, 범죄인의 재통합을 위한 접촉과 유대가 지역사회와 잘 유지되어야 한다는 것이다. 따라서 이러한 전제와 조건을 가장 효율적으로 달성할 수 있는 대안으로서 지역사회에 바탕을 둔 교정, 즉 사회내처우를 중시할 수밖에 없다.

시설내처우의 경우에도 이 모델의 취지를 살리려면, 과학적 처우기술 적용, 가능한 한 직원과 수형자의 공동책임에 의한 사회복귀처우의 촉진, 교육·직업훈련 계획의 개선·향상 및 외부통근제·귀휴 등 사회적 처우가 적극 활용되어야 한다.

5. 조정(적응)모델(Adjustment Model)

조정(적응)모델도 의료모델에 대한 비판·보완을 위해 등장한 이론으로, 1970년대에 등장했다. 이 모델은 의료모델과 유사한 가정에 기초하지만 실증주의와 국친사상 외에 재통합(Reintegration)의 철학을 가미하여 범죄자의 사회와의 재통합을 돕는 데 초점을 맞추는 처우모델이다.

의료모델은 결정론적 입장에서 범죄인을 환자시하여 강제적으로 치료·개선하고자 하였지만, 적응모델에서는 범죄인은 일반인과는 다른 병리적인 요인을 지니고는 있으나 동시에 자신의 행위를 조정하여 스스로 책임 있는 선택과 합법적 결정도 할 수 있는 자유의지도 겸비하고 있다고 본다(상대적 비결정론·온건한 결정론).

따라서 범죄인에 대하여 치료를 위한 처우가 강조되어야하지만, 범죄인도 자신의 범죄행위에 대한 책임이 있으므로 그에 따른 형벌을 받으며 자신의 범죄행위를 합리화하지 못하도록 하여야 하며, 징벌과 포상이라는 수단에 의하여 행동수정을 유도하는 등의 기법을 통해 재사회화도 추구되어야 한다. 이 모델의 처우는 응보적 형벌을 바탕으로 하면서도 그것으로 인해 범죄인을 사회로부터 소외시켜서는 아니 되며, 재사회화를 위한 처우도 적극 실시되어야 한다고 주장하는 것이 특징이다. 이러한 처우관을 바탕으로 이 모델에서는, 교정처우의 기법으로서 현실요법[12], 교류분석[13], 집단지도상호작용, 환경요법, 요법처우공동체 및 행동수정요법 등을 중시했다.

6. 경제모델(Economic Model)

생물학적 결정론을 중시했던 의료모델에 대응하여 사회경제적 조건을 범죄원인으로 보는 사회적 결정론을 지지하는 사람들은 기술교육과 취업기회의 제공 등으로 범죄자를 재통합시키는 경제모델을 중시한다.

---

12 '현실요법'이란 범죄인을 교정·치료하는 심리요법 중 한 가지이다. 이는 수형자가 현실을 인식하고 책임있는 행동을 하도록 교육시키는 방법이다.

13 '교류분석'이란, 수형자로 하여금 과거경험이 현재의 문제행동에 미친 영향을 일종의 녹음·녹화를 재생하듯이 회고하도록 유도하여, 과거의 부정적인 장면을 지워 트라우마에서 벗어나도록 하는 요법이다.

학습 체크 포인트

01 형벌의 기능 또는 목적으로는 응보, 일반예방, 특별예방이 있다.

02 응보란 형벌이 범행에 대해 '응분의 죄 값을 묻는 수단(Just Deserts)'이어야 함을 의미한다.

03 일반예방이란 형벌이 일반인에 대한 위하 및 일반인의 법의식을 강화함으로써 범죄억지적인 예방효과를 갖는 것을 의미한다.

04 특별예방이란 '개별예방'이라고도 하는데, 범죄자 개인에 대한 국가의 재사회화 또는 사회복귀조치가 이에 속한다. 이는 교정학의 기반이 되는 교화개선주의의 핵심내용이다.

05 특별예방은 형벌의 기능을 응보처럼 '과거의 죄책'에 대한 응징에서 찾거나 일반예방처럼 '과거의 '잠재적 범죄인인 일반국민에 대한 범죄억제력 행사'에서 찾지 않는다. 개별적 범죄자, 특히 유죄판결이 확정된 사람에 대한 영향력 행사를 통해 범죄자가 장래 다시 범죄를 저지르지 않도록 하는 데서 그 기능을 찾는다.

06 응보주의는 형집행에서 고통 · 해악을 강조하고, 일반예방주의는 잠재적 범죄인인 일반인의 범죄억제를, 특별예방주의는 처우를 받은 개별수형자의 재범방지를 중시한다.

07 오늘날 절충설에 따르면, 입법단계에서는 형벌위협을 통한 일반예방이, 형벌선고단계에서는 책임에 상응하는 응보가, 형집행 단계에서는 특별예방이 주된 목적이 된다.

08 신응보주의는 특별예방을 강조하는 정책을 교정처우무용론(Noting Works)을 통해 비판하면서, 범죄인들은 범죄를 통하여 사회에 해악을 끼쳤으므로 그 책임만큼 마땅히 처벌받아야 한다는 당위적 공과론을 강조한다.

09 선별적 무능력화(무해화)는 교정시설 과밀화를 해소하기 위하여 범죄자들 중에서 경력범죄자만 선별하여 구금할 수밖에 없다는 사정이 등장배경이 되었고, 특별억제를 강조하는 전략이다.

10 형사사법 분야에서 '처벌'보다 '처우'가 일반적으로 사용하게 된 계기는 1955년 「범죄예방 및 범죄자 처우에 관한 유엔회의」가 설립·운영되면서부터이다. 이 기구는 1950년까지 운영되던 「국제형법 및 형무회의」(International Penal and Penitentiary Commission; IPPC)가 UN에 의해 해체된 후, 이 회의의 기능을 UN에서 승계하여 'United Nations Congresses on th Prevention of Crime and the Treatment

of Offenders'라는 명칭으로 5년 주기의 국제회의로 운영되다가 2005년 제11차 회의부터는 'United Nations Congresses on Crime Prevention and Criminal Justice'(CCPCJ)-'유엔 범죄방지 및 형사사법회의'로 명칭을 변경하여 기능을 확대 · 지속하고 있다.

11 '획일적 처벌'에 대비되는 '처우의 개별화'란 형사사법과정에서 범죄적 인격과 특성을 고려해서 그에 알맞은 처우를 적합하게 시행하는 것을 말한다.

12 형사사법절차단계에 따라 범죄인처우를 구분하면, 사법처우 · 교정처우 · 보호처우로 나눌 수 있다.

13 자유형의 집행 방식은 유형주의 방식에서 구금주의 방식으로 발전되었다. 구금주의는 수용관리 중심에서 처우중심으로 발전되었다. 현재 전 세계의 경향은 시설내처우 축소와 사회내처우 확대이다.

14 의료(치료)모델은 생물학적 결정론에 기초한 교정처우모델이다. 그러므로 자유의지와 책임을 바탕으로 한 정기형이 아니라 부정기형에 의한 처우를 중시하였다.

15 정의모델은 형사사법의 최우선 목표는 정의의 실현이라고 보며, 처벌이란 범죄를 행한 사람에 대한 필요에 의해서가 아니라 그의 행동에 대해 응당 받아야 할 책임이 있기 때문에 그는 마땅히 처벌되어야한다고 주장한다. 정의모델은 교정의 과정에서 공정한 처우와 적법절차를 강고하고 있다.

16 재통합모델은 의료모델과 마찬가지로 재사회화를 교정이념으로 추구하지만 의료모델과 달리 수형자를 처우의 객체로 보지 않고 인권의 주체로 보기 때문에 강제적인 교화프로그램 적용을 인정하지 않는 등 수형자의 법적 지위 확립을 강조한다. 따라서 교정과 인권보장이 조화를 이룬 '가장 민주적이고 이상적인 처우 모델'이라고 평가받고 있다.

17 사회적 결정론에 바탕을 둔 경제모델(Economic Model)은 사회경제적 조건을 범죄의 원인으로 보기 때문에 시장성 있는 기술교육과 취업기회 제공 등의 방법으로 범죄자를 재사회화시킬 것을 강조한다.

제3절 행형의 역사

I 연혁(沿革 : 변천하여 온 과정)

교정제도는 복수적 단계 → 위하적 단계 → 교육적 개선단계(형벌의 인도화 단계) → 과학적 처우단계 → 사회적 권리보장단계로 발전하여 왔다.

▌교정제도의 역사적 발전

복수적 단계 (복수 및 속죄형 시대)	• 고대 씨족사회, 부족사회에서 고대국가 형성 시까지 • 사적(私的) 복수가 질서유지의 주요 수단이고, 피해자 측의 복수가 정의(正義)로 인정됨(응보주의) - 개인적 형벌에 입각한 무한(無限)복수주의 • 복수는 감정에 지배되고 피의 복수로 매우 잔인하였음 • 복수를 완화하기 위한 방안으로 "눈에는 눈, 이에는 이"로 표현되는 동해보복형(同害報復刑, Talio 사상), 가해자의 속죄금을 받고 가해자를 용서하는 속죄형제도 등이 나타남 • 개인적인 복수를 위한 형벌이 인정됨(私형벌 시대)
위하적 단계 (위하주의형 시대)	• 고대국가부터 18세기 이전까지 • 통치권의 확립과 군주권의 위엄을 꾀하는 차원에서 형벌이 국민에게 공포심을 주고 위협하기 위한 심리적 강제 수단으로 행사됨(위하주의) • 형벌이 매우 준엄하고 형의 집행도 잔인하였으며 사형(死刑) · 신체형 위주로 운영됨(엄벌주의) • 형벌은 범죄에 대한 응보로 이해되었으나, 사적인 복수시대에 비하면 국가에 의해 질서화된 형벌제도 운영－공(公)형벌제도 확립 • 로마의 형법 및 16세기 신성로마제국의 카롤리나(Carolina)형법전이 대표적이고, 근대 유럽의 절대왕정시대에도 매우 전단(專斷)적이고 가혹한 위하주의 형법 시행 • 행형이 야만적이고, 교육적 목적이 전혀 고려되지 않음 • 구금시설로는 음침한 지하의 동굴 · 갱, 성벽의 폐허(우리) 등이 주로 이용됨

교육적 개선단계 (형벌의 법률화 시대)	• 18세기에서 19세기 중엽까지 • 18세기 계몽사상의 영향으로 개인주의 · 박애주의 · 합리주의, 형벌의 법률화시대 확립 – 야만적인 형벌을 비판하고 범죄와 형벌 사이의 균형 강조 • 형벌의 가혹성(Severity)보다는 확실성(Certainty) · 공평성(Fairness) 및 신속성(Swifty)이 일반예방에 더욱 효과적이라고 봄 • 위하적 혹형(酷刑)에서 관형(寬刑)으로, 죄형천단(擅斷)주의에서 죄형법정주의로, 생명 · 신체형 중심에서 자유형 중심으로 전환된 시기 • 자유형의 자유박탈은 응보적 · 위하적 · 배해적(排害的: 해악을 물리치는) 목적에서 교정적 · 개선적 · 교화적 목적으로 전환됨 • 국가는 수형자의 개선을 위하여 근로에 의한 교화개선에 중점을 두기 시작함 16세기 말 네덜란드의 암스텔담 노역장에서부터 시작됨 • 미국의 펜실바니아제, 오스트레일리아 · 영국의 누진제 등이 이 단계에 시행됨
과학적 처우단계 (형벌의 개별화 시대, 국제적 배려 시대)	• 19세기 후반부터 20세기 중엽까지 – 자연과학적 · 사회학적 결정론에 근거한 범죄원인의 인과적 해명과 특별예방 목적지향적 형사정책 추구 • 19세기 후반에 이르러 누범 및 소년범의 격증현상에 자연과학의 발달이 교정에 영향을 미쳐 생성됨. 과학적 · 실증적 방법 채택 • 형벌도 범죄에 대응할 것이 아니라 범죄인 개개인의 반사회적 성격에 대응해야 한다고 보아 개별화되고, 범죄적 성격을 개선 · 교육하여 범죄자의 사회복귀(재사회화)에 이바지하기 위한 것으로 변화됨(처우의 개별화 중시, 재사회화 이념 정립) • 의료(치료)모델이 중시되어 교도관은 범죄병을 치료하는 의사로서의 역할이 요구되었고, 행동과학적 접근방법으로 범죄자를 치료하고자 하였음 • 교정시설은 수형자의 교육과 사회복귀를 위한 직업훈련시설을 구비하고, 위생 · 의료(치료)를 고려한 현대적 시설로 운영됨 • 행형의 집행기구는 보다 집약적인 교정업무를 강력히 수행할 수 있도록 개편됨

사회적 권리보장단계	• 「수용자 처우에 관한 유엔최저기준규칙」(1955)이 큰 영향을 미침 • 의료모델의 실패로 재통합모델과 정의(사법)모델 등장 • 시설내처우보다 사회내처우 중시, 재통합이념 강조 • 1970년대 이후 인권운동이 전개되면서 1971년 Attica주립교도소 폭동사건을 계기로 수형자의 권리구제제도가 정립되고 특별권력권계론 및 법원불개입주의(Hands－off Doctrine)포기로 수형자의 권리제한에도 법률유보의 원칙적용, 사법적 권리구제 인정 • 헌법상 보장된 권리들이 수형자들에게도 폭넓게 인정되어 수형자의 사회적 권리보장을 위한 교정제도로 개선됨, 수형자도 기본권의 주체로 확실히 인정됨

1. 외국의 교정시설 역사

근대 이전의 교정시설은 미결구금시설로서 출발하였다. 구금은 대체적으로 체형이나 사형판결을 받은 사람들을 일시적으로 감금하는 수단으로 흔히 사용되었다. 그 후 신체형의 변형된 형태로서의 자유형을 집행하기 위한 시설로 운영되기도 하였다. 이러한 용도의 시설로 서양에서는 옥탑, 토굴, 지하실 등이 이용되었다. 이러한 시설들은 범죄인을 감금하여 무해화시키는 것을 목표로 삼았다.

동양에서는 뇌옥(牢獄), 영어(囹圄), 원토(圜土), 감창(監倉), 수옥(囚獄) 등의 명칭으로 기록되어 있는 구금시설이 이용되었다.

이 중 감창은 미결수를 위한 시설이었고 수옥은 기결수를 위한 시설이었는데, 이 두 시설의 결합된 형태로서 복합적인 구금시설인 감옥(監獄)이 생겨났다.

서양에서는 4세기경 교회법 하에서 패륜적인 신부나 수녀를 구금하여 종교적 참회를 시켰던 노역장이 수도원 내에 개설되었던 기록도 있으나, 16세기 중엽부터 근대적인 구금형(자유형)을 집행하는 구금시설이 나타났다고 보는 것이 일반적인 견해다. '구금형'은 범죄자를 일정한 장소에 구금하여 자유속박을 시간단위로 행하는 방식으로서의 형벌을 말하므로, 보통 '자유형'이라고 부른다.

현대 교정시설의 기원은 16세기 후반 무렵에 나타난 노역장(징치감)이다. 이러한 근대적인 구금시설은 법률이나 사면을 통해 구금기간을 한정하면서 무해화나 격리보다는 교화를 강조하였다. 1555년 영국의 브라이드웰에 설립된 노역장이나 1595년 네덜란드 암스테르담에 설립된 노역장 등이 그 대표적인 예이다. 그런데 이러한 교화사상을 바탕으로 한 시설들은 지속적으로 발전하지 못하고 그 후 강제노역장으로 변하기도 하였다.

17세기 이후에는 로마시대의 강제노역이 새롭게 형벌로 사용되었다. 이 강제노역형은 당시 일반적인 형벌이었던 태형과 유형(流刑)을 대체하였는데, 반역죄·살인죄 등 범죄행위뿐 아니라 구걸이나 부랑행위에까지 강제노역형이 부과되었다. 강제노역으로 노를 젓는 형벌도 있었고 성이나 요새를 건설하는 현장에서 노역을 하고 야간에는 감금하는 형벌도 있었다.

18세기에는 영국의 존 하워드(J. Howard)가 영국과 유럽의 교정시설을 견학하고 교정시설의 문제점과 개선방안을 제시한 「감옥상태론」을 저술하여(1777년) 감옥개량운동을 제창하여 유럽과 미국에 큰 영향을 미쳤다. 영국에서는 그의 건의에 따라 호샴(Horsham) 등 3곳에 독거교정시설이 설치되었다. 하워드의 교도소 개혁 사상은 그가 사망한 후 하워드협회가 계승하여 계속적으로 운동을 지속하고 있다.

미국에 있어서 교도소 개혁의 시발은 인애(仁愛)의 정신을 실천하는 펜실바니아주의 퀘이커교도 리차드 위스터(Richard Wister)가 독립전쟁 직전 필라델피아의 교도소 참상을 보고 재소자들을 동정하여 그들에게 스프를 나누어 준 데서 비롯되었다.

위스터는 재소자뿐 아니라 전과자들이 어려운 생활을 하고 있는 것을 보고, 1776년에 「고통받는 수형자를 돕기 위한 필라델피아협회」를 조직하여 갱생보호활동을 전개하기도 하였다. 위스터는 미국에서 '갱생보호의 아버지'로 평가되고 있다. 이 협회는 그 후 1787년에 「교도소의 열악한 상태를 완화하기 위한 필라델피아협회」로 명칭을 변경하여 행형개량과 갱생보호 발전에 기여했다. 위스터의 재소자 구호활동 및 갱생보호활동의 인도주의정신은 벤자민 프랭클린 등에게 전하여져 전통적인 형벌제도에 대한 개혁운동으로 발전하였다.

프랭클린이 주도한 「필라델피아 교도소개량협회」의 교도소개량운동으로 1790년 「필라델피아 신행형법」이 제정되고, 미국 최초의 독거시설인 월넛가교도소(Walnut Street Jail)가 창설되었다. 이 교정시설은 미국 최초의 현대적 교도소로 일컬어지고 있다.

월넛구치소는 윌리암 펜(William Penn)의 교도소개량정신에 의해 건립되었는데, 이 시설은 엄격한 주야간 독거교도소로서 운영되어 수용자 간이나 외부사람과의 교통이 엄정하게 차단되었다. 이 엄정독거방식은 그 후 펜실바니아주에 건축된 동부교도소와 서부교도소에 적용되어 '펜실바니아제'가 정립되었다. 펜실바니아제는 엄정독거하여 회오반성하게 하는 정신적 개선에 중점을 둔 제도이나 과도한 고독의 강요로 인간본능을 박탈하여 구금으로 인한 폐해가 너무 컸다. 따라서 20년도 못되어 쇠퇴하고 그 대신 합리적인 구금제도의 요구에 따라 1823년 뉴욕주 오번(Auburn)교도소에서 에람 린즈(Elam Lynds)에 의해 완화된 구금방법의 하나로 오번제(Auburn System)가 새로 생겨났다.

오번제는 주간에는 악성감염을 고려하여 엄정침묵하에 작업을 하게 하고 야간에는 독거수용하는 '완화독거제'이다. 오번제는 주간에는 혼거제를 취하여 침묵 아래 혼거작업에 종사하게 하고 야간에는 독거제로서 엄정독거구금이 실시되었다.

펜실바니아제와 오번제는 근대 교정시설의 2대 모범적인 제도로 평가되는데, 유럽 각국을 비롯하여 세계 여러 나라에 큰 영향을 미쳤다.

2. 우리나라의 교정시설 역사

(1) 상고시대의 형벌과 행형

상고시대의 형정(刑政)은 응보적 형벌관과 엄형(嚴刑)주의[14]에 따른 것이었다. 상고시대의 역사기록 중 고조선에 관한 기록이 포함된 「한서」 지리지에 따르면 고조선의 법령으로 「8조법금(八條法禁)」이 있었다. 그 중 오늘날까지 내려오는 3개조의 내용은 다음과 같다.

"사람을 죽인 자(살인죄)는 즉시 사형에 처한다. 남에게 상해를 입힌 자(상해죄)는 곡물로 배상해야 한다. 남의 물건을 훔친 자(절도죄)는 피해자의 집의 노비로 삼는다. 속죄하려면 50만전을 내야 한다."

이는 고조선의 형벌이 복수주의적 응보형의 성격을 지니고 있음을 보여주고 있지만, 상해죄·절도죄에 대해서는 배상법(속형·贖刑)을 인정하여, '눈에는 눈, 이에는 이'라는 탈리오법칙으로 대표되는 동해보복적 사상에 바탕을 둔 고대 함무라비법전보다는 상당히 발전된 형률로 평가받고 있다.

우리 역사상 감옥

사람을 가두는 감옥이 상고시대에도 있었다. 「후한서(後漢書)」의 부여국에 관한 기록을 보면, "둥글게 울타리를 둘러 성을 만들었다. 그 성 안에는 궁실과 창고와 뇌옥이 있었다"라고 전해진다. 이때부터 우리나라의 감옥형태는 원형옥이 대표적이었다.

이때의 감옥은 독자적 형벌집행을 위한 행형구금시설이 아니라 미결구금시설의 성격을 지니고 있었다.

---

14 엄형주의란 냉혹한 형벌로 백성을 다스리는 정책을 말한다. 중국에서는 한비자 등의 법가사상에 바탕을 두고 있다. 준엄한 형벌이란 의미의 '준형주의', 또는 잔혹한 형벌을 뜻하는 '혹형주의'라고도 한다.

(2) 삼국시대

행형제도에 있어서 국가권력이 크게 작용하게 되고, 형벌의 종류가 사형·유형·장형·재산형 등으로 다양해져 행형제도가 정비된 시기이다.

삼국 중 고구려에서는 생명형인 사형과 그 외 노비몰입, 일책십이법에 따른 배상 등 재산형이 있었다. 백제에서는 중앙관리 중 조정좌평을 두어 형률(刑律)과 형옥(刑獄)을 담당하게 했다. 신라에서도 좌·우 이방부라는 형률 담당 관서를 두고 있었다. 이 시대 형벌의 공통적 특징은 응보주의 행형이 주류를 이룬다는 점이다. 형벌제도는 가혹하였고 집행방법도 조직화되어 있지 않았으므로 범죄인의 인권이나 교화개선은 전혀 고려되지 못하였다. 백제에 관한 기록을 보면, 도둑질한 자와 뇌물을 받은 관리는 그 3배를 징수하고 종신토록 금고형(禁錮刑)에 처하라는 내용이 있다. 이는 이미 이 시기에 관리의 수취가 범죄로 다루어질 만큼 관료제가 정착되어 있었고, 절도에 대해 2~3배의 배상을 제도화 한 것은 부여·고구려의 12배 배상제도인 일책십이법에 비해 매우 완화된 형벌제도가 시행되었음을 보여준다. 삼국사기의 신라에 관한 기록을 보면 신라에서도 절도죄에 대한 배상제도가 있었는데, 이는 고구려의 10~12배, 백제의 2~3배 배상에 비해 무거운 배상을 부과하지 않았음을 보여준다.

 **감옥과 행형**

삼국시대에 대한 기록을 보면, 감옥과 감옥을 관장하는 기관들이 존재했다. 이 시대의 감옥의 기능은 재판이 진행되는 동안 또는 다른 형벌을 집행하기 전에 임시로 죄인을 가두어 두는 미결구금시설이었다. 따라서 감금 그 자체를 형벌의 내용으로 삼는 근대적 의미의 구금형(자유형)을 집행하는 교정시설로서의 성격을 지니지는 못하였다. 삼국지 위지동이전에는 "부여에는 원형의 뇌옥이 있었다"는 기록이 있고, 경주에서 발굴된 원형옥지(圓型獄址)는 신라에서도 원형옥이 사용되었다는 사실을 보여주고 있다.

(3) 고려시대

고려는 범법자의 수용업무를 담당하는 독립관청으로서 '전옥서(典獄署)'를 설치하였고, 고려형법도 제정되어 시행되었다. 고려형법은 오형(五刑)제도를 근간으로 삼았다. 5형으로는 태형(笞刑), 장형(杖刑), 도형(徒刑), 유형(流刑), 사형(死刑)이 시행되었다. 도형은 고려형법에서부터 도입되었다. 삽루형(鈒鏤刑)[15]·경면형(黥面刑)[16],

15 삽루형이란 얼굴 등에 칼로 상처를 내어 흉터를 남게 하는 형벌이다.

16 경면형은 얼굴에 먹뜨기하는 형벌이다. 이러한 형벌들은 자자형(刺字刑)의 성격을 지니고 있었

노비몰입, 재산몰수 등이 있었다. 또한 일정한 조건하에 형을 대신하여 속전(贖錢 · 죄를 면하고자 바치는 돈)을 받는 제도도 존재했었다. 고려시대에는 고려형법에 의한 정형(定刑)주의가 확립되었다.

고려시대의 법제사(法制史)적 특징은 중국의 형법(당률)을 바탕삼아 우리나라 고유의 형사제도를 접목시켜 우리나라에 걸맞는 형사제도를 확립했다는 점이다. 이 시기에는 불교 · 도교 · 유교 등의 인애(仁愛)사상이 가미된 행형이 제도화되었다.

사수삼복제(死囚三覆制), 삼원신수제(三員訊囚制), 형벌(죄수)휴가제(罪囚休暇制), 결옥일한제(決獄日限制) 등이 인애사상을 바탕으로 한 형사제도이다.

'사수삼복제'는 사형수의 판결을 신중하게 하기 위해 초심 · 재심 · 삼심을 거쳐 반복 조사하여 왕에게 보고하는 제도로서, 현대의 3심제의 성격을 지니고 있다. 이 제도는 조선시대에도 계속 유지되었다.

'삼원신수제'는 재판심리와 판결에 공정을 기하기 위해, 각기 소속이 다른 관원 3인이 형사심리절차에 참여하는 제도였다. 이는 법관의 심증이 편견에 따라 흐르는 것을 방지하기 위함이다.

'형벌휴가제'는 오늘날의 귀휴제도와 비슷하게 상(喪)을 당한 죄수와 임신한 죄수 등을 임시로 일정기간동안 석방해주는 제도이다.

'결옥일한제'는 형사심리에 일정한 기간 제한을 두어 심리에 따른 고통받는 기간을 줄이고자 했던 제도이다. 현대의 신속한 재판주의와 같은 취지를 지닌다.

즉, 형사사건에 관련된 피의자에 대하여 판결을 내려야 하는 법정기간을 정한 제도이다. 범죄의 가볍고 무거운 정도에 따라 기한의 차이를 두었다. 사형에 해당하는 범죄는 30일, 유형 · 도형에 해당하는 범죄는 20일, 장 · 태형에 해당하는 범죄는 10일로 한정했다. 이 제도는 조선에도 계승되었다.

1) 정형(定刑)주의와 형벌집행의 완화

고려시대의 5형은 고려형법에 규정된 정형(定刑)으로서, 태형 · 장형 · 도형 · 유형 · 사형 등 5종의 형벌을 말한다. 이러한 종류의 형벌은 삼국시대에도 존재했으나, 이를 정비 · 체계화하여 입법체제로 확립한 것은 고려시대부터이다. 삼국시대까지의 형벌은 복수적 응보주의에 입각하여 준엄하고 가혹한 것이 일반적이었으나 고려시대에는 종교적 인애사상이 가미되어 어느 정도 형벌이 완화되기에 이르렀다.

다. 자자형은 범죄인의 몸에 먹물로 글자를 새기는 형벌.

이 시기에도 역시 전제주의시대의 전단·전횡에서 벗어날 수는 없었지만, 고대 삼국시대에 횡행하던 화형(火刑), 4지해형(四枝解刑), 육시형(戮屍刑)[17] 같은 잔혹한 형벌집행방법은 거의 사라졌다.

2) 5형(五刑) 제도

• 태형(笞刑): 가장 가벼운 형벌이다. 죄수를 형틀에 묶은 다음 작은 몽둥이로 볼기를 치는 형벌로서 10대에서 50대까지 5등급으로 나누어져 있었다. 태형은 조선시대를 거쳐, 조선 말 장형이 폐지된 뒤에도 오랫동안 존속되다가 1920년에 완전히 폐지되었다.

• 장형(杖刑): 태형보다 무거운 형벌이다. 태형의 형장(刑杖)보다 큰 몽둥이로 볼기를 쳤다. 죄에 따라 60대에서 100대까지 나누어져 있었다.
태형이나 장형은 일정한 대상자에 대하여는 그 형량에 따라 속전을 받고 형을 집행하지 않는 대체형제도가 인정되었다.

• 도형(徒刑): 당의 제도를 원용하여 고려형법에서부터 도입된 형벌이다. 일정기간 동안 관아에 구금하여 노역에 종사시키는 형벌로서 오늘날 징역형과 가장 유사한 성격을 지니고 있다. 도형에는 장형이 병과되었고, 도형 중 군역(軍役)에 복무시키는 것을 '충군'이라 불렀다. 형기는 최단 1년에서 최장 3년까지 5종으로 구분되었다.

• 유형(流刑): 중죄를 범한 자를 먼 지방으로 귀양 보내 죽을 때까지 돌아오지 못하도록 하는 형벌이다. 사형 다음으로 무거운 형벌이고, 일정한 형기가 없는 무기형이어서 왕의 은사가 없으면 유형지에서 일생을 마쳐야 하는 종신형이다. 도형과 유형도 속전으로 형벌을 대신할 수 있었다. 유형은 자유형의 성격을 지니고 있으나 오늘날의 자유형(징역·금고)과는 집행방식이 다르다. 유형은 자유권을 박탈한다는 점에서는 자유형의 성질을 지니고 있으나 일정한 시설에 감금하는 오늘날의 자유형 집행 방식(구금주의)이 아니라, 원래 거주지에서 멀리 떨어진 일정한 지역에 거주하게 하면서 거주이전의 자유를 박탈하는 방식(유형주의)이다.
자유형은 역사적으로 그 집행 방식에 따라 유형주의와 구금주의로 구분하고, 유형주의에서 구금주의로 발전해온 것으로 보고 있다.

17 육시형 : 죽은 사람의 시체에 다시 참형을 가하는 형벌.

유형은 오늘날의 유기금고형에 해당한다[18]는 주장이 있으나, 그것은 타당성이 약한 논리이다. 유형은 오늘날에는 인정되지 않은 자유형 집행방식이므로, 현대의 자유형과 같은 점을 찾는다면 무기형에 해당한다고는 할 수 있다.

- 사형(死刑): 사형집행 방법에는 목을 매어 죽게 하는 교형(絞刑)과 머리를 잘라 죽게 참형(斬刑) 두 가지가 있었다. 교형이 더 가벼운 죄에 대해 적용되었다.

3) 행형기관과 행형

고려시대에 와서 종래 옥(獄)·뇌옥(牢獄)·영어(囹圄)라고 불리던 구금시설이 전옥서(典獄署)라는 명칭으로 정비되었다. 이는 옥수(獄囚:옥에 갇힌 사람)만을 전담하는 유일한 중앙관서로 개경에만 설치되었다. 지방에는 지방관아에서 직접 관할하는 '부설옥(附設獄)'이 설치되어 있었다. 전옥서는 우리 역사상 처음으로 설치된 독립된 행형기관이다.

(4) 조선시대

조선시대의 형법제도는 고려와 마찬가지로 태·장·도·유·사형 등 5형을 기본으로 하였으나, 도형·유형과 같은 자유형이 확대되고 형구(刑具)의 규격과 사용방법, 절차 등이 경국대전 등의 성문규정에 의해 전국적으로 통일되었다. 조선시대에는 대명률(大明律)이 형사법의 보통법으로 적용되었으며, 형률의 적용에 있어서 관리에 의한 자의(恣意)를 방지하고 남형(濫刑)[19]을 금지하기 위한 감독체계가 강화되었다. 태·장·도·유·사형 등 5형은 정형(定刑)이고, 낙형(烙刑)·태배형(笞背刑)·압슬형(壓膝刑)·난장(亂杖) 등은 법외(法外)의 고문형이다. 5형 중 자유형의 성격을 지닌 도형과 유형에 대해 소개해 본다.

1) 도형(徒刑): 오늘날의 징역형과 유사한 징역 '徒'자, 도형은 약간 무거운 죄를 범한 자를 관아에 구금하여 소금을 굽거나 쇠를 달구는 등의 노역에 종사하게 하는 형벌이다.

---

18 이윤호, 교정학, 2017. 38면. 유형을 오늘날의 금고형에 해당한다고 하면, 자유형의 역사와 방식의 본질적 구분을 흐리는 결과가 나타난다. 즉 유형주의와 구금주의의 성격 차이를 무시하는 주장이 된다.

19 남형(濫刑): 법에 의거하지 않고 함부로 형벌을 가함.

도형에 처하는 기간은 죄질에 따라 1년에서 3년까지 6개월 기준으로 5등급이 있었으며 반드시 장형(杖刑)이 병과되었다. 도형의 집행은 군·현 등의 관아에서 행하였으며, 전국의 도형수(徒刑囚)에 대하여는 형조에서 총괄 관리하였다. 도형이나 유형을 선고할 수 있는 권한은 형조와 관찰사에게 있었으며, 도형수의 배치장소는 중앙의 경우 형조에서, 지방의 경우 관찰사가 결정하였다. 도형을 선고받은 자는 선고받은 배소(配所)에 가서 노역에 종사하게 되는데, 배소에 도착한 날이 기간의 기산점이 되며, 노역의 종류는 주로 소금을 굽거나 쇠를 달구는 작업이지만 그 외에도 제지(製紙), 제와(製瓦), 선부(船夫: 뱃사공)와 기타 관아의 잡역에 종사하기도 하였다. 또한 강제노역의 내용이 군역(軍役)이었던 '충군(充軍)'도 도형의 한 예로 자주 시행되었다.

2) 유형(流刑): 귀양보낼 '流'자, 유형은 중한 죄를 범한 자를 먼 지방으로 귀양보내어 죽을 때까지 돌아오지 못하게 하는 형벌로서 형의 기간이 정해지지 않는 것이 특징이다.

귀양보내는 거리에 따라 2000리, 2500리, 3000리의 3등급이 있었으며 보통 장형이 병과되었다. 유배죄인에 대한 계호 및 처우 등의 책임은 그 지방의 수령에게 있었으며, 유형수 중 정치범에게는 식량 등 생활필수품을 관아에서 공급해 주었다. 유형지에는 처와 첩이 따라가도록 했으며, 부모와 조부모, 자와 손은 본인이 따라갈 때에만 허락하였다. 조선 말기 갑오개혁 시에는 유형과 도형을 징역형으로 바꾸면서 유형은 국사범에 한하여 적용하고 유배지도 섬 지방으로 한정하였다.

유형의 범주에 속하는 형벌로 부처(付處) 또는 중도부처(中途付處)와 안치(安置), 천사(遷徙)[20] 등이 있었다.

- 부처(付處) 또는 중도부처(中途付處): 주로 일반 관원에 대하여 과하던 유형의 일종으로서, 일정한 지역을 지정하여 그곳에서만 머물게 하는 형벌이다. 부처의 대상지는 본향, 원방(遠方: 먼 지방), 원도(遠島), 사장(私莊), 자원처(自願處) 등 다양하게 허용되었다. 부처는 형벌이기 때문에 부처의 형에 처해지면 그것으로 그치는 것이 원칙이었지만 경우에 따라서는 부처에 처한

20 일부 문헌에는 '천사'를 '천도'라고 기술하고 있으나, 이는 '옮길 徙(사)' 자를 그와 형태가 비슷한 '무리 徒(도)' 자로 착각한 것으로 보인다. 이러한 착각은 '상복사(詳覆司)'를 '상이사(祥履司)'로, '부관참시(剖棺斬屍)'를 '부관참사(剖棺斬死)'로 잘못 표기한 것에서도 나타나 있다.

사람을 다시 노비로 삼기도 하였다.

- 안치(安置): '사회의 안전을 위해 잡아둔다'는 뜻의 안치는 유형지에서 다시 일정한 장소에 격리하는 것으로, 유형 중에서도 행동의 제한을 가장 많이 받는 형벌이었으며, 왕족이나 고관에게만 제한하여 적용되었다.

  이를 다시 분류하면, 죄인의 고향에 안치하는 본향안치(本鄉安置), 집 주위에 가시나무로 담을 치고 그 안에서만 유폐하여 살게 하는 위리안치(圍籬安置), 죄인을 외딴 섬에 격리시키는 절도안치(絶島安置) 등 세 종류가 있었다. 본향안치는 유배죄인에게 어느 정도 은전(恩典: 나라에서 은혜를 베풀어 내리던 특전)을 베푸는 것이었으며, 위리안치는 일반유형과 달리 가족과 함께 기거하는 것이 금지되었고, 절도안치는 가장 가혹한 것으로 특별교지가 있을 때에만 시행되었다.

- 천사(遷徙): 천사는 조선 초기에 북방개척을 위해 범죄자와 그 가족을 국경 근처로 강제 이주시키던 형벌이다. 일단 이주 후에는 일반양민과 동등한 생활을 할 수 있었지만, 거주지를 임의로 벗어나면 도주한 것으로 간주하여 다스렸다. 천사 중에서도 가장 가혹한 것은 전가사변(全家徙邊: 한 집안의 전부를 변방에 강제로 이주시킴)으로, 부정한 세리(稅吏)나 우마(牛馬)를 살해한 자 또는 도적에게 적용되었으며, 그 유배지를 함경도의 5진(五鎭)으로 한다는 기록이 있으나, 영조 때 대부분 장형이나 유형으로 바뀌었다.

조선시대에는 행정과 사법이 엄격히 분리되지는 않았지만 인신을 구속할 수 있는 기관을 '직수아문(直囚衙門)'이라 하여 경국대전 등에 명시하였다. 직수아문은 직접 죄수를 감금할 수 있는 기관으로서, 병조·형조·의금부·한성부·사헌부·승정원·장예원·종부사·사간원·관찰사·수령 등이다. 조선 중기 이후의 비변사·포도청 등도 이에 해당한다.

지방의 군·현의 수령은 장형 이하, 관찰사는 유형 이하의 사건만 관할하게 하고, 사형은 삼복제를 시행하여 국왕의 재결에 의해서만 집행할 수 있게 하였으며, 형벌권의 남용에 대하여 엄중한 형사처벌을 가하고, 각 지방에는 사법행정의 실무와 교육을 담당하는 훈도·검률(訓道·檢律)이라는 율사를 중앙에서 파견하여 관찰사의 사법업무를 보좌하게 하였다. 그러나 행정과 사법(司法)이 명백히 분리되지 아니하여 일반 행정을 관장하는 기관에서 사법업무도 같이 관장하였고, 범죄인을 체포·

수사하는 기관에서 재판과 형의 집행까지 함께 관할하였다. 다만, 내부적으로는 직무에 따라 관리의 직위가 세분되어 감옥관리를 전담하는 관리 등 기능에 따른 직무의 전문화는 이루어져 있었다.

형조에서 사법업무를 총괄하였다. 형조는 4사(司)로 구성되었다.

중죄(重罪)에 대하여 다시 자세하게 심리하는 상복사(詳覆司), 법령의 조사와 범죄자의 심리를 담당하는 고율사(考律司), 감옥과 범죄수사와 형벌를 담당하는 장금사(掌禁司), 노예와 포로에 관한 업무를 담당하는 장례사(掌隸司) 등이 4司이다.

전옥서는 죄수의 수용을 전담하는 기관으로서 고려 초기에 처음 설치되어 조선에 계승되었다. 전옥서는 형조의 장금사에 소속되어 중앙의 죄수를 관장하였다. 전옥서에는 주로 상민(常民)을 수용하였으므로 '상민감옥'이라고도 불리어졌다. 전옥서는 갑오개혁 이후 경무청 '감옥서'로 변경되었다가 다시 '종로감옥'으로 개칭되고, 그 후 서대문감옥(현 서울구치소의 전신) 종로출장소로 사용되다가 1921년에 이르러 폐지되었다. 전옥서가 상민감옥이었다면 의금부 옥(獄)은 주로 양반을 수용하였으므로 '양반감옥'이라고도 하였다. 전옥서는 고려 이래 같은 관서명(名)으로 900년 넘게 존속되다가 1921년 폐지되었다. 전옥서는 원형옥의 전통을 이었고, 이는 2천년 이상 원형옥의 전통을 계승한 것이다. 이 원형옥은 '감시의 편리함'을 위한 형태라는 주장도 있지만, 둥근 하늘의 이치에 따라 '범죄인을 어질고 의롭게 다스려 개선시켜야 한다'는 사상을 담고 있었다고 본다.

지방의 각 도·부·군·현 등에는 관아에 감옥이 부설되어 있었는데, 이를 도옥(道獄)·부옥(府獄)·군옥(郡獄)·현옥(縣獄)이라고 불렀다. 이러한 지방감옥은 형방의 소관이었다.

조선시대는 통치의 기본이념을 인정(仁政)에 두었기 때문에 역대 왕들은 '형벌을 가볍게 하고 죄수를 보호하는 조치'를 '휼형(恤刑: 집안 사정을 감안하여 죄인의 형을 감하거나 면해주는 일)'이라 하여 선정(善政)의 징표로 삼았다.

휼형은 전제정치하에서도 다소나마 인도적인 측면을 고려한 형정(刑政)이라는 점에서 그 의의를 찾을 수 있다.

휼형의 예를 들면, 중죄를 저지르지 아니한 죄수로 신병(身病)이 심한 자는 치료에 필요한 기간을 정하여 석방하고, 사형수 이외의 죄수로 친상을 당한 경우에는 장례기간 동안 석방하며, 감옥을 관리하는 관원은 감방을 청결하게 하여 사망자가 없도록 하고 질병을 치료해 주며, 보호할 가족이 없는 자에 대하여는 옷과 양식을 지급하도록 하는 등의 조치들이다.

조선에는 모반, 대역, 불효 등 특별히 중(重)한 범죄를 제외하고는 형 대신 금전으로 납부케 하는 속전제도가 있었다. 속전(贖錢)은 오늘날 벌금형과 유사하지만, 벌금이 독자적인 형벌로서의 재산형인데 비해 속전은 신체형을 선고받은 후 집행단계에서 본형인 신체형을 대신하는 금전이라는 점에서 구별된다.

(5) 갑오개혁 이후의 행형

행형의 형태를 보면, 고대에는 생명형 · 신체형이 그 중심을 이루다가 점차 자유형 · 재산형 등이 생겨나고 고려시대에 이르러 5형과 부가형을 내용으로 하는 행형제도가 완성되었다.

조선시대에는 고려와 마찬가지로 5형 및 부가형을 행형의 근간으로 하다가 1894년 갑오개혁 이후 자유형 중심의 근대적 행형으로 전환되었다.

갑오개혁 중 사법제도의 개혁은 다음과 같다.

- 형조의 폐지와 법무아문 신설
- 연좌율 폐지
- 고형(拷刑)의 금지
- 재판권과 형집행권 분리
- 1894년(고종 31년) 「감옥규칙」 제정

등이다.

특히 1895년 법률 제1호로 「재판소구성법」이 제정되었는데, 이 법은 행정권으로부터 사법권을 독립시키는 근대 사법제도의 기본원리를 시도한 것으로서 역사적 의의가 크다.

갑오개혁으로 행정과 사법업무가 분리되는 등 정부의 조직기능이 분화되면서 종래 일반 행정업무의 일부로서 관장되었던 감옥사무는 경무청 소관으로 분리되고, 형조에 소속되었던 전옥서는 경무청 감옥서로 변경함과 동시에 종전 직수아문에 부설되었던 감옥은 모두 폐지함으로써 한성부 내의 감옥사무를 경무청 소관으로 일원화하였다.

갑오개혁을 계기로 하여 종래의 5형 중심의 형벌 체계가 자유형 중심의 행형체계로 전환되었다. 즉, 고려 · 조선시대에도 자유형으로 도 · 유형이 있었으나, 구금주의방식에 따라 구금시설 내에서 작업을 부과하고 수용 · 계호 · 접견 · 급여 · 의료 등의 처우를 제도적으로 보장하는 근대적 자유형이 생겨나고 법률(규율)주의 행형이 정착되게 된 것은, 1894년 「감옥규칙」이 제정되고 1895년 「경무청관제」 감옥서의 직제 및 직무 등이 규정되면서부터였다.

1894년 개과천선을 목적으로 제정된 「징역표」는 일종의 단계적 처우법이라고 할 수 있는데, 이는 범죄자에 대한 일종의 분류 및 누진처우제[21]라고 볼 수 있다. 징역표에서는 재소자(수용자)를 보통자, 특수기능소지자, 노유자(老幼者), 부녀자 등 4종으로 분류하고 각각 1~5등급으로 나누어, 일정기간이 지나면 상위등급으로 진급시켜 점차 계호를 완화하는 등 단계적 처우를 시행하도록 하였다.

갑오개혁에 이어 1895년에는 「징역처단례」를 제정하여 유형·도형을 징역형으로 바꾸고, 유형은 국사범에 한하여 존속토록 함으로써 징역형이 보편적인 형벌로 자리잡기 시작했다.

(6) 일제시대

1922년 일본은 「감옥국」을 「행형국」으로, 1923년에는 '감옥'을 '형무소'로 '분감'을 '지소'로 각각 그 명칭을 바꾸었다. 1941년에는 형무소 17개소, 형무지소 11개소 이외에 사상범 예방구금을 위한 보호교도소 1개소가 있었다. '보호교도소'란, 사상범의 예방구금을 위한 예방구금소를 서대문형무소 내에 설치하여 그 명칭을 '보호교도소'라고 한 것이다.

(7) 미군정하의 행형

미군정시대에는 행형의 기본이념을 민주행형에 두기는 하였으나 실제로는 일제시대의 감옥법을 의용하고 형집행 기구에 있어서도 조선총독부시대의 조직과 일제하의 한국인 관리를 그대로 유지하였기 때문에 일제의 잔재를 완전히 불식하지는 못하였으며 따라서 행형제도상의 획기적인 변화는 없었다.

그러나 일부 민주적 행형제도가 도입되어 재소자의 처우를 개선하고 그 인권을 보호하는 개선책도 시행되었다.

개선책으로는,

첫째, 법령 중 종족, 국적, 신앙 또는 정치사상을 이유로 차별을 두었던 것들을 모두 폐지했다.

---

21 누진처우제도란 영어로는 progressive stage treatment system이다. 직역하면 '점진적인 단계로 처우하는 제도'이다. 이 제도는 형기를 수 개의 단계로 나누어 각 단계별로 행형성적을 올리는 데 따라 수형자의 고통을 점차 완화해나가는 처우방법이다. '계급처우'라고도 한다. '누진제'보다는 '점진적 또는 단계적 처우제'라고 번역했다면 이해가 좀 더 쉬웠을 거라는 생각이 든다.

둘째, 불법체포·구속을 금지시켰다.

셋째, 수용자(재소자) 석방청원제도를 도입하였다. 이는 군정 당국이 피의자나 피고인의 부당한 구속을 구제함으로써 인권을 보장하고자 한 조치였다.

넷째, 선시제(good time system)를 도입하였다. 이는 「우량수형자석방령」이 공포되어 이에 근거하여 시행된 것이다.

다섯째, 계구의 사용을 엄격히 제안하고, 감식벌(減食罰)을 폐지하였다.

(8) 「형행법」 제정 및 개정

1950년 행형법을 제정·공포하였다. 1961년 제1차 개정시에는 '형무소'와 '형무관'이라는 용어를 '교도소', '교도관'으로 바꾸었고 귀휴제도를 도입하였다.

「행형법」은 제정 이후 9차에 걸쳐 많은 발전적 개정을 보이다가, 2008년에는 다시 「형의 집행 및 수용자의 처우에 관한 법률」로 전면 개정되어 현재에 이르고 있다.

학습 체크 포인트

01 형벌제도는 복수적 단계 → 위하적 단계 → 교육적 개선단계(형벌의 인도화 단계) → 과학적 처우단계 → 사회적 권리보장단계로 발전하였다.

02 위하적 단계의 시대에는 일반예방주의적 위하(위협) 개념에 따른 준엄하고 잔인한 공개적 처벌이 행해졌고, 서양에서는 순화판사제도가 있었던 시기이며, 카롤리나형법전이 대표적인 법전이라 할 수 있다.

03 행형사(行刑史)에서 교화개선에 중점을 두고 질서생활 · 근로에 의한 교육을 강조했던 교육적 개선형이 처음 등장한 시기는 16세기이다. 이 시기의 암스테르담 노역장에서는 범죄자 · 불량소년 · 부랑인 등의 노동혐오심을 교정하는 것에 중점을 둔 자유형 집행이 이루어졌다.

04 부여에서는 원형옥(圓形獄)이 있었는데, 이 둥근 모양의 감옥 형태는 신라 · 고려로 이어져 왔고, 조선시대 대표적 교정시설인 한양의 전옥서로 승계되어 1914년까지 전래된 전통옥의 양식이었다.

05 조선시대 형벌 중 남형(濫刑)의 폐해가 가장 많았던 형벌은 장형이었고, 이 형은 갑오개혁 다음 해인 1895년 행형제도 개혁에 따라 완전 폐지되었다.

06 태형은 가장 가벼운 형벌로서 집행시 죄수의 엉덩이를 노출시켜 대수를 세어가며 행하는 것이 원칙이었으나, 부녀자의 경우 간음죄를 범한 사람을 제외하고는 옷을 벗기지 않고 집행했다. 또한 70세 이상인 사람, 15세 미만자, 임산부 등에 대하여는 태형 대신 속전을 받았다.

07 태형은 조선말 장형이 폐지된 이후에도 존속되다가 1920년에 완전 폐지되었다.

08 조선시대 '옥구(獄具)'라고 불리어졌던 형구(形具)에는 태 · 장 · 신장(고문에 사용한 가시나무 곤장) · 가(목에 씌우는 나무칼) · 추(수갑) · 철삭 · 요(쇠뭉치 달린 사슬) 등 7종이 있었다.

09 조선시대에는 공(公)형벌주의를 원칙으로 하면서도, 관습적으로 사(私)형벌도 허용되고 있었다.

10 대명률은 조선 건국 이후 1905년에 형법대전(刑法大全)이 공포될 때까지 형사법의 보통법으로 적용되었으며, 조선법전의 형사법은 특별법으로 우선적으로 적용되었다. 즉, 조선법전에 해당 규정이 없는 경우에는 일반적으로 대명률이 적용되었다.

제4절 자유형 집행 및 처우에 관한 법이론

I 수용자처우법의 법원(Sources of Law, 法源)[22]

1. 법원(法源)의 개념

(1) 법원(法源)의 개념

일상적으로 사용하는 법원(法院)은, 소송사건에 대해서 법률적 판단을 하는 권한을 가진 국가기관을 말한다. 이것은 사법부에 속하며 대법원·고등법원·지방법원·행정법원·가정법원 등이 있다.

법률용어로 사용하는 법원(法源)이란 '법의 원천' 즉, 법적 효과를 발생시키는 근거를 말한다. 이를 국민의 입장에서 보면, 국민이 생활하면서 무엇을 기준으로 자신의 행위가 합법적인가 불법적인가를 판단하는 문제이고, 법관의 입장에서는 어떤 규범을 재판의 기준으로 삼을 것인가 하는 문제로서 의미가 있다.

법의 효력을 발생시키는 규범의 존재형식은 크게 성문법(成文法)과 불문법(不文法) 두 가지 형태가 있는데, 이러한 '법의 효력을 발생시키는 규범의 존재형식을 법원(法源)'이라고도 한다. 성문법의 법원으로는 헌법·법률·명령(시행령, 시행규칙)·자치법규(조례, 규칙) 등이 있다. 결론적으로 법원(法源)의 의미를 풀어서 이해한다면, "어떤 분야에 적용되는 법 내지 규범을 그 분야의 법원"이라고 한다.

(2) 교정시설 수용과 처우에서 시설 운용 및 시설의 직원과 수용자의 관계 및 수용자의 생활은 「형의 집행 및 수용자의 처우에 관한 법률」 및 그 시행령·시행규칙이 기본적인 법원(法源)이다.

형집행은 사회로부터 격리시켜 시설에 구금되는 것을 내용으로 하는 신체의 자유 제한이므로, 법률을 근거로 해서 이루어져야 하며 그 절차의 적법성이 매우 중요하다. 수용자처우법(형집행법) 시행령은 대통령령이고 시행규칙은 법무부령이다. 이들과 그 외 형집행과 관련된 부속 법률 및 명령·규칙 등을 통틀어 부를 때에는 '수용자처우법령' 또는 '형집행법령'이라고 한다.

---

22 신양균, 형집행법, 22~52면 참조.

2. 교정(행형)의 주요 법원(法源)

(1) 일반법령

자유형의 집행을 비롯한 시설수용을 내용으로 하는 형사절차의 집행은 법률에 근거해야 하며, 그 가운데 가장 중요한 것이 '수용자처우법(형집행법)'이다. 그 외에도 형집행과 관련된 법률로서, 헌법 · 형법 · 형사소송법 · 법무부와 그 소속기관 직제 · 소년법 · 보호소년 등의 처우에 관한 법률(보호소년법) · 보안관찰법 · 보호관찰 등에 관한 법률(보호관찰법) · 치료감호 등에 관한 법률(치료감호법) · 정부조직법 · 사면법 · 국가인권위원회법 · 감사원법 · 국제수형자이송법 등이 있다.

(2) 형집행법령(수용자처우법령)

1) 법 률

형의 집행 및 수용자의 처우에 관한 법률 · 군에서의 형의 집행 및 군수용자의 처우에 관한 법률(군형집행법) · 민영교도소 등의 설치 · 운영에 관한 법률(민영교도소법) · 교도작업의 운영 및 특별회계에 관한 법률(교도작업법) 등

2) 대통령령

1)의 법률 시행령 · 수형자 등 호송규정 · 가석방자 관리규정 · 교정직공무원 승진임용 규정 · 형집행정지자 관찰규정 등 법규명령

3) 법무부령

1)의 법률 시행규칙 · 교도관직무규칙 · 교도관복제규칙 등 법규명령

4) 법무부훈령

수용자 급양관리지침 · 수용자 청원처리지침 · 수용관리 및 계호업무 등에 관한 지침 · 교정시설 경비등급별 수형자의 처우 등에 관한 지침 · 분류처우 업무지침 등 행정규칙(행정명령)

(3) 이들 법령들은 교정(행형)분야에 직 · 간접적으로 또는 전면적 · 부분적으로 적용되어 법적 구속력을 발휘한다. 그런 의미에서 교정(행형)의 법원이라고 할 수 있다. 이들 중 형집행법령들은 수용자에 대해 각각 수용목적을 달성한다는 합목적성을 기본이념으로 하면서 국가와 수용자의 법률관계를 명확히 하고 있다.

(4) 형집행 분야인 교정은 성문법주의에 의하여 이들 법령들이 원칙적인 법원이 되지만, 예외적으로 성문법이 존재하지 않는 경우에는, 그것을 보충하면서 성문법

해석의 표준으로 작용하는 '형집행관습법'이나 '조리(條理)' 및 '형집행판례'도 보충적인 법원으로 인정된다.

1) '형집행관습법'이라 함은 교정시설 내의 관행에 의하여 발생한 일종의 규범으로서, 이 관습률이 사회의 법적 확신과 인식에 의하여 지지되었을 때, 사회의 중심세력이 법적 규범으로 승인하고 시행하는 것을 말한다.
   이에 대한 예를 들면, "사회저명인사는 명예보호차원에서 특별히 독거실에 수용해야 한다", "부모의 상을 당했을 때에는 미결수용자라도 장례식에 참여할 수 있도록 2~3일 석방하는 것은 우리나라 관습법이다" 등을 들 수 있다.

2) '조리'라고 하는 것은 그 시대의 사회적 통념에 의하여 정의(正義, justice)라고 인정된 것을 기초로 하여 그것에 법적 규범으로서의 효력을 인정한 이치를 말한다.

Ⅱ 교정(행형)의 가장 기본이 되는 법원칙 - 형집행(행형) 법정주의

1. 의 의

(1) 「법률 없이는 범죄도, 형벌도 없다」는 죄형법정주의(罪刑法定主義)는 근대 이래 형사법의 기본원칙으로 인정되고 있다. 우리 헌법은 「누구든지 법률과 적법한 절차에 의하지 아니하고는 처벌·보안처분 또는 강제노역을 받지 아니한다(제12조 제1항)」고 명문으로 이 원칙을 선언하고 있다. 따라서 우리 형법이 명문으로 이에 대한 규정을 두고 있지 않아도 죄형법정주의는 당연한 원칙으로 받아들여지고 있다.

(2) 죄형법정주의는 원래 국가에 의한 자의(恣意)적인 형벌권의 행사로 인한 일반국민의 인권침해를 저지하기 위하여, 가벌적(可罰的) 행위유형과 이에 적용할 형벌의 분량을 미리 형법에 규정한다든지 형사소송의 절차를 법정(法定)함으로써, 일반적 형벌권에 대한 '죄형법정' 및 개별적·관념적 형벌권에 대한 '형사절차의 법정'을 헌법적으로 보장한 것으로 이해되어 왔으나, 오늘날에는 인권사상이 발전·정착함에 따라 '형벌의 구체적인 집행방법의 법정'인 '행형(형집행) 법정주의'도 죄형법정주의에 포함되는 것으로 인식되고 있다. 그 결과 이제는 입법

· 사법 · 행형의 모든 단계에 있어서 국가형벌권의 행사가 '법의 지배'에 따라야만 한다.

(3) 죄형법정주의 차원에서 자유형의 집행(행형)은 법률에 근거해야 한다.

이를 위해 「형의 집행 및 수용자의 처우에 관한 법률」이 제정 · 시행되고 있다. 다만 헌법 제75조에 따라 「대통령은 법률에서 구체적 범위를 정하여 위임받은 사항과 법률을 집행하기 위하여 필요한 사항에 관하여 대통령령을 발할 수 있」고 제95조에 따라 「행정각부의 장은 소관사무에 관하여 법률이나 대통령령의 위임 또는 직권으로 부령을 발할 수 있」으므로, 형집행에 관한 사항에 대해서도 일정한 요건과 제한 아래 대통령령(시행령)이나 부령(법무부령)에 근거할 수 있다. 대통령령(시행령)이나 부령(시행규칙)을 법률체계상 '법규명령'이라 한다.

2. 형집행법령의 체계

(1) 법규명령 - 대통령령(시행령), 법무부령(시행규칙)

1) 과거 구 「행형법」하에서는 법무부령에 위임한 사항들이 그 내용에 따라 수많은 규칙의 형태로 산재하고 있었지만, 형집행법은 위임입법에 대한 근거를 명확히 하여 중요한 사항에 대해서는 대통령령인 「형집행법 시행령」과 법무부령인 「형집행법 시행규칙」에 통일하여 대부분을 규정하고 있다. 그래서 현행법은 법령의 통일성을 도모하고 있다.

2) 형집행법령상의 위임 규정

① 「형집행법」 제41조 제6항이 「접견의 횟수 · 시간 · 장소 · 방법 및 접견 내용의 청취 · 기록 · 녹음 · 녹화 등에 관하여 필요한 사항은 대통령령으로 정한다」고 규정하고 있다. 이를 근거로, 「형집행법 시행령」 제58조가 접견시간 · 횟수 · 장소 등에 관하여 「수형자의 접견은 매월 4회로 한다」 등으로 규정하고 있는 것은, '법률에서 구체적으로 범위를 정하여 위임받은 사항에 관하여 대통통령을 발한 경우'에 해당한다.

② 「형집행법」 제44조 제5항이 「전화통화의 허가범위, 통화내용의 청취 · 녹음 등에 관하여 필요한 사항은 법무부령으로 정한다」를 근거로, 「형집행법시행규칙」 제25조가 「소장은 전화 통화를 신청한 수용자에 대하여 다음 각 호의 어느 하나에 해당하는 사유가 없으면 전화 통화를 허가할 수 있

다」고 규정하여 전화통화의 허가범위 등에 관하여 자세한 내용을 명시하고 있다. 이것은 '법률의 위임으로 부령(법무부령)을 발한 경우'에 해당한다.

③ 「형집행법 시행령」 제84조 제3항에서 「수형자에게 부여하는 처우등급에 관하여 필요한 사항은 법무부령으로 정한다」고 규정한 것을 근거로, 「형집행법 시행규칙」 제72조가 「수형자의 처우등급은 다음과 같이 구분한다」고 규정하여 처우등급을 기본수용급·경비처우급·개별처우급으로 나누어 규정하고 있는 것은 '대통령령의 위임으로 부령(법무부령)을 발한 경우'에 해당한다.

④ 이상과 같이, 수용자의 권리나 의무에 관계되는 사항을 규율하여 법적 구속력을 가지도록 하기 위해서는 국회가 제정한 법률에 의하여야 한다(행형법률주의). 그렇지 않은 경우에는 구체적으로 범위를 정하여 위임한 범위 내에서 시행령(대통령령)이나 시행규칙(법무부령)의 형태로 규정해야 한다(위임입법에 의한 행형법률주의).

이러한 법률체계에 의해 입법부 이외의 국가기관에서 일반적·추상적 규범을 정립하여 규정한 것을 '법규명령'이라고 부른다.

(2) 행정규칙(행정명령) - 법무부장관이 정한 지침 등

1) 형집행법령의 내용 가운데는 '법무부장관이 정한다' 또는 '법무부장관이 정하는 바에 따라' 라고 명시되어 있는 규정이 있다. 이를 근거로 하여 법무부장관이 정하는 업무절차·기준 등을 행정규칙(행정명령)이라 한다. 예를 들면, 「형집행법」 제23조 제2항에는 「음식물의 지급기준에 등에 관하여 필요한 사항은 법무부령으로 정한다」고 규정하고 있다. 이를 근거로 하여 「형집행법 시행규칙」 제10조 이하에서는 음식물의 지급기준을 구체적으로 상세하게 규정하면서, 소장이 「형의 집행 및 수용자의 처우에 관한 법률 시행령」 제28조 제2항에 따라 주식을 쌀과 보리 등 잡곡의 혼합곡으로 하거나 대용식을 지급하는 경우에는 법무부장관이 정하는 바에 따른다」고 규정하고 있다. 이를 근거로 하여 법무부장관은 법무부예규로서 「수용자 급양관리지침」을 정하여 수용자의 급식에 대해 상세하게 규정하고 있다. 여기서 이 「수용자 급양관리지침」이 행정기관 중 하나인 법무부장관이 정한 행정규칙 중 한 종류에 해당한다.

2) 행정규칙은 고시 · 훈령 · 예규 · 지침 등의 명칭을 지닌 규범이다.

행정규칙은 행정조직 내부에서 그 조직이나 업무처리 절차·기준 등을 정한 것이므로 일반 국민에게는 적용되지 않는다. 따라서 일반 국민에게는 법적 구속력이 미치지 아니하고 행정조직 내부에서만 법적 효력이 미치기 때문에 법령의 위임이 없어도, 행정기관이 자체의 행정목적을 달성하기 위하여 필요한 범위 내에서 규범내용을 정할 수 있다. 이에 대해 판례도 "훈령이란 행정조직 내부에 있어서 그 권한의 행사를 지휘감독하기 위하여 발하는 행정명령으로서 훈령, 예규, 통첩, 지시, 고시, 각서 등 그 명칭 여하에도 불구하고 공법상의 법률관계 내부에서 준거할 준칙 등을 정하는 데 그치고 대외적으로는 아무런 구속력도 가지는 것이 아니다(대법원 83누54판결)"라고 판시한 바 있다.

헌법재판소도, "「수용자 청원처리 지침」은 법무부장관 등에게 제기한 청원에 대한 처리기준·절차 등에 관하여 필요한 사항을 규정한 것으로서, 수용자의 청원에 대한 행정기관 내부의 사무처리지침에 불과하므로, 원칙적으로 대외적 구속력이 없다"고 결정하였다(2000헌마325).

Ⅲ 국제법규와 형집행

1. 국제법규의 형집행에 대한 법원(法源)

(1) 수용자의 처우에 관한 문제는 각국의 공통된 관심사이다. 2차 대전 이후, 개인의 자유와 권리를 존중하는 것이 개별국가의 문제로 한정되는 것이 아니라 세계의 평화, 정의, 자유의 기초가 된다는 인식이 공유되면서, 수용자의 인권 내지 처우에 관한 문제도 국제적 관심사로 등장하게 되었다. 이러한 상황에서 일반적인 국제인권장전들도 우리나라의 형집행에 많은 영향을 미치고 있다.

(2) 1948년 「세계인권선언」을 통해 개인의 자유와 권리에 대한 보편적인 국제기준이 마련되었다. 그 후 1966년에 채택된 「시민적 및 정치적 권리에 관한 국제규약」 제10조는 ① 「자유를 박탈당한 모든 사람은 인도적이며 인간의 고유한 존엄성이 존중되며 처우된다」 ② 「피고인은 예외적인 사정이 있는 경우를 제외하고는 기결수와 분리되며, 또한 유죄의 확정판결을 받고 있지 아니한 자로서의 지위(무죄추정을 받는 지위)에 상응하는 별도의 처우를 받는다. 미성년 피고인은 성인

과 분리되며 또한 가능한 한 신속히 재판에 회부된다」고 규정함으로써 기결수용자 및 미성년인 미결수용자에 대한 특별처우를 요구하고 있다. 또한 동조 제3항에서는 「교정시설 수용제도는 재소자들의 교정과 사회복귀를 기본적인 목적으로 하는 처우를 포함한다. 미성년 범죄자는 성인과 분리되며 또한 그들의 연령 및 법적 지위에 상응하는 처우가 부여된다」고 규정하여 수형자에 대한 처우의 목적과 처우의 개별화를 명시하고 있다.

이 국제규약은 우리나라도 가입하였다. 따라서 1990년 7월 10일부터는 우리나라의 행형(교정)의 법원(法源)으로서 법적 구속력이 있다.

(3) 「수용자 처우에 관한 유엔 최저기준규칙(만델라규칙)」(Standard Minimum Rules for the Treatment of Prisoners」

1) 「유엔 최저기준규칙」은 1955년 제1회 「범죄예방(방지) 및 범죄자처우에 관한 유엔회의」[23]에서 결의된 것으로 1957년 유엔 경제사회이사회(ECOSOC)에서 승인, 채택되었고 1977년 동 이사회에 의해 수정 결의되었다. 이 규칙은 수용자의 처우와 시설의 관리지침으로서의 성격과 수용자의 권리장전으로서의 성격을 지닌 국제원칙이라고 할 수 있다.

2) 이 규칙은 서칙(preliminary observation)과 2부로 구성되어 있는데 그 개요는 다음과 같다.

서칙은 네 개의 조문으로, 제1조는 "규정들이 의도하는 바는 교정시설의 모범적 체계를 세세한 점까지 기술하고자 하는 것이 아니다. 이것들은 오직 이 시대의 사조로서 일반적으로 합의된 바와 현재로서 가장 적합한 체계를 위한 필수적인 요소들을 기준으로 하여, 일반적으로 수용자에 대한 처우와 교정시설의 운영에서 올바른 원칙과 관행이라고 받아들여지고 있는 것을 밝혀 놓고자 하는 것일 뿐"이라고 하여 이 규칙의 성격을 밝히고, 제2조에서는 "세계의 법적, 사회적, 경제적 및 지리적 조건들이 매우 다양하다는 점에 비추어볼 때 이 규정들 전부가 모든 곳에서 언제나 적용될 수 없음은 명백하다. 그러나 이 규정들은 그것들이 전체로서 UN에 의하여 적절한 것으로 인정되는 최소한의 조건을 나타낸다는 것을 앎으로써, 그 적용과정에서 발생하는 실제상의 어려움을 극복하려는 부단한 노력을 촉진할 것"이라고 하여 규칙

23 이 회의는 2005년 제11차 회의부터는 '유엔범죄방지(예방) 및 형사사법회의(총회)'로 명칭 · 기능이 변경되어 운영되고 있다.

의 취지 내지 기능에 대해 언급한 다음, "이 규정들이 다루는 영역에서 사조는 끊임없이 발전하고 있다. 이 규정들은 전체로서 그 본문에서 파생되는 원칙들과 조화를 이루면서 그 목적들을 촉진하고자 하는 것인 한 실험과 실습을 배제하지 않는다. 중앙교정당국이 이 정신에 따라 이 규정들의 변경을 위임하는 것은 항상 정당화될 것"이라고 하여 발전과 변화의 가능성을 열어두고 있다. 한편 제3조에서는 이 규칙의 제1부는 보안처분이나 교정처분을 받은 수용자를 포함하여 형사범이나 민사범 그리고 미결수, 기결수를 불문하여 적용되며 제2부는 각 절에서 명시한 특정한 범주의 수용자에 대해 적용된다고 밝히고, 제4조에서는 소년수용자에 대한 특별규정을 두고 있다.

3) 이 규칙 제1부 일반적으로 적용되는 준칙들(Rules Of General Application)에서는 기본원칙(차별금지 및 종교적 신조 등의 존중) 외에 등록, 수용자의 분리, 거주설비, 개인위생, 의류 및 침구, 급식, 운동 및 경기, 의료, 규율 및 징벌, 계구, 정보획득 및 불복신청, 외부와의 교통, 도서, 종교, 수용자의 소유물보관, 수용자의 이송, 시설직원, 감독 등에 대해 상세히 규율하고 있다.

4) 제2부 특별한 범주에 적용되는 준칙들(Rules Applicable To Special Categories)에서는 특별한 범주에 적용되는 규정으로 수형자에 대해, 지도원리, 처우, 분류 및 개별화, 특전, 작업, 교육 및 오락, 사회관계 및 갱생보호에 관한 규정을 두고, 정신장애 및 정신이상수형자, 미결수용자, 민사상의 피구금자, 혐의 없이 체포 또는 구금된 자에 대한 특별한 규정을 두고 있다.

5) 이 규칙은 경제사회이사회 범죄방지위원회와 5년마다 정기적으로 열리는 「범죄예방 및 범죄자 처우에 관한 유엔회의」를 통해 지속적으로 이행 여부가 점검되고 있는데, 국제연합 회원국은 사무총장에게 이 규칙의 실시 여부에 대한 정기보고서를 제출해야 하며, 사무총장은 이를 범죄방지위원회에 보내고 있다. 1984년에 열린 범죄방지위원회에서는 회원국 중 수용자에 대한 처우가 '최저기준규칙'에 다다르지 못한 나라는 이 규칙을 반드시 채택하라고 결의하기도 했으며, 유엔 총회에서도 회원국들에 대해 여러 차례 이 규칙의 이행을 촉구하였다. 이 규칙은 국제법이 아니므로 권고적 효력만 인정된다.

(4) 피구금자(수용자)보호원칙[24]

1988년 유엔 총회에서 참석 회원국 만장일치로 채택된 「모든 형태의 억류 혹은 구금상태에 있는 모든 사람의 보호를 위한 원칙」(Body of Principles for the Protection of All Persons under any Form of Detention or Imprisonment : 「피구금자보호원칙」)은, 이 원칙의 명칭에서도 드러나는 것처럼, 범죄의 혐의를 받아 적법하게 체포된 사람이나 범죄에 대한 판결의 확정으로 구금된 사람뿐만 아니라 인신의 자유가 박탈된 모든 사람에 대해 적용되는 원칙이라는 점에 특징이 있다.

39개 조문으로 이루어진 이 원칙은 일반조항으로서 "시민적 및 정치적 권리에 관한 국제규약상의 권리를 제한하거나 침해하도록 해서는 아니 된다"고 선언하여, 국제인권규약에 기초한 것임을 명시하고 있으며, 그 적용대상이 포괄적임에도 불구하고, 내용면에서 피구금자에 대해서도 적용되어야 할 많은 원칙들과 구체적인 내용들을 포함하고 있다. 즉 인도적이고 인간의 존엄성을 바탕으로 한 처우, 차별금지, 고문 및 그 밖에 잔혹한·비인도적인 또는 굴욕적인 처우나 처벌의 금지, 원칙위반에 대한 정부의 조사의무, 변호인의 조력을 받을 권리 및 접견권, 가족을 비롯한 외부와의 교통기회 부여, 주거와 합리적으로 가까운 시설에 유치, 시설에 수용된 후 신속한 의학적 검사의 실시, 건강을 해할 우려가 있는 의학적, 과학적 실험의 금지 등이 포함되어 있다.

(5) 수형자 처우를 위한 기본원칙

1990년 유엔 총회에서는 「수형자처우를 위한 기본원칙」을 채택하였다. 이 원칙은 1957년 이래 유엔에서 채택한 피구금자의 처우에 대한 언급을 포함하고 있는 협약, 선언 그리고 원칙들과 관련하여 그 내용들을 온전히 실시할 수 있도록 촉진하는 것과 관련하여 근간이 되는 기초를 명백히 표현하고 있다. 11개 원칙으로 구성된 기본원칙의 내용을 보면 다음과 같다.

① 모든 수형자는 인간으로서의 본질적인 존엄과 가치에 따른 존중을 받도록 처우 받아야 한다.

② 인종, 피부색, 성별, 언어, 종교, 정치적 혹은 기타 견해, 국적이나 사회적 지위, 재산, 출생이나 다른 사회적 지위를 이유로 어떠한 차별이 있어서는 아니 된다.

---

24 신양균, 형집행법, 49~50면. 종래 '피구금자'로 번역해서 사용된 용어는 2016년 이후 현행 법률 용어인 '수용자'로 번역하여 통일적인 용어로 사용하는 것이 법무부의 공식적 입장이다.

③ 그러나 각국의 사정이 요청하는 경우에는 언제나 수형자가 속한 종교적 신념과 문화적 원형을 존중함이 바람직하다.

④ 수형자의 구금과 범죄로부터의 사회방위에 대한 구금시설의 책임은 사회의 모든 구성원의 복지와 발전을 증진하기 위한 사회의 목표와 기본적인 책임을 유지하는 데 그쳐야 한다.

⑤ 구금된 사실에 따라 명백히 필요한 한계를 제외하고는 모든 수형자는 국제인권선언에 제시된 것 그리고 당해 국가가 가입한 경우에는 경제, 사회, 문화적 권리에 관한 국제협약과 시민적 정치적 권리에 대한 국제협약 그리고 그에 대한 선택의정서에 제시된 인권과 기본적 자유 및 다른 유엔협약에 제시된 그러한 다른 권리들을 잘 지켜나가야 한다.

⑥ 모든 수형자는 인격의 온전한 발현을 목표로 한 문화 활동과 교육에 참여할 권리를 가져야 한다.

⑦ 제재로서 독거구금을 폐지하거나 그 사용을 제한하기 위한 노력은 시도되고 장려되어야 한다.

⑧ 수형자로 하여금 국가의 노동시장에 재통합하는 데 도움이 되고 자신과 가족의 재정지원에 기여할 수 있게 만드는 정당한 대가를 보장하는 노동을 할 수 있는 조건을 조성해야 한다.

⑨ 수형자는 자신의 법적 상태를 이유로 한 차별을 받지 않고, 국가에서 이용할 수 있는 건강서비스를 받을 권리를 가져야 한다.

⑩ 지역사회와 사회시설의 참여와 조력을 통해 그리고 피해자의 이익을 적절히 고려하여 출소한 수형자들이 가능한 한 가장 좋은 조건 하에 사회에 재통합될 수 있는 유리한 조건들을 조성해야 한다.

⑪ 이상의 원칙들은 차별 없이 적용되어야 한다.

Ⅳ 형집행법(수용자처우법)의 의의

1. 의 의

'형집행법'이란, 형사사건으로 수용시설에 수용된 사람에 대한 구금[25]내지 형집행,

25 구금(拘禁)이란 신체의 자유를 계속하여 속박하는 것을 뜻한다. 일반적인 법률용어로 사용할 때에는 형사처분에 의해 자유를 속박할 때에는 '구금'이라 하고, 반면에 소년원·소년분류심사원

그 밖의 교정업무집행을 규율하기 위한 법률체계를 말한다. 즉, 형법에 정한 추상적 범죄와 형벌규정을 구체적으로 집행하기 위한 방법을 규정한 법률체계 전체를 말한다.

(1) 좁은 의미의 형집행법이란, 유죄판결이 확정되어 자유형을 집행하는 수형자에 대해 교정시설 수용부터 교정시설 내 생활 그리고 석방에 이르기까지의 전과정을 규율하는 법률체계를 말한다. 형집행의 대상자는 징역·금고·구류 수형자 및 노역장유치처분을 받은 자이다.

(2) 넓은 의미의 형집행법이란, 수형자의 형집행뿐 아니라 미결수용자, 사형확정자, 그리고 그 밖의 법률과 적법한 절차에 따라 수용된 사람인 감치[26]명령을 받은 자 등의 처우와 권리 그리고 교정시설의 운영에 관하여 필요한 사항까지 규율하는 법률체계를 말한다.

형집행 구금 이외에 구금의 주된 대상은 체포·구속영장의 집행을 받은 형사피의자 및 형사피고인이다. 이들에 대한 구금을 '미결구금(수용)'이라 한다. '미결구금(수용)이란, 형사피의자·피고인의 도주 및 증거인멸을 방지하기 위하여 구치소 등 교정시설에 수용하는 소송상의 사법(司法)처분을 말한다. 미결구금 외의 구금의 대상은 사형확정자 등이다.

(3) 「형의 집행 및 수용자의 처우에 관한 법률」은 넓은 의미의 형집행법이다. 또한 이 법률은 '형식적 의미의 형집행법'에 속한다.

2. 형식적 의미의 형집행법과 실질적 의미의 형집행법(수용자처우법)

(1) 형식적 의미의 형집행법(수용자처우법)

형식적 의미의 형집행법은, 법에 규정되어 있는 내용이 어떤 것인가를 묻지 아니하고 법의 외형적인 특징인 존재형식을 기준으로 하여 존재형식이 형집행법의 규정으로 되어 있으면 그 모두를 형식적 의미의 형집행법이라 한다.

「형의 집행 및 수용자의 처우에 관한 법률」 및 동시행령, 동시행규칙 등 수용자의 처우에 관한 기본법령을 말한다. 이 법률의 공식적 약칭은 '형집행법'이고, 현행법의 취지를 살려 '수용자처우법'이라고 부르기도 한다.

등에 보호처분으로 속박할 때에는 '수용'이라고 한다. 구금과 유사한 용어로는 '구치(拘置)', '수용(受容)', '수감(收監)', '투옥(投獄)', '유치(留置)' 등이 있다.

26 '감치'란 법정의 질서를 어지럽힌 사람을 유치장이나 교정시설에 가두는 행위를 말한다.

(2) 실질적 의미의 형집행법(수용자처우법)

실질적 의미의 형집행법은 법형식에 구애됨이 없이 오로지 법에 규정된 내용만을 기준으로 하여, 자유형의 집행 및 수용자 처우 등에 관한 사항을 규정하는 법규범 전체를 말한다. 즉 「형의 집행 및 수용자의 처우에 관한 법률」 외에 자유형의 집행 등을 위한 관련법령 전체를 널리 실질적 의미의 형집행법이라고 한다. 형법, 헌법[27], 형사소송법, 정부조직법, 법무부와 그 소속기관 직제, 교도관직무규칙 등이 이에 속한다.

V 형집행법의 연혁

1. 근대 이후

우리나라 역사상 최초의 체계적이고 성문화된 기본적인 행형법규는 갑오개혁 이후에 제정된 「감옥규칙」이다. 이 규칙은 감옥을 미결감 · 기결감으로 구분하는 등의 내용을 담은 21개 조문으로 구성되어 있다. 감옥규칙의 시행령에 해당하는 것으로 「감옥세칙」도 제정 · 시행되었다.

2. 일제강점기

「조선감옥령」이 제정되어, 감옥에 관한 사항을 목적형사상에 기반한 일본의 「감옥법」에 따르도록 하였다. 그러나 외형적으로는 일본행형법규가 의용된 것과는 달리 실제에서는 응보와 위하적 형벌이 우선되었다.

3. 미군정시대(1945년 ~ 1948년)

미군정은 군정법령 제21호로 일제시대의 법령 가운데 한국인에게 차별대우하던 법령만 폐지하고 그 외 법령은 존속시켜, 일본형법과 조선감옥령 등이 그 효력을 계속 유지하였다. 그러나 제도면에서 일부 민주적 행형제도를 도입하여, 민주주의라는 새로운 이념이 행형분야에도 영향을 미치게 되었으며, 수용자의 처우개선과 인권보호가 중요한 문제로 부각되었다.

---

27 「헌법」 제12조 제5항 "체포 또는 구속을 당한 자의 가족등 법률이 정하는 자에게는 그 이유와 일시 · 장소가 지체 없이 통지되어야 한다"는 규정이 실질적 의미의 형집행법에 해당하는 예이다.

4. 「행형법」 시대

「행형법(行刑法)」 제정

1950년 3월 2일 제정 · 공포된 「행형법」은 전문 14장 67개조 및 부칙으로 구성되었는데, 제1조(목적)에는 「본법은 수형자를 격리하여 교정교화하며 건전한 국민사상과 근로정신을 함양하고 기술교육을 실시하여 사회에 복귀케 함을 목적으로 한다」고 규정함으로써 교육형주의 원칙을 선언하고, '교정'이라는 용어를 최초로 행형에 도입하였다. '교육형'이란, 자유형을 수형자의 사회복귀에 유용하도록 교육적 · 복지적으로 집행하는 것을 말한다.

5. 「형의 집행 및 수용자의 처우에 관한 법률」 시대

종래의「행형법」이라는 법률 명칭은, 단순히 '형을 집행하는 법'이라는 소극적 의미로만 해석될 여지가 많고, 교정교화를 목적으로 하는 교정행정의 취지를 살려낼 수 없는 한계가 있었다. 그래서 수형자 · 미결수용자 · 사형확정자 등의 처우에 관한 기본법 내지 권리장전적 성격을 담은 법률명으로의 개정이 필요했다. 이리하여 교정교화를 목적으로 하는 교정행정의 취지를 살려 '수용자의 처우'를 명시하면서도, 형의 집행이 교정행정의 바탕이 되고 있는 점까지 고려하여 「형의 집행 및 수용자의 처우에 관한 법률」이라는 법률명으로 개정하였다.

(1) 제7차 개정 「행형법」 시행에도 불구하고 구 행형법에서 상당한 비중을 점하고 있는 「관리법」적인 내용을 좀더 「처우법」적인 방향으로 전환시킬 필요가 있었고, 교정시설수용자에 대한 차별금지사유의 확대, 여성 · 노인 · 장애인 · 외국인수용자에 대한 배려, 미결수용자의 처우개선, 수용자의 기본적인 인권 신장 및 외부교통권의 강화 그리고 수용자별 처우계획의 수립, 수용장비의 과학화, 보호장비의 개선, 징벌종류의 다양화 등으로 수용관리의 과학화 · 효율화 및 교정행정의 선진화의 필요성이 있어 2007년에 전부개정을 하게 되었다. 이렇게 전면개정된 법률은 공포 후 1년이 경과한 2008년 12월 22일부터 시행되고 있다.

(2) 2007년 12월 21일 전면 개정 공포된 「형의 집행 및 수용자의 처우에 관한 법률」 주요내용

1) 차별금지사유의 확대(법 제5조)

종전에는 수용자처우에 있어서 국적 · 성별 · 종교 및 사회적 신분에 따른 차별금지만을 규정하였으나, 교정시설 내에서의 수용자 간 실질적인 평등실현과

사회 전반의 인권의식 고양을 위하여 장애 · 나이 · 출신지역 · 신체조건 · 병력(病歷) · 혼인 여부 · 정치적 의견 및 성적(性的) 지향 등을 차별금지사유로 추가하였다.

2) 서신 내용 검열제도 개선 및 집필 사전허가제 폐지(법 제43조 제4항, 법 제49조 제1항)

종전에는 수용자의 서신은 원칙적으로 검열할 수 있었고 교정시설의 장의 허가를 받아야만 문학 · 학술 등에 관한 집필을 할 수 있었으나, 수용자의 통신의 자유와 문예 및 창작활동의 자유를 보다 적극적으로 보장하기 위하여 서신내용의 검열원칙을 무검열 원칙으로 전환하고 집필에 대한 사전허가제를 폐지하였다.

3) 여성 · 노인 · 장애인 및 외국인수용자의 처우(법 제50조부터 제54조까지)

사회적 약자인 여성 · 노인 · 장애인수용자를 특별히 보호하기 위하여 신체적 · 심리적 특성, 나이 · 건강상태 및 장애의 정도 등을 고려하여 그 처우에 있어 적정한 배려를 할 것을 명시하고, 외국인수용자의 경우에는 언어 · 생활문화 등을 고려하여 적정한 처우를 하도록 하였다.

4) 수형자 개별처우계획 수립 등(법 제56조 및 제57조)

① 수형자의 교정교화와 사회적응능력 함양을 위하여 교정시설의 장은 수형자의 개별적인 특성에 알맞은 처우계획을 수립 · 시행하고, 분류심사결과에 따라 그에 적합한 시설에 수용하도록 하며, 교정성적에 따라 그 처우가 상향 조정될 수 있도록 하고, ② 수형자의 도주방지 등을 위한 수용설비와 계호의 정도에 따라 교정시설을 개방시설 · 완화경비시설 · 일반경비시설 및 중(重)경비시설로 차등 · 구분함으로써 수형자의 교정성적에 따라 다양한 처우를 실시할 수 있는 시설기반을 마련하였다.

5) 분류심사 전담시설의 지정 · 운영(법 제61조)

수형자에 대한 과학적인 분류와 체계적인 처우계획의 수립 · 시행을 위하여 법무부장관으로 하여금 수형자의 인성 · 자질 · 특성 등을 조사 · 측정 · 평가하는 분류심사를 전담하는 교정시설을 지정 · 운영할 수 있도록 하였다.

6) 미결수용자의 무죄추정에 합당한 지위 보장(법 제79조 및 제85조)

무죄추정을 받는 미결수용자가 수형자와 동일한 처우를 받는 것은 타당하지 않으므로 그에 적합한 처우규정이 필요하여, 미결수용자는 무죄추정에 합당한 처우를 받는다는 것을 명시하고, 미결수용자가 교정시설 수용 중에 규율위반으로 조사를 받거나 징벌집행중인 경우라도 소송서류의 작성, 변호인과의 접견, 서신수수 등 수사 및 재판과정에서의 권리행사를 보장하도록 하였는바, 미결수용자의 수사 및 재판과정에서의 방어권이 확고히 보장될 것으로 기대된다.

7) 전자장비의 사용 및 한계규정 마련(법 제94조)

육안에 의한 수용자 감시의 한계로 자살 등 각종 사고가 빈발함에 따라 선진 외국에서 성공적으로 행하여지고 있는 발전된 계호시스템의 도입이 필요하여, 자살·자해·도주·폭행·손괴 그 밖에 수용자의 생명·신체를 해하거나 시설의 안전 또는 질서를 해치는 행위의 방지를 위하여 필요한 범위 안에서 전자장비를 이용하여 수용자와 시설을 계호할 수 있도록 하되, 전자영상장비로 거실에 있는 수용자를 관찰하는 것은 자살 등의 우려가 클 때에만 할 수 있도록 하였다. 이를 통해 시설 내에서 발생되는 각종 사고에 효과적으로 대응하고, 최소한의 인력으로 시설의 안전과 질서를 확보할 수 있을 것으로 기대된다.

8) 보호장비의 종류 다양화(법 제98조)

종전의 보호장비 중 사슬은 비인도적이므로 이를 보호장비에서 제외하는 대신, 수용자의 신체 압박을 최소화하면서 필요한 신체부위에만 사용할 수 있는 현대적 보호장비인 보호복·보호침대·보호대 등을 보호장비에 추가하였다.

9) 마약류사범 · 조직폭력사범 등에 대한 특별관리(법 제104조)

마약류사범에 의한 교정시설 내 마약류 반입을 효과적으로 차단하고 조직폭력사범으로부터 일반수용자를 보호하기 위하여 마약류사범 및 조직폭력사범 등에 대하여는 수용자로서의 기본적인 처우가 보장되는 범위 안에서 다른 수용자와는 달리 법무부령이 정하는 바에 따라 별도의 관리를 할 수 있도록 하였다.

10) 징벌종류의 확대(법 제108조)

교정시설의 장이 수용자의 규율위반 등을 이유로 부과하는 징벌이 금치 위주로 집행되어 왔고, 그 종류도 5종에 불과하여 다양하지 못하다는 문제점이 있어, 징벌의 종류에 근로봉사, 공동행사 참가 정지, 전화통화 제한, 텔레비전 시청 제한, 자비구매물품 사용 제한 등 9종을 추가함으로써 규율위반 등의 태양에 따라 다양한 징벌을 부과할 수 있도록 하였다.

11) 청원제도의 다양화(법 제117조)

수용자가 그 처우에 불복이 있는 경우에 제출하는 청원은 법무부장관 또는 순회점검공무원에게만 하도록 되어 있어 회신이 지연되는 등 문제점이 있어, 처우에 관한 불복이 있는 수용자는 법무부장관 또는 순회점검공무원뿐만 아니라 관할지방교정청장에게도 청원을 할 수 있도록 하였다.

12) 교정자문위원회제도 도입(법 제129조)

교정시설이 인권의 사각지대라는 대외적 비판을 극복하기 위하여는 교정행정에 대한 국민참여를 보다 확대할 필요가 있어, 5인 이상 7인 이하의 순수 외부인사로 구성되는 교정자문위원회를 교정시설별로 설치하여 수용자처우 및 교정시설 운영 등에 관하여 교정시설의 장에게 자문할 수 있도록 한 바, 교정행정의 투명성과 공정성을 제고하였다. 교정자문위원회는 2019년 개정으로 현재는 지방교정청에 설치, 운영되고 있다.

13) 부정물품의 반입 · 수수 등에 대한 벌칙(법 제132조)

수용자가 주류 · 담배 · 현금 · 수표를 교정시설에 반입하거나 이를 소지 · 사용 · 수수 · 교환 또는 은닉하는 경우와 수용자 외의 사람이 위 물품을 반입 · 수수 · 교환하는 경우 6개월 이하의 징역 또는 200만원 이하의 벌금에 처하여 시설의 안전과 질서를 유지하고 각종 사고를 예방할 수 있도록 하였다.

6. 「형의 집행 및 수용자의 처우에 관한 법률」의 구조

형집행법은 5편 16장 137조(총 141개 조문) 및 부칙으로 구성되어 있다.

구성내용을 보면 제1편 총칙, 제2편 수용자의 처우(제1장 수용, 제2장 물품지급, 제3장 금품관리, 제4장 위생과 의료, 제5장 접견 · 서신수수 및 전화통화, 제6장 종교와 문화, 제7장 특별한 보호, 제8장 수형자의 처우, 제9장 미결수용자의 처우, 제10장 사형확정자, 제11장 안전과 질서, 제12장 규율과 상벌, 제13장 권리구제), 제3편 수용의 종료(제1장 가석방, 제2장 석방, 제3장 사망), 제4편 교정자문위원회, 제5편 벌칙 등으로 편제되어 있다.

VI 형집행법의 목적

1. 「행형법」과 형집행법(수용자처우법)의 목적 비교

행형법	이 법은 수형자를 격리하여 교정교화하며 건전한 국민사상과 근로정신을 함양하고 기술교육을 실시하여 사회에 복귀하게 하며 아울러 미결수용자의 수용에 관한 사항을 규정함을 목적으로 한다.
형집행법	이 법은 수형자의 교정교화와 건전한 사회복귀를 도모하고, 수용자의 처우와 권리 및 교정시설의 운영에 관하여 필요한 사항을 규정함을 목적으로 한다.

(1) 구행형법과 형집행법을 비교해보면, 형집행법은 '수형자의 격리', '건전한 국민사상과 근로정신을 함양하고 기술교육을 실시'한다는 부분을 삭제하고, '미결수용자의 수용' 대신 '수용자의 처우와 권리'라는 내용으로 수정하였다. 또한 '교정시설의 운영에 관하여 규정함을 목적으로 한다'는 내용을 새롭게 명시했다.

(2) 형집행법 제1조(목적) 규정에서 '수형자의 격리'를 제외한 것은, 자유형의 집행이 당연히 구금을 내용으로 하기 때문에 구태여 교화를 위한 전제로서 '격리'를 법의 목적으로까지 명시할 필요가 없기 때문이다.

(3) '국민정신의 함양으로 사회에 복귀하게 함'은 전체주의적 성격을 드러낼 수 있고, '근로정신의 함양이나 기술교육을 실시하여 사회에 복귀하게 함'은 사회복귀를 위한 처우의 다양성에 비추어 볼 때 지나치게 단순한 방법이기 때문에 삭제하였다.

2. 「형집행법」의 목적 분석

(1) 수형자를 시설에 수용하는 것은 구금을 통한 격리 내지 응보(보복)에 그 목적이 있는 것이 아니라 수형자의 품성이나 행동을 바로잡아서 건전한 사회인으로 복귀시키는 데 목적이 있음을 선언하고 있다.

이는 확정된 자유형을 집행함에 있어서 불법과 책임에 대응하는 대가를 치르도록 하는 데 그치는 것(응보형주의)이 아니라, 수형자가 석방되어 사회로 나아갔을 때 더 이상 범죄를 저지르지 않고 건전하게 생활할 수 있도록 하는 데에 집행의 초점이 맞춰져야 한다는 것을 명백히 밝힌 것이므로 교육형주의 내지 교정주의에 부합한다.

(2) 수용자의 처우와 권리에 관하여 필요한 사항을 규정함을 목적으로 하고 있다. 이는 본 법이 수형자만을 적용대상으로 하는 것이 아니라 교정시설에 수용된 모든 사람을 적용대상으로 한다는 것을 분명히 하고, 모든 수용자의 처우와 권리를 잘 보장하는 것이 형집행법의 주요 목적임을 밝힌 것이다. 2007년 개정된 본 법의 명칭을 「형의 집행 및 수용자의 처우에 관한 법률」로 하고, 전체 141개 조문 중에 '수용자의 처우'에 관하여 제2편에 13개 장 110개 조문을 배정하여 자세히 규정하고 있는 것을 보면, 본 법이 수용자의 처우와 권리보장에 관한 내용을 보다 체계적이고 합리적으로 규율하는 것을 주된 목적으로 삼고 있음을 알 수 있다. 이러한 취지를 살리기 위해 본 법의 약칭을 「수용자처우법」이라고 부르기도 한다. 본서에서는 「형집행법」보다는 「수용자처우법」을 강조하고자 한다.

(3) 교정시설의 운영에 관하여 필요한 사항을 규정함을 목적으로 한다.
이 목적은 본법이 '처우규정'의 성격뿐만 아니라 '관리규정'의 성격도 함께 지니고 있음을 명시한 것이다. 그래서 수용자를 수용하는 교정시설의 운영을 위하여 필요한 시설 내 안전과 질서유지에 관한 내용을 총칙 및 처우에 관한 조문들에 포함시켜 규정하고 있다. 시설에 수용된 수용자를 잘 처우하는 것이 매우 중요한 업무이지만 수용을 통해 그러한 목적을 달성하기 위해서는 먼저 시설 내 안전과 질서를 유지하는 것이 필요불가결한 전제조건이 된다.
이를 위하여 필요한 사항들을 규정한 관리규정의 내용은 신체검사, 보호실·진정실 수용, 전자장비·보호장비 등 교정장비 사용, 강제력 행사, 징벌과 벌칙 등에 관한 조문내용이다.

Ⅶ 수용자처우법(형집행법)의 법적 성격, 기능, 특질 및 구조

1. 법적 성격

법규범으로서 수용자처우법은 국법체계상 다양한 성격을 가지고 있다. 수용자처우법은 공법(公法) 중에서 행정법에 속하고, 절차법적 성격을 가진 형사법이며 강행법이다.

(1) 공법[28]

본 법은 국가기관인 교정시설과 수용자의 법률관계를 규율하는 공법이다.

그러므로 수용자처우법에 의하여 보호되는 법익은 사익보다 공익의 유지 및 향상에 더 비중을 두고 있다. 수용자처우법은 공법적 성격으로 인해 법치주의 내지 법의 지배의 원리에 입각해서 국가의 공익과 수용자의 사익(私益)을 조화시키도록 해야 한다. 공법에는 헌법·행정법·형사소송법 등이 있다.

(2) 행정법

법을 입법법, 행정법, 사법법으로 구분할 경우 형법은 재판에 적용되는 법이라는 의미에서 사법법이나, 수용자처우법은 행정법에 속한다. 따라서 법적 안정성을 보다 중시하는 사법법(司法法)과는 달리 '합목적성이 중시되는 행정법'으로서의 수용자처우법은 수용자를 시설에 수용하는 구체적 목적을 달성하는 데 중점을 둔다.

수용자의 법적 지위에 따라 수형자, 미결수용자, 사형확정자 등의 수용목적이 달라지기 때문에, 수용자처우법은 일률적으로 적용되지 않고 각각의 수용 목적을 달성하기 위해 탄력적으로 인적·물적 자원이나 제도가 적용되고, 시설의 안전과 질서를 유지하는 수단도 합목적적 차원에서 다르게 규율할 수 있다. 그러나 다른 행정법 영역과는 달리 수용자처우법에 따른 다양한 처분들은 수용자의 자유와 권리를 침해 내지 제한하는 것을 바탕으로 이루어지므로, 합목적성 이외에도 법적 안정성을 동시에 고려해야 한다. 따라서 수용자처우법은 '사법적 색체가 강한 행정법'으로 인식되고 있다. 이러한 성격을 감안하여 법적 지위에 따라 다른 수용절차와 구체적 처우내용 그리고 권리구제절차 등이 법률로 명확하게 규정되어야 한다. 그렇지 않으면, 교정시설이 합목적성(공익)을 내세워 자의적(恣意的)으로 수용자의 자유와 권리(사익)를 침해하는 상황이 야기될 수 있다.

(3) 형사법(刑事法)

수용자처우법은 국가형벌권의 내용과 그 집행방법 등을 규정한 형사법이다. 「형법」, 「형사소송법」도 이 범주에 속하는 법률들이다. '형사법'이란 '형벌로 다스리는 규범'이란 의미이다.

---

28 공법(公法): 국가와 공공단체 또는 공공단체 상호 간의 관계나 이들과 개인의 관계를 규정하는 법률

(4) 절차법

수용자처우법은 범죄와 형벌의 요건과 내용 등 실체를 규정하는 실체법(형법)이 아니라 형사제재의 구체적 실현을 위한 절차와 방법을 규율하는 절차법이다. 그러나 같은 절차법에 속하는 「형사소송법」과는 달리 확정된 형사제재를 전제로 형벌의 구체적인 실현방법인 집행과정을 규율하는 점에 특색이 있다. 「형사소송법」은 주로 형이 확정되기 이전까지의 형사소송의 절차를 규정하고 있다.

(5) 강행법

수용자처우법은 당사자의 의사에 의하여 법규정과 다른 법적 효과를 발생시킬 수 없는 강행법이다. 즉 당사자의 자유의사와는 상관없이 적용되는 법규이다. 공법은 강행법에 속한다.

2. 수용자처우법의 기능

규범적 기능	수용자처우법은 이 법이 정한 기준에 따라 교도소와 수용자 간에 발생하는 여러 상황을 적법 또는 위법하게 평가하여 그에 상응한 법적 효과를 부여함(평가규범과 의사결정규범으로서의 역할)
강제적 기능	이 법은 그 규정에 맞추어 수용자의 처우 및 수형자의 형벌 집행을 강제·구속하므로, 만약 그들이 법이 요구하는 의무에 반할 때에는 강제적으로 실현시키는 기능을 함
보장적 기능	이 법은 수용자에 대한 처우준칙을 규정하고 있으므로, 그들은 이 준칙보다 불리한 처우를 받지 않도록 하여(고통가중 금지의 원칙) 수용자가 인권을 보장받도록 하고 있음. 즉, 수용자처우법은 수용자의 '권리장전' 또는 '대헌장(Magna Carta)'으로서의 기능이 있음 * 일부 교재[29]는 이를 '보호적 기능'이라고 표현하고 있으나, 이는 일반적 학문용어에 어긋나는 것임
형제적(形制的) 기능	이 법은 교정시설에서의 여러 가지 제도의 형식(形式)과 내용을 제정(制定)하는 제도 정립 기능을 함. 교정에 관한 여러 제도들은 단순히 행형관습에 의해서가 아니라 처우법규에 의해 법적으로 뒷받침되어 성립되어야 함. 따라서 수용자처우법은 교정제도를 법적 제도로 창설하는 기능을 하고 있음 * 일부 교재[30]는 이를 '형벌적 기능'이라고 표현하고 있으나, 이는 개념논리에 맞지 않는다고 생각됨

29 허주욱, 교정학, 2013, 137면.

3. 특 질

(1) 교정(행형)은 자유형을 집행 받고 있는 수형자를 비롯하여 구금 중인 미결수용자, 사형확정자 등 모든 수용자에 대한 형사정책적 합목정성을 추구하는 법무행정이다. 우리나라에서도 교정(행형)은 행정청인 법무부의 업무관할에 속한다(「정부조직법」 제32조, 「법무부와 그 소속기관 직제」 제3조).
교정(행형)의 내용에는 형벌의 집행뿐만이 아니라 수사단계, 재판단계에 있어서의 피의자·피고인의 수용절차와 방법 등이 포함된다.

(2) 형벌권은 사법권(司法權)에 속하지만, 수사 및 기소단계에서나 재판확정 후에 그 집행단계에서의 수용자에게는 국가사법이 관여할 여지가 거의 없다. 따라서 범죄인에 대한 사법절차는 사법과 행정의 두 영역으로 분리되어 있어 형집행은 행정의 영역에 속한다. 그렇지만 형과 구금의 집행이 법무행정에 속한다 해도, 국가형벌권을 구체적으로 실현하는 과정에 포함된다는 점에서 광의의 사법기능에도 속한다.

(3) 교정(행정)의 특질로 인해 형집행은 행정적 기능의 지도 원리인 '합목적성 내지 구체적 타당성'에 의하여 지배되면서도 사법적 기능의 지도 원리인 '법적 안정성 내지 일반적 확실성'에 의해서도 지배된다. 이와 같이, 형집행법은 협의(좁은 의미)로는 합목적성과 광의(넓은 의미)로는 법적 안정성의 이중적 이념을 겸유하고 있으므로, 이를 적용하는 때에는 일정한 범위 내에서 상호 조정이 필요하다.

(4) 교정(행형)의 사법화(司法化)

1) 교정 내지 형집행의 특질상 범죄인에 대한 처우가 사법영역과 행정영역으로 확실하게 구분하는 것이 타당한지에 대해 현재까지 많은 논란이 있다.
2) 수용자의 권리보장을 중시하는 입장과 '재판권 연속성의 이념'을 중시하는 입장에서는 재판과 그 집행을 '형의 적용'의 개념에 포함시킬 수 있다고 보면서, 교정절차 내지 법집행절차에 대한 사법적(司法的) 통제를 통한 수용자의 권리강화를 주장하고 있다. 이러한 차원에서 현재 유럽의 여러 국가에서는 수용자의 처우에 있어서 법관의 개입이 강조되는 추세를 보이고 있다.

30 허주욱, 교정학, 2013, 137면.

Ⅷ 형집행법(수용자처우법)의 적용범위

1. 적용범위의 의미

일반적으로 법은 적용범위가 한정되어 있다. 「형집행법」의 경우에도 이 법이 미치는 적용범위를 알아야 한다. 법의 적용범위를 다루는 것을 '법의 형식적 효력의 문제'라고 한다. 법의 형식적 효력으로 문제되는 것은 (1) 시간적 효력, (2) 장소에 대한 효력, (3) 사람에 대한 효력 등이다.

2. 시간적 효력

(1) 「형집행법」도 일반적인 법률과 마찬가지로 시행부터 폐지까지 그 효력이 미친다. 따라서 경과규정이 없는 한 소급효금지의 원칙이 적용된다.

(2) 소급효(遡及效)금지의 원칙에서 '소급효'란, 어떤 법적 효력이 그 법규정이 없었던 과거로 거슬러 올라가 그 때에 행하여진 행위에 대해서도 새로 규정된 법이 효력을 미치는 것을 말한다. 따라서 소급효금지의 원칙이 적용되는 「형집행법」도 새로운 법조문이 개정 또는 신설되었다 해도 이 행형법규 시행 이전의 행위에 대해서는 효력이 미치지 않고, 이 행형법규 시행 이후에 이루어진 행위에 대해서만 적용된다. 소급효금지의 원칙은 「헌법」과 「형법」에 명시되어 있다.

(3) 「헌법」 제13조 제1항에는 "모든 국민은 행위 시 법률에 의하여 범죄를 구성하지 아니하는 행위로 소추되지 아니 한다"고 명시되어 있다. 「형법」 제1조 제1항은 "범죄의 성립과 처벌은 행위 시의 법률에 의한다"고 규정하고 있다.

(4) 「형집행법」에는 소급효금지의 원칙에 관하여 명시적 규정을 두고 있지 않으나 일반적인 법리(法理)에 따라 소급효금지의 원칙이 적용된다.

3. 장소에 대한 효력(장소적 적용범위)

(1) 「형집행법」 제3조는 "이 법은 교정시설의 구내와 교도관이 수용자를 계호하고 있는 그 밖의 장소로서 교도관의 통제가 요구되는 공간에 대하여 적용한다"고 규정하여, 동법의 장소적 적용범위를 명시하고 있다. 구 행형법에서는 이러한 적용범위에 관한 규정이 없어 시설 외에서 수용자 관련사항이 나타난 경우에 동법을 적용

할 수 있는지에 대해 논란이 있었으나, 「형집행법」은 이를 입법적으로 해결하였다.

(2) 「형집행법」은 일차적으로 교정시설의 구내에서 적용된다. 교정시설과 수용자의 수용관계가 이루어지는 곳이 시설의 구내이기 때문이다. 여기서 '구내'라 함은 구외에 위치한 '일반구역'을 제외한 '보안구역'을 말한다. 일반구역 역시 담장 등에 의해 외부와 구분되어 있기는 하지만, 시설 내 일반 행정업무와 민원업무가 이루어지고 직원들을 위한 시설이 있는 곳이므로 직접 형집행법을 적용할 필요가 없기 때문에 교정시설의 구내와 구별한 것이다.

(3) 시설의 구내가 아니더라도 교도관이 수용자를 계호하고 있는 장소에 대해서는 일정한 요건하에 「형집행법」이 적용된다.
형집행법은 수용관계를 실현하기 위한 법으로서 현실적인 수용관계가 이루어지고 있는 곳에서는 형집행법의 적용이 필요하다는 점을 고려한 것이다. 따라서 수용자의 접견, 호송, 이송, 외부작업, 사회견학 등으로 수용자가 교정시설의 구외나 시설 밖에 머물고 있는 경우라도 교도관의 통제가 요구되는 공간이라면 형집행법이 적용된다. 예컨대 수용자가 가족과 면회를 위해 접견실에 머무는 경우 접견실 자체는 시설의 구내는 아니지만 교도관의 통제가 필요하므로 형집행법을 적용한다.

(4) 수용자가 머물고 있는 장소라도 교도관의 통제가 요구되는 공간이 아니면 형집행법은 적용되지 않는다. 예컨대 귀휴가 허가된 수형자가 자신의 집에 머물고 있는 동안에는 그 집안에서는 형집행법은 적용되지 않으며 예외적으로 허가가 취소되거나 천재지변 등으로 돌아올 수 없는 경우 등에 대해서는, 형집행법에 특별규정을 두어 형집행법을 적용하도록 하고 있다. 여기서 주의할 점은 귀휴가 허가된 수형자에 대해서 형집행법이 적용되지 않는다는 것이 아니다. 그 수형자에 대해서는 사람에 대한 효력에 의해 당연히 형집행법이 적용된다.

(5) 교정시설의 법적용

교정시설이란 형사소송절차 및 형집행을 확실하게 유지하기 위해 운영되는 물적 계호[31]시설과 관리직원의 결합체인 공공시설물(영조물)을 뜻한다. 오늘날의 교정시

---

31 계호(戒護)란 수용자를 경계하여 지킨다는 뜻. 계호란 교정시설의 안전 및 수용질서유지 및 수용자의 교화개선을 목적으로 하는 일체의 강제력으로, 수용자에 대한 격리작용과 개선을 위한 경계와 보호작용을 말한다. 종래에는 구금의 확보와 교정시설의 규율유지라는 소극적인 경계기

설은 국가가 운영하는 시설과 민간이 운영하는 시설이 있다.

1) 좁은 의미의 교정시설

협의로는 교정의 대상이 되는 사람인 수형자를 수용하는 시설, 즉 교도소만을 의미한다. 현대 교도소제도의 뿌리는 중세 수도원 제도에서 찾을 수 있다. 일반인에게 감방으로 알려진 교도소의 거실을 뜻하는 'cell'이라는 용어는 원래 '수도사의 방'을 일컫는 말이었고, 교도소를 뜻하는 'penitentiary'는 '회개하는 집'을 뜻하는 단어였다.

2) 넓은 의미의 교정시설

광의로는 교도소뿐 아니라 형사피의자·형사피고인 등 미결수용자 및 사형확정자 등을 수용하는 시설까지 포함하는 개념이다. 「수용자처우법(형집행법)」은 수형자·미결수용자·사형확정자 등 법률과 적법한 절차에 따라 수용된 사람을 수용하는 시설인 교도소·구치소 및 그 지소를 교정시설로 정의하고 있다(제2조 제1호).

3) 가장 넓은 의미의 교정시설

최광의로는 형벌집행과 관련된 시설뿐 아니라 시설수용을 내용으로 하는 각종 보안처분 내지 보호처분을 집행하기 위한 시설까지 포함한다. 치료감호소, 소년원, 소년분류심사원 등 보안·보호시설은 가장 넓은 의미의 교정시설에만 포함되며, 「형집행법」의 적용을 받지 아니한다.

4. 사람에 대한 효력(인적 적용범위)

(1) 수용자

형집행법은 일차적으로 수용자에게 적용된다. 여기서 수용자 함은 '수형자·미결수용자·사형확정자 등 법률과 적법한 절차에 따라 교도소·구치소 및 그 지소에 수용된 사람'을 말한다(법 제2조 제1호).

1) '수형자'란 자유형이 확정되어 교정시설에 수용된 사람과 벌금 또는 과료를 완납하지 아니하여 노역장유치명령을 받아 교정시설에 수용된 사람을 말한다(법 제2조 제2호).

능 내지 교정의 권력작용만을 계호로 보았지만, 교정이념이 발달한 오늘날에는 계호의 실질적 목적이 교화개선에 있다는 측면에서 적극적인 보호·보육 내지 복지증진작용까지 계호라고 보고 있다(이백철, 619면).

형의 선고를 받아 '그 형이 확정'되었다는 것은 유죄판결이 선고되어 통상의 방법으로는 다툴 수 없게 되고 그 내용을 변경할 수 없게 된 상태를 말한다. 이러한 확정판결로 피고인은 신분이 형확정자로 변경된다. 본래 수형자란 입법취지상 징역, 금고 또는 구류 등의 자유형의 집행을 받는 자만을 의미하나 재산형, 즉 벌금이나 과료를 납입하지 아니하여 노역장유치명령[32]을 받은 자도 시설수용에 의하여 형이 집행된다는 점에서 공통점이 있으므로 수형자의 개념에 포함시키고 있다. (수형자=자유형수형자+노역수형자)

2) '미결수용자'란 형사피의자 또는 형사피고인으로서 체포되거나 구속영장의 집행을 받아 교정시설에 수용된 사람을 말한다(법 제2조 제3호).

범죄의 혐의를 받아 수사가 개시되거나 공소가 제기된 자로서 신병을 확보하기 위해 형사절차가 진행되는 동안 시설에 수용되는 자를 말하며, 영장 또는 적법한 절차에 따라 체포·구속된 자이다. 구 행형법에서는 '형사피의자 또는 형사피고인으로서 구속영장의 집행을 받은 자'로만 되어 있어, 적법하게 체포된 자, 즉 통상체포, 긴급체포 또는 현행범체포로 체포된 자가 제외되는 문제점이 있었으나, 이를 입법적으로 해결하였다.

3) '사형확정자'란 사형이 확정되어 교정시설에 수용된 사람을 말한다(법 제2조 제4호).

사형이 확정된 자는 형이 집행되기 전까지 집행을 확보하기 위해 교정시설에 수용하게 되는데, 그 기간 동안 형집행법을 적용하도록 한 것이다. 구 행형법에서는 '사형수'라는 명칭으로 수용장소, 사형의 집행, 참관금지 등에 대해 개별적으로 규정하였으나, 형집행법에서는 '사형확정자'로 바꾸었다.

4) '그 밖에 법률과 적법한 절차에 따라 교정시설에 수용된 사람'이란, 법원의 감치명령, 사회보호법에 따른 보호감호처분 등을 받은 자로서 그 수용장소가 교도소, 구치소 및 지소인 경우를 말한다. 따라서 시설에 수용된 자라도 교정시설 이외의 시설, 예컨대 치료감호법에 따른 치료감호시설, 인권보호법에 따른 수용시설(의료시설, 복지시설, 수용시설, 보호시설), 출입국관리법에 따른 외국인보호시설이나 외국인보호소 등에 수용된 사람에 대해서는 본법이 적용되지 않는다.

---

32 벌금의 미납 시 1일 이상 3년 이하의 노역장유치, 과료의 미납 시 1일 이상 30일 미만의 노역장유치명령을 규정하고 있다(「형법」 제69조 2항). 노역장유치명령을 '대체자유형' 또는 '변형된 자유형'이라고 한다. 노역장유치명령을 받고 교정시설에 수용된 사람을 '노역수형자'라고 한다.

(2) 교도관 및 법무부장관

형집행법이 수용관계를 규율하는 법으로서, 수용자와 시설의 관계를 전제로 하면서 시설을 관리·운영하는 소장이나 소속 교도관에 대한 직무규범으로서 성격도 함께 가지고 있다. 따라서 시설에 소속된 교도관(소장을 포함)에 대해서도 당연히 형집행법이 적용된다. 법률에서는 교도관에 대해서 별도로 규정하고 있지 않지만, 개별조항에서는 소장 내지 교도관의 직무에 대해 언급하고 있는데, 예컨대 형집행법 제16조 제2항은 "소장은 신입자에 대하여는 지체 없이 신체·의류 및 휴대품을 검사하고 건강진단을 하여야 한다"고 규정한 것이나, 제42조가 "교도관은 접견중인 수용자 또는 그 상대방이 다음 각 호의 어느 하나에 해당하면 접견을 중지할 수 있다"고 규정한 것 등이 여기에 해당한다. 한편 법무부장관에 대해서도 순회점검, 수용자의 청원과 같이 교정과 관련된 업무에 종사하는 경우에는 형집행법이 적용된다.

교도관이란, '수용자의 구금 및 형의 집행, 수용자의 지도·처우 및 계호 등 교정행정에 관한 업무를 담당하는 공무원'을 말한다. 교정시설에서 직무에 종사하는 공무원뿐만 아니라 감독관청인 지방교정청 및 법무부에서 교정업무를 담당하는 공무원도 모두 포함되며, 시설에 근무하는 교도관은 교정직교도관과 직업훈련교도관, 보건위생직교도관, 기술직교도관, 관리운영직교도관으로 구분된다.

(3) 일반인

일반인의 경우에는 원칙적으로 형집행법이 적용될 여지가 없으나, 교도관의 통제가 요구되는 공간에 있는 경우에 한해 형집행법이 적용될 수 있다.

예컨대 교정시설을 참관하는 경우, 수용자에게 금품을 교부하는 경우, 수용자와 접견하거나 서신을 수수하는 경우, 수용자와 전화통화를 하는 경우 등이다. 형집행법에 따르면, 교도관은 교정시설을 출입하는 수용자 외의 사람에 대하여 의류와 휴대품을 검사할 수 있고, 일정한 요건 하에 강제력을 행사하거나 무기를 사용할 수도 있다. 또한 수용자의 도주 등으로 수용을 위한 체포를 하는 경우에 교도관은 도주 등을 한 사람의 이동경로나 소재를 안다고 인정되는 사람을 정지시켜 질문할 수도 있다.

또한 일반인도 교정위원, 징벌위원회위원, 가석방심사위원회위원 등으로 활동하는 경우에는 형집행법이 정한 바에 따라 권한과 책임을 지게 된다.

학습 체크 포인트

01 죄형법정주의 차원에서 자유형의 집행은 법률과 법규명령에 근거해야 한다.

02 「수용자 처우에 관한 유엔최저기준규칙」은 행형 또는 처우에 관한 국제법이 아니므로 구속력 있는 직접적인 법원(法源)은 될 수 없다.

03 수용자의 권리와 의무에 대한 사항들은 헌법을 근거로 정당성이 인정되므로 헌법 역시 형집행법의 중요한 법원(法源)이 된다.

04 헌법재판소는 교정시설과 수용자의 관계, 즉 수용관계의 성격에 대해 '특수한 법률관계'로 규정했다. 그 구체적 의미에 대해서는 "헌법이 보장하는 신체의 자유 등 기본권에 대한 제한은 불가피하지만, 수형자의 경우에도 모든 기본권 제한이 정당화 될 수 없으며, 수형자의 지위에서 제한이 예정되어 있는 자유와 권리는 형의 집행과 도망의 방지라는 구금의 목적과 관련된 신체의 자유 및 거주이전의 자유 등 몇몇 기본권에 한정되어야 하며, 그 역시 필요한 범위에서 벗어날 수 없다"고 하고 있다.

05 수용자에 대해서도 일반이과 마찬가지로 국가가 기본권보장의무를 지고 있으므로, 국가권력에 기초하여 형집행법을 적용하여 수용자를 수용하고 처우함에 있어서는 수용자에게 보장되어야 할 인권을 가능한 한 폭넓게 인정하고 보호하도록 해야 한다.

06 시설에 수용된 수용자도 국민의 한 사람으로서 헌법이 보장하는 기본권 보장의 주체가 된다.

07 수용자의 자유와 권리도 구금 내지 수용의 목적을 달성하기 위해 필요한 때에는 법률로써 제한할 수 있으며, 제한하는 경우에도 자유와 권리의 본질적인 내용은 침해할 수 없다. 즉, 수용자의 자유와 권리에 대한 제한은 목적의 정당성, 수단의 적합성, 침해의 최소성 그리고 법익균형성을 지켜야 한다.

08 행정규칙의 성질을 지닌 법무부장관이 정한 지침, 예규는 일반적으로 행정조직 내부에서만 효력을 가지는 것이고 대외적인 구속력을 갖는 것이 아니다.

09 형집행법령은 법률 및 대통령령인 「형의 집행 및 수용자의 처우에 관한 법률 시행령」, 법무부령인 「형의 집행 및 수용자의 처우에 관한 법률 시행규칙」으로 구성되어 있다.

10 「형의 집행 및 수용자의 처우에 관한 법률」은 자유형 수형자 · 노역수형자뿐만 아니라 미결수용자와 사형확정자 및 기타 적법한 절차에 따라 교정시설에 수용된 사람까지 적용대상으로 하고 있으므로 넓은 의미의 수용자처우법 또는 형집행법이라고 할 수 있다.

11 우리나라의 수용시설은 교정시설과 보호시설로 구분되어 법원(法源)을 달리하고 있다.

12 우리나라 역사상 최초의 체계적이고 성문화된 전문적인 기본 행형법규는 「감옥규칙」이다.

13 우리나라에서 교정시설의 명칭은 뇌옥 → 전옥서 → 감옥서 → 감옥 → 형무소 → 교도소 순으로 바뀌었다.

14 우리나라 교정사를 시기 순으로 나열하면, 「행형법」 제정 → 4개 지방교정청 신설(1991년) → 민영교도소 근거규정 신설(1999년) → 교정국을 교정본부로 확대 개편(2007년) → 「형의 집행 및 수용자의 처우에 관한 법률」로 전면개정(2007년) → 민영교도소인 소망교도소 설치(2010년) 순이다.

15 수용자처우법은 공법 · 형사법 · 강행법 · 사법(司法)법 · 절차법에 해당하고 규범적 기능 · 강제적 기능 · 보장적 기능 · 형제(形制)적 기능을 지니고 있다.

16 「형의 집행 및 수용자의 처우에 관한 법률」은 수형자 · 미결수용자 · 사형확정자에게 공통적으로 적용되는 규정과 수형자 및 미결수용자의 처우에만 각각 고유하게 적용되는 규정 및 사형확정자에게만 적용되는 규정으로 구성되어 있다.

17 「수용자처우법(형집행법)」은 범죄를 통해 해악을 끼친 사람들에게 적용하는 형사법이므로 소급효금지의 원칙이 적용된다.

18 「수용자처우법」은 적용범위에 대해 시간적 효력이나 사람에 대한 대인적 효력은 명시하지 아니하고 있지만, 장소적 효력에 대하여는 명문규정을 두고 있다.

19 「수용자처우법」은 교정시설에서의 수용자의 수용관계를 관리하는 특수한 규정이 중심이 되고 있지만, 사람에 대한 효력을 수용자로 한정하지는 않고 있다.

제5절 우리나라 교정조직

교정기관은 법무부에 소속되어 있다. 그래서 현행 교정조직은 「법무부와 그 소속기관 직제」라는 대통령령에 의하여 구성·운용되고 있다. 현재 전국에는 교도소 39개 기관, 구치소 11개 기관, 지소 3개 기관 등 53개 교정기관이 있다. 최근 개설된 속초교도소까지 포함하면 총 53개 기관이고, 민영교도소까지 감안하면 총 54개 교정시설이 우리나라에서 운영되고 있다.

I 중앙기구

1. 교정업무를 담당하는 중앙조직으로 법무부에 교정본부가 설치·운영되고 있다.

교정본부는 교정업무를 관장하는 범무부장관을 보좌하고, 자유형·사형·노역장유치·미결구금 등의 집행을 담당하며, 교도소와 구치소 등 교정시설의 운영을 총괄한다. 법무부장관과 차관 밑에 교정본부장이 있고, 교정본부장을 보좌하는 교정정책단장·보안정책단장이 있다.

교정본부장은 ① 교정행정에 관한 종합계획의 수립·시행 ② 교정행정 공무원의 배치·교육훈련 및 복무감독 ③ 지방교정청·교도소·구치소 및 지소의 조직·정원관리에 관한 사항 ④ 교도소·구치소 및 지소의 순회점검에 관한 사항 ⑤ 교정행정 관계 외국제도 연구 및 교정행정홍보에 관한 사항 ⑥ 교도작업 및 감호작업 기본계획의 수립·시행 ⑦ 교도작업특별회계 예산의 편성·집행 및 소관 국유재산관리 ⑧ 수형자의 작업장려금·위로금 및 조위금지급업무의 지도·감독 ⑨ 수형자의 직업능력개발훈련에 관한 기본계획 및 예산의 편성·집행 ⑩ 국가기술자격 검정시험지도에 관한 기본계획의 수립·시행 ⑪ 수형자 취업·창업지원협의회의 운영 및 석방예정자의 취업알선·지원에 관한 사항 ⑫ 수형자의 교육 및 교화에 관한 기본계획의 수립·시행 ⑬ 공안 및 공안관련 사범의 교육·교화에 관한 사항 ⑭ 수용자의 교화방송에 관한 사항 ⑮ 교정위원에 관한 사항 ⑯ 수형자의 사회적 처우 및 사회복귀에 관한 기본계획의 수립·시행 ⑰ 사회복귀 지원 사업 관련 법인에 대한 인·허가 및 관리·감독 ⑱ 교정행정 예산의 편성 및 배정에 관한 기본계획의 수립·시행 ⑲ 교정시설 조성사업 및 부대장비의 공급, 관리계획의 수립·시행 ⑳ 교정행정 공무원의 피복 및 급양(給養)에 관한 사항 ㉑ 수용자의 영치금품·피복·급양 및 급식관리위원회의 운영에 관한 사항 ㉒ 수용자의 이송·수용구분·규율·계호 및 보안 등 수용자의 수용관리에 관한 사항 ㉓ 교정행정 정보화 및 전산장비 운영업무 지도·감독에 관한 사항 ㉔ 교정시설의 경비, 비상훈련·소방훈련 및 무도(武道)훈련에 관한 사항 ㉕ 교정장비에 관한 기본계획의 수립·시행 ㉖ 수형자 분류처우에 관한 기본계획의 수립·시행 ㉗ 가석방심사위원회 운영 및 관리 등 가석방심사업무에 관한 사항 ㉘ 교정행정 관계법령의 입안 및 인권·송무(소송에 관한 사무나 업무)에 관한 사항 ㉙ 민영교도소의 관리·감독에 관한 사항 ㉚ 수용자의 보건위생관리 기본계획의 수립·시행 ㉛ 수용자의 의료, 약제 및 질병예방 등에 관한 사항 ㉜ 의료장비의 공급 및 관리계획의 수립·시행 ㉝ 수용자의 건강검진에 관한 계획의 수립·시행 ㉞ 수용자에 대한 심리치료에 관한 기본계획의 수립·시행 <2016.9.5. 일부개정> ㉟ 성폭력·아동학대·중독사범의 치료 및 상담에 관한 사항 <2016.9.5. 일부개정>을 분장한다.

2. 교정본부에는 교정정책단장·보안정책단장 밑으로 교정기획과·직업훈련과·사회복귀과·복지과·보안과·분류심사과·의료과 및 심리치료과 등 8개과를 두며, 각 과장의 분장 사무는 다음과 같다. 교정본부장은 검사 또는 고위공무원단에 속하는 일반직공무원으로 보한다.

   교정기획과장은 ① 교정행정에 관한 종합계획의 수립·시행 ② 교정행정 공무원의 배치·교육훈련 및 복무감독 ③ 지방교정청·교도소·구치소 및 지소의 조직과 정원관리에 관한 사항 ④ 지방교정청 등에 대한 지도·감독 ⑤ 교도소·구치소 및 지소의 순회점검에 관한 사항 ⑥ 교정행정 관계 각종 행사계획의 수립·시행 ⑦ 교정행정 관계 외국제도 연구 및 국제협력에 관한 사항 ⑧ 교정행정홍보에 관한 사항 ⑨ 교정행정 관련 주요제도개선에 관한 사항 ⑩ 그 밖에 본부 내 다른 과의 주관에 속하지 아니하는 사항을 분장한다.

   직업훈련과장은 ① 교도작업 및 감호작업 기본계획의 수립·시행 ② 교도작업특별회계예산의 편성·집행 및 결산 ③ 교도작업특별회계 소관의 물품 및 국유재산관리 ④ 수형자의 작업장려금·위로금 및 조위금 지급업무 지도·감독 ⑤ 수형자의 직업능력개발훈련에 관한 기본계획의 수립 및 제도개선 ⑥ 수형자의 직업능력개발훈련 예산의 편성 및 집행 ⑦ 국가기술자격 검정시험지도에 관한 기본계획의 수립·시행 ⑧ 직업능력개발훈련시설 및 장비수급관리의 지도·감독 ⑨ 수형자의 위탁직업능력개발훈련에 관한 기본계획의 수립·시행 ⑩ 수형자 취업·창업지원협의회 운영 및 석방예정자 취업알선·지원에 관한 사항을 분장한다.

사회복귀과장은 ① 수형자의 교육 및 교화에 관한 기본계획의 수립·시행 ② 수형자의 교화프로그램 연구 및 개발 ③ 수형자의 검정고시 교육과정 및 평생교육 등에 관한 기본계획의 수립·시행 ④ 수형자의 교육프로그램 시행에 관한 사항 ⑤ 공안사범의 교육 및 교화에 관한 사항 ⑥ 수용자 교화방송에 관한 사항 ⑦ 교정위원의 위촉·해촉 및 지도관리 등에 관한 사항 ⑧ 수형자 사회복귀 중장기 계획수립 및 관계 법령·제도 연구 ⑨ 사회복귀 지원사업 관련 법인에 대한 인·허가 및 관리·감독 ⑩ 수형자의 귀휴·사회견학 및 봉사체험에 관한 사항 ⑪ 석방예정자 사회적응교육 및 지원에 관한 사항 ⑫ 가족만남의 집, 가족만남의 날 계획수립 및 시행 ⑬ 불우수형자 가족지원을 위한 계획의 수립·시행을 분장한다.

복지과장은 ① 교정행정예산의 편성 및 배정에 관한 자료작성 ② 교정시설의 신축·증축 및 이전계획의 수립·시행 ③ 교정시설 부대장비의 공급 및 관리계획의 수립·시행 ④ 교정행정공무원의 피복 및 급양(給養)에 관한 사항 ⑤ 수용자의 영치금품 관리제도에 관한 사항 ⑥ 수용자의 피복 및 급양에 관한 사항 ⑦ 수용자 급식관리위원회의 운영에 관한 사항을 분장한다.

보안과장은 ① 수용자의 수용·처우 및 석방에 관한 기본계획의 수립·시행 ② 수용자의 이송에 관한 사항 ③ 수용자의 규율·계호 및 보안에 관한 기본계획의 수립·시행 ④ 공안사범의 수용·처우·이송 및 석방에 관한 사항 ⑤ 공안사범의 규율·계호 및 보안에 관한 사항 ⑥ 수용사고조사 및 사고예방 등에 관한 지도 ⑦ 수용자의 선거 및 수용기록에 관한 사항 ⑧ 교정행정의 정보화 및 전산장비 운영업무 지도·감독에 관한 사항 ⑨ 출정(出廷)업무 지도·감독에 관한 사항 ⑩ 접견업무 지도·감독에 관한 사항 ⑪ 교정시설의 경비, 비상훈련·소방훈련 및 무도(武道)훈련에 관한 사항 ⑫ 교정시설의 무기 및 탄약관리의 지도 ⑬ 보호장비 및 보안장비의 운영에 관한 종합계획의 수립·시행을 분장한다.

분류심사과장은 ① 수형자의 분류처우에 관한 기본계획의 수립·시행 ② 개별처우계획의 수립 및 처우프로그램의 개발 ③ 과학적 분류기법의 개발·운영에 관한 사항 ④ 분류처우위원회의 운영 및 관리에 관한 사항 ⑤ 가석방심사업무에 관한 사항 ⑥ 가석방심사위원회의 운영 및 관리에 관한 사항 ⑦ 교정행정 관계 법령의 입안 ⑧ 민영교도소운영의 관리·감독에 관한 사항 ⑨ 수용자의 청원 및 인권보호에 관한 사항을 분장한다.

의료과장은 ① 수용자의 보건위생관리 종합계획의 수립·시행 ② 수용자의 의료 및 약제에 관한 사항 ③ 의료장비의 공급 및 관리계획의 수립·시행 ④ 수용자 건강검진에 관한 계획의 수립·시행 ⑤ 수용자 질병예방 관련 업무를 분장한다.

3. 중앙기구로서, 가석방심사위원회와 중앙급식관리위원회가 있다.

(1) 가석방심사위원회

「행형법」 제6차 개정에 의해, 종전에 각 교정기관에 설치되었던 가석방심사위원회가 폐지되고, 법무부차관을 위원장으로 하는 법무부장관 소속의 가석방심사위원회가 설치되어 운영되고 있다. 가석방심사위원회는 「형법」 제72조에 의한 가석방의 적격 여부를 심사하며, 위원장을 포함한 5인 이상 9인 이하의 위원으로 구성된다. 위원은 판사, 검사, 변호사, 법무부 소속 공무원 및 교정에 관한 학식과 경험이 풍부한 자 중에서 법무부장관이 임명 또는 위촉한다. 본 위원회에 관한 근거법은 「형의 집행 및 수용자 처우에 관한 법률」 제119조 내지 제122조이다.

(2) 중앙급식관리위원회

중앙급식관리위원회는 수용자급식관리위원회규칙에 의거, 수용자에게 급여할 부식의 식품종과 수량 및 급식기준과 열량을 결정하여 법무부장관에게 건의하기 위한 자문기관이다. 교정본부장을 위원장으로 하고 교정정책단장과 소년보호과장 등 당연직 위원 이외에, 영양 및 조리에 관한 학식과 경험이 풍부한 외부인사 6명을 위원으로 위촉하여 운영하고 있다.

Ⅱ 중간감독기구

법무부장관의 소관사무를 분장하게 하기 위하여 법무부장관 소속 하에 지방교정청을 둔다(1991년 신설). 지방교정청은 교정본부장과 일선교정기관 사이의 중간 감독기관이다.

지방교정청은 수용자(수형자·미결수용자 및 피보호감호자)의 수용관리·교정·교화 기타 행형사무에 관하여 관할교도소 등을 지휘·감독하기 위하여 ① 수용자의 수용·구금·규율·계호·이송·석방 및 보안에 관한 사항 ② 교도소 및 구치소의 보안장비 및 방호(防護: 막아 지켜서 보호함)에 관한 사항 ③ 수용자의 보건위생·의료 및 약제에 관한 사항과 순회진료반 설치·운영 ④ 교도·감호작업 및 직업훈련 운영지도 및 관리 ⑤ 소속 공무원의 인사·복무·교육훈련 및 연금 ⑥ 소속 공무원·수용자의 피복 및 급양에 관한 사항 ⑦ 그 밖에 수용자의 교육 및 교화에 관한 사항을 관장한다. 지방교정청은 서울(서울, 경기, 인천, 강원지역 16개소 관할), 대구(대구, 경북, 부산, 경남지역 18개소 관할), 대전(대전, 충남, 충북 10개소 관할), 광주(광주, 전남, 전북, 제주 9개소 관할) 4개 지역에 두고 있다.

"지방교정청에 총무과 · 보안과 및 사회복귀과 등 3개과를 둔다. 다만, 서울지방교정청에는 전산관리과 및 분류센터를 따로 둔다." <개정 2016.9.5.>

(1) 행정심판위원회

산하 교정기관의 행정처분에 대한 행정심판청구를 심리 · 의결하기 위하여 각 지방교정청에 행정심판위원회가 설치되어 있다. 위원장은 지방교정청장이 되고, 위원은 지방교정청 소속 공무원이나 변호사 자격이 있는 자, 법률학 교수, 전직 4급 이상의 공무원 중에서 지방교정청장이 임명 또는 위촉하며, 위원회는 위원장을 포함한 15인 이내의 위원으로 구성한다.

(2) 교정자문위원회

수용자의 관리 · 교정교화 등 사무에 관한 지방교정청장의 자문에 응하기 위하여 지방교정청에 교정자문위원회를 설치 · 운영하고 있다. 이 위원회는 2019년 이전에는 교정시설에 설치하여 각 시설의 장에게 교정시설의 운영 및 수용자의 처우 등에 관한 자문에 응하도록 하고 있었으나 현실적으로 거의 기능을 발휘하지 못하고 있었기 때문에 2019년 10월 24일부터는 지방교정청에 설치 · 운영하도록 하고 있다. 교정자문위원회의 위원에는 교정공무원은 전혀 참여하지 않으며, 교정에 관한 학식이 풍부한 사람들 중에서 지방교정청장의 추천을 받아 법무부장관이 위촉한다. 구성인원은 10명 이상 15명 이하의 외부위원으로 성별을 고려하여 구성하고 있다. 위원장은 위원회의 위원들이 서로 투표하여 위원들 가운데 어느 한 사람을 뽑아서 선임한다.[33]

---

33 「형의 집행 및 수용자의 처우에 관한 법률」 제129조 참조.

Ⅲ 법무부 범죄예방정책국

범죄예방정책국은 교정본부와 동격의 기관으로서 보호관찰, 사회봉사명령, 수강명령, 전자감독 등의 집행을 담당하고 소년원과 치료감호소 등 보호처분 내지 보안처분 집행기관의 운영을 총괄한다. 법무부장관과 차관 밑에 범죄예방정책국장이 있고 그 밑에 범죄예방기획과, 보호법제과, 소년과, 보호관찰과, 법질서선진화과 등 5개과를 두고 있다.

Ⅳ 교정시설

법무부장관의 소관 사무를 분장하게 하기 위하여 지방교정청장 소속하에 교도소 및 구치소를 둔다. 교도소 및 구치소는 수형자를 격리하여 교정·교화하고, 건전한 국민사상과 근로정신을 함양하며, 기술교육을 실시하고, 보호감호처분을 받은 자를 수용하며, 감호·교화 및 직업훈련과 근로를 실시하여 사회복귀하게 하고, 미결수용자의 수용 그 밖의 행형에 관한 사무를 관장한다.[34]

교도소에는 소장, 부소장, 총무과, 보안과, 사회복귀과, 복지과, 의료과를 두고, 기관에 따라서는 출정과, 분류심사과, 직업훈련과, 민원과 또는 국제협력과(천안외국인교도소)를 추가로 두고 있다. 한편 구치소에는 총무과, 보안과, 수용기록과, 사회복귀과, 복지과, 의료과를 두고, 기관에 따라서 민원과, 분류심사과, 시설과를 추가로 두고 있다.

---

34 ① 서울시방교정청 소속(10개 교도소, 1개 직업훈련교도소, 5개 구치소, 1개 구치지소): 안양교도소, 여주교도소, 서울남부교도소, 의정부교도소, 춘천교도소, 원주교도소, 강릉교도소, 영월교도소, 화성직업훈련교도소, 서울구치소, 서울남부구치소, 서울동부구치소, 수원구치소, 인천구치소, 수원구치소 평택지소, 속초교도소

② 대구지방교정청 소속(11개 교도소, 1개 직업훈련교도소, 5개 구치소, 1개 소년교도소): 대구교도소, 경북북부제1교도소, 경북북부제2교도소, 경북북부제3교도소, 포항교도소, 안동교도소, 경주교도소, 부산교도소, 창원교도소, 진주교도소, 상주교도소, 경북직업훈련교도소, 부산구치소, 대구구치소, 울산구치소, 밀양구치소, 통영구치소, 김천소년교도소

③ 대전지방교정청 소속(5개 교도소, 1개 개방 교도소, 1개 여자교도소, 1개 구치소, 2개 구치지소): 대전교도소, 청주교도소, 천안교도소, 공주교도소, 홍성교도소, 천안개방교도소, 청주여자교도소, 충주구치소, 대전교도소 논산지소, 홍성교도소 서산지소

④ 광주지방교정청소속(9개 교도소): 광주교도소, 전주교도소, 순천교도소, 목포교도소, 군산교도소, 제주교도소, 장흥교도소, 해남교도소, 정읍교도소

개별교정기관에는 분류처우위원회, 지방급식관리위원회, 귀휴심사위원회, 징벌위원회가 구성되어 있다.

(1) 분류처우위원회

분류심사에 관한 사항, 소득점수 등의 평가 및 평정에 관한 사항, 수형자처우와 관련하여 소장이 심의를 요구한 사항, 가석방 적격심사 신청대상자 선정 등에 관한 사항, 그 밖에 수형자의 수용 및 처우에 관한 사항을 심의·의결하기 위하여 교정시설에 분류처우위원회를 두며, 매월 10일에 정기회의를 개최한다. 위원회는 위원장을 포함한 5인 이상 7인 이하의 위원으로 구성하고, 위원장은 소장이 되며, 위원은 위원장이 소속 기관의 부소장 및 과장 중에서 임명한다. 외부인사는 참여하지 않는다. 회의는 재적위원 3분의 2 이상의 출석으로 개의한다.

(2) 지방급식관리위원회

「수용자급식관리위원회규칙」에 의거, 수용자 주·부식의 품종선택, 수량 및 함유 영양량 등에 관하여 일선 교정기관장의 자문에 응하고, 필요한 사항을 건의할 수 있도록 각 기관장 소속하에 지방급식관리위원회를 두고 있다. 위원장은 당해 소장이 되고, 소속 과장 및 영양과 조리에 관한 학식과 경험이 풍부한 자 중에서 5인 이상 7인 이하의 위원을 소장이 임명 또는 위촉한다. 정기회는 매월 1회 이상 개최하며, 위원 2인 이상의 요구가 있는 때에는 위원장이 임시회를 소집한다.

(3) 귀휴심사위원회

수형자의 귀휴허가에 관한 심사를 하기 위하여 「형집행법 시행규칙」 제131조를 근거로 교정시설에 귀휴심사위원회를 두며, 위원회는 위원장을 포함한 6명 이상 8명 이하의 위원으로 구성하고, 위원장은 소장이 되며, 위원은 소장이 소속 기관의 부소장·과장(지소의 경우에는 7급 이상의 교도관) 및 교정에 관한 학식과 경험이 풍부한 외부인사 중에서 임명 또는 위촉한다. 이 경우 외부위원은 2명 이상으로 한다.

(4) 징벌위원회

징벌대상자의 징벌을 결정하기 위하여 교정시설에 징벌위원회를 두며, 위원장은 소장의 바로 다음 순위자가 되고, 위원은 소속기관의 과장 및 교정에 관한 학식과 경험이 풍부한 외부인사 중에서 소장이 임명 또는 위촉한다. 위원회는 위원장을 포함한 5인 이상 7인 이하의 위원으로 구성하고, 외부위원은 3인 이상으로 한다.

(5) 교도관회의

법무부령인 「교도관직무규칙」 제21조에 따라 소장의 자문에 응하여 교정행정에 관한 중요한 시책의 집행방법 등을 심의하게 하기 위하여 소장 소속의 교도관회의를 두며, 회의는 소장, 부소장 및 각 과의 과장과 소장이 지명하는 6급 이상의 교도관(지소의 경우에는 7급 이상의 교도관)으로 구성된다.

소장은 회의에 의장이 되며, 매주 1회 이상 회의를 소집하여야 하고, 회의에서 ① 교정행정 중요시책의 집행방법 ② 교도작업 및 교도작업특별회계의 운영에 관한 주요사항 ③ 각 과의 주요업무처리 ④ 여러 과에 관련된 업무처리 ⑤ 주요행사의 시행 ⑥ 그 밖에 소장이 회의에 부치는 사항을 심의한다.

(6) 분류처우회의

법무부예규인 「분류처우 업무지침」에 의거하여 운영되고 있다. 이 회의는 분류처우위원회에 회부할 수형자의 분류처우에 관한 사항과 분류처우위원회 위원장이 자문한 사항의 심의를 위해 교정시설에 두고 있다. 분류심사과장은 처우회의의 의장이 된다. 처우회의 의장은 회의의 사무를 주관한다. 처우회의는 교육·작업·보안·분류심사·재심사담당자 및 수용 관리 팀장 등 관계 교도관 중에서 10인 이상 20인 이하의 위원으로 구성된다. 회의는 매월 7일에 개최하며, 분류심사과장(의장)은 처우회의 개최 1일전까지 개최일시, 장소를 처우회의 위원에게 고지한다. 회의는 재적위원 3분의 2 이상의 출석으로 개의하고, 출석위원 과반수의 찬성으로 결정한다.

학습 체크 포인트

01 「법무부와 그 소속기간직제」는 법무부와 그 소속기관의 조직과 직무범위를 규정하고 있다. 이에 따르면, 교정본부는 교정행정에 관한 종합계획을 수립 · 시행, 지방교정청 · 교도소 · 구치소 및 지소의 조직에 관한 사항 등을 분장하다. 치료감호소 · 소년원 · 소년분류심사원 · 보호관찰심사위원회 · 보호관찰소 · 위치추적센터 등 보호기관은 범죄예방정책국에서 관리한다.

02 법무부장관 소속하에 지방교정청을 두며, 지방교정청장 소속하에 교도소 및 구치소를 두고, 교도소 · 구치소장 소속하에 지소를 둔다.

03 교정에 관한 중앙기구로는 가석방심사위원회와 중앙급식관리위원회가 있고, 지방교정청의 기구로는 행정심판위원회와 교정자문위원회가 있다.

04 분류처우위원회에는 외부인사가 참여할 수 없고, 교정자문위원회에는 해당 조직 공무원이 위원으로 참여할 수 없다.

05 교정시설에 설치된 모든 위원회의 위원장은 소장이 맡는 것은 아니고 징벌위원회의 위원장은 소장 바로 다음 순위자가 맡는다.

06 교정시설에 설치된 모든 위원회의 위원은 소장이 위촉 · 임명하는 것은 아니고, 취업지원협의회의 위원과 교정위원은 소장이 추천하여 법무부장관이 위촉 · 임명한다.

07 분류처우회의와 취업지원협의회 및 귀휴심사위원회는 「형의 집행 및 수용자의 처우에 관한 법률」에 근거규정이 없다.

08 징벌위원회는 소장이 위원장을 맡을 수 없고, 5인 이상 7인 이하 위원 중 외부위원은 3인으로 법정하지 않으며, 3인 이상으로 한다.

09 교정시설의 위원회는 분류처우위원회 · 분류처우회의를 제외하고는 재적위원 과반수의 출석으로 개의하고 출석위원 과반수의 찬성으로 의결한다. 분류처우위원회와 분류처우회의는 독특하게 제적위원 3분의 2 이상의 위원이 출석해야 유효하게 회의를 열 수 있다. 교정관련 위원회 모두의 의결정족수는 출석위원 과반수의 찬성으로 하고 있다.

제6절 교정의 민영화

I 교정의 민영화의 의의 및 역사

1. 교정의 민영화(Privatization of Corrections)

넓은 의미의 교정의 민영화 또는 교정의 민간위탁이란 민간기업이나 민간단체가 국가를 대신하여 교정시설을 건설·운영하거나 일부 프로그램을 위탁받아 운영하는 것을 말한다. 즉 교정업무를 국가가 독점하지 않고 교정업무의 전부 또는 일부를 사기업이나 사설단체에 위탁하는 것을 널리 교정의 민영화라고 한다. 이는 '전면적 민영화'와 '부분적 민영화' 두 형태를 포함하는 개념이다.

좁은 의미의 교정의 민영화란 민영교도소제도 인정을 의미한다. 민영교도소는 민간기업이나 종교단체 등에서 정부로부터 수용자의 관리 및 작업·교정교육 등 교정업무 전반을 위탁받아 운영하는 민간경영의 교정시설을 말한다. 이는 '전면적 민영화'에 해당한다.

현행법은 좁은 의미의 교정민영화와 넓은 의미의 민영화 즉, 부분적 민영화와 전면적 민영화를 염두에 두고 교정의 민영화를 규정하고 있다.

「수용자처우법」은 "법무부장관은 교정시설의 설치 운영에 관한 업무의 일부를 법인 또는 개인에게 위탁할 수 있고, 위탁받을 수 있는 자격요건, 교정시설의 시설기준, 수용대상자의 선정기준, 수용자의 처우의 기준, 위탁절차, 국가의 감독, 그 밖의 필요한 사항은 따로 법률로 정한다"고 규정하여 교정의 민영화에 대한 근거를 명시하고 있다(동법 제7조). 이 규정의 위임에 따라 제정된 「민영교도소 등의 설치·운영에 관한 법률」은 보다 구체적으로 교정업무를 포괄적(전면적)으로 위탁하는 자격은 민간법인으로 한정하여 좁은 의미의 교정의 민영화를 인정하면서, 또한 위탁 대상 자격을 공공단체 외의 법인·단체 또는 그 기관이나 개인에게 위탁하도록 규정하여 포괄적 위탁규정과는 구분하는 내용으로 부분적 위탁의 여지도 규정하고 있다[35](민영교도소법 제3조 제1항 단서와 본문 및 제41조 참조).

---

35 제3조(교정업무의 민간 위탁) ① 법무부장관은 필요하다고 인정하면 이 법에서 정하는 바에 따라 교정 업무를 공공단체 외의 법인·단체 또는 그 기관이나 개인에게 위탁할 수 있다. 다만, 교정업무를 포괄적으로 위탁하여 한 개 또는 여러 개의 교도소 등을 설치·운영하도록 하는 경우에는 법인에만 위탁할 수 있다.

교정의 민영화와 구별해야 할 개념은 '교정에 대한 민간참여'이다. 교정의 민간참여는 국가가 운영하는 교정업무에서 그 업무를 위탁받아 책임지지는 않으면서 그 업무의 역량을 증진하거나 효과를 높이기 위하여 보조적으로 지원하는 것을 말한다. 지금 현재 교정교화 효과를 높이기 위하여 세계 각국에서는 교정에 대한 민간참여가 활발히 이루어지고 있다. 미국에서 1841년에 존 어거스터스(John Augustus)가 알코올중독 범죄자에 대하여 자원하여 보호관찰을 실시한 것을 계기로 갱생보호나 보호관찰 분야뿐 아니라 교정시설 내 교정프로그램에도 자원봉사 형식으로 민간참여가 폭넓게 확산되고 있다.

우리나라의 경우 「보호관찰 등에 관한 법률」에서 인정하고 있는 범죄예방 자원봉사위원[36]과 「수용자처우법」에서 규정하고 있는 교정위원제도[37]가 교정에 대한 민간참여의 대표적인 예이다. 교정위원은 교화위원·종교위원·교육위원·의료위원 등 분야별로 전문화하여 운영하고 있다.

2. 민영화 역사

우리나라를 비롯하여 동양에서는 민영감옥시설이 운영되었다는 기록이 없으나 서구에서는 오늘날 교도소의 시작으로 볼 수 있는 16세기의 교정원이 대부분 민간에 의해 운영되었고, 영국에서도 감옥개량운동가 존 하워드(John Howard)가 1777년 「영국과 웨일즈의 감옥의 실태」에서 민영감옥의 문제점을 지적하고 국가시설화를 주장한 것을 보면, 감옥 내지 교도소의 운영형태가 대부분 민영으로 운영되었음을 알 수 있다.

교정의 민영화에 계기가 된 것은 수형자의 강제노역인 정역(定役)의 활용이었다. 특히 미국의 경우를 보면 1870년대 이전부터 미국의 일부 주에서 수형자를 민간업자에게 임대하여 교도소 운영에 필요한 비용을 충당하였고, 그 이후 1930년대까지도 수형자가 도로·철도 건설에 임대노동력으로 이용되었다. 이 시기에는 수형자가 마치 노예처럼 민간업자의 수익창출을 늘리기 위하여 비위생적인 시설과 살벌한 감시하에 중노동에 시달렸다. 이러한 상황에서 수형자의 법적 지위는 법적으로 사망한 자로 인정되

36 제18조(범죄예방 자원봉사위원) ① 범죄예방활동을 하고, 보호관찰활동과 갱생보호사업을 지원하기 위하여 범죄예방 자원봉사위원을 둘 수 있다. ② 범죄예방위원은 명예직으로 하되, 예산의 범위에서 직무수행에 필요한 비용의 전부 또는 일부를 지급할 수 있다.

37 제130조(교정위원) ① 수용자의 교육·교화·의료 그 밖에 수용자의 처우를 후원하기 위하여 교정시설에 교정위원을 둘 수 있다. ② 교정위원은 명예직으로 하며 소장의 추천을 받아 법무부장관이 위촉한다.

어 법의 보호 밖에 있으면서 수형기간 동안 주(州)에 대해 형벌에 의한 노역을 받는 노예였다.[38] 이 시기의 교정의 민영화는 부패와 착취의 상징이었다.

이러한 문제점 때문에 교정의 민영화는 비판과 반대가 강해졌고, 1950 ~ 60년에는 교화개선이념의 채택으로 국가독점적 교도소 운영으로 자리잡는 추세가 나타났다. 그렇지만 1980년대 이후부터 다시 교도소의 민영화가 활발하게 확대되고 있다. 이 경향은 미국정부의 신보수주의 이데올리기를 바탕으로 하고 있었다. 즉 미국정부는 공공부분에 대한 국가재정 투자를 가급적 줄이면서 가능한 한 많은 영역을 시장원칙에 맡기고자 하는 시도에서 민영교도소를 널리 인정하게 되었고, 민영교도소에서는 교도작업을 통해 수익을 창출하는 방식으로 운영되고 있다.

3. 우리나라의 교도소민영화 도입

우리나라는 1997년 IMF사태를 맞아 국가재정을 축소하는 차원에서 교정시설 개혁정책 가운데 하나로 민영교도소 도입이 제시되었다. 그리하여 1999년 구「행형법」 제4조의2에 의해 교도소 운영을 민간에게 위탁할 수 있는 근거가 만들어졌고, 이를 근거로 2000년 「민영교도소 등의 설치·운영에 관한 법률」이 제정되었다.

2007년 현행 「수용자처우법」으로 구「행형법」이 전면개정되면서 제7조에 교정업무의 민간위탁에 관한 근거가 다시 명시되었다. 이 규정을 바탕으로 「민영교도소법」이 개정되어 "교도소 등의 설치·운영에 관한 업무의 일부를 민간에게 위탁하는 데에 필요한 사항을 정함으로써 교도소 등의 운영의 효율성을 높이고 수용자의 처우향상과 사회복귀를 촉진함을 목적"으로 교도소의 민영화가 시행되었기에 이르렀다.

이를 근거로 재단법인 아가페는 교정법인으로서 2008년 경기도 여주에 '소망교도소'건립 기공식을 가졌고, 수년 동안의 준비를 거쳐 2010년 12월 1일 한국 최초의 민영교도소가 운영되기 시작했다.

38 Ruffin c. Commonwealth, 62 va. 790 참조.

Ⅱ 교도소 민영화의 등장배경

1. 국가에 의한 교정의 실패

교정분야에 민간참여와 민영교도소 도입이 논의되는 배경에는 그동안 국가에 의해 시행된 교정행정이 성공적이지 못했고, 교화 개선을 통한 범죄율 경감에도 성공적이지 못하였다는 인식이 깔려 있다.

최근에는 교정이념이 사회내처우의 중요성이 강조되는 사회재통합(Social Reintergration) 이념으로 발전하면서 범죄인과 사회가 상호 재통합하여 교정대상자가 준법적인 안정된 생활을 할 수 있도록 하는 차원에서 민간과 협력하는 교정의 사회화·민영화가 확대되고 있다.

2. 교정대상의 증가로 인한 교정시설의 과밀화

우리나라나 미국 등 여러 나라는 전반적으로 범죄가 증가하고 있고, 특히 미국은 사법모델(Justice Model)의 확대 등 형사정책의 보수화로 인한 강경대응정책(Get-tough Policy)에 따른 수형자의 급격한 증가로 교정시설에 적정수용인원보다 훨씬 많은 수용자가 수용되었다.

이러한 과밀수용에 대한 해소책으로 민영교도소를 도입함으로써 수용능력을 증대시키는 방안이 요청되었다. 즉, 한정된 국가재정으로 교정시설을 증설하기 어려운 한계를 보완하여 단기간에 많은 교정시설을 늘리기 위하여 본격적으로 교정시설의 민영화가 추진될 수밖에 없었다.

3. 경제원리에 입각한 교정시설 운영의 필요성

교정대상자의 확대와 수용자의 인원 및 관리인력 증가에 직면한 교정당국에서는 한정된 교정예산의 효율성을 높이고 비용낭비를 줄이기 위하여 비용-편익적인 기업 경영기법을 교정행정 영역에 도입할 필요성이 나타났다. 이에 따라 교정시설이나 사회내처우시설을 민간이 운영하도록 위탁할 동기가 만들어졌다. 또한 교정서비스나 물자 조달에 공개경쟁적 시장원리를 적용하기 위해서도 교정의 민영화가 요구되었다.

Ⅲ 교정의 영역과 민영화

부분적 민영화는 전면적(포괄적) 민영화에 비하여 현실적으로 적용하기에 용이하므로 세계 각국에서 널리 인정되고 있고 시행역사도 더 오랜 방식이다. 시설내처우에 관련된 부분적 민영화로서 활발하게 이용되는 분야는 교도작업분야와 의료서비스와 같은 특정한 교정서비스 분야이다. 또한 시설내처우에 대한 민영화보다 지역사회교정에 대한 민영화가 더욱 활성화되고 있다.

1. 민간이 수형자의 노동력을 이용하는 교도작업 민영화

행형업무와 관련하여 수익창출에 활용하기 가장 좋은 분야는 교도작업이다. 교도작업은 형벌로서 강제적으로 부과되어 임금을 지급하지 않으므로, 값싼 노동력을 이용한 수익극대화를 달성할 수 있어서 민간의 이용욕구가 매우 큰 분야이다.

국가의 입장에서도 반사회적 존재인 수형자에게 아무 일도 시키지 않고 의식주를 제공하며 준법적 시민들의 세금을 소모시킬 수 없으므로, 수형자를 이용하여 수용경비를 창출하여 교정시설을 외부 지원 없이 자급자족으로 운영하기 위하여 수형자의 노동력을 판매하거나 이용할 필요성이 크다. 교도작업은 교도소제도가 만들어지기 시작한 초기부터 여러 가지 운영형태로 민간의 참여가 가장 많이 이루어지는 분야였다.

교도작업경영방식에는 그 시행방식에 따라 직영방식(Public or State Account System), 임대방식(Lease System), 계약노동방식(Contract Laber System), 단가방식(Price－Price System) 등이 있는데, 직영방식 이외의 방식들은 정도의 차이는 있으나 민영화와 관련되어 있다.[39]

(1) 임대방식(Lease System)

현재 임대방식에 가장 가까운 성격을 지닌 것은 외부기업체 통근제도이다. 우리나라는 수용자처우법 제68조에 “소장은 수형자의 건전한 사회복귀와 기술습득을 촉진하기 위하여 필요하면 외부기업체 등에 통근 작업하게 하거나 교정시설 안에 설치된 외부기업체의 작업장에서 작업하게 할 수 있다”고 규정하여 ‘외부기업체’ 통근과 ‘외부기업체 작업장’ 통근을 제도화하고 있다.

39 Thorten Sellin, Slavery and the Penal System, New York : Elsevier, 1976, pp.160~164.

(2) 계약(노동)방식(Contract Laber System)

민간업자에게 교정기관에서 작업장과 수형자의 노동력을 임대하면서 수형자의 계호·처우 등 수용관리는 교정기관이 담당하지만, 장비와 재료는 민간업자가 제공하면서 작업관리는 계약된 민간업자가 맡는 방식이다. 이 방식은 임대방식처럼 민간업자에게 수형자의 노동력을 임대하지만, 수형자 관리권은 위임하지 않는 점이 임대방식과 다르다.

Contract System은 현재까지 출간된 여러 문헌에서는 '도급작업'으로 번역하여 소개하면서 "교도소가 노동력의 제공은 물론, 작업용 재료·비용·공사감독 등을 일괄하여 도급계약에 의거 책임지고 기일 내 준공하여 민간업자로부터 합의된 공사대금을 받는 방식"으로 소개하고 있으나[40], 이 설명은 본래의 Contract System과는 성질이 다르고, 이는 중장비가 발달하지 못한 시기에 일부국가에서 일시적으로 시행된 방식으로, 일상적인 도급계약에 의한 방식과 유사한 점이 있어 그렇게 설명하고 있다고 생각된다. 현재는 이러한 교도작업방식은 거의 채택되지 않고 있다.

(3) 단가방식(Price-Price System)

이 방식은 임대방식이나 계약방식처럼 수형자의 노동력을 민간업자에게 판매하는 것이 아니라 교도작업의 생산물인 교도작업제품 하나하나에 단가를 매겨 판매하는 제도이다. 이 방식은 수용관리나 작업관리는 교정기관이 담당하고, 민간업자는 작업재료를 제공하여 수형자가 그 재료를 가공하여 제품을 만들면 그 제품에 대해 일괄구매하고 계약된 단가로 합산한 대가를 교정기관에게 지급한다. 따라서 수용관리나 작업관리는 모두 교정기관이 담당하고 민간업자는 재료를 공급하는 영역과 교도작업 구매영역에만 관여한다. 현행법상 '위탁작업'이 이에 해당한다.

민영화의 정도를 종합하여 설명하면, 민영화의 정도가 가장 강한 것은 임대방식이고 그 다음이 계약방식이고, 가장 약한 것은 단가방식이다.

2. 교정처우의 민영화

수용자에 대한 의료처우 등을 교정기관에서 직접 운영하면 소규모 의료서비스를 운영함으로 인한 조달 원가가 높을 수밖에 없다. 그러므로 규모의 경제(Economy Of Scale) 원리에 따라 대규모 전문회사로 하여금 여러 교정시설의 의료처우를 제공하도록

40 허주욱, 교정학, 2013, 497면. 남상철, 교정학개론, 2005, 524면.

한다면, 교정시설로서는 보다 값싸게 양질의 의료처우 등을 실시할 수 있다는 점에서 교정처우별 민영화도 논의되고 있고, 미국 등에서는 교정시설의 민영화 뿐만 아니라 교정서비스의 일부 분야만을 담당하는 부분적 민영화도 많이 이루어지고 있다.

3. 비시설처우(지역사회교정)의 민영화

교정의 민영화를 시설내처우의 민영화와 비시설처우(Deinstitutionalization) 민영화로 구분할 때, 민영화의 적합도는 비시설처우의 민영화가 더 높다고 할 수 있다. 복잡하고 다양한 다문화사회인 현대에는 교정의 대상이 계속 증가하고 있으므로 시설내처우만으로는 한계가 있고, 폭넓게 처우의 개별화를 확장하기 위해서는 "교도소의 벽을 허물자"(tear down the walls)는 주장처럼 비시설처우의 확대가 요청되고 있다. 비시설처우의 대상자는 전통적·통상적 범죄자인 시설내처우 대상자보다는 사회적 위험성이 낮은 비행소년이나 가벼운 범죄를 범한 사람이다. 이들은 사회안전에 위협이 크지 않으므로 이들에 대한 교정의 목표는 사회에서 준법적인 생활을 할 수 있도록 교육과 취업을 확보해주고 사회적 유대를 재구축하여 지역사회와 재통합하게 하는 것에 중점이 주어지고 있다. 지역사회와 재통합을 위해서는 보다 많은 민간의 참여가 바람직하고, 민간부문에서 운영하는 다양하고 전문화된 교정프로그램이 보다 더 지역사회교정에 유리하다. 그래서 미국 등에서는 민간에 의해 운영되는 지역사회 교정프로그램이 높은 비중을 차지하고 있다. 특히 미국은 민간기업의 저비용 고효율성 및 전문성 등의 장점을 살리면서 시설내처우의 대안을 확장하기 위해 보호관찰부터 중간처우소(halfway house), 집단가정(group home) 등 다양하게 지역사회교정의 민영화가 진행되고 있다. 특히 경범죄에 대한 보호관찰은 민간기업이 담당하고 중범죄자에 대한 보호관찰은 국가가 담당하는 이원적 운영형태는 보호관찰대상자의 급증과 보호관찰관의 업무 과부하에 직면해 있는 우리나라의 정책 전환에 큰 시사를 던져 주고 있다.

Ⅳ 민영화에 관한 논점(論點)과 찬반 주장

교정의 민영화는 전통적인 국가독점 교정체제에 대한 패러다임의 전환이다. 이에 따라 교정의 민영화를 주장하는 입장과 기존의 국가운영 교정체제를 유지하고자 하는 입장 사이에 찬·반 논의가 많이 제기되었고 현재도 진행 중이다. 그 논점을 분야별로 구분하면 형사정책적 논의, 경제성 논의, 법원칙적 논의 등이 있다.

1. 형사정책적 논의

교정의 민영화의 장점은 1) 교정시설의 과밀화 해소에 도움을 주고, 2) 교정프로그램의 다양화와 개별화에 유리하며, 3) 새로운 아이디어 도입으로 교정의 혁신을 기대할 수 있고, 4) 민간자원의 유입으로 재정부담을 줄일 수 있고, 줄어든 예산을 긴요한 형사정책이 필요한 부분에 투입함으로써 범죄방지효과를 높일 수 있다는 것 등이다. 이러한 장점을 강조하는 사람들은 교정의 민영화에 찬성하고 있다.

반면에 교정의 민영화의 단점은 1) 민간기업의 영리추구로 인해 가석방 지연 등 사회복귀 저해 가능성이 있고, 2) 민간의 비용－편익(cost benefit)분석적 선택으로 인한 교정대상자 간 형평성이나 공정성이 침해될 수 있으며, 3) 민간의 개입으로 인한 사회통제의 확대가 나타날 수 있다는 점이다.

민간참여자는 비용이 많이 드는 교정 프로그램을 생략하거나 수용자의 수를 늘리고 유지하기 위해 장기수형자를 유치하려 하고, 가석방 등을 엄격 제한하려 할 수 있다. 교도작업의 운영과 관련해서는 수형자의 재통합을 위한 기술교육 및 직업훈련보다는 3－D직종이나 한정된 품목의 대량생산에 치중하여 수형자의 처우와 교화개선노력이 경시될 우려가 있다. 또한 민간참여자의 이윤추구를 위해 지나치게 다양한 교정수단이 제시되면, 교정의 대상이 늘어나게 되어 사회통제가 더욱 확대될 수도 있다. 이러한 우려에 대하여는 정부가 문제가 될 소지가 있는 사항을 감안하여 처우의 적정한 기준과 민영분야에 대한 적합한 제도와 적절한 감독을 통하여 민영분야가 형사정책적 목표나 재통합 교정이념이 유지·증진되도록 책무를 다하여야 할 것이다.

2. 경제성 논의

교정정책분야에 있어서 경제성은 단순히 비용을 줄이는 것만을 기준으로 해서는 아니 되고 교정의 효과까지도 포함하는 비용－편익 분석이 논의되어야 한다.
교정의 민영화를 주장하는 입장에서는 교정의 민간위탁이 비용효율적이라고 주장하고 있다.

국가운영 교정시설은 공조직의 특성상, 성과가 나쁘다고 하더라도 문을 닫을 일이 없으므로 관료조직은 비용절감에는 관심이 없기 때문이라고 한다. 반면에, 민간참여자는 교정시설 운영과 교정서비스에 필요한 경비를 비용절감과 이윤극대화 원리에 맞추어 필요한 경비를 절감하므로 효율성이 높다는 것이다. 또한 정부가 부담해야 할 교정시설 신축 및 운영에 드는 큰 비용도 절감할 수 있다고 한다.

이에 대해 민영화를 반대하는 입장에서는, 민간참여자들은 영리추구를 위해 비용이 많이 드는 처우 프로그램을 생략하거나 양질의 수형자만 유치하고, 교정시설운영에서 인건비가 낮은 비숙련인력을 채용하고 직원의 훈련비용을 낮추므로, 교정의 효과면에서는 실질적 효과가 낮으므로 재범률이라는 지표를 놓고 보면, 과연 교정의 민간 위탁이 효율적이라고 할 수 있는지 의문이라고 한다. 또한 민영교정분야는 초기에는 계약체결을 위해 국가운영에 비해 낮은 비용을 제시하지만, 계약이 체결된 후 일정기간이 지나면 비용이 상승하므로 경제성 면에서 민간위탁이 크게 도움이 되지 않는다고 주장한다.

교정의 민간위탁이 국가적 차원에서 경제적이기 위해서는 민영화된 교정이 질적으로 향상되면서도 교정비용이 줄어들 수 있도록 적절한 직원의 채용·훈련기준, 공영서비스에 비해 높은 기준, 계약 갱신의 경쟁성 유지 및 비용 증액 요구 한도 기준 등의 민간위탁 원칙이 적용될 수 있도록 하여야 한다. 그래야만 민간위탁의 결과 수형자의 처우나 권리 및 교정효과 측면에서 잃는 것 없이 경제적인 측면에서 효율성·효과성을 높일 수 있다.

3. 법 원칙적 논의

교정의 민간위탁에 대한 법적 논점은, 범죄인의 교정을 민간에게 위임하는 것이 국가의 행정권이나 사법권을 침해하는 것은 아닌지, 더구나 형벌의 집행은 국가의 고유영역인데 교정의 민간위탁이 헌법에 위배되지 않는가의 문제이다.

또한 민간참여자는 영리추구만을 중시하여 대상자의 인권이나 인간의 존엄과 가치 및 적법절차를 침해할 수 있고, 종교단체의 참여로 인한 종교의 자유 침해도 우려될 수 있으며, 전과기록 등 개인정보와 사생활의 비밀 침해 위험성도 있다.

이에 대해 교정의 민간위탁의 본질은 사회통제권이나 형벌권을 민간에게 이양하는 것이 아니라, 법률이 위임하는 범위 내에서 그 운영만 위탁하는 것이므로 민간참여자는 정부의 대리자로서 업무수행일 뿐 국가의 사회통제권이나 형벌권 독점에 예외를 인정하는 것이 아니라고 보는 것이 판례와 통설의 입장이다.[41]

---

41 배종대·정승환, 행형학, 2002, 161면. 이윤호, 교정학, 2017, 358면. 미국의 연방항소법원은 Ancata v. Prison Health Services, Inc.(1985) 사건에서 "정부가 수용자의 교정업무를 민간에 위탁한 것은 합헌이다. 다만, 정부가 책임까지 위임할 수는 없다"고 판시하였다.

현행법의 교정의 민간위탁 근거와 통제 규정

「형의 집행 및 수용자의 처우에 관한 법률」

제7조(교정시설 설치 · 운영의 민간위탁) ① 법무부장관은 교정시설의 설치 및 운영에 관한 업무의 일부를 법인 또는 개인에게 위탁할 수 있다.

② 제1항에 따라 위탁을 받을 수 있는 법인 또는 개인의 자격요건, 교정시설의 시설기준, 수용대상자의 선정기준, 수용자 처우의 기준, 위탁절차, 국가의 감독, 그 밖에 필요한 사항은 따로 법률로 정한다.

「민영교도소 등의 설치 · 운영에 관한 법률」(민영교도소법)

제1조(목적) 이 법은 「형의 집행 및 수용자의 처우에 관한 법률」 제7조에 따라 교도소 등의 설치 · 운영에 관한 업무의 일부를 민간에 위탁하는 데에 필요한 사항을 정함으로써 교도소 등의 운영의 효율성을 높이고 수용자(收容者)의 처우 향상과 사회 복귀를 촉진함을 목적으로 한다.

제3조(교정업무의 민간 위탁) ① 법무부장관은 필요하다고 인정하면 이 법에서 정하는 바에 따라 교정업무를 공공단체 외의 법인 · 단체 또는 그 기관이나 개인에게 위탁할 수 있다. 다만, 교정업무를 포괄적으로 위탁하여 한 개 또는 여러 개의 교도소등을 설치 · 운영하도록 하는 경우에는 법인에만 위탁할 수 있다.

② 법무부장관은 교정업무의 수탁자를 선정하는 경우에는 수탁자의 인력 · 조직 · 시설 · 재정능력 · 공신력 등을 종합적으로 검토한 후 적절한 자를 선정하여야 한다.

③ 제2항에 따른 선정방법, 선정절차, 그 밖에 수탁자의 선정에 관하여 필요한 사항은 법무부장관이 정한다.

제5조(위탁계약의 내용) ① 위탁계약에는 다음 각 호의 사항이 포함되어야 한다.

1. 위탁업무를 수행할 때 수탁자가 제공하여야 하는 시설과 교정업무의 기준에 관한 사항
2. 수탁자에게 지급하는 위탁의 대가와 그 금액의 조정(調整) 및 지급 방법에 관한 사항
3. 계약기관에 관한 사항과 계약기간의 수정 · 갱신 및 계약의 해지에 관한 사항
4. 교도작업에서의 작업장려금 · 위로금 및 조위금 지급에 관한 사항
5. 위탁업무를 재위탁할 수 있는 범위에 관한 사항
6. 위탁수용 대상자의 범위에 관한 사항
7. 그 밖에 법무부장관이 필요하다고 인정하는 사항

② 법무부장관은 제1항 제6호에 따른 위탁수용 대상자의 범위를 정할 때에는 수탁자의 관리능력, 교도소 등의 안전과 질서, 위탁수용이 수용자의 사회복귀에 유용한지 등을 고려하여야 한다.

제7조(위탁계약의 해지) ① 법무부장관은 수탁자가 다음 각 호의 어느 하나에 해당하면 위탁계약을 해지할 수 있다.

1. 제22조 제2항에 따른 보정명령(補正命令)을 받고 상당한 기간이 지난 후에도 이행하지 아니한 경우
2. 이 법 또는 이 법에 따른 명령이나 처분을 크게 위반한 경우로서 제6조 제1항에 따른 위탁업무의 정지명령으로는 감독의 목적을 달성할 수 없는 경우
3. 사업 경영의 현저한 부실 또는 재무구조의 악화, 그 밖의 사유로 이 법에 따른 위탁업무를 계속하는 것이 적합하지 아니하다고 인정되는 경우

② 법무부장관과 수탁자는 위탁계약으로 정하는 바에 따라 계약을 해지할 수 있다.

제20조(민영교도소 등의 시설) 교정법인이 민영교도소 등을 설치·운영할 때에는 대통령령으로 정하는 기준에 따른 시설을 갖추어야 한다.

제21조(민영교도소 등의 조직 등) ① 민영교도소 등은 「형의 집행 및 수용자의 처우에 관한 법률」 제2조 제4호에 규정된 교도소 등에 준하는 조직을 갖추어야 한다.

② 교정법인은 민영교도소 등을 운영할 때 시설 안의 수용자를 수용·관리하고 교정서비스를 제공하기에 적합한 직원을 확보하여야 한다.

제22조(민영교도소 등의 검사) ① 교정법인은 민영교도소 등의 시설이 이 법과 이 법에 따른 명령 및 위탁계약의 내용에 적합한지에 관하여 법무부장관의 검사를 받아야 한다.

② 법무부장관은 제1항에 따른 검사를 한 결과 해당 시설이 이 법에 따른 수용시설로서 적당하지 아니하다고 인정되면 교정법인에 대하여 보정(補正)을 명할 수 있다.

③ 제1항과 제2항에 따른 시설의 검사 방법·절차 등에 관하여 필요한 사항은 법무부장관이 정한다.

제23조(운영 경비) ① 법무부장관은 사전에 기획재정부장관과 협의하여 민영교도소 등을 운영하는 교정 법인에 대하여 매년 그 교도소 등의 운영에 필요한 경비를 지급한다.

② 제1항에 따른 연간 지급 경비의 기준은 다음 각 호의 사항 등을 고려하여 예산의 범위에서 법무부장관이 정한다.

1. 투자한 고정자산의 가액(價額)
2. 민영교도소 등의 운영 경비
3. 국가에서 직접 운영할 경우 드는 경비

제24조(수용 의제) 민영교도소 등에 수용된 수용자는 「형의 집행 및 수용자의 처우에 관한 법률」에 따른 교도소 등에 수용된 것으로 본다.

제25조(수용자의 처우) ① 교정법인은 위탁업무를 수행할 때 같은 유형의 수용자를 수용·관리하는 국가운영의 교도소 등과 동등한 수준 이상의 교정서비스를 제공하여야 한다.

② 교정법인은 민영교도소 등에 수용되는 자에게 특별한 사유가 있다는 이유로 수용을

거절할 수 없다. 다만, 수용·작업·교화, 그 밖의 처우를 위하여 특별히 필요하다고 인정되는 경우에는 법무부장관에게 수용자의 이송(移送)을 신청할 수 있다.

③ 교정법인의 임직원과 민영교도소 등의 장 및 직원은 수용자에게 특정 종교나 사상을 강요하여서는 아니 된다.

제26조(작업 수입) 민영교도소 등에 수용된 수용자가 작업하여 생긴 수입은 국고수입으로 한다.

제27조(보호장비의 사용 등) ① 민영교도소 등의 장은 제40조에 따라 준용되는 「형의 집행 및 수용자의처우에 관한 법률」 제37조 제1항·제2항, 제63조 제3항, 제68조 제1항, 제77조 제1항, 제97조, 제100조부터 제102조까지 및 제107조부터 제109조까지의 규정에 따른 처분 등을 하려면 제33조 제2항에 따라 법무부장관이 민영교도소 등의 지도·감독을 위하여 파견한 소속 공무원(이하 이 조에서 "감독관"이라 한다)의 승인을 받아야 한다. 다만, 긴급한 상황으로 승인을 받을 만한 시간적 여유가 없을 때에는 그 처분 등을 한 후 즉시 감독관에게 알려서 승인을 받아야 한다.

② 민영교도소 등의 장은 제40조에 따라 준용되는 「형의 집행 및 수용자의 처우에 관한 법률」 제121조 제1항에 따른 가석방 적격심사를 신청하려면 감독관의 의견서를 첨부하여야 한다.

③ 민영교도소 등의 장은 제40조에 따라 준용되는 「형의 집행 및 수용자의 처우에 관한 법률」 제123조에 따른 석방을 하려면 관계 서류를 조사한 후 감독관의 확인을 받아 석방하여야 한다.

제28조(결격사유) 다음 각 호의 어느 하나에 해당하는 자는 민영교도소 등의 직원으로 임용될 수 없으며, 임용 후 다음 각 호의 어느 하나에 해당하는 자가 되면 당연히 퇴직한다.

1. 대한민국 국민이 아닌 자
2. 「국가공무원법」 제33조 각 호의 어느 하나에 해당하는 자
3. 제12조에 따라 임원취임 승인이 취소된 후 2년이 지나지 아니한 자
4. 제36조에 따른 해임명령으로 해임된 후 2년이 지나지 아니한 자

제29조(임면 등) ① 교정법인의 대표자는 민영교도소 등의 직원을 임면(任免)한다. 다만, 민영교도소 등의 장 및 대통령령으로 정하는 직원을 임면할 때에는 미리 법무부장관의 승인을 받아야 한다.

② 교정법인의 대표자는 민영교도소 등의 장 외의 직원을 임면할 권한을 민영교도소 등의 장에게 위임할 수 있다.

③ 민영교도소 등의 직원의 임용 자격, 임용 방법, 교육 및 징계에 관하여는 대통령령으로 정한다.

제30조(직원의 직무) ① 민영교도소 등의 직원은 대통령령으로 정하는 바에 따라 「형의 집

행 및 수용자의 처우에 관한 법률」에 따른 교도관의 직무를 수행한다.
② 민영교도소 등의 직원의 복무에 관하여는 「국가공무원법」 제56조부터 제61조까지, 제63조, 제64조 제1항, 제65조 제1항부터 제3항까지 및 제66조 제1항 본문을 준용한다.

제31조(제복 착용과 무기 구입) ① 민영교도소 등의 직원은 근무 중 법무부장관이 정하는 제복을 입어야 한다.
② 민영교도소 등의 운영에 필요한 무기는 해당 교정법인의 부담으로 법무부장관이 구입하여 배정한다.
③ 민영교도소 등의 무기 구입·배정에 필요한 사항은 법무부장관이 정한다.

제35조(위탁업무의 감사) ① 법무부장관은 위탁업무의 처리 결과에 대하여 매년 1회 이상 감사를 하여야 한다.
② 법무부장관은 제1항에 따른 감사 결과 위탁업무의 처리가 위법 또는 부당하다고 인정되면 해당 교정법인이나 민영교도소 등에 대하여 적절한 시정조치를 명할 수 있으며, 관계 임직원에 대한 인사 조치를 요구할 수 있다.

제36조(징계처분명령 등) ① 법무부장관은 민영교도소 등의 직원이 위탁업무에 관하여 이 법 또는 이 법에 따른 명령이나 처분을 위반하면 그 직원의 임면권자에게 해임이나 정직·감봉 등 징계처분을 하도록 명할 수 있다.
② 교정법인 또는 민영교도소 등의 장은 제1항에 따른 징계처분명령을 받으면 즉시 징계처분을 하고 법무부장관에게 보고하여야 한다.

제37조(공무원 의제 등) ① 민영교도소 등의 직원은 법령에 따라 공무(公務)에 종사하는 것으로 본다.
② 교정법인의 임직원 중 교정업무를 수행하는 자와 민영교도소 등의 직원은 「형법」이나 그 밖의 법률에 따른 벌칙을 적용할 때에는 공무원으로 본다.
③ 민영교도소 등의 장 및 직원은 「형사소송법」이나 「사법경찰관리의 직무를 수행할 자와 그 직무범위에 관한 법률」을 적용할 때에는 교도소장·구치소장 또는 교도관리로 본다.

제40조(「형의 집행 및 수용자의 처우에 관한 법률」의 준용) 민영교도소 등에 수용된 자에 관하여 성질상 허용되지 아니하는 경우와 이 법 및 위탁계약으로 달리 정한 경우 외에는 「형의 집행 및 수용자의 처우에 관한 법률」을 준용한다.

제41조(부분위탁) 국가가 운영하는 교도소 등의 업무 중 직업훈련·교도작업 등 일부 교정업무를 특정하여 위탁하는 경우 그 수탁자에 관하여는 성질상 허용되지 아니하는 경우와 위탁계약으로 달리 정한 경우 외에는 교정법인에 관한 규정을 준용한다.

학습 체크 포인트

01 '교정의 민영화'는 '교정의 민간위탁'이라고도 하며, 이는 교정시설을 영리기업이나 단체 또는 개인이 재정적으로 지원하거나 설립 · 운영하거나 또는 일부 교정프로그램을 지원 · 운영하는 것을 의미한다.

02 교정의 민영화가 논의되는 배경에는 역사적으로, 국가에 의한 교정이나 행형이 높은 재범률을 보여왔고, 범죄의 증가도 막지 못했다는 점에서, 실패했다는 비판이 깔려 있다.

03 교정의 민영화 주장에는 교정의 민영화에 의해 교정관리의 효율성을 높이고 교정비용을 줄이자는 정제원리도 내포되어 있다.

04 교정의 민영화는 전면적 민영화와 부분적 민영화로 나눌 수 있고, 시설내처우의 민영화와 지역사회교정의 민영화로 구분할 수도 있다. 부분적 민영화나 시설내처우 민영화는 교도작업 민영화 · 특정한 교정서비스 민영화 등 영역별로 구분할 수 있다.

05 민영교도소는 운영목적에 따라 영리형과 비영리형으로 구분된다. 미국이나 영국에서는 영리형 민영교도소가 많다. 비영리형은 종교단체에서 주로 운영하기 때문에 종교형이라고도 하며, 브라질에서 시작되어 미국의 일부 주나 우리나라 소망교도소로 확산되었다. 프랑스 · 독일 · 일본 등 대륙법계 국가들 중에는 관민협력형태로서 보안 · 처우 업무 등은 국가가 맡고 시설의 건설 · 유지관리 · 보수나 청소 · 세탁 · 청소 · 직업훈련 등은 민간에 위탁하는 혼합형 운영방식을 채택하기도 한다.

06 교정의 민영화는 감옥시설이 자유형 집행시설로 만들어지기 시작한 초기부터 존재했다. 19세기 미국에서는 수형자를 민간업자에게 임대하여 교도소 운영에 필요한 비용을 마련했고, 임대받은 민간업자들은 수형자에게 주거 · 의복 · 음식을 제공하며 노예처럼 다루어 수익을 높이기도 했고, 수형자가 도로 · 철도 건설 등에 투입되어 도급계약의 수단으로 이용되기도 하였다.

07 교정의 민영화 또는 교정의 민간위탁 등장배경으로 거론할 수 있는 것은 국가에 의한 교정행정의 실패, 교정수요의 증대와 교정시설의 과밀화, 교정경비의 경감과 효율성 제고의 필요성 등이 있다.

08 교도작업의 경영방식 중 민간의 관여가 심한정도는 임대방식 〉 계약방식 〉 단가방식 순이다.

09 교정의 민영화에 관한 논점으로는 형사정책적 측면에서의 논의, 경제성 여부에 관한 논의, 법원칙 일탈 여부에 관한 논의 등이 있었으나 현재는 문제가 되지 않는다고 보는 것이 통설과 판례의 입장이다.

10 현행법에서는 민영교도소제도를 비영리형으로 채택하고 있고, 교정의 부분위탁의 근거규정도 명시하여 교정의 민영화의 확대를 준비하면서도, 형집행의 권한은 정부가 독점하면서 민영화의 역기능을 방지하기 위한 규제장치를 마련하고 있다.

제2장

교정처우의 양식(樣式)

제1절 서설(序說)

교정처우는 교정이 이루어지는 장소를 기준으로 구분하면 시설내처우와 사회내처우로 나눌 수 있다. 시설내처우는 시설내교정이라고도 하며, 사회내처우는 사회내교정 또는 지역사회교정이라고도 한다.

교정처우는 구금의 강도(强度) 내지 수형자에 대한 사회화 정도에 따라 구분하면 폐쇄형 처우, 개방형 처우, 사회형 처우로 나눌 수 있다.[42] 폐쇄형 처우는 전통적 시설내처우에 해당하고, 개방형 처우는 사회적 처우, 사회형 처우는 사회내처우(지역사회교정)에 해당한다.

교정처우의 성격 및 발전단계에 따라 구분하면 전통적인 시설내처우와 사회내처우, 그리고 중간처우로 나눌 수 있다. 전통적인 시설내처우는 가장 초기단계의 범죄자처우(형집행)방식이고 구금의 강도는 가장 세며, 범죄자의 사회화 정도는 가장 약한 자유형 집행 내지 교정방식이다.

사회내처우는 가장 최근에 중시된 범죄자처우 방식이고, 비(非)시설처우를 전제로 하기 때문에 구금의 강도는 가장 약하며, 범죄자의 사회화 정도는 가장 강하다.

중간처우는 전통적 시설내처우보다는 늦게, 사회내처우보다는 대체로 이른 시기에 중시되었고, 처우가 이루어지는 장소가 교정시설 내 또는 지역사회 내이며, 구금의 강도는 중간 정도이고 전통적 시설내처우와 사회내처우의 성격을 겸비하고 있다.

---

42 교정처우를 폐쇄형 처우, 개방형 처우, 사회형 처우로 구분하는 견해를 취하는 학자는 이윤호 교수이다. 이윤호, 교정학 제5편 제3장 교정처우의 구분 참조, 225면.

현재 우리나라에서는 전통적인 시설내처우 개념과 포괄적인 또는 넓은 의미의 시설내처우개념을 혼용하면서, 사회적 처우 · 중간처우 · 개방처우도 학자에 따라 또는 사항에 따라 일관성 없이 사용하고 있다. '포괄적인' 또는 '넓은 의미'의 시설내처우는 '전통적인 시설내처우'와 '사회적 처우'로 구분하여 사용해야 한다. 사회적 처우는 시설내처우에 기반을 두면서 구금의 강도는 보다 이완시키고 수형자의 사회화 정도는 더욱 강화한 처우방식을 뜻하는 개념으로 구분하여야 한다.

그리고 중간처우 또는 개방처우는 사회적 처우와 사회내처우 양자의 성격을 절충적으로 겸비하면서, 처우가 이루어지는 장소도 교정시설 내이거나 지역사회 내 양쪽이 관련되어 있는 처우방식을 뜻하는 개념으로 사용되어야 한다.

이와 같은 개념구분은 현행법상의 체계와도 부합된다. 현행 「수용자처우법」 제57조 제3항은 "소장은 가석방 또는 형기종료를 앞둔 수형자 중에서 법무부령으로 정하는 일정한 요건을 갖춘 사람에 대해서는 가석방 또는 형기 종료 전 일정 기간 동안 지역사회 또는 교정시설에 설치된 개방시설에 수용하여 사회적응에 필요한 교육, 취업지원 등의 적정한 처우를 할 수 있다"고 하여, '개방시설처우'를 규정하고 있다. 이를 근거로 「수용자처우법 시행규칙」 제93조는 제92조의 '사회적 처우'와 구분하면서 '중간처우'를 '개방시설 처우'로 규정하고 있다.

결론적으로 교정처우 양식을 유형화하여 고유한 개념으로 정의(定義)하면 다음과 같다. 교정처우 양식은 크게 시설내 교정(시설내처우)과 지역사회교정(사회내처우)으로 구분된다. 시설내 교정은 전통적인 시설내처우인 폐쇄형 처우와 사회적 처우인 개방형 처우로 세분할 수 있다. 그리고 사회적 처우와 사회내처우 양자의 중간적 · 절충적 성격과 내용을 가진 처우방식은 '중간처우' 또는 '개방시설처우'로 정의(definition)할 수 있다.

〈교정처우 양식 체계도〉

교정처우방식
- 시설내교정
  - 전통적 시설내처우(폐쇄형 처우)
  - 사회적 처우(개방형 처우) ─┐
- 지역사회교정(사회형 처우) ─┴ 중간처우(개방시설 처우)

제2절 전통적 시설내처우

[1] 수용자의 구금제도

I 개관(概觀)

1. 역사적으로 자유형의 집행방법은 유형주의(流刑主義)와 구금주의(拘禁主義)가 있었다. 오늘날에는 유형주의가 사라졌으므로 자유형의 집행방식은 구금주의를 원칙으로 하고 있다. 구금주의는 시설내처우를 의미한다.

   자유형의 집행방법에서 유형(귀양)제도가 사라진 이후로는 수형자를 일정한 시설에 구금함으로써 자유를 박탈하고 교화·개선을 꾀하려는 구금주의가 자유형의 유일한 집행제도로 자리 잡고 있다. 이와 같이 구금제도는 수형자를 교정시설 내에 수용하여 사회생활로부터 격리시키는 방법으로서, 비교적 장기간에 걸쳐 신체의 자유에 대한 구속을 행하는 형벌의 집행체계이다.
   근대적인 구금제도는 격리작용과 함께 수형자에 대한 교화·개선기능을 동시에 가지고 있고, 최근에는 사회생활로부터의 격리라는 측면보다 가능한 한 수형자를 원활하게 사회에 복귀시킨다는 측면이 더욱 강조되면서 사회와의 유대를 유지하는 형태로 처우하는 방안이 강구되고 있다. 이는 곧 수형자에 대한 처우의 개별화라는 관점과도 부합하는 것이다.
   오늘날에 와서는 구금제도 자체에 대한 논의보다는 오히려 수형자의 효율적 처우라는 관점에서 구금방식을 어떻게 운영할 것인가에 중점이 주어지고 있다.

2. 구금제도를 바탕으로 한 '시설내처우'란 범죄인을 교정시설에 구금하여 자유를 박탈한 상태에서 형을 집행하며 교정처우하는 방식을 말한다. 시설내처우는 자유형과 구금성 예방처분(자유를 박탁하는 보안처분)을 전제로 한다.

   시설내처우의 중심은 교정(행형)시설이다. 근대 이전의 교정(행형)시설은 신체형의 변형된 형태로서의 자유형을 집행하기 위한 시설로서 등장하였다. 따라서 동굴이나 지하실, 탑 등에 감금하여 범죄자를 무능력화(무해화)[43]하는 방식으로 이루어지고 있었다. 그 후 16세기 중엽부터 근대적인 교정시설이 나타났다. 즉 범죄자의 무능력화나 격리보다 캘빈사상을 바탕으로 한 '교화를 강조하는 시설'이 등장하였다. 이것은 당시 사회에서 실업의 증가와 전쟁의 후유증 등으로 빈민이 증가하면서 이에 대처하기 위한 수단으로 나타난 것이었다.

1555년 영국의 브라이드웰에 설립된 노역장이나, 1595년에 네덜란드의 암스테르담에 설립된 노역장 등이 그 대표적이 예이다. 특히 암스테르담징치감(노역장)은 현대적 교도소제도발전의 효시로 평가되고 있다. 암스테르담징치감은 부랑자, 절도범 등을 수용하되 분리수용하면서, 각자에 대해 작업과 교화를 시행하여 교정·갱생의 목적을 추구하였고, 그 밖에 시설규모와 운용방법에 있어서 개선형사상에 적합한 것이었다. 그러나 이러한 교정주의이념은 그 후 계속 되지 못하고 점차 타락하여 그 후 구금시설은 응보적 구금으로 쇠퇴하였고, 시설 내에는 악이 넘쳤고 체벌이 널리 시행되었다.

3. 구금방식은 독거제(獨居制)와 혼거제(混居制)로 나눈다.

독거제는 '정신적 개선주의'에 입각하고 있고, 혼거제는 '공동생활주의'에 입각하고 있다. 독거제는 정신적 교화 개선에 중점을 두고, 혼거제는 작업능률과 사회복귀에 중점을 두고 있다.

구금방식은 수형자의 처우, 교화, 개선, 위생, 보건, 국가재정 등 여러 가지 점을 고려하여 정해지게 된다.

전통적으로는 폐쇄적 시설내처우(施設內處遇)를 원칙으로 하고 있었지만, 최근에는 이 시설내처우도 사회적 처우를 확대하는 방향으로 나아가고 있고, 여기서 한 걸음 더 나아가 사회적응을 위한 방안으로서 개방처우 또는 중간처우나 사회내처우제도(社會內處遇制度)가 더욱 폭넓게 시행되고 있다. 이것은 곧 수정적(修正的) 자유형의 집행방식을 말하는 것으로써 단기자유형 및 과밀수용의 폐단, 행형의 경제성, 시설내처우의 효과 및 사회기여도 등의 문제제기가 이를 가속화시켰다.

---

43 '무능력화(無能力化)'란 범죄를 행할 능력을 강제적 조치를 통해 없애는 것을 뜻한다. 같은 의미로 '무해화'(無害化)라는 용어를 사용하기도 한다. 그러나 무능력화는 사람을 대상으로 하고, 무해화는 유해물질을 대상으로 하므로 무능력화가 보다 적절한 용어이다.

[2] 독거제도의 변천 및 구금제도의 발전과정[44]

독거제(獨居制, Solitary Confinement System)는 수용자를 교도소 안의 독거실(독방)에 구금하여 수용자 상호간의 접촉을 방지함으로써 서로 악영향을 주고받는 것을 사전에 예방하고 정신적 교정을 촉진하기 위한 제도이다. 독거제는 수용자를 단독으로 구금하는 방법으로서 자유박탈의 가장 전형적인 형태이다. 이러한 독거의 주된 목적은 반성 · 회개 · 속죄를 통해 정신적인 교정교화를 도모하고 상호 통모 및 악습(범죄성)의 감염을 방지하려는 데 있는 것이다.

독거제는 다른 수용자 등과의 접촉 · 허용 정도에 따라 엄정독거제와 완화독거제로, 독거의 시간 범주나 유형에 따라 주 · 야간 독거제와 야간독거제로 구분된다.

엄정독거제는 수형자를 철저하게 고립시켜 다른 수용자나 외부인과 일체 접촉하지 못하게 하는 독거방식으로 펜실바니아제(필라델피아제)가 원형이다. 완화독거제는 수용자를 주야로 독거수용하지만 목욕 · 운동 · 교화프로그램 참여 · 접견 등의 경우에는 일시적으로 다른 수용자와 접촉하는 것이 인정되는 독거방식이다.

주 · 야간 독거제는 하루 종일 밤낮없이 독거시키는 방식이고, 야간독거제는 낮에는 작업장에서 다른 수형자들과 함께 작업에 종사하고 작업이 없는 휴업일이나 야간에는 독방에서 지내도록 하는 구금방식이다. 야간독거제는 반(半)독거제라고도 한다.

독거제는 연혁적으로도 엄정독거제와 완화독거제로 구분된다. 독거제를 논리적으로 처음 주창한 사람은 영국의 교도소 개량 운동가인 존 하워드(John Howard)이다. 그는 1777년 그의 저서 「영국과 웨일즈에 있어서의 교도소 상태」(The State of Prisons in England and Wales)에서 내외국 시찰을 통해 심각한 혼거구금의 무질서와 비위생을 지적하고 독거제를 주장하면서 교도작업과 관련하여 반독거제 형태인 야간 독거제를 주장하였다. 그의 이와 같은 주장은 1781년에 영국법률에 반영되어 범죄자에 대한 독거수용의 근거가 마련되었고, 그 후 호오샴 등에 최초로 독거수용교도소가 설립되었다. 당시 이들 시설은 벤담(Bentham)이 고안한 십자가형과 선형(扇型 · 부채의 모양)의 소위 파놉티콘(Panopticon)식[45]을 응용하였다.

존 하워드 이전에도 사실상 독거구금의 형태는 있었던 것으로 전해진다. 1703년 로마의 교황 클레멘스 11세(P. Clemens XI)가 산 미케레(San Michele) 소년감화원을 건립하고

---

44 남상철, 교정학개론, 2005, 175~187면. 正木亮, 刑事政策凡論, 1951, 421－428면.

45 '파놉티콘'이란 '모두를 본다'는 뜻으로, 이는 소수의 감시자가 모든 수용자를 자신을 드러내지 않고 감시할 수 있는 형태의 감옥이다. 감시 기능이 뛰어난 원통형 건축양식이다.

소년에 대하여 연령 및 범죄성의 정도에 따라 각각 분리수용을 하였고, 1775년에 건축된 벨기에의 간트(Gand)교도소는 일반범죄인에게 야간에는 엄정분리 수용을, 주간에는 혼거작업을 시행하였다. 당시 이 두 개의 감옥은 종래의 혼거구금 하에서 행하여진 여러 가지 폐해를 시정하기 위하여 이와 같이 독거방을 설치한 것에 그 특징이 있다.

한편 이와 같이 영국에서 시작된 교도소 개량의 목소리가 미국에 큰 영향을 미쳤다. 미국에서는 존 하워드가 제창한 독거제와 중세기 이래 전해져온 교회의 참회사상을 결부시켜 범죄인의 정신적 개선방법으로서 엄정독거제를 창안하였는데, 이것이 '펜실바니아제'이다. 그러나 이 펜실바니아제는 그 구금방법이 너무나 엄정하여 구금으로 인한 폐해가 크다는 것이 발견됨에 따라 불과 20년도 못되어 쇠퇴하였고, 그 대신 합리적 구금제도의 요구에 따른 방안으로 완화적 독거제인 '오번제'를 창안하게 되었다. 완화독거제는 1823년 뉴욕의 오번교도소에서 악풍감염을 차단하면서 공장제 교도작업을 위해 처음 실시되었다. 그 후 수형자의 자력적 개선에 중점을 둔 엘마이라제, 사회적 훈련에 중점을 둔 수형자자치제, 또 이러한 대형화, 집단화의 개선방법보다는 소집단화에 의한 개선방법을 시도하려는 카티지제라든지 다양한 사회내처우로 연결되는 자유형 집행을 위한 구금제도의 개선 노력은 현재에도 계속되고 있다.

우리나라 현행법은 "수용자는 독거수용한다"(법 제14조 1항)고 규정하여 독거제를 원칙으로 하면서 예외적으로 혼거수용을 인정하고 있다(동조 단서). 그리고 독거수용을 계호상 독거수용과 처우상 독거수용으로 구분한다(시행령 제5조).

'계호상 독거수용'은 사람의 생명 · 신체의 보호 또는 교정시설의 안전과 질서유지를 위하여 항상 독거수용하고 다른 수용자와의 접촉을 금지하는 수용을 말한다. 이는 주야간 독거수용이다. 그렇지만 수사 · 재판 · 실외운동 · 목욕 · 접견 · 진료 등을 위하여 필요한 경우에는 다른 수용자와 접촉을 하는 것이 인정된다. 이는 완화독거제에 해당한다.

'처우상 독거수용'은 주간에는 교육 · 작업 등의 처우를 위하여 일과(日課)에 따른 공동생활을 하게 하고 휴업일과 야간에만 독거수용하는 수용방식이다. 이는 야간독거제 또는 반독거제에 해당한다.

[3] 펜실바니아제

1. 의 의

펜실바니아제(Pennsylvania System)는 수형자 1인을 주야로 1개 거실 내에 엄정격리수용하는 구금방법을 말한다. 필라델피아시에 설립된 소독거시설(小獨居施設)인 월넛가

(Walnut Street)교도소에서 시작되었다고 하여 필라델피아제(Philadelphia System)라고도 하며, 그 구금시설이 엄정한 독거방 위주로 되어 있다고 하여 엄정독거제(嚴正獨居制) 또는 분방제(分房制)라고도 한다.

이것은 수형자를 엄정독거하게 함으로써 회개 반성을 통해 자기 개혁과 갱생을 도모하여 '정직한 사람'(참된 사람)을 양성하려는 목적에서 채택된 것이다. 이러한 엄정독거제는 거실 내에서는 물론 교육, 교회(敎誨), 운동, 목욕, 진료, 접견, 작업 등 어떠한 경우에도 다른 수형자와의 접촉을 일체 인정하지 않는 제도이다.

2. 연 혁

미국에서는 존 하워드가 주창한 독거제에 교회의 고독 속의 참회사상[46]이 결부되어 수형자의 정신적 개선 방법으로써의 독거제가 펜실바니아주 퀘이커(Quaker)[47] 교도들에 의해 구체화되었다. 이러한 독거참회사상은 중세기 이래 사제들의 좌우명이던 "뭇사람(衆人) 사이에 있으면 사람으로 재귀(再歸)하기 어렵다"는 고독 속의 참회 사상으로, 수형자들을 마치 수도원에 강제로 들어가도록 하는 것과 같이 독거하게 함으로써 참회를 하도록 하였던 것이다.

미국의 펜실바니아주에서는 교도소개량을 목적으로 하는 사설협회로서, 1776년에 결성된 '고통 받는 수형자의 지원을 위한 필라델피아협회'의 정신을 이어받아 1787년에 '수형자의 고통을 완화하기 위한 필라델피아협회'(Philadelphia Society for Alleviating the Miseries of Prisoners)가 새로 창립되어 독거제를 주장하였으며, 이 사상에 공명(共鳴)한 퀘이커교도의 운동은 펜실바니아제를 탄생시켰다.

1790년 필라델피아에 설립된 소독거시설인 월넛가교도소(Walnut Street Jail)에서 시작된 이 펜실바니아제는 간트(Gand)교도소를 모델 삼아 윌리암 펜(William Penn)의 교도소개량 정신을 이어받아 창시되었으며, 그 후 1818년에서 1821년 사이에 필라델피아시 동서에 두 개의 대독거교도소가 생기게 되면서 엄정독거제로서의 펜실바니아제는 완성되었다.

46 참회사상이란 잘못된 것을 분명히 인식하고 더 이상 잘못하지 않겠다고 다짐하도록 인도하여 바른 삶을 살도록 하는 것을 뜻한다.

47 퀘이커라 함은 'Society of Friends'라고 하는 것으로 기독교의 한 파이다. 퀘이커의 사상은, 한마디로 그리스도는 자기 속에 있는 것이므로 침묵 중에 자기에게서 그리스도를 찾아낼 수 있는 사람이 神의 안내자(guide)가 된다는 것이다.

3. 사상적 배경

산 미케레 소년감화원[48]으로부터 간트교도소를 거쳐 오번교도소에 이르기까지의 행형의 변천 과정을 개관해 보면 거기에는 기독교사상이 큰 영향을 미치고 있음을 쉽게 알 수가 있다. 이 종교적 개선사상의 시도는 바로 퀘이커 교도의 금욕주의(禁慾主義)로서 그 정점에 이르게 되고, 또한 그 반동으로서 사회교육적 사상으로의 전환이 초래되는 계기를 맞이하게 된다. 즉 철학적으로나 종교적으로 수형자를 개선하고자 시도하는 경우에는 펜실바니아제를 채택하게 되고, 그에 반해 사회교육적인 요소를 가미하여 개선하고자 하는 경우에는 오번제를 채택하게 된다는 것이다.

이와 같이 미국에서는 당시 종교 사상이 교도소문제에 많은 영향을 미치게 되었는데 그러한 사상을 도입한 대표자가 바로 영국의 퀘이커 교도로서 미국의 펜실바니아주 개척자로 알려진 윌리암 펜(William Penn)이다. 그는 펜실바니아제의 창시자이며 펜실바니아를 퀘이커종교국이 되게 한 종교가였다.

윌리암 펜에 의하여 배양된 퀘이커의 신조, 그리고 그에 의해 감옥개량에 대해 착안하게 된 사람들은 다시 벤자민 프랭클린의 사상으로 더욱 힘을 얻게 되면서 1776년 '고통 받는 수형자의 지원을 위한 필라델피아협회'를 설립하였던 것이다. 그리고 1783년에는 벤자민 러쉬 등이 형법개정에 착수하였으며, 특히 러쉬는 사형폐지를 적극 주장하여 1786년의 개정형법에 있어서는 별로 중하지 않은 범죄에 대하여 사형을 폐지하기에 이르렀으나 이에 대신하는 형벌로 중역(重役)과 불명예형 등이 적용되었다. 이와 같은 만족스럽지 못한 개정형법과 관련하여 1787년 5월에 감옥 내에서의 교정사고 완화를 목적으로 '수형자의 고통을 완화하기 위한 필라델피아협회'를 조직하게 되고, 이를 계기로 대대적인 감옥개량운동을 전개하게 되었던 것이다.

그들은 당시 무질서한 수용상태를 비판하고 성직자가 죄인들을 정원에 모아놓고 교회(教誨)[49]를 할 때 교도관이 성직자의 안전을 보장하기 위하여 총기를 휴대하는 그러

48 감화원(感化院)이란 보호처분을 받은 비행소년을 수용하여 가치관과 행동방식을 좋은 방향으로 재사회화하는 기관을 말한다. 감화원은 일본에서 처음 번역한 한자 용어인데, 그 후 일본에서는 이에 해당하는 용어를 교호원(教護院)이라는 이름으로 부르다가 지금은 현대적 어감을 살려 '아동 자립 지원시설'이라고 부르고 있다.

49 교회(教誨): 잘 가르치고 타일러서 지난날의 잘못을 깨우치게 함. 현행법에서는 '교회'라는 용어 대신 '교화프로그램'이라는 용어를 쓰고 있다. 이러한 교회 또는 교화프로그램이란, 수형자의 정신적 결함을 교정·선도하기 위하여 종교적·도덕적 방법 등으로 정신감화를 유도하여, 수형자의 도덕성을 회복하고 사회성을 배양하여 건전한 인격형성에 이바지하며, 심성을 순화하고 범죄성을 제거하는 데 목적을 둔 활동을 말한다.

한 계호방법을 맹비난하였다. 그 대신에 엄정독거구금을 시행하지 않으면 아니 된다고 주장하였다. 독방구금은 수형나가 나쁜 영향을 받지 않고 자기반성을 하여 자기의 양심속에서 선(善)의 목소리를 재발견할 수 있는 '무서운 충격'의 효과를 자아낸다고 믿었다. 그러므로 엄정독거제가 범죄인개선을 위한 최선의 수단이라고 하는 것이 이들 퀘이커 교도들의 확신이었던 것이다. 다시 말해 퀘이커의 이 종교사상은 절대의 침묵과 평온 속에 자력으로 개선토록 하지 않으면 안 된다는 점을 강조한다. "뭇사람 사이에 있으면 사람으로 재귀하기 어렵다"고 하는 고독속의 참회사상이 이를 뒷받침하고 있다.

그러나 사실상 1790년의 감옥법에서는 사형 대신 선고한 중죄의 자유형에 대하여서만 엄정독거를 규정하고 있었는데, 이러한 정도의 독거구금형태라면 결코 획기적인 새로운 시도라고까지 할 수는 없으나 다만, 그 구금방법 가운데 소위 퀘이커 종파의 자계(自戒)의 사상이 주입되었다는 사실에 특별한 의미를 부여하지 않을 수 없다. 이러한 사상을 기초로 하였기 때문에 월넛교도소의 독거제는 수형자를 거실 밖에 나가도록 하는 일도 없었으며 또 누구라도 거실 내에 출입하는 것을 허용하지도 않았다. 성경 이외의 독서는 물론이고 정신적 혼란을 피하기 위하여 공장에서의 작업마저도 허가하지 않았으며, 혼자서 하는 일을 통해 개전(改悛)하는 수업으로 삼게 했다. 오늘날 우리가 엄정독거제라고 칭하는 것은 바로 이러한 집행방식을 말한다.

4. 장 · 단점

(1) 장 점

① 수형자에게 자신의 범행에 대한 회개반성의 기회를 주는 등 정신적 교화개선작용에 효과적이다.

② 다른 사람과의 혼거수용에서 초래되는 악습감염 및 증거인멸의 폐해를 방지할 수 있다.

③ 석방 후 수형자 상호간의 교류로 인한 폐해를 예방할 수 있다.

④ 감시감독 등 계호관리 및 규율의 유지가 용이하다.

⑤ 질병 그 밖의 정신이상자를 발견하기 쉬우며 감염병의 예방 및 확산방지가 쉽다.

⑥ 수형자의 개별처우에 적정을 기할 수 있다.

⑦ 수형자의 명예를 보호할 수 있다.

⑧ 개인 작업 시행에 유리하다.

(2) 단 점

① 수형자의 독거생활은 인간본능의 박탈이며, 이들을 사회공동생활에 적응하게 하여 선량한 사회인으로 다시 사회에 복귀하게 한다는 교정목적에도 반한다.

② 본질적으로 사회성을 갖는 인간을 고독상태에 둠으로써 자해, 염세에 의한 자살 등 정신적·생리적 장애를 초래하기 쉽다.

③ 행형 실무상 교육, 교회, 운동, 의료, 작업 등에 불편하다.

④ 국가의 재정 부담이 지나치게 크다.

⑤ 수형자 간 상호감시가 어려우며, 공동 작업이 불가능하다.

5. 평 가

펜실바니아제는 혼거구금에서 오는 범죄적 악성감염의 우려를 근본적으로 차단한 가운데 회개반성 속죄하게 하는 등의 자발적 교화개선을 추구한다는 점에서는 높이 평가할 만하다. 그러나 인간의 본성인 사회성을 무시하고 주·야 엄정독거구금 속에서 수형자의 교화개선방법을 찾으려 한 점에 큰 문제가 있다. 이와 같이 펜실바니아제는 수형자의 참된 재사회화는 사회적 공동생활의 훈련을 통해서만이 제대로 달성될 수 있다는 점을 간과한 데에 크나큰 결점이 있다.

[4] 오번제

1. 의 의

오번제(Auburn System)는 수형자를 주간에는 혼거작업을 하게 하고 야간에는 독거실(독방)에 수용하는 구금방법을 말한다. 이 제도는 펜실바니아제의 너무 극단적인 독거구금을 강요함에서 오는 폐해를 방지하기 위하여 창안된 것이다. 뉴욕주 오번감옥에서 처음 실시하였다고 해서 '오번제'라고 부르게 되었다.

이 제도의 구금방법은 주간에는 수형자를 작업장에 혼거취업하게 하되 수형자 상호간의 대화를 엄격히 금지하고 야간에는 독거 구금하여 취침하게 하는 것으로, 교도작업의 적극적 활용을 위해 착안하였다는 점에서 소극적인 펜실바니아제에 비하여 일보 진보된 제도라고 할 수 있다.

이 제도는 엄정독거제의 결점을 보완하는 동시에 혼제제의 폐해인 수형자 상호간의 범죄적 악성오염을 방지하도록 하기 위한 구금방법이다. 이 제도는 작업 시에 대화를 금하고 침묵을 지키도록 한다고 하여 침묵제(silent system) 또는 대화금지제라고도 하며, 주간에는 작업장에서 혼거작업하고 야간에는 독거시킨다는 의미에서 절충제, 야간독거제 또는 완화독거제라고도 한다.

2. 연 혁

오번제도는 미국의 뉴욕주에 있는 오번교도소에서 에람 린즈(Elam Lynds)가 처음 실시한 제도이다. 이 오번감옥은 1819년 건설되었는데 당시 펜실바니아제에 대한 기대의 영향을 받아 당초 28개의 혼거실 외에 61개의 독거실이 만들어지고 이 독거시설에서는 주야독거구금을 실시하였다. 그러다보니 혼거구금에도 많은 폐해가 노출되었으나 주야독거구금에도 피할 수 없는 결점이 많이 발견되었다.

그리하여 2대 소장인 에람 린즈가 엄정독거구금의 단점을 제거함과 동시에 그 장점을 채택한 제도를 고안하였는데, 이것이 바로 완화독거제로서의 오번제인 것이다.

3. 사상적 배경

펜실바니아제는 정신의 정화를 기본으로 하여 '정직한 사람'으로 수형자를 교화 개선하고자 하였으나, 이 제도는 사회와의 관련성을 고려하지 않고 수형자 개인의 교화개선에 중점을 두기 때문에 수형자가 석방된 이후의 상황에 대해서는 미처 생각을 하지 못하였다. 이 점이 미국에서 이 제도가 계속 지지를 받을 수 없었던 큰 이유의 하나이며, 오번제가 새로 등장하게 된 것도 바로 이 때문이었다.

오번제도가 나오게 된 근본 사상은 첫째, 수형자의 타락을 방지할 수 있는 방안이 따로 있다면 비경제적인 독거제(분방제)를 지속할 필요가 없을 것이라는 점, 둘째, 교도소 수용경비는 교도작업을 통해 수형자 스스로 지불하도록 하여야 한다는 점, 셋째, 석방 후에 자활(自活)할 수 있도록 하기 위해서는 강제노역을 부과하고 그것에 의해 나태한 마음이나 노동을 싫어하는 습성을 제거하지 않으면 안 된다는 점 등에 있다.

펜실바니아제가 범죄의 근원을 '마음'이라고 생각하여 그에 상응하는 제도를 채용한데 반해, 오번제는 '마음은 범행의 전부가 아니고 1개 조건'에 불과하다고 생각을 하게 되었던 것이다. 사실 당시 펜실바니아제의 행형(교정)사상은 생리적·경제적·사회적인 문제보다는 종교적·심리적인 '마음'의 문제에 집착한 측면이 있다.

오번제에 있어서는 수형자의 땀을 중시하였는데, "미국의 영광은 이민자들의 힘든 노동에 의해 가능하게 된 것이 아닌가? 감옥에서 사람들을 노동하게 하여서는 아니 된다는 이유는 어디에 있는가?"라고 하는 것은, 당시 오번사상의 바탕이 되었다. 이러한 이유에서 오번제는 수형자를 주야 독거시키는 데 반대하였던 것이며, 혼거제의 보완을 위하여 수형자 상호간의 악성감염을 방지하는 수단으로써 침묵주의를 채용하고자 하였던 것이다.

이러한 배경에서 야간독거와 주간혼거 그리고 침묵 중 작업 시행을 요건으로 한 오번제가 정립되었다. 오번제는 집단훈육을 통해 '복종하는 시민'을 양성하고, 침묵을 통해 이전의 자신을 깨부심으로써 재사회화 되어야 한다는 주장을 바탕으로 하고 있다.

펜실바니아제 사상은 수형자의 마음을 중심으로 하여 교화문제가 해결된다고 하였던 데 반하여, 뉴욕주의 오번제 사상은 산 미케레의 기본이념이던 "수형자라도 교화와 교육에 의해 국가사회의 유용한 일원으로 복귀하게 하지 않으면 아니 된다"고 하는 사상과 일치하였던 것이다. 침묵주의를 채용한 것도 산 미케레 소년감화원에서 이와 유사한 침묵제를 최초로 실시하였던 것에서 착안한 것이다.[50]

그러나 오번제는 너무나 행형기교에 치우쳐 수형자의 사회복귀라는 점에 대해서는 소홀히 하고 교정관리에 침묵주의를 지나치리만큼 엄수한 까닭에 결코 성공한 제도라고 평할 수는 없다. 엄격한 침묵의 강제는 반면에 그에 대한 위반과 그 위반에 대한 징벌을 예상하지 않을 수 없다. 즉 대화의 금지를 철저히 이행하려면 가혹한 징벌이 수반되어야 하므로 수형자들은 긴장과 공포 속에서 생활하지 않을 수 없었기 때문이다.

그러나 비록 엄격한 침묵 속에 벙어리 아닌 벙어리 생활을 강요받았다고 하더라도, 노동에 대한 인간의 속성을 무시하고 도의적 개선에만 지나치게 치중하였던 펜실바니아제에 비하면, 그래도 노동의 의미와 보람을 느끼도록 하였다는 점에서 오번제는 미국행형(교정)에 있어서 진일보한 제도로 평가받고 있다.

---

50 산 미케레 소년감화원 뿐 아니라 간트(Gand)교도소의 주간공동작업, 야간 독거구금방식도 오번제에 직접적으로 영향을 미쳤다고 할 수 있다. '간트'라는 명칭은 벨기에 서북부에 있는 도시 명칭에서 따온 것인데, 'Gand'는 프랑스식 명칭이고, 영어로는 'Ghent'로 표현된다. 우리나라 문헌에서는 프랑스식으로 '강', 독일식으로 '간트', 영어식으로 '겐트'라고 번역하여 소개되고 있다.

4. 장 · 단점

(1) 장 점

① 엄정독거제의 폐단을 줄이고 공동작업을 통한 직업훈련 등 사회복귀를 위한 집단처우가 가능하다.

② 주간에는 작업에 취업하도록 함으로써 공동생활의 순응, 정신적 · 육체적 장애를 일부 방지할 수 있다.

③ 대화금지 속에 작업을 하게 하고 야간에는 독거수용 함으로써, 공모에 의한 도주, 반항, 선동, 동성애, 부정행위 등을 방지 할 수 있다.

④ 야간 독거를 통해 수형자에게 자신의 범행에 대한 회오반성의 기회를 주는 등 정신적 교화개선작용에도 효과적이다.

⑤ 수형자 상호간의 나쁜 영향을 주고받는 악풍감염을 방지할 수 있다.

⑥ 엄정독거제에 비하면 보다 인간적이며 심신약화 등 부작용을 예방할 수 있다.

⑦ 야간 독거를 통해 개인의 사생활을 보호해 줄 수 있다.

(2) 단 점

① 수형자 상호간의 의사소통을 금함으로써 공동생활에 따른 사회성 훈련이 불완전하고 수형자의 정신적 · 생리적 장애를 초래할 수 있다.

② 주간혼거작업으로 엄정독거제에 비해 감시감독 등 계호 및 규율의 유지가 곤란하다.

③ 은밀한 부정행위나 출소 후 동료수형자와의 교제로 재범의 가능성이 높아질 수 있다.

④ 개별처우가 어렵다.

5. 평 가

오번제는 침묵속의 작업 실시로 수형자 상호간의 악풍감염을 방지하고 주 · 야 엄정독거제하에서 공동생활을 통한 사회성 향상 훈련이 어렵다는 점을 보완한 제도이기는 하나, 다수 수형자가 동일한 작업장에서 장시간 작업을 하면서 대화를 금지시키고 침묵을 지키게 한다는 것이 매우 어려운 일이었고, 절대적인 침묵을 강제하고 강압적인 규율과 징벌을 강제함으로써 수용자들에게 억압적인 구금방식으로 인식되었으며, 노동력을 착취하는 수단으로 사용되었다는 비판까지 받았고, 작업에 있어 공동협력의 필요성 등 인간 본연의 사회생활습성을 무시하였다는 점에 한계와 결점을 지닌 제도이다.

또한 펜실베니아제에 비해 집단적 훈련을 통한 강제적이고 엄격한 훈육이 강조되고 물리적 제재가 제한 없이 가해지는 처우방식이므로, 인간의 존엄성을 침해한다는 점도 비판되는 문제점이었다.

[5] 혼거제

1. 의 의

혼거제란 여러 명의 수용자를 한 거실에 수용하는 구금방식이다. 또한 작업이나 교육을 하면서 비교적 긴 시간을 한 공간에서 공동생활 하는 것도 혼거에 속한다. 이러한 구금방식은 한 거실이나 한 작업실에 여러 수용자가 한데 섞여 지내게 하므로 잡거제(雜居制)라고도 한다.

이러한 혼거구금은 독거구금에 비하여 관리상 편리하고 경비도 비교적 적게 들기 때문에 동서양을 막론하고 가장 오래전부터 활용되어온 구금제도이다. 그러나 근대 이전처럼 아무런 기준도 없이 무질서하게 모든 수용자를 함께 수용하게 되면 이들을 효율적으로 처우할 수 없을 뿐만 아니라 교정시설의 안전마저도 위협을 받게 된다. 즉 수용자 상호간에 범죄적 악성오염의 폐해가 큰 데다가 수용생활 중의 불량한 교제로 출소 후 범죄를 함께 저지르거나 심지어는 서로 통모하여 폭동을 일으키고 탈옥을 기도하는 등의 사태가 발생하게 된다. 이러한 폐해를 제거하기 위하여 탄생된 것이 엄정독거제와 완화독거제인데 이들 제도 또한 많은 문제점이 드러나면서 그대로 시행되지 못하다가 오늘날에 와서는 수용자의 과학적 분류수용을 기초로 한 여러 가지 형식의 수정적 구금제도가 처우방안으로 등장, 적극 시행되기에 이르렀다. 분류제는 혼거제의 단점을 보완하기 위해 고안된 구금방식이다.

2. 연 혁

혼거제는 가장 오래된 구금방식이다. 혼거제는 현대 교도소의 기본적 형태라고 할 수 있는 암스테르담 노역장에서부터 주로 시행했던 구금제도이나 당시의 혼거제는 오늘날의 혼거제와는 많은 점에서 차이가 있었다. 즉 과거의 혼거제는 우선 범죄인에 대한 분류수용 등이 전혀 고려되지 않았으므로 소년·성인범, 초범, 누범 등의 구별이 없는 혼거구금이었다. 그와 같은 혼거구금에 있어서의 폐해는 이루 형언 할 수 없을 정도였다.

더욱이 고대 및 중세에 있어서는 범죄인들을 조직적인 구금시설이 아닌 지하 동굴 속에 혈거(穴居)시키거나 쓸모없게 된 성과 요새·사원 등에 구금하는 사례가 비일비재(非一非再)하였다. 크로네(Krohne)는 이를 두고 "구치(拘置)와 고통만을 목적으로 한 구금시설은 지옥과 동일한 어둠의 나라이면 만족하였을 것"이라고 평하였던 것이다.

혼거제가 어떠한 목적 아래 운영되었는가는 시대에 따라 그 차이가 있었다. 즉, 앞에 말한 고대·중세 사회에 있어서는 다만 범죄자를 격리 구금시키는 데만 그 목적이 있었던 것이나, 근대 이후의 사회에 있어서는 교육형주의의 영향으로 그 밖의 다른 목적, 다시 말해 범죄자를 건전한 민주시민의 일원으로 사회에 복귀시키기 위하여 사회생활에 적응을 할 수 있는 능력을 배양하도록 하는 데 그 목적을 두게 되었다. 즉 독거제가 '정신적 개선주의'에 입각하고 있는데 반해 혼거제는 정신개선주의보다는 오히려 사회복귀시의 유용하고도 적합한 '공동생활주의'에 입각하고 있다.

혼거제는 오늘날에 와서도 정도의 차이는 있으나 시설의 부족, 조직 및 분류제도의 불충분 등 여러 가지 원인으로 과밀수용이나 범죄적 악성오염 문제 등 고질적인 폐해를 여전히 노출시키고 있는 것이 실상이며, 해결되어야 할 현안과제중 하나이다.

3. 장·단점

(1) 장 점

① 수형자의 심신단련과 형벌집행에 통일을 기할 수 있다.
② 건축비, 인건비 등 행형비용을 절감할 수 있다.
③ 공동작업 등 단체생활을 통한 사회적응훈련의 연마로 사회복귀에 도움이 된다.
④ 행형상의 작업경영 및 교도작업·직업훈련을 원활하게 시행할 수 있다.
⑤ 고립으로 인한 정신적 장애나 자살을 방지하는 데 도움이 된다.
⑥ 사회성 배양에 적합하여 사회복귀에 유리하다.

(2) 단 점

① 수용자가 상호간에 범죄적 악성오염과 모의에 의한 증거인멸, 도주, 난동, 부정행위 등을 초래하기 쉽다.
② 수용자에 대한 적절한 개별처우가 어렵다.
③ 출소 후 수용 생활 중에 알게 된 동료수형자와의 교제로 재범의 가능성이 많아진다.
④ 개개인에 대한 감시와 규율유지가 곤란하여 계호상 어려움이 있다.

⑤ 독거제에 비해 비위생적이며 감염병 감염방지에 어려움이 있다.
⑥ 거실 내 수용자간 동성애나 구타행위 등 교정사고 유발가능성이 높다.
⑦ 거실 내 공동생활상 책임감이 희박하여 관급품·대여품 등의 관리에 어려움이 있다.
⑧ 사적 감정 및 개인생활을 해치므로 인격의 개발을 방해한다.

4. 평 가

혼거제는 '공동생활주의'에 바탕을 두고 있으므로 행형 경제상 장점 및 공동생활의 순응을 통한 사회복귀도모 등 교정교육으로서도 많은 장점이 있다. 그러나 다수의 수용자들이 공동생활을 하는 한 아무리 과학적인 분류제도를 철저히 시행한다고 하더라도 증거인멸이나 다른 수용자로부터 프라이버시 침해나 범죄적 악성에 오염될 가능성이 언제나 존재할 수밖에 없다는 점이 결점이다.

학습 체크 포인트

01 영국의 감옥개량가 하워드는 「감옥상태론」에서 당시 무질서한 잡거구금의 폐해를 지적하고 개선주의와 주야독거제를 주장했다.

02 형집행법은 "수용자는 독거수용한다"고 규정함으로써 독거수용을 원칙으로 하고 있다.

03 형집행법은 독거수용을 처우상 독거수용과 계호상 독거수용으로 구분하고 있다.

04 혼거제는 행형제도발달사 측면에서 가장 오래되고 통상적인 제도이다.

05 퀘이커교도의 종교사상을 바탕으로 한 구금제는 펜실바니아제이고, 집단생활하에서 사회적응훈련에 적합한 구금제는 오번제이다.

06 펜실바니아제는 '정직한 사람' 양성이 주된 목표였고, 오번제는 '복종적인 사람' 양성이 주된 목표였다.

07 보건위생에 유리한 것은 독거제이고, 정신적 · 신체적 건강에 유리한 것은 혼거제이다.

08 펜실바니아제는 정신적 교화개선에 중점을 두는 엄정독거제이다.

09 혼거제는 심리적 안정에 도움이 되고 능률적인 작업시행에 유리하다.

10 혼거제는 수형자의 재사회화에 유리하지만, 범죄학습의 폐해가 나타날 위험이 크므로 분류제 · 대화금지제로 그 단점을 보완하고자 하였다.

11 도주의 위험성이 많고 교정사고의 우려가 큰 수형자들은 교도관의 감시에 유리한 독거제가 적합하다.

12 펜실바니아제의 시작은 월넛가 교도소(Walnut Street Jail)이고, 오번제의 시작은 산 미케레 감화원이다.

13 오번제는 엄정독거제의 결점을 보완하면서도 혼거제의 폐해인 수형자 상호 간의 악풍감염 방지까지 해결하고자 한 구금형태로서, 절충제 · 침묵제 · 반독거제 · 완화독거제 · 야간독거제 · 교담(대화)금지제라고도 한다.

14 우리나라의 원칙적 구금방식은 행형시설 건축에 있어 비용이 많이 드는 단점이 있으나, 수용자의 자존감 보호와 미결수용자의 증거인멸 · 공모에 의한 위증방지에 유리하며, 감시 · 감독 및 질서유지에 편리하다는 장점이 있다.

15 Penn System과 Aubum System은, 재소자는 사회로부터 격리되고 훈육된 일상생활을 해야 한다는 믿음을 바탕으로 하는 제도라는 점에서 공통된다. 그러나 오번제의 입장은 재소자는 침묵과 집단훈육을 통해 이전의 자신을 깨부셔서 재사회화되어야 한다고 주장하나, 펜실베이니아제도는 엄격한 훈육을 비판하고 물리적 처벌이나 기타 인간의 존엄성을 침해하는 일들을 제한했다는 점에서는 구분된다.

제3절 수형자자치와 카티지제도

[1] 수형자자치제도

I 의 의

(1) 수형자자치제(Inmate Self-government System)는, 교정시설 안에서의 수용생활을 수형자의 자율적 규율과 책임 하에 운영하도록 하는 처우 방식이다. 이 제도는 엄격한 계호주의의 폐단을 보완하여, 수형자들이 스스로 준법정신을 연마하고 사회화훈련을 통하여 교정시설의 질서를 유지하도록 유도하면서 사회적 책임감을 양성하는 데 목적을 두고 있다. 자력갱생을 촉진하여 사회적응력을 배양하기 위한 자치제는 자기통제원리에 입각한 자기조절 훈련과정을 처우에 결합한 것이다.

(2) 이 제도가 등장하게 된 배경은, 종래의 교정제도가 수형자에게 강제를 가하여 타율적으로 생활하도록 하기 때문에 '모범수형자'는 만들 수 있으나 '준법적 시민'으로 양성하는 데에는 한계가 있다는 점에 대한 반성이었다. 과거의 교정제도는 엄격한 계호주의를 바탕으로 하여, 교정직원에 대한 수형자의 절대복종을 강제하였기 때문에 수형자의 자치의식과 책임감을 고취시킬 수 없었다.

(3) 자치제는 자치허용범위에 따라서 소내 생활 전반에 자치를 허용하는 '전면적 자치제'와 작업 등 일부에 대해서만 자치를 인정하는 '부분적 자치제'로 나눌 수 있다. 현재 대부분의 국가에서는 부분적 수형자자치제를 채택하고 있다. 우리나라도 부분적 자치제를 시행하고 있다.

II 연혁(沿革: 변천하여 온 과정)

1. 전면적 자치제

수형자자치제는 19세기 초 미국과 유럽 여러 나라의 소년감화원, 소년구호원 또는 빈민원 등에서 자치제를 실시한 데서 그 기원을 찾을 수 있으나 행형제도로 처음 실현된 것은 1914년 미국 뉴욕주의 오번교도소에서 토마스 모트 오스본(Thomas Mott Osborne)

이 수형자자치제를 시도한 때부터이다.

그 당시 소년감화원이나 구호원 등에서 실시한 자치제의 예로서는 1826년부터 1831년 사이 웰즈(E. M. Wells)가 처음 시도한 미국의 보스턴소년감화원, 1833년 비헤른(H. Wiehern)이 운영한 독일 함부르크소년구호원, 1860년대 브로크웨이(Z. R. Brockway)가 이끈 미국 디트로이트교정원 등이 그 대표적인 것으로 꼽힌다. 그 후 1895년 윌리엄 조지(William George)가 뉴욕주 프리빌시에 불량소년 100여 명과 불량소녀 50여 명으로 사설소년원인 조지소년공화국(George Junior Republic)을 창설하여 권력분립을 모방한 자치제를 시행하였는데, 이것이 그 뒤 교도소에서의 자치제실시의 직접적인 선례가 되었다. 이 조지소년공화국은 소년교화의 방법에 자치제를 활용한 것으로서, 이 소년원 안에 미합중국의 축도라고 할 수 있는 소공화국을 구성하여 자치적 통치조직을 만들었다. 즉, 이 소년원은 소년원 전체를 하나의 지역사회(Community)로 규정하고 원생들을 시민(Citizen)이라 부르면서 그들 자신에 의해 구성된 대통령, 내각, 의회, 법원 등을 운영하며 원내질서를 유지하고 자기들의 사회적응능력을 개발해 나갔는데 이 소년원의 이사 중 한 사람이었던 토마스 모트 오스본이 이 제도를 오랫동안 지켜보고 또 그 창설자인 윌리암 조지로부터 교도소에 적용해 보라는 권고를 받고서, 오스본은 뉴욕주 오번교도소(Auburn Prison)에 자원수형자로 입소하여 수형자자치제의 실시가능성을 검토하고 교도소에서의 전면적인 자치제를 사상 최초로 실험 실시하였다.

오스번은 하버드대 출신의 정치인으로서 2회에 걸쳐 오번시장으로 선출되기도 하였다. 그는 1913년 오번교도소장의 허락하에, 톰 브라운이란 가명으로 자원수형자[51]로 입소하게 되었다. 거기서 그는 많은 수형자들과 이야기를 나누면서 일반적인 교도소 운영방식과 수형자자치제의 실시 가능성에 관한 연구를 하였다, 그리하여 그는 그 구체적인 실시방법으로 수형자의 자치단체인 상호복지연맹을 조직하여 이를 중심으로 수형자자치제를 실시하자고 건의를 하였다. 당시 뉴욕주지사와 오번교도소장이 그의 시행계획에 찬성하여 상호협력하기로 합의하고 1914년 시행에 들어갔다. 동 교도소 수형자 1,350명 전원이 상호복지연맹에 가입하고 각 작업장 등 구역단위로 수형자 대표 49명을 선출하여 이를 수형자대표회의로 결성하고 수형자들의 생활의 거의 전반을 자치적으로 규율, 운영케 하였던 것이다. 그리고 규율위반자는 수형자대표 5명으로 구성되는 재판부에서 심리하여 징벌하되, 단순한 각종 특권의 박탈정도는 자체적으로 집행하고 그 이상의 처분이 요구되는 자는 동 연맹에서 제명한 후 교도관의 직접 지휘하에

51 자원수형자란, 범죄를 범하지 아니하였으나, 범죄학 등을 연구하기 위해 스스로 원해서 수형자 생활을 하는 사람을 지칭한다. 참여적 관찰법의 일환이다.

재래식의 엄격한 계호 등 처우를 받게 하였다. 단, 이 경우에도 동 재판부의 결정에 대하여서는 교도소장에게 항고(抗告)를 할 수 있도록 하였다.

오스본은 영국의 정치가인 그래드스톤(W. Gladstone)의 “사람을 자유에 적합하게 하는 것은 오직 자유뿐이다(It is liberty only that fits men for liberty)”란 말을 신조로 수형자에게 1일 1선행을 실행(Do good, Make good)할 것을 권장하면서 수형자는 준법적인 ‘선한 수형자’가 아닌 ‘준법적 시민’(Not good prisoners but good citizens)으로 양성되어야 한다고 주장하였다.

이렇게 해서 오번교도소는 하루아침에 전체분위기가 일신되고 수형자의 일거수일투족(一擧手一投足)을 감시하던 교도관들은 모든 부서에서 물러가고 수형자 자신들이 계호를 담당하거나 자유로이 소내를 왕래하게 되었다. 각 작업장에의 배치나 작업추진도 이들이 담당하고 교도소 내 사용 지폐를 만들어 그것으로 소내 매점에서 필요한 물품을 사게 하였으며 질서도 그들 자신이 유지하도록 하였다. 이러한 자치제의 실시를 오스본은 ‘시민성훈련’(Training for Citiaenship)이란 개념으로 정의하기도 하였다.

그러던 중 오스본이 직접 중경비시설(重警備施設)인 싱싱교도소(Sing Sing Prison)의 소장으로 임명이 되자 여기서도 다시 오번교도소에서와 같은 상호복지연맹제하의 자치제를 실시하였으며 뒤이어 포츠머스 해군교도소, 그리고 1914년 뉴저지 주립 라웨이감화원, 1915년 코네티컷 주립 체셔감화원, 1918년 뉴저지 주립 클린턴팜여자감화원 등에서 실시하였다. 그러나 당시 여러 교도소장이나 언론으로부터 많은 비난과 혹평이 가해지는 가운데서도 이러한 오스본의 자치제사상은 그 후 많은 교정학자들에 의해 높이 평가를 받았다. 다만 그의 전면적 자치제사상은 그 성격이 점차 변질되면서 대체로 교도소의 감독하의 ‘제한적 자치’ 또는 ‘지도를 받는 자치제’의 형태로 시행이 되기에 이르렀다.

2. 제한적 자치제

제한적 자치제의 대표적 사례 중 하나는 1927년 신설된 미국 매사추세츠주의 노호크교도소에서 실시된 카티지제(Cottage System)이다. ‘카티지제’란 교도소 내의 각 구금사동을 20명에서 35명 정도의 수형자를 수용하도록 분할 설치하고 시설단위로 가족적인 분위기를 살리며 수용생활을 하게 하는 것으로써 처음부터 수형자의 자치영역을 널리 인정하는 것을 그 기본 특징으로 한다.

이 카티지제하의 노호크교도소는 처음부터 초대소장인 하워드 질의 구상에 따라 특이한 수형자자치제를 실시하였다. 즉 교도소직원들이 요직을 계속 담당하면서 수형자대표로 구성되는 '수형자대표회의'에서 소장 및 직원들을 도와 소내의 질서유지와 작업, 계호, 오락 등 수형자들의 소내 생활을 지도하도록 하는 것이었다. 이것은 바로 '협동적 자치제도'이고 교도소행정을 공동책임지는 것을 그 기본으로 하는 것이었다. 이러한 자치제는 어디까지나 교도관의 지도하에 행해지는 것이므로 오스본이 구상, 실천했던 것과는 많은 차이가 있는 것이었다. 이는 '관지도자치제'(官指導自治制) 또는 '지도된 자치제'라 할 수 있다. 이 경우 수형자대표들은 징벌위원회에 참석하여 발언하는 것까지는 허락되었으나 그 결정권은 인정되지 않았다.

또 다른 하나는 독일 '튜링기아'주에서 1923년부터 10년간 시행된 것으로서 누진처우의 마지막 단계에 해당되는 상(上)급수형자를 대상으로 실시하였던 거의 완전한 전면적인 자치제이다. 그 대상인원은 전 수형자의 10~16% 정도였는데, 그중 1명을 총대표로, 3명을 행정위원으로 자치적으로 선출하게 하여 같은 급의 수형자 60여 명을 다스리도록 하였다.

그러나 이 제도 역시 규율위반자에 대한 징벌심사에 있어서는 발언권만을 인정하고, 결정권은 교도소직원이 담당하도록 하였다. 그리고 이 자치실시구역에는 교도소당국에서 마련한 사회사업가(social worker)가 배치되어 이들에게 적절한 충고를 하도록 하였다.

Ⅲ 시행상의 원칙

(1) 수형자자치제는 모든 수형자를 대상으로 무차별적으로 시행해서는 아니 된다. 일부 적용이 곤란한 자는 제외하고 시행하는 것이 바람직하다. 자치는 필연적으로 혼거수용을 예정하고 있으므로 다른 수형자에게 나쁜 영향을 미칠 염려가 있는 자는 제외해야 한다. 따라서 수형자에 대한 철저한 과학적 조사분류가 선행되어야 하며 누진단계적 처우를 고려하여 실시함으로써 시험관찰 과정을 갖도록 하는 것이 필요하다.

(2) 수형자자치도 어디까지나 자유형을 집행하는 과정에서 인정되는 자치라는 것을 인정하며 시행되어야 한다. 따라서 교육효과에도 스스로 한계를 두어야 하고 더욱이 자치는 자유를 의미하는 동시에 규율을 의미한다는 점을 유의해야 한다.

(3) 수형자자치제는 부정기형제도를 전제로 하는 것이 바람직하다. 수형자자치제는 정기형제도하에서는 그 기능을 충분히 발휘할 수 없다. 왜냐하면 정기형하에서는 형기가 만료되면 아직 자치심이 형성되지 않은 사람이라도 사회에 복귀시키지 않을 수 없기 때문이다.

(4) 수형자자치제는 수용인원이 비교적 적은 소규모 교도소에서 실시하는 것이 바람직하다.
수형자자치제는 교정직원과 수형자가 깊은 인간적 유대관계를 유지하는 가운데 시행되어야 하며 그렇지 않은 경우에는 수형자대표 등 특수수형자 집단에 의한 전횡을 야기하게 되어 이로 인해 대다수 힘없는 수형자들의 희생이 야기될 수 있다. 이러한 사례는 특히 수용인원이 많은 대규모 교도소에서 문제될 수 있다. 미국의 경우, 수형자 대표자회의체에 의한 자치제를 운영하던 중 여러 교도소에서 수형자들의 절대적 다수가 반대한다는 이유로 자치제를 폐지하였다. 그 중요한 반대이유 중의 하나가 바로 이러한 악용사례 때문이었다. 교정시설이 종래의 엄정한 관치(官治)로부터 소수의 보스(Boss) 수형자의 수중에 장악되어 전횡되는 그와 같은 탈법상태에 빠지게 되면 대다수 수형자의 불평불만이 누적되어 교도소 폭동을 유발할 우려도 없지 않다. 따라서 대규모 교도소에서 자치제를 실시할 경우에는 특별히 구획된 일부 사동별로 실시하는 방법이 바람직할 것이며 운동회나 오락시간 등 비교적 안전하다고 생각되는 분야에서만 인정하고 그 이상의 활용은 극히 신중을 기할 필요가 있다. 이러한 시행상 어려움으로 인해 전면적 수형자자치제는 세계 여러 나라에 일반화 되어 있지 않다. 대부분의 국가들이 교정직원의 주도하에 누진처우의 최상급자에게만 일정한 범위 내에서 수형자자치를 인정하는 부분적 자치제만을 실시하고 있다.

(5) 근본적으로 사회 자체가 민주적이지 않으면 이 제도는 무의미할 뿐만 아니라 도리어 폐해를 가져올 염려가 있다. 사회의 민주화가 이루어지고 건전한 시민의식이 정착된 곳이라야 교도소 내의 문화도 민주적으로 이루어질 수 있는 가능성이 있기 때문이다.

Ⅳ 장 · 단점

1. 수형자자치제의 장점

(1) 수형자에게 독립심 및 자립심, 상부상조의 정신을 키워줌으로써 사회적응능력을 함양할 수 있고, 미흡한 자기통제력을 회복시켜 줄 수 있다.

(2) 수형자의 저항을 유발하고 교정사고의 원인이 될 수도 있는 엄격한 계호주의의 폐단을 시정할 수 있다.

(3) 수형자와 교도관의 인격적 관계를 회복시켜줌으로써 교정의 효율성을 극대화시킬 수 있다.

(4) 엄격한 계호에 수반되는 과다비용을 절감할 수 있다.

(5) 명예심 · 경쟁심의 자극을 통해 희망적 의지를 배양할 수 있다.

2. 수형자자치제의 단점

(1) 자치제는 수형자의 자율성과 책임성을 그 전제로 하는데 수형자들은 이미 범행을 통해 그러한 능력이 없는 것으로 입증이 된 자들이다. 따라서 자치능력이 결여된 범죄자를 자치시키는 것은 모순이고, 불량화된 범죄자를 방임하는 것이 오히려 악성을 더욱 악화시킬 수 있다.

(2) 자치제의 실시는 형벌의 위하효과를 약화시키는 결과를 가져온다.

(3) 소수의 힘 있는 수용자에 의해 대다수의 일반수형자가 억압, 통제되는 폐단을 가져올 수도 있다.

(4) 교도관의 권위를 떨어뜨릴 수 있다.

(5) 범죄자에게 특권을 베푸는 것은 정의에 어긋나고, 국민의 법감정에 반한다.

V 우리나라의 수형자자치제

우리나라의 경우에도 이상과 같은 점들을 고려하여 교정직원의 관리감독하에 수형자자치제를 부분적으로 실시하고 있다. 즉, 「수용자처우법 시행규칙」은 제76조 및 제86조에서 개별처우급 처우제도 중 한가지 처우로서 규정하고 있고, 개방처우급 · 완화경비처우급 수형자에게 인원점검 · 취미활동 · 일정한 구역 안에서의 생활 등의 범위 내에서 소장이 수형자의 자치생활을 허가할 수 있도록 하고 있다.

또한 동규칙 제123조에서는 외부통근자에 대해서도 사회적응능력 함양 및 원활한 사회복귀를 촉진하기 위한 목적으로 자치에 의한 활동을 허가할 수 있도록 하고 있다.

[2] 카티지제도(Cottage System)

I 의 의

1. 카티지제는 소집단화된 처우제도이다. 'Cottage'가 '작은 집'을 뜻하듯이 소규모 시설별로 처우하는 제도이다. 이 제도는 종전의 교정처우제도가 대체로 대형화 또는 집단화를 전제로 하여 획일적 · 기계적으로 운영됨에 따라 많은 폐해가 있었다는 점에 착안해서 이러한 폐해를 줄여보고자 시도된 것이다. 특히 수형자자치제와 관련해서 그 이전의 대규모 수형자자치제의 단점을 보완하기 위해, 수형자를 소집단으로 분리 수용하여 수형자자치제와 연계하여 처우하는 제도로서 고안되었다.

2. 수형자처우제도가 모두 대형화된 집단을 전제로 하다 보면, 이들 수형자에 대한 교육, 작업, 교회 등 각종 교정교화 활동이 지나치게 획일적이고 기계적으로 운영이 되게 되어 그 결과 많은 폐해도 발생하게 될 것이므로, 이를 소집단화하여 처우하게 되면 보다 좋은 교화개선효과를 거둘 수 있을 것으로 기대되어 카티지제가 고안되었다.

Ⅱ 연 혁

이 제도는 1854년 미국 오하이오주 랭커스터의 오하이오 학교에서 처음 시행한 것을 교정시설에 도입한 것인데, 1904년 뉴욕주의 소년보호수용소에서 채택한 이래 여자교도소와 소년교도소 및 성년교도소에서까지 시행하게되었다.

카티지제는 1913년부터 수형자자치제와 결합되어 운영하게 됨으로써 카티지제의 가정적인 공동생활측면과 자치제의 사회복귀 측면의 상승적 효과를 기대하게 되었다. 이는 소집단적인 카티지 내에서 자치가 허용됨으로써 결국 단계적 처우와도 연결되는 형태로 발전하게 되었다.

Ⅲ 실시내용

1. 이 제도는 수형자를 그 적성에 따라 여러 개의 카티지로 분류하고, 그 소집단별로 자치적으로 활동하고 생활하는 것을 기본으로는 하지만, 엄격한 행동제한과 처우방법이 적용되었다. 즉, 이 제도는 수형자를 그 개별 특성에 따라 20~35명 단위의 카티지로 나누어서 독립된 사동에 분류 수용하고 각 카티지별로 교정처우의 강도를 달리하는 적합한 처우방법을 시행하고자 하였다. 그러나 이렇게 하기 위해서는 이에 필요한 과학적 처우방법의 개발과 전문직원의 양성이 필요한데 이것은 곧 국가의 재정적 부담능력과 직결되는 문제이기도 하다.

2. 가장 모범적인 카티지제도로 벨기에의 소년교정시설에서 실시한 사례를 들어보면, 여기서는 카티지제와 누진처우제 그리고 자치제가 동시에 통합적으로 적용, 시행되었다. 이 소년교정시설에서는 카티지를 A·B·C·D 등 4계급으로 나눈 다음, A카티지에서는 주로 개별처우를 위한 분류심사를 담당하도록 하고, B카티지에서는 본격적인 소집단 처우 즉, 가족적 분위기하의 철저한 교정처우를 행한 후 여기서 우수한 성적을 나타내면 C카티지로 옮기는데, C카티지에서는 완전한 전면적 자치제를 실시하였으며, 마지막 D카티지에서는 자유로운 처우를 원칙으로 반(半)자유처우를 시행하여 해당 수형자의 교정시설 밖 출입을 널리 허용하였다.

일본의 마사키 아키라(正木亮)는 이와 같이 카티지제·누진처우제·자치제 등 세 제도를 통합 운영한 이 벨기에 소년교정시설의 사례를 "행형교화법상의 일대 신기원을 이룬 것"이라는 말로 높이 평가하였다.[52]

Ⅳ 장 · 단점

카티지제는 누진제 및 자치제와 결합하여 분류와 처우를 가족적으로 소형화시킨 데 그 특징이 있다. 이 제도는 점수제와 독거제 및 혼거제의 단점을 보완할 수 있다는 점에서 높은 평가를 받을 수 있다. 그러나 이 제도는 계속되는 범죄인 증가현상과 이에 소요되는 막대한 수용경비의 충당문제, 범죄인에 대한 세심한 배려가 상대적으로 피해자와 일반 국민의 법감정과 배치되는 문제, 수형자의 과학적인 분류처우와 이들을 적절히 지도할 전문요원의 확보문제 등 해결해야 될 과제가 남아 있다는 것이 단점이다.

52 신진규, 범죄학 겸 형사정책, 1955, 521면. 正木亮, 刑事政策凡論, 1951, 431면.

학습 체크 포인트

01 수형자자치제는 과학적 분류처우가 전제되어 자치능력 없는 수형자는 제외시키면서 소규모시설에서 혼거제하에서 실시하면 효과적이다.

02 수형자자치제는 선량한 수형자 양성에 그치기 쉬운 누진처우제나 선시제의 한계를 극복하고 선량한 준법시민을 양성할 수 있다는 점에서 제도의 발전을 가져왔다.

03 수형자자치제의 교정적 목표는 계호주의의 폐단을 극복하고 수형자의 자립심과 자기통제력을 증진시키면서 교정비용 절감을 통해 교정행정의 효율성을 높이는 것이다.

04 수형자자치제는 계호인력을 절감하고 수형자의 사회적응능력을 기르는 데 효과적인 처우이나 국민의 법감정과 상충하는 제도이다.

05 수형자자치제는 책임주의에 부합하도록 부정기형주의하에서 실시되는 것이 바람직하다.

06 수형자자치제는 수형자의 인격을 존중하는 것으로 인식되어 수형자의 사기를 높일 수 있고, 이는 교도관과의 인간관계 개선 및 교정정책 효율화에 기여하면서 교정시설의 운영경비도 절감시킬 수 있다.

07 현행법상 수형자자치 허용은 수형자를 원칙적 대상으로 하고 있고, 미결수용자에 대하여는 전혀 적용하지 아니한다.

08 수형자자치제는 전통적인 시설내처우제도에 속하고 사회적 처우나 사회내처우에는 속하지 않는다.

09 현행법상 수형자자치는 원칙적으로 개방처우급 · 완화경비처우급 수형자에게 허가할 수 있고, 일반경비처우급 · 중경비처우급 수형자에게는 허가할 수 없다.

10 현행법령에서는 소장이 개방처우급 수형자, 완화경비처우급 수형자 및 외부통근자에게 자치생활 또는 자치에 의한 활동을 허가할 수 있다.

11 우리나라에서는 일반교도소와 개방교도소에서 부분적 수형자 자치제만 인정하고 있다.

12 cottage system은 미국의 오하이오주에서 처음 시작되었는데, 대규모시설에서의 획일적인 수용자처우가 이루어지는 단점을 보완하기 위한 제도이다.

13 카티지제도는 가족적인 공동생활을 영위할 수 있고, 사회생활훈련이 용이하다는 점을

감안하여 개방형 처우제도의 일환으로 분류하기도 한다. (이윤호, 2017, 234면.)

14 카티지제는 사회생활훈련에 도움이 크고, 가족적인 공동생활을 영위할 수 있도록 하는 제도이므로 사회적 처우인 개방형 처우의 일종으로 볼 수도 있다.

15 카티지제는 일반적으로 시민의 응보적 법감정에 부합하지 않아 각 국가로 확산되지 못하고 있다.

16 카티지제는 우리나라에서는 소년수형자에 대한 특별한 처우제도로도 시행하지 못하고 있다.

제4절 선시(善時)제도(Good Time System)[53]

I 선시제도의 개념

'선시(善時)'란 'Good Time'을 직역한 용어이다. 그렇지만 'Good Time'의 보다 적합한 의미는 '선행에 대한 포상으로 삭감된 좋은 시간'을 뜻한다. 즉, '선행에 의해 감형된 형기'를 말한다.

선시제도란 수형자가 교정시설 안에서 일정기간 선행(善行)을 유지하면서 수형생활을 하는 것에 대하여 그에 대한 포상으로, 확정된 자유형의 형기를 단축하여 형기만료 전에 석방해주는 제도를 말한다. 여기서의 '선행'이란 교정시설 내에서의 규율준수행위·교도작업·교정프로그램 참여·수용사고 방지 등의 특별한 공적 등이 포함된 개념이다.

선시제도는 수형자 자신의 선행과 규율준수·적극적인 작업참여 등에 의해 형기가 단축되는 제도이다. 그래서 형기자기단축제도(Self-shortening Sentence)라고도 한다. 교정시설의 규칙을 잘 준수하고 작업에도 자발적으로 참여하여 그 실적이 우수하고, 기타 선행(善行)을 행하는 수형자에게 그 대가로 수형기간의 일부를 줄여주는 제도이므로 선행보상제도, 선시제, 선행감형제도라고 한다.

이 제도는 형기 자체가 단축되는 것이 아니라 단지 선행을 통하여 수형기간을 단축하여 앞당기는 것이어서 사면의 일환으로 형기 그 자체를 줄여주는 감형(減刑)과 다르고, 형기 중 사회내처우로 형의 집행방법만 변경하는 가석방제도(Parole 또는 Premature Release)와도 구분된다.

이 제도는 법률로 미리 정해놓은 형기단축조건을 수형자 스스로가 선행을 하여 달성하면 심사위원회의 결정을 거치지 않고 필요적으로 형기가 실질적으로 단축되기 때문에 심사위원회의 심의·결정에 따라 이루어지는 가석방과 달리 '자기형기단축제도'라고 한다.

이 제도는 선행이나 성실한 작업수행에 대한 보상으로 수형기간의 일부를 단축시켜 만기석방일을 앞당겨 조건부로 석방해주는 제도이다. 이 제도는 법률에 의해 규정된 일정요건이 충족되면 반드시 석방해야 한다는 점에서 임의적·재량적으로 조기에 석방해

53 선시제도의 영문개념은 'reduction of time for good behaviour in prison'과 'Good Time System'이다. 전자는 '교정시설 안에서의 선행에 대한 형기삭감' 개념으로 풀이되고, 후자는 '포상시간' 개념으로 풀이된다. 즉, '선행(Good Behaviour)에 대한 포상으로 형집행시간(기간)을 단축시키는 제도'라는 뜻을 지닌 개념이다.

주는 가석방과 다르다.

이 제도로 조기 석방된 자는 형기가 만료될 때까지 일정조건이 부과된 보호관찰처분을 받고 가석방된 것으로 간주한다.

이 제도는 형기가 실질적으로 단축되어 잔형기간이 남지 않은 상태에서 석방되므로, 잔형기간 남아 있는 상태에서 잔형의 집행장소만 지역사회로 바뀌기 때문에 실질적으로도 형기단축이 없는 가석방과 구별된다. 감형은 선고된 형 자체가 형식적으로 바뀐다는 점에서 선고된 형 그 자체의 형식은 바뀌지 않는 선시제와 구별된다.

일부 교재에서는 가석방에는 '필요적 보호관찰 병과'가 특징인데 선시제는 '임의적 보호관찰 병과'가 특징이므로, 이 점에서 차이가 있다고 기술하고 있다. 그렇지만 이는 논거도 없고 그 동안 세계적으로 실시되어 온 제도적 사실에 비추어보아도 오류이다.

선시제는 미국에서는 보호관찰 등의 조건 없이 조기석방하는 제도로 운용되기도 하지만, 영국의 경우에는 선행에 의해 감형된 기간에는 원칙적으로 보호관찰이 부과되는 방식으로 운영되고 있다. 또한 선시제를 채택하고 있는 다른 국가들도 대부분 보호관찰 등이 부과되는 조건부 석방을 선호하고 있다. 또한 가석방의 경우에도 보호관찰부(付) 가석방인 퍼로울(Parole)과 보호관찰 없는 단순가석방(Premature release)이 있으므로 더욱 수긍할 수 없는 설명이라고 생각된다.

▌가석방 · 감형제도와의 비교

	감형	가석방	선시제
형기단축	형식적 단축	단축 없음	실질적 단축
채택	사면법	형법 · 형집행법	채택 안 됨
효력	집행종료	집행계속	집행종료
보호관찰	부과 안 됨	필요적 부과	필요적 부과
처우의 개별화	–	적합	부적합
사회방위	–	유리	불리

Ⅱ 적용 대상

무기수형자는 '정해진 형기의 단축'이라는 선시제의 취지상 적합하지 않으므로 유기수형자를 대상으로 한다. 다만, 단기수형자는 선시제의 운영상 제외된다.

Ⅲ 연 혁

선시제도는 인간의 이익추구 심리에 바탕을 두고, 인간의 행동치료 기법으로 활용하는 토큰경제(Token Economis)원리를 응용한 교정처우제도이다.

선시제도는 가혹한 정기형에 대한 완화책으로서 영국의 벤담(Jeremy Bentham)이 고안한 것이다.[54] 그리고 교정시설의 수용인구 감소, 교도작업의 생산성 제고, 소내 질서 유지 등도 이 제도의 운용 동기이다.

선시제도는 미국의 뉴욕(New York)주에서 1817년 채택되어 세계 최초로 제도화되었다. 그 후 오하이오(Ohio)주에서도 채택되었고, 1890년 미국 연방정부의 감옥법에서 규정하게 되었으며, 1960년대에는 미국 대부분의 주에서 부정기형제도와 연계해서 시행되었다. 1970년대에는 정의모델(Justis Model)중심 정책에 따른 정기형으로 인한 과잉구금을 해결하기 위한 현실적 요청에서 강조되었다. 현재는 캘리포니아주를 제외한 미국의 모든 주에서 선시제도가 시행되고 있다.

유럽에서는 1835년 스페인 발렌치아 감옥소장이었던 몬테시노가 행장이 양호하고 생활이 건전한 자에 대해 형기의 3분의 1을 단축시켜 주었던 것이 최초이다. 이 제도는 확정된 형기 중에서 일정한 형기는 삭감하고, 삭감된 기간의 형은 완전히 효력을 상실시킴으로써 잔형기 없이 석방되도록 하여 완전한 감형조치로서의 성격을 가지고 있었다. 그 후 독일 등 유럽의 몇몇 국가에서 채택하고 있다.

선시제도는 미국·영국을 비롯하여 오스트레일리아·뉴질랜드·캐나다 등 영미법계의 국가에서 널리 채택하고 있다. 대륙법계에 속하는 일본은 일부 교정시설에서 부분적으로 채택된 예는 있으나 전면적·본격적으로는 시행하지 않고 있다.

우리나라에서는 1945년 해방 이후 미군정시대에 잠시 시행된 적이 있다. 이는 「우량수형자 석방령」에 의해, 무기형을 제외한 유기형을 받은 수형자가 교정시설의 규율을 충실히 준수하여 징벌을 받지 아니한 경우에 그의 형기에서 매월 5~10일까지 형기의 장단에 따라 공제받을 권리를 부여하는 제도였다. 이 제도는 수형자의 개전(改悛)[55]과 자력개선을 촉진하여 사회생활에 적응케 함을 목적으로 하였다.

이는 1953년 「형법」이 제정되면서 「형법」 부칙에 의해 폐지되고, 그에 대체하여 가석방제도가 도입되어 우리나라에서는 오늘날까지 석방시기를 앞당기는 제도로서는 가석방제도만 시행되고 있다.

---

54 大谷實, 형사정책강의, 일본 성문당, 1987, 290면.

55 개전(改悛)이란, 행실이나 태도의 잘못을 뉘우치고 마음을 바르게 고쳐먹는 자세를 뜻한다.

Ⅳ 형사정책적 의의와 문제점

1. 형사정책적 의의

(1) 시설내의 행장이 좋은 수형자에게 석방시기의 단축을 보장함으로써, 수형자에게 자발적 개선노력의 동기를 부여할 수 있다.

(2) 가석방과는 달리 본인의 노력만 있으면 다른 어떤 부가적인 요건 없이도 석방일을 앞당길 수 있다. 따라서 자발적 교화개선효과를 더욱 촉진할 수 있다.

(3) 가석방의 경우에는 실제로 단축되는 형기가 짧아 보호관찰을 통한 사회내 처우와 연결시킬 필요성이 그리 크지 않지만, 이 경우에는 보호관찰의 본래 취지를 살리는 데 적합하다.

(4) 선시제를 실시함으로써 시설내 질서유지나 작업능률 향상에도 크게 기여할 수 있다.

(5) 가석방의 경우 심사기준이 애매하여 운영에 따른 문제점이 지적되고 있는 점을 고려한다면, 수형자의 자발적인 노력에 따른 획일적인 기준을 가지고 형기를 단축시키는 효과를 부여하는 선시제가 보다 더 공정하고 인도적이다. 이러한 특성 때문에 교정처우모델 중 정의모델 입장에서는, 석방시기를 앞당기는 제도로서 가석방제도는 반대하고 선시제의 채택은 인정했다.

2. 문제점

(1) 행형성적이 우수한 수형자가 반드시 건전한 시민이 된다고 보기 어렵다는 점을 무시하고 있다.

선시제는 시설 내에서 약삭빠른 수형자가 내면적 개선 없이 선행점수를 얻어 조기 석방되기 위한 수단으로 악용되어 사회 안전에 해가 될 수 있다. 그리고 일반 수형자로 하여금 교정성적을 올리는 데에만 급급하게 만들어 수형자의 사회복귀 후 재범방지에는 반드시 효과적이라고는 할 수 없다.

(2) 선시제를 채택하면 수형자의 개별처우가 효과적으로 이루어지기 어렵다.

분류제를 통한 시설내 처우와 사회내 처우의 연결이라는 원칙, 즉 수형자의 필요에 따른 처우의 개별화가 어렵게 될 수 있다. 예컨대 직업훈련이 덜 된 수형자라도 상우의 내용으로 선시제를 적용하게 되면, 사회적응을 위한 준비가 되지 않은 채로 석방되어 오히려 사회적응에 곤란을 가져올 수 있다. 또한 재범위험성을 고려하지 않고 석방되므로 가석방에 비해 사회방위에도 불리하다.

(3) 선시제에 대하여는 다음과 같은 비판이 있다.

1) 형기의 계산이 복잡하고 형기단축의 기준이 명확하지 않다.
2) 행정권에 의한 형기의 변경은 사법권의 침해이므로 삼권분립의 원칙에 어긋난다고 할 수 있다.
3) 교도소에서 외면적 연기에 능한 교활한 수형자가 조기 석방될 경우 출소 후 재범하는 것을 배제할 수 없다.
4) 외형적 선행이 내면적인 개선 및 사회적응능력의 고양을 보장하기 어렵다.
5) 교화개선을 수형자 자신에게 부담시키는 것은 국가의 개선의무를 유기하는 것이다.
6) 교화개선의 효과보다는 수용자관리 위주로 운영될 수 있고, 궁극적 동기부여를 통한 방식보다 형벌집행과정이 기교적으로 왜곡될 수 있다.

V 가석방제도와 비교 및 가석방제도의 선시제도로의 대체

우리나라의 가석방은 행정처분으로서의 성격이 강해서 가석방결정기관의 재량이 비교적 많이 허용됨으로써 공정성과 재량 남용의 문제가 우려되고 있다. 특히 가석방의 결정 시 교정기관의 자의적인 재량이 남용되어 개별적 처우에 대한 신뢰 추락과 수형자의 재사회화 촉진 저해 등의 문제에 대한 형사정책적 대안으로, 가석방제도를 폐지하고 공정성이 높은 선시제도로 대체하자는 논의가 지속적으로 제기되어 왔다.

이에 대한 주장에 대해서는 현재까지는 선시제의 도입을 반대하는 견해가 더욱 유력하다.[56] 그 논거의 핵심은 다음과 같다.

첫째, 선시제의 경우에도 교정기관의 처우·관리 담당자가 선행에 대한 보상 부여 및 경감·취소 등을 평가·결정하는 과정에서 재량이 허용된다는 점에서 가석방과 큰 차이가 없다.

---

56 정영석·신양균, 형사정책, 1997, 602~603면.
장영민·탁희성, 가석방의 실태와 운영방안에 대한 연구, 한국형사정책연구원, 1993. 박성래, 가석방의 운영실태와 개선방안 등 다수 논문 참조.

둘째, 선시제를 채택하면 재범위험성의 유무와 상관없이 만기 이전에 필요적으로 석방해야 하고, 감형의 기준도 획일적으로 적용되므로 수형자의 개별처우가 효과적으로 이뤄지기 어렵다.

셋째, 선시제는 수형자의 기만과 위선적 행동을 야기시키는 역기능을 할 수 있다. 선시제는 시설내 선행의 사실만 가지고 형기를 단축시켜 줌으로써 수형자의 실질적 개선정도나 장래의 위험성을 고려하지 않으므로, 수형자를 영악하고 요령 있게 형기단축 요건을 달성하는 데에만 급급하게 만들어 수형자의 사회복귀 후 재범방지에는 반드시 효과가 있다고는 보기 어렵다. 왜냐하면, 수형자의 외형적이 선행이 내면적이 회개·반성·개선이나 사회적응력을 보장할 수 없기 때문이다.

넷째, 선시제의 근본취지는 수형자의 자발적 개선촉진을 통해 사회와의 재통합을 원활하게 유도하기 위한 처우방법인데, 단순히 교정시설의 관리운영의 편리나 규율·질서 유지를 용이하게 하기 위한 보상 또는 제재의 수단으로 이용하기 쉽다.

학습 체크 포인트

01 선시제는 가혹한 정기형제도의 완화책으로 벤담이 고안했다.

02 선시제도는 교정시설 내에서 규율과 질서를 유지하기 위한 목적, 교도작업의 생산성 증대 목적, 과밀수용해소 목적 등이 추구되어 왔고, 오늘날에는 수형자를 가능한 한 빨리 사회에 복귀시켜 재통합을 촉진시킨다는 형사정책적 목적이 강조되고 있다.

03 일반적으로 교정에서 형기단축을 목표로 하는 제도로는 선시제도(good time system), 가석방제도(parole), 부정기형제도(indeterminate sentence) 등이 있다.

04 가석방은 장차 준법생활 영위에 대한 기대가 허가 기준이 되고, 선시제는 과거의 선행과 근면이 판단기준이 된다. 가석방은 본인의 의지나 노력으로 개선시킬 여지가 없는 보호관계, 기타 주변적 여건도 조기석방 여부에 영향을 미치지만, 선시제는 자기의 노력만으로도 석방일을 앞당길 수 있다.

05 가석방이나 선시제도는 자유형의 집행 도중에 원칙적으로 일정한 조건하에 조기에 석방하는 제도라는 점에서 공통점이 있다. 그러나 가석방은 석방 후 잔형이 남아 있고 취소가 가능하지만, 선시제는 석방 후 잔형이 없고 취소되지 않는다는 점이 다르다.

06 선시제도는 미국과 영국을 비롯한 영미법계 국가는 물론이고 독일 · 프랑스와 같은 대륙법계 국가에서도 채용하고 있으나 우리나라는 현재 채택하지 않고 있다.

07 선시제는 조기석방의 가능성을 통해 수형자의 자발적 개선노력을 촉진할 수 있고, 처우에 대한 관심과 노력을 높이도록 하는 동기를 부여하고, 시설의 관리와 질서유지에도 공헌하는 이점이 있다.

08 가석방의 경우에는 실제로 단축되어 사회 내에서 생활하는 기간이 길지 않으므로 보호관찰을 통한 사회내처우와 연계시킬 필요성이 크지 않지만, 선시제도의 경우에는 단축되어 사회 내에서 생활하는 기간이 상대적으로 길기 때문에 보호관찰의 본래 취지를 살리기에 적합하다는 점에서 사회내처우 이념에 더욱 부합한다.

제5절 단계적 처우제도(Progressive Stage Treatment System)

I 개 념

단계적 처우제도는 그 동안 우리나라에서는 일반적으로 '누진처우제도'라는 용어로 일컬어지고 있다. 이 제도가 처음 시작된 영국에서는 'Progressive Stage System'이라는 용어, 즉 '점진적인 단계로 처우하는 제도'로 개념화하고 있다. 또한 이 제도는, 재판에 의해 확정된 형기를 미리 여러 단계로 정해놓고, 수형자의 교정성적에 따라 점차 그 처우를 우대해나가는 교정행정상의 처우방식을 뜻하므로 '단계적 처우'라는 용어가 보다 그 내용에 부합하다. 구「소년원법」에서도 "보호소년의 처우는 단계를 두고 성행의 개선과 진보의 정도에 따라 점차로 향상된 처우를 하여야 한다. 다만, 교정성적이 특히 불량한 자에 대하여는 그 단계를 내려서 처우할 수 있다"는 규정의 제목을 '단계처우'라는 용어로 규정하고 있었다. 따라서 연원을 종중하고 내용에도 보다 부합하며 법률상 용어를 준수하는 취지에서 본 교재에서는 '단계적 처우제도'를 주로 사용하기로 한다.

이 제도는 자유형의 집행에 있어서 그 전과정을 사전에 수 개의 계급 또는 단계로 나누어, 수형자의 자발적 개선정도에 따라 순차적으로 계급을 상승시킴으로써 자유 구속의 정도를 완화하고 자율적 책임감을 높여가는 처우방식이다. 즉, 시설내 자유의 폭을 넓혀주고, 빠른 사회적 적응을 촉진하는 제도이다. '계급처우제'라고도 한다.

이 제도의 취지는, 처우등급에 따라 구금의 강도를 완화함으로써 수형자들의 승급(진급)의욕을 고취시키고 동기의식을 유발시켜 자발적 개선을 유도하고자 하는 목적이다. 결국 처우등급의 승진과 함께 구금에 따른 강제를 완화하여 처우상의 특혜와 자유의 폭을 확대해 줌으로써 수형자의 개선을 자발적으로 촉진시키고자 하는 형사정책적 의미를 가지고 있다. 이러한 취지에서 보면, 단계적 처우제도는 상우(償遇: 상으로 우대함) 제도를 확대·발전시킨 제도라고 할 수 있다.

이 제도의 이론적 기반은 행동주의 학습이론의 응용원리인 토큰경제(Token Economy) 행동수정요법이다. 누진제는 1791년 영국의 식민지로서 유형지였던 오스트레일리아에서 창안된 것이 시초이다.[57]

---

57 일부 문헌에는 최초로 시작된 연혁을 영국이라고 소개하고 있으나, 그 당시 오스트레일리아(호주)는 영국의 식민지, 특히 범죄자 식민지(Penal Colony)로서 독립국가가 아니었으므로 영국이라고 해도 틀린 기술은 아니다.

Ⅱ 분류처우와 누진처우

수형자분류처우(分類處遇)는 다양한 분류기준에 따라 개별처우를 하려는 데 그 중점을 두는 제도이다. 이를 '횡적 분류'라고도 한다. 이에 대해서 누진처우(累進處遇)는 수용분류를 전제로 하여 어떤 시설에 수용하는가에 대해서는 분류기준에 따라 정하고 그 시설 내에서 어떻게 처우할 것인가는 누진등급에 따라 획일적으로 정하는 처우방식이다. 누진처우는 '종적 분류'라고도 부른다.

분류처우와 누진처우의 관계를 역사적으로 살펴보면, 오늘날에는 누진처우제도의 단계적 처우과정은 분류처우제도에 흡수·통합하여 수형자 처우제도로 일원화하는 방향으로 나가려는 것이 대세이나 아직도 나라에 따라 다소간 차이를 보이고 있다. 누진제는 제2차 세계대전 후부터 그 존재가치가 희미해지기 시작해서 1970년경부터 누진제를 폐지한 나라가 잇따라 생겨났다. 그 폐지 이유는 누진제에 내포된 획일주의가 처우의 개별화를 저해하기 때문이다.

1. 누진제도에서 분류제도로 이행하면서 누진처우를 폐지해야 한다는 주장

이러한 주장은 주로 개인에 대한 진단이나 치료에 중점을 두는 미국형 분류개념을 따르면서 스웨덴형 소시설주의(小施設主義)를 채택하는 나라가 여기에 속한다.

이 경우에는 수용분류에 따른 시설에의 수용이나 재분류에 따른 개별처우를 실시하게 되므로 누진제가 존재할 여지가 없게 된다.

2. 누진제도를 유지하면서 분류제와 조화시켜야 한다는 주장

(1) 집단별 분류에 중점을 두는 유럽형 분류개념에 따르면서 중시설주의(中施設主義)나 대시설주의(大施設主義))를 취하는 경우에는 분류가 이루어진 각 집단마다 누진제를 실시할 여지가 남게 된다.

이러한 구조를 가지고 있는 우리나라의 교정제도와 현실을 고려한다면 누진제와 분류제는 병존할 가능성이 있게 되고, 실제로도 양자의 성격을 동시에 고려한 규정을 두고 있다.

우리나라는 수형자를 수용, 분류한 후 다시 시설 내에서 경비처우급별 차등적 처우를 실시하여 단계적 처우와 분류처우의 조화를 시도하고 있다.

(2) 우리나라는 1980년 구「행형법」 개정 당시 제44조에서 "소장은 수형자를 개별적으로 심사 분류하여 그에 상응한 처우를 하여야 한다"고 규정함으로써 분류제의 채택을 명시하였고, 1969년 누진제를 실시하기 위해 제정했던 「교정누진처우규정」을 1991년에 「수형자분류처우규칙」으로 전면개정함으로써 처우의 중점이 분류제로 이행해가고 있음을 보여주었다.

(3) 2007년 전면 개정된 「수용자처우법」은 수형자의 처우에 관한 장 가운데 별도로 절을 두고, 분류심사에 대해 명시적인 규정을 두어 분류제를 더욱 중요시하는 체계를 정립하였다. 즉 현행 형집행법령은 누진처우를 가석방과 연계시키지 않고 누진처우의 핵심내용들인 누진급, 급외등급, 책임점수제도 등을 폐지하고, 수형기간이나 수형자의 개선의지를 반영하여 시설측에서 소득점수를 평정하고 일정점수 이상인 자에 대해 처우를 조정할 수 있도록 하는 고사제로 변경하였다.
이렇게 함으로써 사실상 누진처우제도를 폐지하였다는 평가를 받을 정도로 「개별처우계획에 입각한 수형자의 특성에 알맞은 처우」에 중점을 두는 체계로 이행하게 되었다.[58] 또한 과거에는, 신입수형자는 최하급인 중(重)경비처우급에 편입하고 순차로 상위계급으로 진급시키는 '대분류제'를 채택하였으나, 현재에는 폐지되고 분류심사의 결과에 따라 개방처우급, 완화경비처우급, 일반경비처우급 및 중경비처우급에 편입시키는 체계를 채택하고 있다.[59]
이러한 점에서 현재에도 누진제를 완전히 폐지하였다고 할 수는 없다.[60] 누진제 중 획일적인 점수제를 폐지하고 고사제를 채택하였으며, 경비처우급에 따른 단계적 처우를 유지하고 있다.

Ⅲ 연 혁

1787년 이래 호주에는 영국 본토에서 이송되는 유형자(流刑者)가 급증하면서 사회질서가 극도로 문란하여졌다. 이에 대해 호주에서는 유형의 반대를 영국에 호소하였고, 영국에서는 그 대책으로 충분히 개선된 수형자의 석방방법, 개선을 촉진할 수 있는 방법 등을 연구하게 되었는데, 그 결과 1822년 행형과정을 4개의 단계로 나누어 행형성적에 따라 점차 자유를 더 많이 허용하는 고사제에 의한 누진제도를 창안하게 되었다.

58 신양균(2012), 형집행법 272면.

59 허주욱(2013), 교정학 629면.

60 신양균, 앞의 책 287면, 허주욱, 교정학 628면.

그 후 1840년에 호주 노포크(Nofolk)섬의 교도소장이었던 마코노키(A. Machonochie)가 창안한 점수제를 시작으로 누진제를 시행하게 되었다. 점수제는 수형자에 대해 각자의 형기에 상당하는 책임점수를 정하여 주고, 이를 행장(行狀), 작업, 교육성적 등을 통해 얻은 소득점수로 소각하게 하여 그 책임점수를 모두 소각한 자를 가석방하도록 하는 제도다. 이 제도가 본국인 영국에 도입되어 이른바 잉글랜드제가 확립되었다.

이어서 1854년 아일랜드의 행형국장인 크로프톤(W. Crofton)이 점수제를 보완·수정하여 고안해낸 것이 바로 아일랜드제이다. 이는 당시 영국이 취하고 있던 독거구금·혼거작업·가석방이라는 3단계 처우방식에 중간교도소(Intermediate Prison)라는 1단계를 추가한 것으로서 중간교도소를 통과하지 못하면 가석방증서를 교부하지 않았다. 이 중간교도소는, 그곳에 부속되어 있는 경작지와 공장에서 주간에는 거의 일반사회인과 같은 생활을 하게 하여 자기 통제력과 외부의 유혹에 대항하는 능력을 기르게 함으로써 수형자가 교화개선 되었는가를 실제로 증명해 보기 위하여 설치한 것이다.

이상과 같은 제도의 영향을 받아 미국에서 확립된 제도가 엘마이라제(Elmira System)이다. '19세기 행형사조 하에서 최고의 교정제도' 또는 '인도적 형벌집행의 결정체'라고 평가받는 이 엘마이라제는 수형자분류제, 누진처우의 점수제, 부정기형 및 보호관찰부 가석방을 결합한 형태로서 브록웨이(Brockway) 등에 의해 고안되었으며, 1869년 제정된 법률에 따라 1876년에 엘마이라감화원이 창설되어 시행되었다.

Ⅳ 누진계급의 측정방법

누진처우에 있어서 상위계급으로 진급을 하기 위해서는 행형성적의 평가기준이 필요한데, 이러한 누진계급의 측정방법으로는 고사제(考查制)와 점수제(點數制)가 있다.

1. 고사제(Probation System)

1843년 오스트레일리아의 제임스 그레이엄(Graham)과 스탠리(Stanly)가 고안한 제도이다. 이 제도는 일정기간이 경과되었을 때 그 기간 동안의 행형성적을 교정직원이 보고하게 하고, 이를 교정위원회가 심사하여 진급을 결정하는 방법이다. 일정기간이 경과한 후 기간별로 행형성적에 관한 고사[61]를 실시한다는 점에서 기간제(期間制)라고

61 고사(考查): 자세히 조사하여 평가함.

도 한다. 이 제도는 진급과 가석방의 구체적 타당성을 기대할 수 있는 장점이 있다. 그렇지만 이 제도는 등급의 진급이 교정성적을 평가하는 과정에서 교정 직원의 자의적 판단에 좌우될 수 있는 위험성이 상존한다는 데 그 단점이 있다. 만약 진급이 공정성을 잃게 되면 이에 대한 불신과 불만으로 수형자의 자력적 개선의지가 흔들릴 수 있게 되어 교정효과가 경감될 수 있다.

2. 점수제(Mark System)

이 제도는 1840년 마코노키가 창안한 것이다. 이 제도는 기간제(Time System)를 노역제(노동제: Task System)로 대체하고, 그 노동을 측정하는 데에 점수제를 채용한 것이다. '점수소각제'라고도 한다. 이 제도는 책임점수를 소각만 하면 진급이 되므로, 기계적·형식적으로 흐르기 쉽고 수형자가 위선과 기만으로 교도작업의 성적과 외면적 행장을 높게 평가받아 가석방 부적격자 등이 최상급에 진급하여 가석방되는 사례가 있는 등의 단점이 있다. 또한 노동이 하나의 진급수단으로 전락되어 노동이 지니는 근본적이 가치가 훼손될 수 있다는 점도 문제가 된다. 그러나 교정성적이 숫자로 확실히 표현되어 자력적 개선을 촉진할 수 있다는 데 그 장점이 있다. 잉글랜드제, 아일랜드제, 엘마이라제 등이 이 점수제에 속한다.

(1) 잉글랜드제(English System)

잉글랜드제는 최초 9개월의 독거구금 후, 어느 정도 수용생활에 적응된 수형자를 강제노역 단계로 끌어올려 강제노동에 취업하는 수형자에게 고사급·제3급·제2급·제1급·특별급의 5계급 거치도록 한다. 이 단계에서는 혼거구금하에 강제노역을 하면서 지정된 책임점수를 매일 매일의 소득점수를 소각시켜 그 등급의 지정점수를 모두 소각시키면, 다음 상위계급으로 진급시킨다. 강제노역단계에서 4개의 계급을 거쳐 최상급인 특별급에 이르면 가석방한다. 잉글랜드제는 '독거구금 → 혼거구금 → 가석방'으로 3단계의 처우를 하였고, 일별로 점수를 소각시킨 것이 특징이다.

(2) 아일랜드제[62](Irish System)

아일랜드 교정국장으로서 아일랜드의 감옥제도의 개혁가였던 크로프턴(W. Crofton)

---

62 일부 문헌에 의하면, "아일랜드제가 우리나라 누진처우방식과 유사하다"고 기술하고 있으나, 이는 과거 2007년 이전 「수형자분류처우규칙」에 의해 점수제에 바탕을 둔 누진제 채택 시기에 해당하는 비교였고, 현재는 기간제에 바탕을 두고 있으므로 타당하지 않다.

이 종래의 누진제를 개혁하여 정립시킨 제도를 아일랜드 점수제라고 부른다.

이 제도는 매월 지정된 점수를 소각시키는 방식이고, '독거구금 → 혼거구금 → 중간교도소 → 가석방'으로 4단계 처우를 행하고, 가석방 시에는 경찰의 감시를 부담시킨 것이 특징이다. 이 제도에서 시행된 중간교도소제는 오늘날의 개방처우에 영향을 미쳤고, 가석방자에 대한 경찰감시 부과는 보호관찰부 가석방(Parole)에 큰 영향을 미쳤다.

(3) 엘마이라제(Elmira System)

1) 엘마이라제는 수형자의 자력적 개선에 중점을 둔 교정제도로서 '감화제'라고도 한다. 이 제도는 부정기형과 점수제식 누진제를 결합하여 행형성적의 등급에 따라 처우를 완화하고 가석방하는 것을 그 내용으로 하는 제도이다. 이 제도는 1876년 미국 뉴욕의 엘마이라 교도소에서 브록웨이(Z. Brockway)에 의해 정립된 누진제도이다. 이는 16세에서 30세까지의 초범자들을 대상으로, 수형자 분류와 누진처우의 점수제, 부정기형, 보호관찰부 가석방을 결합시켜 정립된 점수제의 한 방식이다.

이는 상대적 부정기형이 선고된 범죄자를, 교정시설에서 장기를 초과하지 않는 범위 내에서 개선정도에 맞추어 석방시기를 교정담당자들이 결정하는 방법이다. 이 제도에서 수형자 각자의 형기는 최장형기 내에서 교화되는 데 소요되는 시간에 따라 각각이 개별화된다.

2) 엘마이라제는 부정기형제도, 수형자분류제도, 교화개선프로그램, 보호관찰부 가석방(Parole)에 큰 영향을 미친 제도로 평가되고 있다.

3) 엘마이라제는 상대적 부정기형과 아일랜드식 누진제를 기본방식으로 처우하면서 사회교육, 학과교육, 도덕교육을 시키고, 수형자가 최고형기 범위 안에서 자신의 노력 여하에 따라 석방시기를 앞당길 수 있도록 함으로써, 사회복귀프로그램에 적극 참여할 수 있도록 하였다. 펜실바니아제 등에 의한 교정패러다임이 수형자들 스스로가 명상이나 회개를 통해 변화할 것을 기대했던 교정방식이라면, 엘마이라제는, 교정정책이 수형자의 교정교화추구에 교정기관이 적극적으로 개입하는 방식으로 변화되었다는 점에서 교정처우역사상 큰 발전이었다.

4) 처우내용

이 제도를 창안한 브록웨이는 엘마이라 감화원을 학과, 직업, 도덕교육을 시키는 학교와 같은 분위기로 만들려고 하였고, 수형자들을 3등급으로 나누어 1등급으로 격상되면 가석방 될 수 있도록 하였다. 누진처우 방식에서는 누진등급을 1, 2, 3급 등 세 계급으로 하고, 신입자는 제2급에 편입하고, 작업·교육·행장(行狀)에 대하여 매월 각 3, 2, 1점을 주어서 총 54점을 얻으면 제1급으로 진급하도록 하였다.

이에 따르면, 최고점을 얻을 경우 6개월이면 진급이 되고 제1급에서 다시 54점을 얻으면 가석방이 되며, 가석방된 자가 6개월간 가석방조건을 위반하지 않으면, 그 형을 면하게 하였다. 제3급은 불량급으로 제2급에서 악화된 자가 강등되는 등급이다. 제3급에 해당하는 수형자는 장기 이전에는 석방될 수 없고, 장기에 이르러서야 석방될 수 있다. 등급별 수형자에 대한 처우는 등급에 따라 달라, 제1급 수형자에게는 식당에서의 공동식사와 자비구매식사가 허가되고 봉사원이 되어 다른 수형자를 감독하고 징벌하는 권한과 자유토론 등의 자유가 인정되었다. 이러한 방식은 특히 청소년 범죄자 교화개선에 효과가 있었다.

V 누진제에 대한 비판

1. 누진제도는 수형자를 공리적인(계산적인) 인간으로 만든다.

누진제는 수형자를 되도록 빠르게 사회에 복귀시키도록 하기 위하여 사회적응능력을 높이기 위해 만들어졌으나, 오히려 수형기간 중의 안락한 생활을 향유하는 수단으로 전락할 수 있다는 비판이다.

2. 수형자가 위선과 기만행위를 행하도록 만든다.

고지식한 사람에 비해 교묘하게 위선과 기만행위를 행하는 수형자에게 유리하게 적용된다.

3. 행장심사 내지 승급심사가 주관적 기준에 따라 운영될 수 있다.

이러한 단점은 점수제보다 고사제에서 더욱 문제된다. 이를 피하려면, 전문적인 지식이 활용될 수 있게 객관적인 기준에 의해 운용되도록 제도를 보완해야 한다.

4. 행장이 개선되어 상급으로 진급, 가석방되어도 범죄의 원인이 되는 사회 환경이 개선되지 않으면 사회복귀의 효과가 나타나기 어렵다.

이 점을 보완하려면, 가석방되는 사람이 사회에 복귀하여 안정된 생활을 할 수 있게 하는 사회정책이 병행되어야 하며, 전과자를 냉대하고 따돌리는 사회적 분위기를 해소할 수 있는 재통합적 조치가 필요하다.

5. 누진등급 최상급자라 하더라도 충분히 교화·개선되지 않아 재범 위험성이 남아 있을 수 있으므로 기계적으로 최상급자에게 가석방을 허용하는 것은 사회방위면에서 문제점이 있다.

최상급자도 재범위험성이 남아있을 수 있다. 이 문제점을 최소화하려면, 재범위험성을 고려할 수 있는 범죄예측을 보다 과학화하고, 재범의 위험성이 남아 있는 최상급자에 대해서는 가석방을 유예하고 처우를 지속할 수 있는 제도적 장치가 보완되어야 한다.

Ⅵ 단계적 처우에 대한 평가

수직적·단계적·집단적 처우인 누진제가 타당한가 수평적·동시적·개별적 분류제가 타당한가에 대해 흑백논리로 접근하기보다는 수형자의 행동수정을 통한 재사회화 효과를 극대화할 수 있도록 단계적 처우를 기반으로 하여 개선동기를 강화하면서도, 등급에 따라 차등적 처우를 획일적으로 적용하는 데 그치지 말고 개별적 특성에 따라 중점적 처우를 탄력적으로 적용하는 것이 바람직하다고 본다.

학습 체크 포인트

01 단계적 처우제도는 토큰을 보상으로 주어 바람직한 행동방식을 유도하는 동전경제(Token Economy) 행동수정요법에 해당하는 처우제도이다.

02 단계적 처우제도는 수형자의 개선정도에 따라 등급을 정하고 그 등급에 맞추어 구금을 완화하고 자유를 확대하는 등 교정처우를 단계별로 시행하여 최상급수형자에게는 최종적으로 형기만료 전에 가석방까지 허가해주는 제도이다.

03 고사제는 기간제라고도 하는데, 이 제도는 호주의 그레이엄(J. Graham)과 스탠리(L. Stanly)가 창안했다.

04 고사제는 일정기간을 경과하였을 때에 그 기간 내의 교정성적을, 담당교도관의 보고에 의하여 교도위원회가 심사하여 진급여부를 평가 · 결정하는 방법이다. 그러나 이 방법은 교정직원의 재량이 남용될 수 있다는 것이 단점이 될 수 있다.

05 엘마이라제는 자력적 개선에 중점을 두어 부정기형을 도입하였으므로 '감화제'라고 하는데, 이 제도는 초범 · 청소년 범죄자를 대상으로 하여 개선 · 교화 위주의 학교와 같은 분위기에서 운영한다.

06 단계등급을 점수로 측정하는 잉글랜드제(English System)는 수형자를 최초 9개월 독거구금한 후 교정시설 내에서 강제노역에 취업시키면서, 수형자는 5등급으로 나누어 이들이 본인에게 부여된 책임점수를 스스로 얻은 소득점수로 소각하면 상위등급으로 진급시키는 단계처우방법이다.

07 아일랜드제에서는 가석방자에게 휴가증(Ticket-of-leave)을 주고 경찰감시를 붙였는데, 이것이 오늘날 보호관찰부 가석방(Parole)의 시작이었다.

08 크로프턴(Walter Crofton)은 잉글랜드점수제를 수정 · 보완하여 중간교도소 처우단계와 가석방 후 경찰 감시 부여 시스템인 아일랜드제를 창안했다.

09 엘마이라제(Elmira System)에 의하면 신입자는 누진등급 3가지 중 중간급인 제2급에 편입하고, 행장의 개선에 따라 1급으로 진급시키거나 3급으로 강급시키는 처우를 한다.

10 엘마이라제는 자기운명을 자력적 개선을 통해 스스로 결정짓게 하여야 한다는 취지를 바탕으로 미국에서 브록웨이(Z. Brockway)에 의해 시도된 새로운 단계적 처우제도이다. 이 제도는 수형자분류제, 부정기형제도, 교화개선 프로그램 적극 시행, 보호관찰부 가석방이 종합되었다는 점에서 제도사적 의의가 매우 크다.

11 단계적 처우제도는 개인적 특성을 고려한 개별적 처우가 경시되고, 위선적이고 기망적인 영악한 수형자에게 유리하게 될 수 있다는 점이 문제점이다.

제6절 수형자분류 기본이론

I 분류의 의의 및 목적 내지 기능

1. 분류의 의의

교정학에서 '분류'란 '수형자 분류처우'를 의미한다. 이는 범죄학에서 '분류'가 '범죄인분류'를 의미하는 것과 다르다. 범죄인분류는 범죄의 원인·현상·유형 등에 대한 과학적 인식을 토대로 그 특성 등을 분석하고, 그것을 토대로 범죄를 예방하기 위해 범죄인들을 일정한 기준에 따라 유형화하는 것이다.

수형자분류는 형이 선고되어 확정된 수형자를 대상으로 수용시설·처우내용·계호정도 등을 구분하고, 수용자의 위험성에 따른 수용관리계획을 통한 수용자의 효율적인 관리와 가장 적합한 처우프로그램으로 효과적인 재사회화를 도모하기 위하여 수형자의 개인적인 특성을 고려하여 일정한 기준에 따라 나누는 것이다.

예컨대, 기본적인 분류로서 남자수형자·여자수형자, 성인수형자·소년수형자·노인수형자, 내국인수형자·외국인수형자 등을 구분하고, 이러한 분류를 토대로 수형자의 효율적인 관리와 재사회화를 위해 필요한 적절한 처우방침을 수립·시행하고, 필요한 경우에는 처우내용을 조정해나가는 것을 '수형자분류' 또는 널리 '분류처우'라고 한다.

분류개념은 미국과 유럽에서는 강조하는 의미에서 서로 차이를 보이고 있다. 유럽에서는 동질적인 집단으로 구분하는 것에 중점을 두고 있고, 미국에서는 개별적인 특성에 따른 처우에 중점을 둔다. 이러한 분류처우개념에 관한 논의가 활발하게 이루어진 계기는 1950년 제 12차 「국제형법 및 형무회의」의 결의문에서 "'분류'라는 용어는, 유럽에서는 일단 성별·연령별·누범여부·정신상태 등을 근거로 특수한 교정시설에 따라 그룹(group)별로 범죄자를 집중 수용한 다음, 각 시설의 내부에서 이를 몇 개의 그룹으로 세분하는 것을 의미한다. 미국에서는 분류라는 용어를 진단·지도·처우라는 말의 의미로 바꾸어 사용하고 있다"고 지적한 것과 맥락을 같이 한다.

2. 분류의 목적과 기능

수형자분류의 목적은 크게 교정관리 목적과 수형자 처우 목적으로 구분된다.

역사적으로 분류가 시작된 초기의 수형자분류는 그 목적을 분리수용(Segregation) 그 자체에 두었다. 이에 따라 성별·연령별 분리수용이 이루어졌다.

이는 교정관리 목적에 해당하는 '보안을 위한 분류'이다.

오늘날에는 '교정관리 목적'의 분류와 '수형자 처우 목적'의 분류가 동시에 시행되고 있다. 교정시설내 질서와 안전이 유지되고 수용사고가 방지되어야 효과적인 교정교화도 기대할 수 있으므로, 상반되는 것처럼 보이는 두 가지 목표가 동시에 추구되고 있는 것이다.

수형자분류는 우선적으로 교정관리를 목적으로 한다. 이 경우에는 수용자를 위험성의 정도에 따른 보안등급수준에 따라 구분하고, 공범자들이 함께 수용되지 않도록 분류하며, 죄종별로도 분리수용하고, 수용자 간 폭력사고가 발생하지 않도록 약자를 강자와 분류한다. 이와 같은 맥락에서 교정시설의 보안수준에 맞추어 수형자를 분류수용하거나 같은 시설 내에서도 보안수준별로 사동을 구분하여 분류수용한다.

현대의 수형자분류는 교정관리를 목적으로 하는 분류와 교정처우를 목적으로 하는 분류가 있다.

수형자분류를 교정관리를 목적으로 하는 경우에는 수형자가 범한 범죄의 유형 및 경중을 기반으로 수형자를 위험성의 정도나 보안등급 등에 따라 분류함으로써 교정사고 방지와 교정관리의 효율성을 높이는 데 기여한다. 이는 '보안을 위한 분류'에 해당한다.

「수용자처우법」 제57조가 교정시설을 도주방지 등을 위한 수용설비 및 계호의 정도에 따라 중(重)경비시설 · 일반경비시설 · 완화경비시설 · 개방시설로 구분하고 수형자의 분류심사결과에 따라 그에 적합한 교정시설에 수용하도록 하고 있는 것도 1차적으로 교정관리 목적을 추구하기 위함이다. 현대의 교정은 궁극적으로는 수형자의 처우를 통하여 범죄성을 교화개선시키는 것을 목적으로 한다. 이에 따라 교정처우를 목적으로 수형자를 분류하는 것은 '개별처우를 위한 분류'이다. 교정처우의 효과를 높이기 위해서는 수형자 개인별 특성에 맞는 맞춤형 개별처우가 필요하며, 이를 위하여서는 수형자의 분류가 바탕이 되어야 하기 때문이다.

수형자분류가 교정처우를 목적으로 하는 경우에는 수형자의 인격특성을 기반으로 수형자에게 필요한 처우의 종류와 내용에 따라 분리함으로써 개별처우를 통해 처우의 효과를 증진시키는 데 기여한다. 이는 인성에 의한 분류 및 특정한 교정여건 필요에 따른 분류에 해당한다.

'인성에 의한 분류'는 수형자를 그 인격특성에 따라 구분하는 것이다. 인성에 따른 분류는 19세기 이후 범죄자를 과학적으로 규명하고자 했던 실증주의 범죄학에 기반을 두고 있다.

'특정한 교정여건 필요에 따른 분류'는 특정 수형자에게 무슨 처우가 필요하며, 그것을 어떤 교정처우환경에서 실시하는 것이 적합한가를 고려하여 수형자의 필요와 교정환경의 상호작용을 예견하여 분류하는 방식이다. 그래서 이 방식을 '교류작용적 분류' 또는 '환경적 접근에 의한 분류'라고도 한다.

인성에 따른 분류와 특정한 교정여건필요에 따른 분류는 처우의 개별화 · 전문화에 크게 도움이 될 것으로 기대된다.

현대의 교정처우이념에 충실하기 위해서는 궁극적으로는 수형자분류가 '교정처우를 위한 분류'로 귀속되어야 한다.

3. 분류의 기능

분류는 악폐감염을 방지하고 수용관리와 교정처우의 효과를 높이는 것이 주된 기능이지만 그 밖에도 여러 기능을 기대할 수 있다.

첫째, 수형자분류는 공공의 안전 확보에 기여한다.

공공의 안전 확보, 즉 범죄로부터 사회의 안전과 질서를 방어하기 위해서는 수용자의 도주방지가 최우선적으로 이루어져야 한다. 이를 위해서는 수용시설지정 시 시설별 보안수준에 맞게 배정할 수 있는 분류가 전제되어야 하고, 일선교정시설에서는 수용동과 거실 지정을 적정하게 하여 도주를 방지하여야 한다. 이를 위해서는 수용자의 위험성의 평가를 통해 범죄자별로 가장 적합한 수준의 감시 · 감독을 예측하여야 한다.

둘째, 효율적인 수용자계호와 수용자 인권보호가 증진된다.

수용자분류는 수용자의 위험척도에 따라 적절하게 계호와 통제를 할 수 있는 기준이 되므로, 계호강도가 지나치지 않으면서도 안전과 질서가 유지될 수 있도록 관리할 수 있게 해준다.

셋째, 비용－편익적인 경제원리에 따른 운영을 가능하게 한다.

수용자분류에 따라 보안수준의 높낮이 척도를 조정하여 경비가 많이 드는 중구금시설의 규모나 수를 최소화하고 경비가 적게 드는 경구금시설을 늘린다면 운영비용을 절감할 수 있고, 국가의 재정부담도 줄일 수 있다.

넷째, 장기적으로 교정시설의 건축과 개보수의 비용을 효율적으로 조절할 수 있는 지침이 된다.

과학적인 수형자분류는 미래의 수용자의 성향변화나 교정시설의 수요를 예측하여 시설의 규모나 보안수준의 조정을 위한 교정시설 건축, 개 · 보수 등 교정시설의 확충계획을 효과적으로 수립하는 데 지향척도가 될 수 있다.

다섯째, 수용자에 대한 처우 및 교정시설의 유지·관리를 위한 적정한 교도관 등 인력 확충 방안 마련의 기준이 된다.

수형자분류자료를 활용하면 범죄의 동향을 파악할 수 있고, 이를 근거로 수형자의 교육·교화 및 사회적응에 필요한 프로그램의 추진방향에 맞춰 분야별 적정한 전문 인력을 선발·유지할 수 있다.

여섯째, 가석방 대상자 선별을 적합하게 하여 지역사회 교정을 활성화할 수 있고, 선별적 무능력화 대상자 선별 등을 통해 교정시설 과밀화 해소에 도움이 된다.

분류심사를 과학화하여 재범위험성에 따라 과학적 예측을 적용하면 위험성의 정도에 따라 시설내처우 대상자와 장래 재범가능성이 없는 사회내처우 대상자를 적합하게 선별할 수 있고, 지역사회의 범죄자를 효과적으로 감시할 수 있다. 이를 위해서는 대상자 선별에 있어서 잘못된 긍정(false positive)의 문제나 잘못된 부정(false negative)문제를 줄이기 위한 노력이 지속되어야 한다.

II 분류의 유형 - 수용분류, 관리분류, 처우분류

수형자의 분류는 수용분류(收容分類), 관리분류(管理分類) 및 처우분류(處遇分類)로 구분할 수 있다.

수용분류 내지 관리분류는 도주의 위험성이나 수형자의 외부적 특징, 예컨대 성별, 연령, 죄질, 구금의 근거 등을 기초로 수형자의 보호나 행형(교정)관리의 목적에 중점을 둔 분류이다.

처우분류는 재사회화를 목적으로 하는 수형자의 교정처우를 위한 분류로서, 유럽의 경우에는 집단별 분류의 방식을 취하는데 반하여 미국의 경우에는 개별화에 중점을 두고 있다.

오늘날 분류의 중점은 처우분류에 중점이 주어져 있고, 이에 따라 처우분류에 따른 처우의 개별화가 강조되고 있다.

1. 분류처우의 방향

수용자의 처우는 현실적으로 어느 정도 집단적으로 이루어지지 않을 수 없기 때문에 수형자 상호 간의 악성(범죄성)감염을 방지하고 교정관리를 용이하게 하기 위하여, 성별·연령·형기·범수·건강상태 등에 따라서 수용시설 및 시설내의 구획을 구분하는 등의 집단 상호간의 분류가 행하여지고 있다. 그러나 이 집단분류가 곧 분류 그 자체는 아니고, 오늘날의 분류는 처우의 개별화를 의미하는 것이며 집단별 분류는 그 기반에 불과한 것으로 인식되어 가고 있다.

Ⅲ 이론적 발전과정

1. 근대적 분류

교정의 역사는 한마디로 수형자 분류에 대한 발전의 역사라고 할 수 있는데, 이러한 수형자 분류는 근대적 자유형의 탄생과 함께 출발하였다.

근대 자유형의 시발점으로 널리 일컬어지는 네덜란드의 암스테르담 노역장(감화원·Amsterdam Penitentiary)이 1595년 수형자의 개선사상과 진보적인 형벌제도의 건설이라는 목적을 달성하기 위하여 설립되고, 이어서 남녀혼금의 폐단을 없애고자 1597년 여자방직감을 분리 설립하면서, 성별에 의한 분류가 시작되었다. 그 후 1603년에는 남자노역장에서 따로 분리된 소년감화원이 설치되어 성인과 소년 분류가 시도되었다.

이러한 형벌제도는 종래의 생명형 및 신체형을 중심으로 한 형벌제도에 대응하여 형법과 형벌을 인간의 도덕적 본질, 즉 휴머니즘에 합치시켜 그 목적을 달성시킬 수 있음을 입증한, 형벌에 있어서의 인도주의적인 교화사상의 탄생이었다.

또한 그것은 기본적인 교도소 경영의 방법으로서, 교도소 내의 남녀 및 소년을 각각 분리하여 그들에게 개선과 사회복귀를 위한 생산적인 노동훈련을 시킴으로써 새로운 형벌을 형성할 수 있는 것을 입증함과 동시에 중대한 역사적 의의를 갖게 하였다.

그 후 1703년에는 로마의 교황 클레맨스 11세가 소년에 대한 감화교육을 강조하면서 산 미케레(San Michele) 수도원 내에 일종의 소년감화원을 설치하고, 구금보다는 종교적 개선에 중점을 두면서 소년수용자들을 연령 및 범죄성의 정도에 따라 분리수용하였으며, 1775년 벨기에의 간트(Gand)교도소에서는 일반 범죄인에게 성별, 연령, 죄질 등에 따라 수용장소가 구분되는 분류수용제를 시행하면서 야간에는 엄격한 분리구금, 그리고 주간에는 혼거상태에서 노동에 종사하도록 하였다. 이것은 1820년 미국 뉴욕주의 오번(Auburn)교도소에서 정립된 오번제로 계승, 발전되었다. 오번제는 수형자를 초범·누범으로 분류하는 한편, 수형자의 행장(行狀)에 따라 더 유리한 처우를 제공하는 단계적 처우제를 병합해서 시행하는 분류처우제도였다.

2. 현대적 분류

19세기 후반부터 20세기에 걸쳐 인류의 과학적 진보는 매우 현저하였고 특히 제1차 세계전을 통하여 자연과학은 눈부시게 발달하였다. 이러한 자연과학의 발달에 힘입어 의학, 정신의학, 심리학, 교육학, 사회학 등 인간과학의 진보 발달도 두드러졌다.

이 모든 인간과학에 대한 연구는 그 자체의 연구 분야에 머물지 아니하고 제2차 세계대전 후 범죄자의 증가에 대하여 커다란 관심을 보여 범죄원인의 탐구와 그 대책의 필요성이 중요시된 결과 범죄문제에 대해, 과학의 힘을 빌린 방법론이 나오게 되었다. 즉, 범죄심리학 등 전문과학이 범죄학은 물론 형사정책 및 행형제도에도 커다란 영향을 미치는 한편, 수형자 개개인의 개별심사와 진단기술의 발달과 함께 분류처우에도 혁신적인 성과를 이루게 되었다.

현대적 수형자분류에 있어서는 종래의 고전적인 분류기준이었던 연령·성별·범죄의 경중 이외에 육체적·신체적인 건강의 차이, 직업훈련가능성 및 개선가능성의 정도 등이 수형자분류의 기준으로서 새로이 첨가되는 한편, 교도소사회의 분석, 교도소와 수형자와의 관계, 수형자 상호 간의 인간관계에 이르기까지 많은 연구가 진행되었고 이들 연구를 기반으로 하여 수형자의 분류로서, 교정시설분류 내지 수용분류(收容分類) 및 교도소에서의 분류, 즉 처우분류(處遇分類)에 이르기까지 과학적 분류처우의 개념이 생겨나고 이것을 기본으로 하여 교도소의 운영에 전향적인 발전을 보게 되었다.

현대적 의미의 과학적 분류는 1907년 벨기에의 포오레(Forest)교도소에서 실시한 것이 그 시초이다. 그 후 1918년 미국 뉴저지지주의 트렌튼교도소에서 시행되었는데, 특히 뉴욕주의 싱싱교도소에서는 분류센터(clearing house)를 따로 두어 전문가에 의한 종합적인 분류를 시도하기도 하였다. 우리나라는 안양교도소가 최초의 분류전담시설로 지정된 이래 2016년에 이르러 서울지방교정청에 분류센터를 두고 있다. 20세기에 들어와서는 과학적 분류가 국제적인 관심의 대상이 되어 1950년 「국제 형법 및 형무회의」에서는 「특수한 수형자의 의료와 수형자의 분류 및 교정제도의 개별화」, 「교정시설에 있어서 수형자 분류 시 기본으로 되어야 할 원칙」을 채택하였고, 1955년 「수용자처우에 관한 유엔최저기준규칙」 제89조에서 분류의 기본원칙을 선언하고 있다.

이러한 20세기적인 새로운 분류의 전개는 수형자의 개별심사는 물론, 수형자의 처우를 과학이라는 기초 위에 올려놓기 위하여 수형자에 대한 과학적인 개별심사와 그 결과에 따른 종합적이고 과학적인 분류처우에 착안하여 철저한 분류의 과학화와 처우의 개별화를 지향하였다. 이는 실증적인 과학적 방법론에 의해 교정처우 전반을 체계화할 수 있도록 한 것을 의미한다.

수형자분류는 남성과 여성, 미결과 기결, 초범과 누범, 성년과 소년 등을 각각 분리수용하여 악풍감염방지와 교화개선을 도모하겠다는 의도하에 지속적으로 발전되어 왔다.

오늘날 분류제도는, 인간과학에 기초한 합리적 처우의 요청에 따라 정신의학, 심리학, 사회학, 교육학 등의 발달에 힘입어 소극적 악풍감염방지에서 한 걸음 더 나아가 개별적 처우를 통한 사회복귀에 그 목표를 두게 되었다.

오늘날 이러한 목적의 수형자분류는 보안을 위한 분류, 인성에 의한 분류가 주로 활용되고 있다.

1) 보안을 위한 분류는 수형자의 교정사고 위험성에 따라 각자의 보안수준에 맞는 경비시설에 분리수용하고, 동일시설에서도 사동과 거실을 구분하여 수용하는 방식이다. 그런데 이 분류는 '잘못된 긍정'의 예측오류에 근거해서 그 예측위험보다도 높은 보안단계의 중경비시설에 편중되는 경향이 있다. 그러므로 재소자의 위험성과 보안수준에 상응하는 계호가 이루어질 수 있도록 경비시설을 다양화하고 동일시설 내에서도 사동별로 보안수준을 차별화할 필요가 있다.
2) '인성에 의한 분류'는 교정에 있어서 심리학과 임상병리학이 연결되면서 의료모형의 실시와 더불어 발전했다.

   인성에 의한 분류를 위한 대표적인 심리검사로는 I-Level 검사와 미네소타 다면적 인성검사(MMPI)가 있다.

   I-Level 검사는 '대인관계 성숙도(interpersonal maturity leve)검사'이다.

   이 제도는 수형자를 각각의 사회심리적 대인관계 성숙 수준에 따라 가장 미숙한 단계로부터 가장 성숙한 단계까지 심리적 발달을 특징짓는 대인성숙의 연속적 단계를 7개 수준으로 구분한다. 이 제도의 전제는 모든 처우가 모든 수형자에게 다 효과가 있을 수 없으므로 수형자유형에 맞는 처우를 시행하는 것이 처우의 효율성을 높일 수 있다는 주장이다. 그러나 이 제도는 전문가만이 할 수 있어 전문요원 확보가 어렵고, 비용이 많이 들며 복잡하다는 것이 단점이다.

현재 가장 널리 교정시설에서 도입하여 사용하는 심리검사법은 '미네소타 다면적 인성검사'(MMPI) 방법이다. 이 심리검사는 미네소타 대학의 임상심리학자인 해서웨이(Hathaway)와 정신과 의사인 매킨리(McKinley)가 개발한 진단용 성격검사로서 총 550개 문항의 25개 영역으로 구성되어 있는 객관적 성격진단검사이다.

우리나라에서도, 현재 사용하고 있는 「교정심리검사」가 개발되기 전에는 주로 MMPI

가 사용되고 있었다. 그런데 이 방법은 우리나라 교정시설 내의 전체 수용자에게 적용하기에는 타당성이 높지 않았다. 그래서 우리나라 교정현실에 적합한 검사도구가 필요하였으므로, 이를 위한 개발이 진행되어 2001년 「교정심리검사」를 개발하게 되었다.

「교정심리검사」는 총175개 문항으로 구성되어 있고, 하위척도로는 1개의 허위성 척도, 6개의 위험성 척도(비행 · 공격 · 범죄 · 포기 · 자살 · 망상성향) 등 총 7개가 제시되어 있다. 이 「교정심리검사」는 수용자의 인성특성을 객관적으로 측정 · 진단할 수 있으므로 검사자의 주관적 판단을 크게 줄일 수 있다.

3. 우리나라의 수형자분류 발전과정

우리나라에서 수형자 분류의 개념이 처음 등장한 것은 일본의 감옥칙(監獄則)을 바탕으로 해서 1894년 「감옥규칙」(監獄規則)과 「징역표」(懲役表)가 제정되면서부터이다. 범죄인의 개과천선을 목적으로 제정된 징역표는, 범죄자에 대한 일종의 기초적 분류 및 누진처우제라고 볼 수 있는 것으로서, 수형자를 보통자, 특수기능소지자, 노유자, 부녀자 등 4종으로 분류하고 각각 1~5등급으로 나누어 일정 기간이 지나면 상위등급으로 진급시켜 점차 계구를 완화하는 등의 단계적 처우를 시행하도록 하였다.

이러한 분류개념은 1923년에 실시된 소년수형자에 대한 계급제도나 1948년 시행된 「우량수형자석방령」에 따른 선시제도(善時制度) 등으로 이어진 후 1956년 「행장심사규정」과 1957년 「수형자상우규정」이 제정되면서 현대적 의미의 과학적 분류처우 개념이 확립되기에 이르렀다. 그러나 이러한 규정들이 여러 가지 문제점을 드러내면서 그 대안으로 1964년 수형자 분류 심사방안과 1969년 교정누진처우규정이 제정되었다. 그러다가 1980년 구「행형법」 개정 당시 제44조에서 "소장은 수형자를 개별적으로 심사분류하여 그에 상응한 처우를 하여야 한다"고 규정함으로써 분류제의 채택을 명시하였고, 1969년 누진제를 실시하기 위해 제정했던 「교정누진처우규정」도 1991년에 그 명칭을 「수형자분류처우규칙」으로 바꿈으로써 처우의 중점이 분류제로 이행하는 경향을 보이다가, 2007년 개정된 「수용자처우법」은 수형자의 처우에 관한 장 가운데 별도의 절을 두어 분류심사에 대해 명시적 규정을 두고 있다.

학습 체크 포인트

01 교정분야에서 수형자분류는 다양한 목적으로 이루어졌다. 초기의 수형자분류는 분리수용을 통해 교정관리를 효과적으로 하는 것이 주목적이었으나, 19세기 이후에는 과학의 발달에 힘입어 수형자에 대한 합리적인 처우를 위하여 과학적인 분류가 도입되기 시작했다.

02 수형자분류는 수형자의 인격특성에 따른 개별적인 처우를 가능하게 함으로써 수형자의 교화개선과 원만한 사회복귀에 도움을 줄 뿐만 아니라 공공의 안전 확보에도 기여한다.

03 분류제의 소극적인 목적은 악폐감염 방지 및 효율적 교정관리이고, 적극적 목적은 효과적인 교정처우 및 사회복귀 촉진이다.

04 분류의 목적은 공공안전의 확보, 효율적인 수용자관리, 비용-편익적 운영, 효과적인 교정시설의 건축과 보수 기준 제공 등이다. 적정한 분류제도는 수용자가 수용되어야 할 시설의 구금 · 계호 수준을 정하는 데 도움을 주고, 불필요한 중구금시설 건축이나 수용을 줄일 수 있으며, 계호수준에서 벗어나는 과잉계호를 경감시켜 교정비용을 절감할 수 있다.

05 분류의 기본원리로서 강조되는 것은 성별 중립성 유지, 최소제한의 원리, 명확한 목표지향 등이다. 교정시설에서의 분류는 성적 불평등이 나타나지 않도록 하면서 특정시설의 목적 및 수형자처우에 적합하게 이루어져야 한다. 또한 시설의 안전과 질서에 필요한 최소한으로 제한된 계호가 적용될 수 있도록 하여야 하며, 교정의 목적과 목표가 무엇이며 분류가 어떻게 그 목표달성에 기여할 수 있는가를 고려하여야 한다.

06 분류제도는 범죄피의자 · 피고인에 대해서는 처분이나 양형 기준을 제시해주는 기능을 하고, 시설 내에서의 수형자에 대하여는 적합한 프로그램 적용이나 상대적 위험성 수준에 부합하는 보안수준 측정 기능을 하며, 특정한 범죄자나 범죄 집단에 대해서는 선별적 무능력화 적합 여부 판단 기준을 제시하는 기능이 있다.

07 교정 · 형사정책 분야에서 범죄인분류와 수형자분류는 목적과 취지가 다르므로 양자는 대체할 수 없다.

08 우리나라에서 수형자분류의 개념이 처음 도입된 것은 갑오개혁 시 「징역표」가 제정되면서부터이다.

09 세계적으로 처우의 중점이 누진제(종적분류)에서 분류제(횡적분류)로 이행하는 방향으로 발전하고 있다.

10 수형자분류는 1차적으로 범죄의 원인과 대책에 대한 과학적 인식이라는 목적을 추구하는 '범죄인분류'와는 취지를 달리하는 처우제도로서, 역사적으로 수용분류에서 출발하여 처우분류에 중점을 두는 방향으로 발전했다.

11 인성에 의한 수형자분류에는 대인관계 성숙도 검사(I-Level)와 미네소타 다면적 인성검사법 등 여러 종류의 심리검사가 있는데 세계적으로 가장 널리 쓰이고 가장 많이 연구되어 있는 객관적 성격진단검사는 MMPI이다.

12 미네소타 다면적 인성검사(MMPI)는 비정상적인 행동을 객관적으로 측정하기 위한 방법으로 개발되었고, 전문가의 도움 없이 교도관들이 분류심사에 활용할 수 있고, 비용이 절감되는 장점이 있다.

13 분류제는 근본적으로 공정하고 체계적이며 교정기관과 수형자 모두의 필요성을 충족시켜 주는 방향으로 설계되고 기능해야 한다. 그러므로 현행 「교정심리검사」는 우리나라 교정현실 적합성을 높이면서도 객관성을 강화하는 방향으로 개발한 것이다.

14 수형자분류는 모든 사법절차단계에서 교정제도 · 시설의 전반적인 운영 및 형사정책의 중요한 부분으로서, 총체적인 교정관리의 차원에서 행해져야 한다.

15 수형자분류는 목적에 따라 교정(행형)관리를 위한 분류와 교정처우를 위한 분류로 나누고, 시기에 따라 초기분류 · 재분류 · 석방 전 분류로 구분할 수 있다.

16 수형자분류는 시행시기에 따라 초기분류, 재분류, 석방전 분류로 구분한다. 초기분류는 대개 경찰자료와 판결전조사자료에 의해 분류된다. 재분류는 초기분류에 비해 보다 상호작용적이고, 여러 번에 걸쳐 시행된다. 재분류는 교도작업 · 처우프로그램에 대한 배치가 목표이나 현실적으로는 징계과정에서 이루어지는 경우가 많고, 특정수형자에게 문제가 생겼을 때 재평가를 위해 활용되고 있다. 석방 전 분류는 주로 가석방을 전제로 가석방심사를 위한 사전준비로 시행한다.

17 우리나라 현행법은 분류심사를 신입심사와 재심사로 구분하고, 재심사는 일정한 시점을 기준으로 필요적으로 실시하는 '정기 재심사'와 특정사유가 생겼을 때 임의적으로 실시하는 '부정기 재심사'로 나누어 시행하고 있다.

제3장

교도소 사회 연구

제1절 교도관 사회

I 변화하는 교도관의 업무성격

1. 교도소관리환경의 역사적 변천

(1) 미국 교도소의 역사

1) 17~18세기 영국 식민지시대에는 영국에서 많은 중(重)범죄자들을 버지니아 등으로 유형(流刑)을 보냈다. 식민지시대의 형벌관은 고대유럽 전통을 이어받아, 범죄행위를 인간본성의 한 부분으로 인식하면서 응보·억제적 처벌이 이루어졌다. 이 시기에는 자유형보다는 교수형·채찍질·공개적인 모욕 등 영국국교 교리에 바탕을 둔 형벌이 주로 이루어졌다.

2) 18세기 말부터 미국의 독자적인 형벌체계가 갖추어지면서 범죄에 대한 기본적 대응으로 교도소에서 자유형을 집행하는 것이 일반화되었다.
이 시기에 처음으로 정립된 구금제도가 펜실바니아(필라델피아)제였다. 펜실바니아제에 기반을 둔 교도소는 수형자의 도덕성을 함양시켜 개인을 변화시키는 장치였다. 이는 범죄자가 나쁜 환경으로부터 격리되어 노동을 통한 근로정신을 함양하고 참회하는 마음을 기르면 범죄를 범하지 않게 된다는 퀘이커교도의 교리를 근간으로 한 것이었다.
펜실바니아제에 이어 오번(Auburn)제가 주된 구금제도가 되었다. 오번제하에서는 낮 동안은 엄격한 규율과 통제 속에서 쇠사슬에 묶인 채 침묵 속에서 집단적 교도작업에 복역했다. 이 시기에는 격리시켜 자신의 잘못을 고치고 노동의 습관을 붙이도록 하는 중노동 등이 특징적인 형집행의 내용이었다.

3) 20세기에는 초반기부터 대규모 공장형 산업교도소가 많이 개설되었다. 이러한 교도소에서도, 범죄자를 격리함으로써 외부로부터 악풍을 차단하고 노동과 종교의 힘으로 교정교화를 시키고자 하였다. 이러한 교도소 운영을 진행하는 가운데 1930년대에 이르러서는 빈민이나 정신질환적 범죄인을 위한 교도소가 창설되어 대규모 교도소에서 대규모로 범죄인을 수용, 대규모 생산방식의 교도작업을 통해 수익을 창출하고자 하는 행형정책이 시행되었다.

4) 1950년대에는 사회복귀이념이 강조되어 의료모델에 기반을 둔 수형자처우가 주된 흐름이 되어 교도관의 재량이 크게 허용되고 수형자는 처우의 객체로서 부정기형에 의한 장기적인 형집행이 이루어졌다.
또한 법원불개입주의(Hands－off Policy)가 유지되면서 수형자에 대한 인권침해가 많이 발생하고 있었다. 이 시기의 교도관들은 수형자를 계호·통제하는 업무와 교화시키는 업무 간에 역할갈등이 크게 나타났다.

5) 1960년대에는 베트남전에 대한 반전운동·여성해방운동·인종분쟁 등 사회적 큰 변혁기를 거치면서 재소자의 인권문제가 부각되기 시작했다.
게다가 1971년 뉴욕의 아티카(Attica) 교도소에서 일어난 비극적인 폭동은 교도소의 열악한 생활 상태와 수형자들의 인권유린사태를 널리 알리는 계기가 되었고 1970년대 중반 이후부터는 외부사회와 정치계의 관심이 증대되고 법원의 태도변화에도 큰 영향을 미친 결과 교도행정에 대한 법원의 감시와 개입이 강화되어 새롭게 법원개입주의(Hands－on Policy)가 강화되었다.

6) 1980년대에는 사법(정의)모델에 바탕을 둔 엄격한 법적용의 강경대응정책으로 인한 수용인구의 급증과 교도소과밀화가 초래되었다.
이에 따라 과밀화 해소 차원에서 선별적 무능력화(무해화) 정책이 개발·시행되면서, 교도소에 수용된 수형자의 구성이 상습적인 강력범죄인이 큰 비중을 차지하는 구조로 바뀌었다. 수용인구의 급증현상과 과밀수용, 재소자 특성에 있어서 장기수형자 및 개선곤란자 증가는 교도관의 업무측면에서는 업무과다, 스트레스 과중 등 업무환경변화도 야기했다.

(2) 한국 교도소의 변화

1) 우리나라의 경우 1995년 「행형법」 제5차 개정 및 1999년 「행형법」 제7차 개정을 계기로 수용자에 대한 인권 친화적 조치가 다양하게 이루어졌다. 이는 재소자에 대한 제반 권익의 신장과 보장을 가져왔으나, 그에 반하여 교도관의 입지가 상당히 좁아져 교도관의 업무성격 변화에 크게 영향을 미쳤다.

2) 징벌 중 감식 폐지, 미결수용자와 변호인 접견 시 교도관 참여 · 청취 · 녹취 금지 등의 5차 개정에 이어 수용자의 인권 최대한 존중 명시, 외부와의 전화통화 인정, 집필권 보장, 징벌위원회에 외부 인사 참여 등이 7차 개정을 통해 이루어져 수용자의 권익이 크게 향상되었다. 또한 이에 바탕을 둔 수용자의 청원, 진정, 행정심판, 행정소송 및 고소 · 고발 등이 급격하게 증가하여 교도관업무의 질적인 큰 변화가 나타났다.

3) 수용자에 대한 친인권적 측면의 급속한 환경 변화와 동시에 교도관의 근무환경도 획기적인 변화가 있었다. 1989년부터 도입한 3부제의 실시와 이후 4부제의 확대 추진으로 교도관의 야간근무횟수가 획기적으로 줄었고, 주말휴무도 많아져 여가활동이 활성화되었으며, 직업의식이 고양되는 등의 효과와 함께 효율적인 업무수행도 크게 신장되었다.

4) 이와 같은 근무환경변화는 과거 미국에서 교도관을 재소자에 비유해서 상징적으로 표현했던 '또다른 재소자'(The Other Prisoner), '구금된 교도관'(Professional Prisoner) 등과 같은 비하적 표현은 현재 우리나라 교도관들과는 동떨어진 비유에 지나지 않게 되었다. 이제 우리나라의 교정직은 '사회로부터 거절당하고, 멸시당하고, 기피되는 직업'이 아니고, '사회 친화적이고, 존중되고, 필수적인 전문직업'으로 자리잡아가고 있다.

2. 교도관의 교정시설 관리의 성격

(1) 수용자들의 수용생활의 질이 높아지고 인권이 급격히 향상되고 있는 것이 세계적으로 민주화된 국가의 일반적인 경향이다.
이에 따라 교도관들은 수용자들에 대한 통제가 쉽지 않고, 많은 제약을 받게 되고, 예측할 수 없는 쟁송에 대한 부담을 가지며, 상대적인 박탈감을 느끼는 현상도 나타나고 있다. 수용자들과 함께 교정시설조직을 구성하고 있는 교도관들은 교도소사회가 외부사회와의 교류·연계가 확산되는 가운데, 교정행정에 대한 법적 제약이 강화되고 있으며, 관료주의의 속성으로 인하여 변화하는 업무환경에 탄력적으로 적응하는 데 한계를 느끼고 있다.

이러한 상황에서 교도관들은 어떠한 권한과 자세로 수용자들을 관리하고 교정해가야 하는가에 대한 연구가 교도관 사회에 대한 연구취지이다.

(2) 교도관사회는 업무속성상 강제력을 실행해야 하는 조직이며, 이에 따라 교도관은 일정한 권한과 지위를 기반으로 교정시설의 보안과 질서를 유지하면서, 다른 한편으로는 수용자의 법적 지위에 맞는 개별적 처우와 교정도 추구해야 한다.

이러한 역할갈등적 현실에서 교도관은 수용자의 저항을 극복하며 교정행정의 목적을 실현하는 교정기관의 일원이다.

그런데, 한 구성원이 가지는 서로 다른 지위에 따른 역할기대가 여러 가지인 경우 역할기대들 간에 발생하는 대립 또는 갈등이 생긴다. 이를 '역할갈등'[63]이라고 한다.

Ⅱ 강제적 조직에서의 권한의 행사

햅번(J. R. Hepburn)은 「강제적 조직에서의 권한 행사－교도관 연구」에서 교도관의 권한을 다음과 같이 5가지로 구분한다. '권한'은 교도관이 수용자를 통제하기 위하여 이용 가능한 힘이다.

(1) 합법적 권한(legitimate)

합법적 권한은 공식적(법적) 명령체계에서 나오는 통제력이다. 이는 교도관이 법적 지위에 근거하여 수용관계에 있는 수용자를 통제할 수 있는 권한이다.

「형집행법(수용자처우법)」은 "수용자는 교도관의 지시에 복종해야 한다"고 명시하고 있다(제105조 제3항).

63 역할갈등 : 한 조직사회에서의 구성원은 동시에 여러 가지 지위를 가진다. 구성원은 각각의 주어진 지위에 따라 사회적 행위를 해야 한다. 그런데, 한 구성원이 가지는 서로 다른 지위에 따른 역할기대가 여러 가지인 경우에 역할 기대들 간에 발생하는 대립 또는 갈등이 생긴다. 이를 '역할갈등'이라고 한다.

(2) 강압적 권한(Coercive Power)

교정기관의 지시나 명령 또는 규율을 준수하지 않는 수용자를 강제하고 징벌을 줄 수 있는 권한이다. 교정기관은 강제적인 힘을 행사하는 조직적 특성을 갖고 있는 기관이다. 이 권한은 교도관이 규율이나 일과시간표 및 지시에 위반한 수용자를 벌할 수 있는 권한과 능력을 가지고 있으며, 징벌의사도 확고하다는 것을 수용자에게 인식시킬 때 그 힘을 발휘한다.

「형집행법」은 제107조 규정에서 "수용자가 법령으로 정하는 규율을 위반했을 때에는 징벌위원회의 의결에 따라 징벌을 부과할 수 있다"고 명시하고 있다.

(3) 보상적 권한(Reward Power)

수용자에게 보상을 줄 수 있는 능력을 지니고 있기 때문에 행사할 수 있는 권한이다. 교도관은 수용자를 통제할 때 당근요법을 활용하여 보상이라는 수단을 잘 활용해야 한다.

「형집행법」은 제106조에서 '소장에게 수용자를 포상할 수 있는 권한을 부여하고 있고, 보안·작업 담당 교도관 및 관구책임교도관에게 소득점수 평가권한'을 주어 수형자의 처우수준·귀휴·가석방 등에 영향력을 행사할 수 있도록 하고 있다.

(4) 전문가적 권한(Expert Power)

수용생활에 필요한 지식이나 특별한 능력을 지니고 있을 때 생기는 영향력이다. 교도관이 법적 지식, 조정기술, 상담능력 등으로 전문가의 면모를 보일 때 수용자는 자발적으로 순종하고, 교도관을 존중하게 된다.

(5) 준거적 권한(Referent Power)[64]

권한행사주체를 좋아해서 그를 동일시하고 롤모델 삼아 그를 본받으려고 하는 데서 나타나는 영향력이다.

교도관은 지도력과 암시력을 통해 인품적으로 수용자들의 신뢰와 존경을 얻음으로써 수용자들의 복종을 이끌어 낼 수 있다. 이를 위해서는 공명정대하고 맑고 투명한 조직문화가 유지되어야 한다.

---

64 'Referent Power'는 원래 '상품 따위를 사게 하는 인기유명인의 영향력'을 뜻하는 사회학 용어이다. 이에 대해 국내에서는 '지시력', '지지력' 등으로 번역하기도 하고, 일부 교정학 교재에서는 '선호성 권한'으로 번역하고 있으나, 그 의미를 담아내는 상징효과가 미흡하다고 생각되어 본서에서는 '준거적 권한'이라는 번역어를 사용했다.

햅번은 교도관이 수용자를 복종시키는 가장 중요한 권한이 무엇인지 연구한 결과, 가장 중요한 권한은 합법적 권한과 전문적 권한이라고 주장한다. 그 다음으로는 강제적 권한과 보상적 권한이라고 보았다.

그리고 그는 이러한 권한의 근원들이 교도소의 관료화와 어떤 관계가 있는지를 분석하였는데, 교도관들이 합법적인 권한과 전문적인 권한에 의존한다는 사실은 지위와 권한을 강조하는 관료주의 특성과 일치한다고 하였다. 더 나아가 이러한 권한의 사용을 통하여 교도관과 수용자 간의 조화롭고 인간적인 관계를 증진시킬 수도 있다고 주장했다.[65]

Ⅲ 교도관의 하위문화(Subculture)[66]

1. 하위문화의 존재 여부의 의의

교도관들 모두가 교정의 이념과 목표에 대하여 공감하고 그에 따르는 것은 아니다. 이 점에 관하여 교도관의 하위문화라는 차원에서 이해하려는 견해가 있다. 즉, 이러한 현상의 원인이 교도관 그들만의 하위문화를 가지고 있기 때문인가의 문제로 접근하는 관점이 있다. 이에 따라 교도소 하위문화의 존재 여부에 대한 논의는 다양하다.

교도관의 하위문화가 존재하는가의 문제는 교정조직의 통일된 목표와 가치추구 및 합의적인 운영에 큰 영향을 미치는 문제이므로 중요하다.

하위문화가 존재하는 경우에는 교도관들이 그들이 근무하는 조직의 공식적인 가치체계 및 규범과 구별되는 가치체계에 따라 행동하게 되어 통일된 목표와 합의적인 운영에 장애가 발생한다. 즉 교도관이 그들만의 하위문화를 가지고 있다면, 그것은 교정목표를 달성함에 있어서 중대한 장애가 된다.

2. 교도관의 하위문화 부존재(不存在)

(1) 더피(Duffee)의 연구[67]

교도관들은 그들의 지위와 입장에서 독특한 가치관을 수용하기도 하지만, 그것

65 이백철(2016), 교정학, 372면.

66 하위문화란 어떤 사회의 지배적 문화와는 대립적으로 형성된 문화로서, 그 사회의 일부집단에 공통적으로 적용되는 특유의 가치 기준(규범)에 의해 형성된 문화이다.

67 이윤호(2012), 교정학, 125면.

은 그들이 업무로부터 소외감을 느끼고 교정행정관(교정시설 관리자)이나 재소자들과는 다른 사회적 환경을 경험하고 무규범 상태에 있기 때문이지 교도관들만의 뚜렷한 하위문화가 존재한다는 것을 인정하기에는 경험적 근거가 부족하다.

더피 이외의 다른 사람들의 연구에서도, 교도관들이 그들 자신을 교정인이라는 별도의 직업인으로 인식하지 않고 있으며, 집단으로서 일치된 규범을 지니지도 않고 있다고 한다. 교도관들은 대체로 소외된 일개인으로서 업무를 수행하는 것으로 나타났다.

(2) 롬바르도(Lombardo)의 연구[68]

교도관들은 서로를 동일시하지도 않으며, 단단하게 짜여진 규범을 공유하는 응집적인 집단을 형성하지도 않는다. 그들은 업무를 집단적으로 수행하기보다는 독립적 개인으로서 수행하는 것이 일반적이다.

(3) 논의의 결론

결론적으로 교도관들만의 하위문화는 존재하지 않는다고 보는 것이 현재까지의 통설적 견해이다.

(4) 교도관들의 수용자에 대한 부정적 · 적대적 태도의 확산 원인

교도관들이 수용자에 대해 부정적·적대적 태도를 가진다면 매우 심각한 문제가 된다. 왜냐하면 수용자들에 대한 처우개선이나 인권보장에 대해 강한 반감을 갖기 때문이다.

세계적으로, 실무에 종사하는 교도관들은 대체로 수용자에 대해 부정적 · 적대적 태도를 보이고 있다. 이에 대해서는 교도관 하위문화의 영향은 아니라고 보는 견해가 지배적이다. 그러한 경향은 '교도관들의 다원적 무지'[69](多元的 無知 · Pluralistic Ignorance)로 인한 결과라고 보고 있다.[70]

즉, 수용자와 처우 프로그램에 대해 교도관들이 적대적·부정적으로 인식하는 것은 자신 이외의 대다수 교도관들도 수용자와 처우프로그램에 대해 부정적 인식을 가지고 있을 것이라고 생각하여 자신도 그러한 경향에 편승한다는 것이다.

그래서 많은 교도관들이 교정시설에서 제아무리 우수한 교정프로그램을 실시해

---

68 이윤호(2012), 교정학, 126면.

69 다원적 무지 : 사회심리학에서는 특정 문제에 관하여 다수의견을 소수의견이라고 오해하거나 소수의견을 다수의견이라 오해하여 과장하는 왜곡된 믿음을 가리키는 개념으로 사용하고 있다.

70 이윤호(2012), 126면.

도 수형자들의 범죄성향은 개선되지 않을 것이라고 여기는 태도를 지니게 된다는 설명이다.

이에 관한 연구를 했던 클로파스(Klofas)와 토치(Toch)도 '수용자에 대해 동정적인 마음을 가지며 처우프로그램에 긍정적인 생각을 가지고 있는 교도관들'의 비율이 매우 적을 것이라는 잘못된 믿음이 '수용자와 처우프로그램에 대한 부정적 인식'을 확신시킨다고 보았다.

특히 현 교도소사회 현실에서 냉소적이고 소외감을 느끼는 소수의 교도관들이 수용자와 처우프로그램에 대해 부정적인, 반(反)수용자적 하위문화가 존재한다는 잘못된 믿음을 더욱 확산시킬 수 있다고 주장했다.[71]

Ⅳ 교도관의 유형[72]

1. 카우프만(Kauffman)의 분류

카우프만은 교도관의 수용자 대면태도 및 교도관의 동료교도관 대면태도를 기준으로 교도관을 5가지 유형으로 분류했다.

맹목적 낙천가 (Pollyannas) (낙천주의자)	수용자와 동료교도관 양쪽 모두에게 긍정적인 태도를 가지고 있다.
선량한 사람 (White Hats)	수용자에 대해서는 긍정적인 태도를 갖고 있지만, 동료교도관에 대해서는 부정적인 태도를 가지고 있음. 이들은 동료교도관들이 권한에만 관심이 많고 업무에는 무능·무관심하다고 생각한다.
탈진자 (Burnouts)	이들은 수용자나 동료교도관 양쪽 모두에 대해 부정적인 태도를 지니고, 스스로 소외된다. 미국의 교도관 대부분은 이 유형에 속한다고 주장했다.
냉혹한 사람 (Hard-Asses) (융통성 없는 사람)	이들은 수용자를 몹시 싫어하고, 모든 수용자를 적대시한다. 이들은 교정시설은 선과 악의 싸움터라고 생각하고 스스로를 정의의 수호자라고 자부한다. 비교적 젊고 경력이 짧은 교도관들이 이 유형에 많이 속한다.

71 이백철(2016), 교정학, 381면.

72 Kauffman(1988), Prison Officers and Their World, 정진수(2014), 교정학, 63~65면.

복지부동형 (Functionaries) (무사안일형)	이들은 근무환경과 담을 쌓고 무관심에 의해 교도소 근무생활에 적응하려 한다. 이들에게 교정공직은 생계유지 수단일 뿐이다. 이들은 수용자나 동료 교도관을 싫어하지는 않지만 아예 관심을 두지 않는다.

카우프만에 따르면, 이러한 유형은 고정불변으로 정형화되는 것은 아니고, 경력이 쌓여감에 따라 변화해간다고 한다. 일반적으로 교도관은 맹목적 낙천가·선량한 사람·냉혹한 사람에서 시작하여 탈진자가 되고, 이후에는 복지부동형(무사안일형)으로 변해간다는 주장이다. 일반적으로는 수용자 및 동료교도관에 대한 긍정적 태도를 보이다가 부정적 태도가 강한 쪽으로 바뀐다고 한다.

2. 복지사형 교도관과 경찰형 교도관

수용자를 대하는 교도관의 태도에 따라 '경찰형 교도관'과 '복지사형 교도관'으로 나눈다.[73]

복지사형 교도관은 자신을 봉사자로 생각하며 사회복귀를 중시하는 교도관 유형이다.

경찰형 교도관은 수용자를 부정적인 시각으로 바라보며, 사회복귀를 중요시하는 교도관들에게 적대감을 가진다.

월터스(Walters)등의 연구에 의하면, 다음과 같은 경향을 보인다.

복지사형	• 교정시설의 보안수준이 낮을수록 복지사형일 가능성이 크다. • 교육수준이 높을수록 복지사형일 가능성이 크다. • 종교생활을 하는 교도관일수록 복지사형일 가능성이 크다. • 직업에 대한 긍정적인 생각을 가지고 있는 교도관은 복지사형일 가능성이 크다.
경찰형	• 교정시설의 보안수준이 무거울수록 경찰형일 가능성이 크다. • 계급은 높을수록, 근무경력은 길수록 경찰형일 가능성이 크다. • 나이가 젊은 교도관은 경찰형일 가능성이 크다. • 남성교도관이 여성교도관에 비해 경찰형일 가능성이 크다.

73 Walters, Correctional officers in America

3. 교도관의 태도에 대한 조직의 영향[74]

(1) 교도관의 태도는 교정시설의 경비수준에 따라 상당한 편차를 나타낸다.

경비(구금)에 대한 관심과 교정(훈육)에 대한 관심을 기준으로 경향을 구분한 연구에 의하면, 교정시설을 중(重)경비교도소(Maximum Security Prison), 일반경비교도소(Medium Security Prison), 완화경비교도소(Minimum Security Prison), 여자교도소로 구분[75]하는 것을 전제로 분석했을 때 차이가 나타난다. 중(重)경비교도소의 교도관은 경비에 대해서는 아주 높은 관심을 나타냈지만 교정(훈육)에 대해서는 중간 정도의 관심을 보였다. 이와 가장 거리가 먼 태도는 여자교도소 교도관에게서 나타났다. 이들은 교정(훈육)에 대한 관심이 높은 반면 경비(구금)에 대한 관심은 낮았다. 일반경비교도소와 완화경비교도소의 교도관들은 경비와 교정 모두에 대해 큰 관심을 보이지 않았다.

(2) 신입교도관의 연수와 배치 방향

교정시설별 교도관의 태도의 차이는 신입교도관의 연수와 배치에 중요한 시사점을 제공해주고 있다. 경비수준이 낮은 교정시설에서 근무를 시작하면 처우프로그램이나 수용자에 대한 긍정적인 태도를 발전시킬 가능성이 커지고, 중경비시설에서 근무를 시작하면 처우프로그램이나 수용자에 대한 부정적인 태도를 발전시킬 가능성이 높아진다. 그러므로 신입교도관은 경비수준이 낮은 시설에서부터 근무토록 하는 것이 바람직하다.

4. 직업적 사회화에 따른 교도관의 유형[76]

모든 직업에는 조직의 성격 · 의식 등 특유의 행동양식 등이 있고, 그에 따라 신입직원은 직업적 사회화가 이루어진다.

교도관도 신입절차를 거치면서 공식적인 절차를 통해 교정시설의 관료주의적 업무처리방식과 공식적인 규범을 익히고, 비공식적 절차를 통해 수용자를 다루고 상황에 대처하는 비공식적 방식을 익힌다.

---

74 이윤호(2012), 124면.

75 교정시설을 경비수준에 따라 구분하는 분류에서 국내서적에서는 'Maximum Security Prison'을 重구금교도소로, 'Medium Security Prison'을 中구금교도소로, 'Minimum Security Prison' 경구금교도소로 번역하는 경우가 많으나, 본서에서는 현행법상 용어에 맞추어 번역어를 정했다.

76 이백철(2016), 377~378면.

크라우치(Crouch)와 마르쿼트(Marqurt)는 신입교도관이 직업적인 사회화과정인 신입 절차를 거친 후 교도관으로서 적응하는 4가지 유형을 제시했다.

적응실패자(The Abject and Limited Failure)
원어를 직역하면, '절망적인 실패자와 부분적 실패자'이다. 절망적인 실패자는 신입 초기에 퇴직하는 사람이다. 그 원인은 적성·두려움·차별대우 등 다양한 이유가 있다. 부분적 실패자는 근무는 계속하지만 교도관으로서의 적절한 직업의식과 정체성을 갖지 못하는 사람이다. 그 원인으로 왜소형 또는 비만형 체형 등으로 인한 수용자와의 직접적인 접촉 꺼림이나 심리적 결함 등이 지적된다.
의례주의자(The Ritualists)
교도관으로서의 진지한 직업의식은 없으면서 그냥 생계유지를 위해 근무한다. 이들은 직무행위는 하지만 소극적이고, 실질적인 책임도 회피하고자 한다.
성공적인 직업인(The Successful Officers)
교도관의 직무수행에 특별한 재능을 보이고, 공정하고 성숙한 자세를 유지한다. 따라서 동료 교도관이나 수용자들로부터 인정을 받는다.
인맥파(The insider)
'The insider'는 미국의 구어로서, 상징하는 뜻은 '유리한 지위에 있는 사람, 내막에 밝은 사람, 특별우대자'이다. 이 유형에 속하는 교도관들은 고속 승진한다. 그 이유는 실력보다는 정치적인 입김이나 인맥과 관련된다.

V 교도관의 직업적 어려움과 대처

1. 교도관이 접하는 어려움

(1) 위험성

교정시설은 소방공무원이나 경찰·경비 직종보다는 약하지만, '위험한 곳'이라는 인식이 많다. 교정시설에서의 위험성 요인은 신체 폭력이 대부분이지만, 실제로 교도관에 대한 폭력은 그리 많지 않다. 따라서 교정시설에서의 교도관의 위험성은 '다원적 무지'에 의해 과장된 면이 많다. 교도관의 위험성 인식은 폭력의 가능성 정도가 아니라 예측불가능성과 관련이 크다.

(2) 역할갈등(Role Conflict)

역할갈등은 한 사람의 역할이 다른 여러 개의 역할들로 주어져, 서로 다른 역할들 간에 충돌이 생길 때 발생한다. 현대 교도관의 역할은 보안(계호), 봉사(Human Sevice), 수형자의 재사회화이다. 이 세 가지 임무는 역할갈등을 야기한다. 어느 때는 재사회화를 위한 상담·교화를 하다가 어느 순간에는 안전과 질서유지를 위한 강제력을 행사해야 하기 때문이다.

교도관에게 주어지는 역할과 책무에 잘 적응하지 못하면 업무수행이나 교정에 큰 차질이 생기므로, 교도관들에게 역할갈등을 극복하는 훈련이 주어져야 한다.

(3) 외부의 개입과 통제의 증대

특별권력관계론이나 법원불개입주의가 인정되지 않으면서, 교정에 대한 법원의 개입이 많아지고 수용자 인권보장 및 적법절차 강조로 인하여, 교도관들의 영향력과 권한은 축소되고 재소자들의 영향력과 권리는 많아졌다. 이를 극복하기 위해서는 교도관들이 법규에 대한 지식을 넓혀 합법적 권한을 키우고 전문가적 권한과 준거적 권한을 더욱 많이 활용할 수 있는 능력을 길러야 한다.

(4) 스트레스(Stress)와 탈진(Burnout)

스트레스는 적응하기 어려운 환경에 처할 때 느끼는 심리적 · 신체적 압박상태이다.

탈진은 과도한 스트레스의 결과로 나타나는 것으로, '한계를 넘는 극도의 피로 상태'이다. 자발적인 고객이 아니면서 강제적으로 끌려들어온 재소자를 상대하는 교도관들의 스트레스와 탈진은 다른 직장보다 클 수가 있다.

우리나라의 교정공무원들도 높은 수준의 스트레스를 겪고 있으며, 수용자와 관련된 스트레스가 이직(離職)의도를 키우고 직무만족도를 낮추는 요인이 되고 있다.

(5) 통제력의 약화

교도관의 무력감(Powerlessness)은 교도관의 통제력 약화의 주요 요인 중 하나이다.

무력감이 증가하면 교도관의 재소자에 대한 통제력이 낮아질 뿐만 아니라 교도관의 안전성도 약화되어 위험성을 높이게 된다.

교도관의 무력감에 관한 연구로는 사이크스(G. Sykes)의 「수용자사회」(The Society of Captive)[77]가 있다.

---

77 이 저서는 교도관과 재소자 간의 힘의 관계에 관한 대표적 연구이다. 이 저서를 「수인(囚人)사회」, 「수인들의 사회」로 번역한 교재도 있지만, 본서에서는 현대적 언어감각에 보다 접근시키면서 현행법상의 용어를 번역어로 정했다.

이 연구는 수용자와 교도관의 인간관계가 어떻게 교도관의 권위와 통제력을 손상시키는가에 중점을 두고 있다.

▍교도관의 권위(Authority) **손상**

친근관계에 의한 손상(Corruption Through Friendship)
교도관은 업무의 성격상 한정된 장소에서 수용자들과 잦은 접촉을 해야 하기 때문에 비공식적 관계를 맺게 될 가능성이 높아 자연스럽게 친근관계가 조성된다. 교도관이 수용자와 친밀한 관계를 맺으면, 그 수용자가 규율위반 등을 하였을 때 인정에 끌려서 제재를 제대로 집행할 수 없게 된다. 이로 인해 결국은 자신의 권위가 손상되고 통제력을 상실하게 된다. 이 때문에 대부분의 교정시설에서는 수용자와 지나친 친밀관계를 맺지 못하도록 엄격한 규율을 시행하고 있다.
상호의존관계에 의한 손상(Corruption Through Reciprocity)
• 교도관은 자신이 통제하는 수용자들의 행동결과에 의하여 업무수행능력이 평가된다. 수용자가 교정사고를 치면 업무수행능력은 낮은 평가를 받게 되므로 힘 있는 수용자의 협조를 받아 업무가 원활히 진행될 수 있도록 해야 한다. 그래서 교도관은 때로는 특정 수용자의 협조에 의존할 수밖에 없다. 이렇게 되면 수용자는 교도관에게 협조하는 것에 상응한 보상을 요구하게 된다. • 교도관은 수용자에게 보상할 수 있는 당근이 많지 않은 현실의 여건상 합법적으로 제공할 수 없는 보상 대신에, 규율위반에 대하여 눈감아 주거나 자신의 할 일의 일부를 그 수용자에게 위임하게 된다. • 이로 인해 교도관의 권위는 떨어지고 수용자는 그것을 빌미로 더 큰 양보를 요구하게 되어 교도관의 권위는 더욱 추락하고, 교정시설의 통제력의 상당부분이 수용자에게 넘어가는 결과가 만들어진다. • 이러한 과정을 거치면서 일방적인 힘의 질서가 유지될 때와는 달리 교도관이 절대적인 권한을 행사하지 못하고 상호작용에 의해 침해된 만큼 통제력의 상실을 감수할 수밖에 없게 되는 것이다.
태만에 의한 손상(Corruption Through Default)
• 이는 교도관이 규율을 집행하기 위한 행동을 취하지 않을 때 야기되는 권위의 손상이다. • 수용자들은 때때로 각각의 교도관을 상대로 자신들의 규율위반을 어느 정도 눈감아 주는지 테스트한다. 이때 애매한 규율을 집행해야 하는 일부교도관은 자신의 재량권을 행사하여 그러한 상황에 제대로 반응하지 않음으로써 미필적 고의[78]로 태만하게 된다. 이것은 교도관을 시험하기 좋아하는 수용자들에게 성취욕을 느끼게 하여 더욱 자주 그러한 일을 하게 한다. • 이렇게 되면 교정시설의 통제력은 약화되고 그 교도관의 권위는 더욱 심하게 손상된다.

제2절 수용자사회

수용자사회에 대한 연구는 20세기 중반에 미국의 클레머(D. Clemmer)가 「교도소사회」(The Prison Community)라는 논문을 발표하면서 본격적으로 시작되었다. 그 이후 이 분야에 대한 연구가 활발하게 진행되고 있다.

I 교도소사회의 수용자 하위문화와 교도소화

1. 수용자 하위문화 의의

수용자 하위문화란, 수용자사회를 지배하는 일련의 비공식적 가치체계 및 행동방식을 말한다. 이는 교정시설 내의 공식적인 조직체계 및 규범체계인 공식적인 문화와 대립되는 개념이다.

2. 교도소화(Prisonization)

교도소화란, 수용자가 교정시설 내에서 하위문화에 사회화되어가는 과정이다. 교도소화의 논의를 처음으로 연구한 클레머(D. Clemmer)는 그의 연구서 「교도소사회」(The Prison Community)에서 "교정시설의 관습 · 습속 · 관행 · 문화를 습득하는 과정"이라고 정의하였다. 그는 또한 "교도소화는 수용자가 수용자들 간에 통용되는 규율이나 규범체계에 동화되어가는 과정"이라고 정의하기도 했다.

이는 "교도관에 대해 적대적 행동과 태도를 신봉하는 정도"로 개념정의될 수도 있다.

교도소화의 가장 중요한 문제점은 교도소화가 범죄성과 반사회성을 유발하거나 심화시키고 교도소사회의 수용자 특성을 범죄적 가치관으로 변화시키는 영향력이 크다는 점이다. 교도소화가 진행될수록 반교정적 · 반사회적 · 친범죄적 성향이 강화되어 교정교화에 역행하게 된다.

---

78 '미필적 고의'란 확실하게 어떤 결과 발생을 의도하여 행동하는 것은 아니지만, 자신의 행위로 인해 어떤 나쁜 결과가 발생해도 어쩔 수 없다고 용인하는 심리상태를 말한다.

3. 교도소화의 과정

(1) 클레머의 주장

1) 클레머는 수용기간에 비례해서 교도소화의 정도도 점진적으로 심화되어 간다고 보았다. 그는 수용자들 간의 사회적 관계를 중심으로 시설 내에서의 수용자들의 가치관과 역할을 연구했다. 연구결과, 수용자는 장기간 구금될수록 수용자들의 가치관이나 규범에 강하게 젖어들어 사회복귀의 어려움이 점점 커진다고 하였다. 교도소화 과정은 수용자로 하여금 범죄행위나 지식을 습득시킬 뿐만 아니라, 공식적 사회복귀 프로그램의 효과를 떨어뜨려, 출소 이후 사회적응능력을 저하시킨다.

2) 교도소화의 동화 정도는 수용자의 인성이나 감수성 등 개인적 요소, 교정시설 바깥 사회와의 관계, 교정시설에서의 일차적 집단 참여 여부, 사동과 거실 등 교정시설에의 배치, 수형자 하위문화의 강령 등을 수용하는 정도에 따라 달라진다.
이들 요소 중에서 일차적 집단의 영향이 가장 중요하다. 그래서 클레머는 '신입수용자가 교정시설의 하위문화(규범)와 가치에 익숙해지고, 그것을 내재화하는 과정'을 교도소화의 핵심으로 보고 있다.
수용자가 교도소화되면 시설내의 다양한 생존기술과 비속어를 습득해가면서 전통적인 가치체계의 영향으로부터 멀어지기 때문이다.

3) 클레머의 연구 이후의 여러 연구에 따르면, 교도소화는 단순히 수용기간에만 비례하는 것이 아니라 초·중·말기 등 수용단계에 따라, 수형자 역할에 따라, 조직의 특성에 따라, 바깥 사회에서 지니고 온 문화에 따라 달라진다고 보고 있다.

(2) 형기의 수용단계에 따른 교도소화 정도[79]

1) 클레머는 전체 수형자를 표본으로 보편적으로 교도소화를 연구했기 때문에 상이한 수형자역할이나 형기의 단계 등이 교도소화의 정도에 미치는 영향을 검증하지 못했다.
휠러(S. Wheeler)는 클레머의 가설을 검증하기 위해 연구표본을 형기 초기, 중기, 말기로 구분하였다. 그리고 수형자들이 교도관들의 기대에 얼마만큼 부응하느냐의 정도를 측정함으로써 교도소화의 심각성을 파악했다.

---

79 이백철, 395면, 이윤호, 135면

2) U자형 곡선(U-shaped Curve) 이론

휠러의 연구에 의하면, 형기의 초기단계에 있는 수형자는 상대적으로 교도관에 대해 높은 친화적인 태도를 보였고, 중기단계에는 친교도관적 태도가 낮아졌으며, 말기단계에는 다시 친교도관적 태도가 다소 높아지는 경향을 보인다. 이는 교도소화가 중기까지는 점진적으로 강화되다가 출소를 앞두고는, 수형자 강령[80]은 거부하고 미래상황에 유리한 태도나 가치관을 받아들이면서 교도소화정도가 다시 낮아지는 것을 의미한다.

이러한 경향의 변화과정을 도식화하면, 수용자들이 교정시설 입소단계에서부터 후기단계로 갈수록 친교도관적 태도가 U자 모양을 띠므로 'U자형 곡선이론'이라고 한다.

〈교도소와 변화과정 체계도〉

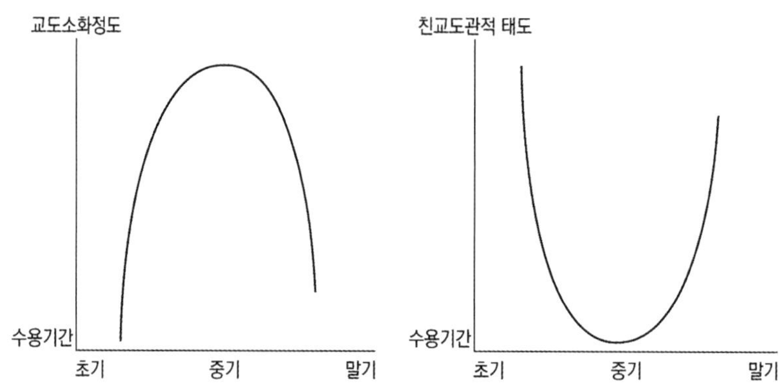

(3) 수형자의 사회적 역할에 따른 교도소화 정도

쉬랙(C. Schrag)이 분류한 수용자사회에서의 수형자역할을 표본으로 한 가라베디안(P. Garabedian)의 연구에 의하면, 친사회적인 '고지식한 자'보다는 반(反)사회적인 '정의한'이, '정의한'보다는 가(假)사회적 '정치인', 비사회적인 '무법자'가 교도소화의 정도와 가능성이 높다고 한다.

서덜랜드와 크레시가 분류한 수형자 하위문화와 관련된 연구에 의하면, 합법지향적 하위문화에 비해 범죄지향적 하위문화에 속한 자가, 범죄지향적 하위문화에 속한 자보다는 수형지향적 하위문화에 속한 자가 더 빨리, 더 쉽게, 더 많이 교도소화가 진행된다고 한다.

80 '수형자강령'이란, 수형자들의 교도소생활에서의 집단적 생활준칙을 일컫는다. 수형자들은 교정시설의 공식적 규율보다 수형자강령에 따라 생활하려는 경향이 있다고 한다.

(4) 교정시설의 조직과 특성에 따른 교도소화 경향

처우 중심의 교정시설보다 보안위주의 교정시설이 교도소화의 정도가 더 많이 나타난다고 한다. 보안위주의 교정시설은 박탈의 정도가 심하기 때문에 수용자들끼리 뭉치는 응집화(집단화) 경향이 있고, 이로 인해 비공식적 조직이 형성되어 수용생활에 영향을 미치기 때문이다.

Ⅱ 수형자 하위문화의 유형

1. 수형자 하위문화 유형 연구 - 서덜랜드와 크레시

수형자 하위문화는 수형자들이 추구하는 가치관·행동방식·언어 등으로 구성되는데, 이 하위문화의 가장 중요한 기능은 그 구성원들에게 집단적 결속감과 고유한 정체성을 제공해주고, 공식적 규범이나 처우프로그램에 대항하게 하는 것이다.

수형자 하위문화의 대표적인 연구자는 서덜랜드(Sutherland)와 크레시(Cressey)이다. 이들은 수형자들이 따르는 가치를 기준으로 수형자 하위문화를 합법지향적 하위문화·범죄지향적 하위문화·수형지향적 하위문화로 분류하여 각각의 특징을 제시했다. 이러한 하위문화를 하위문화에 동화되는 교도소화 정도를 기준으로 분류하면, 수형지향적 하위문화>범죄지향적 하위문화>합법지향적 하위문화 순으로 나타난다.[81]

(1) 합법지향적 하위문화(Legitmacy-oriented Subculture)

이 문화에 속하는 수형자들은 수용 전에도 범죄와 관련된 하위문화를 보유하지 않았고, 수용생활 중에도 교도소 하위문화에 물들지 않는다. 이들은 가급적 공식적 규범에 순응하고 교도관들과도 친화적 관계를 유지한다. 수형자들 중에서 가장 많은 비율을 차지하고 있으며, 교도화 정도는 가장 약하고, 재범율도 가장 낮다.

쉬랙이 분류한 역할유형 중에서 '고지식한 사람'과 가장 유사한 속성을 지니고 있다.

(2) 범죄지향적 하위문화(Thief-oriented Subculture)

주로 직업적·조직적 범죄자들에게서 나타난다. 이들은 수용 전 몸담았던 범죄집단의 반사회적 하위문화에 집착하여 교정시설 내에서의 지위나 문화에는 큰 관심을 보이지 않고 조용히 수형생활을 마치고 또다시 범죄생활을 하고자 지향한다. 그러기 위해 이들은 외부의 범죄조직이나 동종범죄자들과 관계를 계속 유지해 나가

81 이백철, 319면.

면서 더 넓은 범죄세계에서 지위를 찾고자 한다. 쉬랙이 분류한 역할유형 중 '정의한'과 관련이 많다.

(3) 수형지향적 하위문화(Convict-oriented Subculture)

이 문화에 속하는 수형자들은 어린 나이 때부터 소년원 생활을 하는 등 많은 수용경력을 지닌 자들이 많다. 이들은 오랜 수용생활로 인해 일반사회의 문화나 범죄문화에 접할 기회가 많지 않았기 때문에 개인적 공리주의에 집착하며 오로지 교정시설 내 생활에 몰두한다. 이들은 교도소사회에서의 다양한 생존기술을 익히고 그것에 적응하고자 하며, 교정시설 내에서의 부족한 재화나 서비스를 조금이라도 더 차지하려고 하며, 교정시설 내에서의 지위 획득을 위해 애쓰고, 자신의 수용생활을 보다 쉽고 편하게 보내는 일에만 관심을 기울인다. 이들은 교도소화가 가장 쉽고 빠르게 이루어지고, 정도도 심하며, 재입소율이 가장 높다. 쉬랙의 역할유형 중 '정치꾼'과 관련이 많다.

2. 여성수형자의 하위문화[82]

여성수용자들은 남성수용자들과 구분되는 여성수용자들만의 하위문화를 형성하는데, 이러한 하위문화는 남성 하위문화에 비해 덜 폭력적이며, 교정프로그램이나 교도관들과의 관계도 친화적이며, 수용자들 간에 가족화(Family Grouping)하여 준가족(Pseudofamilies)을 형성하는 경향이 많다고 한다.

3. 수형자문화의 조성

교정시설이 교화·개선 기능을 제대로 수행하여 재사회화 효과를 높이기 위해서는 수용자들의 의식을 변화시켜 준법적인 생활을 지향할 수 있도록 해주어야 한다. 그러므로 범죄지향적 하위문화나 수형지향적 하위문화를 차단하거나 제거해야 한다. 이를 위해서는 교정시설의 박탈이나 억압 강도를 낮추고 처우 위주의 교정프로그램이 적절히 운영되어야 한다. 일반적으로 수형자 하위문화는 교정시설이 수용자에게 가하는 박탈과 억압에 대한 반응으로 보고 있기 때문이다. 현대에 와서는 이러한 방향으로 교정시설의 캠프화나 요법처우공동체로의 성격 강화도 추진되고 있다.

---

82 이윤호, 144~145면.

Ⅲ 수용자의 역할유형

교정시설 내의 수용자사회에서는 그 사회 나름의 특수한 행동규범과 지위·역할이 존재한다.

수용자의 역할은 대체로 집단의 구성원, 형기·범행의 종류·수형자강령에 대한 전념의 정도·교정시설의 성격에 맞는 특수한 기능 등에 따라 다양한 수용자 역할유형이 형성된다고 한다.

1. 쉬랙(C. Schrag)의 역할유형

쉬랙은 수용자사회에서는 수형자강령과 같은 특수한 행동규범과 그 규범의 위반형태나 정도에 따라 규정되는 다양한 유형의 사회적 역할이 존재한다고 보고, 수형자의 역할유형을 네 가지로 분류했다.

(1) 고지식한 놈(Square Johns)[83]

수용자 하위문화에 거의 가담하지 않고 교도관들과 가까이 지내며, 공식적인 교정시설 규범에 따르는 친사회적 수형자들이다. 이들은 수용자 하위문화 속에서는 교도소사회의 물정을 모르는, '고지식하고 고리타분한 놈'으로 취급된다.

(2) 정의한(Right Guys)

'Right Guy'는 미국 속어로 '믿을 수 있는 녀석'이라는 용어로 사용되고 있다. 이들은 수용자사회에서는 수용자강령을 철저하게 준수하면서 동료수용자들의 편익을 위해 관여하고 수용자들의 이익 증진을 위해 앞장서서 교도관들과 싸우면서도 약한 수용자는 괴롭히는 일이 없기 때문에 동료수용자들로부터는 믿을 수 있고 정의로운 리더로 존경받는다. 이들은 반(反)사회적 수형자로서 범죄자의 세계를 지향하며, 수형자 하위문화적 활동에 깊이 개입하면서도 바깥 사회의 더 큰 범죄문화에도 깊이 참여하고, 사회를 삐딱하게 보고, 교도관들과는 거의 유착관계를 갖지 않는다.

---

83 'Square Johns'를 이윤호 교수 저 「교정학」에서는 '고지식자'로 번역하고 있고, 이백철교수 저 「교정학」에서는 '고지식한 자'로 번역하고 있다. 미국에서는 'Square John'을 '정직한 사람', '선량한 사람'이라는 속어로 쓰고 있고, 범죄집단 등에서는 '물정도 모르는 놈', '고지식한 놈', '고리타분한 사람'으로 쓰이고 있다. 본서에서는 우리말 어의에 적합한 '고지식한 놈'으로 정했다. '고지식자'는 高知識者로 착각할 수 있기 때문이다.

(3) 무법자(Outlaws)

'Outlaws'는 법률상의 보호를 박탈당한 사람이나 상습적으로 법을 어기는 무법자(無法者)를 뜻하는 말이다.

이들은 성격적 결함 등으로 어떠한 규율에도 순응하지 못하기 때문에 자신의 목적을 위해서는 동료수용자나 교도관들을 가리지 않고 피해자화하고 폭력적 행동을 많이 하므로, 교도관이나 수용자 모두로부터 배척당한다.

이들은 비(非)사회적 수형자로서 수용자 사회조직 속에서도 패배자 또는 Outsider이다.

이들은 성격이상적·비공리적 범행을 하는 강력범죄자 중에 많이 나타난다.

(4) 정치꾼(Politicians)[84]

약삭빠르고 교활하게 이기적 이익만을 생각하며 기회주의적으로 행동하는 가(假)사회적 수형자이다. 이들은 교정시설 내의 각종 재화나 편의를 얻어내기 위한 경쟁에서 이익을 확보하기 위하여 동료수용자와 교도관 모두를 교활하게 이용한다.

그러므로 수형자 하위문화나 공식적 규범체계 어디에도 순응하지 않고 동료수형자들과도 유대를 맺지 못한다. 이에 속하는 자들은 가식적이며, 주로 사기나 횡령 등 재산범죄로 수용된 자들이 많다.

2. 사이크스(G. Sykes)의 수형자 역할 유형[85]

사이크스는 메싱거(Messinger)와 함께 수용자들의 개별적 속성에 따라 9가지 수형자 유형을 제시했다.

(1) 생쥐(Rats)

교도관 등과 내통함으로써 동료들을 배신하는 자로서, 수용자사회 전체를 배신하는 유형이다. 이들은 속임수와 위선으로 인하여 동료수용자들로부터 미움을 받는다.

(2) 중심인(Centerman)

교도관들에게 드러내놓고 아첨을 하면서 선처를 구하는 수형자를 가리킨다. 이들은 그들의 노예적인 복종태도로 인해 동료수용자들로부터 열등하게 취급받는다.

---

84 'Politicians'은 우리나라 교재에서는 '정치인'이라고 고상한 용어로 번역하고 있는데, 본서에서는 비아냥이나 부정적 의미를 담고 있는 '정치꾼'을 번역어로 정했다.

85 이윤호, 149~151면.

(3) 고릴라(Gorillas)

동료수용자들로부터 그들의 소유물을 강압적으로 약탈하는 수형자이다. 이들은 폭력적이고 체격이 큰 고릴라처럼, 자신이 필요로 하는 것을 다른 사람들로부터 폭력을 사용해서 빼앗는다.

(4) 떠벌이(Hipsters)

실제보다 자신을 더 강한 척 허세를 부리고 말로만 허풍스럽게 강한척하면서, 공격의 대상이 될 피해자를 조심스럽게 선택하는 수형자이다.

(5) 늑대(Wolves)

미국의 속어로 'Wolf'는 호색한, 색마를 지칭한다. 명칭에서 연상되듯이 능동적·공격적 동성애자 수형자가 이에 해당한다.

(6) 악당(The Tough)

툭하면 쉽게 동료수용자들과 언쟁을 벌이거나 폭력을 행사하는 수형자이다. 이들은 재물이나 성욕을 갈취하기 위해 폭력을 행사하는 것이 아니라 자신이 모욕을 당했다고 생각하기 때문에 보복적인 폭력을 행사한다.

(7) 상인(Merchants)

동료재소자보다 자신의 이익을 우선시하며 수용자사회의 일체감을 깨뜨리는 수형자이다. 고릴라에 해당하는 수형자처럼, 이들은 동료수용자를 사람으로보다는 목표물 또는 수단으로 취급한다.

(8) 진짜 남자(The Real Man)

어느 상황에서나 자신의 위신을 지키면서, 교도관에게 비굴하게 굴지도 않고, 또한 교도관들과 공격적으로 맞서지도 않는 수형자이다. 이들은 징벌 등 편익 박탈상황에서도 교도관에게 굴복하지 않고 자신의 위신을 지키므로 교도관들이 쉽게 통제할 수 없게 되어 결국 수용자들의 자율영역을 확보함으로, 이들의 역할은 수용자들에게 존경받는다.

(9) 어리석은 파괴자(Ball Buster)

공개적으로 교도관들에게 대들고 항거하는 수형자이다. 이들은 끊임없이 교도관들에게 저항하고, 물리적·언어적 폭력을 가하며 문제를 일으키므로써, 동료수용자 전체에게도 통제가 강화되게 만들기 때문에 수용자 사회에서도 미친놈 취급을 당한다.

3. 쉬멀리거(F. Schmalleger)의 수용자 역할 유형[86]

(1) 깔끔이 신사(The Mean Dude)

조용하게 수용생활을 하면서 수용자사회에서의 거래를 하지 않는 수형자이다. 이들은 싸울 때는 격렬하게 싸우기도 하지만 깔끔한 매너를 유지하는 사람이다.

(2) 단기 쾌락주의자(The Hedonist)

현실적 쾌락을 즐기려고 하며 미래를 생각하지 않는 수형자들이다. 이들은 물건의 암거래, 도박, 동성연애, 마약취급 등을 많이 한다.

(3) 기회주의자(The Opportunist)

교정시설에서 제공하는 단계적 처우 등 공식적인 프로그램을 긍정적으로 잘 활용하므로, 교도관들로부터 좋은 대우를 받는 모범수용자이다.

(4) 은둔자(The Retreatist)

교정시설 내에서 처한 환경에 적응하지 못하여, 다소 정신적 이상증세를 보이는 수형자이다.

(5) 변호인(The Legalist)

'교정시설 내 변호사'로 통하는 이들은 동료수용자에게 문제가 생기면 도와주고 조언해주면서도 냉정하고 조용하게 수용생활을 유지하는 수형자이다. '깔끔이 신사'와 비슷한 특징을 지닌 수형자이다.

(6) 과격주의자(The Radical)

일반사회의 현실체계나 상류층이 주도하는 사회체계를 부정하는 수형자이다. 이들은 자신을 '정치범'으로 가칭한다.

(7) 식민지 주민(식민자)(The Colonist)

교정시설을 자기 집처럼 생각하는 수형자이다. 수형지향적 하위문화에 속한 수형자와 비슷한 성향을 가진다.

(8) 종교인(The Religious)

강한 신앙심을 지닌 수형자이다.

---

86 이윤호, 152면.

(9) 현실주의자(The Realist)

수형생활을 자신의 범죄행위에 대한 당연한 댓가로 생각하며 저항감 없이 수용생활을 하는 수형자이다.

4. 우리나라의 재소자 역할유형 연구

앞에서 소개한 수용자 역할유형은 서구적인 문화와 교정시설의 상태를 바탕으로 한 것이므로 우리나라에 적용하는 데에는 한계가 있다. 우리나라의 경우 아직까지 이 방면에 유의미한 연구가 없으므로, 우리나라 수용자 역할유형은 파악하기 어렵다.

그렇지만 수용자사회의 수용자 역할유형과 수용자 하위문화의 정확한 진단 없이는 효과적인 교정처우와 효율적인 교정정책이 성공하기 어렵다는 점에서 이 분야에 대한 연구가 요구된다.[87]

Ⅳ 수용자 하위문화의 발생원인론

교도소와 같은 강제적 수용시설에서는 수용자들에게 엄격한 규율에 따르도록 강제하고 통일된 행동을 하도록 강요한다. 이러한 박탈적 환경에서는 보다 안전한 시설 내 생활을 위하여 수용자들은 집단화하여 하위문화를 형성하게 된다. 이렇게 형성되는 교도소 하위문화의 형성과 교도소화를 설명하는 이론으로는 **자생설**(박탈모델이론), **유입설**(유입모델이론), **통합설**(통합모델이론) 세 가지가 있다.

1. 자생설(박탈모델이론) – 사이크스(Sykes)와 클레머(Clemmer)

(1) 박탈모델이론 또는 자생설(自生設)은 수형자 하위문화의 형성과 교도소화는 교정시설이 본래적으로 갖는 억압적이고 박탈적인 환경에 대한 적응으로 교정시설 내에서 자연적으로 이루어진다고 본다.

이 입장에서는 교정시설의 억압·박탈과 지위강등의 정도가 심할수록 수용자가 집단화되어 수용자 하위문화를 형성하고 교도소화가 강화되므로, 이를 방지하기 위해서는 교정시설을 처우 위주의 시설로 개선하여 억압·박탈을 최소화하고, 교도소문화가 반사회적이고 배타적이지 않도록 하면서, 수용자와 교도소의 인격적 교류를 증대시켜, 지위강등을 크게 느끼지 않도록 해야 한다고 주장한다.

---

87 이와 같은 취지의 과제 제시는 이윤호, 153면.

(2) 이 주장은 교화개선과 수용자의 인권보장을 강조하는 자유주의자들의 지지를 받고 있다.

(3) 수용으로 인한 박탈과 고통(The Pains of Imprisonment)

사이크스(Sykes)는 「수용자사회」에서 '수용의 고통'을 야기하는 박탈을 다섯 가지로 지적했다. 그것은 ① 자유의 박탈, ② 자율성의 박탈 ③ 성관계의 박탈 ④ 안전감의 박탈 ⑤ 재화(물질) · 서비스(용역)의 박탈이다.

이러한 박탈을 겪는 수용자들은 생존을 위한 수단으로 수형자 하위문화를 계발하고 그 문화에 적응하면서 교도소화가 심해진다. 즉 수용으로 인한 박탈과 고통을 최소화하기 위한 수단으로 교도소화된다. 그러므로 구금의 역기능은 장기수에게만 발생되는 것이 아니라 초범자 · 신입자에게도 구금 그 자체에서 오는 고통 때문에 발생한다.

이러한 논리는 교도소화를 박탈과 고통을 최소화하기 위한 적응 내지 기능으로 설명하기 때문에, 박탈모델이론을 '기능모델(Function Model)이론'이라고도 한다.

(4) 수용으로 인한 지위강등

수용자는 교정시설에 입소하게 되면 과거 대통령이었던 사람도 그러한 지위 대신 수용자 신분이 되어 이름조차 사라지면서 신분말소(Identity－stripping)와 지위강등(self－mortification) 과정이 이어진다.

이러한 과정에서 수용자는 자기존중감을 파괴하는 자기비하로 인하여 기존의 일반문화규범이나 교정기관의 규범을 거부하고, 자기존중감을 보전할 수 있는 수형자 하위문화를 계발하고 교도화된다고 한다.

(5) 총결(總結)

박탈모델이론 내지 자생설에 의하면, 수용자의 집단화에 의한 수형자 하위문화 형성과 교도소화는 교정시설에서의 박탈과 자위강등에 대한 적응이다. 따라서 교정시설이 응보적 · 억압적 감옥으로 운영된다면 교정시설은 범죄학교로 전락하여 결국에는 석방 후 재범률을 높여 교정의 실패를 야기한다. 그러므로 교도소화를 방지하여 재범률을 낮추고 성공적인 교정이 이루어지게 하려면, 감옥을 교정시설화하고, 처벌적 성격을 완화하고 처우적 성격을 강화하여, 수형자들이 교육 · 작업 및 여가에 자발적으로 참여하고 갱생의 길을 걸을 수 있도록, 처우제도를 개선해야 한다.

2. 유입설(유입모델이론) – 어윈(Irwin)과 크레시(Cressey)

(1) 유입설 또는 유입모델이론은, 바깥 사회 내에 존재하는 범죄적 하위문화가 범죄자들이 수용될 때 교정시설 안으로 들여 온 것이지, 교정시설 자체 내에서 생성된 것이 아니라고 본다.
이 입장에서는 수형자 하위문화는 결코 수용시설에만 있는 독특한 것이 아니라 본다. 그러므로 이에 따르면, 수형자 하위문화와 교도소화를 막거나 경감시킬 개선책을 만들 수가 없게 된다.

이 주장은 교정시설이 응보과 억제를 위한 형벌집행시설로 운영된다 하여도 어떠한 역기능을 초래하는 것은 아니므로, 교정시설을 처우 중심으로 이완해서는 아니 되고 처벌 중심의 더욱 엄격한 시설로 운영되어야 한다고 주장하는 보수주의자들의 지지를 받고 있다.

유입설 주장자들은 수형자문화에 일차적 역할을 하는 것은 교정시설 및 조직의 구조와 같은 시설 내 요건이 아니라 입소 전의 생활환경의 영향이 더 크다고 본다.

(2) 수형자 하위문화를 범죄지향적 하위문화·합법지향적 하위문화·수형지향적 하위문화로 구분하는 것을 전제로 한다면, 수형지향적 하위문화에 속한 수형자들의 태도와 행위유형은 수용에 따른 박탈과 고통의 결과로 볼 수 있지만, 범죄지향적·합법지향적 하위문화에 속한 수형자들에게는 수용에 따른 박탈보다는 수용 이전의 사회화된 환경이 더 큰 영향을 미치고 있다고 보아야 한다는 것이다.

따라서 수용자의 시설적응형태를 이해하려고 한다면, 그들의 수용 전에 지니고 있었던 가치관과 생활방식, 문화가 어떠한 것이었고, 그러한 것들 중에서 교정시설 입소 시 함께 들여 온 것이 무엇인지를 고려하는 것이 중요하다고 한다.

(3) 유입설의 입장은, 기본적으로 교정시설의 경험이 석방 후 미래의 범죄활동과는 크게 관련이 없다고 보기 때문에 교정시설의 개선에 대해서는 자생설의 입장보다 비관적으로 본다. 즉, 수형자의 교도소화나 석방 후 실태는 입소 전 범죄적 하위문화의 경험이 영향을 미칠 뿐 교정시설 내의 경험은 큰 영향이 없다고 본다.

3. 통합설(통합모델이론)

(1) 자생설에 대한 유입설 주장자의 비판

어윈과 크레시는 교정시설의 가치관이나 수용자 역할에 관하여 외부사회로부터 유입된 가치관이나 역할의 중요성을 강조하였다. 그들은 교정시설 내 수용자강령이 외부사회 범죄문화와 유사한 것이 많다는 점을 지적하고, 어떤 종류의 가치관이나 역할은 현 교정시설의 환경에서 자체 발생된 것이 아니라 외부 범죄집단으로부터 유입된 것이라고 주장하였다.
예컨대, 조직폭력단 소탕작전의 결과로 조직폭력배들이 대거 수용됨에 따라 시설 내 분위기가 조폭의 행동강령이나 가치관이 강화되는 상황 등은 유입설을 뒷받침한다는 것이다.

결과적으로 유입설의 입장에서의 연구는, 자생설 입장의 연구가 현재 구금상태에서 겪는 박탈의 고통을 지나치게 강조한 나머지 수용 전의 사회경험의 영향을 지나치게 경시했다는 비판이다.

(2) 자생설과 유입설의 통합

오늘날 교도소사회는 어느 한 시설내의 체계가 단순하게 결정·유지되어 수용자들의 수용생활에 독자적으로 영향을 미치는 것이 아니라, 교정행정의 철학이나 목표설정에서부터 실제 교도행정이나 처우수준 등에 다양한 외부 압력을 받고 있고 수용자들의 권리도 크게 증진이 되었으므로 자생설이나 유입설 어느 한 가지로는 교도소화를 명확하게 충분히 설명할 수 없게 되었다. 따라서 자생적 요인과 유입적 요인이 상호작용적으로 교도소화에 영향을 미치는 것으로 설명하는 통합설이 바람직하다고 한다.

통합설에 따르면, 교정시설 내의 보편적 하위문화 형태나 일반적 교도소화의 수준은 교정시설의 체계에 의해 결정되지만, 어떤 수용자가 어느 정도 교도소화 되는지는 수용 전의 사회 경험에 따라 크게 차이가 나타난다고 한다. 예컨대 교정시설 내의 폭력적 행태는 교정시설의 경비등급이나 운영체계 및 주된 수용자의 특성 등에 의해 일반적 수준이 정해지지만, 어느 수용자가 폭력행동을 어느 정도 행할지는 수용 전의 폭력경험의 정도에 따라 달라진다는 것이다.

(3) 통합설의 연구 결론

수용자 하위문화는 교정시설환경의 차이에 따라 달라지지만, 교도소화의 정도는 수용자가 현재 수용된 교정시설의 환경보다는 수용자의 출신사회의 문화를 반영한다.

학습 체크 포인트

01 오늘날 교도관의 권한은 수용자의 인권신장에 맞추어 강화되지 못하고 있어, 수용자의 인권신장에 비례하여 교도관의 권한도 증진시킬 필요성이 있다.

02 사이크스는 수용자와의 관계에서 교도관의 권위가 타락하는 세 가지 유형으로, 친분에 의한 타락, 상호성에 의한 타락, 태만에 의한 타락을 들고 있다.

03 상호성에 의한 권위의 타락은 교도관이 자신의 권한의 일부를 재소자에게 위임하는 것이 주된 요인이다.

04 교정에 있어서 교화개선사상과 처우프로그램이 도입되면서 교도관의 역할갈등은 크게 증가하고 있다.

05 교도관의 업무를 어렵게 하는 요소로는 위험성, 통제력 상실, 외부통제와 간섭의 증대, 역할갈등, 교도관의 스트레스와 탈진 등이 있다.

06 교도소사회의 수형자 하위문화와 교도소화에 대한 연구를 처음 시작한 사람은 클레머(D. Clemmer)이다.

07 교도소화의 원인 설명 모형에는 박탈모델, 유입모델, 통합모델 세 가지 이론이 있다.

08 클로파스와 토치는 교도소사회연구에서, 현교도행정의 현실에서는 냉소적이고 소외감을 느끼는 교도관들이, 수용자의 처우프로그램에 대해 부정적인 反수용자적 하위문화가 존재한다는 잘못된 믿음을 확산시킬 수 있다고 주장했다.

09 서덜랜드와 크레시는 재소자하위문화를 범죄지향적 하위문화 · 합법지향적 하위문화 · 수형지향적 하위문화로 구분했다.

10 교도소화 및 하위문화에 동화되는 정도는 수형지향적 하위문화 〉 범죄지향적 하위문화 〉 합법지향적 하위문화 순으로 구분된다.

11 수형자 중에서 가장 많은 비율을 차지하고 있으며, 재범률 또한 제일 낮은 유형은 합법지향적 하위문화이다.

12 쉬랙의 역할유형 중 '정의한'(Right Guys)은 범죄적 수형자로서 범죄자의 세계를 지향하며, 부(副)문화적 활동에 깊이 관여하고 사회를 부정적으로 보며, 직원들과도 거의 관계를 갖지 않는다.

13 쉬랙의 역할유형 중 '고지식한 놈'(Squer John)은 중산층 출신의 화이트칼라 범죄자나 격정범죄자가 많다.

14 처우중심의 교정시설에서는, 수용자의 교도관 대면태도나 공식규율에 대한 태도가 보안 위주의 교정시설보다 긍정적인 것으로 알려져 있다.

15 교도소사회 하위문화 집단 중에서 교도소화에 가장 빨리 동화되는 편이며 재입소율이 가장 높은 유형은 수형지향적 하위문화이다.

16 사이크스는 재소자 역할유형을 생쥐, 중심인, 고릴라. 상인, 늑대, 어리석은 파괴자, 진짜 남자. 악당, 떠벌이로 분류하여 그 성향을 설명했다.

제4장

사회적 처우(개방형 처우)

'넓은 의미' 또는 '포괄적인' 시설내처우는 전통적인 시설내처우인 폐쇄형 처우와 개방형 처우인 사회적 처우로 구분된다. 사회적 처우(개방형 처우)는 시설내처우에 기반을 두면서 구금의 강도는 전통적 시설내처우보다 이완시키고 수형자의 사회화 정도는 더욱 강화시킨 처우방식이다. 중간처우(개방시설 처우)도 시설내처우에 기반을 둔 사회적 처우로 이루어지는 경우가 많다.

I 사회적 처우 내지 개방형 처우의 의의

1. 사회적 처우의 등장 배경

교육형주의에 바탕을 둔 교정시설의 가장 이상적인 방향은 교정시설의 안을 시설의 밖과 가장 근접하게 만드는 것(Parallel Universe: 유사화의 원칙)이다. 이는 사회적 처우의 철학적 기초이며, 교정시설의 안과 밖의 상호작용을 통한 수용자의 성공적인 재사회화를 지향하는 이념이다.

전통적인 구금은 정해진 일과에 따라 형기 동안 계속하여 시설을 벗어나지 못하게 하는 격리 방식을 취하고 있다. 그러나 이러한 폐쇄적·획일적인 구금방식은 수형자의 개별처우라는 이념과 부합되지 않고 사회복귀에도 어려움을 줄 수 있으므로, 근래에는 구금에 따른 폐해를 가능한 한 줄이기 위해 사회적 처우가 등장했다. 사회적 처우는 '수형자는 교도소 안에 있어야 한다'는 고정관념을 깬 처우방식으로서, 범죄자를 가둬두는 것보다 이들을 더 나은 사람으로 만들어 내보내는 데 중점을 둔 처우제도이다. 이러한 방안들을 널리 반(半)자유처우, 중간처우(개방시설처우), 사회적 처우라고 부른다. 반자유처우는 외부활동의 종류에 따라 외부통근제(구외작업)·외부통학제·외부통원제 등으로 구분할 수 있고, 구금완화의 방식에 따라 주말구금 · 휴일구금 · 야간구금 · 단속구금 등으로 구분할 있다. 그 밖의 사회적 처우로는 귀휴제, 부부특별면회제도 내지 가족만남의 집 제도[88], 가족만남의 날 제도[89], 외부 종교행사 참석 · 외부 문화 공연 관람 · 사회봉사 · 사회견학 · 외부직업훈련 등이 있다.

2. 사회적 처우(개방형 처우)의 개념

사회적 처우 내지 개방형 처우(Open Treatment)란 다양한 의미로 사용되고 있는데, 전통적인 시설내처우가 폐쇄된 시설 내에서 외부와의 접촉을 차단하는 방식으로 이루어짐에 따라 여러 가지 문제들이 야기되었던 점을 고려해서, 시설내처우에 기반을 두면서도 시설의 폐쇄성을 완화하여 구금의 폐해를 최소화하고, 수형자를 가능한 한 일반사회인의 생활에 가깝게 함으로써 수형자의 재사회화에 기여하고자 하는 처우방식을 말한다.

개방형 처우는 교정시설 자체의 폐쇄적 성격을 최소화하는 협의의 개방처우(개방시설처우)와 폐쇄처우의 한계를 극복하기 위한 다양한 방식의 처우까지 포함하는 광의의 개방처우로 구분된다. 개방시설(Open Institution)이란 구금시설 자체의 폐쇄적 성격 내지 보안기능을 최소화한 시설을 말하며, '개방교도소'라고도 부른다. 개방시설의 기준에 관하여는 견해가 일치되어 있지 않으나, 적어도 수형자의 사회복귀를 촉진하기 위하여 수용에 따른 불필요한 폐해를 최소화할 수 있도록 물리적으로 도주를 방지하는 설비가 완화되어야 하고, 수용자에 대한 신뢰관계가 바탕이 된 수용시설이어야 한다. 「수용자처우법」은 "도주방지를 위한 통상적인 설비의 전부 또는 일부를 갖추지 아니하고 수형자의 자율적인 활동이 가능하도록 통상적인 관리 · 감시의 전부 또는 일부를 하지 아니하는 교정시설"이라고 개방시설을 정의하고 있다(제57조 2항). 개방시설은 교정시설 또는 지역사회에 설치한다.

3. 사회적 처우는 넓은 의미의 개방형 처우 내지 중간처우(개방시설처우)와 개념적으로

88 '가족만남의 집'이란 수형자와 그 가족이 숙식을 함께 할 수 있도록 교정시설에 수용동과 별도로 설치된 일반주택형태의 건축물을 말한다. 이 제도 안에 '부부특별면회제'도 포함된다.

89 '가족만남의 날 행사'란, 교정시설 내 개방장소에서 다과를 나누는 가족화합 행사이다. 시행규칙은 "수형자와 그 가족이 교정시설의 일정한 장소에서 다과와 음식을 함께 나누면서 대화의 시간을 갖는 행사를 말한다"고 규정하고 있다.

중첩되고 있다.

그러나 범죄자를 시설에 수용하지 않고 사회에서 일반인들과 같이 생활하게 하면서 보호관찰관 등의 지도, 감시와 원호를 통하여 그 개선, 갱생을 도모하는 방식인 사회내처우(Community Treatment) 내지 지역사회에 기반을 둔 처우(Community Based Treament)와는 본질이 다르다.

사회적 처우 내지 개방형 처우는 사회내처우와는 달리 시설 내의 처우를 전제로 하면서 시설 내 처우의 폐해를 최소화하는 방식을 강조한다는 점에 특징이 있다.

4. 사회적 처우는 형벌의 인도화, 교정의 효율화, 사회복귀 촉진, 단기자유형의 폐해 완화, 수형자의 신체·정신 건강 증진, 가족과의 유대 강화에 효과가 있으나, 국민정서 내지 국민의 응보적 법감정과 충돌되는 경우가 많다.

Ⅱ 외부통근작업 제도

(1) 의의 및 성격

외부통근작업 제도는 대표적인 사회적 처우이다. 외부통근제(Work Release System)란 교정성적이 우수한 수형자를 주간에는 교도관의 계호 없이 또는 지도보호직원의 지도 아래 교정시설 밖의 외부기업체에서 사회의 일반근로자들과 같은 조건에서 작업하도록 하고, 야간과 휴일에는 시설 내에서 다른 수형자들과 마찬가지로 생활하게 하는 사회적처우 제도이다. 그 성격상 주간가석방(Day Parole)이라고 부르기도 한다. 외부통근자는 외부에서 작업을 하는 점을 제외하면, 일반수형자와 마찬가지로 「수용자처우법」에 따른 처우를 받는다.

외부통근제도는 주간에는 시설 밖에서 생활하고 야간이나 휴일에만 시설 내에 구금된다는 점에서 반(半)구금제도 내지 반(半)자유제도의 일종으로서, 시설 내의 폐쇄적 처우에 따른 문제를 극복하기 위해 다양한 형태로 실시되고 있는 개방형 처우(Open Treatment) 내지 사회적 처우의 일 유형이라고 할 수 있다.

고대 로마시대에도 수형자를 감옥 밖으로 끌어내어 제국의 건설에 그들의 노동력을 이용한 기록이 있지만 이는 오로지 노동력을 착취하기 위한 수단일 뿐 수형자의 사회복귀와는 전혀 무관한 것이었다.

수형자들이 자유로운 일반사회로 나가 자신의 직장에 다닐 수 있도록 허가하는 외부통근제도는 1913년 미국 위스콘신 주에서 처음으로 실시하였다. 즉 주정부가 제정한 후버법(Huber Act)에 따라 법원은 판결로써 가벼운 범죄자 또는 단기수형자에 한하여 외부통근(work Release)을 명할 수 있도록 했다.

영국에서는 1948년 소년수형자를 시작으로 1953년 예방구금대상자에 대하여 시험실시한 후 성인수형자에 대해서도 실시하고 있다. 영국에서는 호스텔(Hostel)이라는 개방시설을 설치하여 여기에서 사회적응훈련을 시키고 있다.

우리나라는 1984년 모범수형자 집금교도소인 수원교도소에서 이용공이 공공기관의 이용소에 취업을 하고 교도소 주변의 공단에 직업훈련을 받기 위해 취업을 하면서 시작되었다. 1989년 「외부통근작업운영규칙」을 제정하여 사실상 이를 제도화하였으며, 1995년 구「행형법」 개정법률에 외부통근에 대한 규정을 둠으로써 법률적 근거를 마련하였다.

「수용자처우법」제68조는 "소장은 수형자의 건전한 사회복귀와 기술습득을 촉진하기 위하여 필요하면 외부기업체 등에 통근작업하게 하거나 교정시설의 안에 설치된 외부기업체의 작업장에서 작업하게 할 수 있다"고 규정하여 이 제도를 채택하고 있다.

외부통근이 '기술습득을 촉진하기 위하여' 행해질 수 있으므로 일반작업 외에 직업훈련을 위한 외부통근도 여기에 포함된다. 그러므로 소장은 수형자가 직업능력향상을 위하여 특히 필요한 경우에는 교정시설 외부의 공공기관 또는 기업체 등에서 운영하는 직업훈련을 받게 할 수 있다(규칙 제96조).

(2) 유 형

외부통근제도는 사법형과 행정형, 절충형(혼합형) 세 가지 유형으로 나눌 수 있다.

1) 사법형 외부통근제

사법형 외부통근제는 형벌의 한 종류로서, 법원이 형벌의 내용으로서 외부통근을 명하는 것을 말한다. 본래 외부통근제도는 미국 위스콘신 주에서 주로 경범수형자를 대상으로 단기 자유형의 폐해를 최소화하기 위한 제도로 출발한 것으로서 법원의 결정으로 행해졌으며, 직업을 가지고 있는 단기수형자가 형벌로 인하여 직업을 계속하여 가질 수 없게 되는 문제점을 해소할 수 있다는 장점을 가지고 있다.

2) 행정형 외부통근제

행정형 외부통근제는 자유형의 집행을 전제로 하여 형집행기관이 결정하는 것으로서, 선고형을 집행하면서 잔형 기간의 일부를 석방될 때까지 외부에 통근시키면서 복역케 하는 제도이다. 유럽의 대부분 국가들과 미국의 일부 주를 포함한 세계 여러 나라에서 광범위하게 채택되고 있다. 우리나라도 교정시설의 결정에 의해 실시되므로 행정형 외부통근제에 해당한다.

이 제도는 장기수형자나 예방구금수형자(자유박탈 보안처분을 받은 자)를 대상으로 한다. 장기구금자들이 구금시설에 장기간 격리 수용됨으로써 사회적응력이 현저하게 약해지고 출소 후 사회생활에 적응하는 데 겪게 되는 어려움을 구제하기 위한 것이다. 그러나 장기수형자에 대한 외부교통작업의 실시는 일반국민의 법감정과 합치되지 않는다는 비판과 계호상의 문제를 야기할 수 있다는 비판이 있다.

3) 절충형 외부통근제

사법형 외부통근제도와 행정형 외부통근제도에서 나타난 장단점을 고려하여 혼합형(절충형) 외부통근제를 실시하기도 한다. 즉 법원이 비교적 수형기간이 긴 중범자나 누범자에 대하여 외부통근을 명할 수 있도록 선고하는 한편 교도소도 가석방위원회의 의결을 거쳐 모범수형자 등에게 외부통근작업을 실시할 수 있도록 하는 것이다. 미국의 노스캐롤라이나주에서는 혼합형 외부통근제를 채택하여 경범죄자와 중범죄자 모두에게 광범위하게 외부통근제를 실시하고 있다.

외부통근제도의 합리적인 운영을 위해서는, 임금제의 확립, 대상 직장의 개발, 전문적인 교정직원의 양성, 외부통근노동계약의 활성화, 산업재해의 보상 등이 선행되어야 한다.

Ⅲ 귀휴(歸休)제도(furlough program)

1. 의의 및 성격

귀휴제도(Furlough Program)[90]란 일시출소제도이다. 이는 징역·금고형을 집행 받고

90 귀휴제도의 영문용어 Furlough Program을 직역하면 '일시(一時)출소제도'로 번역되는데, 이렇게 번역하여 사용하는 것이 이 제도의 의미를 이해하기 쉽게 한다. 歸休를 풀면 '집에 돌아가서 쉼'

교정성적이 우수한 수형자에 대하여 일정한 기간과 행선지를 정해서 외출이나 외박을 허가하는 반자유처우의 일종으로서 '형벌휴가제도' 또는 '외출 · 외박제도'라고도 부른다. 이 제도는 수형자의 외부교통권을 강화한 처우형태라고 할 수 있다. 형집행정지와는 달리 귀휴기간은 형집행이 정지되지 않고 형집행기간에 산입된다는 것이 특징이다.

귀휴제도는 다른 개방처우 내지 반자유처우와 마찬가지로 형벌의 인도화에 기여하고, 수형자의 사회복귀능력을 향상시킬 수 있다.

귀휴는 수형자의 가족관계나 사회생활관계를 유지시키고 석방 후에 생활설계를 준비할 수 있도록 할 뿐만 아니라, 구금된 수형자가 엄격하게 감시를 받던 교도소 생활에서 벗어나 사회 내에서 잠시 자율적인 생활을 영위할 수 있게 함으로써, 자립의식을 강화시켜 사회로 돌아가게 하기 위한 과도기적 처우를 경험하게 할 수 있게 한다.

교정시설의 입장에서는 귀휴제도의 활용을 통하여 가석방대상자를 선별하고 석방시기를 판단하는 자료를 수집할 수 있다.

귀휴제도의 방식은, 수형자의 개선촉진과 사회복귀준비를 위한 가석방 전의 중간처우로서 허가하는 것, 특정한 작업의 취업자나 모범수형자에 대한 상우로서 허가하는 것, 근친 간의 사망 · 중병 시에 허가하는 것, 일신상 · 직업상 또는 법률상 긴급을 요하는 이유가 존재하는 경우에 중대한 불이익을 피하기 위하여 허가하는 것, 부부 간의 특별면회(Conjugal Visiting System) 또는 시설 내의 가족과의 동거 등의 제도에 대신하는 것 등 다양한 입법례가 있다. 그러나 대개 수형자의 외부교통권의 보장과 사회적 처우의 도입이라는 차원에서 귀휴제가 인정되고 있으며, 그 기간은 비교적 단기(대개 30일 이내)이고 행장이 양호하고 도주 등 귀휴를 악용할 염려가 없는 자에 대한 탄력적 처우방법으로서 활용되고 있다.

2. 발달과정 및 각국의 귀휴제도[91]

(1) 미국의 귀휴제도

미국의 귀휴제도는 1913년 위스콘신주에서 후버법을 제정하여 외부통근(Work Release)프로그램을 만든 데에서 시작되었다. 그후 본질적인 귀휴프로그램은 1918년 미시시피주의 입법을 통해 채택되었다. 연방에서는 1965년 수형자 사회복귀법

이라는 뜻이다. 귀휴란 복역 중인 수형자에게 일정시간 휴가를 주는 처우를 말한다.

91 신양균, 형집행법, 2012, 354면~355면.

이 통과되었고, 그 이후 대부분의 주가 이 제도를 도입하였다.

미국의 경우 귀휴는, 수형자의 교정 목표 달성을 돕기 위한 것으로서, 권리가 아니라 정해진 조건 아래 수형자에게 부여된 특혜일 뿐이며, 선행에 대한 대가나 형기를 단축시키는 수단도 아니라는 점이 강조되고 있다. 귀휴는 수형자가 직원의 동행계호를 받지 않고 시설을 벗어나도록 허용하는 처우방식이며, 크게 두 가지 방식이 있다. 하나는 외출(Day Furlough)이다. 외출로서의 귀휴는 교도소에서 통근이 가능한 지역(통상 반경 100km 이내) 안에서 16시간까지 이루어지고 밤 12시 이전에 종료되는 방식이다. 가족들이 방문해서 계호 없이 수형자와 함께 집으로 여행해서 16시간 동안 외출한 다음 저녁 10시 점호 이전에 교도소로 돌아와야 한다. 또 하나는 7일까지 가능한 외박(Overnight Furlough)으로, 보통 3일짜리, 5일짜리가 있다. 가족들이 수형자를 방문해서 동행계호 없이 수형자와 함께 집으로 귀가를 한다. 3일 또는 5일간 집에 머물다가 교도소로 돌아와 수용생활을 하는 방식이다.

(2) 독일의 귀휴제도

독일은 1922년 프로이센제국에서 집행을 완화하는 제도들이 채택된 바 있고, 현재로는 크게 집행의 완화와 구금휴가로 구분하여 실시하고 있다. 집행의 완화는 감시하의 외부통근작업, 감시 없는 자유작업, 직원과의 동반외출, 직원 동반 없는 외출 등의 형태로 이루어지고 있다.

구금 중 일시휴가는 대개 1년 21일의 범위 내에서 이루어지는데, 실무에서는 주말휴가의 형식으로 행해지고 있다.

(3) 일본의 귀휴제도

일본의 경우 외출 · 외박제도를 시행하고 있다. 일정한 요건에 해당하는 수형자에 대해 그의 원활한 사회복귀를 도모하기 위해 형사수용시설 외에서 석방 후의 주거 또는 취업처의 확보 기타 일신상 중요한 용무를 보거나 갱생보호와 관계있는 사람을 방문하고 기타 석방 후의 사회생활에 유용한 체험을 할 필요가 있다고 인정되는 경우에 교정시설 직원의 동행 없이 하루에 돌아오는 외출을 하거나 7일 이내의 기간을 정해 외박을 하는 것을 허용하고 있다. 외출 · 외박의 요건은, 가석방을 허가할 수 있는 기간을 경과해야 하고, 개방시설에서 처우를 받고 있는 등의 사유에 해당해야 한다.

(4) 우리나라의 귀휴제도

1) 우리나라에서 「행형법」에 일반귀휴제도가 도입된 것은 1961년 「행형법」 제1차 개정 시이다. 그 이전에는 조선시대의 휼형(恤刑) 내지 휼수(恤囚) 사상의 일환으로 옥(獄) 중에서 병이 나거나 부모상을 당하면 일시 석방해주는 보방(保放)제도에서 그 기원을 찾을 수 있다.

2) 현행법상 귀휴제도

현행법상 귀휴에는 일정한 자격을 갖춘 수형자에게 일정한 사유가 발생한 경우에 허가하는 일반귀휴와 그러한 자격이 없더라도 긴급한 가정사정이 생긴 경우에 수형자에게 단기간에 걸쳐 허용하는 특별귀휴가 있다.

㈎ 일반귀휴

❶ 귀휴사유

① 소장은 6개월 이상 복역한 수형자로서 그 형기의 3분의 1, 그리고 21년 이상의 유기형 또는 무기형의 경우에는 7년이 지나고, 교정성적이 우수한 사람이 가족 또는 배우자의 직계존속이 위독한 때, 질병이나 사고로 외부의료시설에의 입원이 필요한 때, 천재지변이나 그 밖의 재해로 가족, 배우자의 직계존속 또는 수형자 본인에게 회복할 수 없는 중대한 재산상의 손해가 발생하였거나 발생할 우려가 있는 때, 그 밖에 교화 또는 건전한 사회복귀를 위하여 법무부령으로 정하는 사유가 있는 때에 한다.

수형자 이외의 수용자에 대해서는 귀휴가 허용되지 아니한다. 수형자라면 소년과 성인을 구분하지 않는다. 수형자일지라도 6월 이상 복역한 경우에만, 교정성적이 우수하고, 교화나 사회복귀를 위하여 필요한 경우에 한해 일반귀휴를 허용하고 있다. 귀휴와 관련된 형기를 계산할 때 부정기형은 단기를 기준으로 한다.

② 소장은 개방처우급·완화경비처우급 수형자에게 귀휴를 허가할 수 있으나, 교화 또는 사회복귀준비 등을 위하여 특히 필요한 경우에는 일반경비처우급 수형자에게도 허가할 수 있다. 그러나 중(重)경비처우급 수형자에게는 허용되지 않는다.

③ 형집행법상 귀휴사유 이외에 '교화 또는 건전한 사회복귀를 위하여 법무부령으로 정하는 사유'란, 직계존속, 배우자, 배우자의 직계존속 또

는 본인의 회갑일인 때, 본인 또는 형제자매의 혼례가 있는 때, 직계비속이 입대하거나 해외유학을 위하여 출국하게 된 때, 직업훈련을 위하여 필요한 때, 「기능장려법」에 따른 국내기능경기대회의 준비 및 참가를 위하여 필요한 때, 출소 전의 취업 또는 창업 등 사회복귀준비를 위하여 필요한 때, 입학식·졸업식 또는 시상식에 참석하기 위하여 필요한 때, 출석수업을 위하여 필요한 때, 각종 시험에 응시하기 위하여 필요한 때, 그 밖에 가족과의 유대강화 또는 사회적응능력향상을 위하여 특히 필요한 때이다.

② 귀휴기간

일반귀휴는 1년 중 20일 이내이다.

과거에 1년 혹은 형기를 기준으로 횟수를 제한하거나 전체형기 중 귀휴기간을 제한하던 입법방식[92]을 버리고, 1년마다 20일의 범위 내에서 횟수의 제한 없이 귀휴를 허가할 수 있도록 기간을 확대하였다. 구「행형법」이 형기 중 3주 이내로 규정하였던 귀휴기간을 1년 중 20일 이내로 확대한 것은 귀휴 제도를 통해 사회적응능력을 강화하기 위한 취지이다.

'1년 중 20일 이내의 귀휴'중 '1년'이란 매년 1월 1일부터 12월 31일까지를 말한다. '20일 이내'로 하고 있으므로 1회 귀휴기간은 제한이 없다. 따라서 당일귀휴나 주말이나 공휴일을 이용한 72시간(주말)귀휴 등 다양한 방식으로 귀휴를 활용할 수 있다.

(나) 특별귀휴

① 귀휴사유

소장은 가족 또는 배우자의 직계존속이 사망한 때, 직계비속의 혼례가 있는 때에는 일반귀휴의 요건이 구비되지 않은 경우라도 특별귀휴를 허가할 수 있다.

특별귀휴는 1999년 「행형법」 제7차 개정 시 도입하였다.

92 과거 「행형법」상 귀휴는, 1년 이상 복역한 수형자로서 그 형기가 2분의 1을 경과하고 뉘우치는 빛이 뚜렷하며 행상이 우수한 때에는 형기간 중 3주일 이내의 귀휴를 허가할 수 있도록 하면서, 연 1회에 한하여 허가할 수 있고, 형기 중 5회를 초과할 수 없도록 규정하고 있었다.

② 귀휴기간

특별귀휴는 횟수나 총 제한일수의 제한이 없으며, 사유가 발생한 경우 언제든지 1회당 5일 이내로 귀휴를 허가할 수 있다.

③ 일반귀휴와 마찬가지로 특별귀휴의 기간도 형집행기간에 포함된다.

Ⅳ 부부특별면회제도(conjugal Visit System)

1. 의 의

부부특별면회제도란 배우자가 있는 수형자에게 배우자끼리 또는 자녀가 있는 경우에는 자녀와 함께 부부간의 만남을 허용하는 제도이다. 면회기간 수형자는 교정시설 구내 외에 마련된 숙박시설에서 1박 2일 또는 며칠 동안을 배우자 등 가족과 함께 생활할 수 있도록 하는 제도이다.

이는 접견의 한 형태로서 부부간의 면회 시에는 교도관의 참여 없이 접견을 자유롭게 할 수 있도록 특별히 마련된 펜션처럼 꾸며진 숙박시설에서 접견을 하도록 함으로써 부부간 애정표현의 자유와 가족 간의 유대를 보호하려는 제도이다.

2. 연 혁

원래 부부 접견 프로그램은 1918년 미국의 미시시피주립교도소에서 처음 창안되었다. 그 당시에는 주간에 흑인 수형자들이 목화농장에서 열심히 작업할 수 있도록 유도하기 위해 부부 접견을 활용하였다. 이러한 부부 접견은 오늘날의 부부면회와는 달리 부부관계의 강화에 그 목적을 둔 것이 아니고 엄격한 수용관리의 수단으로 시작된 것이다.

교도관들은 일요일을 활용하여 흑인 수형자들에게 성적 편의를 제공하였는데, 특히 흑인 남자 수형자들에게 성적 접촉을 무조건 인정하였다. 결혼을 하였다는 증명이 꼭 필요한 것도 아니었으며, 시행 초기에는 주간에 매춘부들을 임시건물에 수용하였다가 야간에 캠프에서 기거토록 시도하였다. 흑인은 우생학적으로 성적 기질이 난잡하고 백인보다 성적 욕구가 강하다고 믿어 흑인 수형자에게 먼저 실시하였으며, 시행상 별 문제가 없는 것으로 판단이 되자 이후 백인 남자 수형자에도 부부 접견을 시행하게 되었다.

부부특별면회제도는 미국에서 시작되어 현재는 남미제국의 멕시코, 아르헨티나, 브라질 등에서 성공적으로 운영되고 있는 사회적 처우제도이다.

캘리포니아주의 중범자 시설인 산 틴(Sanquentin) 교도소에서는 주벽 밖에 사회의 일반주택과 다를 바 없는 시설을 마련하고 모범수형자 가족이 찾아와 2~4일간 취사를 같이 하면서 단란한 시간은 보낼 수 있게 하고 있다. 미국에서는 부부간의 만남을 강조하여 속칭 "Red House"제도라고 한다.

사회주의 국가인 중국도 남경(南京)감옥 등 몇 개 시설에서 교정시설 구내 일정한 장소에 부부침실을 마련하고 교도소에서 제공하는 식사를 들면서 하룻밤 부부가 지내도록 허용하였다.

부부특별면회제도는 교정시설 내의 성 문제 즉, 남자 수형자들의 성적 긴장감을 해소하는 방법으로 고안된 것인데, 오히려 이 제도의 실시로 성적 긴장감이 고조된다고 하여 교정교화에 불리하다는 주장도 제기되고 있다. 그렇지만 오늘날 많은 나라가 이 제도를 시행하고 있다. 우리나라는 장기간 복역한 수형자에게, 소원해진 가족관계를 회복시키고 이를 통해 사회복귀능력을 높이기 위해 1999년 최초로 도입되었다.

우리나라는 부부특별면회제도를 '가족만남의 집'이라는 명칭으로 운영하고 있다. 현재 완화경비처우급·개방처우급 수형자에게 허가하고 있다. 다만, 교화를 위해 특히 필요한 경우에는 일반경비급 수형자에 대해서도 허가할 수 있다. 중(重)경비처우급 수형자는 원칙적으로 불허하고 있다. 가족만남은 1박 2일간 숙식을 함께 하며 지내지만 접견허용횟수에 포함되지 아니한다.

V 주말구금제도(Weekend Imprisonment)

1. 의 의

주말(週末)구금제도란, 문자 그대로 평일에는 일반사회인과 다름없이 사회생활을 하게 하고 토요일과 일요일을 이용하여 자유형을 집행하는 제도이다. 이 제도는 단기자유형의 분할 집행방법으로서 가정 및 직장생활에 지장이 없도록 형을 집행하는 제도이다. 주말구금이므로 토요일과 일요일을 제외한 일반공휴일 또는 연차휴가는 여기에 포함되지 않는다.

이 제도는 수형자의 가정·학교생활, 직장근무, 대인관계 등을 깨뜨리거나 사회와의 유대를 크게 손상시키지 않으면서도 휴일의 태만을 방지하고 규율 있는 일과나 카운셀링 등의 집중적인 처우를 통해 반성의 기회를 제공하여 개선효과를 높이는 데 의의가 있다.

주말구금은 주말에 실시하는 자유형의 분할집행이라는 점에서 계속집행방식인 전통적인 자유형 집행방법과 다르고, 시설내수용을 하지 않고 일반가정에서 기거하는 가택구금(사회내구금)[93]과도 구별된다. 주말 이외의 휴일까지 이용하여 분할집행을 행하는 휴일구금 또는 비교적 긴 연차휴가나 방학기간을 이용하여 분할집행하는 단속(斷續)구금[94]과도 그 취지는 같지만, 집행 양태에 있어서는 구별된다.

주말구금의 형사정책적 의의는 그 집행이 본인에게는 고통으로 느껴진다 하여도 본인 이외의 사람에게는 수형사실이 알려지지 않는다는 점(낙인의 부작용 회피)과 단기 자유형의 폐해를 줄이면서 단기자유형의 효과를 높일 수 있다는 데 있다. 종래 단기자유형에 대하여는 그 폐해가 여러 가지로 지적되었으나, 최근에는 단기자유형도 집행방법에 따라서 그 효과를 높일 수 있다고 인식하게 되었으며, 그 새로운 집행방법의 하나로서 주말구금이 시행되고 있다.

주말·휴일·단속구금제도는 경범죄수형자에게 명예감정을 자극하여 자신의 범행에 대한 반성을 촉구함과 동시에 단기자유형의 폐해를 제거할 수 있다. 또 기존의 직장생활 및 가족과의 생활을 계속할 수 있으며, 피해자에 대한 손해배상을 보다 쉽게 할 수 있는 장점이 있다.

2. 연 혁

주말구금의 기원은 1943년 독일의 「소년재판소법」에 의하여 소년구금의 한 형태로서 휴일구금을 실시한 데서 찾아볼 수 있다. 그러나 성인에 대해서는 아직까지 인정하지 않고 있다.

영국이 1948년 형사재판법에 의하여 채택한 출두센터에의 출두(attendance at the attendance centre)도 주말구금과 유사한 제도이며, 벨기에에서는 1963년부터 주말구금제도가 반구금제도와 함께 시행되고 있다.

우리나라에서는 도입하지 않고 있다. 우리나라에서도 소년범에 대한 재사회화 목적 강화를 위한 형집행 제도로서 도입이 필요하다고 본다.

---

93 현재 '가택구금' 대신에 '사회내 구금'이라는 용어도 사용되고 있다. 그 이유는 대상자를 수용하는 장소를 반드시 개인의 주거(가택)로 한정할 필요가 없고, 공적 시설을 이용할 수도 있기 때문이다. 구금은 자유형으로서의 구금, 보안처분으로서의 구금, 미결구금으로 구분되는데, 사회내 구금은 이들 모두의 대안으로 이용할 수 있는 새로운 개념의 구금이다.

94 일부 교재는 단속구금을 '계속(繼續)구금'으로 표기하고 있는데, 이는 과거 어떤 문헌에서 '끊을 단'자인 '斷'과 형태가 비슷한 '이을 계'자인 '繼'를 착각한 데서 비롯된 오류이다.

3. 기간 · 대상 · 장소 · 집행방식

주말구금의 기간은 독일의 경우, 휴일구금은 모두 1주 이상 4주 이하로 되어 있고, 프랑스는 주말구금이 10회의 휴일을 초과해서는 안 된다고 하였으며, 벨기에에서는 원칙적으로 1월 이하의 자유형 수형자에 대하여 선고할 수 있도록 하였다.

서독의 형법초안에 의하면, 비교적 경미한 교통위반자가 주말구금의 주요대상자로 되어 있고 벨기에에서는 주말구금이 적용되는 범죄로서 위조상표 및 식품법위반, 가족유기, 술주정, 교통특례사범, 알코올중독, 정비불량차량 운전 등이 대표적인 것으로 되어 있다.

구금의 장소는 원칙적으로 교도소가 이용되며 소년은 독방에 수용된다. 프랑스의 경우에는 주말구금은 법무부장관이 인정한 교정시설 이외의 일반 시설에서도 집행하도록 되어 있다.

주말구금에 있어서는 주말마다 집행명령이 내려지는 것이 아니고, 수형자가 자발적으로 구금 장소에 출두해야하며 만일 수형자가 이 의무를 위반하면 즉시 잔여형기를 모두 집행한다. 프랑스에서는 이러한 경우에 수형자가 도주한 것으로 간주하고 8일 이상 2개월 이하의 구금형에 처하고 있다.

4. 주말구금 시행 조건

주말구금은 실제로 단기수형자에 대하여서만 그 의미가 있고 장기수형자의 경우에는 실효성이 없으므로 이를 효과적으로 운영하기 위해서는 일정기간 대상자의 행장(行狀)[95]을 관찰하여 형기를 완전히 채우지 않고도 구금을 해제할 수 있는 방안이 보완되어야 제대로 효과를 거둘 수 있다.

이 제도의 효율적 시행을 위해서는, 그 대상자의 주거나 직장에서 멀지 않은 장소에 적당한 시설을 마련해야 한다. 이를 위해 여러 곳에 소규모의 시설을 운영해야 하고, 휴일에 근무할 교정직원을 추가로 확보해야 하는 부담이 있으나, 우리나라에서도 도입이 요청되고 있다.

---

95 행장(行狀) : 교도소에서 죄수의 복역 태도에 대하여 매기는 성적 또는 몸가짐과 품행, 태도 등을 통틀어 이르는 말이다.

Ⅵ 기타의 우리나라 사회적 처우(개방형 처우)

1. 가족관계 회복 지원제도(시행규칙 제117조)

교정시설의 장은 수형자에 대하여 가족만남의 날 행사에 참여하게 하거나 가족만남의 집을 이용하게 할 수 있다(규칙 제89조). 종래에는 가족관계 회복을 위해 가족만남의 날 행사나 가족만남의 집 이용에 대해서 각기 별도의 지침을 두고 있었으나, 「수용자사회복귀지원 등에 관한 지침」의 제정으로 수형자의 가족관계 회복이라는 차원에서 다양한 교화프로그램을 지원할 수 있는 구체적 근거를 마련하고 있다.

이 제도는 수형자가 시설 내 처우를 받으면서 가족들과 폭넓게 교류할 수 있게 함으로써 원활한 사회복귀를 도모하기 위한 것으로서, 시설 내에서 이루어지는 사회적 처우의 일종이라고 할 수 있다. 이러한 처우는 반드시 가족에 한하지 않고 가족이 없는 수형자에 대하여는 결연을 맺었거나 그 밖에 가족에 준하는 사람으로 하여금 그 가족을 대신하게 할 수 있도록 하고 있다.

「시민적 및 정치적 권리에 관한 국제규약」 제10조는 「자유를 박탈당한 모든 사람을 인도적으로, 인간의 타고난 존엄성을 존중하여야 한다」고 규정하고 있고, 제23조는 「가족은 자연적이고 기본적인 사회집단의 단위이며 사회와 국가의 보호를 받을 권리가 있다」고 규정하고 있다. 이러한 권리는 수형자에 대해서도 마찬가지로 보장되어야 하며, 특히 수형자의 경우에는 시설 내 생활로 인하여 단절되고 소원해진 수형자의 가족관계를 복원하고 심리적 안정을 도모하는 일이 교정교화를 위해 필요하며 이를 위해 강조되는 제도가 가족관계 회복 지원 프로그램이다.

(1) 가족관계 회복 지원 대상자

다른 수형자의 모범이 되는 수용생활을 하는 자로서, 어린 자녀 또는 늙은 부모가 있거나 가족의 사망 등으로 심적 안정이 필요한 자, 소년, 65세 이상 고령자 및 장애인으로서 가족으로부터 관심과 지원이 필요한 자, 학업 및 직업능력개발훈련 성적이 우수하여 격려가 필요한 자, 교도작업능률향상, 교정사고방지, 그 밖의 선행 등으로 수용생활에 모범이 되는 자, 소장이 교화상 특히 가족관계회복지원이 필요하다고 인정하는 자에 해당하는 경우에는 가족관계 회복 지원대상자로 선정할 수 있다. 가족관계 회복프로그램 대상자는 교도관회의의 심의를 거쳐 선발한다.

가족관계회복지원을 원하는 가족 등은 가족관계회복지원을 실시하기 전에 가족관계등록부·주민등록증, 교정위원 등 후원자의 경우는 교정위원증 등 관계를 증명할 수 있는 서류, 기타 공공기관 발행 증빙서류를 관계직원에게 제출 또는 제시하여야 한다. 참여인원은 5명 이내의 가족으로 하고, 특히 필요하다고 인정하는 경우에는 참여인원을 늘일 수 있다. 이 프로그램은 교정시설 밖에서도 할 수 있다.

(2) 가족만남의 집

'가족만남의 집'이란, 수형자와 그 가족이 숙식을 함께 할 수 있도록 교정시설에 수용사동과 별도로 설치된 일반주택형태의 건축물을 말한다. 가족만남의 집은 구「행형법시행령」에서 '소장이 필요하다고 인정하는 때에는 접견실 이외의 장소에서 접견하게 할 수 있다'고 규정한 것을 근거로 시설구역에 별도의 숙박시설을 설치하여 수형자가 그 가족들과 숙식을 하면서 지낼 수 있도록 한 데에서 비롯된 것이다. 1999년 법무부가 국무총리실 소속 복권위원회로부터 복권기금을 지원받아 안양, 대전, 광주, 대구교도소에서 장기모범수형자나 가족과의 만남이 필요한 수형자를 대상으로 '가족만남의 집'에서 1박 2일간 수형자와 그 가족이 숙식을 하며 함께 지낼 수 있도록 설치, 운영했다. 그 이후 2007년부터 확충사업을 실시하여 현재까지 전국 대부분의 교정시설에 가족만남의 집이 설치되었고, 계속 증설되고 있다.

「수용자사회복귀지원 등에 관한 지침」에 따르면, 수형자의 배우자, 직계존속·비속 또는 형제자매와 수형자의 배우자의 직계존속, 수형자의 형제자매의 배우자, 수형자의 직계비속의 배우자는 서약서를 제출한 다음 가족만남의 집을 이용할 수 있다. 그 이용기간은 1박 2일을 원칙으로 하며 교화상 특히 필요할 경우 1일을 연장할 수 있고, 이용대상수형자의 복장은 모범수형자복 또는 평상복으로 한다. 가족만남의 집 이용자는 특별한 경우를 제외하고 시설 밖으로 출입할 수 없으나, 외부인과 자유로이 통화할 수 있다. 소장은 가족만남의 집 이용 중 점검 및 생활용품관리 등을 할 수 있으며, 가족만남의 집 운영직원은 이용 후에 상담 등 필요한 조치를 취하여야 한다.

가족만남의 집 이용대상자는 개방처우급·완화경비처우급 수형자이다. 일반경비처우급 수형자에게는 교화를 위해 특히 필요한 경우 대상자로 선정할 수 있다. 중(重)경비처우급 수형자는 원칙적으로 배제된다.

(3) 가족만남의 날 행사

'가족만남의 날 행사'란, 수형자와 그 가족이 교정시설의 일정한 장소에서 다과와 음식을 함께 나누면서 대화의 시간을 갖는 행사를 말한다. 이 행사도 구「행형법」을 근거로, 수용자가 가족과의 유대강화를 통해 수용생활의 안정을 도모하고 장래를 설계하는 등 사회적응능력을 배양하기 위해 시설 내 개방된 장소에서 여러 수형자들과 함께 가족들을 만날 수 있도록한 데에서 비롯된 것이다. 다수의 수용자와 가족들이 시설 내 일정한 장소에 모여 자유롭게 접견한다는 점에서 '합동접견제'라고 부르기도 한다.

대상자는 가족만남의 집과 같다. 「수용자사회복귀지원 등에 관한 지침」에 따르면, 수형자의 친족이다. 가족이 없는 수형자의 경우 또는 가족이 있더라도 장기간 연락이 두절되어 가족관계회복이 어렵다고 판단되는 경우도 참여대상자에 포함한다. 수형자와 자매결연 맺은 교정위원 또는 특히 교화상 필요하다고 인정되는 경우에는 그 밖의 교정위원 및 가족에 준하는 사람은 가족만남의 날 행사에 참여할 수 있다. 과거와 달리 인원의 제한은 두고 있지 않다.

가족만남의 날 행사는 설날, 중추절 등 명절, 가정의 날, 성년의 날, 장애인의 날 및 교정의 날 등 특정기념일 전후, 그 밖의 기관 실정에 따라 지정한 날에 실시하며, 교정시설 구내나 교화목적상 특히 필요하다고 인정되는 경우 교정시설 구외 일정장소를 이용할 수 있다.

교정직원은 가족관계 회복지원 행사시 외래인의 휴대품검사는 사전에 그 필요성을 충분히 설명하고 신속히 검사하여야 하며, 「수용자처우법」에서 규정하는 금지물품 등을 소지한 경우 정문의 휴대품보관함에 보관하여야 한다. 단, 구외 일정장소에서 행사를 실시하는 경우 등 필요한 경우 별도의 장소에 보관하고 안전조치를 강구할 수 있다. 직원은 행사도중 금지물품을 발견한 경우 해당 수형자와 가족에 대해 행사중지 등 필요한 조치를 할 수 있다.

2. 사회적 처우(사회봉사활동, 사회견학, 외부종교행사 참석, 외부문화공연관람)

수형자는 교화 또는 건전한 사회복귀를 위하여 교정시설 밖의 적당한 장소에서 봉사활동·견학, 그 밖에 사회적응에 필요한 처우를 받을 수 있다. 「시행규칙」제92조에 따르면, 소장은 개방처우급·완화경비처우급 수형자에 대해 교정시설 밖에서 이루어지는 사회견학, 사회봉사, 자신이 신봉하는 종교행사참석, 연극, 영화, 그 밖의 문화공연관람을 허가할 수 있다. 다만 처우상 특히 필요한 경우에는 일반경비처우급 수형자에게도 이를 허가할 수 있다.

이를 특히 '사회적 처우'라고 규정하고 있다. 따라서 개방형 처우 전반을 뜻하는 사회적 처우 개념은 '넓은 의미'의 사회적 처우이고, 이는 '좁은 의미'의 사회적 처우로 개념화 할 수 있다.

수형자들이 시설을 벗어나 사회견학 등을 통해 사회와 접촉함으로써 장기구금에 따른 사회와의 단절을 피하고, 이를 통해 원활하게 사회에 복귀할 수 있도록 하기 위해 다양한 교화프로그램을 실시하고 있다. 수형자로 하여금 사회현장을 직접 체험하게 하는 현장교육의 일환으로 실시하는 사회견학 및 봉사활동은 상당수의 수형자가 문화유적지, 사회복지시설, 산업시설 등을 견학하고 봉사활동에 참가한다. 봉사활동은 수형자들이 보육원이나 양로원 등 사회복지시설을 방문해 봉사를 하게 함으로써 심성순화 및 자기반성의 기회를 갖게 할 수 있다. 이러한 사회견학 및 봉사활동은 수형자들에게 경제·사회·문화적으로 급속하게 변화하는 사회의 실상을 직접 체험케 하여 사회와 단절되지 않도록 하고 정서적 안정과 애타정신을 함양케 하는 처우프로그램으로서 의미를 가지고 있다.

사회견학 등 사회적 처우는, 장기간 사회로부터 격리되어 구금된 수형자는 사회의 급격한 변화·발전에 익숙하지 못한 것이 현실이기 때문에 수형자가 출소 후 사회에 적응하는 데 많은 어려움이 예상되므로 이러한 문제점을 해소하기 위한 제도이다. 수형자에게 장기구금으로 인하여 사회와 단절된 상태를 완화하고 직접 사회현장을 견학 내지 체험하게 함으로써 출소 후 사회복귀를 보다 쉽게 하기 위한 것이다.

학습 체크 포인트

01 사회적 처우는 '구금의 완화'를 통한 방식과 '사회복귀를 위한 중간적 처우'를 통한 방식으로 나눌 수도 있고, 폐쇄시설의 일부를 개방시설로 이용하는 방식과 전문적 개방교도소를 이용하는 방식으로 나눌 수도 있다.

02 사회적 처우제도에는 개방교도소, 외부통근 · 통학, 부부 및 가족접견제, 카티지제도, 주말구금제도, 사회견학제, 합동접견(가족만남의 날)제도, 보스탈제 등이 있다.

03 개방교도소처우는 범죄자의 모든 형기를 처음부터 개방시설에서 수형하게 하는 구금의 완화 방식과 폐쇄시설에서의 처우에 이어 형기의 일부를 석방 전 중간처우로 처우하는 방식이 있다.

04 개방시설에 대한 최초의 논의는 1950년 제12차 국제형법 및 형무회의에서 논의되었으며, 이 때, 개방교도소(Open Institution)란 '주벽 · 자물쇠 · 창살 또는 잉여교도관 등과 같은 어떠한 물리적 계호수단에 의해서도 도주방지를 위한 보안조치가 이루어지지 않는 교도소'라고 정의하였다.

05 개방교도소는 교정경비를 줄일 수 있고, 수형자의 자율성과 책임성을 강화할 수 있으며, 형벌의 인도화 · 사회화에 기여할 수 있고, 교도관이 보안요원으로서 역할을 해야 하는지 처우요원으로써 역할을 해야 하는지의 문제인 역할갈등을 완화할 수 있는 장점이 있다.

06 개방시설은 보안조치가 거의 없고 수형자의 자율과 책임이 강조되어 수형자의 사회적 응력을 조장하기 위한 처우방식이므로 개방시설의 수용인원은 적을수록 바람직하다. 이와 같은 취지로 「수용자 처우에 관한 유엔 최저기준규칙(만델라규칙)」은 "폐쇄교도소에서 수형자의 수는 개별처우가 방해받을 정도로 많지 않은 것이 바람직하다. 몇몇 나라에서는 이들 교도소의 수용인원이 500명을 넘지 않아야 하는 것으로 생각되고 있다. 개방교도소의 수용 인원은 가능한 한 적어야 한다"고 권고하고 있다.

07 개방시설은 교정경비절감이라는 경제적 이점이 있고 단기자유형의 폐해 경감에도 도움이 된다. 그러나 시민의 법감정과 충돌되어 시행이 쉽지 않은 점이 문제될 수 있다.

08 외부통근제는 '주간 가석방'이라고 불리울 정도로 사회와의 교류가 풍부한 대표적인 사회적 처우이다. 이 제도는 결정기관과 적용대상자를 기준으로 사법형 외부통근제, 행정형 외부통근제, 혼합형 외부통근제로 구분한다.

09 사법형 외부통근제는 외부통근 결정을 형사법원에서 재판으로 하고, 단기수형자를 대상으로 한다. 행정형 외부통근제는 교정기관에서 형집행과정 중 외부통근을 개별처우의 일환으로 시행하고, 장기수형자를 대상으로 한다. 혼합형은 법원에서 재판으로 외부통근을 허용한다는 결정을 해서 선고하고, 구체적인 시행시기와 기간은 교정기관에서 정하여 실시하는 방식이다.

10 우리나라에서는 사법형과 혼합형은 채택하지 않았고, 행정형만 1995년「행형법」제5차 개정 시 도입하여 현재 시행 중에 있다.

11 귀휴제도는 현행법상 일반귀휴와 특별귀휴로 구분할 수 있고, 귀휴는 수용자 중 오로지 수형자에게만 적용한다.

12 주말구금은 토 · 일요일에만 구금되고 주말 외의 공휴일이나 연말휴가기간에는 구금되지 않으며, 휴일구금과 단속구금은 주말외의 공휴일과 휴가기간을 이용하여 집행한다는 점이 다르지만, 자유형을 계속 집행하지 않고 분할 집행한다는 점에서는 비슷한 개방형 처우이다.

13 주말구금은 독일의 소년법원에서 단기자유형의 폐해를 완화하기 위한 제도로 창안되어 휴일구금 · 단속구금으로 다양화되었다.
이러한 제도는 경범죄자에 대한 명예감정을 자각시켜 자신의 범죄책임을 반성하게 촉구하고, 단기자유형의 악폐감염을 경감하고, 직장과 가정생활을 유지할 수 있게 하며, 피해자에 대한 손해배상에도 유리하다는 장점이 있다.
그러나 국민의 응보적 법감정에 맞지 않고, 장기수형자에게는 적용하기 어렵고, 구금장소가 거주지로부터 원거리인 경우 적용 곤란하다는 것이 단점이기도 하다.

14 주말구금 · 휴일구금 · 단속구금은 장기수형자에게는 실효성이 없으므로, 이를 효과적으로 운용하기 위해서는 비교적 장기형의 경우에는 일정기간 행장을 관찰하여 형기를 완전히 채우지 않고도 구금을 해제하는 방법 등이 보완될 필요가 있다.

15 개방처우는 전통적인 폐쇄형 처우에 비해 상대적으로 가족과의 유대를 잘 지속시킬 수 있으므로 재통합에 유리하다.

제5장

지역사회교정(사회형 처우)

제1절 개관(槪觀)

I 지역사회교정의 의의

지역사회교정 또는 사회형 처우라 함은 범죄자나 비행소년을 교정시설 또는 소년원·치료감호소 등 보호시설에 수용하여 교정하는 대신 지역사회 안에 그대로 두어 통상적인 사회활동을 하도록 하면서 일정한 감시·통제 프로그램을 통해 범죄를 유발하지 않을 생활조건을 조성하며 지도하는 것을 말한다. 이러한 교정방법을 학자에 따라서는 시설내처우(institutional treatment)에 대비시켜 非시설처우(non-institutional treatment) 또는 사회내처우(Community Treatment 또는 Community based Treatment)라고도 부른다.

지역사회 내에서 민간보호단체를 중심으로 한 출소자 보호활동은 18세기 후반 미국에서 시작되었다. 출소자 보호활동은 일반적으로 갱생보호(更生保護·After-care)라고 부른다. 미국에서의 갱생보호는 위스터(R. Wister)가 1776년 당시 범죄자들이 출소한 후에 어려운 생활을 하고 있는 것을 보고, 「불행한 수형자를 돕기 위한 필라델피아협회」(Philadelphia Society for Assisting Distressed Prisoners)를 조직하여 보호활동을 펼쳤다. 위스터는 이러한 활동의 공헌을 인정받아 교정사(矯正史)에서 '갱생보호의 아버지'라는 칭호를 받고 있다. 위스터를 중심으로 한 이 협회의 운동은 그 후 미국의 여러 주로 파급되어 각 주에 교도소협회가 창설되었고, 1841년 매사추세츠 주에서 필라델피아 협회의 사업을 주정부기관의 사업으로 인정하여 보조금을 지급하였다. 그 후 이 사실을 선례(先例)로 삼아 일부 주에서도 정부의 재정지원이 이루어졌고 오늘날에도 이 사업이 활발히 운영되고 있고 있다.

한편, 필라델피아협회의 행형개량운동과 갱생보호활동에 크게 공헌했던 사람들 중의 한 사람인 존 어거스터스(John Augustus)는 1842년 민간인에 의한 보호관찰을 처음 실시하였다.

사회내처우 제도는 이처럼 18세기 후반기부터 싹트기 시작하여 19세기 초부터 활발하게 논의되었고, 1840년대 보호관찰이 창안되어 1878년 매사추세츠법으로 보호관찰법이 제정되면서 공식적인 제도로 자리 잡게 되었다. 이 때 'Probation'이라는 용어를 공식적으로 사용하게 되었고, 오늘날 보호관찰 제도가 지니고 있는 모든 요소를 구비하고 있었다. 그래서 최초의 보호관찰법인 메사추세츠법에 의해 실시된 보호관찰제도를 '보호관찰제도의 Magna Carta'라고 칭하기도 한다.[96]

II 지역사회교정의 다양화

갱생보호제도 및 보호관찰제도와 함께 전통적인 사회내처우가 제도화되었고, 그 후 영국에서 수강명령제도와 사회봉사명령제도가 창안되었다.

오늘날 시행되고 있는 지역사회내 교정은 전통적인 사회내처우와 1970년대 이후 미국에서 창안된 중간처벌로 구분된다.

'전통적인 사회내처우'는 문자 그대로 '교화개선에 중점을 둔 교정처우'의 성격이 강하고, '중간처벌'로서의 사회내 교정은 '사회방위에 중점을 둔 형사제재'로서의 성격이 강한 제도이다. 그러므로 양자(兩者)는 지역사회에 기반을 둔 교정(Community Based Corrections) 또는 지역사회에 기반을 둔 사법제도라는 공통점이 있다 해도, 양자는 개념적으로 사회내 처우(Community Based Treatment)와 사회내 제재(Community Based Sanction)로 구분하는 것이 학문적 논리를 체계화하는 데 도움이 된다.

이러한 맥락에서 사회 내에서의 사법제도를 분석하여 기술하면, 지역사회교정(Community Based Corrections)의 흐름은 '사회내 처우에서 사회내 제재로' 다양화되었다고 할 수 있다.

교화개선에 중점을 두는 전통적인 사회내처우 제도에는 보호관찰 제도(Probation 또는 parole), 사회봉사명령제도, 수강명령제도, 갱생보호제도 등이 있다.

중간처벌로서의 사회내 제재로는 1975년을 기준으로 새로운 처벌제도로서 점차 중시된 집중감독 보호관찰, 전자감시 가택구금이 대표적이다.

---

96 정영석 · 신양균, 형사정책, 1997, 581면.

미국의 「형사사법의 기준 및 목적에 관한 국가자문위원회」는 오늘날의 사회내처우를 다음의 내용으로 정의하고 있다. "사회내처우(CommunitY Based Treatment)란, 지역사회에서 범죄인이나 비행소년에게 직접적인 영향을 미치는 처우를 통해 그들이 법을 준수하는 준법시민이 되도록 도와주는 모든 조치를 총칭한다. 그것은 국가기관이 행할 수도 있고 민간인이 할 수도 있다. 그것은 교정기관에서 직접 담당할 수도 있고 비(非)교정기관에서 맡을 수도 있다. 그것은 교정기관의 주관으로 시행할 수도 있고, 경찰·법원 등 다른 사법(司法)기관의 관할 하에 시행할 수도 있다. 그것은 여러 가지 원호(후원)을 통해 범죄인·비행소년을 변화시키고, 감시를 통해 통제하고, 범죄인·비행소년이 법령을 위반하지 않고 부과된 준수사항을 이행할 수 있는 사회환경에 놓이도록 하여 그가 사회에 재통합될 수 있도록 기능할 것을 요구한다. 사회내처우란 이러한 제도들 중의 어느 하나 또는 그 복합 제도를 뜻한다. 사회내처우도 통제(Control)와 감독(Surreillance)의 행사가 기본내용인 것이다.

정책결정자나 일반 시민 모두는 '구금의 폐지가 통제의 폐지가 아님'을 이해해야 한다.

제2절 전통적 사회내처우

[1] 보호관찰(Probation 또는 Parole[97])제도

I 보호관찰의 의의와 종류

보호관찰이란 유죄선고를 받은 범죄인 중 시설내처우 보다 사회내처우가 더 적합하다고 인정되는 사람을 보호관찰관이나 범죄예방자원봉사위원과 같은 특정인에게 위탁하여 행상(行狀)[98]을 지도 · 감독 · 원호하게 함으로써 재범에 빠지지 않고 사회생활을 준법적으로 행하면서 살아갈 수 있도록 하는 제도는 말한다. 이는 범죄인의 재사회를 위한 특별예방적 형사정책목적을 보다 효과적으로 추구하기 위한 방식이다.

---

97 parole은 원래 영·미의 제도로서, 법원이 피고인에게 상대적 부정기형을 선고하고, 교정기관이 선고된 형기의 장·단기 범위 내에서 구체적으로 집행될 형기를 정하여 장기보다 조기 석방하면서 보호관찰을 부과하는 제도였다.

98 '행상'이란, '하는 행위나 태도'를 뜻하는데, 교정학에서는 일상적인 행동을 가리킨다.

보호관찰은 보호 내지 처우의 내용과 관찰 내지 감시라는 내용으로 실시된다.

현재까지 지역사회교정의 대표적인 제도로 인정받고 있는 교정처우방식이 보호관찰이다. 보호관찰을 세분하면 Probation(프로베이션)과 Parole(퍼로울) 두 종류가 있다. Probation은 시설내처우 이전 단계에서 활용되는 사회내처우이고, Parole은 시설내처우를 집행한 이후 단계에서 정해진 시설내처우기간의 일부를 사회내처우로 전환시키는 것이다. 우리나라 제도 중 선고유예·집행유예에 병과되는 보호관찰과 「소년법」에 의해 부과되는 보호관찰이 Probation에 속한다. Parole은 조건부 석방(Conditional release)을 뜻하는데, 가석방 시 병과되는 보호관찰, 소년원 임시퇴원 시 병과되는 보호관찰, 치료감호소 가종료 시 부과되는 보호관찰 등이 해당된다.

Probation은 지도 · 원호(Community Care)에 중점을 두는 처우방식이고, Parole은 지도 · 감독(Supersion)에 더 중점을 둔다.

Probation이 법원에 의해 결정되는 사법처분이고 구금을 포함하지 않는 형사제재라면, Parole은 행정기관에 의해 결정되는 행정처분이고 일정기간 동안 구금을 경험케 하는 형사제재이다. Probation은 미국에서 존 어거스터스(John Augustus)에 의해 창안되었고, Parole은 영국의 식민지 아일랜드(Ireland)에서 월터 크로프턴(Walter Crofton)에 의해 단계적 처우제도의 일환으로 창안되었다. 이처럼 두 가지 보호관찰은 법적 성격·처우내용·결정기관·연혁 등 여러 부분에서 상당한 차이가 있다. 그러나 둘 다 범죄를 범한 사람으로 하여금 지역사회에서 생활도록 하면서 준법생활을 조건으로 일정한 준수사항을 부과하여 지도 감독과 지도 원호를 행함으로써 처분대상자가 교화개선되고 사회와 재통합되어 준법시민으로 사회복귀하도록 처우하는 데 목적이 있다.

그리고 이를 통해 범죄자의 교화개선·사회복귀를 통한 재범방지 및 사회방위 기능을 수행하고 있다는 점에서는 공통점이 많다.

II 보호관찰의 형사정책 의의

보호관찰은 시설내처우의 폐해인 범죄배양효과·낙인효과 및 시설내처우의 교화개선·사회복귀 효과에 대한 의문을 배경으로 창안되었다. 즉, 시설내처우의 보완 · 대체제도로 시작되었다.

보호관찰은 단순한 선고·집행 유예나 가석방에 비해, 준법적 생활 유지 조건과 지도·원호·감독이 가미됨으로써 교정교화 효과를 높일 수 있고, 사회의 안전확보 증진에도 도움이 된다. 보호관찰은 보호·원호를 통해 정해진 기간 동안 정해진 조건을 성공적으로 이행하게 하여 성공하면 형을 면제하는 등으로 자발적인 개선을 촉진하면서도, 지도·감독 등 기계적 개선법으로 보완하고 부과된 조건 위반 시 형을 재선고·집행하거나 또는 재수감하여 잔여형기를 집행할 수 있도록 함으로써 통제를 통한 재범방지·사회방위도 추구할 수 있다.

그러므로 보호관찰에 의해 유예제도나 가석방제도를 더욱 활발하게 활용할 수 있고 그 대상자도 비교적 무거운 범죄자로 확대할 수 있다.

그렇지만 오늘날까지 보호관찰이 시행되어오면서 이 제도가 형식화되는 측면이 있다는 비판이 가해지고 있다. 즉, 보호관찰 대상자 선정 시 단순히 형을 유예해도 되는 매우 위험성이 낮은 가벼운 범죄자를 선정하여 사회안전에만 지나치게 편중시키는 경향이 있다는 것이다. 또한 수형자의 가석방 선발 시 수형자의 개선정도나 개선 가능성보다는 과밀수용 경감 필요성에 맞추는 경향이 있다는 것이다.[99]

이러한 점을 감안하여 Probation의 경우에는 판결전조사 제도를 보다 과학화하여 판결전조사 보고서(Presentence Investigation Report)의 결과와 그 밖의 「형법」상 양형의 조건[100] 등을 고려하여 상당한 이유가 있으면, 적극적으로 선고·집행 유예부(附) 보호관찰을 선고할 수 있도록 제도화해야 한다. Parole의 경우에는 분류심사제도를 활용하여 신입심사와 재심사의 결과에 따라 일정 수준에 이른 수형자에 대하여 적극적으로 가석방을 허가할 필요가 있다.

결국, 교정제도의 성패는 지도·원호·감독을 위탁받은 업무종사자들의 이웃사랑의 정신, 사회봉사에 대한 열정, 건강한 활동력, 전문가로서의 식견·자질 등에 달려 있다. 그러므로 보호관찰관 등 보호관찰 담당자의 전문성을 높이고, 업무량 과부하와 역할갈등[101]을 줄이는 시책이 활발하게 진행되어야 한다.

---

99 이윤호, 앞의 책, 261면.

100 「형법」 제 51조(양형의 조건) 형을 정함에 다음 사항을 참작하여야 한다. 1. 피해자의 연령, 성행, 지능과 환경 2. 피해자에 대한 관계 3. 범행의 동기, 수단과 결과 4. 범행 후의 정황.

101 보호관찰관의 역할 갈등: 보호관찰은 '보호'라는 복지적·사회사업적 기능과 '관찰'이라는 통제적·경찰적 기능이 복합되어 있다. 그러므로 보호관찰관은 상반되는 두 가지 기능을 동시에 수행하도록 요구받고 있기에 보호관찰관은 상반된 역할기대에 따른 압박과 갈등을 겪는다.

Ⅲ 보호관찰제도의 장점과 단점

보호관찰제도의 가장 큰 장점은 시설내처우에 대한 합목적적 대안으로 널리 활용할 수 있다는 점이다. 이 제도는 공식적으로 유죄를 선언함으로써 해당 범죄행위를 사회적으로 승인하지 않는다는 것을 알리고, 제재를 부과함으로써 법의 권위를 세우면서 또 다른 범죄를 범하는 것을 방지하고, 일반시민들을 범죄로부터 보호하는 동시에 개개인의 자유를 최대한 허용할 수 있다. 또한 범죄자·비행소년을 사회와 단절·격리시키지 않고 정상적인 사회와의 접촉·유대를 지속할 수 있게 하여 범죄자, 비행소년의 사회복귀·재통합을 용이하게 한다. 또한 시설내 수용에 뒤따르는 악풍감염과 범죄학습, 직장상실, 낙인효과 등을 피할 수 있으면서도 시설내 수용관리에 필요한 수용비용에 따른 재정부담을 크게 줄일 수 있다.

반면에 보호관찰 대상자 선정기준을 객관화하기 쉽지 않고, 재범가능성의 예측과 교화개선 정도의 평가를 정확하게 하기 어려우며, 미래의 범죄위험성만을 기준으로 처벌의 강도에 차별을 두는 것은 공정한 정의에 어긋날 수 있다는 것이 한계로 지적되고 있다.[102]

그리고 다음과 같은 점도 비판되고 있다. 1) 범죄의 사회침해성에 비하여 범죄자를 너무 관대하게 처우한다는 점, 2) 범죄자를 사회에 방치함으로써 공공의 안전을 해한다는 점, 3) 대상자가 너무 많아 실효를 거두기 어렵고, 대상자에 대한 충분한 지도·원호·감시·통제가 유명무실하게 된다는 점, 4) 보호관찰에 대한 재원과 인력 확보가 어렵다는 점, 5) 대상자 선별에 자의와 편견, 불공정이 개입할 우려가 적지 않고, 보호관찰 부과조건이 자의적이거나 애매하여 실효를 거두기 어렵다는 점 등이 그것이다.[103]

Ⅳ 우리나라의 보호관찰제도

보호관찰제도가 우리나라에 처음 도입된 것은 「소년법」상 보호처분으로서의 보호관찰이었다.

비행소년을 대상으로 실험적으로 시행해본 결과 교화·개선 효과가 어느 정도 인정되어 성인범죄자에 대하여는 1989년 「사회보호법」상 보호감호소·치료감호소 가출소

102 이윤호, 앞의 책, 263면.

103 정영석, 신양균, 형사정책, 1997, 583면.

자·가종료자에 대하여 실시하기 시작했고. 1994년에는 「성폭력범죄의 처벌 및 피해자 보호 등에 관한 법률」이 제정되어 성폭력범죄를 범한 자에게 적용했고, 1995년에는 「형법」을 개정하여 선고유예, 집행유예 및 가석방과 수반하여 모든 범죄자에 대하여 전면적으로 시행되게 되었다.

그 후 「특정 범죄자에 대한 보호관찰 및 전자장치 부착 등에 관한 법률」(약칭: 전자장치부착법)을 개정하여 2012년부터는 성폭력범죄자·미성년자 대상 유괴범죄자·살인범죄자·강도범죄자에 대하여는 '형 집행 종료 후의 보호관찰'까지 도입하였다. 법 원칙상 형 집행 종료 후에는 보호관찰과 같은 형사제재를 부과할 수 없으나, 제한적으로 특정범죄를 저지른 사람에 대하여는 재범방지를 위하여 형기를 마친 뒤에도 보호관찰을 통하여 지도하고 보살피며 도움으로써 건전한 사회복귀를 촉진하고자 특별히 제도화한 것이다.

현재는 「형법」, 「소년법」, 「보호관찰 등에 관한 법률」, 「성폭력범죄의 처벌 등에 관한 특례법」, 「가정폭력범죄의 처벌 등에 관한 특례법」, 「성매매알선 등 행위의 처벌에 관한 법률」, 「치료감호 등에 관한 법률」, 「아동·청소년의 성보호에 관한 법률」, 「보안관찰법」, 「특정 범죄자에 대한 보호관찰 및 전자장치 부착 등에 관한 법률」 등에서 제도화하고 있다.

보호관찰의 법적 성격에 관하여는 보안처분이라는 주장(보안처분설), 자유형의 변형이라는 주장(변형된 형집행설), 형벌도 보안처분도 아닌 제 3의 형법적 제재라는 주장(독자적 제재수단설), 일종의 형벌이라는 주장(형벌설) 등이 있으나, 판례[104]는 보안처분설을 인정하고 있다. 대법원은, 보호관찰은 과거의 불법에 대한 책임에 기초하고 있는 제재가 아니라 장래의 위험성으로부터 행위자를 보호하고 사회를 방위하기 위한 합목적적 조치이므로, 선고유예 및 집행유예와 관련한 보호관찰을 보안처분으로 보고 있다.

V 보호관찰제도의 형태와 실시방법

1. 보호관찰제도의 양식

(1) 종국 처분형

다른 형사처분과 독립한 제재의 일종이다. 「소년법」상 보호관찰처분이 그 예이다.

104 2010.9.30, 2010도6403, 1997.6.13. 97도703 판례는 집행유예 시 보호관찰에 대해 재판시법주의를 적용하여 소급효를 인정하였다.

(2) 유예 조건부형

선고유예와 집행유예에 부수하는 보호관찰을 말한다.

(3) 임시(조기)석방 조건부형

가석방 · 가종료 · 임시퇴원에 부수하는 보호관찰을 말한다.

(4) 만기 석방형

형 집행이 종료된 자를 석방하여 보호관찰에 처하는 것으로 우리나라에서는 「특정범죄자에 대한 보호관찰 및 전자장치 부착 등에 관한 법률」에서 형집행종료 후 보호관찰을 규정하고 있다.

2. 보호관찰의 형태

집중감독 보호관찰과 충격보호관찰, 음주운전보호관찰, 교통사범보호관찰 등의 형태가 있다.

(1) 집중감독 보호관찰이라는 것은 매일 집중적인 접촉관찰을 하거나 대상자의 신체에 전자추적장치를 부착하여 추적관찰을 하는 프로그램을 말하며, 주로 갱집단, 약물중독자 등에게 사용한다. 우리나라에서는 「전자장치부착법」에서 특정 범죄를 범한 자에 대하여 형의 집행을 유예하면서 보호관찰을 명한 때에는 보호관찰기간의 범위 내에서 기간을 정하여 준수사항 이행여부 확인 등을 위하여 전자장치를 부착할 수 있도록 하고 있다(제28조).

(2) 충격보호관찰은 3~6개월간 수용시설에서 극기훈련 · 준법교육 등을 실시한 후 보호관찰로 전환하는 방법을 말하며, 주로 형의 유예처분을 받은 초범자에게 적용한다. 이 방법은 단기자유형의 폐해가 초래될 수 있는 단점이 있다.

(3) 음주운전보호관찰이란 관찰대상자의 차량에 감시용장치를 부착하거나 수시로 소변검사 등을 하여 음주운전을 억제하게 하고 금주교육을 실시하는 프로그램을 말한다.

(4) 교통사범보호관찰은 몇 개월간 일정시간에 운전관련 안전교육을 실시하는 보호관찰을 말하며, 주로 교통범죄자에게 적용한다.

3. 보호관찰관의 유형[올린(L. E. Ohlin)]의 분류[105]

(1) 처벌적 보호관찰관(Punitive Probation Officer)

위협과 처벌을 수단으로 범죄자를 사회에 동조하도록 강요하고 사회의 보호, 범죄자의 통제, 그리고 범죄자에 대한 체계적인 감시 등을 강조한다(통제강조). 이 유형은 지도 및 원호를 통하여 범죄인을 개선하고자 하는 보호관찰의 본래 취지를 살리기 어렵다.

(2) 보호적 보호관찰관(Protective Probation Officer)

사회의 보호(통제)와 범죄자의 보호(지원)를 절충하려는 유형으로 주로 직접적인 지원이나 강연 또는 칭찬과 꾸중 등 비공식적 방법을 이용한다. 이 유형의 보호관찰관은 사회의 보호 즉 사회방위와 범죄자 개인의 개선·보호를 조화시키고자 하므로, 역할갈등을 크게 겪는다.

(3) 복지적 보호관찰관(Welfare Probation Officer)

자신의 역할을 범죄자에 대한 복지향상에 두고, 범죄자의 능력과 한계를 고려하여 적응할 수 있도록 원호하려고 한다(지원강조). 범죄자와 사회와의 재통합을 특히 중시한다.

(4) 수동적 보호관찰관(Passive Probation Officer)

자신의 임무는 단지 최소한 개입하는 것이라고 인식한다(통제나 지원 모두에 대해 소극적). 이 유형에 속하는 사람들은 자신의 직무에 대해 냉소적이고 복지부동하려는 경향이 강하다.

(5) 보호관찰의 지도 · 감독의 유형에 관한 논의

지금까지 경험에 비추어 보호관찰이 안고 있는 가장 큰 문제 중의 하나는 보호관찰관의 역할 갈등이라고 할 수 있다[106]. 이는 보호관찰이 '보호'라는 사회사업적·후견적 기능과 '관찰'이라는 법집행적·경찰적 기능을 동시에 수행할 것을 요구받고 있는 데에서 기인한다. 따라서 보호관찰관의 바람직한 역할은 형사정책의 중요한 쟁점이 되고 있다.

---

105 이에 관한 국내 소개는 이윤호, 앞의 책, 264~266면.

106 J. O. Smykla, Community based Corrections, 1981, 235면.

〈보호관찰관 역할유형 체계도〉

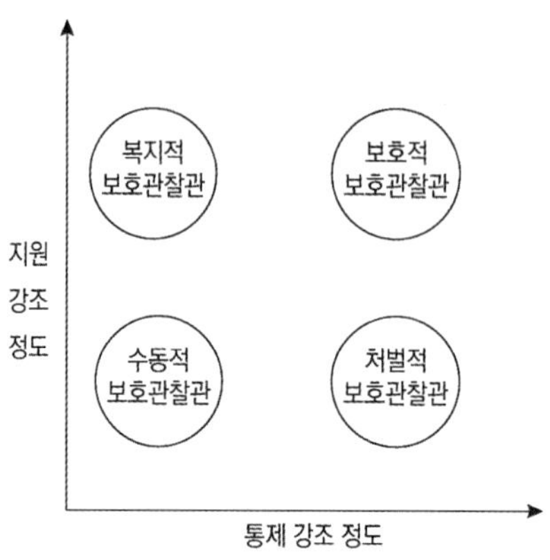

4. 보호관찰의 모형(J. O. Smykla)의 분류[107]

보호관찰관의 기능과 내·외 자원의 활용이라는 측면에서 보호관찰을 유형화하고 있다.

(1) 전통적 모형(Raditional Model)

보호관찰관이 다양한 기능을 수행하는 만능보호관찰관(Generalist)으로서 통제를 강조하는 내부자원을 이용하여, 지역적으로 배분된 대상자에 대해서 지도·감독에서 보도·원호에 이르기까지 다양한 역할을 수행하면서 통제를 더 중시한다.

(2) 프로그램 모형(Program Model)

보호관찰관은 특수한 지식과 능력을 지니고 전문영역을 책임지는 전문가(Specialist)를 지향하나, 목적수행을 위한 자원은 내부적으로 해결하는 경향이 강하다. 이 모형에서는 보호관찰관이 전문가로 기능하기 때문에 대상자를 분류하여 보호관찰관의 전문성에 따라 배정하게 된다.

이 모델의 문제는 범죄자의 상당수가 한 가지 문제만으로 범죄자가 된 것은 아니며 한 가지의 처우만을 필요로 하는 것도 아니므로 종합적인 대응이 필요한데, 단편적인 접근에 그치기 쉽다는 점이다.

107 이에 관한 국내 소개는 이윤호, 앞의 책 264면.
J.O.Smykla, Community-based Corrections, 1981, 229~243면.

(3) 옹호모형(Advocacy Model)

보호관찰관은 만능보호관찰관(Generalist)으로서, 원호와 개선에 중점을 두고 외부자원을 적극 활용하여 보호관찰대상자에게 다양하고 전문적인 사회적 서비스를 제공받을 수 있도록 하면서도, 무작위로 배정된 대상자들을 사회기관에 위탁하는 것을 주요 내용으로 삼는 유형이다.

(4) 중개모형 (Brokerage Model)

보호관찰관은 전문가(Specialist)로서 자신의 전문성에 맞게 배정된 관찰대상자들에게 사회자원의 개발과 중개의 방법을 통해 그들에게 적합한 외부자원이 적극 활용되도록 하여, 대상자가 전문적인 보호관찰을 받을 수 있게 하는 유형이다.

(5) 결 론

오늘날 보호관찰관의 주요임무는 보호관찰대상자가 필요로 하는 것을 파악하고 그에 적합한 서비스를 알선·중재해 주고 서비스의 적용을 지도·감독하는 것이므로 중개모형이 가장 바람직하다는 평가를 받고 있다. 왜냐하면 현대 교정의 목표는 범죄를 야기하는 사회적 여건과 범죄자를 동시에 변화·개선시켜 범죄자와 사회의 재통합을 실현하는 것이기 때문이다. 이를 추구하기 위해서는 지역사회교정 및 사회의 역할과 책임이 강조되어야 한다.

5. 업무배정 방법 및 보호관찰 접근방법

(1) 업무배정방법

1) 담당건수(Caseload) 배정 방식 : Caseload는 양(사례수)을 기준으로 하는 업무배정이다. 양적 기준에 의한 업무배정은 업무대상의 특징을 전적으로 무시하고 사례의 수를 기준으로 배정하는 것이다. 이는 아무런 규칙 없이 임의로 배정하거나 관할구역 내 모든 사례의 수를 균분하여 모든 보호관찰관들에게 할당하거나 관할구역을 지역별로 적당히 안배하는 방법이다. 이 배정방법은 보호관찰을 전문화할 수 없고, 보호관찰관으로 하여금 보호활동과 통제활동 사이에서 역할갈등을 겪게 한다.

2) 작업부담(업무량, Workload) 배정 방식 : 사례수가 아니라 업무의 내용과 특성을 고려하여 대상자를 배정하는 방식이 Workload이다. 업무의 내용과 특성

에 따른 배정은 대상자의 유사성과 상이성을 중시하여 유사한 대상자끼리 유형화하여 배정하게 된다. 그러므로 이방법은 보호관찰관의 전문성에 맞추어 대상자를 배정할 수 있어 처우의 개별화에 적합하고 보호관찰의 전문화를 실현할 수 있다. 또한 보호관찰관의 역할갈등도 크게 줄일 수 있다.

(2) 보호관찰 접근방법

보호관찰제는 Casework System과 Team Approach System 등의 접근법이 있다.

1) Casework System이란 보호관찰관이 관찰대상자를 1대1로 접촉하여 필요사항이나 문제점을 분석하여 교화개선에 적합한 처우 방법을 찾는 접근방식이다. 이 방식은 보호관찰의 전통적인 방법인데, 이는 보호관찰관 각자에게 자신이 맡은 대상자들을 전적으로 책임지게 함으로써 개별보호관찰관에 대한 감독과 평가가 용이하고, 업무 분배가 쉽고 간단하다. 따라서 일반적으로 많이 행해지고 있다.
   그러나 이는 대상자의 특성이나 보호의 필요성 등이 전혀 고려되지 않고, 보호관찰관들의 전문성과 능력도 무시되기 때문에 보호관찰의 전문성·효율성 및 효과성을 떨어뜨리고, 대상자에 대해 획일적인 보호관찰이 적용되는 문제가 발생한다는 것이 단점이다.

2) Team Aproach System이란 여러 분야의 전문가들이 보호관찰팀을 구성하고 자신의 전문지식과 관련된 전문분야에 관한 보호관찰을 분담하는 방식을 말한다. 이것은 보호관찰관 1인이 대상자의 모든 사항을 체크해야 하는 Casework System의 한계를 극복하기 위하여 등장한 방법이다.
   이 방법은 사회업가·정신과의사·상담전문가 등 소수의 전문가들로 하나의 팀을 만들어 적정수의 대상자를 팀별로 배정하고, 배정된 대상자에 대해 팀 소속원 각자가 자신의 전문영역별로 보호관찰을 시행하게 한다.
   따라서 이 방법에 따르면, 보다 폭넓은 전문성과 기술을 적용하여 보호관찰의 전문화를 꾀할 수 있고, 대규모 사례 및 다양한 사례에 대해 집단적 효율성을 발휘할 수 있으며, 책임의 분산을 통해 업무스트레스도 줄일 수 있다.
   오늘날 바람직한 보호관찰은 대상자의 필요성에 맞춰 보호관찰관의 전문성에 따른 업무배정을 하여 사회자원까지 적극 활용하면서 지도·보호·감독을 적절히 조화시켜, 효과적 개선과 재통합을 이루는 것이다. 이를 위해서는 중개

모형을 바탕으로 업무내용과 특성에 따른 업무배정, 그리고 Team Approach System을 적용하는 것이 가장 바람직하다.

[2] 사회봉사명령(Community Service Order) 제도

I 사회봉사명령의 의의와 연혁

1. 의 의

사회봉사명령이란 유죄가 인정되는 범죄인에게 자유형의 집행 대신 사회에 유용한 활동이나 노동을 의무적으로 일정시간 제공하도록 명함으로써 여가박탈을 통하여 자신의 죄 값을 상징적으로 청산하고 사회에 준법적으로 복귀할 수 있도록 촉진하는 사회내처우제도이다.

이 제도에 따르는 범죄자는 거리나 공원의 청소·복지시설에서의 노력봉사·빈곤계층을 위한 봉사활동·공공기관 자원봉사 등 일정한 시간 동안 보수 없이 노동하는 것이므로 '노동명령제도'(Work-order Program)라고도 한다.

이 제도는 시설내처우로 자유를 완전히 박탈하지 않으면서도 여가를 박탈하여 형사제재의 효과를 나타내도록 하는 것이 특색이다. 이 점이 중간처벌로서의 성질이다.

2. 제도의 연혁

노동을 통해 공공에 봉사하는 제도는 매우 오랜 역사를 가지고 있으나, 현대적인 사회봉사명령제도는 1960년대 영국에서 시작되었다. 시작 당시 영국에서는 과밀수용의 문제에 처해있었다. 그래서 교정시설의 과밀수용을 해소하기 위한 방안으로서 사회내처우를 확대하려는 과정에서「형벌제도에 관한 자문위원회」(The Advisory Council on the Panal System)를 설치하였다. 이 위원회는 1970년 「비(非)구금처벌과 반구금처벌」(Non Costodial and Semi-Costodial Penalties)이라는 보고서를 통하여 보호관찰제도보다는 강한 형벌의 효과를 기대할 수 있으면서도 단기자유형을 대체할 수 있는 '지역사회 내에서 과해지는 형벌'(community penalty)로서 사회봉사명령제도의 도입을 제시하였다.

그 후 논란 끝에 1972년 형사재판법에 제도화했고, 2년 6개월에 걸쳐 시험운영해 본 결과, 충분한 효과가 인정되어 1977년 영국 전역에서 실시하게 되었다. 영국에서는 이 제도를 독립된 형벌로서 규정했고, 당사자의 동의를 전제로 한 자유노동을 통한 단기자유형 대체제도로 인정했다.

그 후 이제도의 긍정적 효과가 인정되자, 이에 영향을 받은 미국·프랑스·포루투갈 등에서는 영국처럼 독자적 형벌제도로서 도입했고, 독일·덴마크 등은 독자적 형벌제도로는 인정하지 않고, 집행유예를 선고하는 경우에 보호관찰의 조건으로 인정하였다. 다만, 독일에서는 21세 이하의 사람에 대하여는 독자적인 하나의 보호처분으로 규정하여 비교적 널리 활용하고 있다. 또한 벌금 미납 시의 대체형벌로도 제도화했다. 현재까지 이 제도는 70개국 이상이 채택하고 있다.

우리나라의 경우 「소년법」에서 주된 보호처분인 보호관찰을 처하면서 16세 이상의 소년에 대하여는 사회봉사명령 또는 수강명령을 동시에 명할 수 있도록 하는 부수적 처분으로 처음 도입하였다. 이 제도는 영국과는 달리 독자적인 형벌이 아니고 보호관찰에 따른 처분내용으로서 기능을 가지고 있고, 당사자의 동의를 전제로 하지 않는다. 이 제도는 독일의 영향을 받아 도입되었다.

그 후 1995년 「형법」 개정에서 집행유예를 선고하는 경우 집행유예에 부수하는 처분으로 보호관찰·수강명령과 함께 사회봉사명령도 병과할 수 있는 제도로서 채택되었다.

우리나라 「형법」상 사회봉사명령제도는 독자적인 형벌이나 대체형벌제도는 아니지만 단기자유형에 대한 대체수단으로서 집행유예에 대한 부담(부가)적 형사조치이고, 대상자의 동의를 요건으로 하지 않는다는 특색을 지닌다.

또한 21세기에 접어들어서는 2009년 경제적인 이유로 벌금을 낼 수 없는 사람의 노역장 유치로 인한 구금을 최소화하여 단기자유형의 폐해를 회피하기 위하여 벌금 미납자에 대한 노역장유치를 사회봉사로 대신 집행할 수 있도록 하는 제도를 독일의 영향을 받아 도입하기에 이르렀다.

현재 사회봉사명령제도를 규정하고 있는 법률은 「소년법」, 「형법」, 「보호관찰 등에 관한 법률」, 「가정폭력범죄의 처벌 등에 관한 특례법」, 「성폭력범죄의 처벌 등에 관한 특례법」, 「성매매알선 등 행위의 처벌에 관한 법률」, 「아동·청소년의 성보호에 관한 법률」, 「벌금미납자의 사회봉사 집행에 관한 법률」 등이 있다.

II 형사정책적 기능

현행법상 사회봉사명령은 「형법」이나 특별형사법에 의한 경우와 「소년법」, 「가정폭력범죄의 처벌 등에 관한 특례법」에 의한 경우로 구분할 수 있다. 전자는 집행유예에 부수하는 형사처분으로서의 성격을 가지는 데 반하여 후자는 독자적인 보호처분으로서의 성격을 가진다는 점에서 차이가 있다.

이에 따라 형사정책적 기능을 분석하면 다음과 같다.

첫째, 보호관찰·전자감독 등 일반적인 사회내처우에 비해 민간의 참여의 폭이 넓으므로 전통적인 사회와의 유대가 강화되어 사회복귀를 촉진한다.

둘째, 범죄인을 제재 또는 지도·치료받는 수동적 객체에서 사회에 봉사하는 능동적 주체로 전환시켜 자긍심을 길러주어 적극적인 재통합에 기여한다.

셋째, 사회에 해악을 끼친 행동의 결과로 또다시 준법 시민들이 낸 세금을 소모하게 만드는 일반적인 형사제재와 달리, 범죄에 대한 결과물을 사회에 대한 보상적 봉사로 전환함으로써 국가경제면에서 재정부담을 줄이는 동시에 생산을 더하는 기능을 한다.

넷째, 범죄인에 대한 관리통제기능을 국가기관에서 지역사회로 대체시켜 다원적 사회기능을 촉진할 수 있다.

다섯 째, 비구금처우이면서도 무보수 노동과 여가 박탈을 통하여 형사제재의 엄격성을 유지시켜 특별예방효과만이 아니라 일반예방효과도 추구할 수 있다.

여섯 째, 집행유예와 보호처분을 보다 현실적으로 구체화하여 제재의 추상성을 극복시켜 적극적인 활용에 기여한다.

이러한 여러 순기능을 개념화해보면, 1) 처벌기능, 2) 범죄에 대한 반성과 속죄기능, 3) 사회에의 범죄피해에 대한 배상가능, 4) 노동가치와 근로습관 함양 그리고 봉사정신 고취를 통화 사회복귀 지원 및 재통합기능, 5) 피해자의 응보감정 이완 및 심리적 보상기능, 6) 양형의 적정과 형사사법 정의 실현기능 등으로 정리할 수 있다.

[3] 수강명령(Attendance Center Order)제도

I 의의와 기능

1. 의 의

수강명령이란, 유죄가 인정된 의존성·중독성·습관성 있는 마약범죄자·알코올 중독범죄자·정신이상범죄자·음주운전범죄자·피해자 없는 범죄의 범죄자나 비행소년을 교정·보호시설에 구금하는 대신 지역사회 내에서 사회생활을 하도록 허용하면서 일정시산 동안 보호관찰소·전문기관 등에서 강의·상담·훈련을 받도록 하는 사회내처우이다. 이 처우방식은 대상자의 치료·개선을 위해 교육·훈련·상담을 적극적으로 실시하여 재사회화(특별예방) 효과를 높이면서 일정한 여가를 박탈함으로써 처벌(일반예방)의 효과까지 실현하는 지역사회 교정처우이다.

이 제도는 일정한 특수범죄자·비행자들로부터 여가를 박탈함으로써 처벌의 효과를 얻는 동시에, 그들로 하여금 여가를 건설적으로 활용하고 가치 있는 활동에 참여하도록 촉진하여 교육적·치료적 효과를 거두는 데 목적을 두고 있다.

수강명령제와 유사한 것으로 영국에는 보호관찰부 주간센터 명령(Probation Day Center Order)이 있다. 이 주간센터 명령은 보호관찰의 조건으로써 주간센터 수강을 명하는 제도이다. 주간센터는 수용시설이 아닌 사회내처우시설로서 통상 일과시간 중 보호관찰 대상자에 대하여 기본적 사회적응능력을 향상시켜 재범의 악습으로부터 벗어날 수 있도록 필요한 교육과 훈련을 시키는 시설을 말한다. 주간센터는 수강센터보다 강도 높은 교육을 집중적으로 연속 실시한다는 점에서 정도의 차이가 있다. 현행법상 유사제도로는 성폭력범죄를 범한 사람에게 부과하는 성폭력 치료프로그램의 이수명령이 있다. '이수명령'은 일반형사범죄자에게 대상 제한 없이 부과되는 수강명령과는 달리 성폭력범죄자 등 특정범죄자로 한정하여 특정 치료·교육프로그램을 이수하게 하는 제도이다. 현재 「성폭력 범죄의 처벌 등에 관한 특례법」, 「전자장치부착법」 등에서 채택하고 있다. 「성폭력처벌법」에서는 이수명령의 내용으로, 1) 일탈적 이상행동의 진단·상담, 2) 성에 대한 건전한 이해를 위한 교육, 3) 그 밖의 성폭력범죄를 범한 사람의 재범예방을 위하여 필요한 내용 등을 규정하고 있다(같은 법 제16조 제7항).

2. 연 혁

영국에서 1948년 형사재판법에 의하여 세계 최초로 제도화 했다. 이 명령은 21세 미만의 비행성이 약한 범죄자들에 대하여 일정시간 수강센터(Attendance Center)에 참석하여, 강의·훈련 또는 상담을 받도록 한 명령에서 제도 명칭이 붙여졌다. 이 명령을 주관하는 소년법원은 수강명령 시 총 출석시간과 최초 출석일자를 지정하고, 그 후의 집행시간 배정과 강의내용은 수강센터의 책임자가 지정하도록 하였다. 이 명령을 집행할 때에는 정상적인 학교생활이나 직장생활에 방해가 되지 않도록 해야 했다.

현행 수강명령제도는 대부분 사회봉사명령과 병행하도록 규정하고 있는데, 사회봉사명령 규정 법률 중 「법금 미납자의 사회봉사 집행에 관한 특례법」에서는 사회봉사명령 한 가지만 규정하고 있고, 「성폭력처벌법」의 경우에는 사회봉사명령과는 달리 필요적(의무적) 부과규정을 두고 있다. 같은 법 제16조는 다음과 같이 규정하고 있다. "법원은 성폭력범죄를 범한 사람에 대하여 선고유예를 제외한 유죄판결을 선고하거나 약식명령을 고지하는 경우에는 500시간의 범위에서 재범예방에 필요한 수강명령 또는 성폭력 치료프로그램의 이수명령(약칭 '이수명령')을 병과해야 한다. 법원이 성폭력범죄를 범한 자에 대하여 형의 집행을 유예하는 경우에는 위의 수강명령을 외에 그 집행유예기간 내에서 보호관찰 또는 사회봉사 중 하나 이상의 처분을 병과할 수 있다"

II 수강명령 적합 대상자 유형과 사회봉사 적합 대상자 비교[108]

1. 수강명령 적합 대상자 유형

1) 본드·부탄가스를 흡입하는 등 약물남용범죄를 저지른 경우 또는 마약범죄를 범한 경우
2) 알코올중독으로 인한 범죄를 범한 경우
3) 심리·정서상의 특이한 문제와 결합된 범죄(성범죄 등)를 범한 자로서 적절한 프로그램을 통하여 치료를 받을 필요가 있는 경우
4) 기타 수강명령을 부과하는 것이 적절하다고 판단되는 경우

2. 사회봉사에 적합한 성인범죄자 유형

1) 자신을 비하하거나 목적이 없이 생활하면서 자신의 능력을 모르고 있는 경우
2) 사회적으로 고립되어 있거나 단편적인 행동양식을 가지고 있는 경우
3) 근로정신이 희박하고 다른 사람의 재산을 탐내거나 직무와 관련하여 부당한 대가를 받은 경우
4) 음주운전, 무면허운전 등 중대한 교통법규위반죄를 범한 경우
5) 기타 사회봉사명령을 부과하는 것이 적절하다고 판단되는 경우

3. 사회봉사명령에 적합한 비행소년 유형

1) 부모의 과잉보호로 인하여 자기중심적이고 배타적인 성격을 가진 경우

108 법원행정처, 「사회봉사·보호관찰 제도 해설」, 18면 참조.

2) 생활궁핍의 경험이 없는 경우
3) 근로정신이 희박하고 무위도식을 하는 경우
4) 퇴폐향락과 과소비에 물든 경우
5) 경미한 비행을 반복하여 범함으로써 가정에서 소외된 경우
6) 기타 사회봉사명령을 부과하는 것이 적절하다고 판단되는 경우

4. 사회봉사명령 부적합 대상자 유형

1) 마약이나 알코올중독으로 범죄를 범한 경우
2) 상습적이거나 심한 폭력 또는 성적 도착(倒錯)에 의한 범죄를 범한 경우
3) 정신질환이나 심한 정신장애의 상태에 있는 경우
4) 육체적 장애로 인하여 주어진 작업을 수행할 수 없는 경우
5) 보안관찰의 대상이 되는 공안(公安)범죄를 범한 경우

[4] 갱생보호(After-care)제도

I 갱생보호의 의의

1. 의 의

갱생보호(更生保護)라는 말에서 '갱생'이란, '마음이나 생활태도를 바로잡아 본래의 올바른 생활로 되돌아가거나 발전된 생활로 나아감'을 뜻한다. 그러므로 갱생보호는 널리 범죄자나 비행소년의 사회복귀를 목적으로 이를 원조하기 위해 행하는 각종 보호활동을 의미한다. 이러한 넓은 의미로서의 갱생보호 개념 정의는 프로베이션(Probation)이나 퍼로울(parole) 등 각종 사회내처우를 포괄하는 의미로 이해할 수 있다.

그러나 교정학상 개념이나 현행법상 용어로 사용한 때에는 '법적인 수용상태에서 갓 풀려나온 출소자의 건전한 사회복귀를 위하여 그들을 지역사회내에서 보호하는 활동'을 강조하는 개념이다. 따라서 좁은 의미(협의)의 갱생보호를 '피석방자 보호'[109](출소자 보호)라고도 부른다.

---

109 일부 문헌에서는 '석방자 보호'라는 표현을 쓰고 있는데, 국어의 의미상 '석방자'는 '석방해주는 사람'으로 쓰이고 있다. 그러므로 '석방된 사람'은 '피석방자'가 적합한 용어이다. 「수용자처우법」 제125조에서도 '피석방자'라는 용어로 규정하고 있다.

이러한 차원에서 갱생보호는 피석방자(출소자)의 원할한 사회복귀를 위한 제도적 장치로서 주로 '교정시설과 사회를 잇는 다리'(Bridge Between Prison and Community)로서의 역할을 한다.

「보호관찰 등에 관한 법률」은 "갱생보호를 받을 사람 즉, 갱생보호 대상자는 형사처분 또는 보호처분을 받은 사람으로서 자립갱생을 위한 숙식 제공·주거 지원·창업 지원·직업 훈련 및 취업 지원 등 보호의 필요성이 인정되는 사람으로 한다"라고 규정하여 단정적으로 개념 규정하지 않고 개방적으로 '갱생보호'라는 법률용어를 사용하고 있다.

다만, 이 법에서 피석방자(출소자) 보호인 '협의의 갱생보호'를 원칙적 법적 개념으로 채택하고 있는 근거는, 같은 법 제65조가 갱생보호의 방법으로 '출소예정자 사전상담'과 '사후관리'(사회복귀 상황을 점검하여 필요한 조언을 하는 것)를 규정하고 있다는 것과 이 법률의 편제를 '보호관찰', '사회봉사 및 수강', '갱생보호'로 나누어 각각 독자적 장으로 구분하여, 갱생보호에 다른 사회내처우를 포함시키지 않고 있다는 사실이다. 그러나 「보호관찰법」의 발달 역사와 전체적 입법취지를 감안하면 갱생보호 대상자를 출소자(피석방자)로 한정하지 않고 다른 형사처분·보호처분을 받은 자로까지 개방하고 있다고 본다.

2. 갱생보호의 필요성

피석방자(출소자)들은 구금으로 인한 전통사회와의 단절, 유대의 약화 및 경제적 궁핍 등으로 인해 재범을 저지르기 쉽다. 또한 사회적 냉대 및 따돌림으로 인한 '사회지체현상'을 겪을 수밖에 없고, 피석방자(출소자)들 자신도 스스로를 사회의 낙오자로 인식하는 '심리적 지체현상'(Psychological Lag)에 처해 있으므로, 이들이 사회에 온전히 적응할 때까지는 특별한 관심과 도움이 필요하다.

출소자들이 소속감이 있게 되면 재범률이 낮아질 수밖에 없다. 안정적이고 보호받는 환경으로 돌아가면 재범억제효과가 매우 크다. 그러므로 갱생보호는 재범방지대책으로서 형사정책적 의의(意義)가 있다.

그리고 수용시설 내에서 함께 지내던 감방동료들과의 연결고리에 얽혀 출소 후에 더욱 심각한 범죄에 빠질 우려도 많으므로, 그들에 대한 관찰과 보호는 퍼로울(Parole)의 취지를 출소자 전체로 확산시킬 수 있으므로 범죄예방차원에서도 지속적인 사회내처우로서 적극적인 활용이 요청된다.

3. 갱생보호방법에 따른 갱생보호 구별

갱생보호제도는 국가권력에 의한 강제 정도에 따라 임의적 갱생보호(Voluntary After-care)와 유권적 갱생보호(Compulsory After-care)로 구분된다.

임의적 갱생보호는 '자선적 갱생보호'라고도 하는데, 본인의 동의나 신청이 있을 때에 물질적·정신적 원호를 제공하는 제도이다. 보호관찰법 제 66조는 갱생보호 대상자와 관계 기관이 갱생보호를 신청하도록 규정하고 있으므로 원칙적으로 임의적 갱생보호를 채택하고 있다. 다만, 관계 기관도 갱생보호를 신청하여 대상자에게 갱생보호를 적용할 수도 있으므로 이 점에 있어서는 유권적 갱생보호의 성격도 지니고 있다. 유권적 갱생보호는 '강제적 갱생보호'라고도 하는데, 본인의 동의나 신청에 관계없이 국가가 국가형벌권에 근거하거나 후견적인 입장에서 필요에 따라 강제적으로 실시하는 보호제도를 말한다. 선고·집행유예부 보호관찰이나 가석방부 보호관찰이 대표적 유권적 보호제도이다. 다만, 갱생보호 개념을 넓은 의미로 사용하는 경우에 보호관찰을 유권적 갱생보호제도의 예로써 인정할 수 있다.

넓은 의미의 갱생보호개념을 전제로 할 때, 현재 세계적인 추세는 가석방·가출소·임시퇴원과 관련된 조기출소자(피석방자)에 대한 갱생보호는 퍼로울(Parole)의 일환으로서 원칙적으로 유권적 갱생보호를 실시한다.

우리나라에서도 「형법」에서 "가석방된 자는 가석방 기간 중 보호관찰을 받는다"[110]고 규정하여 이에 따르고 있다.

그러므로 가석방부(付) 보호관찰(Parole)은 유권적 갱생보호의 성격을 지닌다. 선고·유예부 보호관찰(Probation)도 유권적 갱생보호의 성격을 지닌다. 반면에 형기종료 등 집행기간 만료로 만기석방된 사람에 대해서 강제적 보호조치를 적용하는 것은 자유권이 제한될 수 있기 때문에 이중처벌금지의 원칙을 침해할 소지가 있으므로 임의적 갱생보호가 일반적으로 시행되고 있다.

우리나라에서도 「보호관찰 등에 관한 법률」상 갱생보호를 갱생보호 대상자와 관계기관이 갱생보호를 신청할 수 있도록 하면서, 신청을 받은 갱생보호기관 등에게 보호필요 여부를 결정하도록 하고 있으므로 임의적 갱생보호를 원칙으로 하고 있다.[111] 종합하여 정리하면, 가석방부 보호관찰(parole) 등은 대상자에 대한 지도·원호 부분에 있어서는 피석방자(출소자) 보호의 성격도 겸비하고 있고, 이에 따라 유권적 갱생보호

110 「형법」 제73조의 2 참조.

111 「보호관찰 등에 관한 법률」 제66조 참조.

도 「형법」 등에서는 제한적으로 인정하고 있다. 그렇지만 「보호관찰 등에 관한 법률」상 갱생보호는 조기 출소된 자에 대하여도 보호관찰과 별도로 유권적 갱생보호는 인정하지 않고 임의적 갱생보호를 원칙으로 하고 있다. 다만, 갱생보호 대상자만 갱생보호를 신청할 수 있도록 제한하지 않고 '관계기관'도 갱생보호를 신청할 수 있도록 한 것과 보호관찰소의 장이 보호관찰 대상자의 원호와 응급구호를 위하여 한국법무보호복지공단 등에서 숙식제공 등의 협력을 요구할 수 있도록 한 것[112]은 유권적 갱생보호의 성격을 띠고 있다.[113]

Ⅱ 갱생보호의 연혁

1. 갱생보호의 세계적 발달과정

역사적으로 갱생보호의 시작이라고 할 수 있는 제도는 독일에서 출발하였다. 1687년 독일의 부란덴부르크에 국영 방직공장을 설치하고 부랑자(걸인)·전과자 등을 수용하여 생산 작업을 하도록 하여 정상적인 직업생활을 할 수 있도록 유도하였다. 이것은 국가를 중심으로 한 전과자에 대한 보호활동의 효시로 볼 수 있다. 그 후 1788년 프로이센(Preussen·독일의 전신)에서는 출소자에 대해 출소 3개월 전에 돌아가 살 곳으로 보내 법원이나 행정관청의 감독 하에 생산노동을 하도록 관리하였다. 이는 일종의 가석방과 갱생보호가 복합된 처우방식이었다. 1826년에 설립된 「교도소협회」 그리고 1827년 설립된 「수형자개선을 위한 협회」는 갱생보호를 담당하는 기관이었다.

민간보호단체를 중심으로 한 출소자 보호활동은 미국에서 시작되었다. 위스터(R. Wister)는 당시 범죄자들이 석방되어 나온 후에 어렵게 생활하는 것을 보고, 1776년 「불행한 수형자를 돕기 위한 필라델피아협회」(Philadelphia Society for Assisting Distressed Prisoners)를 조직하여 보호활동을 펼쳐나갔다. 이 협회는 영국군의 필라델피아 점령으로 활동이 중단 되었다가 1787년 「교도소의 열악한 환경을 완화하기 위하 필라델피아 협회」(Philadelphia Society for Alleviating the Miseries of Public Prison)로 명칭을 바꾸고, 교정처우 개량과 갱생보호에 노력하였다. 이 운동은 그 후 여러 주(州)로 파급되어 그러한 주에도 교도소협회가 창설되었고, 1841년 매사추세츠(Massachusetts)주에서 필라델피아 협회의 사업을 주정부기관의 사업으로 인정하여 보조금을 지급하였다. 그 이래

112 「보호관찰 등에 관한 법률」 제36조 참조.
113 같은 취지 인정은 정영석·신양균, 앞의 책, 621면 참조.

로 일부 주에서는 정부의 개정지원 하에 갱생보호사업이 활발히 운영되기 시작했다. 한편 영국에서는 1862년 「갱생보호법」(Discharged Prisoner Aid Act)이 제정되었고, 1907년에는 「범죄자보호관찰법」에 의행 유권적 갱생보호의 성격을 지닌 Probation이 실시되었으며, 1936년에는 「전국 석방수형자 원호협회」가 창설되었다.

미국과 영국의 갱생보호는 Probation이나 Parole이라는 유권적 갱생보호의 형태로 발전되었다는 공통된 특징이 있다.[114]

지금까지 살펴본 바와 같이 대륙법계 유럽국가에서는 국가를 중심으로, 영미법계 국가에서는 민간보호단체를 중심으로 각기 보호활동 내지 갱생보호가 발전해왔다.

2. 우리나라의 갱생보호제도 발달 과정

우리나라에서 갱생보호활동은 1911년 「면수보호」(免囚保護)[115] 활동으로부터 시작되었다.[116] 당시 이 활동은 행형관리규약에 따라 민간독지가의 협력을 얻어 각 지방의 지명을 따서 '출옥인(出獄人) 보호회·보호관' 등으로 발족되어 감옥(당시 교정시설의 공식 명칭)의 장을 대표로 추대하고, 회원의 회비나 기부금으로 운영되었다. 그 후 종교적 차원에서 이루어진 갱생보호활동이 일반적인 자선구제와 복합적으로 진행되어 오다가 1942년 「조선사법(司法)보호사업령」과 「조선보호위원령」이 제정되면서 일본의 사법(司法)보호제도가 도입되어 정부의 보조금을 받는 독자적인 갱생보호활동이 전개되었다.[117] 이 법령에 의하여 각 지방검찰청 단위로 재단법인 형태로 숙식제공 및 임시보호를 담당하는 「사법(司法)보호회」, 관찰보호를 담당하는 「사법(司法)보호위원회」가 설치되었다. 대한민국정부 수립이후에도 이러한 활동이 이어지다가 1961년 「갱생보호법」이 제정되어「사법보호회」가 해산되고 이들 기관의 재산과 사업을 승계하는 「갱생보호회」가 각 도 단위로 설립되었고, 그 산하에 각 교도소 소재지마다 「갱생보호회」가 설립·운영되었다.

1963년 「갱생보호법」개정을 통해 「갱생보호회」가 중앙의 관리를 받도록 규정되어 법무부장관의 지휘·감독을 받게 되었다. 1986년에는 이 법이 전면 개정되어, 갱생보호 대상자를 확대하고 국가와 지방자치단체에 대해 갱생보호사업에 대한 육성책임을 규정

114 정영석·신양균, 앞의 책, 618면.

115 면수(免囚)란 '면할 면(免)' 자와 '갇힌 사람 수(囚)' 자로 만들어진 한자어로 오늘날에는 쓰이지 않지만, 당시에는 '형기를 마치고 출옥한 사람'이라는 뜻으로 사용되었다.

116 정진연, 갱생보호에 관한 연구, 「교정연구」 제5호, 210면.

117 이 때부터 갱생보호가 '면수보호'에서 '사법보호'로 용어 사용이 바뀌었다.

하는 한편, 갱생보호위원의 임기를 종전보다 연장하고, 「갱생보호회」의 수익사업에 대해 법무부장관의 승인을 얻도록 함과 동시에 수익의 목적 외 사용을 금지하는 규정을 두었다. 1988년에는 「보호관찰법」이 제정되어, 보호관찰이 유권적 갱생보호의 성격을 갖고 부분적으로 실시될 수 있게 됨에 따라「갱생보호법」도 몇 차례 개정을 거치게 되었다. 이러한 진행과정을 거치면서 1995년에 이르러서는 「보호관찰법」과 「갱생보호법」을 통합하여 「보호관찰 등에 관한 법률이」이 제정·시행되어 오늘날에 이르고 있다.

Ⅲ 현행법상 갱생보호

1. 갱생보호 대상자

갱생보호 받을 사람(갱생보호 대상자)은 형사처분 또는 보호처분을 받은 사람으로서 자립갱생을 위한 숙식 제공·주거 지원·창업 지원·직업 훈련 및 취업 지원 등 보호의 필요성이 인정되는 사람으로 한다(보호관찰법 제3조 3항).

이 규정에서 '형사처분'이라 함은 자유형의 집행이 종료 또는 면제된 자, 치료감호가 종료된 자, 가석방된 자, 가출소된 자, 공소제기가 유예된 자(기소유예처분을 받은 자) 등이고, '보호처분'을 받은 자라 함은 「소년법」에 의해 소년원 송치처분을 받고 나온 소년 및 그 밖에 일정한 보호처분을 받은 자, 그리고 「가정폭력처벌법」에 의해 보호처분을 받은 자 등을 포함한다. 따라서 갱생보호 대상자는 새로운 법률과 제도가 확장된 경우에도 필요에 따라 개방적으로 그 적용대상자를 늘려나갈 수 있다.

이와 같이 인식할 수 있는 것은 전통적인 법해석방법에 입각하면 자명하다.

법해석의 고전적·일반적 방법은 문리적(文理的)해석, 목적론적 해석, 체계적(體系的) 해석, 역사적 해석이다.

문리적 해석은 법조문상 문구의 의미를 밝히는 해석이고, 목적론적 해석은 입법목적과 취지에 따라 법의 내용을 밝혀내는 해석이다. 체계적 해석은 관련 벌률 간의 유기적 상관관계를 살펴서 내용을 규명하는 해석이고, 역사적 해석은 규범의 성립·변천의 역사를 추적해서 해석하는 방법이다. 문리적 해석은 모든 법해석의 기본적 방법으로서 나머지 세 가지 해석방법에 한계로써 기능한다. 아울러 이들은 문리적 해석의 기준을 제공함으로써 문리적 해석의 한계를 보완하는 역할을 한다.

이 네 가지 해석방법을 사용하여 서로 보완하여 가면서 해석하는 것은 법령해석의 가장 기본적인 방법이다. 「보호관찰법」이나 「수용자처우법」도 '법'이고, 이 법 해석에 있어서도 가장 기본적으로 위 해석방법이 적용된다.

'형사처분'과 '보호처분'을 문리적 해석을 해보면 우리나라 현행법인 「형법」이나 '형사특별법'에서 규정하고 있는 형사제재 제도와 보호처분 모두가 포함된다.

이 조항을 역사적 해석을 해보면, 구 갱생보호법 제3조[118]를 반영하면서도 대상자의 범위를 열거적으로 한정했던 것은 받아들이지 않고, 대상자의 범위를 일반화해서 포괄적으로 확장한 것이 특징이다.

체계적으로 해석 차원에서 보면, 같은 법 제36조(갱생보호사업자 등의 원조와 협력)에서는 보호관찰소의 장이 보호관찰 대상자의 원호와 응급구호를 위하여 필요한 경우에는 갱생보호사업 허가를 받은 자 · 한국법무보호복지공단 등에게 숙식 제공이나 그 밖의 적절한 원조 또는 협력을 요청함으로써 보호관찰처분을 받은 자에 대해서도 갱생보호의 일부 방법을 적용하도록 하고 있고, 같은 법 제65조(갱생보보호의 방법) 규정도 '갱생보호 방법으로 적용되는 처우'를 시설내처우로부터 지역사회로 나온 사람과 관련된 것으로 한정하지 않는 것을 감안하면 어떠한 형사처분이나 보호처분에도 적용할 수 있다는 것이 인정된다. 목적론적 해석의 관점에서 이 조항을 해석해 보면, 같은 법 제1조(목적)을 보면, "이 법은 죄를 지은 사람으로서 재범방지를 위하여 갱생보호 등 체계적인 사회내처우가 필요하다고 인정되는 사람을 지도하고 보살피며 도움으로써 건전한 사회복귀를 촉진하고, 효율적인 범죄예방활동을 전개함으로써 개인 및 공공의 복지를 증진함과 아울러 사회를 보호함을 목적으로 한다"라고 규정하고 있으므로, 이러한 복지적 · 원호적 성격을 지닌 갱생보호는 가능하면 최대한 넓고 적극적으로 활용하여 특별예방 · 미연예방을 통하여 복지 증진 밑 사회방위를 추구할 것을 요청하고 있다. 따라서 갱생보호 대상자를 최대한 확장적으로 인정하는 것이 입법의 목적에도 부합한다.

2. 갱생보호의 기준

과거의 구 「갱생보호법」은, "갱생보호는 보호대상자의 의사에 반하지 아니하는 경우에 한하여, 보호대상자의 연령 · 학력 · 가정 · 교육 및 장래계획 등 제반환경을 충분히 고려하여 자립에 필요한 범위 안에서 행한다(제5조)."고 규정하여 '임의적 갱생보

118 구 「갱생보호법」 제3조는 갱생보호 대상자를 1) 징역 · 금고의 형의 집행이 종료되거나 그 형의 집행이 면제된 자, 2) 가석방된 자, 3)형의 선고 · 집행유예를 선고받은 자, 4) 공소제기의 유예처분을 받은 자, 5) 「소년법」에 따라 보호처분을 받은 자, 6) 「소년원법」 또는 「보호관찰법」에 의하여 퇴원 또는 가퇴원된 자, 7) 「사회보호법」에 의한 보호 또는 치료 감호의 집행이 종료되어나 가출소 또는 치료 위탁된 자로써 규정하여, 제한적으로 열거했다.

호'(Voluntary After-care)를 명확하게 선언하고 있었다. 그렇지만, 현행법에서는 임의적 갱생보호 선언을 운영기준에서 삭제하였다. 현행법에 따르면, "갱생보호는 해당 대상자의 교화·개선 및 범죄예방을 위하여 필요하고도 적절한 한도 내에서 이루어져야 하며, 대상자의 나이·경력·심신상태·가정환경·교우관계 그 밖의 모든 사정을 충분히 고려하여 가장 적합한 방법으로 실시되어야 한다"고 규정하고 있다. 이를 역사적 해석을 통해 규명해보면, 현행 갱생보호는 임의적 갱생보호에 한정하지 않고, 유권적 갱생보호도 인정할 여지가 있다.

이를 기준으로, 같은 법 제36조[119] 및 제66조[120]는 유권적 갱생보호를 부분적으로 적용할 수 있도록 규정을 두고 있다.

3. 갱생보호의 방법

갱생보호 방법의 구체적인 내용은 「보호관찰법」과 그 시행령에서 다음 방법으로 규정하고 있다.

> **제65조【갱생보호의 방법】** ① 갱생보호는 다음 각 호의 방법으로 한다.
>
> 1. 숙식 제공(* 숙식제공은 생활관 등 갱생보호시설에서 숙소·음식물 및 의복 등을 제공하고 정신교육을 하는 것으로 한다. 숙식제공은 6월을 초과할 수 없다. 다만, 필요하다고 인정하는 때에는 매회 6월의 범위 내에서 3회에 한하여 그 기간을 연장할 수 있다. 숙식을 제공한 경우에는 법무부장관이 정하는 바에 의하여 소요된 최소한의 비용을 징수할 수 있다(시행령 제41조).
>   생활관에는 갱생보호대상자가 아닌 자를 숙식하게 할 수 없다. 다만, 갱생보호대상자의 배우자, 직계 존·비속에 대하여는 1주일 이내의 기간 동안 숙식을 제공할 수 있다. 숙식제공기간을 연장하고자 할 때에는 본인의 신청에 의하되, 자립의 정도·계속보호의 필요성 기타 사항을 고려하여 이를 결정하여야 한다(시행규칙 제60조))

---

119 「보호관찰법」 제36조(갱생보호사업자 등의 원조와 협력) 보호관찰소의 장은 보호관찰 대상자의 원호와 응급구호를 위하여 필요한 경우에는 국공립기관·갱생보호사업의 허가를 받은 자·한국법무보호복지공단, 그 밖의 단체에 대하여 숙식 제공이나 그 밖의 적절한 원조 또는 협력을 요청할 수 있다.

120 「보호관찰법」 제66조(갱생보호의 신청 및 조치) ① 갱생보호 대상자와 관계기관은 보호관찰소의 장·갱생보호사업 허가를 받은 자·한국법무보호복지공단에 갱생보호 신청을 할 수 있다. ② 갱생보호의 신청을 받은 자는 지체 없이 보호가 필요한지 결정하고 보호하기로 한 경우에는 그 방법을 결정하여야 한다.

2. 주거 지원(* 주택의 임차에 필요한 지원)
3. 창업 지원(* 사업장 임차보증금 등의 지원)
4. 직업훈련 및 취업 지원(* 취업에 관한 기능훈련을 시키고 자격 취득을 위한 교육 및 직장알선하고 필요한 경우 신원보증하는 것)
5. 출소예정자 사전상담(* 출소 전 갱생보호방법 안내하고 자립계획 상담)
6. 갱생보호 대상자의 가족에 대한 지원(* 가족에게 심리상담 · 치료, 취업 · 학업지원)
7. 심리상담 및 심리치료(* 심리적 안정과 사회적응을 위한 상담, 전문가치료 실시)
8. 사후관리(* 사회복귀 상황을 점검하여 필요한 조언하는 것)

9. 그 밖에 갱생보호 대상자에 대한 자립 지원(* 사회복지시설 의탁 알선, 결혼 주선, 입양 및 의료 시혜 등)

개정 전 보호관찰법에서 인정했던 '여비지급'과 '생업도구 · 생업조성금품의 지급' 방법은 폐지 · 삭제되었다.

4. 갱생보호의 절차

「보호관찰 등에 관한 법률」 제15조에 따르면, 갱생보호에 관한 사무는 보호관찰소가 관장하는데, 같은 법 제66조와 관련 법령에서는 갱생보호의 절차를 다음과 같이 규정하고 있다.

(1) 갱생보호는 갱생보호 대상자가 친족 또는 연고자로부터 도움을 받을 수 없거나 이들의 도움만으로는 충분하지 아니한 경우에 한하여 행한다(같은 법 시행령 제40조).
이는 갱생보호 신청권의 보충성을 규정한 것으로서, 이는 국가재정이 충분치 못한 것을 감안한 것이지만 갱생보호의 활성화에는 저해가 될 수 있다.

(2) 갱생보호 대상자로서 갱생보호를 받고자 하는 자는 보호관찰소의 장 · 갱생보호자업자 · 한국법무보호복지공단에 서면으로 신청해야 한다(같은 법 시행규칙 제51조 1항).

(3) 교도소 등 관계기관이 보호관찰소 장 · 사업자 · 공단에 갱생보호 대상자에 대한 갱생보호의 신청을 하는 경우에는 갱생보호 대상자의 전과 및 처분의 내용 · 신상관계 · 갱생보호 대상자가 희망하는 갱생보호방법 등을 기재한 서면으로 한다(같은 법 시행규칙 제51조 2항).

여기서 관계기관이 갱생보호를 신청하는 경우에도 갱생보호 대상자가 희망하는 갱생보호방법을 기재하도록 한 것은, 임의적 갱생보호의 취지를 유지하고 하는 것이지만, 이는 갱생보호가 필요한 경우에도 대상자가 방법을 신청하지 않고 기피할 때에는 보호의 실시가 불가능하므로 그 실효를 거둘 수 없게 될 수도 있다.

(4) 갱생보호의 신청을 받은 보호관찰소의 장 · 사업자 · 공단이 갱생보호의 필요 여부와 그 방법을 결정함에 있어서는 신청서 및 갱생보호 대상자와의 상담 등에 의하여 갱생보호 대상자의 전과의 죄질 · 연령 · 학력 · 가정사정 · 교우관계 및 자립계획 등을 조사하여야 한다.

여기에서 갱생보호의 필요 여부 등을 결정함에 있어 대상자의 전과의 죄질까지 의무적으로 조사하도록 하는 조치는 과거지향적이고 응보주의적 형벌관을 떨쳐내지 못한 것이고, 갱생보호의 목적이 "대상자의 건전한 사회복귀를 촉진하고, 효율적인 범죄예방활동을 전개함으로써 개인 및 공공의 복지를 증진함과 아울러 사회를 보호함을 목적으로 한다"는 보호관찰법의 목적과도 배치(背馳)되므로, 이렇게 갱생보호를 극히 소극적인 제도로 형식화시키는 사항들은 삭제할 필요가 있다.

(5) 갱생보호의 신청을 받은 보호관찰소의 장 · 사업자 · 공단이 절차에 따라 보호결정을 한 경우에는 지체 없이 갱생보호에 필요한 조치를 하여야 한다(같은 법 제66조 3항).

5. 한국법무보호복지공단

과거의 구 「갱생보호법」에서는 갱생보호사업의 중심이 되는 공익법인의 명칭을 '갱생보호회'라고 했다. 이 이름은 전과자들의 사적 단체와 혼동을 초래할 소지가 있고, 공입법인이라는 내용도 담겨있지 않고, 기관의 품격을 떨어뜨린다는 비판을 받았다.

그 후 「보호관찰 등에 관한 법률」이 제정되면서는 '한국갱생보호공단'으로 개칭했다. 그러나 이 명칭도 현대적 언어감각에 뒤떨어지는 측면이 있어서 그 이름을 현재의 '한국법무보호복지공단'으로 고쳐서 순화시켰다.

한국법무보호복지공단은 「보호관찰법」에 의해 설립된 특수공익법인으로서 법무부장관의 관할하에 출소자의 사후관리 등 대상자의 갱생보호사업을 효율적으로 추진하는 역할을 맡고 있다.

이 공단은 1995년 법무부장관으로부터 정관을 인가받아 1995년 설립등기를 함으로써 설립되었다. 공단은 김천혁신도시에 주된 사무소를 두고 서울·부산·대구·광주·대전·인천 등에 지부와 지부의 관할 하에 전국 각 교정시설에 지소와 시군 단위로 보호구를 두고, "국민 여러분과 아름다운 동행을 함께 합니다"라는 캐치프레이즈를 내걸고 법무보호복지사업, 법무보호복지사업을 위한 수익사업, 법무복지제도와 조사·연구 및 보급홍보 등을 핵심사업으로 추진하고 있다.

공단에는 이사장 1명을 포함한 15명 이내의 이사와 감사 2명을 둔다. 대한민국 국민이 아닌 사람과 「국가공무원법」상 공무원으로 임용될 수 없는 결격사유에 해당하는 사람은 공단의 임원이 될 수 없다.

이사장은 법무부장관이 임명하고, 그 임기는 3년으로 하되 연임할 수 있다. 다만, 임기가 만료된 이사장은 그 후임자가 임명될 때까지 그 직무를 행한다.

이사는 갱생보호사업에 열성이 있고, 학식과 덕망이 있는 사람 중에서 이사장의 제청에 의하여 법무부장관이 임명하거나 위촉하며, 임기는 3년으로 하되 연임할 수 있다. 다만, 공무원인 이사의 임기는 그 직위에 있는 동안으로 한다.

감사는 이사장의 제청에 의하여 법무부장관이 임명하며, 임기는 2년으로 하되 연임할 수 있다. 이사장은 공단을 대표하고 공단의 업무를 총괄한다. 감사는 공단의 업무 및 회계를 감사한다.

이사장 아닌 이사와 감사는 비상근으로 할 수 있다.

Ⅳ 갱생보호제도의 개선방안

갱생보호제도가 지역사회 내 교정처우로서 중요한 기능을 지니고 있음에도 아직까지는 만족할만한 기능을 다하지 못하고 있다. 이러한 현실은 국가의 재정지원이 부족하고, 전문적인 직원도 매우 부족하며, 갱생보호에 대한 사회 일반의 관심 또한 매우 낮은 것이 주된 원인이라고 볼 수 있다. 따라서 현행제도를 다음과 같은 방향으로 개선하는 것이 필요하다.

첫째, 유권적 갱생보호제도를 실질적으로 도입·확대해야 한다.

현재 유권적 갱생보호를 인정할 수 있는 법률규정이 있음에도 하위 법령에서 오히려 극히 소극적인 보호제도로 전락시키고 있다. 그러므로 갱생보호가 대상자의 필요와 효과적인 재범방지에 도움이 될 수 있도록 갱생보호의 필요적 적용 제도를 확충하고, 갱생보호가 필요한 사람에 대해서는 국가복지적인 차원에서 대상자의 동의와 신청 여부와 관계없이도 적극적으로 적용할 수 있도록 제도화해야 할 것이다.

둘째, 갱생보호 운영자금을 충분히 마련할 수 있도록 안정적인 재원 확보 제도가 정립되어야 한다.

현행 「보호관찰법」은 국가나 지방자치단체에게 사업자와 공단에 대한 보조를 할 수 있는 규정(제94조)과 갱생보호사업을 위하여 수익사업을 할 수 있도록 하는 규정(제96조)을 두고 있으나, 이는 운영자금의 정부재정출연(出捐)이 의무화되지 않고 있다. 그러므로 운영기금의 국가재정출연을 법제화함은 물론이고, 수익사업의 활성화 여건과 기업 등이 후원 기부금품을 기탁할 수 있도록 이에 대한 조세감면 규정 등을 입법화할 필요가 있다.

셋째, 갱생보호의 필요성이 가장 많은 대상자는 오랫동안 시설내 수용을 겪은 사람이므로 이러한 현실적인 필요성 정도를 고려하여 분류심사자료 등을 활용하여 중간처우제도와 연계될 수 있도록 시스템을 구축하고 연속적인 재범방지를 위한 처우가 유지될 수 있도록 하여야 한다.

제3절 사회 내 제재로서의 중간처벌(Intermediate Punishment)

[1] 중간처벌의 등장배경

Ⅰ 중간처벌의 의의

중간처벌은 '중간제재'(Intermediate Sanction)라고도 부른다. 여기서 '중간'(Intermediate)이라는 개념은 통제의 강도(强度)를 기준으로, 통제의 세기가 자유형과 일반보호관찰 사이에서 중간 정도임을 나타낸다.

즉, 일반보호관찰보다는 처벌의 강도가 세고, 자유형보다는 제재의 정도가 약한 중간적 강도의 형사처벌제도로서 1980년 이후 미국에서 새로 만들어진 제재들을 가리켜 중간처벌 또는 중간제재라고 부르기 시작했다.

중간제재 또는 중간처벌제도들은 지역사회교정에 바탕을 두고 있지만 전통적인 사

회내처우제도와는 구분되어야 한다.[121]

전통적인 사회내처우는 사회복귀(Rehabilitation) 실현을 위해 범죄자의 교화개선을 원조하는 데 중점을 둔 제도들이라면, 중간처벌제도들은 응보(Retribution) · 제지(Deterrence) · 무능력화(Incapacitation) 달성을 위해 특별한 감시를 강화하고 처벌의 세기를 높이기 위한 제도들이다. 전통적인 사회내처우는 재사회화 효율을 높이는 데 중점을 두는 것이라면, 중간처벌(제재)는 교정시설 과밀화를 완화하고 행형비용을 줄이는 데 중점을 두는 것이다. 전통적인 사회내처우는 피처우자에 대한 복지적 · 원호적 입장이 우선적으로 고려된 것이라면, 중간처벌은 시민에 대한 사회방위적 입장이 더 우선적으로 고려된 것이다.

중간처벌은 비록 구금을 배제하거나 대폭 축소한다 해도 처우담당기관과 처우의 내용에 있어서 처우의 강압성은 여전히 존재하고 처벌의 본질은 시설내처우와 크게 다르지 않다. 즉, 처우의 장(場)이 지역사회로 옮겨졌을 뿐 처우의 구도와 논리는 시설내처우와 다를 것이 없으므로 응보적 형벌의 사회내 집행에 가깝다. 이와 같은 구분을 전제로 한 전형적인 중간처벌제도에는 집중보호관찰(Intensive Probation) · 가택구금(House Arrest) · 전자감시(Electronic Monitoring) · 충격구금(Shock Imprisonment) · 치료법원(therapeutic courts) · 병영캠프(Boot Camp Programs) · 배상명령(Restitution) · 주거형 처우센터(Community Residential Treatment Centers) · 주간처우센터(Day Reporting Centers) 등이 있다.

중간처벌제도의 유형에 대해서는 미국에서도 연구자에 따라 견해가 일정하지 않으나 유형을 크게 구분하면, 보호관찰에 부가하여 사용되는 제도와 보호관찰과는 독립된 제도로 사용되는 제재로 나눌 수 있다.[122]

국내 문헌 중에는 재판단계의 중간처벌 · 보호관찰 관련 중간처벌 · 교정 관련 중간처벌로 구분지어 중간처벌제도의 유형을 소개하는 경우도 있다.[123]

이는 객관적인 분류기준을 제시하지 않고 있으며, 유형을 범주별로 구분하는 실익도 없을 뿐 아니라 오히려 제도의 특성이나 취지를 혼란시킬 소지가 있으므로 미국이나 국내에서 지지하는 학자가 극히 소수이므로 일반화할 수 없다고 본다.

집중감시 보호관찰은 보호관찰 관련 중간처벌로, 충격구금과 병영식 캠프는 교정 관련 중간처벌로 소개하고 있지만, 집중감시 보호관찰뿐 아니라 충격구금 · 병영식 캠프도 보호관찰과 연계하여 집행이 이루어지는 경우가 일반적이므로 충격구금과 병영식 캠

---

121 Alexis. M. Durham Ⅲ Crisis and Reform : Current Issues in American Punishment, 1994, 40~52면.

122 정진수, 교정학, 2014, 223면.

123 이백철, 교정학, 2016. 258~270면.

프를 보호관찰 관련 중간처벌에서 배제시키는 것은 무슨 기준에 의한 것이며 또한 그리 구분하는 실익이 무엇이겠는가?

II 중간처벌의 시대적 · 이념적 배경

애초부터 중간처벌은 사회공동체의 주도와 참여 하에 범죄인을 동료시민의 한 사람이므로 대하면서 효과적인 사회복귀를 촉진한다는 사회내처우의 이념을 가지고 출발한 것이 아니다. 1970년대 미국에서는 범죄가 급증함에 따라 범죄에 대한 강경대책, 마약과의 전쟁 등으로 인해 교정시설의 수용인원의 과밀화와 교정비용의 과중한 부담에 직면하게 되었다.

범죄에 대한 강경대책은 1975년 미국에서 재사회화이념에 바탕을 둔 의료모델(Medical Model)이 포기되고 신응보주의에 바탕을 둔 정의(공정)모델(Justice Model)이 주된 형사정책으로 자리잡은 것과도 관련이 있다.

범죄자에 대한 처우에 있어서 국제적인 흐름은 1975년을 기준으로 획기적인 변화가 나타났다.[124] 1975년에 이르기까지의 사회내처우는 '지역사회의 사회내처우'로서 사회공동체의 주도하에 처우를 개별화하여 효과적인 교화개선기법과 처우내용의 다양화를 통한 재사회화 실현이 목표였다면, 1975년 이후의 '새로운 사회내처우인 중간처벌'은 종래의 사회내처우에 형벌적 요소를 가미하는 형태로 전개되어 '국가의 사회내처우'로 변질되었다.[125]

또한 중간처벌 등장의 시대적 배경은, 1973년 오일쇼크(Oil Shock)를 계기로 국가의 재정부담이 큰 시설내처우와 전통적인 사회내처우의 비용부담을 줄여야 한다는 여론과 함께 그간 추진해왔던 사회복귀이념은 한낱 꿈이요 현실적인 재범방지효과를 별로 얻을 수 없다는 비판이론이 부각되어 신응보주의와 일반예방주의에 대한 지지가 높아졌다.

1975년 미국의 여러 주에서는 물론이고, 1984년 「포괄적 범죄규제법」(Comprehensive Crime Control Act)의 제정으로 연방차원에서도 사회복귀이념 추구와 의료모델 중심 정책은 완전히 포기하기에 이르렀다. 그러다가 1980년대에 정의(공정)모델 중심 정책은 유지하면서도 한 걸음 더 나아가 무능력화(Incapacitation)이론인 행형(行刑)이론으로 강조되기에 이르자 선별적 무능력화(Selective Incapacitation)정책이 새로이 전개되었다.

---

124 藤本哲也, 형사정책의 신동향, 1991, 31~43면 참조.

125 이수성, 사회내처우의 소개와 평가, 「비상근연구위원 논문집」, 1997, 56~57면.

선별적 무능력화는 신응보주의에 입각하여 불법·책임에 상응하는 응분의 형벌을 공정하게 집행하는 획일적 처벌주의 방식인 정의(공정)모델과는 달리 비슷한 범죄행위를 범한 경우라도 범죄인의 재범위험성(상습성)에 따라 구분하여, 상습성이 인정되는 위험한 범죄자들만 선별하여 교정시설에 수용하고 그 형기를 장기화하는, 소극적인 형사정책이다. 다만, 선별적 무능력화도 정의(공정)모델처럼 교화개선을 추구하지 않고 범죄에 대해 강경하게 처벌하고자 하는 보수적 형사정책 경향이라는 점에서는 본질이 공통된다.

선별적 무능력화 정책은 정의(공정)모델 시행의 결과로 나타난 교정시설의 과밀화를 해소하고자 하는 현실적인 필요성이 강하게 작용하여 개발·시행되었다. 그래서 시행초기에는 과밀수용 완화에 확실히 효과가 있는 것처럼 보인 이 정책도 점차 그 한계에 도달함에 따라 다시 과밀수용으로 인한 문제가 심각하게 나타나게 되었다.

교정시설이 과잉구금상태가 계속 되자 미국의 교정당국에서는 보호관찰부 가석방(Parole)이나 선시제도(Good Time System) 등을 활용하여 수형자 중에서 비교적 위험성이 적은 사람을 석방하게 되었다. 그런데 이 경우는 수형자에게 그 개선효과가 있어서 조기석방시키는 것이 아니라 과잉구금상태를 해소하기 위한 조기석방이므로 사태는 더욱 심각화 되었다. 재범위험성을 그대로 간직한 수형자들을 아무런 통제조치도 없이 사회에 내보내어 일반시민의 안전을 위협하는 상황이 되자 이에 대한 사회적 비난이 쇄도하였다.

그 결과 미국의 교정당국은 범죄의 계속적 증가에 대응해서 범죄자에 대해 엄격한 처벌을 요구하는 일반사회의 요구에 부응하자니 교정시설은 보다 더 과잉구금상태로 악화될 것이고, 과잉구금상태를 해소하기 위해 가석방·선시제 등을 활용하여 수용인원을 줄이자니 위험한 범죄자를 사회에 내보낸다고 해서 일반시민들로부터 비난을 받게 되는 등 실로 이러지도 저러지도 못하는 딜레마(Dilemma)에 봉착하게 되었다.

또 과잉구금을 해소하기 위해서 교정시설을 신·증축하려고 해도 오일쇼크 등으로 인한 어려운 재정상황하에서 일반시민들의 세금부담을 가중시키게 되어 예산확보가 쉽지 않은 현실이었다.

이러한 사정들을 배경으로 고안된 새로운 형사정책적 행형제도가 집중감독 보호관찰(Intensive Supervised Probation, ISP)과 같은 중간제재(Intermediate Sanction) 또는 중간처벌(Intermediate Punishment)이라고 하는 새로운 사회내 제재 제도들이었다.

위험성을 그대로 간직한 수형자들을 아무런 통제조치도 없이 그대로 사회에 내보내어 일반시민들의 안전을 위태롭게 한다는 사회적 비난을 피하면서도 시설내 과잉구금을 완화하기 위한 묘책으로 제시된 것이 중간처벌 활용과 교정시설 민영화 추진 정책이었음을 인지하면서, 이러한 제도와 정책을 어떻게 어느 정도로 우리나라 상황에 맞추어 적용할 것인지는 우리가 해결해야 할 과제이다.

[2] 중간처벌제도의 유형

I 집중감시 보호관찰(ISP)

집중감시 보호관찰은 미국의 용어인 'Intensive Supervised Probation'에서 나타나듯이 '철두철미하게 감독하는 보호관찰'을 말한다.

이는 전통적인 일반보호관찰을 하기에는 너무 위험하다고 여겨지는 갱(Gang)집단이나 약물중독자 등에 대하여 형유예를 하거나 가석방 등을 하면서 범죄자에 대한 감시를 강화하기 위하여 만든 중간처벌제도이다. 집중감시 보호관찰은 일반보호관찰에 비해 감독과 통제의 강도를 많이 높이는 것이며, 가택구금이나 전자감독이 연계되어 시행되는 것이 일반적인 추세이다. 이 제도는 1974년 미국 조지아 주(Georgia)에서 처음 실시되었고 이후 여러 주로 확산되었다.[126]

일반보호관찰과 집중보호관찰의 차이점은 감시 · 감독의 정도와 대상자에서 찾을 수 있다.

일반보호관찰은 주로 전화접촉을 통해 준수사항 이행 여부를 확인하다가 간헐적인 직접 접촉이 행해지고, 보호관찰관 1인당 담당건수가 수십 건에 달한다. 집중보호관찰의 경우 직접 접촉이나 전자감독부과를 주로 하면서 대개의 경우 야간 등의 통행금지시간이나 출입제한구역을 정하고, 일정시간의 사회봉사를 의무화한다든가 알코올 · 마약 검사를 수시로 받게 한다든가 하면서 보호관찰비용과 피해자에 대한 배상을 병과하기도 하고, 보호관찰관에게 부여되는 담당자도 10명 이내로 하여 보호관찰관과 대상자의 대인적 접촉을 강화하고 범죄행위와 관련된 치료 · 개선을 위한 유관 프로그램에의 강제적 회부 등으로 보호관찰조건을 강화하고 엄격한 통제를 과하는 것이 특징이다.

대상자 선정에 있어서의 차이는 대체로 범죄위험성 정도의 차이이다. 일반보호관찰의 대상자는 가벼운 범죄를 범한 초범자로서 범죄위험성이 매우 낮다고 평가되는 사람으로 한정된다. 집중보호관찰의 대상자는 비교적 죄질이 나쁜 범죄자나 전과가 있는 범죄자까지도 해당되고, 재범의 위험성이 어느 정도 예측되는 경우에도 선정된다.

---

126 Norman A. Carlson 외, 1999, 160~161면.

집중감시 보호관찰의 장점은 비교적 위험성이 높은 경력범죄자로까지 지역사회 교정을 확대하여 시설내처우의 과잉상태와 비용을 줄이면서도 밀착감시와 엄격한 준수사항 부과를 통해 재범율을 낮출 수 있다는 점이다.

우리나라의 경우에도 「소년법」상 보호관찰 대상자에게 부가처분으로 대안교육 또는 상담·교육 부과 또는 특정시간대의 외출 제한 명령을 부과하거나[127], 「전자장치부착법」에 의한 전자장치 부착명령과 병행해서 보호관찰을 실시하는 것 등으로 집중감시 보호관찰을 확대해 나가고 있다.

Ⅱ 전자감시제도(EM)[128]

1. 전자감시제도의 의의

오늘날 전자감시는 사회내처우 제도로서만이 아니라 시설내수용의 계호를 보완하는 수단으로도 사용되고 있고, 판결 이전이나 형집행과정 등 형사사법 각 단계에서 폭넓게 활용되고 있다. 시설내처우에서 전자감시가 사용되는 가장 보편적인 사례는 시설의 주요지점에 CCTV를 설치함으로써 사고를 감지하고 예방하는 것이다[129]. 또한 수용자들을 법정 또는 검찰조사실이나 외부병원 등으로 이송할 경우 요구되는 인적 계호를 전자감독장치로 대신함으로써 인적 자원의 효율적 관리를 기할 수 있고[130], 그밖에 귀휴·외부통근·외부통학 등과 같은 사회적 처우를 보다 적극적으로 확산시키는 데에도 유용하게 활용될 수 있다. 이러한 감시와 통제기능은 과학기술의 발전과 함께 계속 확산될 것이다.

사회내제재로서의 전자감독(Electronic Monitoring, EM)이란 대상자가 특정한 시간에 일정한 장소에 있는지 여부를 확인하기 위하여 전자 장비를 이용하는 제도를 말한다. 보통 대상자의 손·발목 등에 전자팔찌나 전자발찌 등 전자감응장치를 부착하여 대상자

127 「소년법」 제32조의 2 참조.

128 정진수, 교정학, 2014, 238~259면.

129 「수용자처우법 시행규칙」 제162조 제1항: 영상정보처리기기 카메라는 교정시설의 주벽(周壁)·감시대·울타리·운동장·거실·작업장·접견실·전화실·조사실·진료실·복도·중문, 그 밖에 법 제94조 제1항에 따라 전자장비를 이용하여 계호하여야 할 필요가 있는 장소에 설치한다.

130 「수용자처우법 시행규칙」 제165조: 교도관은 외부의료시설 입원, 이송·출정, 그 밖의 사유로 교정시설 밖에서 수용자를 계호하는 경우 보호장비나 수용자의 팔목 등에 전자경보기를 부착하여 사용할 수 있다.

를 원격지에서 감시하는 방법이 이용되고 있다. 현재 우리나라에서는 전자발찌가 활용되고 있다.

전자감독은 보호관찰이나 가택구금(사회내구금)과 결합하여 이용되는 경우가 많다. 대상자가 가택에 있는지 여부를 확인하기 외출제한 점검, 가정이탈 점검 등에 EM이 활용되고 있다.

2. 연 혁

1964년 슈비츠게벨(R. Schwitzgebel)이 하버드대학에서 벨트에 부착하는 송수신기를 이용한 실험을 하기 시작한 이후 보스턴 등에서 이루어진 이 실험에서 EM시스템은 정신병 환자, 가석방자, 자원봉사자의 위치를 모니터하기 위해 이용되었다. 실험결과 슈비츠게벨은 이러한 기술이 재범을 줄일 수 있으며, 대상자와의 빈번한 접촉을 통하여 치료를 용이하게 하며, 구금(자유형)에 대한 인도주의적인 대안이 될 수 있다고 주장하였다. 그러나 한편으로는 이러한 기술이 대상자의 사회복귀의 목적보다는 감시의 수단으로 이용될 수 있음을 우려하였다.

그 후 이를 실용화하여 1977년 뉴멕시코주 지방법원 러브(J. Love) 판사는 전자팔찌를 개발하여 1983년부터 사용하기 시작하였다.

3. 전자감시제도의 운영방식

전자감독의 방식은 1세대 방식과 2세대 방식으로 구분할 수 있다.

(1) 1세대 방식 - 단속적 감시시스템, 계속적 감시시스템

1세대 방식은 대상자가 지정된 장소에서 머무르고 있는지 여부를 확인하는 통제시스템이다.

이 방식에는 보호관찰관이 외출금지시간대에 대상자의 집에 전화를 걸어 대상자가 집에 있는지의 여부를 확인 하는 수동식 전화방법, 컴퓨터가 자동적으로 대상자의 집에 전화를 걸어 음성 또는 전화신호에 의해 본인임을 식별하는 자동식 전화방법, 대상자의 신체에 송신기를 장착하고 전화기에 수신기를 장착하여 전화기와 컴퓨터를 연동하여 무선신호를 송수신하는 무선신호 송수신방법 등이 있다.

전화를 이용하는 방법은 계속적인 감시가 불가능하므로 '단속적 감시시스템'이라고 하고, 무선신호를 이용하는 방법은 계속적인 감시가 가능하다는 점에서 '계속적

감시시스템'이라고 한다. 현재 계속적 감시방법이 가장 많이 시행되고 있다.

우리나라의 보호관찰청소년에 대한 야간외출제한명령은 전화를 이용하는 방식으로 운용되고 있다.

(2) 2세대 방식 - 탐지시스템(Tracking System)

2세대 방식은 대상자가 기거하는 한 장소에서의 이탈 여부만을 감시하는 체제에서 벗어나 대상자가 움직이는 위치를 계속해서 추적하는 방식이다.

1세대 방식은 대상자가 지정된 주거지에 머무르고 있는지 여부를 확인하는 기능만 가능하고 대상자가 집밖으로 이동하는 경우에는 통제할 수 없다는 단점이 있다. 따라서 대상자가 직장에 나가거나 생활을 위하여 부득이 하게 외출을 하는 등의 상황에서는 감시가 불가능하다. 이러한 이유에서 집밖에서 대상자가 활동을 하고 있을 때에도 감시가 가능한 방식이 필요하게 되었고 1990년대 초부터 그러한 2세대 감시방식이 개발되어 계속적인 감시가 가능하게 되었다.

2세대 방식에는 국가가 범죄자의 주거범위 이탈을 감시하도록 하게 해 주는 '전(全)지구 위치파악 시스템(GPS)'을 이용하고 있다. 탐지시스템은 계속적·단속적 감시시스템과 달리 전화회선을 이용하지 않는 점이 특징이다. 우리나라의 전자장치부착명령제도는 이 방식에 해당된다.

4. 전자감시제도의 활용 방식

외국의 전자감시제도는 형사절차의 여러 단계에서 다양한 방법으로 이용되고 있다.

판결 전 단계에서는 구속을 대체하는 수단으로 이용될 수 있다. 그리고 통상적인 통제나 감시보다도 강한 감독이 필요한 보호관찰대상자에 대하여 전자감시가 이용되어 집중감독보호관찰로 활용될 수 있고, 가석방자에게 전자감시가 이용될 수 있다. 이밖에도 형사제재로서 독자적인 전자감시가 활용되기도 하고, 보호관찰 준수사항 위반 시 제재조치로서 전자감시가 이용되기도 한다.

보호관찰대상자에 대한 전자감시는 주로 준수사항 위반자에 대한 제재조치로 이용되고 있다. 즉 보호관찰의 준수사항을 위반한 대상자에 대한 단계적 제재수단으로 전자감시를 하는 것이다. 전자감시의 이용은 최근 수십 년 동안 빠른 속도로 증가하고 있다.

5. 우리나라의 전자감시

(1) 적용 대상 범죄자

우리나라에서 전자감시제도는 「특정 범죄자에 대한 보호관찰 및 전자장치 부착 등에 관한 법률」(전자창지부착법)에서 규정하고 있다.

우리나라에서 전자감시제도(전자발찌제도)는 2006년에 발생한 용산 초등학생 성폭력 살해사건을 계기로 2008년에 도입되었다. 처음에는 성폭력범죄자만을 대상으로 시작하였으나, 2009년에는 미성년자 유괴범죄자로, 2010년에는 살인범죄자로 적용범위를 확대하였고 2014년에는 강도범죄자에 대해서도 적용할 수 있도록 하였다.

(2) 전자감시제도의 내용

전자감시는 1) 징역형을 선고하면서 전자감시가 병과되는 경우, 2) 가석방 및 가종료 시 전자감시가 부과되는 경우, 3) 형의 집행을 유예하면서 전자감시가 부과되는 경우가 있다.

가. 징역형과 함께 전자감시제도가 병과되는 경우

1) 부착명령의 청구(법 제5조)

검사는 성폭력 범죄, 미성년자 대상 유괴범죄, 살인범죄, 강도 범죄를 다시 범할 위험성이 있다고 인정되는 사람에 대하여 전자장치를 부착하도록 하는 부착명령을 법원에 청구할 수 있다.

부착명령의 청구는 항소심 변론종결 시까지 하여야 한다. 법원은 특정범죄사건을 심리한 결과 부착명령을 선고할 필요가 있다고 인정하는 때에는 검사에게 부착명령의 청구를 요구할 수 있다.

2) 부착명령의 판결 등(법 제9조, 제9조의2)

① 법원은 부착명령 청구가 이유 있다고 인정하는 때에는 최대 30년까지의 기간의 범위 내에서 부착기간을 정하여 판결로 부착명령을 선고하여야 한다. 다만, 13세 미만의 사람에 대하여 특정범죄를 저지른 경우에는 부착기간 하한을 부착기간 하한의 2배로 한다.

② 여러 개의 특정범죄에 대해여 동시에 부착명령을 선고할 때에는 법정형이 가장 중한 죄의 부착기간 상한의 2분의 1까지 가중하되, 각 죄의 부착기간의 상한을 합산한 기간을 초과할 수 없다. 다만, 하나의 행위가 여러

특정범죄에 해당하는 경우에는 가장 중한 죄의 부착기간을 부착기간으로 한다.

③ 부착명령을 선고받은 사람은 부착기간 동안 「보호관찰 등에 관한 법률」에 따른 보호관찰을 받는다.

④ 부착명령 청구사건의 판결은 특정범죄사건의 판결과 동시에 선고하여야 한다. 부착명령의 선고는 특정범죄사건의 양형에 유리하게 참작되어서는 아니된다.

⑤ 법원은 부착명령을 선고하는 경우 부착기간의 범위에서 준수기간은 정하여 준수사항을 부과할 수 있다.

나. 가석방 및 가종료 시에 전자장치를 부착하는 경우

1) 부착명령 판결을 선고받지 아니한 특정 범죄자로서 형의 집행 중 가석방되어 보호관찰을 받게 되는 자는 준수사항 이행 여부 확인 등을 위하여 가석방기간 동안 전자장치를 부착하여야 한다.(법 제 22조 참조)

2) 「치료감호법」 제37조에 따른 치료감호심의위원회는 부착명령 판결을 선고받지 아니한 특정 범죄자로서 치료감호의 집행 중 가종료 또는 치료위탁되는 피치료감호자나 보호감호의 집행 중 가출소되는 피보호감호자에 대하여 준수사항 이행 여부 확인 등을 위하여 보호관찰기간의 범위에서 기간을 정하여 전자장치를 부착하게 할 수 있다.(법 제23조 참조))

다. 형의 집행을 유예하면서 전자장치를 부착하는 경우

1) 법원은 특정범죄를 범한 자에 대하여 형의 집행을 유예하면서 보호관찰을 받은 것을 명할 때에는 보호관찰기간의 범위 내에서 기간을 정하여 준수사항의 이행여부 확인 등을 위하여 전자장치를 부착할 것을 명할 수 있다.

2) 법원은 1)에 따른 부착명령기간 중 소재지 인근 의료 기관에서의 치료, 지정 상담시설에서의 상담치료 등 대상자의 재범방지를 위하여 필요한 조치들을 과할 수 있다.(법 제 28조 참조)

III 가택구금(Home Arrest)[131]

1. 의의(의미)

가택구금(Home Arrest)의 'Home Arrest'를 직역하면 '자기 집 억류'이듯이, 가택구금이란 범죄인을 교정시설이 아닌 본인의 집에 감금하는 형사처분을 말한다.

최근에는 가택구금 대신에 '사회내구금(Community Custody)'이라는 용어로도 사용되고 있다.

'사회내구금'이란 용어를 사용하는 까닭은, 대상자를 감금하는 장소를 반드시 개인집으로 한정할 필요가 없고, 주거가 없는 대상자 등에게는 폐교 등을 개조한 공공보호시설에 수용할 수도 있다는 점을 고려한 때문이다.

가택구금은 감시를 위해 전자감시와 연계되어 시행하는 경우가 일반적이므로 '전자감시부 가택구금'이라고도 하는데, 이 방식은 종래의 자유형으로서의 구금, 미결구금, 보안처분으로서의 구금과는 성격이 다르므로 '원격구금'이라는 새로운 개념으로 정립되어 가고 있다.

2. 가택구금의 유형

가택구금은 그 준수사항의 엄격함과 억류의 강도에 따라 통행금지(Curfew), 가택연금(Home Confinement), 가택수용(Home Incarceration) 등으로 구분한다.

(1) 통행금지(curfew)

통행금지란 주간이나 평일에는 사회활동·학교생활을 하도록 하면서 야간 등 일정한 시간 동안 집 밖으로 나가지 못하게 하는 처분이다. 우리나라에서 현재 시행 중에 있는 「소년법」 제32조의 2에 의한 청소년외출제한명령이 이에 해당한다.

(2) 가택연금(Home Confinement)[132]

집에 감금되어 있는 것을 기본으로 한다. 다만, 학업·취업 활동이나 종교활동·질병치료 등과 같이 필수적인 사회활동은 집 밖에서 할 수 있도록 허용한다. 그 외에는 계속 감금상태를 지키도록 하는 처분이다.

---

131 정진수, 교정학, 2014, 260~272면.

132 연금(軟禁)이란 정도가 비교적 가벼운 감금. 신체의 자유는 속박하지 않고, 다만 외부와의 접촉을 금지하거나 제한함.

(3) 가택수용(Home Incarceration)

법원이 명한 약물남용치료 상담, 공식적인 처우나 조사 등을 받기위한 외출과 같이 드문 예외 이외에는 계속 집에 머물러야 하는 처분이다. 이것이 가장 엄격한 형태의 가택구금이다.

3. 가택구금의 발전 배경[133]

(1) 교도소과밀과 재정부담의 과중 문제의 해결 필요성

범죄의 지속적 증가로 수용인구가 늘어남에 따라 한정된 교정시설 내 구금인구의 과밀이 초래되고, 이 문제 해결을 위한 재정 부담이 크게 커짐에 따라 교정시설 수용의 대안으로 가택구금 활용이 요구되고 있다.

전자감시에 의한 가택구금의 최대장점은 수용인구를 줄이면서도 사회보호가 가능하다는 점이다. 이를 활용하여 사회내처우제도로서 전자감시부 가택구금 등이 실행되면 시설 내 과밀수용은 상당히 완화되고 교정비용이 경감될 수 있다.

(2) 시설내처우에 대한 부정적 인식확대와 자유형의 단점 극복 요구

자유형제도(시설내처우)에 의한 재사회화 효과는 크지 않아 시설내처우에 대한 부정적 인식이 확산되고 있다. 이로 인해 시설내처우의 대안이 모색되고 있고, 그 단점을 극복할 수 있는 제도에 대한 요구가 강화되고 있다.

전자감시에 의한 가택구금이 도입된다면, 이로 인해 줄어든 시설내 수용자들에게는 집중적인 교정교화 처우가 가능해진다. 따라서 시설내처우의 개선효과를 키우면서 자유형의 단점을 보완하기 위한 제도로서 전자감시부 가택구금이 보호관찰과 연계되어 활용될 수 있다.

시설내처우에 수반되는 악풍감염, 낙인의 부작용 등의 문제를 해결하기 위한 방안으로 사회내처우인 전자감시부 가택구금이 활용된다면 악풍감염 및 낙인의 부작용이 대폭 감소될 수 있다.

(3) 전자감시부 가택구금(사회내구금)의 다목적 기능 기대

오늘날에는 형사제재가 응보적 기능 뿐 아니라 범죄억제기능, 재사회화 기능 모두를 가질 수 있기를 기대하고 있다. 본 제도는 이 세 가지 기능을 동시에 실현할 수 있을 것으로 기대된다.

---

133 정진수, 교정학, 2014, 261면

(4) 회복적 사법의 대두 및 확산 경향

현재 회복적 사법은 전 세계적으로 형사절차의 모든 단계에서 널리 퍼져나가는 추세에 있다. 회복적 사법에서는 피해자와 범죄자 간의 관계 회복과 범죄자와 지역사회 간의 관계회복을 통한 재통합이 강조되고 있다.

시설내처우는 배제적이고, 응보적이며, 피해자와 범죄자의 관계 개선에도 그다지 도움이 되지 않는다. 이에 반해 가택구금(사회내구금)은 포용적인 제도이며 사회적 관계를 개선한다. 따라서 회복적 사법의 경향은 가택내구금과 같은 새로운 제재를 만들게 하는 동기로 작용하고 있다.

(5) 전자감시 기술의 발전에 따른 처우제도 변화 요구

가택구금이 가능하기 위해서는 범죄자의 준수사항의 이행을 담보할 수 있는 수단이 확보되어 있어야 한다. 최근의 전자감시에는 범죄자의 주거범위 이탈을 감시할 수 있는 GPS가 활용되고 있으며, 이러한 기술은 범죄자의 반사회적 위험에 대한 일반인의 우려를 불식시킬 수 있으므로, 가택구금을 확대시킬 수 있는 기술적 여건이 갖추어지고 있다.

전자감시기술의 발전은 가택구금을 받는 범죄자를 통제·관리하는 데 큰 역할을 한다. 이에 따라 시설내처우를 대체하기 위한 새로운 사회내 처우제도로서 활용할 수 있게 되었다.

4. 시설내처우(자유형)와 가택구금(사회내구금) 비교[134]

시설내처우(자유형)	가택구금(사회내구금)
배제적 : 수형자가 사회로부터 배제됨	포용적 : 범죄자가 사회의 일원으로 남음
가족과 배우자의 배제 : 가족은 엄격한 교정시설 규정에 따라 범죄자 방문이 어려움	가정 중심적 : 가족과 배우자는 교정처우의 조력자로서의 역할을 할 수 있음
사회적 관계와 결혼 관계의 파괴 야기	사회적 관계 및 결혼 관계의 유지
고용관계 단절	고용관계 지속
처벌 강조	처벌과 원상회복 강조
소극적 처우 : 시설의 규칙과 일과에 따른 격리적·강제적 생활	적극적 처우 : 대상자는 부과된 준수사항(예 : 통행금지)의 범위 내에서 일상생활을 할 수 있음
인간의 존엄 박탈	인간의 존엄 유지

134 정진수, 교정학, 2014, 265~266면.

개인의 프라이버시 박탈	높은 수준의 프라이버시 유지
자기 개선에 대한 제한된 인센티브와 기회	범죄자에게 삶의 방식을 개선하게 할 수 있는 다양한 기회의 제공
치유에 부적합	치유 적합
건상상·안전상 위협요인 많음	위험요인이 감소함으로써 피해의 가능성 매우 낮음

5. 전자감시부 가택구금에 대한 찬·반론[135]

(1) 찬성론

1) 시설내처우보다도 국가재정부담을 낮출 수 있다.
2) 시설내처우의 단점을 피할 수 있다.
3) 다른 사회내처우(손해배상령, 사회봉사명령 등)와도 병행해서 이용할 수 있다.
4) 특수한 처우가 필요한 범죄자(에이즈 환자, 임산부, 고령의 범죄자) 등에도 적용할 수 있다.
5) 특별한 시설을 필요로 하지 않으며 기존의 시설에 의해서 운영될 수 있으므로, 실시하기가 쉽다.
6) 미결·기결 형사사법의 각 단계에 있어서 형사처분으로서 폭넓게 이용할 수 있다.

(2) 반대론

1) 자유(구금)형의 대체수단으로 쓰이기 쉽지 않고, 형사사법망의 확대가 초래될 위험이 있다.
2) 자유형에 비해 형기가 길어질 가능성이 있다.
3) 형벌의 엄격성을 약화시킨다.
4) 범죄자에 대한 감시요소를 강화시켜서 종래의 원호 중심이 재사회화이념과 대립된다.
5) 개인가정에 대한 간섭을 증대시킨다(가정의 교도소화–사생활의 비밀 침해).
6) 대상자로부터 수수료를 징수하는 시스템 아래서는 지불능력이 없는 자가 시설에 수용되었을 경우에 처우 면에서 빈부의 차에 의한 불평등이 생길 수 있다. 외국의 일부 국가에서는 범죄자에게 전자감독 비용까지 부담시키고 있다.

---

135 허주욱, 교정학 903면.

7) 시설구금에 비해서 보안 효과 면에서 떨어지므로 공공의 안전이 위협받는다(사회방위에 불리).

8) 범죄문제의 해결을 가정에 맡기는 결과가 되어 국가책임의 회피로 이어질 수 있다.

6. 전자감시제도, 가택구금에 대한 평가[136]

(1) 형사처분망의 확대

형사처분망의 확대(Widening The Net)란, 새로운 대안적 제재가 과거에는 제재를 받지 않았을 사유이거나, 보다 가벼운 제재를 받았을 범죄자에게 부과되는 것을 말한다. 예컨대, 과거에는 집행유예나 보호관찰만 받았을 범죄자에게 전자감시가 부과되면 형사처분망의 확대가 발생한다고 할 수 있다.

형사처분망의 확대는 제재의 강도 문제 뿐 아니라 비용문제도 발생시키게 된다. 전자감시를 시행하기 위해서는 전자감시시스템 개발 및 운영을 위한 새로운 비용이 필요하게 된다. 따라서 전자감시는 일반 보호관찰에 비해 비용이 많이 든다. 전자감시는 시설내처우를 받게 될 범죄자에 대하여 이용되는 경우에만 교정비용을 절감할 수 있다.

(2) 기본권 침해

1) 위치추적장치를 이용한 전자감시에 의해 범죄자의 위치에 관한 정보가 수집되므로, 전자감시를 받는 범죄자의 프라이버시 등 기본권이 심한 제약을 받게 된다. 그리고 대상자는 자신이 항상 감시의 대상이 되고 있다는 점에서 심리적 압박감과 굴욕감을 느끼게 된다. 또한 전자감시는 대상자의 사생활 영역까지 전자장치를 통하여 감시하므로 프라이버시 침해의 가능성이 많다. 나아가 전자감시부 가택구금은 대상자 뿐 아니라 그 가족의 사생활에 대한 침해도 야기할 수 있다. 그러므로 전자감시가 필요 최소한으로 활용되고 역기능이 최소화되도록 하는 보완제도가 필요하다.

2) 전자감시가 구금을 대체하는 수단으로 사용된다면, 전자감시에 의해 더 많은 사회복귀의 기회를 가지게 하며, 행동의 자유도 상당부분 누릴 수 있게 된다는 점에서 전자감시가 인간의 존엄성을 침해하는 처분이라고만 할 수 없다.

---

136 정진수, 앞의 책 240~243면.

그리고 대상자의 기본권 침해가 없도록 하기 위해서는 전자감시는 가급적 대상자의 동의를 받아 사용하도록 하는 것이 바람직하다.

(3) 범죄자관리를 기술에 의존하는 문제

전자감시를 남용하게 되면 범죄자관리에서 기술에 대한 의존이 너무 커지고 인간적 관리가 경시된다. 아무리 정교한 장치를 이용하더라도 범죄자관리의 성공 여부는 그 수단이 자격 있는 사람에 의해 제대로 이용되는지 여부에 달려 있다. 따라서 전자감시는 그 자체가 목적인 것처럼 남용되어서는 아니 되고 시설내처우의 폐해를 해소하는 수단으로 사용될 수 있게 해야 한다.

(4) 재범방지효과

전자감시를 받고 있는 대상자의 재범률에 대한 연구결과는 일정하지 않다. 그리하여 지금까지는 전자감시의 재범방지에 효과에 대해서 견해가 통일되어 있지 않다.

다만 전자감시는 구금이나 보호관찰에 비해 효율성이 떨어지지 않는 것으로 나타나고 있다. 극히 이례적으로 범죄자가 발찌를 절단하고 범죄를 범해 사회의 이목을 끄는 사례도 있지만 이러한 현상은 예외적인 경우이다. 대부분의 사례에서 범죄자들은 준수사항을 잘 따르고 있다. 그리고 전자감시제도는 미결구금이나 구금인원을 줄일 수 있고 교정비용을 줄일 수 있다는 장점을 가지고 있다.

(5) 전자감시 제도에 대한 판례

대법원은 전자감시명령제도를 특정범죄로부터 국민을 보호함을 목적으로 하는 보안처분으로 보고 있다.

Ⅳ 충격구금(충격보호관찰)(Shock Imprisonment)

충격구금 또는 충격보호관찰(Shock probation)이란, 구금하여 교육할 필요가 있는 범죄자에게 충격을 주기 위해 우선 자유형을 악풍감염이 없도록 통제된 교정시설에서 단기간 집행하다가 조기에 석방하여 보호관찰을 할 수 있도록 하는 제도이다. 이 제도는 구금의 고통이 큰 형기 전반 기간에 구금하여 범죄억제효과를 높이면서도 장기구금에 따른 폐해를 해소하거나 줄임으로써 구금의 긍정적인 면을 살리기 위하여 고안되었다. 이는 사회내처우와 연관하여 단기자유형을 활성화하기 위한 제도로서 자유형의 일부에 대한 집행유예제도이다. 충격보호관찰은 범죄자가 단기간(3~6개월)의 자유형 집행을 받은 후 보호관찰을 받게 되면, 범죄자가 범행을 하지 않고 법률을 준수할 수 있도록 하는 충격을 줄 것으로 가정하고 있다. 그러나 짧은 기간의 구금에도 범죄인이 악풍에 감염될 수 있다는 단기자유형의 단점이 나타날 수 있다.

V 손해배상명령(Restitution)

범죄피해자의 범죄피해에 대해 배상하는 형사제재이다. 배상명령은 다음과 같은 형사정책적 의미가 있다. 즉, 범죄자는 손해배상명령을 통해 자신이 저지른 범죄에 대한 책임감을 가지고 속죄할 수 있게 되어 사회복귀에 도움을 얻을 수 있으며, 범죄자와 피해자는 손해배상을 통해 화해할 수 있다. 이는 전통적인 벌금형과 달리 재산적인 이익이 피해자에게 귀속된다는 점에서 중간제재로서의 특징이 있다. 이 제도는 미국·영국·독일 등에서 성인범죄자보다는 소년범죄자에게 많이 적용되고 있다.

VI 주거형 처우센터(Community residential Treatment Centers)[137]

주거형 처우센터는 중간처우시설의 일환으로서, 지역사회 내에 있는 주거형 처우시설이다.

처음에는 노숙자를 위한 시설로 만들어 졌지만, 지금은 지역사회 교정의 중요한 제도로 활용되고 있다. 주거형 처우시설은 중·상 수준의 위험성을 가지는 범죄자를 수용하여, 법원에 의해 부과된 준수사항에 따라 파트타임이나 풀타임으로 거주하도록 규제한다.

주거형 센터의 형태는 매우 다양하여 일정한 모델은 없다. 보석으로 석방될 수 없는 피고인, 밀착감시가 필요한 보호관찰대상자, 구외작업을 하도록 지정된 수형자, 가석방된 자, 보호관찰 준수사항위반자 등이 주거형 센터에 수용되고 있다.

그리고 범죄자만 수용하는 곳도 있고, 범죄자·비범죄자를 가리지 않고 알코올이나 약물중독자, 정신장애자를 수용하는 곳도 있다. 비범죄자들을 주로 수용하는 경우도 있다.

VII 주간처우센터(Day Reporting Centers)

137 정진수, 앞의 책, 229면.

교정시설의 과밀화가 여러 문제를 야기하게 되자 보호관찰 대상자가 준수사항을 위반한 경우에도 교정시설에 구금하는 것을 피하게 되었다. 이와 같은 상황이 되자 보호관찰 위반자가 아무런 제재도 받지 않는 결과가 되었고, 이러한 현상은 보호관찰의 효율성을 심각하게 저해하게 되었다.

이에 따라 미국의 조지아 주에서는 보호관찰센터를 만들어 준수사항을 위반하는 범죄자가 단기간 거주하도록 했고, 매사추세츠 주 등에서도 주간처우센터를 만들어, 준수사항 위반자가 하루 종일 교육과 치료를 받도록 하고 있다.

이러한 시설들은 매우 다양하지만, 보호관찰관이 준수사항을 준수하도록 강제할 수 있는 수단을 가질 수 있게 한다는 점에서 형사정책적 의미를 지닌다.

주간처우센터는 일반적으로 보호관찰과 연계여 이용되는 중간처벌이지만, 가석방된 자, 가석방 준수사항 위반자, 귀휴자, 보석된 피의자·피고인도 대상으로 하고 있다. 이 제도는 집중적인 감독 및 감시와 함께 다양한 처우와 프로그램을 제공한다.

Ⅷ 치료법원(Therapeutic Courts)

치료법원은 전통적 사법(司法) 개념을 뛰어넘어 치료사법을 관할하는 법원이다. 치료법원은 정신질환 범죄인이나 약물중독 범죄인에게 구금 대신 치료를 위한 처분을 결정하는 법원이다. 정신질환 범죄인이나 약물중독 범죄인 등의 치료과정을 법원이 사법적으로 통제해 재범을 방지하도록 하는 '치료사법'이념을 바탕으로 한다. 미국의 경우 치료법원인 「정신건강법원」을 대부분 주에서 제도화하고 있다. 이 법원은 검사·판사·변호인·치료전문가들이 한 팀을 이루어 피고인의 치료방법을 마련한다. 피고인이 치료과정을 제대로 이수하여 재범위험성이 없어지면 검찰이 불기소처분을 결정하거나 법원이 형을 유예하거나 감경해준다. 현재 우리나라는 도입하지 않고 있으나 가능한 한 빨리 제도화되어야 한다.

Ⅸ 병영식 캠프(Boot Camp Programs)

병영캠프는 기초적인 군사훈련과 전통적인 사회복귀처우를 종합한 중간처벌(중간제재)의 일종이다. 이 제도는 미국의 Georgia주와 Oklahoma주에서 시작되었다.

이는 재사회화 효과가 낮은 단기자유형 대신 적절한 훈련을 통해 효과적인 교정을 추구한다. 병영캠프에서는 몇 개월간 수용되는데, 교도소 수용기간이나 보호관찰의 기간에 비하면 훨씬 단기간이라서 그러한 처우에 비해서 혜택을 받는 처우이다.

병영캠프를 마친 자는 일반적으로 임시석방, 집중보호관찰, 사회내구금(가택구금) 형태로 석방된다. 충격보호관찰(Shock Probation)과 병영캠프를 충격구금(Shock Incarceration)이라고도 한다.

[3] 중간처벌(제재)의 장점과 단점

I 장 점

(1) 불필요한 구금을 회피하여 과밀수용과 교정비용을 완화시키고, 지역사회교정을 활성화한다.

중간처벌은 범죄자를 사회 내 교정에 둠으로써 교도소 과밀문제를 완화할 수 있고, 지역사회교정을 활성화 하며, 구금에 비해 사회복귀와 사회통합의 가능성을 높일 수 있으며, 범죄자를 구금하는 것보다 비용이 적게 든다는 장점을 가지고 있다.

(2) 보호관찰의 한계를 보완하여 보호관찰대상자를 확대한다.

보호관찰관은 다수의 보호관찰대상자를 관리해야 하기 때문에 범죄자가 안고 있는 개별적인 문제에 대처하기 어렵다. 중간제재는 감시를 강화하거나 범죄자의 처우에 부합하는 전문화된 프로그램을 다양하게 제공함으로써 보호관찰의 단점을 개선시킨다. 또한 보호관찰의 제재효과를 높여 더욱 다양한 범죄자들에게 보호관찰을 적용할 수 있는 방법을 제공한다.

(3) 적정한 양형의 폭을 넓혀준다.

양형에서 법관은 종종 자유형과 보호관찰 중 양자택일을 강요받는다. 자유형과 보호관찰 사이에 다양한 중간제재가 있으면 법관에게 형벌 선택권이 넓어져 죄질에 상응하는 형벌을 내릴 수 있고, 형사제재의 연속성을 유지하는 데 유리하다.

(4) 자유형과 보호관찰 사이에 다양한 제재들을 계단식으로 제공하여 형벌의 적정성에 기여한다.

Ⅱ 단 점

중간처벌에 대해서는 형사처분망을 확대시키는 문제나, 중간처벌을 부과할 범죄자를 어떻게 공정하게 선정하고 어느 기관에서 중간처벌을 운영할 것인가와 관련하여 공정성을 담보하기 어려운 문제점 등이 있다.

(1) 형사처분망의 확대를 초래한다.

형사처분망의 확대는 중간제재 대한 비판 중 핵심적인 것이다. 중간제재에 대한 비판자들은 중간제재가 범죄자에 대한 통제를 줄이는 것이 아니라 오히려 증가시킨다고 주장한다. 즉, 중간제재가 존재함으로써 범죄자에게 보다 통제적인 제재가 가해진다는 것이다. 예를 들어, 보호관찰에 사회봉사명령을 추가할 수 있고, 보호관찰기간 중 충격구금이 부과될 수 있다는 것이다.

중간제재는 국가에 의해 관리되고 통제되는 범죄자의 수를 증가시키고, 국가의 개입권을 강화함으로써 범죄자를 통제하는 능력을 강화시킨다.

(2) 범죄자의 선정의 불공정성을 해소하기 어렵다.

중간제재를 받을 범죄자를 선정하는 것도 어려운 문제이다. 중범죄에 대하여 중간제재를 부과하게 되면 지나치게 관대한 처벌이라는 여론의 비판이 있을 수 있다. 따라서 어느 정도의 범죄자를 중간제재의 대상으로 삼느냐 하는 문제 및 비슷한 죄에 대해서 어떤 범죄인을 대상으로 삼느냐에 따라 불공정성이 문제될 수 있다. 또한 중간제재 절차에는 적법절차가 이완되므로, 이로 인해 불공정성이 나타날 수 있다.

(3) 기관 선정의 어려움으로 인해 시행이 어렵다.

중간제재가 새로이 만들어지게 되면 이를 어느 기관에서 관리해야 할 것인지도 문제될 수 있다. 이로 인해 구체적인 사법절차를 정립하는 데 어려움이 있다.

학습 체크 포인트

01 중간처벌은 보호관찰 무용론을 배경으로 등장했다. 중간처벌은 전통적 보호관찰이 지나치게 관대한 처분이고 형식적 제재일 뿐 재범률을 낮추는 데 효과가 없다는 비판을 배경으로 하여, 전통적 보호관찰과 시설내 자유형 집행이라는 양극단의 제재 중간에 위치하는 중간제재(Intermediate Sanction)로서 창안되었다.

02 중간처우와 중간처벌은 본질이 다르다. 중간처우는 사회복귀에 중점을 두고 있고, 시설내처우에 기반을 두고 있다. 중간처벌은 사회방위에 중점을 두고 있고 지역사회교정에 기반을 두고 있다.

03 일반보호관찰과 집중감독보호관찰은 보호관찰 대상자와 감시 · 감독의 정도에 따라 차이가 있다.

04 집중감독보호관찰은 비교적 위험성이 적은 범죄자이면서도 구금시켜 형벌을 남용하는 문제와, 반대로 과밀수용으로 인하여 위험성이 높은 범죄자까지 사회로 내보내면서 일반보호관찰을 받게 함으로써 사회를 위협하는 문제를 동시에 해결할 수 있는 제재라는 것이 큰 장점이다.

05 전자감시부 가택구금은 범죄자를 집에 구금시키고, 전자장비를 이용하여 범죄자를 감시하는 일종의 중간처벌로서, 교정시설의 과밀화 해소 및 교정시설 운영경비를 절감할 수 있는 비구금적 대안이나, 가택구금된 범죄인의 가족에 대해 해를 끼치게 할 수 있고 범죄인과 가족의 프라이버시를 침해할 수 있는 단점도 있다.

06 충격구금(Shock Imprisoment)은 단기간 구금 후 석방하여 보호관찰을 집행하는 형의 일부유예제도로써, 단기간이지만 범죄자에게 충격을 주기 위하여 자유형을 Short, Sharp, Shock하게 집행함으로써 자유형과 형의 유예 및 보호관찰의 장점을 살릴 수 있는 제재이다.

07 배상명령은 범죄자로 하여금 피해자에게 금전적으로 배상시키는 제재이다.
이는 범죄자를 격리시키지 않고 사회유대를 유지하며 직업활동을 할 수 있도록 하고 교정기관에게 비용부담을 시키지 않으며, 수용으로 인한 낙인과 범죄학습을 회피할 수 있으면서도 금전적 보상을 하게 하거나 금전마련을 위한 노동을 하도록 하는 점에서, 처벌인 동시에 교화개선 방법 내지 다이버전의 일환이기도 하다.

08 전자감시제도는 범죄자를 교정시설에 수용하지 않으므로 교정시설의 과밀수용을 해소함과 동시에 적절한 감시 · 감독을 통한 사회의 안전까지 확보할 수 있는 제도이다.

09 전자감시제도는 보호관찰관의 업무부담을 줄여줄 수 있고, 보호관찰관의 인력부족으로 인한 관리 소홀의 문제점을 해결하는 데 도움이 된다.

10 사회의 범죄는 증가할 것이고, 그만큼 수용인구도 늘어나게 되면 수용시설의 수용능력이 부족해질 것이므로, 전자감시 가택구금제도는 비구금적 대안으로써 더욱 확대 · 활용될 것으로 예측된다.

11 현행법상 위치추적 전자장치는 전자파를 발신하고 추적하는 원리를 이용하여 위치를 확인하거나 이동경로를 탐지하는 일련의 기계적 설비로써 사용되고 있다.

12 현행법상 전자장치 부착명령을 부과할 수 있는 범죄자로는 성폭력범죄자, 미성년자 대상 유괴범죄자, 강도범죄자, 살인범죄자로 한정되고 있다.

13 전자감시 가택구금제도는 범죄자를 자신의 집에 구금시키고, 전자장비를 이용하여 범죄자를 감시하는 일종의 중간처벌(중간제재)이다.

14 현행법상 전자장치 부착장치는 본인의 소재를 파악하기 위한 장비로써, 발목에 발찌처럼 채워진 장치이다.

15 전자감시 가택구금은 비구금적 대안제도로서, 교정시설의 수용인구의 과밀을 줄일 수 있고, 교정직원의 업무를 경감시키며, 교정시설의 운영경비를 절감할 수 있다.

16 미국에서는 중간처우시설로 Halfway House가 활발히 운영되고 있다. 이 시설은 지역사회에 기반을 둔 중간처우에 해당하는 제도이다. 종래에는 중간처우소가 출소자를 위한 중간처우소 처우(Halfway-out House)와 입소자들을 위한 중간처우소 처우(Halfway-in House) 두 가지 제도로 운영되고 있었다. 그런데 최근에는 단지 과도기적 기능에 한정하지 않고 아예 형벌의 대안제도로서 이용되기도 한다. 즉, 완전한 구금을 바탕으로 하는 '자유형 집행 시설내처우'와 '완전한 자유라는 무처분' 대신 두 처분의 중간적인 독립된 처분으로 활용되고 있다. 따라서 일반적인 보호관찰이나 집중 감시 보호관찰 대상자들보다 좀 더 강한 통제와 관리가 필요하다고 판단되는 대상자들을 수용하는 시설로도 이용되거나 보호관찰 또는 가석방 도중 준수사항을 위반한 경우에 중간처우소에 수용하여 교육 · 훈련하는 처우제도로서도 활용되고 있다.
우리나라는 2015년 「수용자처우법」 개정을 통해 법 제57조 제4항에서 '지역사회에 설치된 개방시설'의 근거규정을 신설하여 Halfway-out House 성격을 지닌 개방시설을 운용할 수 있게 되었다.

제6장

회복적 사법(司法) (Restortive Justice)

I 개 설

회복적 사법[138]은 종래의 형벌시스템에 내포되어 있는 '적대적 보복감정에 기초한 해악의 부과'라는 파괴적 구도를 깨뜨리고 '인도주의의 동정심에 기초한 화해와 용서'를 통해 사회공동체의 항구적인 평화를 추구한다는 구상에서 출발했다. 회복적 사법은 '회복적 정의(正義)'라는 용어로 사용하면서 실질적인 사회정의 실현을 위한 사법절차를 강조할 수도 있다.

회복적 사법은 범죄사업만 육성시킨다는 비난을 받고 있는 구금(자유형) 위주의 형벌정책에 대하여 대안적 형벌 패러다임으로 제시되고 있다. 이는 국가 독점의 사법기능이 민간영역으로 확산되는 현상의 일환으로 볼 수 있다.

회복적 사법에서는 종래의 형벌을 대체해서 피해회복과 화해를 독립적인 형사제재 수단으로 주장하는 것이 아니라 전통적 형벌시스템을 유지하면서 능동적·보충적 제재수단으로서의 피해회복을 강조한다.

오늘날에는 교정(Corrections)에 있어서도 교정기관이 피해자에게 봉사하는 것을 교정기관의 중요한 임무로 받아들이고 있다. 이러한 경향을 반영하여 보호관찰 대상자가 피해자를 위협·희롱·보복하면 보호관찰을 취소하도록 하고, 시설에 수용된 재소자의 서신 검열 등을 통하여 피해자와 증인을 보호하는 조치를 하며, 가석방청문회에서 피해자로

138 회복적 사법에서 '회복'이란 피해자·가해자·지역사회의 범죄피해상태를 극복하여 공동체의 평화를 회복하는 것을 말한다. 회복적 사법의 핵심 취지는 피해자를 실질적으로 구제하기 위해 가해자에게 직접적으로 책임을 묻고, 가해자가 지역사회에서 준법적·생산적 시민이 되어 살아갈 수 있도록 도와줌으로써, 가해자를 자신이 초래한 해악을 해결하는 과정에 능동적으로 참여시키는 것이다.

하여금 자신의 입장을 설명할 수 있게 하고, 가해자 석방 시 피해자에게 통보하는 등의 제도가 도입되는 추세이다.

또한 교정기관은 배상금의 징수를 통하여 가해자가 피해자에게 책임 있음을 확인시키고, 교정시설에서 가해자·피해자 모두를 참여시켜 피해자에 대한 범죄영향에 관한 교육프로그램을 운영하기도 한다.

Ⅱ 개념과 의의

1. 개 념

회복적 사법(Restorative Justice)은 범죄로 인한 피해자 및 관련 가족들과 가해자, 그 밖의 지역사회 관계자 및 사법기관 관계자들이 함께 범죄로 인한 문제를 치유하고 해결하는 데에 적극적으로 참여하는 절차를 말한다. 이는 범죄로 야기된 문제를 가해자와 피해자의 화해와 조정을 통해, 처벌적 방식보다는 평화적인 타협방식에 의해 피해의 원상복구를 이루는 것에 중점을 두는 사법절차이다. 이 방식은 국가와 범죄자(가해자) 간에 이루어지고 있는 기존의 해결방식을 피해자, 가해자, 지역사회 간의 관계로 전환하며 피해자의 지위를 확보하고, 실질적으로 보상받을 공식적 여지를 조성하며, 가해자의 사회 내 재통합을 촉진시킬 수 있다는 점에서 그 발전적 의의를 찾을 수 있다.

(1) 회복적 사법은 가해자에 대한 강한 공식적 처벌보다 피해의 회복을 강조하므로 범죄통제에 대한 국가의 독점에 반대하고, 피해자·가해자 및 지역사회공동체가 가능한 한 형사절차의 초기단계부터 범죄사건의 해결에 적극 참여한다. 회복적 사법의 시각에서 보면 범죄행동은 국가의 법을 위반한 것일 뿐만 아니라 피해자와 지역사회에도 해를 끼쳤기 때문이다.

(2) 회복적 사법이란 용어는 종래의 사법체계가 처벌 중심의 '형벌적 사법'이었으므로, 이에 대응하는 개념으로 '원상회복적 사법'이라는 의미로서 정립되었다. 이는 '공동체적 사법', '합리적 사법', '적극적 사법' 등의 용어로도 사용되고 있다. 왜냐하면, 회복적 사법의 목표는 피해자에게는 피해회복, 범죄자에게는 사회복귀와 더불어 재범감소, 사회에 대해서는 지역사회의 피해 복구 및 사회적 화합(통합) 추구이기 때문이다.

(3) 회복적 사법은 당사자 사이의 사적(私的) 배상 또는 화해에 대한 형사법적 의미를 부여

하는 것을 기본이념으로 한다. 여기서는 형법과 민법 사이에 엄격한 분리관계가 더 이상 유지될 수 없으므로 '민·형 분리의 전통적 법체계'는 포기되기에 이른다.

(4) 회복적 사법은 피해자, 가해자 쌍방과 지역공동체의 참여를 전제로 하기 때문에 '범죄피해자보호법'과 같은 국가에 의한 피해자 지원 대책은 회복적 사법의 유형으로 보기 어렵다.

2. 의 의

(1) 회복적 사법은 21세기 형사사법의 중심적 이념이다.

21세기 형사사법의 목표가 단순히 범죄자를 처벌하는 데 그치지 않고 범죄피해자의 피해회복을 통하여 사회적 화합(통합)을 성취하고, 가해자에게도 공식적인 형사법체계가 가해자에게 부여하는 낙인(오명 씌움)효과를 경감시켜, 사회복귀의 기회와 가능성을 높여줄 수 있도록 하는 것이기 때문에 그 의의가 크다. 이와 관련하여 브레이스웨이트(Braithwaite)는 재통합적 수치심부여이론(재통합적 부끄럼주기 이론)을 제시하여 회복적 사법정책에 큰 영향을 미쳤다. 그는 가장 효과적인 회복적 정의는 '재통합적 부끄럼주기' 원칙과 실천을 중심으로 이루어져야 한다고 주장한다. 즉, 죄를 지은 사람은 피해자뿐만 아니라 그들을 순응으로 이끄는 사회의 비난도 접해야 한다는 것이다. 그는 "이 이론에서 '부끄럽게 만들기'는 시민들이 적극적으로 책임을 지고, 시민들에게 해를 끼치는 범죄행위에 대해 동료시민들이 얼마나 정당한 분노를 갖고 있는지를 범죄자들에게 알리는 수단으로 인식된다."고 말한다. 여기서 비판과 분노는 범죄 행위에 그쳐야 하고 범죄인을 비판하여서는 아니 된다. 행위와 행위자를 분리하여 대하는 것이 재통합적 부끄럼주기의 바탕이다. "죄는 미워하되, 사람은 미워하지 말라"가 핵심이다.

회복적 사법은 피해자 및 지역사회의 범죄로 인한 손실을 회복하고 관련 당사자들의 화해와 재통합을 추구한다.

(2) 현대적 회복적 사법은 21세기 형사사법 목표달성의 일환으로 1970년대 초반부터 아메리카에서 시작되었으며, 우리나라에서도 최근 회복적 사법에 대한 관심이 고조되어 이를 위한 제도화가 시도되고 있다.

현대적 의미의 회복적 사법은 1974년 캐나다 온타리오주에서 소년범죄사건의 가해자와 피해자조정의 형태로 처음 시작되었다. 그 후 1980년대에 들어서 미국과 유럽 각지에서 널리 시행되기에 이르렀다. 회복적 사법은 소년범죄자를 대상으로 시작되었으나, 현재는 대상을 크게 넓혀가고 있다.

(3) **회복위주의 처우방식은 범죄를 보다 포괄적으로 이해하려는 시도이다.**

회복적 사법은, 전통적 형사사법이 가해자의 책임성만을 지나치게 강조하고 지역사회의 역할과 책임은 무시하고, 범죄로 인한 실질적인 피해를 복구하는 데에는 미약하다고 비판한다.

회복적 사법은, 죄를 단지 '법의 위반(Violation of Law)'에 초점을 맞추기보다는 범죄자가 피해자나 사회공동체 또는 그 자신에게 입힌 피해에 초점을 맞추어 이해한다. 이 입장에서는 범죄발생에 있어서 범죄행위가 일어나게 된 주변의 전체적인 상황을 감안하고 지역사회의 역할과 책임을 강조하며, 형사사법의 주요목표는 범죄로 인해 야기된 상처를 치유하면서 피해자 · 범죄자 및 사회공동체를 회복시키는 데 두어야 한다고 주장한다. 회복적 사법에서는 단순히 범죄사실의 확인차원을 넘어 당사자들 간에 화해과정을 통해 범죄가 야기된 문제 상황을 보다 구체적으로 파악하게 됨은 물론, 모든 참여자들이 문제가 해결되어 가는 전체 상황을 이해할 수 있는 체제가 마련될 수 있다.

(4) **UN은 회복적 사법의 개념을 대면개념(Encounter Conception), 회복(배상)개념(Reparative Conception), 변환개념(Transformative Conception)으로 분류하고 있다.**

1) 대면(對面)적 사법은, 범죄피해자와 가해자가 함께 만나 범죄에 대하여 얘기를 하며 범죄로 인해 발생한 피해를 원상회복시키기 위하여 어떻게 하여야 하는가를 토론하는 절차를 중시한 개념이다.
2) 회복(배상)개념은 범죄로부터 야기된 범죄피해를 회복시키는 데 중점을 둔 개념이다. 예컨대 피해자의 공판절차 참여제도(형소법 제294조의2, 범죄피해자보호법 제8조[139] 등), 소년법 제25조의3 화해권고 규정[140] 등이 여기에 해당된다.
3) 변환적 사법개념은 가장 넓은 의미의 회복적 사법개념으로서, 범죄원인의 구조적 · 개인적 범죄원인이 되는 빈곤이나 차별적 교육제도 등의 변환을 통하여 회복적 사법의 목표를 달성하는 것이다.

---

139 국가는 범죄피해자가 해당 사건과 관련하여 수사담당자와 상담하거나 재판절차에 참여하여 진술하는 등 형사절차상의 권리를 행사할 수 있도록 보장하여야 한다.

140 소년부 판사는 소년의 품행을 교정하고 피해자를 보호하기 위하여 필요하다고 인정하면 소년에게 피해변상 등 피해자와의 화해를 권고할 수 있다.

(5) 회복적 사법은 형벌목적 추구에 있어 포괄적이며 종합적인 성격을 띠고 있다.

종래의 형벌이론은 형벌의 정당성과 목적으로 응징(응보), 억제(일반예방), 사회복귀, 무능력화, 형벌부과의 공평성, 보상 등 각각의 특성만을 강조하지만 회복적 사법은 이러한 특성과 목적을 모두 충족시킬 수 있다. 따라서 기존의 형벌이론과 사법제도의 문제점을 보완할 수 있는 장점을 갖추고 있다. 다만, 회복적 사법이 중(重)범죄자들에게 적용될 경우에는 국가 형사사법기관의 개입이 불가피하기 때문에 집행과정이 전문화되면서 국가 중심으로 다시 변질될 수 있다. 또한 이러한 과정에서 경범죄자들에게도 조건부 판결과 같은 보다 형식화된 형벌들이 자주 적용된다면 '형사사법망의 확대현상'이라는 부정적인 결과를 낳을 수 있다.[141]

Ⅲ 회복적 사법의 이론적 기초 - 피해자학

1. 피해자학의 발전과 그 영향

(1) 범죄인에 대한 불이익처분을 통한 책임상쇄와 재사회화를 추구하는 전통적인 형사사법 시스템에서 피해자는 언제나 국외자에 불과했다.

가해자에게 유죄가 선고되더라도 그 범죄로 인한 피해를 배상받기 위해서는 민사소송을 제기할 수밖에 없는데, 그나마 대부분의 가해자는 손해를 배상할 능력과 의지가 없는 경우가 많다. 게다가 징벌적 형사사법 시스템은 피해자의 입장을 도외시하고 국법질서 또는 법공동체의 평화라는 추상적 가치를 앞세워 가해자에 대한 징벌에만 관심을 두어 왔다.

(2) 가해자 중심의 전통적 제재시스템에 내재된 모순을 비판하고 형사절차에서 피해자의 지위를 강화하는 동시에 피해회복의 기회를 부여해야 한다는 주장이 제기된 것은 1940년대 후반부터 크게 발전한 피해자학으로부터 힘입은 바 크다. 피해자학은 종래의 범죄학이 도외시하던 피해자 측면에 대한 관심을 환기시킴으로써 범죄현상을 종합적으로 고찰할 계기를 마련하였으며 피해자를 범죄학과 형사정책학의 주요 관심 대상으로 부각시켰다. 초기 피해자학은 주로 범죄피해자의 특성과 유형에 관한 연구에 관심을 기울였지만 곧이어 피해자에 대한 지원과 보호대책을 강구하는 쪽으로 발전하였고, 이를 바탕으로 회복적 사법 모델

141 이백철, 교정학, 2016, 568면.

의 도입을 통한 형사사법의 개혁단계로 발전하였다.

(3) 회복적 사법은 피해자 중심의 가치관이면서 가해자의 적극적 역할 역시 강조한다.

전통적인 제재시스템에는 범죄자에 대해 형벌을 부과함으로써 법질서의 실존을 증명하고 불법행위자를 사회로부터 격리하거나 반성을 촉구함으로써 건강한 사회인으로 복귀하도록 교화한다는 생각이 전제되어 있다. 이에 반해 회복적 사법은, 가해자가 피해를 배상하고 사죄함으로써 자기의 행위로 인한 피해를 회복시켰다면, 형벌을 면제하거나 감경해 주자는 주장에 기초하고 있다. 회복적 사법에서는 가해자에 대하여 '실질적 책임' 덕목을 강조한다. 그 이유는 가해자가 주체적 입장에 서 있지 않으면 회복적 사법이 완전하게 작동될 수 없기 때문이다.

2. 회복적 사법의 취지

(1) 회복적 사법의 패러다임

1) 일반적으로 회복적 사법에서는 범죄행위를 관련요소들 간의 관계가 손상되는 현상으로 본다. 그리고 범죄로 인해 훼손된 관계를 회복시킴으로써 온전한 정의가 실현되는 것으로 본다.

회복적 사법의 특징은 범죄행위에 개입된 구성부분 간의 인간관계를 중립적으로 바라본다는 관점에 있다. 이는 범죄문제를 해결할 권한을 국가기관에 대행시키는 방식에서 벗어나 가해자와 피해자 양쪽의 직접성을 강화한다. 회복적 사법의 이러한 가해자와 피해자의 '직접적인 관계성'은 범죄행위에 따르는 기존의 형식적 사법절차를 단순화시키고 명료하게 처리하는 이점이 있다. 이러한 과정에서 발생하는 가해자와 피해자, 그리고 관련 공동체 간의 적용행위는 각 구성부문들에 있어서 일련의 '정의의 경험(The Experience of Justice)'으로 나타난다. 즉 가해자의 입장에서는 자신이 저지른 범죄가 얼마나 잘못된 것인가를 경험할 수 있고, 피해자의 입장에서는 가해자의 회개를 통해 용서를 경험하며, 관련 공동체는 범죄에 대한 새로운 인식패러다임을 경험함으로써 범죄행위의 원인인 다양한 갈등적 요소에 대한 관심을 새롭게 한다. 회복적 사법이 가지고 있는 이러한 가해자와 피해자의 직접적 관계성, 정의의 경험, 그리고 책임과 용서의 상호성은 기존의 관리 중심의 교정행위 패러다임을 넘어선다.[142]

2) 회복적 사법은 종래의 형벌시스템에 내포되어 있는 '적대적 보복감정에 기초한 해악의 부과'라는 파괴적 구도를 타파하고 '인도주의와 동정심에 기초한 화해와 용서'를 통해 사회공동체의 항구적 평화를 추구한다는 구상에서 출발한다.

형벌이라는 수단을 사용하지 않아도 범죄인을 재사회화 내지는 무해화하는 것이 가능하다면, 범죄자를 중벌에 처해야 한다는 법공동체의 요구는 얼마든지 완화될 수 있다.

3) 가해자와 피해자, 그리고 지역사회 등 사건관련자들이 추구하는 바는 피해자는 가해자의 배상 또는 사죄를, 가해자는 피해자와 지역사회로부터의 용서를, 지역사회는 가해자의 원활한 재사회화를 통한 법적 평화의 회복(재통합)이다.

4) 회복적 사법절차에서 가해자는 피해회복에 대한 지급을 통해 자신의 책임을 수용하고 규범에 순응하는 태도를 회복함으로써 원활한 사회복귀에로 나아간다. 피해자와 지역사회는 배상과 화해를 위한 교섭을 통해 법적 정의의 실존을 확인하고 법질서에 대한 신뢰를 회복하게 된다.

5) 범죄자는 피해자와의 직접 대화를 통해 피해자가 당한 고통을 깨닫고 피해자를 더 이상 비개성적·추상적 행위대상으로 보지 않게 되고, 피해자가 당한 고통을 직접 확인함으로써 자기 행위의 의미를 합리화(중화)하지 않게 된다. 이런 과정을 통해 지역공동체가 그들 내부의 범죄 문제를 관리할 역량을 키워나간다면 형사사법기관의 업무부담은 현저히 감소하고 범죄사건처리에 소요되는 비용도 크게 절약된다.

6) 회복적 사법은 당사자 사이의 사적 배상 또는 화해에 대한 형사법적 의미를 부여하는 것을 기본이념으로 한다. 이러한 차원에서는 형법과 민법 사이의 굳건한 긴장관계가 더 이상 유지될 수 없으므로 민·형 분리의 전통적 도그마는 유지될 수 없다.

(2) 회복적 사법의 형사사법에 대한 관점과 지향

1) 범죄를 법위반의 문제로만 보지 않고 다른 사람에 대한 잘못된 행위 또는 인간관계의 침해로 본다. 따라서 범죄는 사회공동체 내의 사회적 조건과 관계에서 그 원인을 찾을 수 있다.

2) 범죄를 위와 같이 본다면, 범죄예방은 범죄를 야기하는 사회적 조건을 치료

---

142 이백철, 586~587면.

·개선하는 데 일정한 정도의 책임이 있는 그 사회공동체에 달려 있다.

3) 범죄의 결과는 각 당사자(피해자·가해자 및 지역사회공동체)의 개인적인 참여 없이는 해결될 수 없다.

4) 사법절차는 각각의 사건에 따라 특정 당사자의 요구나 개인적인 필요에 반응할 수 있도록 탄력적이어야 한다.

5) 최적의 효과와 효율성을 위해 사법기관 사이 및 사법기관과 사회공동체의 공동의 목적추구와 협력은 필수적이다.

6) 사법(司法)은 하나의 형벌부과 목적만이 주(主)가 되지 않는 균형적인 방식으로 구성된다. 국가사법제도의 영역이 공식적인 사법기관에 지나치게 책임과 권한을 편중시켜 운영되고 있으므로, 국가사법기관과 지역사회 사이에 각각 수행되어야 할 역할이 균형될 수 있도록 조율할 필요가 있다. 일반인들의 참여와 비공식적 사회통제를 활용하여 공공의 안전을 도모하는 것이 바람직하다고 보고, 가족이나 지역사회구성원의 참여를 사법(司法)영역에 확산시키는 경향이 회복적 사법이다.

(3) 회복적 사법의 특징과 목적

1) 회복적사법의 형사사법절차는 피해자의 욕구 또는 필요를 최대한 만족시켜 준다.

피해자 자신 뿐 아니라 피해자의 가족과 지역공동체의 욕구에는 경제적, 신체적, 감정적, 사회적 욕구가 두루 포함된다. 회복적 사법은 별도의 민사적 장치를 거치지 않고도 피해를 배상받을 수 있다는 점에서 피해자의 이익을 두텁게 보호하는 의미를 가진다. 또한 피해자가 가해자와 직접 대면하여 대화함으로써 자신이 피해를 당한 이유를 알게 되고, 경우에 따라서는 가해자의 사죄를 통해 그 억울함과 분노 등의 감정을 해소하는 정신적·심리적 효과도 얻을 수 있을 뿐만 아니라, 국가주도의 형사절차에서 생길 수 있는 피해자의 소외와 무력감을 막을 수 있다.

2) 가해자를 지역사회공동체에 재통합함으로써 재범을 방지하고, 가해자로 하여금 자기 자신이 한 행동에 대해 책임감을 가지도록 한다.

회복적 사법에서는 가해자로 하여금 피해자나 그 가족 및 지역사회공동체 구성원을 직접 만나 서로 대화할 수 있는 기회를 제공하는 절차를 두고 있다. 이 과정 중에 가해자는 범죄가 초래한 결과를 직접 파악함으로써 자기 잘못을 뉘우치는 능동적인 책임의식을 가질 수 있게 된다. 이러한 절차를 거쳐 능동적인 책임의식을 지니게 된 가해자는 재범의 위험성이 줄어들고 그 해결과정에 있는 화해를 통해 형벌의 집행을 면제받는 경우에는 낙인효과를 회피하고, 그 결과 원활한 사회복귀를 기대할 수 있다.

3) 회복적 사법은 가해자의 재사회화와 피해자의 원상회복을 지원하고, 범죄예방에 적극적인 능력을 발휘할 수 있는 지역공동체를 재창조하고자 한다.

4) 회복적 사법은 법적 절차를 간소화하여 관련 시간·비용 절감 수단을 제공한다.

현재의 형사사법절차는 장시간이 소요되는 것이 보통이다. 또한 그 절차에 따라 비용이 증가할 뿐만 아니라 가해자와 피해자 모두 사회·경제적 활동에 지장을 받게 된다. 따라서 회복적 사법은 이 형사사법절차가 가지는 비용과 손실을 피하는 것을 목적으로 한다.

▎전통적 사법체계와 회복적 사법의 범죄관 비교

전통적 사법체계의 범죄관	회복적 사법의 범죄관
징벌적·응보적 사법 패러다임	원상회복적 사법 패러다임
범죄는 법규에 대한 침해	범죄는 사람과 사람의 관계에 대한 침해
침해를 추상적으로 이해함	침해를 구체적으로 정의함
범죄를 기술적·법률적 용어로 정의	범죄를 도덕·사회·경제·정치적 맥락에서 정의
범죄는 다른 해악과 범주가 다르다고 봄	범죄를 다른 해악, 갈등과 관련된 것으로 봄
범죄피해자는 국가	범죄피해자는 범죄와 관련된 사람
국가와 가해자가 일차적 당사자	피해자와 가해자가 일차적 당사자
피해자의 요구와 권리 무시	피해자의 요구와 권리 중심
개인 상호 간의 차원은 무의미	개인 상호 간의 차원이 중심
범죄의 갈등적 성질이 흐려짐	범죄의 갈등적 성격이 인식됨
가해자의 상처를 부수(주변)적으로 취급	가해자의 상처도 중시
전문가 중심의 사법(司法)	이해관계자 중심의 사법(司法)

Ⅳ 교정단계에서의 회복적 사법

1. 범죄피해자의 안전을 위한 교정단계의 대응

피해자들이 가해자(범죄자)들로부터 협박이나 위협을 당하는 것을 예방하기 위해 가해자의 상황이나 처우를 사전에 고지해주고, 가해자의 출소와 관련하여 피해자의 의견이 참조될 수 있도록 가석방 참작사유로 '피해자의 이해(利害)'를 주요항목으로 포함시킨다든지, 가석방심사회의에 피해자나 그 가족 등이 참가하여 의견을 제시할 수 있게 한다든지, 교정기관에 피해자자문위원회 등을 설치하여 피해자의 안전문제를 중시한다든지, 피해배상을 돕는 등 교정단계에서도 피해자를 배려하는 다양한 조치들이 제도화되고 있다.

2. 피해자를 위한 교정기관의 조치

(1) 피해자에 대한 사전 고지제도(Victim Notification)

1) 이는 수형자의 출소와 관련된 정보를 출소 전에 피해자에게 알려주는 제도이다. 이러한 고지제도를 통해 피해자는 자신의 안전을 지키기 위한 사전 예방기회를 마련할 수 있다. 최근에는 전화, 인터넷 등을 통해 범죄인정보를 제공하는 제도도 확산되고 있다. 즉 피해자의 요청에 의하여 전화를 통하여 자동응답메시지로 범죄자의 출소 관련 정보를 제공하거나 인터넷을 통하여 피해자나 일반대중에게 범죄인의 상태나 거주지 및 가석방심사정보를 제공한다.
2) 우리나라에서는 이러한 맥락에서, 「범죄피해자보호법」상 "국가는 범죄피해자가 해당 사건과 관련하여 수사담당자와 상담하거나 재판절차에 참여하여 진술하는 등 형사절차상의 권리를 행사할 수 있도록 보장하여야 하며, 범죄피해자가 요청하면 가해자에 대한 수사 결과, 공판기일, 재판 결과, 형 집행 및 보호관찰 집행 상황 등 형사절차 관련 정보를 대통령령으로 정하는 바에 따라 제공할 수 있도록" 규정하고 있다(동법 제8조).

(2) 피해자와 증인보호를 위한 교정기관의 업무

1) 회복적 사법의 일환으로 구금 중인 수용자나 보호관찰대상자가 피해자에게 가할 수 있는 피해예방업무도 교정업무로 인식되고 있다.
2) 피해자나 증인이 수용자에 의해 협박당하거나 보복당하는 것을 예방하기 위

해 교정당국이 전화제한, 서신검열을 실시하도록 한다든지, 보호관찰 영역에서 성폭력·가정폭력사건 범죄자에게 집중감독보호관찰, 가택구금, 거주 지역 제한, 접근금지명령, 강제배상 등을 실시하는 것 등이 제도로 확산되고 있다.

3) 우리나라의 경우 「가정폭력범죄의 처벌 등에 관한 특례법」상 가정폭력행위자가 피해자 또는 가정구성원에게 접근하는 행위의 제한, 전기통신을 이용하여 접근하는 행위의 제한, 피해자에 대한 친권행사의 제한 등을 보호처분으로 제도화하고 있다(동법 제40조).

(3) 지역사회 사전고지제도

1) 이는 성범죄자의 출소상황을 지역사회에 고지하거나 성범죄자의 자료에 접근할 수 있게 하는 제도이다. 이 제도는 미국 뉴저지 주에서 7세 소녀가 성범죄전과 있는 가석방된 자에게 살해되는 사건을 계기로 제정된 미건법(Meagan's Law)에서 비롯되었다.

2) 이 제도 시행에 있어서 교정기관은 성범죄자가 가석방 또는 석방되는 시기와 거주지역을 결정하고, 지역사회봉사단체와 공공교육프로그램 등을 통하여 재범을 방지하는 데 중요한 역할을 한다. 그리고 이를 바탕으로 경찰, 법원, 피해자지원센터, 언론기관 등의 협력체제가 중요하다.

3) 우리나라에서는 「아동·청소년의 성보호에 관한 법률」 및 「성폭력범죄의 처벌 등에 관한 특례법」상 신상정보등록 및 성범죄자를 정보통신망을 이용하여 공개하는 제도와 그 신상정보를 만 19세 미만의 자녀가 있는 지역주민에게 우편으로 알려주는 성범죄자 우편고지제도가 시행되고 있다.

(4) 피해배상 촉진

교정기관은 수형자들로 하여금 배상의무를 신속하게 확실히 수행할 수 있도록 면회, 훈련프로그램, 시설 내 특혜 등을 인센티브로 배상의무를 촉진시킬 수 있다.

(5) 범죄피해의 충격에 대한 범죄자교육(Crime Impact Classes)

이는 가해자의 범죄행위가 피해자와 그 가족, 이웃은 물론 가해자 자신과 그 가족들에게 끼친 심각한 결과에 대해 이해하도록 교육하는 프로그램이다. 이는 교정기관 내에서 가해자와 피해자가 참여하는 교육프로그램으로 운용된다. 피해자 측에게는 이를 통해 피해자의 상처가 치유되는 데 도움을 주고 또 다른 피해자의 발생을 막을 수 있다는 점에서 의미가 있다.

(6) 피해자 - 가해자 대화

이 프로그램은 주로 재산범죄를 대상으로 하여 가해자가 범죄를 인정하고, 피해자가 고통과 손실을 극복하는 데 효과를 높이면서, 배상받을 가능성을 키우고, 미래에 대한 두려움을 감소시키며, 피해자에게 사법제도에 대한 신뢰감을 지닐 수 있도록 하는 데 도움이 된다.

V 우리나라의 회복적 사법제도

1. 소년법상 화해권고 규정(제25조의3)

(1) 소년부 판사는 소년의 품행을 교정하고 피해자를 보호하기 위하여 필요하다고 인정하면 소년에게 피해 변상 등 피해자와의 화해를 권고할 수 있다.

(2) 소년부 판사는 (1)의 화해를 위하여 필요하다고 인정하면 기일을 지정하여 소년, 보호자 또는 참고인을 소환할 수 있다.

(3) 소년부 판사는 소년이 (1)의 권고에 따라 피해자와 화해하였을 경우에는 보호처분을 결정할 때 이를 고려할 수 있다.

2. 형사조정제도

(1) 의 의

형사조정제도는 2007년부터 우리나라에서는 검찰청에 설치된 '범죄피해자지원센터'를 통하여 시행되고 있는 제도로, 강제수사나 처벌 위주로 처리해 오던 형사사건 관행에서 벗어나 당사자 간의 직접 합의를 통해 피해를 보전해줌으로써 피해자의 실질적인 권리회복을 추구하는 제도이다.

이는 고소사건에 대하여 형사절차를 거치지 않고서 분쟁을 해결하는 점에서 대안적 분쟁해결 프로그램에 속하며, 회복적 사법의 일종으로서 형사사법 내장형 프로그램에 해당한다.

(2) 절 차

형사조정 대상 고소사건은 다음과 같다.

1) 차용금, 공사대금, 투자금 등 금전거래로 인해 발생한 분쟁으로서 사기, 횡

령, 배임 등으로 고소된 재산범죄사건

2) 개인 간의 명예훼손, 모욕, 경계 침범, 지적 재산권 침해 등 사적 분쟁에 대한 고소사건

3) 기타 형사조정에 회부하는 것이 분쟁해결에 필요하다고 판단되는 고소사건

4) 고소사건이 아니더라도 경찰에서 송치된 일반사건 중 위와 준하는 사건

다만, 범죄혐의가 명백히 인정되는 사건은 제외된다. 형사조정이 이루어지면 고소사건은 불기소처분에 해당하는 각하처분된다.

(3) 「범죄피해자보호법」상 형사조정제도(제41조 이하)

1) 검사는 피의자와 범죄피해자 사이에 형사분쟁을 공정하고 원만하게 해결하여 범죄피해자가 입은 피해를 실질적으로 회복하는 데 필요하다고 인정하면 당사자의 신청 또는 직권으로 수사 중인 형사사건을 형사조정에 회부할 수 있다.

2) 형사조정에 회부할 수 있는 형사사건의 구체적인 범위는 대통령령으로 정한다. 다만, 다음에 해당하는 경우에는 형사조정에 회부하여서는 아니 된다.

① 피의자가 도주하거나 증거를 인멸할 염려가 있는 경우

② 공소시효의 완성이 임박한 경우

③ 불기소처분의 사유에 해당함이 명백한 경우(다만, 기소유예처분의 사유에 해당하는 경우는 제외한다)

3) 검사는 형사사건을 수사하고 처리할 때 형사조정의 결과를 고려할 수 있다. 다만, 형사조정이 성립되지 아니하였다는 사정을 피의자에게 불리하게 고려하여서는 아니 된다(제45조 제4항).

학습 체크 포인트

01 회복적 사법은 피해자를 실질적으로 보호할 뿐 아니라 가해자에게도 진심으로 반성할 수 있는 기회를 제공함으로써 가해자의 재사회화에도 도움이 된다.

02 회복적 사법은 피해자에 대한 피해보상과 지역사회의 피해복구를 통하여 사회적 화합을 도모할 수 있다.

03 회복적 사법은 피해보상과 형사화해를 통해 형벌을 감면될 수 있게 하여 낙인효과를 경감시킬 수 있는 형사절차이다.

04 브레이스웨이트는 재통합적 수치심 부여이론을 통하여, 형사사법절차가 범죄행위는 비난하더라도 가해자는 비난하지 않고, 가해자가 다시 되돌아 올 수 있는 길을 제시해야 한다고 한다.
이를 실현하기 위해서는 형사절차가 가해자를 사회에서 격리시키는 과정이 되어서는 안 되고, 가해자가 자신의 잘못을 인정하고 이를 바로잡기 위한 행위를 함으로써 자기존중과 공동체 재통합이 가능하게 될 수 있는 과정이 되어야 한다.

05 유엔에서 분류한 회복적 사법의 세 가지 형태는 대면개념(Encounter Conception), 변환개념(Transformative Conception), 배상개념(Reparative Conception)이다.

06 21세기 형사사법의 목표는 범죄자를 처벌하는 것이 아니라 범죄피해자의 피해회복을 통하여 가해자를 재사회화시키고 이를 통하여 사회적 화합을 성취하는 것이라고 할 수 있다.

07 회복적 사법은 중재자의 도움으로 범죄로 인한 피해자와 가해자, 그 밖의 관련자 및 지역공동체가 함께 범죄로 인한 문제를 치유하고 해결하는 데에 적극적으로 참여하는 절차를 의미한다.

08 회복적 사법은 기소단계나 재판단계에서 요구되는 것에 그치지 않고 교정단계에서도 적용할 필요가 있다.

09 우리나라의 현행법상 회복적 사법을 반영한 것은 「소년법」상 소년부판사의 화해권고와 「범죄피해자보호법」상 검사의 형사조정을 들 수 있다.

10 회복적 사법의 이념에 따르면 화해 또는 피해회복을 통한 형사책임의 면제 또는 감경이 인정된다.

11 회복적 사법은 범죄피해자와 가해자가 함께 만나 범죄에 대하여 이야기하고 회복을 위해 어떠한 과정이 필요한지 의견을 모으는 것을 포함한다.

12 회복적 사법의 핵심가치는 국가의 요구만이 아니라 피해자와 가해자 및 지역사회의 요구까지 반영하는 것이다.

13 회복적 사법의 형사정책적 장·단점은 다음과 같이 종합적으로 대비할 수 있다.

▌회복적 사법의 장·단점

장 점	단 점
• 응보적·전통적 사법의 단점 보완 – 피해자 및 지역사회의 범죄로 인한 피해복구에 유리 • 피해의 회복과 교화개선, 재통합의 조화 실현 – 낙인효과의 최소화 및 능동적 책임의식을 통한 사회복귀 촉진 • 사법기관의 업무부담 감소 – 사법절차의 비용·손실 경감 • 피해자의 이익 신속 보호 – 별도의 민사적 절차 없이 배상 실현 • 형사사법절차로 해결하기 어려운 범죄에 대한 합리적 대응 가능 • 법질서 회복과 형사사법에 대한 신뢰 증대 – 적극적 일반예방 효과 제고	• 사법절차의 공정성과 명확성의 확보 곤란 • 낙인효과 감소, 재범 감소 등에 대한 검증 곤란 • 가해자와의 화해 실패로 인한 재(再)피해화 초래 위험 • 피해자가 회복적 사법에서 가해자에게 이용될 수 있음 • 피해 배상, 화해의 한계로 전체 범죄에 적용 어려움 • 형벌의 공익적 기능 경시, 사적 잘못(private wrong)에 지나친 비중을 두고 있음 • 유죄 확정 전의 화해절차는 무죄추정의 원칙에 반하고 재판받을 권리 침해할 수 있음

2

각론(各論) - 수용자

제1장

수용(收容)

제1절 수용의 의미와 수용요건

I 수용의 의미

'수용'(收容)이란 범죄인을 일정한 교정시설에 붙잡아 가두어 두는 행위이다. 구금(拘禁) 또는 감금(監禁)이라는 용어도 같은 의미로 사용되고 있다. 「헌법」이나 「형법」·「형사소송법」 및 형사학에서 '구금·감금'이란, 신체의 자유를 구속하여 자유롭게 드나들지 못하도록 일정한 곳에 가두어 두는 강제처분을 말한다.

교정학에서는 '수용'을 법률상 용어로 사용하고 있다. 「형의 집행 및 수용자의 처우에 관한 법률」은 구금조치를 당한 사람을 가리켜 '수용자'라고 지칭하고 있다.[1] 따라서 형사소송법 등과 관련해서 일반적으로 사용하는 '구금·감금'보다는 교정학에서는 '수용'을 사용하는 것이 법률적합성이 높은 용어 사용이다.

「수용자처우법」상 수용이라 함은 국가가 강제력을 사용하여 범죄인을 교도소·구치소

---

1 제2조(정의) 이 법에서 사용하는 용어의 뜻은 다음과 같다.

1. "수용자"란 수형자·미결수용자·사형확정자 등 법률과 적법한 절차에 따라 교도소·구치소 및 그 지소(이하 "교정시설"이라 한다)에 수용된 사람을 말한다.
2. "수형자"란 징역형·금고형 또는 구류형의 선고를 받아 그 형이 확정되어 교정시설에 수용된 사람과 벌금 또는 과료를 완납하지 아니하여 노역장 유치명령을 받아 교정시설에 수용된 사람을 말한다.
3. "미결수용자"란 형사피의자 또는 형사피고인으로서 체포되거나 구속영장의 집행을 받아 교정시설에 수용된 사람을 말한다.
4. "사형확정자"란 사형의 선고를 받아 그 형이 확정되어 교정시설에 수용된 사람을 말한다.

등 교정시설에 감금하여 신체활동의 자유를 박탈하고 수용자로서의 신분을 설정하는 처분을 말한다.

현행법상 수용에는 체포·구속 및 자유형·노역장 유치명령 집행, 사형확정자 감금이 있다. 체포는 수사초기단계에서 피의자를 유치장이나 교정시설에 짧은 기간 동안 강제로 잡아 두는 처분이다. 구속은 수사와 재판을 위해 피의자 또는 피고인을 교정시설에 보다 긴 시간 동안 붙잡아 두는 강제처분이다.

자유형·노역장 유치명령 집행은 형이 확정된 수형자를 형기 동안 처우하는 강제처분이다.

사형확정자 감금은 사형이 확정된 때부터 집행되기 전까지 신병(身柄)을 확보함으로써 사형집행의 확실성을 유지하기 위한 수용이다.

「수용자처우법」상 수용개념에는 '수용자로서 신분을 부여하는 처분'까지 포함되므로, 도주한 수용자를 체포하여 재수용하는 것은 포함되지 않는다. 도주한 수용자는 이미 수용자로서의 신분(지위)을 지니고 있기 때문이다. 또한 적법하게 귀휴 등으로 교정시설 밖으로 나갔던 수용자가 시설에 복귀하거나 다른 시설로 이송하는 것은 수용에 해당하지 않는다.

Ⅱ 수용요건

수용요건이라 함은 「형법」이나 「형사소송법」 등 형사법률에 의해 신체활동의 자유가 박탈된 사람을 '교정시설에 수용하기 위해 갖추어야 할 법적 필요조건'을 말한다. 형식적 요건과 실질적 요건이 있는데, 이 두 요건을 모두 갖추어야 적법한 수용이 된다.

1. 형식적 수용요건

"소장은 법원·검찰청·경찰관서 등으로부터 처음으로 교정시설에 수용되는 사람(신입자)에 대하여는 집행지휘서, 재판서, 그 밖에 수용에 필요한 서류를 조사한 후 수용한다(법 제16조 1항).

형식적 수용요건이란 '적법한 수용대상이된 사람에 대해 제대로 기재된 법정서류들을 갖추는 것'을 말한다.

예를 들면, 체포된 피의자라면 '체포영장' 또는 '긴급체포서' 또는 '현행범인체포서' 중 수용예정 대상자에게 해당하는 서류를 구비하고 검사의 수용지휘서가 첨부되어야 형식적 수용요건이 충족된다. 또한 형식적으로는 필요서류가 구비되어 있는 경우라고 하더라도, 법령에서 정한 서식이 아니거나 필요적 기재사항이나 서명날인이 누락된 경우, 유효기간이 지난 경우 등은 형식적 수용요건을 갖추지 못한 것이 된다.

수용을 위한 필요서류는 수용자의 종류에 따라 다른데, 다음과 같이 구분된다.

(1) 미결수용자의 경우에는 수용지휘서와 영장이 필요하다.

체포영장이 발부된 경우에는 체포영장, 그리고 긴급체포 또는 현행범인으로 체포된 피의자의 경우라면 긴급체포서나 현행범인체포서 사본이 첨부되어 있어야 한다. 즉, 체포영장이나 구속영장 또는 긴급체포서·현행범인체포서가 있더라도 검사의 수용지휘서가 없으면 미결수용자를 수용해서는 아니 된다.

(2) 수형자의 경우에는 판결(재판)서[2]등본이나 재판을 기재한 조서의 등본을 첨부한 형집행지휘서가 필요하다.

(3) 노역장유치집행자의 경우에는 판결(재판)서 또는 약식명령 등본을 첨부한 노역장 유치 집행지휘서가 필요하다.

(4) 사형확정자의 경우에는 사형확정통지서·판결(재판)서 등본이 첨부된 수용지휘서가 필요하다.

▌수용자별 수용에 필요한 법정 구비서류

수형자	형집행지휘서, 판결(재판)서등본, 잔형집행지휘서(잔형집행의 경우에 한함)
미결수용자	구속영장, 체포영장, 수용지휘서 또는 (이송시) 이송지휘서
노역장유치자	노역장유치 집행지휘서, 판결(재판)서등본 또는 약식명령 등본
사형확정자	사형확정통지서, 판결(재판)서등본, 수용지휘서

2. 실질적 수용요건

실질적 수용요건이란, 법정서류에 표기된 내용이 사실과 일치하고 수용거절사유에 해당하지 않아야 하며, 교정시설의 현황상 수용능력이 남아 있어야 함을 말한다.

수용을 위한 형식적 요건이 구비되어 있다 하더라고, 실질적 요건까지 갖추어지지

2 「수용자처우법」 제16조에 명시되어 있는 '재판서'를 다른 형사절차법령에서는 '판결서'라는 용어로 명시하여 사용하고 있다. 「형사소송법」, 「형사소송법규칙」, 「검찰사무집행규칙」 등과의 혼란을 막기 위해 본서에서는 판결서와 재판서를 병기하였다.

않은 경우에는 수용을 거부해야 한다.

예를 들면, 서류에 기재된 성명이 실제로 본인에 해당하는지 서류에 기재된 교정시설의 명칭과 실제 수용시설이 일치하는지 여부, 수용자가 법정감염병에 걸려있는지 여부 그리고 수용시설이 아직 더 수용할 수 있는 능력이 있는지 여부를 확인하여, 이러한 사항들까지 제대로 인정되어야 실질적 수용요건이 구비되는 것이다.

수용을 위한 형식적 요건과 실질적 요건이 갖춰지면 그 때부터 '수용자로서 법적 지위'를 갖게 되어 수용이 진행되고 수용자로서 각종 처우가 개시된다.

교정시설이 수용지휘를 받은 경우라도 수용요건이 갖추어지지 않은 때에는 수용을 해서는 아니 되므로, 그 대상자의 수용을 거절해야 한다.

즉, 수용은 수용권한을 가진 관청이 관계법령에 의하여 행하는 것으로서, 필요적 기재사항, 서명·날인, 작성일자 및 시효기간 등 법정서류로서의 형식적 수용요건을 갖추지 못한 경우나 문서에 기재된 내용과 실제 내용이 일치하지 않은 경우에는 수용거절사유에 해당하므로 수용을 거절해야만 한다는 것이다.

현행법에서 명시하고 있는 수용거절사유는 '감염병에 걸린 사람'에 대한 것이다. 법 제18조는 "소장은 다른 사람의 건강에 위해를 끼칠 우려가 있는 감염병에 걸린 사람의 수용을 거절할 수 있다. 만약 소장이 그에 따라 수용을 거절하였으면 그 사유를 지체 없이 검사 등 수용지휘기관과 관할 보건소장에게 통고하고 법무부장관에게 보고하여야 한다"고 규정하고 있다.

수용요건이 중요하게 고려되는 것은, 만약 수용요건이 구비되지 않았음에도 불구하고 대상자를 수용한 경우에는 직권을 남용하여 사람을 감금한 것에 해당하여 불법감금죄[3]가 성립할 수 있기 때문이다.

---

3 「형법」 제124조(불법체포·감금죄) 재판·검찰·경찰 기타 인신구속에 관한 직무를 행하는 자 또는 이를 보조하는 자가 그 직권을 남용하여 사람을 체포·감금한 때에는 7년 이하의 징역과 10년 이하의 자격정지에 처한다.

제2절 수용방식

I 의 의

교정시설의 안전과 질서유지 그리고 수용자에 대한 적절한 처우로 교화개선을 효과적으로 진행하려면, 일차적으로 수용할 교정시설이 적합하게 정해져야 한다.

「수용자 처우에 관한 유엔최저기준규칙」(만델라규칙) 제11조에서 권고하고 있듯이, "상이한 종류의 수용자는 그 성별·연령·범죄경력·구금의 법률적 사유 및 처우상 필요를 고려하여 분리된 시설이나 또는 시설내의 분계된 구역에서 수용되어야 한다. 따라서 남자와 여자는 가능한 한 분리된 시설에 구금해야 한다. 남자와 여자를 함께 수용하는 시설에서는 여자용으로 사용되는 설비의 전체를 완전히 분리해야 한다. 미결수용자는 수형자와 분리하여 구금해야 한다. 소년은 성년과 분리하여 구금해야 한다."

「수용자처우법」도 수형자에 대하여는 구체적으로 수용원칙을 규정하고 있고, 수용자에 대한 수용방식으로서 구분수용·분리수용 그리고 독거수용원칙과 혼거수용 예외 인정도 명시하고 있다.

수형자는 분류심사의 결과에 따라 그에 적합한 교정시설에 수용되며, 개별처우계획에 따라 그 특성에 알맞은 처우를 받는다. 교정시설은 도주방지 등을 위한 수용설비 및 계호의 정도에 따라 개방시설·완화경비시설·일반경비시설·중(重)경비시설로 구분한다. 다만, 동일한 교정시설이라도 구획을 정하여 경비등급을 달리할 수 있다(법 제57조).

II 수용자의 구분 수용

1. 분류의 원칙 - 구분 수용

분류수용방식을 두 가지로 구분하면 분리주의와 분계주의로 나눌 수 있다.

분리주의란 수용자의 유형에 따라 수용시설 자체를 완전히 독립시켜 따로따로 구분수용하는 방법이다. 예컨대 여성수형자는 여성수형자 전담교정시설인 청주여자교도소에 소년수형자는 소년수형자 전담교정시설인 김천소년교도소에 전용(專用)으로 수용하는 것이 이에 해당한다.

분계(分界)주의란 특성이 다른 수용자를 동일한 시설 내에 수용하되 경계를 나누어 수용동별로 엄격히 분리하여 수용하는 방법이다.

「수용자처우법」은 수형자의 연령에 따른 구별, 판결확정 유무(有無)에 따른 구별, 사형확정자에 따른 구별에 따라 시설을 구분하여 수용하도록 하고 있다(법 제11조).

「수용자처우법」 제11조에 이렇게 구분 수용을 규정하고 있는 것은 분리주의 수용방식에 해당한다.

「수용자처우법」에 제11조에 따른 구분 수용(분리주의) 기준은 다음과 같다.

(1) 19세 이상 수형자는 교도소에 구분하여 수용한다.

원칙적으로 징역·금고·구류형이 확정된 19세 이상의 성인수형자는 일반교도소에 수용한다. 징역·금고·구류형 및 노역수형자를 각기 구분할 필요가 있으나, 이들은 교도작업의무나 형기 장단의 차이만 있을 뿐 기본적인 처우의 구분까지는 요하지 않으므로 운영의 경제성 등을 고려하여 별도의 구분수용의 기준으로 삼지 않고 있다. 그렇지만, 구류형 수형자의 경우에는 「즉결심판에 관한 절차법」 제18조 "구류는 경찰서유치장·구치소 또는 교도소에서 집행한다"는 규정에 따라 교도소 이외의 교정시설에 수용할 수 있다.

(2) 19세 미만 즉 18세까지의 수형자는 소년교도소에 수용한다.

다만, 이 규정보다 특별법인 「소년법」 제63조는 "징역 또는 금고를 선고받은 소년에 대하여는 특별히 설치된 교도소(소년교도소) 또는 일반교도소 안에 특별히 분류된 장소(소년수용동)에서 그 형을 집행한다"고 하고 있으므로 소년교도소 이외의 교도소 내 분리된 시설에서 수용하는 것도 인정된다.

현행법은 「수용자처우법 시행령」 제81조에서 '소년수용자'를 19세 미만의 수형자(소년수형자), 소년교도소에 수용 중 19세에 이르렀으나 교육 등을 실시하기 위하여 23세가 되기 전까지 소년교도소에 수용 중인 수형자(소년처우수형자) 및 19세 미만의 미결수용자로 분류하고 있다.

19세 미만의 범죄인은 「소년법」에 따라 보호처분을 받아 소년원에 수용된 보호소년과 형사처벌을 받는 소년수용자를 구분하고, 형사처벌을 받는 소년수용자 중 소년수형자는 소년교도소에 수용할 수 있다. 일반교정시설에 수용하는 경우에는 성인과 분리하여 수용한다(법 제13조 2항). 소년수형자는 법무부장관이 특히 그 처우를 전담하도록 정하는 전담교정시설에 수용되며, 그 특성에 알맞은 처우를 받는다. 다만, 전담교정시설의 부족이나 그 밖의 부득이한 사정이 있는 경우에는 예외로 할 수 있다(법 제57조 6항).

소년수형자 전담교정시설이란 법무부장관이 19세 미만 수형자의 처우를 전담하도록 정하는 시설을 말하며, 소년수형자 전담시설의 장은 소년의 나이·적성 등 특성에 알맞은 교육·교화프로그램을 개발하여 시행하여야 한다. 또한, 소년수형자 전담교정시설에는 별도의 학습공간을 마련하고 학용품 및 소년의 정서 함양에 필요한 도서·잡지 등을 갖춰 두어야 한다. 현재 소년수형자 독립 전담교정시설로는 「김천소년교도소」가 유일하다.

소년수형자 전담교정시설에는 원칙적으로 19세 미만의 수형자를 수용하도록 하고 있으나 전담시설처우의 특성을 고려하여, 19세 미만의 수형자가 소년교도소 수용 중에 19세가 된 경우에도 교육·교화프로그램·작업·직업훈련 등을 실시하기 위하여 특히 필요하다고 인정되면 만 23세가 되기 전까지는 소년교도소에서 계속하여 수용할 수 있다(법 제 12조 3항).

(3) 확정판결 전의 미결수용자는 구치소에 수용한다.

다만, 예외적으로 관할 법원 및 검찰청 소재지에 구치소가 없을 때에는 수용의 공백이 발생하지 않도록 교도소 미결수용실에 미결수용자를 수용할 수 있도록 하고 있다.

또한 관할 내 구치소가 있는 경우에도 구치소의 수용인원이 정원을 훨씬 초과하여 정상적인 운영이 곤란할 때에는 과밀수용으로 인한 문제가 발생하는 것을 방지하기 위한 차원에서, 그리고 범죄의 증거인멸을 방지하기 위하여 필요하거나 그 밖에 특별한 사정이 있으면 형사소송의 과정에서 절차적 진실을 보전하기 위하여 교도소에 미결수용자를 수용할 수 있다(법 제12조 1항).

(4) 사형확정자는 교도소 또는 구치소에 수용한다.

과거 구 행형법령에서는 사형확정자가 미집행상태로 수감되어 있다는 특징을 중시하여, 즉 집행 전·후를 기준으로 할 때에는 미결인 점을 강조하여 "사형의 확정판결을 받은 자에 대하여는 미결수용자에 관한 규정을 준용한다"고 규정하고, "사형의 선고를 받은 자는 구치소 또는 미결수용실에 수용한다"고 명시하고 있었다.

그렇지만 사형확정자는 미결수용자와는 본질적으로 다른 법적 지위를 가진 신분이므로 수용근거를 구분하는 것이 법리(法理)에 부합하므로, 2007년 전면 개정된 「수용자처우법」에서는 사형확정자에 대한 미결수용실 수용원칙을 삭제하고 사형확정자에 대해서도 독자적인 구분 수용 규정을 두고 있다.

「수용자처우법 시행규칙」 제150조는 법의 위임에 따라 사형확정자는 사형집행시설이 설치된 교정시설에 수용하도록 하면서, 교도소 수용 중 사형확정된 사람과 교도소에서 교육·교화프로그램 또는 신청에 따른 작업을 실시할 필요가 있다고 인정되는 사형확정자는 교도소에 수용하고, 구치소 수용 중 사형확정된 사람과 구태여 교도소에서 교육 등 특별한 처우를 할 필요가 없다고 인정되는 사형확정자는 구치소에 수용하도록 규정하고 있다.

그렇지만, 특별한 사유가 있어서 사형확정자의 심리적 안정도모 또는 교정시설의 안전과 질서를 유지하기 위하여 특히 필요하다고 인정하는 경우에는 교도소에 수용할 사형확정자를 구치소에 수용할 수 있고, 구치소에 수용할 사형확정자를 교도소에 수용할 수 있도록 하는 탄력적인 규정까지 명시하고 있다.

2. 구분 수용의 예외

앞에서 설명한 구분 수용의 예외인 '미결수용자의 교도소 수용'과 '23세 이전 성인의 소년교도소 수용' 외에도 '수형자의 구치소 수용'이 원칙적인 구분수용에 대한 예외로서 「수용자처우법」 제13조 2항에 규정되어 있다.

"취사 등의 운영지원작업을 위하여 필요하거나 그 밖에 특별한 사정이 있으면 구치소에 수형자를 수용할 수 있다."

미결수용자는 징역수형자와 달리 작업의무가 없다. 그러므로 구치소를 운영하는 데 필요한 운영지원작업(관용작업)을 미결수용자로 충당할 수가 없다. 그렇다고 직원을 채용하여 운영하는 것은 국가재정상 합리적이지 않다. 그러므로 구치소에는 직원을 보조해서 취사 등의 운영지원작업에 종사할 징역수형자가 필요하다. 따라서 운영지원작업을 할 수 있는 수형자를 구치소에 수용·배치할 수 있는 법률적 근거가 있어야 하므로 위와 같은 명문규정을 둔 것이다.

이 조항에서 '작업의 필요'만을 예외 사유로 규정하지 않고 '그 밖의 특별한 사정'을 추가한 것은, 그 외에도 미결구금일수의 산입 등으로 잔형기간이 얼마 남지 않은 수형자는 이미 수용되어 있는 구치소에 수용하는 것이 합리적이고 또한 개별 수형자들에게 필요한 의료설비를 갖춘 구치소에 그러한 수형자를 일시 수용하는 것 등의 합당한 사유가 있는 경우에도 구분 수용의 예외를 인정하기 위해서이다.

3. 이송 대상자의 예외 수용

소장은 구분 수용의 기준에 따라 해당 교정시설로 이송해야 할 수형자를 6개월을 초과하지 아니하는 기간 동안 계속하여 수용할 수 있다.

예컨대, 구치소에 수용되어 있던 19세 미만의 미결수용자에게 형이 확정된 경우에는 소년교도소에 구분 수용되도록 김천소년교도소로 이송을 해야 하는데, 19세가 되는 날이 5개월 밖에 남지 않은 상황이라면 소년교도소로 이송한 후 곧바로 일반교도소로 또 다시 이송해야 할 사유가 발생하여 업무부담과 비용소모가 중복되고 수형자의 처우에도 도움이 되지 않으므로 6개월 이내의 범위 내에서 계속 수용하면서 적합한 시설로 수용되게 하여야 할 것이다.

Ⅲ 분리 수용 - 분계수용주의

「수용자처우법」 제13조는, 수용자의 법적 지위(신분)에 따라 별도의 독립시설에 구분 수용하는 외에, 동일한 시설 내에 수용하되 일정한 사유가 있으면 분리(분계)하여 수용하도록 하고 있는데, 법에서는 이를 '분리 수용'이라고 규정하고 있다.

학술적 용어와 현행법상의 용어를 통일하고 개념의 명확성을 높이기 위해서는 이를 '분계수용'이라고 명명하는 것이 좋을 것이다. 다만, 이에 따르려면, "남자와 여자는 분리하여 수용한다"는 현행 규정을 "남자와 여자는 분계 또는 구분(분리)하여 수용한다." 로 보다 구체적인 용어사용이 이루어져야 할 것이다. 왜냐하면, 남자와 여자는 현실적으로 일반교도소 내에서 분계 수용하는 것이 일반적이지만 여성 장기수형자들은 청주여자교도소에 분리 수용되는 것이 일반적이기 때문이다.

「수용자처우법」 제13조는 "남자와 여자는 분리하여 수용한다. 구분 수용규정에 따라 수형자와 미결수용자, 19세 이상의 수형자와 19세 미만의 수형자를 별개의 시설에 구분 수용하지 않고, 같은 교정시설에 수용하는 경우에는 서로 분리하여 수용한다."는 내용으로 규정하고 있다.

또한 「소년법」 제55조는 "소년에 대한 구속영장은 부득이한 경우가 아니면 발부하지 못한다. 소년을 구속하는 경우에는 특별한 사정이 없으면 다른 피의자나 피고인과 분리하여 수용하여야 한다."고 규정하여 소년 미결수용자에 대한 분리 수용을 명시하고 있다. 과거의 구「행형법」에서는 "수형자와 미결수용자, 성년과 소년을 분리하여 수용한다. 남자와 여자는 격리 수용한다."고 명시하여 '분리 수용'과 '격리 수용'을 명칭

구분하고 있었다. 이 경우 '격리'와 '분리'는 개념상 차이가 없고, 더구나 '격리'는 감염병환자 등에 대해서 사용하는 말로서 부정적인 이미지를 줄 수 있으므로 적절치 않은 용어였다. 이러한 비판이 제기되자 「수용자처우법」으로 전면 개정하면서는 남성과 여성의 분계 또는 분리 수용도 '분리 수용'규정에 포함시키고 있다.

1. 남성과 여성의 분리수용

현행법은 남자와 여자 수용자에 대하여는 구분 수용원칙(분리주의)에 포함시키지 않고 있다. 「수용자처우법」 제5조에서는 "합리적인 이유 없이 성별을 이유로 차별받지 않도록" 규정하고 있고, 남성과 여성은 생리적 · 심리적 차이도 있으므로 여성수용자에 대해서 실질적인 차별이 발생하지 않도록 하면서 별도의 시설을 구분 · 운용하는 것이 바람직하다.

그렇지만 현실적으로는 전체 수형자의 4~6%에 불과한 여성수형자를 위하여 지역별로 여러 개의 여성전용 교정시설을 설치 · 운영하는 것은 재정 경제성과 상충되고 여성전용 교정시설의 교정 교화 효과가 입증되지 않았기 때문에 현실적인 면에서 구분 수용원칙 적용이 어렵다. 그래서 현행법은 구분 수용을 원칙으로 하지 않고 분리 수용 적용으로 그치고 있다. 그렇다고 하더라도 여성수용자 처우 시에는 여성 고유의 특성을 고려하여 처우하는 것까지 소홀히 해서는 아니 되므로 여성수형자 전담교정시설 운용 규정(제57조 6항)과 여성수용자를 위한 특별한 보호규정을 법 제50조에서 제53조까지 설정하고, 제93조에서는 신체검사 등에서도 특별규정을 두어 처우에 반영하고 있다.

2. 구분 수용이 원칙인 수용자에 대한 분리 수용

사형확정자에 대하여는 구분 수용에 대한 예외 규정을 두고 있지 않으므로 분리 수용에 관한 규정이 적용되지 아니한다.

사형확정자의 경우에는 「수용자처우법 시행규칙」에 따라 사형집행시설이 설치되어 있는 교도소나 구치소에 수용되어 있는 수형자나 미결수용자와 함께 수용하고, 처우의 특수성을 고려하여 독거수용을 원칙으로 하고 있고, 또 사형확정자의 수가 약 60명에 불과하므로 사형확정자를 위해 분계된 수용동을 별도로 설치할 필요는 없다고 본다.

수형자와 미결수용자, 19세 이상의 수형자와 19세 미만의 수형자는 각각 다른 시설에 구분 수용함이 원칙이나 현실적 여건상 또는 특수한 사정상 같은 교정시설에 수용할지라도 구분 수용의 취지를 살리기 위한 차원에서 수용동을 달리하여 분계된 구역에 수용하는 것이 바람직하기 때문에 「수용자처우법」은 분리 수용규정을 명문화하고 있다.

소년교도소에서 소년수형자와 소년처우수형자는 거실을 분리하여 수용한다. 다만, 소년수형자가 교육 · 직업훈련과정 중 19세에 도달한 경우에는 교육과정이 종료될 때까지 소년수형자거실에 수용할 수 있다(소년교도소 운영지침 제10조).

제3절 수용 후의 절차

I 개관(槪觀)

어느 한 교정시설의 입장에서 절차상 직면하는 현실적인 수용자는 두 가지 성격을 지닌 사람으로 나누어진다.

하나는 법적으로 아직 수용자의 신분이 아니면서 법원 · 검찰청 · 경찰관서 등으로부터 처음으로 당해 교정시설에 입소하는 사람이고, 다른 하나는 이미 법적으로 수용자로서 신분이 부여된 자를 다른 교정시설로부터 이송 받아 당해 교정시설에서 수용절차가 진행되는 사람이다. 법률적 개념으로 전자를 '신입자'라고 하고, 후자를 '이입자(移入者)'라고 한다.

수용절차는 신입자에 대한 절차와 이입자에 대한 절차로 구분되며, 이에 따라 법령의 규정도 신입자와 이입자에게 공통적으로 적용되는 내용과 각각 어느 한 쪽에만 적용되는 규정으로 구성되어 있다.

II 간이입소절차

1. 의 의

체포되어 교정시설에 유치된 피의자와 구속영장 청구에 따라 피의자 심문을 위하여 교정시설에 유치된 피의자에 대하여는 법무부장관이 정하는 바에 따라 간이입소절차를 실시한다(법 제16조의 2).

이에 따라 체포된 피의자와 구인피의자[4]에 대해서는 통상의 입소절차보다 간소한 입소절차를 시행해야 한다. 체포된 피의자와 구인영장을 집행 받아 교정시설에 짧게 유치된 피의자에 대하여 구금영장의 집행으로 긴 시간 동안 구금된 피의자와 동일한 입소절차를 거치게 할 경우 인격권이나 신체의 자유 침해 우려가 있으므로 이들의 신체의 자유 및 인권을 보장하기 위해 <2017 개정>을 통해 개선한 입소절차가 간이입소절차이다.

2. 입소절차의 구분

구금용 구속영장이 발부되기 전까지는 간이 신체검사[5], 간소복 착용, 수용동 내 별도의 유치실을 이용할 수 있다. 일반 피의자와 구인피의자 등이 같은 시간대에 입소한 경우 입소절차는 분리하여 실시한다. 상당한 기간 유치한 후 그에 대해 구속영장이 발부된 후에는 정밀신체검사 등 통상의 입소절차에 따른다.

수용동 내 별도 유치거실에 입실한 경우 통상의 입소절차와는 달리 미결수용자복이 아닌 운동복을 지급하고 사진촬영·목욕 등은 생략하고 수용자번호는 지정하되 번호표는 부착시키지 않은 상태에서 대기하게 한다.

3. 구속 전 피의자심문 결과에 따른 조치

만일 구속영장 청구가 기각되어 석방지휘서 등 관련서류가 접수되면 출소실로 데리고 간 후 출소절차에 따라 석방한다. 그러나 구금을 위한 구속영장이 발부된 경우에는 구인 피의자를 신입실로 동행하여 생략했던 정밀신체검사·미결수용자복 환복·사진촬영·목욕 등의 절차를 진행한다.

---

4 구속영장이 청구된 피의자에 대해서 구인을 위한 구속영장 즉 구인영장을 발부하여 법원에 강제로 끌고 간 후 구속 전 피의자심문을 실시하는 경우에 구금을 위한 구속영장 즉 구금영장의 발부 여부를 결정할 때까지 상당한 시간이 필요하여 그 결정 시까지 교정시설에 붙잡아 둘 수 있는데, 이러한 사람을 '구인피의자'라 한다. 이러한 구인피의자는 일반적으로 12시간 이내로 짧은 시간 동안 유치된다.

5 간이 신체검사란 정밀 신체검사처럼 입소 시 착용한 속옷까지 벗기지 않고, 가운을 착용한 상태에서 칸막이로 가려진 공간에서, 교도관이 육안이나 휴대용 금속탐기지 등으로 위험물 등의 은닉 여부를 검사하는 것을 말한다.

Ⅲ 신입자의 수용

1. 신입자의 인수

소장은 법원·검찰청·경찰관서 등으로부터 처음으로 수용되는 사람에 대하여는 집행지휘서·재판(판결)서, 그 밖에 수용에 필요한 서류를 조사한 후 형식적 수용요건을 구비하였는지 점검하고 실질적 수용요건까지 갖춘 경우에는 수용한다.

이에 따라 실무에서는 신입조사 근무자가 수용의 근거가 되는 각종 서류를 받아 지정된 수용시설과 해당 시설의 일치 여부, 수용서류의 수신자가 해당 소장이 맞는지 여부, 판사 또는 검사의 서명 날인이 있는지 여부, 수용에 필요한 서류의 구비 여부, 서류 기재 내용의 정확 여부, 관련 서류들의 내용이 일치하는지 여부를 확인하고, 신입 수용자에 대하여는 이름·주민등록번호·등록기준지·주소·직업·사건명·형명·형기·공범 유무·수용 횟수, 장애·질병 유무, 폭력조직 등 범죄단체 가입 유무 등을 조사·확인인해야 한다. 또한 신입자의 가족 또는 친지 등 연고자의 전화번호 및 주소를 파악하여 수용기록부에 기록하여야 한다. 만일, 음주가 의심되는 신입자에 대하여는 알코올 농도를 측정하며, 음주사실이 확인된 경우에는 인계자로부터 확인서를 받아야 한다.

신입조사 근무자가 이와 같은 조사·확인 결과 수용서류가 입소의 요건을 갖추고 있지 못하거나 신입자의 신상과 일치하지 아니하는 경우에는 즉시 보고체계에 따라 보고하고 지시를 받아 처리해야 한다.

소장은 신입자를 인수한 경우에는 호송결찰관 등 호송인에게 인수서를 써주어야 한다. 실무에서는 당직간부가 서명한 신입자 인수서를 교부하고 있다. 신입자 인수서는 신체검사를 실시하여 질병, 그 밖에 신체 이상 유무를 확인한 후 교부하여야 하며, 이상이 있는 경우에는 호송인으로부터 신체 상태·질병 내용 등을 구체적으로 명시한 확인서를 받고나서 교부하여야 한다. 인수서를 교부할 때 신입자를 인수한 교도관은 인수서에 신입자의 성명·나이 및 인수일시를 적고 서명 또는 날인하여야 한다.

확인서를 호송인으로부터 받는 경우에 신입자의 성명·나이·인계일시와 함께 위와 같이 부상 등의 사실을 적고 서명 또는 날인하도록 하여야 한다.

2. 휴대품 검사, 영치금품 접수

신입자가 소지한 휴대금품 및 착용의류는 검사 후 내용 및 수량 등을 확인해야 한다. 금·은·보석·유가증권·인장·휴대폰·주민등록증 등은 특별영치품으로 별도 접수하고 잠금장치가 되어 있는 견고한 용기에 넣어 보관하여야 한다(시행령 제36조). 수용자의 현금과 자기앞수표를 영치[6]하는 경우에는 그 금액을 영치금대장에 기록한다. 수용자의 물품을 영치하는 경우에는 그 품목·수량 및 규격을 영치품대장에 기록해야 한다(시행령 제35조).

3. 사진촬영 및 신체검사

소장은 신입자뿐만 아니라 이입자인 경우에도 다른 사람과의 식별을 위하여 필요한 한도에서 사진촬영·지문채취·수용자번호 지정 등의 조치를 하여야 한다(법 제19조).

소장은 신입자를 인수한 경우에는 교도관에게 신입자의 신체를 지체 없이 검사하게 하여야 한다. 신체·의류·휴대품 검사는 이입자에게는 하지 않아도 된다.

수용자의 신체를 검사하는 경우에는 불필요한 고통이나 수치심을 느끼지 아니하도록 유의하여야 하며, 특히 신체를 면밀하게 검사할 필요가 있으면 다른 수용자가 볼 수 없는 차단된 장소에서 하여야 한다(법 제93조 2항).

이 규정에 따른 신체검사는 사전에 검사목적을 설명한 후 이동식 칸막이 등이 설치된 독립된 공간에서 가운과 속옷을 착용한 상태에서 실시하며 다른 수용자가 신체검사 상황을 볼 수 없도록 하여야 한다. 검사는 전자영상장비 등을 이용하여 세밀하게 하여야 하고 특히 머리카락·귓속·겨드랑이·손가락 및 발가락 사이·항문·입속 등 부정물품을 은닉할 가능성이 있는 신체 부위를 빠뜨리지 않도록 주의하여야 한다.

여성 신입자 등의 의류 및 신체검사는 별도의 입소실에서 여성교도관이 하여야 한다.

소장은 신입자의 키·용모·문신·흉터 등 신체 특징과 가족 등 보호자의 연락처를 수용기록부에 기록하여야 한다. 다만, 신체 특징의 기록이 어려운 경우에는 사진을 촬영하여 수용기록부에 첨부하여야 한다.

신체검사 후 신입자에게 질병이나 그 밖의 부득이한 사정이 있는 경우가 아니면 지체 없이 목욕을 하게 하여야 한다(시행령 제16조).

건강진단은 법 제16조 2항에서 신입자를 대상으로 규정하면서 "지체 없이 하여야 한다"고 규정하고 있는데, 구체적으로는 시행령 제15조에 따라, 수용된 날부터 3일 이내에 하면 된다. 다만, 휴무일이 연속되는 등 부득이한 사정이 있는 경우에는 3일을 벗

---

6 '영치(보관)'란 쉽게 말하면, '교정시설의 수용자 금품관리'이다. 즉, 영치는 수용자에 딸린 돈과 물건을 본인을 위해서 그리고 시설의 안전과 질서를 위해서 교정시설에서 맡아서 보관하면서 수용자에게 사용하게 하거나 처분하게도 하면서 관리하다가 수용자가 석방될 때 본인에게 되돌려 주는 조치이다.

어나서도 할 수 있다.

'건강진단'은 수용 중 정기적으로 실시하는 '건강검진(법 제34조)'과는 구분되는 조치이다. 소장은 수용자에 대하여 1년에 1회 이상 건강검진을 하여야 한다. 다만, 19세 미만의 수용자·계호상 독거수용자 및 65세 이상 노인수용자에 대하여는 6개월 1회 이상 하여야 한다(시행령 제51조 등).

4. 수용생활 안내 및 주의사항 교육

신입자뿐 아니라 이입자에게도 말이나 서면으로, 형기의 기산일 및 종료일, 접견·서신·그 밖의 수용자의 권리에 관한 사항, 청원·진정·그 밖의 권리구제에 관한 사항, 징벌·규율·그 밖의 수용자의 의무에 관한 사항, 일과(日課) 그 밖의 수용생활에 필요한 사항을 알려주어야 한다(법 제17조).

이 규정의 취지는 교도관 등에게 수용자의 권리·의무에 관한 사항 등 수용생활에 필요한 기본적인 사항을 수용자들에게 알려주어야 한다는 것일 뿐이지, 「수용자처우법」 및 같은 법 「시행령」·「시행규칙」 등 교정관계 법령의 구체적인 개개 조항을 비롯하여 수용자들의 권리·의무에 관한 사항 전부를 빠짐없이 알려 줄 의무를 부과하는 규정이라고 해석할 필요는 없다(서울 고법 16누70392). 소장은 수용자가 입소하거나 이송된 날부터 5일 이내에 신입안내 교육을 실시하여야 한다(수계 제157조). 소년수용자에 대하여는 성년과 분리하여 신입안내 교육을 실시하여야 한다.

5. 거실지정 및 입실

수용자는 독거수용한다. 다만, 독거실 등 시설여건이 충분하지 아니한 때, 수용자의 생명 또는 신체의 보호를 위하여 필요한 때, 수용자의 정서적 안정을 위하여 필요한 때, 수형자의 교화 또는 건전한 사회복귀를 위하여 필요한 때 등에 해당하면 혼거수용할 수 있다(법 제11조).

소장은 수용자의 거실을 지정하는 경우에는 죄명·형기·죄질·성격·범죄 전력·나이·경력 및 수용생활 태도, 그 밖에 수용자의 개인적 특성을 고려하여야 한다(법 제15조).

신입자의 경우에는 구금에 따른 충격 완화와 시설 내 적응을 위하여 환자이거나 부득이한 사정이 있는 경우가 아니면, 수용된 날부터 3일 동안 신입자거실에 수용하여야 한다.

다만, 19세 미만의 신입자이거나 19세 이상의 신입자일지라도 특히 필요하다고 인정하는 수용자에 대하여는 그 기간을 30일까지 연장하여 신입자거실에 수용할 수 있다.

신입자거실에 수용된 사람에게는 어떠한 경우에도 절대로 작업을 부과해서는 아니 된다(시행령 제18조). 거실수용 시 수용자가 독거실 수용을 요구하거나 지정한 거실 대신 다른 거실 수용을 신청한 경우에는 교정시설의 장은 이를 허용하여야 할 작위의무가 없다.

교정시설을 어떻게 활용할 것인지의 문제는 수용자와 교도인력의 숫자와 비율, 교정시설의 규모와 수준, 교정행정의 효율성 등 제반 사정을 고려하여 교정시설의 장이 재량으로 결정할 권한이 있기 때문이다(18 헌마1016).

6. 수용사실의 수용자 가족에 대한 통지

소장은 신입자 또는 다른 교정시설로부터 이송되어 온 이입자가 있으면 그 사실을 수용자의 배우자, 직계 존속·비속 또는 형제자매 등 가족에게 지체 없이 통지하여야 한다. 그렇지만, 수용자가 통지를 원하지 아니하면 통지를 하여서는 아니 된다(법 제21조). 신입자 또는 이입자의 동의를 받아 입소 사실을 가족에게 통지할 경우 지체 없이 통지하여야 하고, 통지받을 가족의 주거부정 등으로 발송이 어렵다고 판단되거나 해당 수용자가 원할 경우에는 전화 등의 방법으로 수용사실을 통지할 수도 있다.

학습 체크 포인트

01 수용자를 수용할 때, 19세 이상 수형자와 19세 미만 수형자는 교도소와 소년교도소로 구분하여 수용하는 것이 원칙이고, 모든 수용자는 독거수용하는 것이 원칙이나 예외적으로 혼거수용할 수도 있다. 혼거수용 인원은 3명 이상으로 하여야 하지만, 요양이나 그 밖의 부득이한 사정이 있으면 2명을 수용할 수도 있다.

02 소장은 신입자가 환자이거나 부득이한 사정이 있는 경우가 아니면 수용된 날부터 3일 동안 신입자 거실에 수용하여야 하며, 19세 미만의 신입자에 대하여는 그 수용기간을 30일까지 연장할 수 있다. 19세 이상의 수용자의 경우에도 소장이 특히 필요하다고 인정하는 수용자에 대하여는 신입자거실 수용기간을 30일까지 연장할 수 있다.

03 소장은 신입자뿐 아니라 이입자에 대하여도 해당 시설에 수용된 사람이 있으면, 그 수용자가 통지를 원하지 아니하는 경우를 제외하고는 수용사실을 배우자, 직계존속 · 비속 또는 형제자매에게 지체 없이 통지하여야 한다.

04 소장은 수용자의 휴대금품은 입소 시 교정시설에 영치하고, 석방될 때 영치금품 모두를 본인에게 돌려주어야 한다. 그렇지만, 영치품에 대해서는 특별한 사정이 있어 수용자가 석방 시 1개월 이내의 범위에서 일정 기간 동안 영치품을 보관하여 줄 것을 신청한 경우에는 석방 시 반드시 돌려주어야 하는 것은 아니다.

05 수용자 외의 사람이 수용자에게 금품을 교부하려고 신청하면, 소장은 법정 제한 사유에 해당하는 경우가 아니라면 허가하여야 하는 것이 원칙이다.

06 소장은 수용자에게 보내온 금품으로서 본인이 수령을 거부하거나 금품교부 제한사유에 해당하는 사유가 있으면 보내온 사람에게 되돌려 보내야 하지만, 보내온 사람을 알 수 없거나 보낸 사람의 주소가 불분명하여 돌려보내지 못한 경우에는 그 내용을 공고하고, 공고 후 6개월이 지나도 청구하는 사람이 없으면 그 금품은 국고에 귀속된다.

07 소장은 사망자 또는 도주자가 남겨두고 간 금품이 있으면 사망자의 경우에는 가족이 아니라 그 상속인에게 그 내용 및 청구절차 등을 알려야 하고, 도주자인 경우에는 그 가족에게 그리하여야 한다. 그 후 해당 상속인 또는 가족이 청구하면 지체 없이 교부해야 하지만, 고지받은 날부터 또는 알려줄 수 없었던 경우에는 청구사유가 발생한 날부터 1년이 지나도 청구가 없으면 그 금품은 국고에 귀속된다. 또한 석방 시 영치품을 보관시켰다가 보관기간이 지났음에도 찾아가지 아니하면, 그 내용과 청구절차를 그 피석방자의 가족이나 피석방자 본인에게 알려야 하고, 청구 없이 고지한 날 또는

청구 사유가 발생한 날부터 1년이 지나면 그 영치품도 국고에 귀속된다.

08 소장은 수용자에 대하여 건강상의 사유로 형의 집행정지 또는 구속의 집행정지를 할 필요가 있다고 인정하는 경우에는 의무관의 진단서와 인수인에 대한 확인서류를 첨부하여 그 사실을 검사에게, 기소된 상태인 경우에는 법원에도 지체 없이 통보하여야 한다.

09 현행법령상 실외운동은 공휴일 등을 제외한 평일에는 매일 1시간 이내로 실시하여야 하고, 목욕은 부득이한 사정이 없으면 매주 1회 이상 실시하여야 한다. 목욕의 시간은 각 시설의 사정을 고려하여 적절하게 실시해야 하므로 법령상 시간 범위를 명시하지 않고 있다.

10 우리나라 교정시설의 현황에 있어서 교정시설에 적정한 수용인원을 과도하게 초과하여 수용하는 이른바 '과밀수용'이 심각한 문제로 부각되어 있다.
과밀수용은 교정교화를 위한 적절한 환경과 조건을 갖추지 못하게 함으로써 교정시설의 질서유지에 부정적 영향을 주고 교정역량을 저하시켜, 결국 교정의 궁극적 목적인 수형자의 재사회화를 저해하고 인간의 존엄과 가치마저 침해한다. 이에 관하여 우리나라에서는 헌법재판소의 위헌결정까지 내려진 바 있다. 헌법재판소는 "교정시설 1인당 수용면적이 수용자의 인간으로서의 기본적 욕구에 따른 생활조차 어렵게 할 만큼 지나치게 협소하였다면, 이는 그 자체로 국가형벌권 행사의 한계를 넘어 인간의 존엄과 가치를 침해하였으므로 위헌이다"라고 결정했다(헌재결 2013헌마142).

과밀수용과 그 해소방법

과밀수용의 의의
과밀수용이란 교정시설의 적정한 수용한계 이상으로 수용자를 수용하는 과잉구금을 말한다. 과밀수용은 교화개선적 프로그램에 참여하는 수형자를 줄어들게 하고, 교정시설 내의 폭력 등 교정사고의 가능성을 증대시키며, 교정시설의 안전과 질서가 위협받을 수 있고, 결과적으로 교정교화의 효과를 떨어뜨리게 된다. 실제로 수용밀도가 높을수록 수용사고의 발생건수나 발생률이 더 높다는 실증적 연구결과가 있다.
과밀수용의 원인
1) 범죄자에 대해서 사회내처우나 가석방 비율을 줄이고 장기형을 요구하는 시민의 태도 및 형사사법 분야의 보수화가 과밀수용을 촉진한다. 예를 들어, 판사의 재량권을 제한하는 양형기준표의 작성과 활용, 정의모델에 의한 정기형으로의 복귀, 특정범죄자에 대한 중형의 강제 또는 미국의 삼진법(3 strikes out) 등 보수적 형사정책이 과밀수용을 야기한다.

2) 형사사법기관의 범죄대응능력의 향상이 교정시설의 과밀수용을 초래할 수 있다.
3) 범죄자에 대한 강경대응으로 범죄자에 대한 구금률이 높아지는 것도 과밀수용을 초래하는 원인이다.
4) 임의수사원칙의 이완으로 인한 높은 구속률이 과밀수용의 주요 원인이다.

과밀수용의 영향

1) 교정시설의 중(重)구금시설화를 초래한다.
   과밀수용 시에는 꼭 수용이 필요한 중(重)범죄자만을 선별적으로 수용하고 초범자나 경미범죄자는 보호관찰 등 사회내처우로 대체하게 되며, 일부 수용된 범죄자마저도 과밀수용의 해소를 명분으로 보호관찰부 가석방시키는 등의 변화를 요구한다. 따라서 교정시설은 결국 강력범죄자·중누범자 등을 수용하게 되어 수용의 장기화를 초래하게 되고, 교정시설의 우선순위를 처우에서 보안 중심으로 이동시키게 된다.
2) 업무증대로 교정공무원들에게 과도한 직무를 부과하고 심리적 부담을 갖게 하여 직무수행능력에 악영향을 미친다.
3) 교정시설의 교정역량을 떨어뜨려, 교정의 최종 목적인 수형자이 재사회화에 부정적 영향을 미친다.
4) 교정서비스가 부실해지고, 교정사고 가능성을 증대시킨다. 교정시설의 위생상태가 불량하게 되어 수용자 간에 감염병이 퍼질 위험성이 증가하고, 관리교도관이 부족하게 되어 수형자의 운동·목욕 등을 제한하게 될 수 있으며, 수용자들의 처우불만이 제대로 해소되지 못하고 수용자 사이의 긴장과 갈등이 고조됨으로써 폭행·싸움·자살 등 교정사고가 빈발하게 될 수 있다.
5) 인간의 존엄과 가치를 침해할 수 있고, 수형자의 인간다운 생활을 방해한다. 이는 「헌법」 제10조 '인간의 존엄과 가치'를 침해하여 헌법에 반하는 처우가 되며, 「수용자 처우법」 제4조 '수용자의 인권 최대한 존중'에 위배된다. 또한 우리나라가 1990년 가입한 '시민적·정치적 권리에 관한 국제규약' 제10조의 "자유를 박탈당한 모든 사람은 인도적으로 그리고 인간의 존엄성을 존중하며 취급된다."를 위반하는 것이며, '수용자 처우에 관한 유엔최저기준규칙' 제1조 "모든 수용자는 인간의 존엄성과 가치에 입각하여 존중을 받아야 한다." 및 제13조 "수용자가 사용하도록 마련된 모든 시설, 특히 모든 취침시설은 기후조건을 고려하여 특히 공기의 용적·최소면적·조명·난방 및 환기 등에 관하여 적절한 조치를 고려함으로써 건강 유지에 필요한 모든 조건을 충족해야 한다."는 권고수준에도 미치지 못하게 된다.

과밀수용 해소방안

미국의 브럼스타인(A. Blumstein)은, 1) 단기적으로는 별다른 대안 없이 그냥 증가되는 수용자만큼 수용할 수밖에 없는 무익한 방법(null strategy)을 감수하여야 하지만, 2) 상습성이 있는 강력범죄자만 선별하여 수용하는 선별적 무능력화 방법, 3) 수용인구를 감소시키는 방법으로서 입소 억제 방법(front－door strategy)인 보호관찰·가택구금·배상명령·사회봉사명령 등 사회내처우제도 및 벌금형 적극 활용 및 출소 촉진 방법(back－door strategy)인 보호관찰부 가석방(parole)·선시제(good time system) 등 활용, 4) 사법절차과정의 개선을 통해 형사사법기관 간의 공조를 통한 수용인구 조절 방법, 5) 민영교도소 도입 등으로 교정시설을 증설하여 수용공간을 확대하는 방법을 제시한 바 있다.

이러한 방법을 참조하여 우리나라의 실정에 맞는 과밀수용 해소방법을 고려해보면, 전자장치 부착명령·사회봉사 등 사회내처우 적극 활용·벌금형 적용 확대·가석방 요건 완화·검찰－법원－교정시설 간 협의와 공조를 통한 수용인구 조절 사법정책 유지·임의수사원칙 강화 및 영장실질심사·구속적부심사의 인권보장 강조 및 가택구금제·재산비례벌금형(일수벌금형)제도 도입 등의 방안이 제시될 수 있다.

제2장

수용자의 외부교통 – 접견 · 서신(편지)수수 · 전화통화

제1절 수용자의 외부교통의 의의

I 의 의

수용자는 교정시설에 수용됨으로써 지역사회로부터 격리되어 외부와의 상호작용 및 의사소통이 제약되어 유대가 매우 약화된다. 이로 인해 불안한 심리상태에 빠지고 사회복귀에도 장애가 발생하게 되며, 자유를 박탈당함으로써 느끼는 고통 이외에도 여러 고통이 가중된다. 또한 구금시설 내에서의 생활과 외부생활의 차이로 인해 수용자의 사회적 책임과 인간으로서의 존엄성도 많이 제한된다.

이러한 상태에 대하여 응보주의나 일반예방주의를 형벌의 이념으로 삼거나 '고독 속의 참회사상'에 기반한 펜실바니아제의 경우라면 감수하고 인정할 수밖에 없을 것이다.

현대 교정의 궁극적인 목표는 응보나 제지(Deterrence)보다는 범죄자에 대한 교화개선과 사회와의 재통합을 통한 완전한 사회복귀에 있다. 그러므로 과거의 응보나 제지를 목표로 하였던 형집행과는 달리 전통적인 교정시설의 폐쇄성을 지양하고 교정시설을 사회화 내지는 개방화하면서 외부와의 교통을 적극적으로 활성화하는 방향으로 나아가고 있다.

우리 헌법과 국제규약은, 모든 수용자들은 구금에 따르는 불가피한 제한과 고통을 제외하고는 인권과 기본적인 자유를 향유할 권리가 있다고 보면서, 특히 사회와의 계속적인 관계 유지를 통해 시설에서 석방된 이후에도 사회생활에 적응하는 데 지장이 없도록 배려할 필요가 있다고 규정하고 있다.

「수용자 처우에 관한 유엔최저기준규칙」(만델라규칙) 제59조는 "수용자는 가능하면 가정이나 사회적 재활(再活) 지역과 근접한 곳에 수용되어야 한다"고 명시하고, 제58조는 "수용자에게는 필요한 감독 하에 일정기간마다 가족 또는 친지와의 의사소통이 서신 또는 통신, 전자·디지털 등의 수단을 통한 의사소통이나 접견과 같은 방법으로 허용되어야 한다"고 규정하고, 제61조에서는 "수용자는 자신이 선택한 법률자문가 또는 법률구조 제공자와 접견·소통·상담할 수 있는 적절한 기회와 시간·장소가 지체 없이 주어져야 하며 자국의 법규에 따라 검열 또는 차단을 받지 않고 기밀이 유지되어야 한다. 법률상담 진행 시 교정직원의 감시는 허용되나 감청을 불가능하다"고 규정, 권고하고 있다.

헌법상의 외부교통권에 대해서는 헌법재판소는, "수용자가 갖는 접견교통권은 가족 등 외부와 연결될 수 있는 통로를 적절하게 개방하고 유지함으로써 가족 등 타인과 교류하는 인간으로서의 기본적인 생활관계가 신체의 구속으로 완전히 단절되어 정신적으로 황폐하게 되는 것을 방지하기 위하여, 반드시 보장되지 않으면 아니 되는 인간으로서의 기본적인 권리에 해당한다. 그러므로 수용자의 외부교통권은 성질상 헌법상의 기본권에 속한다. 이러한 수용자의 접견교통권은 비록 헌법에 열거되지는 아니하였지만 「헌법」 제10조의 행복추구권에 포함되는 기본권의 하나로서의 일반적 행동자유권으로부터 나온다" 결정함으로써 헌법상의 기본권으로 인정하고 있다.[7]

「수용자처우법」도 접견·서신수수를 단순히 처우의 내용으로만 인정하지 않고 수용자의 권리로서 규정하고 있다. 수용자의 지역사회와의 교통은 수용자가 사회적 존재로서의 인간의 본성 및 사회와의 유대를 유지하기 위해 필요할 뿐만 아니라, 가족·친구 관계의 지속을 통해 심리적 불안을 해소하면서 안정된 수용생활을 할 수 있도록 도움을 준다. 또한 출소 후 원활한 사회복귀와 안정된 사회생활을 영위하는 데에도 기여하고, 궁극적으로는 사회와의 재통합을 통하여 재범방지에도 큰 기능을 할 수 있을 것이다.

수용자의 외부교통권은 일반인과의 교통권도 인정되어야 하지만, 형사절차상 특히 강조되어야 할 것은 변호인과의 접견교통권이다. 그래서 「헌법」 제12조 4항은 "누구든지 체포 또는 구속을 당한 때에는 즉시 변호인의 조력을 받을 권리를 가진다"고 선언하고 있고, 「형사소송법」 제89조는 "구속된 피고인은 법률의 범위 내에서 타인과 접견하고 서류 또는 물건을 수수(授受)하며 의사의 진료를 받을 수 있다"고 규정하고 있다.

---

7 헌재결 2007헌마738.

Ⅱ 외부교통의 개념

넓은 의미의 외부교통이란 널리 신문·잡지, TV나 라디오 등을 통하여 외부의 정보를 접할 수 있는 모든 방법 및 교정위원 등과의 만남, 외부 통학·통근, 귀휴 등 외부와의 접촉을 위한 모든 활동을 말한다.

좁은 의미의 외부통근이란 접견(면회)·서신수수 및 전화통화만을 말한다.

교정학상 일반적으로 외부와의 교통제도라고 지칭할 때에는 접견 제도, 서신수수 제도, 전화통화 제도를 가리킨다.

Ⅲ 외부와의 교통권의 인정과 제한

과거 구「행형법」에서는 "수용자는 소장의 허가를 받아 타인과 접견하거나 서신을 수발할 수 있다"고 규정하고 있었기 때문에 이에 관하여 외부와의 교통권을 인정하는 적극설과 외부와의 교통권을 인정할 수는 없고 다만, 소장이 재량으로 허용할 수 있다는 소극설이 대립되었다. 따라서 외부와의 교통권 제한도 소극설에 입각하여, 교정시설의 장이 전문적·행정적 차원에서 제한할 수 있다는 주장이 있었다. 이는 수용자의 외부교통이 권리라고 보는 인식이 확실치 않아서 나온 견해이고, 또한 당시의 법규정에 따라야 한다는 법실증주의적 입장이 영향을 미쳤던 것으로 보인다.

현재는 「수용자처우법」에서 접견과 서신수수에 대해 "소장의 허가를 받아야 한다"는 요건을 폐기했고 "수용자는 교정시설의 외부에 있는 사람과 접견할 수 있고, 수용자는 다른 사람과 서신을 주고받을 수 있다"고 명백하게 수용자의 권리로서 규정함으로써 그와 같은 논란을 차단하고 있다.

수용자의 외부와의 교통권은 「헌법」에서 보장하고 있는 수용자의 기본권이다. 따라서 국가안전보장·질서유지 또는 공공복리를 위하여 필요한 경우에 한하여 법률로써 제한할 수 있으며, 제한하는 경우에도 접견교통권의 본질적인 내용은 침해할 수 없다.[8]

이와 같은 법원리에 입각하여 「수용자처우법」은 접견과 서신수수에 대한 제한 요건과 절차를 명시하고 있다.[9]

---

8 「헌법」 제37조 2항 참조.

9 「형의 집행 및 수용자의 처우에 관한 법률」 제41조, 제43조 참조.

제2절 접견제도

I 접견권 보장

1. 접견의 의의

접견이란, 형사절차에 의하여 신체의 구속을 받고 있는 피의자나 피고인 및 수용자와 교정시설의 밖에 있는 사람과의 만남을 말한다. 접견은 '면회'라고도 한다. 그렇지만 '면회'란, '일반인의 출입이 제한되는 어떤 기관이나 군생활처럼 집단생활을 하는 곳에 찾아가서 사람을 만나는 일'을 말하므로 형사절차상의 용어인 '접견'보다는 넓은 개념이다.

현행법에서도 「보호소년 등의 처우에 관한 법률」에서는 소년원이나 소년분류심사원에서 보호소년·위탁소년 등과의 만남은 형사절차상의 만남이 아니고 보호처분절차상의 만남이고, 소년원과 소년분류심사원이 형사법상 교정시설이 아닌 보호시설이란 점을 고려하여 '면회'라는 용어를 쓰고 있다.[10]

우리나라 교정시설에서의 접견은 통상적인 접견, 화상접견, 인터넷 화상접견, 스마트접견 등 여러 방식이 있다. 통상적인 접견은 교정시설에 구금된 수용자를 교정시설 외부에 있는 사람이 직접 찾아가서 대면하여 대화를 나누는 것을 말한다.

화상접견이란, 교정시설에 설치된 전산망을 이용하여 수용자 가족이나 친지 등이 인근 교정시설에 설치된 컴퓨터 모니터를 통하여 먼 거리에 있는 수용자의 모습을 보면서 대화를 나누는 접견방식이다. 수용자용 화상접견실은 수용자가 수용되어 있는 교정시설 구내에, 민원인용 화상접견실은 다른 교정시설의 민원실이나 개방지역의 적절한 장소에 설치한다(수계[11] 제120조).

인터넷 화상접견이란, 민원인이 교정시설까지 가지 않고 가정에 있는 PC를 이용하여 먼 거리에 있는 수형자와 화상접견하는 제도이다. 수형자용 인터넷 화상접견실은 해당 수용자가 수용된 구내 접견실에 설치하되, 각 기관의 시설 등을 고려하여 수용관리팀 사무실 등 적당한 장소에 설치할 수 있다(수계 124조 2항).

스마트접견이란, 교정시설에 설치된 영상통화기기와 민원인의 스마트폰을 이용하여 장소에 구애받지 않고 수용자와 접견하는 제도이다. 수용자용 영상통화기기는 인터넷

---

10 「보호소년 등의 처우에 관한 법률」 제 18조 참조.

11 「수용관리 및 계호업무 등에 관한 지침」을 약칭해서 '수계'라고 부른다.

화상접견실에 설치하고, 민원인은 개인 스마트폰에 스마트접견 어플리케이션을 설치하여야 한다.

현재는 인터넷 화상접견도 스마트접견에 포함시켜 규정하고 있다(수계 제124조 1항). 즉, '스마트접견'이란 민원인의 스마트폰(태블릿 PC 등 모바일 기기 포함) 또는 PC를 이용하여 화상으로 수용자와 민원인이 접견하는 것을 말한다.

2. 접견권 보장과 제한

「수용자처우법」 제41조 1항 본문은 "수용자는 교정시설의 외부에 있는 사람과 접견할 수 있다"고 규정하여 모든 수용자의 접견권을 명시하고 있다. 따라서 무죄추정의 원칙이 적용되는 미결수용자뿐 아니라 수형자 및 사형확정자까지도 법률상 접견권이 보장된다. 더 나아가 「헌법」상의 기본권으로도 접견교통권이 보장된다.

헌법재판소는 구속된 피의자·피고인이 갖는 변호인 아닌 자와의 접견교통권도 행복추구권(헌법 제10조)과 무죄추정의 권리(헌법 제27조)에 근거한 헌법상의 기본권에 속한다고 판시하였다. 따라서 수용자의 가족 등 비변호인과의 접견교통권은 법률로써만 제한할 수 있다.

「수용자처우법」은 수용자의 접견권을 원칙적으로 보장하면서도 예외적인 제한사유와 접견내용의 청취·기록·녹음 또는 녹화 절차를 규정하고 있다.

수용자는 교정시설의 외부에 있는 사람과 접견하려 할 때 다음에 해당하는 사유가 있으면 접견할 수 없다(법 제41조 1항 단서).

(1) 1) 형사법령에 저촉되는 행위를 할 우려가 있는 때, 2) 「형사소송법」이나 그 밖의 법률에 따른 접견금지의 결정이 있는 때, 3) 수형자의 교화 또는 건전한 사회복귀를 해칠 우려가 있는 때, 4) 시설의 안전 또는 질서를 해칠 우려가 있는 때에는 접견을 제한할 수 있다.

(2) 형사법령에 저촉되는 행위란 형법이나 특별형사법에 해당하는 범죄행위를 말한다. 이러한 행위를 '할 우려가 있는 때'란, 그러한 범죄행위가 접견 시 이루어질 가능성이 있는 경우뿐만이 아니라 접견 이후에 범해질 가능성이 있는 경우까지 포함된다.

(3) 형사소송법 등에 따른 접견금지의 결정이 이루어지는 전형적인 사례는 형소법 제91조에 따른 결정이다. 즉, 체포영장 또는 구속영장을 발부한 지방법원판사는

> 피의자가 도망하거나 범죄의 증거를 인멸할 염려가 있다고 인정할만한 상당한 이유가 있는 때에는 직권 또는 검사의 청구에 의하여 신체를 구속당한 수용자와 변호인 또는 변호인이 되려는 자 이외의 타인과의 접견을 금하거나 수수(授受)할 서류 기타 물건의 검열, 수수의 금지 또는 압수할 수 있다.

이 제한사유는 법원에 의해 심판절차까지 갖추고 있으므로 적법절차 원칙에 따라 과잉금지될 가능성이 낮다. 그렇지만 (1)의 1), 3), 4)의 제한사유는 지나치게 포괄적이므로 이에 따른 접견제한은, 남용되어 과잉금지의 원칙에 반할 위험성을 지니고 있다. 그러므로 접견권 보장의 취지를 살릴 수 있도록 접견권의 제한은 그 접견으로 구금의 목적이 명백히 침해될 가능성이 현저한 경우에 한하여 적용되어야 하고, 교도관회의의 심의를 거치는 등 보다 객관적이고 신중한 절차를 지켜 운용되도록 하여야 할 것이다. 또한 '명백하고도 현존하는 위험'이 아닌 경우 등에는 접견 자체를 금지하는 것보다는 교도관의 참여 등의 보완 방법을 곁들이면서 접견 시 예상되는 위험을 통제하는 차선책을 시행하는 것이 바람직할 것이다.[12]

II 접견의 상대방

1. 의 의

접견의 상대방은 '교정시설의 외부에 있는 사람'으로 한정되고, '외부에 있는 사람'은 크게 변호인과 변호인 아닌 사람으로 구분하고 있다. 「형사소송법」에서는 변호인과 비변호인으로 나누어 규정하고 있다.[13]

이렇게 접견의 상대방을 변호인(변호인이 되려는 사람 포함)과 비변호인으로 구분하는 법적 의미는 매우 크다. 왜냐하면, 변호인과의 접견권은 신체구속을 당한 피의자·피고인이 가지는 '변호인의 조력을 받을 권리'와 표리관계에 있는 것이며, 피의자·피고인의 입장에서 보면 변호인과의 접견교통권은 신체구속된 본인들의 인권보장과 방어준비를 위하여 필수불가결한 권리이다.

이러한 중요성 때문에 우리 「형사소송법」은 신체구속된 자와 변호인과의 접견교통에 대하여 일체의 제한을 허용하지 않고 있다. 그런데 비변호인에 대한 접견교통권은 변

---

12 같은 취지의 주장은 신양균, 형집행법, 2012, 189면 참조.

13 「형사소송법」 제34조, 제91조 참조.

호인과의 접견교통권과는 달리 법률로써 그 제한이 가능하기 때문이다.

비변호인은 「행형법」의 1995년 제5차 개정 이전까지는 친족과 친족이 아닌 자로 구분하고 있었다. 5차 개정 전에는 법에서 접견과 서신수수는 원칙적으로 친족에게만 허용되고 친족이 아닌 자와의 접견과 서신수수는 필요한 용무가 있는 때 한하여 소장이 허가할 수 있도록 규정하고 있었다. 이 규정은 1995년 제5차 개정을 통하여 폐기되고, 교화상 또는 처우상 특히 부적당한 사유가 없는 한 비친족에 대해서도 원칙적으로 접견·서신수수를 허가하도록 하였다. 그 후 2007년 개정된 현행 「수용자처우법」에 와서는 접견·서신수수의 허가제를 폐지하고, 비변호인과의 접견·서신수수도 허가 없이 권리로서 누릴 수 있도록 하였다.

2. 교정시설의 외부에 있는 사람

현행법에서는 교정시설의 외부에 있는 사람으로 한정하고 있으므로 수용자와 수용자의 접견은 권리로써 인정하지 않는다. 수용자라면 같은 시설 내 수용자뿐 아니라 다른 시설의 수용자와도 접견이 허용되지 않는다. 다만, 교화 및 처우상 특히 필요한 경우에는 수용자가 다른 교정시설의 수용자와 통신망을 이용하여 화상으로 접견하는 것을 소장이 허가할 수 있다(시행규칙 제87조 3항).

교정시설의 외부에 있는 사람이라면 접견의 상대방이 되는 데 아무런 제한이 없다. 가족이나 친지·친구는 물론이고 거래관계에 있는 사람 등을 불문한다. 그렇지만, 교정시설의 외부에 있는 사람일지라도 업무나 교정처우의 차원에서 교정위원이나 외부의사·보호관찰관·범죄예방자원봉사위원·순회점검공무원·시찰하는 판사·검사·참관인·수사관 등과의 만남은 접견에 해당하지 않는다.

3. 변호인과의 접견

「헌법」 제12조 4항은 "누구든지 체포·구속을 당한 때에는 즉시 변호인의 도움을 받을 권리를 지닌다"고 규정하고 있고, 변호인과의 접견교통권은 이에 포함되므로 변호인과의 자유로운 접견은 기본권으로 보장된다. 이에 따라 「형사소송법」 제20조 1항은 "피고인 또는 피의자는 변호인을 선임할 수 있다"라고 규정하여 변호인의 조력을 받을 권리를 인정하고 있다. 이 권리를 이처럼 사법절차적 기본권으로까지 보장하고 있는 것은 '무기평등의 원칙'을 형사소송절차에서도 실현시킴으로써 국가권력의 일방적인 형벌권행사에 의한 인권의 침해를 막기 위한 것이므로, 변호인의 충분한 도움을 받을

수 있어야 한다.[14]

「수용자처우법」 제84조에서도 보다 구체적으로 변호인과의 자유로운 접견을 보장하기 위해 변호인과 미결수용자의 접견에 대하여는 교도관의 참여·청취·녹취를 금지시키고, 접견의 시간과 횟수도 제한하지 못하도록 규정하고 있다.

미결수용자와 변호인 간의 접견뿐 아니라 수형자 및 사형확정자와 변호인[15] 간의 접견에 대하여도 변호인과의 자유로운 접견권 보장은 준용된다(법 제88조). 즉, 현재 형이 확정되어 집행받고 있는 형사사건과 별개의 형사사건으로 수사 또는 재판을 받고 있는 수형자와 사형확정자에 대하여는 미결수용자와 변호인과의 접견에 관한 규정이 적용된다.

이와는 달리 미결수용자나 수형자·사형확정자 등이 형사사건 이외의 자신의 법률적 사건을 처리하기 위하여 변호인을 선임한 경우에는 이러한 원칙이 적용되지 않는다.

헌법재판소는 "원래 '변호인의 조력을 받을 권리'는 형사절차에서 피의자·피고인이 검사 등 수사 또는 공소기관과 대립되는 당사자 지위에서 변호인 또는 변호인의 되려는 자와 사이에서 접견교통에 의하여 피의사실이나 공소사실에 대하여 충분하게 방어할 수 있도록 함으로써 피고인 등의 인권을 보장하려는 데 그 제도의 취지가 있는 점을 비추어 보면, 형사절차가 종료되어 교정시설에 수용 중인 수형자나 사형확정자는 원칙적으로 변호인의 조력을 받을 수 있는권리의 주체가 될 수 없다"고 판시하고 있다.

대법원 판례도 "수형자는 자유형이 확정되어 처벌을 받고 있는 자의 본질적 지위상 무죄추정을 받는 미결수용자에 비하여 접견 등의 빈도가 대폭 제한되어야 하고, 그 제

---

14 변호인과의 자유로운 접견은 신체구속을 당한 사람에게 보장된 변호인의 조력을 받을 권리의 가장 중요한 내용이어서 국가안전보장·질서유지·공공복리 등 어떠한 명분으로도 제한될 수 있는 성질의 것이 아니다(헌재결 91헌마111). 그러나 법률의 위임을 받아 대통령령으로 접견이 가능한 일반적인 시간대를 규정하는 것은 가능하다. 앞의 판시에서 "어떠한 명분으로도 제한할 수 없다"는 취지는 '변호인과의 접견권 그 자체를 제한할 수 없다'는 의미가 아니라 구속된 자와 변호인 간의 접견이 실제로 이루어지는 경우에 '자유로운 접견' 즉 대화내용에 대하여 비밀이 완전히 보장되고 어떠한 제한·영향·압력 또는 부당한 간섭 없이 자유롭게 대화할 수 있는 접견이 되도록 아무런 제한도 가할 수 없다는 뜻이다(헌재결 2009헌마341).

15 변호인은 형사사법절차에서 피의자·피고인의 방어권 행사를 돕는 보조자이다. 그러므로 형사절차가 아닌 민사·가사·행정·형법소원 등의 재판절차에서 조력하는 '소송대리인인 변호사'와는 법적 지위가 다르다, 따라서 미결수용자가 형사사건이 아닌 민사사건절차 등에서 변호사를 선임한 경우라면 그 변호사는 '소송대리인'일 뿐 '변호인'이 아니다.

한의 정도도 일반적 접견권의 본질적 내용을 침해하지 아니하는 범위 내에서 교정시설의 장 등 관계 행정청의 재량에 속한다"고 하고 있다.[16]

그렇다하더라도 수형자가 수용의 원인이 된 확정판결을 다투기 위하여 재심을 청구한 경우나 시설내에서의 처우 등에 불복해서 변호사를 선임한 경우라면, 변호인과의 접견권을 어느 정도로 보장하는 것이 합리적인가 하는 문제가 제기될 수 있다. 이에 대한 수용자처우법령이나 형사소송법상 명시적이 규정은 없었다.

헌법재판소는 "수형자의 경우에도 재심절차 등에는 변호인선임을 위한 일반적인 교통·통신이 보장될 수 있다"고 결정문 중에서 입장을 밝히고 있다.[17]

그렇지만 이에 관하여 해석론으로는 한계가 있으므로 2019년 개정을 통해 상소권회복 또는 재심청구사건의 대리인이 되려는 변호사에 대한 접견권 보장규정을 마련했다(시행령 제59조의2).

4. 소송사건의 대리인인 변호사와의 접견

소송사건 대리인인 변호사와의 접견이란, 형사사건을 제외한 민사·행정·가사·헌법소송 등의 대리인인 변호사와 수용자의 접견을 말한다.

2016년 이전까지는 수용자처우법령에서 소송대리인인 변호사와의 접견에 관한 별도의 규정을 두고 있지 않았었다. 이에 대하여 헌법재판소는 "접견시간 및 횟수 제한에 수용자와 소송대리인인 변호사와의 접견까지 포함시켜 일률적으로 제한하는 것은 위헌이다"고 판시하였다.[18] 이에 따라 현행 「수용자처우법 시행령」 제59조의 2에서 수용자와 소송사건의 대리인인 변호사와의 접견을 별도로 규정하고 있다.

소송대리인인 변호사와의 접견 시간은 회당 60분으로 하고, 접견 횟수는 월 4회로 하되 수용자의 일반접견 횟수에 포함시키지 않는다. 그러나 소송사건의 수 또는 소송내용의 복잡성 등을 고려하여 소송의 준비를 위해 특히 필요하다고 인정하면 접견 시간대 외에도 접견을 하게 할 수 있고, 접견 시간 및 횟수를 늘릴 수 있다. 반대로, 소장

16 대판 96다48831 참조.

17 헌재결 96헌마398 참조.

18 헌법에서 보장하고 있는 재판청구권을 수형자에게 실효적으로 보장하기 위해서는 소송대리인인 변호사와의 접견 시간 및 횟수를 적절하게 보장하는 것이 필수적인데, 법률전문가인 변호사와의 소송상담의 특수성을 고려하지 않고, 소송대리인 변호사와의 접견을 그 성격이 전혀 다른 일반접견에 포함시켜 접견 시간 및 횟수를 제한하는 것은 청구인의 재판청구권을 침해한다(헌재결 2012헌마858).

은 접견 수요 또는 접견실 사정 등을 고려하여 원활한 접견 사무 진행에 현저한 장애가 발생한다고 판단하면 접견 시간 및 횟수를 줄일 수 있으며, 줄어든 시간과 횟수는 다음 접견 시에 추가하도록 노력하여야 한다.

소송대리인인 변호사와의 접견은 월 4회의 횟수 제한이 있으므로 담당교도관은 접견 전 잔여 횟수 확인 및 접견 실시 횟수 입력을 철저히 하고, 시간 또한 회당 60분이므로 규정된 시간을 준수하여야 하며, 교도관의 접견 참여는 불가하다. 접견시간 연장을 신청하면 신청 사유와 접견 진행 상황 등을 종합적으로 판단하여 허가 여부 및 연장 시간을 즉시 결정하여 통보해 주어야 한다. 접견횟수 추가 신청을 하는 경우에는, 2일 이내에 신청사유 등을 검토하여 소장의 결재를 받아 결과를 통보해 주어야 한다.

5. 상소권 회복 또는 재심청구사건의 대리인이 되려는 변호사와의 접견

「형사소송법」상 상소권회복이란 상소제기기간이 상소권자가 책임질 수 없는 사유로 경과한 후에, 그로 인하여 소멸된 상소권을 법원의 결정에 의하여 회복시키는 제도이다.[19] 재심(再審)이란 유죄의 확정판결에 사실오인의 오류가 있는 경우에 이를 바로잡아 무고한 시민의 인권침해를 구제하는 비상 구제 절차이다.[20]

2019년 10월 22일 개정된 「수용자처우법 시행령」 제59조의2에서는 「형사소송법」상 상소권회복 또는 재심 청구사건의 대리인이 되려는 변호사에 대하여는 다른 접견과 별도로 사건 당 2회의 접견기회를 주면서 소송사건의 대리인인 변호사와 마찬가지로 특히 필요한 경우 접견 시간대 외 접견, 접견 시간·횟수 증대 및 축소 특칙을 적용하고, 접견 시에는 교정시설의 안전 또는 질서를 해칠 우려가 없는 한 접촉차단시설이 설치되지 않은 장소에서 접견하도록 규정하고 있다. 그러나 '변호인과 접견하는 미결수용자' 및 '소송사건의 대리인인 변호사와 접견하는 수용자'에 대한 '교도관의 참여금지' 규정(시행령 제62조 1항)은 두고 있으나, 이 경우에 대한 참여금지규정은 두고 있지 않다. 이는 입법미비이므로 개정을 통해 이 경우에도 수용자의 접견에 교도관이 참여하지 못하도록 규정하여야 한다.

---

19 「형사소송법」 제345조(상소권회복청구권자) 제338조 내지 제341조 규정에 의하여 상소할 수 있는 자는 자기 또는 대리인이 책임질 수 없는 사유로 인하여 상소의 제기기간 내에 상소하지 못한 때에는 상소권회복의 청구를 할 수 있다.

20 재심에 대하여는 「형사소송법」 제420조에서 제440조에 걸쳐 규정하고 있다.

Ⅲ 접견교통권에 대한 제한

수용자의 접견교통권은 충분히 보장되어야 하지만, 수용자에게 외부와의 교통에 대한 완전한 자유를 인정하는 것도 공범자와 서로 연락하여 증거를 인멸할 위험이 있고 구금장소의 안전을 위태롭게 할 수도 있다. 그러므로 현행법에서는 비변호인과의 접견교통권도 보장하면서, 다만 이를 법률에 의하여 제한할 수 있도록 하고 있다.

1. 법령에 의한 제한

수용자의 접견교통권은 「형의 집행 및 수용자의 처우에 관한 법률」 및 같은 법의 시행령에 의하여 제한되고 있다.[21]

경찰서유치장에 구속되어 있는 피의자 등도 「수용자처우법」 제87조[22]에 근거하여 접견교통권이 제한받는다.

소장은 「수용자처우법」에 따라 접견하게 하는 경우에는 수용자와 그 접견 상대방에게 접견 시 유의사항을 방송이나 게시물부착 등 적정한 방법으로 알려줘야 한다(시행령 제61조).

(1) 접견 시간 · 접견 횟수 · 접견 장소

수용자의 접견은 비변호인과의 접견뿐 아니라 변호인과의 접견도 공휴일 및 법무부장관이 정한 날을 제외하고, 국가공무원 복무규정에 따른 근무시간인 오전 9시부터 오후 6시 사이에 실시하고(시간대 제한), 변호인과의 접견 수용자와 소송대리인 변호사와 접견하는 경우를 제외하고는 회당 30분 이내로 한다. 그러나 소장은 수형자의 교화 또는 건전한 사회복귀와 사형확정자의 교화나 심리적 안정 도모 및 미결수용자의 처우 또는 소송의 필요를 위하여 특히 필요하다고 인정하면 접견시간대 외의 접견과 접견시간 및 횟수 연장을 허가할 수 있다.

접견시간대 제한과 관련해서는 헌법소원심판이 제기된 바 있는데, 이에 대하여 헌법재판소는, "수용자처우법(형집행법)에 따라 수용자의 접견이 이루어지는 일반적인 시간대를 대통령령으로 규정하는 것은 가능하고, 특정한 시점을 전후한 변호인 접견의 상황이나 수사 또는 재판의 진행과정에 비추어 미결수용자가 방어권을 행사하기 위해 변호인의 조력을 받을 기회가 충분히 보장되었다고 인정될 수 있는

---

21 「형의 집행 및 수용자의 처우에 관한 법률」 제41조, 제42조; 같은 법 시행령 제58조.

22 제87조(유치장) 경찰관서에 설치되 유치장은 교정시설의 미결수용실로 보아 수용자처우법을 준용한다.

경우에는, 비록 미결수용자 또는 그 변호인이 원하는 특정 시점에 접견이 이루어지지 못하였다고 하더라도 변호인의 조력을 받을 권리가 침해되었다고 할 수 없다." 고 하여 공휴일에 변호인이 미결수용자에 대해 접견 신청을 한 것을 거부한 처분에 대하여 적법함을 선언하였다. 그러므로 변호인과 미결수용자의 접견인 경우에도 원칙적으로 공무원 근무시간 내에서 이루어져야 한다.

접견횟수는 수용자의 법적 지위에 따라 다르게 적용된다. 수형자는 매월 4회, 미결수용자는 매일 1회, 사형확정자는 매월 4회가 원칙이다.

수형자의 경우에는 단계적 처우 측면에서 경비처우급별 접견의 허용횟수의 차등을 두고 있다. 중(重)경비처우급은 기본적인 처우만 허용되므로 수형자의 기본적인 접견횟수인 매월 4회이고, 일반경비처우급은 매월 5회, 완화경비처우급은 매월 6회, 개방처우급은 1일 1회이다(시행규칙 제87조). 구류수형자와 노역수형자는 수용의 근거가 된 범죄의 죄질과 형기 등을 감안하여 「분류처우 업무지침」에 근거하여 실무에서는 매월 5회로 접견횟수를 적용하고 있다.

접견횟수는 '가족만남의 날 행사 참여'나 '가족만남의 집 이용'에는 적용하지 않고(규칙 제89조), 실무상 '장소변경접견[23]'에서도 횟수에 포함시키지 않는다.[24]

그러나 화상접견과 스마트접견은 시행규칙 제87조 제3항과 「수용관리 및 계호업무 등에 관한 지침」에 따라 접견 횟수에 포함한다.

접견 횟수는 일반접견뿐만 아니라 화상접견·스마트접견이나 장소변경접견도 1일 1회에 한한다. 또한 동일한 민원인이 동일한 교정시설에서는, 접견방식과 대상자를 구분하지 않고 1일 1회만 접견할 수 있다. 다만, 소장은 수용자의 교화 또는 처우상 특히 필요하거나 접견민원인에게 특별한 사정이 있으면 추가로 접견하게 할 수는 있다.[25]

실무상 수용자가 접견할 수 있는 접견상대민원인은 회당 3명 이내로 한다. 다만, 소장은 필요한 경우 해당 교정시설의 접견실 규모 등을 고려하여 그 인원을 5명까지 증가시킬 수 있다.[26]

수용자의 접견장소는 접촉차단시설이 설치된 접견실에서 하는 것이 원칙이다(법 제41조 2항 본문).

---

23 장소변경접견이란 접촉차단시설이 없는 일정한 장소에서 실시하는 특별접견을 말한다.

24 「수용관리 및 계호업무 등에 관한 지침」 제105조 참조.

25 「수용관리 및 계호업무 등에 관한 지침」 제83조 참조.

26 같은 지침 제82조 참조.

그러나 형사사건으로 수사 또는 재판을 받고 있는 수형자·사형확정자를 포함한 미결수용자가 변호인과 접견하는 경우에는 반드시 접촉차단시설이 설치되지 아니한 장소 즉 '변호인 접견실'에서 접견하게 해야 한다. 그리고 수용자가 소송사건의 대리인인 변호사와 접견하는 경우에도 교정시설의 안전 또는 질서를 해칠 우려가 없는 경우에는 접촉차단시설이 없는 장소 즉 변호인 접견실에서 접견하게 한다(법 제41조 2항 단서).

또한 수용자가 미성년자인 자녀와 접견하는 경우에는 접촉차단시설이 없는 장소에서 접견하게 할 수 있다[27](법 제41조 3항).

(2) 접견내용의 청취·기록·녹음 또는 녹화

소장은 1) 범죄의 증거를 인멸하거나 형사법령에 저촉되는 행위를 할 우려가 있는 때, 2) 수형자의 건전한 사회복귀를 위하여 필요한 때, 3) 시설의 안전과 질서를 위하여 필요한 때에는 교도관으로 하여금 수용자의 접견내용을 청취·기록·녹음·또는 녹화하게 할 수 있다(법 제41조 4항).

과거의 구「행형법」에서는 "소장은 수용자의 접견에 교도관을 참여하게 할 수 있다"고만 규정하여 청취 등에 대한 근거규정이 없었으나, 현행 「수용자처우법」에서는 접견내용의 청취·녹화 등에 관한 근거를 명시하고 있다. 그리고 시행령 제62조는 "소장은 변호인과 접견하는 미결수용자, 소송사건의 대리인인 변호사와 접견하는 수용자를 제외한 수용자의 접견에 청취·기록을 위하여 교도관을 참여하게 할 수 있다."고 규정하고 있다. 여기서 녹음·녹화를 위한 교도관의 참여는 규정하지 않고 있는데, 녹음·녹화는 현대 기술 수준에서는 직접 접견현장에 참여할 필요가 없기 때문이다. 현재 실무에서는 교도관의 참여 없이 기계적 장치로 접견과정을 영상모니터링·청취·녹음 또는 녹화하는 접견 운용체계인 '녹음 녹화 접견관리 시스템'을 사용하고 있다. 이 시스템을 적용하면서 접견하는 것을 '녹음 녹화 접견' 이라고 한다.

「수용자처우법」상 청취·녹화 등에 의한 제한이 이루어질 수 있는 사유 중 1)의 죄증인멸의 우려는 미결수용자의 경우에 특히 의미를 가지며, 다른 수용자의 경우에는 적용 여지가 거의 없다. 2)의 사유는 수형자의 경우로 한정된다. 이는 개별수형자에 대해 구체적인 필요성이 인정되는 경우에 한해 예외적으로만 인정해야 한

27 <2019.4.23. 개정>전까지는 여성수용자에 대해서만 인정되던 특칙이었다. 이제는 현행 개정으로 남성수용자도 미성년 자녀와 접견하는 경우 장소변경을 할 수 있게 함으로써 성별에 따른 차별을 해소하고 가족관계유지·회복을 통하여 건전하게 사회에 복귀하는 데 기여할 수 있게 되었다.

다. 3)의 사유는 가장 일반적으로 전체 수용자를 대상으로 보편적으로 적용할 수 있다. 이는 수용자가 외부에 있는 사람과 함께 교정시설의 안전이나 질서유지에 지장을 초래할 수 있거나 그렇게 하려고 하는 의사를 표시할 수 있으므로 이를 경계하기 위한 것이다.

이와 같은 제한사유는 광범위하고 포괄적이므로, 현실적으로는 대부분의 접견에 적용할 수 있는 여지를 두고 있다. 실무에서는 변호인·소송대리인인 변호사와 접견하는 경우를 제외한 미결수용자 또는 수형자 중에서는 조직폭력수형자·마약류수형자, 조사 또는 징벌 집행 중인 수형자, 자살·자해의 우려가 있는 수형자의 접견에 주로 교도관을 참여하게 하고 있다.

녹음·녹화하는 경우에는 사전에 수용자 및 그 상대방에게 그 사실을 알려주어야 한다(법 제41조 5항). 녹음이나 녹화로 인하여 사생활의 비밀이 침해되는 사실을 미리 알림으로써 프라이버시 보호를 위한 주의를 취하도록 하기 위한 것이다.

이러한 법의 취지에 따라 소장은 특별한 사정이 없으면 교도관으로 하여금 수용자와 그 상대방에게 접견내용의 녹음·녹화사실을 수용자와 그 상대방이 접견실에 들어가기 전에 미리 말이나 서면 등 적절한 방법으로 알려주게 하여야 한다(시행령 제62조 4항).

현재 실무에서는 「녹음 녹화 접견 시 유의사항」이라는 제목하에 "1. 접견실에서는 접견사항이 전자시스템에 의하여 화상으로 관리되고, 「수용자처우법」 제41조 제4항에 따라 접견내용을 녹음·녹화하고 있습니다"라고 접견대기실 벽에 게시하는 데 그치고 있다.

이는 헌법에서 보장하고 있는 '사생활의 자유와 사생활의 비밀 최대한 보장' 취지에 매우 미흡한 조치이므로 적법절차 원칙에 위반될 수 있고 기본권을 침해할 수 있다. 그러므로 시행령에서 규정한대로 녹음 녹화 대상수용자와 그 접견 상대방에게 개별적으로 접견시작 직전에 접견 녹음·녹화 안내문을 교부하든지 구체적으로 녹음·녹화 시 유의사항을 설명하든지 하여야 한다고 본다.

수용자 교정시설의 외부에 있는 사람이 접견하는 경우에 교도관이 참여하여 접견내용이 청취·녹음 또는 녹화될 때에는 외국어를 사용해서는 아니 된다. 다만, 국어로 의사소통이 곤란한 사정이 있는 경우에는 외국어를 사용할 수가 있다. 외국어를 사용하는 경우에 필요하다고 인정하면 교도관 또는 통역인으로 하여금 통역하게 할 수 있다(시행령 제60조).

(3) 접견의 중지

접견 시 교도관의 참여는 예상되는 사고에 대처하기 위한 예방적 제한조치이나, 접견 중지는 접견 시 구체적인 사고가 발생하였거나 발생되려고 하는 상황이 닥쳤을 때 이에 대처하기 위한 제한조치의 성격을 지니고 있다. 그러므로 접견 중지 사유에 대하여는 교도관의 참여사유보다 엄격한 해석·적용이 요구된다.

교도관은 접견 중인 수용자 또는 접견 상대방이,

1) 범죄의 증거를 인멸하거나 인멸하려고 하는 때,
2) 금지물품을 주고받거나 주고받으려고 하는 때,
3) 형사법령에 저촉되는 행위는 하거나 하려고 하는 때,
4) 수용자의 처우 또는 교정시설의 운영에 관하여 거짓사실을 유포하는 때,
5) 수형자의 교화 또는 건전한 사회복귀를 해칠 우려가 있는 행위를 하거나 하려고 하는 때,
6) 시설의 안전 또는 질서는 해하는 행위를 하거나 하려고 하는 때에는 접견을 중지시킬 수 있다(법 제42조).

교도관이 접견을 중지한 경우에는 그 사유를 즉시 현장에서 알려주어야 한다(시행령 제63조).

2. 법원 또는 수사기관의 결정에 의한 접견교통권의 제한 수용자처우법령에 의한 제한 이외에도 「형사소송법」상 법원 또는 수사기관의 결정에 의한 접견교통권의 제한이 있다.

법원은 도망하거나 또는 죄증을 인멸할 염려가 있다고 인정할만한 상당한 이유가 있는 때에는 직권 또는 검사의 청구에 의하여 결정으로 구속된 피고인과 비변호인과의 접견을 금하거나 수수할 서류 기타 물건의 검열, 수수의 금지 또는 압수를 할 수 있다(형소법 제91조).
이 규정은 피의자의 체포 또는 구속에 대해서도 준용된다(제200조의 6, 제209조).

3. 접견교통권의 침해에 대한 구제

교정시설에 의한 접견교통권의 침해에 대하여는 행정소송이나 헌법소원 및 국가배상의 방법에 의하여 구제를 받을 수 있다. 법원의 접견교통 제한결정에 대하여 불복이 있는 때에는 보통항고를 할 수 있다(형소법 제402조).

검사 또는 사법경찰관의 접견교통권 제한은 구금에 의한 처분이므로 준항고에 의하여 취소 또는 변경을 청구할 수 있다(형소법 제417조).

제3절 서신(편지)수수(授受) 제도

I 서신수수의 의의

1. 서신수수의 뜻

'서신'(書信)이란 일상적인 말로는 '편지'이고, 수수(授受)는 '주고받음'이다. 그러므로 법률용어도 일반시민들이 쉽게 이해할 수 있도록 현재 일상적으로 사용하는 말로 바꾸는 순화가 하루빨리 이루어져야 한다.[28] 용어를 쉽고 명백한 말로 순화하는 것은 죄형법정주의의 내용 중 하나인 '명확성의 원칙'을 실현하기 위한 기반이기도 하다.

수용자처우법령상의 '서신'이란 수용자가 다른 사람과 주고받는 우편물로서, 「우편법」의 서신[29]을 말한다.

2. 서신수수의 교정학적 의미

서신수수(편지 교환)는 접견과 함께 수용자가 외부와 소통하는 중요한 수단이다. 이 제도는 수용자의 외부교통권과 통신의 자유·표현의 자유를 보장함으로써 가족과의 유대·사회적 관계 등을 유지하여, 안정된 수용생활과 건전한 사회복귀를 추구하게 하는 기능을 한다.

서신 교환의 자유는 먼저, 개인의 인격 발현의 불가결의 요소이다. 사회적 존재로서

---

28 법언어의 순화에 대해서는 이미 18세기 체사레 벡카리아가 「범죄와 형벌에 관한 논고」 제5장 '법률의 불명확성'에서 다음과 같이 설명했다. "법의 해석이 하나의 해악이라면, 법의 해석을 불가피하게 만드는 법의 불명확성 역시 명백히 또 다른 해악이다. 법조문이 보통사람들이 이해할 수 없는 언어나 사어(死語)로 작성된다면, 이는 최악이다. 신성한 법전을 이해할 수 있는 사람의 수가 많아지고 법전을 손에 들고 있는 사람이 늘어날수록, 범죄의 빈도는 줄어들 것이다.

29 「우편법」의 서신의 정의 : 서신이란 의사전달을 위하여 특정인이나 특정 주소로 송부하는(부치어 보내는) 것으로서, 문자·기호·부호 또는 그림 등으로 표시한 유형(有形, 형상이나 형체를 갖춘)의 문서 또는 전단을 말한다. 다만, 신문·정기간행물·서적·상품안내서 등은 제외한다(우편법 제1조의 2 제7호). ( )의 내용은 생소한 한자어를 일상 언어로 바꾸어 표현한 것임.

수용자는 일반사회와 단절된 상태에서 김광석의 '이등병의 편지'에서처럼 자신의 정신작용의 소산인 의견·감정·사상 등을 다른 사람들과 소통하지 않고서는 온전한 인격체로서 자아를 실현하기 어렵고 더 나아가 재사회화가 이루어지기 어렵다. 그러므로 서신수수는 교정처우의 내용으로서도 중요한 의미를 지니고 있다.

3. 서신의 종류

수용자의 서신은 '우편 송달 서신'과 '우편 송달 외 서신'으로 구분할 수 있다.

우편송달서신에는 일반서신과 등기 등 특별취급 우편물이 있고, 우편 송달 외 서신에는 인터넷 서신과 접견민원인 서신이 있다. 인터넷 서신은 법무부 전자민원서비스 '인터넷 서신'에 등재된 서신으로서, 법무부 교정본부 홈페이지(www.corrections.go.kr)에서 제공하는 전자민원서비스 중 '인터넷 서신'을 통해 작성·등재된 서신을 인쇄해서 수용자에게 전달하는 것을 말한다.

접견민원인 서신은 접견민원인이 민원실에 비치된 서식을 이용하여 해당시설의 수용자에게 전달하기 위해 작성·제출된 편지이다. 이는 접견하러 왔다가 횟수 초과로 접견하지 못하거나 출정 등의 사유로 접견을 하지 못한 민원인이 용건을 남기거나, 짧은 접견 시간 탓에 미처 나누지 못한 이야기를 남기는 등의 용도로 활용할 수 있다.

Ⅱ 서신수수권의 보장과 제한

과거의 구「행형법」은 "수용자는 소장의 허가를 받아 다른 사람과 서신을 주고받을 수 있다. 소장은 교화 또는 처우상 특히 부적당한 사유가 없는 한 허가를 하여야 한다. 소장은 수용자의 서신을 검열할 수 있다"고 하여 서신수수를 권리가 아니라 소장의 허가사항으로 규정하고 있었다.

현재 「수용자처우법」은 "수용자는 다른 사람과 서신을 주고받을 수 있다"(제43조 1항 본문)고 규정하여 서신수수를 수용자의 권리로서 보장하고 있다. 이에 따라 무죄추정을 받은 미결수용자뿐만 아니라 수형자나 사형확정자 등 모든 수용자의 경우에도 서신수수는 통신의 자유·외부교통권 등 기본권으로 보장되므로 필요한 경우에 한하여 법률에 근거를 두고 합리적으로 제한할 수 있을 뿐, 교정기기관에서 법률의 근거 없이 행정명령으로 제한하는 것을 허용되지 않는다. 「수용자처우법」은 원칙적으로 수용자의 편지교환권을 보장하면서도, 이를 제한하기 위한 법적 근거를 명시하고 있다(법 제43조 1

항 단서).

서신수수는 1) 「형사소송법」이나 그 밖의 법률에 따른 서신의 수수금지 및 압수결정이 있는 때, 2) 수형자의 교화 또는 건전한 사회복귀를 해칠 우려가 있는 때, 3) 시설의 안전 또는 질서를 해칠 우려가 있는 때에는 금지할 수 있도록 규정하고 있다.

이 규정의 문제에 대하여는 앞의 접견규정에서 지적한 것과 마찬가지로 1)의 제한사유 외에는 지나치게 포괄적인 사유여서 사실상 교정시실의 장의 재량에 따라 편지교환을 금지할 수 있는 여지가 있어 죄형법정주의의 명확성의 원칙에도 미흡한 규정이라는 비판이 제기될 수 있다.

Ⅲ 서신수수의 상대방에 따른 규제 구분

서신수수의 상대방은 접견·전화통화의 상대방이 '교정시설의 외부에 있는 사람'인 것과 달리 '다른 사람'으로 규정하고 있다. 그러므로 접견·전화통화와는 달리 교정시설 내에 있는 수용자 사이에도 편지 교환이 허용된다.

현행법령에서는 서신수수의 상대방을 교정시설의 외부에 있는 일반인, 변호인, 그리고 교정시설 안에 있는 수용자로 구분하고, 교정시설 안에 있는 수용자는 같은 교정시설 내에 있는 수용자와 다른 교정시설 내에 있는 수용자로 세분하고 있다. 이러한 상대방 따라 서신수수의 제한에 있어서 차이를 규정하고 있다.

1. 교정시설 외부에 있는 일반인

수용자는 일반인과 편지를 주고받을 수 있다. 가족이나 친구는 물론이고 업무관계에 있는 사람 또는 국가기관·국제인권기구도 수신 상대방이 될 수 있다. 반대로 발신 상대방도 마찬가지이다. 상대방이 일반인인 경우에는 원칙적으로 서신을 주고받는 데 있어서 제한이 없고, 서신의 내용은 검열 받지 아니한다. 다만, 법정(法定) 사유가 있는 경우에만 제한을 받을 수 있고 검열의 대상이 될 수 있다. 특히 발신 상대방이 법원·경찰관서·그 밖의 관계기관인 경우에는 수용자에게 보내온 문서를 열람한 후 본인에게 전달하도록 특칙을 두고 있다(시행령 제67조).

2. 교정시설 외부에 있는 변호인

미결수용자 및 형사사건으로 수사·재판을 받고 있는 수형자·사형확정자와 변호인 간의 서신은 교정시설에서 상대방이 변호인임을 확인할 수 없는 경우를 제외하고는 절대로 내용을 검열당하지 아니하며(법 제84조 3항), 이러한 수용자와 변호인과의 서신수수에 대하여는 징벌대상자로 조사 중이거나 징벌 집행 중인 경우에도 제한을 받지 않는다(법 제85조).

3. 같은 교정시설 내에 있는 수용자

같은 교정시설의 수용자 간에 서신을 주고받으려면 소장의 허가를 받아야 한다(법 제43조 2항). 수용자가 같은 교정시설에 있는 다른 수용자에게 서신을 보내려는 경우에는 서신을 금지물품 확인을 위하여 봉함하지 않은 상태로 제출하게 할 수 있고(시행령 제65조 1항), 그 내용을 검열할 수도 있다(시행령 제66조).

같은 교정시설 안에서의 편지 교환은 계호 차원에서 특히 엄격하게 규제를 하고 있다.

4. 다른 교정시설 내에 있는 수용자

다른 교정시설 내에 있는 수용자 간 서신을 주고받을 때에는 같은 교정시설 내에 있는 수용자 간 서신과는 달리 허가를 받지 않고 권리로서 자유롭게 주고받을 수 있고, 서신이 내용도 원칙적으로 검열 받지 아니한다. 다만, 수용자 중 일반 또는 쌍방이, 마약류 사범·조직폭력사범·관심대상수용자인 경우, 규율위반으로 조사 중이거나 징벌 집행 중인 경우, 범죄의 증거를 인멸할 우려가 있는 경우에는 서신내용을 검열할 수 있다(시행령 제66조 1항). 검열은 서신을 보내는 교정시설에서 한다. 수용자가 규율위반으로 조사 중이거나 징벌 집행 중인 경우 다른 수용자에게 서신을 보내려는 경우에는 금지물품의 확인을 위하여 무봉함 상태로 제출하게 할 수 있다.

Ⅳ 서신의 금지물품 확인 및 검열

서신수수가 금지된 경우나 같은 교정시설 내 수용자 간 서신이 아니면, 수용자는 다른 사람과 자유롭게 편지를 교환할 수 있으며, 소장은 서신을 발송하거나 교부하는 경우에는 신속히 하여야 한다. 그러나 법으로 정한 법정(法定) 사유에 해당하면 서신에 금지된 물품이 들어 있는지 확인하거나 서신의 내용을 검열할 수 있도록 하고 있다.

서신검열에 대한 역사를 살펴보면, 1999년 제 7차 「행형법」 개정이 있기 전까지는 서신을 봉함하지 않은 채 서신을 교정시설에 제출하도록 하여 서신내용을 의무적으로 검열하였고, 받는 서신도 개봉하여 의무적으로 검열하였다.[30]

1999년 「행형법」 제 7차 개정에서는 접견에 대한 교도관의 참여와 서신에 대한 검열을 필요적 사항에서 임의적 사항으로 변경하고, 미결수용자와 변호인과의 서신은 소지금지물품의 포함 또는 불법내용의 기재 등이 의심되는 경우를 제외하고는 검열할 수 없도록 하였다.

종전과 달리 서신수수에 대한 사전허가제가 폐지되고 서신내용의 검열원칙을 '무검열원칙'으로 전환하게 된 것은 2007년 전면 개정 공포한 「형의 집행 및 수용자의 처우에 관한 법률」이고, 그 이후 현재까지 무검열원칙이 유지되고 있다.

1. 서신의 금지된 물품 확인

'확인'은 '검열'과는 다른 개념이다. 검열은 서신의 내용 자체를 파악하는 행위이고, 확인은 내용은 읽지 않고 금지된 물품이 들어 있는지 여부를 검사하는 조치이다.

소장은 수용자가 주고받는 서신에 법령에 따라 금지된 물품이 들어 있는지 확인할 수 있다.

같은 우편물이지만 서신을 소포와는 달리 물건을 주고받는 것이 아니라 의사내용을 소통하는 것으로서 부피나 크기가 많지 않지만, 흉기나 마약 등이 교묘히 숨겨 전해질 수 있기 때문에 계호차원에서 검사가 필요하다.

과거에는 서신을 검사하기 위해서, 수용자는 보내려는 서신을 봉함하지 않은 상태로 교정시설에 제출하게 했고, 보내온 서신은 일일이 개봉하여 검사했었다.

금지물품이 들어있는지 여부는 반드시 개봉을 통해서만 확인할 수 있는 것이 아니고 엑스레이 투시기 등으로도 검사 가능하고, 그러한 방법으로 확인이 불가능한 경우에만 예외적으로 개봉하도록 하는 것이 과잉금지의 원칙에 적합하다. 헌법재판소도 이와 같은 맥락에서, "수용자가 보내려는 모든 서신에 대해 무봉함 상태의 제출을 강제

---

30 구 「행형법시행령」 제62조(서신의 검열) ① 소장은 수용자가 수발하는 서신을 검열하여야 한다. ② 수용자가 발신하는 서신은 봉함하지 아니하고 교도소 등에 제출하게 하며, 수용자가 수령할 서신은 교도소 등에서 개봉하여 검인을 찍어야 한다.

함으로써 수용자의 발송 서신 모두를 사실상 검열 가능한 상태에 높이도록 하는 것은 기본권 제한의 최소침해성 요건을 위반하여 수용자의 통신비밀의 자유를 침해하는 것이다"라고 보면서 그러한 내용을 규정한 개정 전 「수용자처우법 시행령」 제65조 1항이 위헌이라는 결정을 내렸다.[31]

현재는 <개정 2013.3.25.> 시행령 제65조 제1항을 통해 봉함하여 제출도록 규정하고 있다.[32] 다만, 법정 사유에 해당하는 경우에 한하여 금지물품의 확인을 위하여 봉함하지 아니한 상태로 제출토록 하는 예외는 인정하고 있다.

2. 서신내용의 검열

「수용자처우법」 제43조 4항은 "수용자가 주고받는 서신은 검열하지 아니 한다"고 규정하여 서신내용 무검열원칙을 규정하고 있다. 이는 「헌법」 제18조가 "모든 국민은 통신의 비밀을 침해받지 아니한다"고 명시하여 보장하고 있는 통신의 자유를 보장하기 위한 규정이다. '통신'이라 함은 공간적으로 떨어져 있는 상대방과 편지·전화 등을 사용하여 정보 또는 의사를 소통하는 행위를 말한다. 헌법재판소는 수형자에 대한 서신수수의 제한, 집필문의 외부반출 제한규정[33]을 통신의 자유의 문제로 보았다.

서신내용 무검열원칙은 서신을 교환하는 사람의 프라이버시를 최대한 보장하는 것이기도 하며, 서신검열에 따르는 행정력 낭비를 최소화한다는 측면에서 보면 교정관리의 경제성을 높이는 효과도 있다.

---

31 재결헌마333 전원재판부.

32 시행령 제65조(서신 내용물의 확인) ① 수용자는 서신을 보내려는 경우 해당 서신을 봉함하여 교정시설에 제출한다. 다만, 소장은 다음 각 호의 어느 하나에 해당하는 경우로서 법 제43조 제3항에 따른 금지물품의 확인을 위하여 필요한 경우에는 서신을 봉함하지 않은 상태로 제출하게 할 수 있다.

1. 다음 각 목의 어느 하나에 해당하는 수용자가 변호인 외의 자에게 서신을 보내려는 경우
   가. 법 제104조 제1항에 따른 마약류사범·조직폭력사범 등 법무부령으로 정하는 수용자
   나. 제84조 제2항에 따른 처우등급이 법 제57조 제2항 제4호의 중(重)경비시설 수용대상인 수형자
2. 수용자가 같은 교정시설에 수용 중인 다른 수용자에게 서신을 보내려는 경우
3. 규율위반으로 조사 중이거나 징벌집행 중인 수용자가 다른 수용자에게 서신을 보내려는 경우

33 "이미 표현된 집필문을 외부의 특정한 상대방에게 발송할 수 있는지 여부에 대해 규율하는 것이므로, 제한되는 기본권은 「헌법」 제18조에서 정하고 있는 통신의 자유의 문제로 봄이 상당하다.(헌재 2013헌바98).

그렇지만 자유형이나 교정관리의 본질상 수용자에게는 외부와의 자유로운 교통·통신에 대한 제한이 수반될 수밖에 없다. 이에 따라 「수용자처우법」은 서신의 내용을 검열할 수 있는 예외 규정을 두고 있다.

법 제43조 4항 단서는 1) 서신의 상대방이 누구인지 확인할 수 없는 때, 2) 「형사소송법」이나 그 밖의 법률에 따른 서신검열의 결정이 있는 때, 3) 수형자의 교화 또는 건전한 사회복귀를 해칠 우려가 있는 때, 4) 시설의 안전 또는 질서를 해칠 우려가 있는 때, 5) 시행령 제66조에서 정하는 수용자 간의 서신인 때에는 서신내용을 검열할 수 있도록 규정하고 있다.

헌법재판소는 "미결수용자의 서신 검열이 통신의 자유를 침해하지 않을 수 있으나, 미결수용자와 변호인과의 서신검열은 통신비밀과 변호인의 조력을 받을 권리를 침해하므로 위헌"이라고 하였다(92헌마144). 그러나 수형자의 서신 검열[34], 수형자가 국가기관에 발송하는 서신의 검열(헌재 99헌마713), 금치처분을 받은 수형자에 대한 서신수수 금지(헌재 2002헌마478)에 대해서는 통신의 자유 침해는 아니라고 결정하였다.

3. 서신의 발신 또는 수신 금지 및 처리절차

교정시설의 장은 금지된 물품의 확인 또는 편지내용의 검열 결과, 1) 수용자의 서신에 법령으로 금지된 물품이 들어 있는 때, 2) 서신내용이 암호·기호 등 이해할 수 없는 특수문자로 작성되어 있는 때, 3) 서신내용으로 범죄의 증거를 인멸할 우려가 있는 때, 4) 형사법령에 저촉되는 내용이 기재되어 있는 때, 5) 수용자의 처우 또는 교정시설의 운영에 관하여 명백한 거짓사실을 포함하고 있는 때, 6) 서신의 내용이 사생활의 비밀 또는 자유를 침해할 우려가 있는 때, 7) 서신의 내용이 수형자의 교화 또는 건전한 사회복귀를 해칠 우려가 있는 때 등에는 서신의 발신 또는 수신을 금지할 수 있다(법 제 43조 5항).

이러한 사유로 발신 또는 수신이 금지된 서신이거나 법 제43조 1항 단서에 따라 발신 또는 수신이 금지된 서신이 있으면, 소장은 그 구체적인 사유를 서면으로 작성하여 관

---

34 수형자의 교화·갱생을 위하여 서신수발의 자유를 허용하는 것이 필요하다고 하더라도, 구금시설은 다수의 수형자를 집단으로 관리하는 시설로서 규율과 질서유지가 필요하다. 그러므로 수형자의 서신수발의 자유에는 내재적인 한계가 있고, 구금의 목적을 달성하기 위하여 수형자의 서신에 대한 검열은 불가피하다. 현행 법령과 제도 하에서 수형자가 수발(受發)하는 서신에 대한 검열로 인하여 수형자의 통신의 비밀이 일부 제한되는 것은 국가안전보장·질서유지 또는 공공복리라는 정당한 목적을 위하여 부득이할 뿐만 아니라 유효적절한 방법에 의한 필요최소한의 제한이며, 통신의 자유의 본질적인 내용을 침해한 것이 아니다(헌재결 96헌마398).

리하고, 해당 수용자에게 그 사유를 알린 후 교정시설에 영치한다. 더 나아가 해당 수용자가 동의한다면 그 서신을 폐기할 수도 있다(법 제43조 7항).

과거의 구「행형법」은 소장이 교부를 허가하지 않은 서신이 있으면 원칙적으로 폐기하도록 규정하고 있었다. 이렇게 처리하게 되면, 서신수수 불허 처분에 대해 이의를 제기할 근거가 없어지게 되고, 그 적법성 여부에 관한 소송 등 사후조치에서 수용자가 현저히 불리한 입장에 처하게 된다. 또한 발송이 허가되지 않은 서신을 일률적으로 폐기해 그 존재마저 없애는 것은 지나친 금지라는 지적도 있었다. 이러한 점을 감안하여 현행 규정으로 개정되어 합리화되었다.

4. 관계기관 송부 문서의 의무적 열람

현행「수용자처우법 시행령」제 67조는 "소장은 법원·경찰관서, 그 밖의 관계기관에서 수용자에게 보내온 문서는 다른 법령에 특별한 규정이 없으면 열람한 후 본인에게 전달하여야 한다"고 규정하고 있다.

관계기관의 송부문서는 금지된 물품이나 위법한 내용이 기재되어 있을 가능성이 희박하여 구태여 열람이나 검사가 불필요한 것으로 생각될 수도 있다. 그렇지만 관계기관 송부문서에는 수용자의 처우와 관련이 있는 내용이 포함되는 경우가 많고, 수용자의 호송이나 이송 등의 조치를 취할 필요가 있을 수 있으므로 교정시설에서는 그 내용을 미리 알아야 한다고 보아 이 규정을 두고 있는 것이다. 또한 이렇게 사전열람이 있는 경우에는 사전에 수용자의 위조나 변조행위도 예방할 수 있기 때문이다.

5. 서신수수의 횟수 제한

과거「행형법시행령」에서는 수용자가 발송하는 서신의 횟수는 무제한을 원칙으로 하면서도 소장이 특히 필요하다고 인정하는 때에는 접견횟수에 준하여 제한할 수 있도록 했었다.

이는 법률유보의 원칙에 반하고 남용의 소지가 있었으므로, 현행법에서는 '법령에 어긋나는 경우'에 한하여 예외적으로 서신 발송과 수신의 횟수를 제한할 수 있도록 규정하고 있다.[35]

'법령에 어긋나는 경우'란, 수용자나 상대방이 의사나 사실 등을 전달하기 위한 목

35 시행령 제 64조(서신수수의 횟수) 수용자가 보내거나 받는 서신은 법령에 어긋나지 아니하면 횟수를 제한하지 아니한다.

적 이외에 다른 목적으로 서신수수제도를 악용하거나, 서신수수 금지사유 또는 수·발신이 허용되지 않는 경우 등에 해당하는 방식으로 서신을 주고받는 것을 의미한다.

6. 서신의 대신 작성

수용자가 서신, 소송서류, 그 밖의 문서를 스스로 작성할 수 없어 대신 작성해 달라고 요청하는 경우에는 교도관이 대서할 수 있다(시행령 제 68조).

이 규정은 수용자가 문맹 또는 신체적 장애 등으로 스스로 서류를 작성할 수 없을 때 도움을 줄 수 있는 법적 근거를 마련한 것이다. 서신 대서(代書)는 수용자의 요청이 있는 경우에 임의적으로 할 수 있도록 하고 있지 의무적으로 대서해 주도록 하고 있지는 않다.

의무적 대서는 교도관의 업무를 가중시키고 현실적으로 시행상 여러 가지 어려움이 있으며, 수용자들이 악용할 수도 있기 때문이다.

V 우편요금의 자기부담의 원칙

수용자가 서신·소송서류, 그 밖의 문서를 보내는 경우에 드는 비용은 해당 수용자가 부담하도록 하고 있다. 그렇지만, 수용자가 그 비용을 부담할 수 없는 경우에는 소장이 예산의 범위에서 해당 비용을 부담해 줄 수는 있다(시행령 제 69조).

예외적으로, 우편요금 교정기관 부담은 수용자의 경제사정을 고려한 것이다. 그러므로 꼭 서신의 중대성이나 긴급성에 따라 판단할 것이 아니라 해당 수용자의 영치금 보유 정도 등을 파악하여 소장이 재량으로 처리하면 된다. 우편요금 지원은 2014년 이전까지는 '필요한 만큼의 우표 지급'으로 규정되어 있었지만, 현재는 우편체제의 변화에 맞추어 비용을 지원하는 것으로 하고 있다.

제4절 전화통화 제도

I 전화통화 제도의 시행

1. 도입 연혁

우리나라에서 수용자가 교정시설의 외부사회와 전화로 통화할 수 있게 된 것은 1999년 제 7차 「행형법」 개정에 의해서이다. 당시 「행형법」 제18조의3에서는 "소장은 수용목적 달성에 지장을 주지 아니하는 범위 내에서 필요하다고 인정되는 경우에는 수용자에게 외부와의 전화통화를 허가할 수 있다. 전화통화는 통화내용의 청취를 조건으로 할 수 있다. 통화허가의 범위·통화내용의 청취·통화요금의 부담 등 수용자의 전화통화에 관하여 필요한 사항은 법무부장관이 정한다"고 규정하고 있었다.

이는 국가 중심의 시혜적 내용이었으므로, 현행 「수용자처우법」 제44조는 보다 수용자 중심으로 처우법 체계에 부합하게 계승·발전시켰다.

"수용자는 소장의 허가를 받아 교정시설의 외부에 있는 사람과 전화통화를 할 수 있다. 전화통화의 허가에는 통화내용의 청취 또는 녹음을 조건으로 붙일 수 있다.

수용자의 전화통화는 접견의 중지사유를 준용하여 중지할 수 있다. 통화내용을 청취 또는 녹음하려면 사전에 수용자 및 상대방에게 그 사실을 알려주어야 한다.

전화통화의 허가범위·통화내용의 청취·녹음 등에 관하여 필요한 사항은 법무부령으로 정한다." 법무부령인 시행규칙에 따르면, 전화통화란 수용자가 외부로 전화를 거는 발신만을 허가할 수 있도록 규정하고 있다(시행규칙 제25조 1항).

2. 전화통화 제도의 법적 성격

전화통화 제도는 접견·서신수수처럼 수용자의 권리로서는 보장되지 않고 있다. 전화통화는 외부교통을 위한 처우의 일환으로 인정하고 있다. 전화통화는 접견·서신수수처럼 외부교통을 위한 주된 수단이 아니라 부수적인 수단인 것을 고려하여 권리로서 보장되는 제도가 아니라, 소장의 허가를 요건으로 하는 부수적인 처우제도로서의 성격을 지니도록 규정하고 있다.

3. 제도의 형사정책적 의의와 현실적 가치

오늘날 정보통신의 발달로 수용자의 외부교통제도는 다양한 형태로 확대할 필요가 있다. 이러한 필요에 따라 화상접견 이나 인터넷 서신도 허용되고 있으며, 전화통화는 독자적인 외부와의 교통제도로 도입한 것이다. 다만, 아직은 권리로 보장되는 제도가 아니므로 교화 개선적 재사회화 측면이나 가족·친지들과의 유대 강화를 통한 재범방지 차원에서 볼 때, 아직은 미흡한 소극적인 외부와의 교통제도에 그치고 있다. 그러나 현행 전화통화 제도도 수용자의 구금으로 인한 외부사회와의 차단이나 소외감을 완화하고 먼 거리의 접견으로 인한 불편이나 비용 등을 덜어주는 데에는 많은 기여를 하고 있다. 그러므로 이러한 효과를 더욱 높이기 위해서 접견이나 서신수수처럼 권리 수준으로 제도화하는 것이 바람직하다. 전화통화는 접견보다도 시설운영이나 관리에 부담이 적음에도 아직까지 허가제로 운영하고 있는 것은 비판받을 소지가 많다.[36]

II 전화통화의 허용 요건

1. 전화통화 제한

소장은 전화통화 발신을 신청한 수용자에 대하여, 1) 범죄의 증거를 인멸할 우려가 있을 때, 2) 형사법령에 저촉되는 행위를 할 우려가 있을 때, 3) 「형사소송법」에 따라 접견·서신수수 금지결정을 하였을 때, 4) 교정시설의 안전 또는 질서를 해칠 우려가 있을 때, 5) 수형자의 교화 또는 건전한 사회복귀를 해칠 우려가 있을 때 등의 사유가 있으면, 전화통화를 허가하여서는 아니 된다.[37]

또한 징벌로서 전화통화의 제한이 부과된 경우나 금치처분을 받은 수용자도 그 기간 중에는 전화통화가 허용되지 않는다.

2. 수신번호와 수신자 확인

소장 전화통화 허가를 하기 전에 전화번호와 수용자와 통화할 상대방인 수신자를 확인하여야 한다. 이 경우 수신자에게 전화통화 제한사유에 해당하는 사정이 있으면 전화통화를 허가하지 아니할 수 있다. 수신자에게 제한사유가 있는 경우에는 수용자에게 제한사유가 있는 경우와 달리 임의적으로 제한할 수 있도록 규정하고 있다.[38]

36 같은 취지의 주장은 신양균, 앞의 책, 218면 참조.

37 「형의 집행 및 수용자의 처우에 관한 법률 시행규칙」 제25조 1항 참조.

3. 전화이용 시간대 및 통화시간

전화의 이용은 공휴일 및 법무부장관이 정한 날을 제외하고 「국가공무원 복무규정」 상 공무원 근무시간 내에서 할 수 있다. 그렇지만, 소장은 이 규정에도 불구하고 집중근로작업[39] 등으로 평일에 전화를 이용하기 곤란한 특별한 사유가 있는 수용자에 대해서는 전화 이용시간을 따로 정할 수 있다.

전화통화를 허가한 경우에 통화시간은 특별한 사정이 없으면 1회당 3분 이내로 한다.

4. 통화 횟수(「시행규칙 제 90조」)

수형자에 대해서는 상우(賞遇)의 취지로 경비처우급에 따라 전화통화 허용횟수에 차등을 두고 있다. 개방처우급 수형자에게는 월 5회 이내, 완화경비처우급 수형자에게는 월 3회 이내로 허용할 수 있다. 그리고 일반경비처우급과 중경비처우급 수형자에게는 원칙적으로 전화사용이 허가되지 않으나, 처우상 특히 필요한 경우에는 월 2회 이내로 허용할 수 있다.

개방처우급과 완화경비급 수형자에게는 처우 상 특히 필요한 경우에는 각각의 허용횟수보다 허용 횟수를 늘릴 수 있다.

전화통화는 처우상 특히 필요한 경우가 아니라면, 1일 1회만 허용한다.

미결수용자에 대하여는 법령에는 명시규정이 없고, 「수용자 전화사용 지침」에서 개방처우급 수형자에 맞추어 월 5회 이내로 하고 있다.

사형확정자에 대하여는, 사형확정자의 심리적 안정과 원만할 수용생활을 위하여 필요하다고 소장이 인정하는 경우에는 완화경비처우급 수형자와 마찬가지로 월 3회 이내의 범위에서 전화통화를 허가할 수 있다(시행규칙 제156조).

노역장유치자에 대하여는 전화통화에 관한 규정이 아직은 없다.

현재 전화통화는 소장의 허가사항으로 되어 있으므로, 모든 수용자에게 최소한의 전화이용을 보장하지 않고 있다. 특히, 미결수용자가 전화를 이용할 수 있다는 것에 대해서는 법령에 명시 규정이 없으므로, 미결수용자에게 제도적으로 알리는 규정이 필요함에도 그러한 규정이 마련되어 있지 않다.

---

38 같은 법 시행규칙 제25조 2항 참조. "소장은 전화통화를 허가하기 전에 전화번호 및 수용자와 통화할 상대방인 수신자를 확인하여야 한다. 이 경우 수신자에게 전화통화 허가 제안사유가 있으면 전화통화를 허가하지 아니할 수 있다."

39 같은 법 제70조 2항 참조.

5. 통화요금 자기부담의 원칙

수용자의 전화통화 요금은 수용자가 부담한다. 그렇지만, 수형자의 교정성적이 양호한 경우이거나 수용자 중 영치금이 없는 수용자인 경우 등에 대하여는 요금 자기부담 원칙에도 불구하고 예산의 범위에서 교정시설에서 요금을 부담할 수 있다(시행규칙 제29조).

Ⅲ 전화통화 내용의 청취 · 녹음(「시행규칙 제28조」)

구 「행형법」은 앞서 본 것처럼 통화내용의 청취만을 조건으로 붙일 수 있었다. 청취만을 조건으로 붙인다면, 청취를 위한 교도관이 해당 통화건마다 참여해야 하므로 인력부담이 커질 수밖에 없다. 그리하여 이를 감안하여 「수용자처우법」에서는 녹음도 조건으로 붙여 청취인력 부담을 크게 줄일 수 있게 되었다.

소장이 수용자에게 전화통화를 허가하는 경우, 통화내용의 청취 또는 녹음을 조건으로 붙일 수 있다. 이렇게 하여 통화내용을 청취 또는 녹음하려면, 반드시 사전에 수용자 및 상대방에게 그 사실을 알려주어야 한다. 통화 시 청취 또는 녹음은 예외적 시행이 아니라 원칙적 시행이다. 즉, 시행규칙 제 28조 1항에 의하면, 앞의 전화통화 제한사유에 중 어느 하나에도 해당하지 아니한다고 명백히 인정되는 경우가 아니면 통화내용을 청취하든지 아니면 녹음하든지 하도록 강제하고 있다.

이처럼 전화통화의 원칙적 청취 또는 녹음은 서신내용의 검열을 원칙적으로 '무(無)검열'으로 하도록 하고 있는 것과도 대비하고, 접견 시 원칙적으로 교도관이 참여하지 않도록 규정하여 접견의 경우 '비(非)참여'를 원칙으로 하고 있는 것과도 비교된다.

전화통화 내용을 청취 또는 녹음하기로 한 경우에는 접견규정을 준용하여 통화 시에 외국어를 사용해서 통화해서는 아니 된다. 다만, 국어로 의사소통하기 곤란한 사정이 있는 경우에는 외국어를 사용할 수 있다. 외국어를 사용하는 경우 소장은 필요하다고 인정하면 교도관 또는 통역인으로 하여금 통역하게 하면서 청취·녹음할 수 있다(시행령 제70조 및 제60조 2항).

통화내용을 녹음한 경우 녹음기록문은 「공공기관의 기록물 관리에 관한 법률」에 따라 관리하고, 특히 녹음기록물이 손상되지 아니하도록 유의해서 보존하여야 한다(시행규칙 제 28조 2항).

Ⅳ 청취·녹음 내용 누설 및 남용금지

소장은 법원이 재판업무 수행을 위하여 필요한 때, 범죄의 수사와 공소제기 및 유지에 필요한 때에 관계기관으로부터 전화통화 녹음기록물의 제출을 요청받은 경우에는 녹음기록물을 제공할 수 있다. 이러한 경우 이외에는, 교도관은 수용자의 전화통화를 청취·녹음하면서 알게 된 내용을 누설하여서는 아니 된다. 또한 권한 없이 그 내용을 처리하거나 타인이 이용하도록 제공하는 등 부당한 목적으로 사용하여서는 아니 된다(시행규칙 제28조 4항).

Ⅴ 통화중지

교도관은 전화통화를 청취하다가 통화 중인 수용자 또는 그 상대방이 1) 범죄의 증거를 인멸하거나 인멸하려고 하는 때[40], 2) 금지물품을 주고받은 사실을 확인하거나 주고받으려고 모의하는 때, 3) 수용자의 처우 또는 교정시설의 운영에 관하여 거짓사실을 유포하는 때, 4) 수형자의 교화 또는 건전한 사회복귀를 해칠 우려가 있는 말을 하거나 하려고 하는 때[41], 5) 시설의 안전 또는 질서를 해하는 행위를 하거나 하려고 하는 때 등 어느 하나에만 해당해도, 전화통화를 중지할 수 있다(법 제44조 3항 및 제42조 참조).

Ⅵ 전화통화 허가의 취소

소장이 전화통화를 허가하였지만, 수용자 또는 수신자가 전화통화 내용의 청취·녹음에 동의하지 않는 경우, 수신자가 수용자와의 관계 등에 대한 확인 요청에 따르지 아니하거나 거짓으로 대답한 경우, 전화통화 허가 후 전화통화 제한사유에 해당되는 사유

40 법 제44조 3항은 전화통화 중지는 접견의 중지사유를 준용하도록 규정하고 있다. 접견중지사유 중 '금지물품을 주고받거나 주고받으려고 하는 때'는 전화통화의 본질상 그대로 적용할 수 없고, '교화 또는 건전한 사회복귀를 해칠 우려가 있는 행위를 하거나 하려고 하는 때'의 경우도 정확히 그대로 적용할 수는 없으므로, 준용의 취지를 살려 해당사유를 전화통화에 부합되게 해석하여 적용해야 타당하다고 본다.

41 위와 같은 취지임.

가 발견 또는 발생한 경우에는 소장은 허가했던 전화통화를 다시 취소하여 전화통화를 하지 못하게 할 수 있다(시행규칙 제27조).

Ⅶ 참고사항의 기록

교도관은 전화통화 청취 과정에서 수용자의 처우에 특히 참고할 만한 사항을 알게 된 경우에는 접견 과정이나 서신수수 과정에서와 마찬가지로 그 요지를 수용기록부에 기록하여야 한다(시행령 제71조).

학습 체크 포인트

01 현행법상 접견 서신수수는 수용자의 권리이므로 소장이 허가권을 행사할 수 없으나, 전화통화는 처우의 일환으로 제도화되어 있고 수용자의 권리가 아니므로 소장이 허가 여부의 재량권을 가지고 시행할 수 있다.

02 현행법령상의 외부와의 교통제도 중 서신수수가 가장 폭넓게 보장되고 있다. 전화통화는 권리로서는 인정되지 않고 소장의 허가가 있는 경우에만 이용할 수 있다. 접견과 서신수수는 기본권으로 인정되므로 소장의 허가 없이 이용할 수 있는데, 접견의 대상은 '교정시설의 외부에 있는 사람'으로 한정되고 서신수수는 교정시설의 외부에 있는 사람으로 대상을 한정하지 않고 '다른 사람 모두'를 대상으로 확대하고 있다. 전화통화의 대상도 '교장시설의 외부에 있는 사람'으로 제한하고 있다.

03 접견의 허용 횟수는 수형자와 사형확정자는 원칙적으로 매월 4회이고, 미결수용자는 매일 1일 1회가 원칙이다. 다만, 수용자가 변호인과의 접견하는 것은 허용 횟수에 포함되지 아니한다.

04 현행법령상 접견은 접견 시 '교도관의 비참여'가 원칙이고, 서신수수는 '무검열'이 원칙이지만, 전화통화에 대하여는 통화 시 청취 또는 녹음이 원칙이다.

05 접견과 전화통화는 허용 횟수가 법령으로 제한되어 있으나, 서신은 받는 서신뿐 아니라 보내는 서신도 법령에 어긋나지 아니하면 횟수를 제한하지 아니한다.

06 수용자의 접견은 접촉차단시설이 설치된 장소에서 하게 하는 것이 원칙이나 수용자가 변호인과 접견하는 경우이거나 교정시설의 안전과 질서를 해칠 우려가 없는 소송사건의 대리인인 변호사와의 접견인 경우에는 접촉차단시설이 설치되지 아니한 장소에서 접견하게 해야 하고 접촉차단시설이 있는 장소에서는 절대로 접견하게 할 수 없다.

07 현행법령상 여성수용자만이 아니라 남성수용자도 모든 자녀에 대하여는 아니지만, '미성년자녀'와 접견하는 경우에는 소장이 가족관계 유지 · 회복에 도움이 되도록 접촉차단시설이 설치되지 아니한 장소에서 재량으로 접견하게 할 수 있다.

08 변호인과 접견하는 미결수용자를 제외한 수용자의 접견 시간은 회당 30분 이내로 한다. 그러나 수용자가 소송사건의 대리인인변호사와 접견하는 시간은 회당 60분으로 한다. 또한 수형자의 교화 또는 건전한 사회복귀를 위하여 특히 필요하다고 인정하면 접견시간을 30분보다 연장할 수 있다.

09 수용자가 소송사건의 대리인인변호사와 접견하는 횟수는 월 4회로 하고, 이 횟수는 일반수용자에게 원칙적으로 허용된 접견 횟수에 포함시키지 아니한다.

10 상소권회복 또는 재심 청구사건의 대리인이 되려는 변호사와의 접견은 소송대리인인 변호사와의 접견처럼 접견시간은 회당 60분으로 하고, 교정시설의 안전 또는 질서를 해칠 우려가 없는 한 접촉차단시설이 없는 장소에서 접견하게 한다. 접견횟수는 사건당 2회로 한다. 그렇지만 소송대리인인 변호사와의 접견과는 달리 접견 시 청취 · 기록을 위한 교도관의 참여를 금지하는 규정을 두고 있지 않다.

11 접견 허용 횟수에 화상접견이나 스마트접견은 포함시키지만 가족만남의 날 행사 시의 접견이나 가족만남의 집에서의 접견은 접견 허용 횟수에 계산되지 않고 별도로 이루어진다.

제3장

안전과 질서 유지 – 계호(戒護)

제1절 개관(槪觀)

「수용자처우법」은 제 2편 제11장을 '안전과 질서'로 편제하여 '안전과 질서'의 범주규정 안에 금지물품, 신체·거실·작업장 등의 검사, 보호실·진정실 수용, 전자장비를 이용한 계호, 보호장비의 사용, 강제력의 행사, 무기의 사용, 재난 시의 조치, 교도관의 수용을 위한 체포, 마약류사범·조직폭력사범 등 엄중관리대상자 엄중계호 등을 규율하고 있다.

I 안전과 질서

'안전과 질서'에 해당하는 규정은 구「행형법」에서는 '계호'라는 제목의 장으로 규율하고 있었다. 그러므로 '안전과 질서 유지'는 '계호'와 유사한 개념이라고 볼 수 있다. 행형학이나 교정학 문헌에서도 안전과 질서를 계호와 같은 개념으로 기술하고 있는 것이 일반적이다.

「수용자처우법」에서 안전과 질서는 '교정시설의 안전과 질서'에 중점을 둔 개념이다. 「수용자처우법」은 제1차적·직접적으로 교정시설의 안전과 질서 있는 운영에 관하여 필요한 사항을 규정함을 목적으로 하고 있지, 사회의 안전과 질서유지를 목적으로 하는 것이 아니기 때문이다.

'사회의 안전과 질서유지'를 제1차적·직접적 목적으로 하는 법은 「형법」이다. 형법은 사회질서의 기본가치를 보호하는 기능을 가진다. 이를 형법의 보호적 기능이라고 한다.[42]

'시설의 안전'이란 수용자들이 교정처우를 받으면서 위험이나 사고 없이 생활할 수 있도록 여건을 조성해 주는 것을 뜻하고, '질서유지'란 수용자들이 교정시설 내에서 규율을 준수하면서 혼란 없이 순조롭게 생활하도록 평온을 유지하고, 그러한 평온에 대한 위해(危害)를 사전에 방지하는 조치를 말한다.

시설의 안전은 시설 자체의 위험요소를 사전에 배제하고, 설비를 정돈함과 동시에 시설 내에서 규율을 위반하거나 그럴 가능성이 높은 사람을 감시하고, 수용사고를 억제하는 것을 내용으로 한다. 이러한 차원에서 안전관리를 장벽 · 장금장치 · 교정정비 등 도구를 통한 안전관리, 보안업무계획 · 안전 확보 · 질서 유지 등 예방관리를 통한 안전관리, 시설 내 분위기 · 생활조건 · 작업환경 · 여가시간 통제 등 수용자사회적 안전관리 등으로 구분하기도 한다.[43]

Ⅱ 계호(戒護)

1. 계호의 의미

계호란 경계와 보호를 줄인 말이다. 계호란 교정시설의 안전 확보와 질서유지를 위하여 수용자를 경계 · 감시 · 명령 · 지도 · 보호해 가면서, 안전과 질서가 침해되거나 침해될 우려가 있는 경우에는 이를 진압하고 원상회복을 위하여 강제력을 행사하거나 교화개선조치를 행하는 일체의 업무를 말한다.

실무에서는 계호를 보안업무라고 한다. '보안'(保安)이란 교정시설의 안전과 질서를 유지하는 것을 총칭하는 개념이므로, 보안업무를 수행하는 데 있어서 기본적으로 챙겨 나가야 하는 것은 교정시설 내의 안전과 질서이다. 교정시설 내 안전과 질서가 유지되는 것은 수용의 목적 달성과 수형자의 교화 개선적 사회복귀처우의 기본바탕이며 전제조건이기 때문이다.

---

42 이재상, 형법총론, 2011, 6면, 이와 같은 취지로 "형법은 법익보호질서이다. 형법은 사회일반인의 법익을 보호해 줄 뿐만 아니라 이를 통하여 평화로운 공동사회의 질서를 확보해 주는 기능을 한다"고 설명하기도 한다.

43 Vgl. Korndörfer, 2001, S.158: Stumpf.103ff.

2. 계호행위

계호(보안)업무를 수행할 수 있는 권한을 가진 교도관이 자신의 권한 범위 내에서 행하는 조치를 계호행위라고 한다.

계호 행위의 유형(종류) - 내용에 따른 분류

구분	내용
시찰 (입초 · 순찰)	• 수용자의 동정 및 교정시설의 상태를 살피는 예방활동 • 가장 많이 일반적으로 행해지는 계호행위
명 령	• 수용자에게 일정한 행위를 할 것(작위)과 하지말 것(부작위)을 강제적으로 요구하는 행위
강 제	• 수용자의 규율위반 또는 직무상 명령 불이행시 이행한 것과 똑같은 상태를 만들기 위해 행하는 조치 • 교도작업 태만, 단식 · 출역 불응, 흉기 등 투기명령 불응 등의 상황에서 발동됨
검 사	• 교정사고의 방지를 위해 사전에 보안상태를 조사하는 행위 • 신체 및 의류 · 거실 · 작업장 · 보호장비 · 작업도구 등에 대해 실시됨
정 돈	• 수용자의 규칙적인 생활을 유도하고 무질서와 혼란을 정리시키는 행위 • 정돈은 계호기능 외에 수용자의 무질서한 습벽교정에도 유용함 ※ 여러 교재에서는 '시설내 물품이나 장비의 이상 유무를 확인하는 행위'까지 포함시켜 정돈으로 개념 설명하고 있으나, 이 내용은 '검사'에 해당하는 내용임에 주의를 요한다.
배 제	• 위험발생의 가능성이 있다고 판단되는 경우에 이 위험성을 사전에 차단하기 위한 조치(사전적 · 예방적 계호행위) • 위험발생의 우려가 있는 물품 소지 금지, 소지하고 있는 경우 이를 몰수 · 폐기시키는 행위 등
구 제	• 위험한 상황이 이미 발생했을 때 사후적으로 위험에 빠져 있는 수용자를 구하거나 정상을 회복시키는 조치(사후적 · 진압적 계호행위) • 배제와 구제는 사전적 · 예방적 계호인가 사후적 · 진압적 계호인가에서 구분됨

계호의 성격에 따른 계호 개념 분류

계호대상에 따른 분류	대인계호	• 사람에 대하여 직접 행하는 계호 • 신체검사·보호장비 사용·강제력 행사·무기 사용 등과 같이 계호의 효과가 사람의 신체에 직접적으로 미침
	대물계호	• 시설·물건 등에 대하여 행사되는 계호 • 거실·작업장 검사, 차입물품·소지품 검사 등과 같이 사람의 신체에 직접적으로 효과가 미치지 않음
계호수단에 따른 분류	인적계호	• 계호권자의 정신적·육체적 행위로 이루어지는 계호, 보안직원의 직무활동 • 사동·작업장 순찰, 출입구 경계·담장 경계 등
	물적계호	• 건조물·설비, 전자장비·무기·보호장비 등을 통한 계호
계호장소에 따른 분류	거실 내 계호	• 거실 내에 있는 수용자를 대상으로 행하는 계호 • 교정시설의 출입구, 거실문 등은 특수한 상황이 아니면 문을 열거나 수용자를 거실 밖으로 나오게 해서는 안 됨
	거실 외 계호	• 거실 외에서 행하는 계호행위 전체를 말함 • 부서별로 작업장·취사장·목욕탕·교육장·강당 계호 및 접견·동정시찰·입출·순찰, 호송계호 등
	호송계호	• 수형자를 발송관서가 수송관서에 인계할 때까지 행해지는 계호행위
	출정계호	• 형사피의자나 형사피고인 등 미결수용자가 검찰청이나 법정에 출두하여 검찰조사실이나 법정에서 이루어지는 계호행위
계호상황(사태의 긴급성)에 따른 분류	통상계호	• 일상적으로 이루어지는 평상시의 계호 활동 • 수용자의 신체에 강제적 인권침해가 크게 수반되지 않고, 법률상 특별한 근거 규정이 필요 없음
	비상계호	• 천재·지변·폭동·화재 등과 같이 비상사태가 발생한 경우에 행해지는 계호 • 수용자의 신체 내지 법익에 대해 강제적 침해가 크게 수반되어 인권침해의 위험성이 큼 • 법률상 구체적 근거가 있어야 행할 수 있음
계호대상자에 따른 분류(계호 강도(强度)에 따른 분류)	일반계호	• 일반수용자에 대해 보편적으로 행해지는 계호
	특별계호	• 중형선고자·상습적 규율위반자·도주나 자살 우려자·정신질환자 등 교정사고 가능성이 높은 수용자를 대상으로 평균 이상의 강도로 행해지는 계호 • 신체 내지 법익에 대한 제약의 강도가 일반계호대상자에 비해 높음

3. 계호의 기능

계호에는 소극적 경계기능과 적극적 보호기능이 있다.

응보주의·일반예방주의 시대에는 규율유지를 위한 실력강제활동이 중시되었으나, 교육형주의·교화개선주의·특별예방주의 시대인 현대에 와서는 적극적인 보호기능 내지 교화 개선·복지 증진 작용을 보다 중시하는 경향이다.

Ⅲ 안전·질서 유지와 처우

전통적으로 처우와 계호는 대립되는 개념으로 인식되어 왔다. 그래서 교정시설 내에서 수형자를 바르게 고쳐서 건전한 사회인으로 복귀시키기 위한 교정 교화에 중점을 둔 '처우규정'과 시설 내 안전과 질서유지에 중점을 둔 '관리규정'을 본질적으로 구분했었다.

그러나 이런 이분법적인 견해는 오늘날에는 그다지 지지받지 못하고 있다.

수형자의 교정 교화와 처우를 통한 사회복귀를 궁극적 목적으로 삼고 있는 현행법 하에서는 안전과 질서를 위한 규율 준수와 책임의식 함양도 재사회화과정에 속하고 사회복귀를 위한 처우를 충실히 하는 것이 결국에는 시설의 안전과 질서유지에 기여할 뿐 아니라 안전에 대한 사회의 욕구도 충족시키는 과정이라고 인식하게 되었다. 따라서 현재는 시설의 안전과 질서유지를 위한 계호가 처우와는 별도로 개념화되어 관리·규제에 한정되는 개념이 아니라, 처우의 개념에 안전과 질서유지도 포함하고 있다고 보는, 계호와 처우개념의 일원론이 유력한 견해로 자리 잡고 있다.[44]

제2절 계호의 기본원칙

수용자는 수사·재판을 받고 있거나 확정된 형벌의 집행을 위하여 사회와 격리된 수용시설에서 강제적인 공동생활을 하게 되므로 헌법이 보장하는 신체활동의 자유 등 기본권이 제한되고 있지만 범죄와 관련된 행위로 사회에 해악을 끼쳤고 또다시 사회안전을 해칠 가능성이 일반시민들에 비해 상당히 높다고 여겨진다. 또한 구금되어 있

44 신양균, 형집행법, 2012, 404면 참조.

는 수용자는 기회만 있으면 감금상태에서 벗어나려고 하는 경향이 있다고 볼 수 있다. 따라서 일반국민에 비해 더욱 엄격한 관리와 통제가 요구된다고 할 수 있다.

이에 따라 수용자에 대하여는 특별한 의무와 권리의 제한이 불가피하다고 하더라도, 수용자도 국민의 한 사람이므로 안전과 질서를 위한 조치가 기본권을 제한하는 결과를 가져오는 이상 헌법상 보장된 기본권 제한 원칙을 준수하여야 한다.

이와 관련하여 헌법재판소는 "수형자는 신체활동의 자유 등 기본권이 제한되기 마련이다. 제한되는 기본권은 형의 집행과 도망방지라는 구금의 목적과 관련된 기본권에 한정되어야 하고, 특히 수용시설 내의 질서 및 안전 유지를 위하여 행해지는 기본권 제한은 다른 방법으로는 그 목적을 달성할 수 없는 경우에만 필요한 한도 내에서 예외적으로 허용되어야 한다"고 선언한고 있다.[45]

교정시설 내에서 안전과 질서유지를 위한 계호가 이루어지는 경우 상담이나 교육·권고 등 다른 조치들로는 안전질서 목적을 달성할 수 없는 경우에만 수용자의 자유와 권리의 제한이 이루어져야 하고(보충성의 원칙), 기본권 제한의 한계에 따른 비례의 원칙(과잉금지의 원칙)이 지켜져야 한다는 것이다.

비례의 원칙이란, 국가작용은 그 목적과 수단 사이에 비례관계가 성립되어야 한다는 원칙이다. 국가권력행사를 법의 통제 하에 두고, 이를 통해 국민의 자유와 권리를 보호하고자 하는 법치주의원리는 국가권력은 그 행사가 필요한 경우에, 그 목적을 달성하는 데 필요한 한도 내에서만 행사하도록 제한한다. 제아무리 좋은 행정목적을 추구하더라도 그로 인해 초래되는 국민의 인권침해가 더 크다면 그러한 국가작용은 허용되지 않는다는 것이다.

목적과 수단 사이에 비례관계가 성립되는지는 관련되는 여러 이익이나 가치의 비교형량을 통해 결정된다. 이러한 의미에서 비례의 원칙은 교정행정에만 적용되는 것이 아니라, 모든 국가작용에 공통적으로 적용되는 일반적인 법원칙이다. 비례의 원칙은 기본권 영역에서는 법률의 위헌 여부를 심사하는 기준으로 사용되어 국민의 자유를 금지하거나 제한하는 경우 입법 목적의 정당성·수단의 적합성·최소침해성·법익균형성을 모두 갖추어야 헌법적으로 정당화된다는 위헌 여부 판단 법리로 정착되었다. 이러한 의미에서 '과잉금지의 원칙'으로도 불린다.

45 헌재결 2005헌마137 참조.

제3절 안전과 질서유지를 위한 규제

I 금지물품과 부정물품 규제

1. 금지물품 등의 의미

'금지물품'이란 수용자가 교정시설에 반입하거나 교정시설에서 소지·사용해서는 아니 되는 물건이고, '부정물품'이란 교정시설 내에 반입이 인정되고 수용자들이 적법하게 사용할 수 있는 물품이지만 법무부장관이 정하는 소지범위를 초과한 물품 및 본래 사용목적에 벗어난 용도로 사용하고 있는 물품 등과 같이 소지·사용 등에 대하여 해당 교정기관의 정상적인 허가를 얻지 못한 물건이다.

2. 규제의 목적

교정시설 내에서 생활하는 수용자도 생활물품 등을 소지·사용해야하므로 소장은 생활용품을 지급해야 하고(법 제22조), 수용자는 소장의 허가를 받아 수용생활에 필요한 물품을 구매할 수도 있으며(법 제24조), 법무부장관이 정하는 범위에서 소지할 수도 있다(법 제26조).

그렇지만 교정시설의 안전과 질서를 유지하고 수형자의 교화 또는 건전한 사회복귀를 해치지 아니하도록 일정한 물품은 반입·소지를 금지할 필요가 있고, 적법하게 사용이 허용된 물품도 본래 사용목적에서 일탈하여 부정사용 되는 것을 통제할 필요가 있다. 그리하여 「수용자처우법」은 수용자 외의 사람이 수용자에게 금품을 교부하려고 신청한 경우 수형자의 교화 또는 건전한 사회복귀를 해칠 우려가 있는 때 및 시설의 안전 또는 질서를 해칠 우려가 있는 때에는 교부를 허가하지 않도록 하고 있으며(법 제27조), 소지범위를 벗어난 수용자의 물품을 처분하거나 폐기할 수 있도록 하면서(법 제26조 2·3항), 위험한 물품은 아예 금지물품으로 규정하여(법 제92조) 근본적으로 소지·사용을 차단하고 있다.

3. 금지 대상 물품(법 제92조)

수용자는

(1) 마약·총기·도검·폭발물·흉기·독극물, 그 밖에 범죄의 도구로 이용될 우려가 있는 물품

(2) 무인비행장치, 전자·통신기기, 그 밖에 도주자 다른 사람과의 연락에 이용될 우려가 있는 물품

(3) 주류·담배·화기·현금·수표, 그 밖에 안전 또는 질서를 해칠 우려가 있는 물품

(4) 음란물, 사행행위에 사용되는 물품,
그 밖에 수형자의 교화 또는 건전한 사회복귀를 해칠 우려가 있는 물품

등을 소지하여서는 아니 된다.

Ⅱ 검사방식

1. 의 의

교정시설 내에서 안전과 질서를 위협하는 흉기를 이용한 살상, 금지·부정물품의 반입 ·소지·제작·은닉·교환 등이 발생하는 것과 도주를 미연에 방지하기 위해서는 위험한 소지금지물품을 소지하지 못하도록 하여야 한다. 이를 위해서는 수용자나 교정시설출입자의 신체·의류 등의 검사와 거실·작업장 등의 검사가 필요하다. 이러한 검사는 시설의 안전과 질서를 유지하기 위한 예방조치로서 불가결한 조치이지만, 다른 한편으로는 대상자의 자유와 권리를 제한하는 일이다.

그러므로 법적 근거와 요건을 명확히 하고, 그 대상과 범위를 한정해야 한다.

「수용자처우법」 제93조는 "교도관은 시설의 안전과 질서유지를 위하여 필요하면 수용자의 신체·의류·휴대품·거실 및 작업장 등을 검사할 수 있으며, 교정시설을 출입하는 수용자 이외의 사람에 대하여 의류와 휴대품을 검사할 수 있다"고 규정하여 신체 및 물품검사와 거실 및 작업장 검사에 대한 법적 근거와 요건을 명확히 하고 검사 범위와 대상을 제한적으로 명시하고 있다. 이 규정은 수용자에 대한 검사 범위를 포괄적으로 규정한 점과 수용자 이외의 사람에 대하여는 의류와 휴대품검사를 할 수 있도록 하면서도 신체검사는 인정하지 않고 있는 점이 특징이다.

2. 검사의 주체

법 제93조는 "교도관은 시설의 안전과 질서유지를 위하여 필요하면 작업장 등을 검사할 수 있다"고 규정하여 검사의 주체를 교정기관의 장이 아닌 교도관으로 한정하여

명시하고 있다. 이는 신체검사나 거실검사 등을 하는 과정에서 수용자가 검사를 거부하고 항거하기도 하므로 이를 즉각 제지하기 위해서는 강제력을 행사할 필요가 생길 수도 있다. 이 때문에 검사 등의 적정하고 효과적인 실시를 확보하려면 그 주체를 교도관으로 한정하는 것이 적합하다고 본 것이다.

여성수용자나 수용자 이외의 여성에 대한 검사는 반드시 여성교도관이 하여야 한다(법 제93조 4항). 이는 여성의 인권 및 수치심 등에 민감한 여성의 성향을 배려한 특별 규정이다.

여성교도관으로 명시하고 있으므로 여성 직원은 검사의 주체가 될 수 없고 여성교도관만이 주체가 될 수 있다.

3. 검사의 요건

첫째, 시설의 안전과 질서유지를 위하여 필요한 경우라야 한다.

시설의 안전과 질서를 유지하기 위하여 필요한 경우가 어떤 경우인지 정형화하여 기준을 제시하기는 어렵다.

그 중에서도 범행도구나 마약류를 반입·소지한 경우에는 이것을 이용한 범죄가능성이 커지고 시설의 안전 질서에 위협이 될 수 있다. 설령 그 정도의 위험물이 아니더라도 소지가 금지된 술이나 음란물 등이 교환·유통됨으로써 교정시설 하위문화나 반교정적 환경이 형성될 수도 있다. 이처럼 시설의 안전과 질서유지를 위해 필요한 경우에 해당하는 검사요건은 수용자나 수용자 이외의 사람의 태도를 비롯한 구체적인 필요성이나 필요로 하는 검사내용·정도 역시 같은 수 없으므로 목적과 수단의 비례성 원칙에 따라 판단하여야 한다.

둘째, 수용자의 신체를 검사하는 경우에는 불필요한 고통이나 수치심을 느끼지 아니하도록 하여야 한다.

정밀신체검사는 다른 수용자가 볼 수 없는 차단된 장소에서 하여야 한다.

교정시설 수용자에 대하여 실시하는 신체검사는 다른 검사에 비해 인격권과 신체의 자유에 대한 제한이 훨씬 크기 때문에, 일정한 범위 내에서 신체 수색의 필요성과 타당성이 인정되는 경우로 한정해야 한다. 그러나 신체검사가 불가피하더라도 인격권 및 신체의 자유에 대한 본질적인 내용을 침해하거나, 목적의 정당성·방법의 적정성·피해의 최소성·법익균형성 등을 의미하는 과잉금지의 원칙에 위배되어서는 아니 된다.

특히, 정밀신체검사는 수용자의 생명·신체에 대한 위해를 방지하고 교정시설 내의 안전과 질서를 유지하기 위하여 흉기 등 위험물이나 반입금지물품의 소지·은닉 여부를 조사하기 위한 것으로, 그 목적이 정당하고, 마약류 등을 항문 등 은밀한 신체부위에 은닉하였다고 의심할 합리적인 이유가 있어야 하고, 마약 등을 은닉할 경우 외부관찰 등의 방법만으로는 은닉물을 찾아내기 어려워야 하고, 검사장소도 다른 사람이 볼 수 없는 차단된 장소에서 실시해야 하는 등 그 검사 요건이 엄격히 절제되어야 한다.

셋째, 교도관은 "작업장 등을 검사할 수 있다"고 규정한 것은 검사대상을 한정하지 않고 포괄적으로 개방한 것이다.

구 「행형법」과는 달리 검사대상을 포괄적으로 규정하고 있으므로 법률에 명시된 검사대상 외에도 시설의 안전과 질서를 위하여 필요한 경우에는 검사가 가능하다. 예를 들면, 직업훈련실·운동장·강당·전문대학 위탁교육 교실 등과 같이 수용자가 생활하는 장소라면 검사의 대상이 될 수 있다.

4. 신체 및 물품검사

교도관은 시설의 안전·질서를 위하여 수용자의 신체·의류·휴대품을 검사할 수 있고, 교정시설을 출입하는 수용자 외의 사람에 대하여도 의류와 휴대품은 검사할 수 있다.

검사를 위해서는 탐지견·금속 탐지기·그 밖의 장비를 이용할 수 있다. 교도관은 작업장이나 실외에서 수용자거실로 돌아오는 수용자의 신체·의류 및 휴대품을 검사하여야 한다. 다만, 교정성적을 고려하여 그 검사가 필요하지 아니하다고 인정되는 경우에는 검사하지 아니하고 입실시킬 수 있다.

검사 시에는 사전에 검사목적을 설명해야 한다.

신체검사는 신체 외부의 상태만을 확인하는 검사에 그치는 것이 아니므로 세밀하게 하여야 하고, 특히 머리카락·겨드랑이·귓속·손가락 발가락 사이·항문·입속 등 부정물품을 은닉할 수 있는 가능성이 있는 은밀한 신체부위까지 검사대상에서 누락되지 않도록 하여야 한다.

물품 등을 검사할 경우에는 수용 목적에 위배되거나 교정시설의 안전 및 질서를 해할만한 물품의 소지 및 은닉 여부, 품목·규격·수량이 거실사용 및 보관기관에 적합한지 여부, 파손되면 흉기로 사용될 수 있는지 여부를 세밀하게 검사하도록 해야 한다.

현재 우리나라 교정시설에서는 종래 육안검사방식이 수용자의 인격권 등을 침해할 소지가 많았기 때문에 항문 부위에 대한 검사에 대해서는 전자영상장비에 의한 신체검사기(전자영상검사기)를 도입·시행하고 있다. 전자영상검사기를 도입함으로써 수용자의 수치심 유발을 줄일 수 있고 인격권 등도 최소한으로 침해하게 되었을 뿐만 아니라 신체검사를 담당하는 교도관의 불쾌감 등도 줄임으로써 교도관의 업무스트레스를 감소시키는 데에도 많은 기여를 하고 있다.

5. 거실 및 작업장 검사

교도관은 시설의 안전·질서유지를 위해 거실·작업장 등을 검사할 수 있다, 검사시 탐지견·금속탐지기 등의 장비를 이용할 수 있다.

소장은 교도관에게 수용자의 거실·작업장, 그 밖의 수용자가 생활하는 장소를 정기적으로 검사하게 하여야 한다. 다만, 금지물품을 숨기고 있다고 의심되는 수용자와 마약류사범·조직폭력사범 등 법무부령으로 정하는 수용자의 거실 등은 수시로 검사하게 할 수 있다(시행령 제112조).

거실검사는 가급적 수용자가 운동·목욕 등으로 거실 안에 수용자가 없을 때 실시하고[46], 거실 안에 수용자가 있는 경우에는 검사직원 중 한 명은 수용자를 복도에 정렬시켜 신체 및 의류검사를 하고, 나머지 직원은 거실 안에서 검사를 하도록 해야 한다.

거실검사는 경비등급·수용인원 등을 고려하여 실정에 맞게 자체 계획을 수립하여 정기적으로 실시하되, 월 1회 이상은 실시하여야 한다. 소지금지물품, 그 밖에 도주 등을 유발할 물품의 은닉이 의심되는 경우나 엄중관리대상자의 거실에 대하여는 불시에 거실검사를 실시하여야 한다.

6. 금지물품발견 시의 조치

검사를 행한 교도관은 금지물품을 발견한 경우에는 지체 없이 상관에게 보고해야 한다. 소장은 신체 등의 검사결과의 보고를 받은 결과 「수용자처우법」이 정한 금지물

46 '수용자가 없는 상태에서의 거실검사'에 대해 헌법재판소는 합헌으로 결정한 바 있다. 헌재결 09헌마691 결정례는 "교정시설의 장이 수용자가 없는 상태에서 실시한 거실검사행위는 교정시설의 안전과 질서를 유지하고, 수형자의 교화·개선에 지장을 초래할 수 있는 물품을 차단하기 위한 것이므로 과잉금지의 원칙에 위배하여 사생활의 비밀과 자유를 침해한다고 할 수 없다. 더 나아가 소장의 거실검사행위가 추구하는 목적의 중대성 및 검사행위의 불가피성과 은밀성이 요구되는 거실검사의 특성에 비하여 수형자의 부담은 크지 않고 수형자의 이의나 불복을 위한 구제절차도 두고 있는 점 등을 종합해 볼 때 적법절차원칙에도 위배되지 아니한다.

품이 발견되면 형사법령으로 정하는 절차에 따라 처리할 물품은 그 절차에 따라 처리해야 한다. 그러한 물품을 제외하고는 수용자에게 알린 후 폐기한다.

다만, 폐기하는 것이 부적당한 물품은 교정시설에 영치하거나 수용자로 하여금 자신이 지정하는 사람에게 보내게 할 수 있다(법 제93조 5항). 이 조항은 검사결과 발견된 금지물품을 처리하는 방법을 구체적으로 명시함으로써 개인의 재산권을 위법 또는 부당하게 침해하는 일이 없도록 규정한 것이다.

Ⅲ 수용자 이외의 사람에 대한 검사

1. 수용자 이외의 사람에 대한 검사 필요성

수용자 이외의 사람이 교정시설을 면회하러 오거나 참관 등으로 방문하는 경우에 위험한 물품이나 소지금지물품을 소지하여 수용자에게 전달하거나 그것으로 교도관이나 수용자에게 위해를 가하거나 시설을 손상시킬 수 있다. 예컨대, 스마트폰이나 몰래카메라 등을 사용해서 시설내 상황을 녹화·촬영하는 경우도 있을 수 있고, 그 외에도 소지금지물품 등을 시설 내에서 분실함으로써 수용자의 수중에 들어가서 예상치 못한 위험을 초래하는 일이 생길 수 있다.

이에 따라 「수용자처우법」 제93조 3항은 "교도관은 시설의 안전과 질서유지를 위하여 필요한면 교정시설을 출입하는 수용자 외의 사람에 대하여 의류와 휴대품을 검사할 수 있다"고 규정하고 있다.

2. 대상 및 방법

수용자 이외의 사람으로서 교정시설을 출입하는 사람은 모두 검사 대상이다. 그러나 명문규정은 없지만 실무에서는 변호이이나 변호인이 되려는 변호사, 교정자문위원이나 교정위원 및 공무상 시설에 출입하는 사람은 특별한 경우가 아니면 검사 대상에서 제외하고 있다.

검사 대상은 의류·휴대품에 한하고 신체는 검사대상이 아니다. 자유시민에 대한 신체검사는 인격권을 침해할 가능성이 높으므로 허용되지 않는다.

검사 담당 교도관은 대상자가 입고 있는 겉옷을 외부에서 만져보거나 호주머니의 물건을 꺼내 보이도록 할 수는 있으나, 옷을 벗게 하는 등의 행위를 허용된다고 볼 수 없다. 예컨대, 출입자의 의류 등을 검사하면서 파악한 결과 속옷이나 신체 내에 위험한 물건을 은닉하고 있을 개연성이 있는 경우라 해도 강제로 옷을 벗겨 검사를 시행하는 것은 허용되지 않는다.

이러한 상황이라면, 위험한 물건에 대한 검사에 자발적으로 협조하도록 설득하고, 협조하지 않으면 시설 내 출입을 금지하는 것이 바람직하다.[47]

휴대품검사와 관련하여 수용자 이외의 자가 휴대한 물품 가운데 문서나 도화 등의 경우 음란성 등 그 내용을 검사하는 것이 허용되는지에 대한 논의가 있을 수 있다. 문서·도화의 내용검사는 허용되지 않는다. 검사의 목적이 위험한 물건 등을 교정시설 내에 반입되거나 수용자에게 부정한 방법으로 전달되는 것을 막기 위한 것이므로, 해당 문서·도화의 내용까지 검열할 필요는 없다고 보며, 이를 허용하게 되면 일반국민에 대한 사생활에 대한 비밀과 자유를 침해한다고 보기 때문이다.

구체적인 검사방법으로는 현행 「수용자처우법 시행규칙」 제166조 3항은 "교도관이 교정시설을 출입하는 수용자 외의 사람의 의류와 휴대품을 검사하는 경우에는 고정식 물품검색기를 통과하게 하거나 휴대식 금속탐지기로 이를 확인한다"고 규정하고 있다.

3. 일시보관 및 출입금지

「수용자처우법」에 따라 출입자가 금지물품을 소지하고 있으면, 교정시설에 맡겨 임시 보관하도록 하여야 하며, 이에 응하지 아니하면 교정시설 출입을 금지시킬 수 있다. 임시보관은 해당자의 출입허용을 전제로 한 조치이다. 그러므로 어떤 휴대품을 임시보관의 대상으로 하는가는 출입목적과 시설 내의 어디까지 출입을 허용하는지 등 구체적인 사정에 따라 다를 것이다.

예컨대 카메라·스마트폰·담배·술·현금·수표 등에 대해서는 일반적으로 출입 전에 일시 보관하도록 하여야 한다.

---

47 이 출입금지의 근거는 법 제93조 3항 둘째 문장 "출입자가 금지물품을 소지하고 있으면 교정시설에 맡기도록 하여야 하며, 이에 응하지 아니하면 출입을 금지할 수 있다"이다. 위의 사례는 법률해석학적 이해에 따라 확대 적용할 수 있다고 본다. 「수용자처우법」은 「행정법」에 속한다. 행정법은 미래발전에 대한 예측적인 평가를 기초로 하여 합목적성을 추구하는 데 해석의 중심이 놓인다는 해석상의 특성이 있다. 이 해석상 특성을 전제로 이와 같이 해석해도 무리는 없다고 본다.

Ⅳ 교정시설의 외부와의 차단과 장애물 방치금지

1. 외부와의 차단

교정시설의 바깥문, 출입구, 거실, 작업장, 그 밖에 수용자를 수용하고 있는 장소는 외부와 차단하여야 한다. 다만, 필요에 따라 일시 개방하는 경우에는 그 장소를 경비하여야 한다.

교도관은 접견·상담·진료, 그 밖에 수용자의 처우를 위하여 필요한 경우가 아니면 수용자와 외부인이 접촉하게 해서는 아니 된다(시행령 제116조).

2. 외부인의 출입제한

교도관 외의 사람의 교정시설 출입시간은 「국가공무원복무규정」 제9조에 따른 근무시간인 오전 9시부터 오후 6시까지로 하며, 점심시간인 낮 12시부터 오후 1시까지의 점심시간은 제외한다. 이 시간 외에는 소장의 허가 없이는 교정시설에 출입하지 못한다(시행령 제115조).

3. 거실 개문(開門)의 제한

교도관은 수사·재판·운동·접견·진료 등 수용자의 처우 또는 자살 방지, 화재진압 등 교정시설의 안전과 질서유지를 위하여 필요한 경우가 아니면 수용자거실의 문을 열거나 수용자를 거실 밖으로 나오게 해서는 아니 된다(시행령 제117조).

4. 장애물 방치금지

교정 시설의 구내에서는 시야를 가리거나 장애가 되는 물건은 두어서는 아니 된다(시행령 제 117조).

이는 교정시설의 구내는 항상 충분한 감시를 위한 시야를 확보해 효과적인 계호행위를 취할 수 있도록 하기 위해서이다. 따라서 수용자뿐만 아니라 교정직원에게까지 의무조항으로 규정한 것이다.

제4절 계호시설과 교정장비 사용

I 개관(概觀)

교정시설에 수용된 사람들 중에는 극도로 흥분을 하여 소란을 피우는 행위를 하거나 자살 또는 자해를 자행하여 신체나 생명의 손상을 초래할 위험이 일반인에 비해 상당히 높다. 그러므로 이에 대비하여 수용자의 안정된 생활여건과 수용자의 생명과 신체를 보호하고 시설의 안전과 질서를 확보할 수 있는 장치가 필요하다. 이러한 차원에서 「수용자처우법」으로 전면 개정하면서는 보호실과 진정실에 대한 법률적 근거를 새로이 마련했다.

수용자에 대한 계호는 사람이 직접 유형력을 행사하는 등의 인적 계호만으로는 한계가 있으므로 더욱 효과적인 계호를 실시하기 위해서는 장비나 기구 등이 필요하다. 이에 따라 물적 계호를 위한 기구로서 교정장비가 현행법에 규정되어 있다.

교정장비는 옥구(獄具)·형구(刑具) 또는 계구(戒具)라고 불리어졌던 것으로, 이는 수감시설에서 형벌을 주는 데 쓰는 도구이므로, 가혹하게 사람을 손상시키거나 죽음에 이르게 할 위험이 높다. 그러므로 법적인 규제가 필요하다.

역사적으로 우리나라에서 형구(刑具)에 대한 법적 규제가 마련된 것은 조선시대부터이다. 조선시대에 들어와서는 형구의 규격과 사용방법·절차 등이 성문법규정에 의해 전국적인 통일을 기하였다. 그 후 형벌제도의 개혁 시에 계속하여 개선되어 미군정하에서도 계구사용의 제한이 규정되었고, 2007년 「수용자처우법」으로 전면 개정 시에는 종래의 '계구'를 '보호장비'로 용어를 순화했고, 종전의 계구 중 하나였던 사슬을 보호장비에서 제외시켰다. 사슬은 비인도적인 도구라고 비판되고 있었기 때문에 인간의 존엄과 가치가 손상되지 않도록 하면서 인도적인 교정을 유지하기 위해 폐지했다.

구 「행형법」에서는 포승·수갑·사슬·안면보호구를 계구로 규정하고 있었는데, 현행 「수용자처우법」에서는 수용자의 신체 압박을 최소화하면서, 필요한 신체부위에만 사용할 수 있는 현대적 보호장비인 보호복·보호침대·보호대를 도입하고, 안면보호구는 머리보호장비로 바꾸어 여덟 가지의 보호장비로 다양화하였다.

'교정장비'란 보호장비를 포함하여 전자장비·보안장비·무기를 포괄하여 부르는 명칭이다(시행규칙 제157조 참조).

Ⅱ 진정실 또는 보호실 수용

1. 진정실 수용(법 제96조)

(1) 의 의

진정실이란 일반 수용거실로부터 격리되어 있고, 방음설비 등을 갖춘 거실이다. 이 거실은 수용자가 고함을 지르거나 소란을 부려도 일반 수용거실의 수용자의 일상생활에 지장이 없도록 창문을 개폐할 수 없게 만들어져 있다. 다만, 공기 순환 설비가 마련되어 있을 뿐이다. 또한 수용자가 소란을 피우거나 자살·자해를 꾀하는 경우에도 기물을 손상시키지 못하도록 하면서 생명과 신체에도 위험이 발생하지 않도록 집기류가 설치되어 있지 않다. 세면기와 변기는 바닥에 함몰되어 있고, 천장에는 감시카메라와 마이크 등이 설치되어 있다. 진정실 수용기간 동안 필요한 생활용품과 침구류는 사용 시에만 지급하였다가 사용 후 즉시 회수한다.

(2) 수용요건

1) 수용자가 교정시설의 설비 또는 기구 등을 손괴하거나 손괴하려고 하는 때, 또는 교도관의 제지에도 불구하고 소란행위를 계속하여 다른 수용자의 평온한 수용생활을 방해하는 때
2) 이러한 사유에 해당하는 경우로서 강제력을 행사하거나 보호장비를 사용하여도 강제력 행사 또는 보호장비 사용 목적인 손괴 또는 소란행위의 진정을 달성할 수 없는 경우(진정실 수용의 보충성)

   위 두 가지 요건이 갖춰진 경우에는 소장은 해당 수용자를 진정실에 수용할 수 있다.

다만, 임의적 수용이므로 위 두 가지 요건이 구비된 경우라도 소장이 구체적 타당성을 고려하여 진정실 수용을 하지 않을 수도 있다.

(3) 수용기간과 그 연장 및 절차

수용자의 진정실 수용기간은 24시간 이내로 한다. 다만, 소장은 특히 계속하여 수용할 필요가 있으면 의무관의 의견을 고려하여 1회당 12시간의 범위에서 기간을 연장할 수 있다. 연장절차에 따라 연장한 경우에도 수용자를 진정실에 수용할 수 있는 기간은 계속하여 3일을 초과할 수 없다.

소장은 진정실에 최초 수용할 때에는 상황의 긴박성을 고려하여 보호실 수용과

는 달리 의무관의 의견을 고려하지 않아도 되지만, 특히 계속하여 수용할 필요가 있어 연장하는 경우에는 의무관의 의견을 고려하여 연장하여야 하지 독자적으로 연장을 결정해서는 아니 된다.

소장은 수용자를 진정실에 수용하거나 수용기간을 연장하는 경우에는 그 사유를 본인에게 알려주어야 한다. 의무관은 보호실에 수용된 수용자의 건강상태를 수시로 확인하여야 하고, 건강상 이상을 발견하면 즉시 소장에게 보고하여 필요한 중지조치 등을 할 수 있도록 하여야 한다.

(4) 수용 중단

소장은 진정실 수용사유인 소란스럽고 격앙된 상태가 진정된 경우에는 진정실 수용을 즉시 중단하고 일반 수용거실로 옮겨야 한다.

2. 보호실 수용(법 제95조)

(1) 의 의

보호실이란 자살 및 자해 방지 등의 설비를 갖춘 거실이다. 이 거실은 자살 또는 자해의 우려가 있는 수용자나 신체적·정신적 질병으로 인하여 특별한 보호가 필요한 수용자를 수용하여 특별한 보호조치를 하기 위한 수용실이므로, 자살·자해 방지를 위해 거실바닥이나 벽에 충격방지용 매트를 설치해 놓고 있다.

(2) 수용요건

1) 자살 또는 자해의 우려가 있는 때
2) 신체적·정신적 질병으로 인해 특별한 보호가 필요한 때
   이 두 가지 요건이 갖춰진 경우 구체적 타당성을 파악하여 소장은 해당 수용자를 보호실에 수용할 수 있다. 소장은 보호실 수용 여부를 의무관의 의견을 고려하여 결정해야 한다.

(3) 수용기간과 그 연장 및 절차

수용자의 보호실 수용기간은 15일 이내로 한다. 다만, 소장은 특히 계속하여 수용할 필요가 있으면 의무관의 의견을 고려하여 1회당 7일 범위에서 기간을 연장할 수 있다.

수용기간을 연장한 경우에도 수용자를 보호실에 수용할 수 있는 기간은 계속하여 3개월을 초과할 수 없다.

소장은 수용자를 보호실에 수용하거나 수용기간을 연장하는 경우에는 그 사유를 본인에게 알려 주어야 한다.

의무관은 보호실 수용자의 건강상태를 수시로 확인하여야 한다.

의무관이 보호실 수용자의 건강을 확인한 결과 보호실에 계속 수용하는 것이 부적당하다고 인정한 경우에는 소장에게 즉시 보고해야 한다. 의무관이 출장·휴가, 그 밖의 부득이한 사유로 수용자의 건강상태를 확인할 수 없는 때에는 그 교정시설에 근무하는 의료관계 직원에게 대행하게 할 수 있다.

보호실 수용 중 수용생활에 필요한 생활용품 및 침구류 등은 사용 시에만 지급했다가 즉시 회수한다.

(4) 수용 중지[48] 및 중단

1) 소장은 의무관으로부터 건강상 보호실 계속 수용이 부적당하다는 보고를 받고, 특별한 사유가 없으면 보호실 수용을 즉시 중지하여야 한다. 이와 같은 중지는 진정실 수용에도 마찬가지이다.
2) 소장은 보호실 수용사유인 자살·자해의 우려가 없어진 경우나 질병에 대한 특별한 보호의 필요성이 소멸한 경우에는 보호실 수용을 즉시 중단하여야 한다.

Ⅲ 전자장비를 이용한 계호

1. 의 의

현대에 와서 전자기술의 고도화는 교정분야에도 전자기기의 활용이 크게 확산되도록 영향을 미치고 있다.

전자기기는 형 확정 이전이나 형 집행 이후 등 형사사법의 각 단계에서 폭넓게 응용되고 있다. 전자감독제도는 시설내처우를 대신해서 독자적인 사회내처우제도로도 활용될 뿐 아니라 자유형 등 시설내처우를 받는 수용자에 대한 물적 계호방법으로도 사용되고 있다.

전자기술이 교정시설에 적용되는 사례는 다양하게 나타나고 있다. 교도관이나 수용자들의 지문 및 홍채인식 시스템, 개방처우 및 구획별 감시 시스템, 계호에 있어서 전자감시 시스템 등이다. 특히 일반적으로 많이 사용되면서 그 중요성이 커지는 분야는

48 '중지'란 진행하던 수용을 중간에 멈었다가 그 사유가 없어지면 주어진 기간까지 다시 계속 수용하여 처우하는 조치이다. 이 점에서 수용이 완전히 종결되는 '중단'과는 다른 조치이다.

교도관의 계호활동 중 육안에 의한 시선계호를 CCTV(전자영상장비) 장비에 의한 시선계호로 대체하는 것이다. 오늘날 대부분의 교정시설은 중요지점에 CCTV를 설치함으로써 교정사고를 감지하고 예방하는 데 활용하고 있다. 그 밖에도 수용자들을 외부로 이송할 때 필요한 인적 계호를 전자감시장비로 대체함으로써 인력과 비용을 절감할 수 있고, 귀휴·외부통근·사회견학 등과 같은 사회적 처우 시 전자감시를 적용함으로써 사회적 처우를 활성화하는 데에도 기여할 수 있다.

앞으로 전자장비를 통한 통제나 계호는 전자기술의 발달과 더불어 계속 확산되어 갈 것으로 보인다.

현재 우리나라에서도 「수용자처우법」 제94조에서는 '전자장비를 이용한 계호'를 도입·규정하고 있다. 이는 구 「행형법」에서는 근거규정이 없으나 2007년 전면개정 시 근거를 마련하였다.

전자장비의 종류는 「수용자처우법 시행규칙」 제160조에서 다음과 같이 규정하고 있다.

> 1) 영상정보처리기기: 일정한 공간에 지속적으로 설치되어 사람 또는 사물의 영상 및 이에 따르는 음성·음향 등을 수신하거나 이를 유·무선망을 통하여 전송하는 장치
> 2) 전자감지기: 일정한 공간에 지속적으로 설치되어 사람 또는 사물의 움직임을 빛·온도·소리·압력 등을 이용하여 감지하고 전송하는 장치
> 3) 전자경보기:전자파를 발신하고 추적하는 원리를 이용하여 사람의 위치를 확인하거나 이동경로를 탐지하는 일련의 기계적 장치
> 4) 물품검색기:고정식 물품검색기와 휴대식 금속탐지기로 구분한다.
> 5) 증거수집장비: 디지털카메라, 녹음기, 비디오카메라, 음주측정기 등 증거수집에 필요한 장비
> 6) 그 밖에 법무부장관이 정하는 전자장비
>
> 이 중에서 영사정보처리기인 CCTV가 많이 활용되고 있다.

2. 중앙통제실 운영(시행규칙 제161조)

(1) 소장은 전자장비의 효율적인 운용을 각종 전자장비를 통합적으로 관리할 수 있는 시스템이 설치된 중앙통제실을 설치하여 운영한다.

(2) 소장은 중앙통제실에 대한 외부인의 출입을 제한하여야 한다. 다만, 시찰, 참관, 그 밖에 소장이 특별히 허가한 경우에는 그러하지 아니하다.

(3) 전자장비의 통합관리시스템, 중앙통제실의 운영·관리 등에 관하여 필요한 사항

은 법무부장관이 정한다.

이에 따라 법무부장관은, 전자시스템을 이용한 경비체계를 효율적으로 운용·관리하기 위해 「교정시설 전자경비시스템 운영지침」을 법무부 예규로 시행하고 있다.

3. 영상정보처리기기(CCTV) 등의 설치 및 운영

(1) 영상정보처리기기(CCTV)의 설치·운영

「수용자처우법」 시행규칙 제162조는 영상정보기기 설치를 다음과 같이 규정하여 활용하도록 구체적으로 명시하고 있다.

1) 영상정보처리기기 카메라는 교정시설의 주벽(周壁)·감시대·울타리·운동장·거실·작업장·접견실·전화실·진료실·복도·중문, 그 밖에 법 94조 제1항에 따라 전자장비를 이용하여 계호하여야 할 필요가 있는 장소에 설치한다.
2) 영상정보처리기기 모니터는 중앙통제실·관구실 그 밖에 교도관이 계호하기에 적정한 장소에 설치한다.
3) 거실에 영상정보처리기기 카메라를 설치하는 경우에는 용변을 보는 하반신의 모습이 촬영되지 아니하도록 카메라의 각도를 한정하거나 화장실 차폐시설을 설치하여야 한다.

CCTV는 교정시설 내에서 예측불가능하고 돌발적인 상황까지도 즉시 포착하여 신속·적절하게 대응하는 데는 매우 편리하지만, 수용자의 사생활의 비밀과 자유를 침해할 수 있으므로 교정시설의 주벽·울타리·복도 등 경비의 보강 필요성이 많은 부분이나 교정사고 발행의 위험성이 높은 곳에 설치·운용하도록 하고 있다.

(2) 녹화 기록물 등의 관리

소장은 전자장비로 녹화·녹음된 기록물을 「공공기록물관리에 관한 법률」에 따라 관리하여야 한다(규칙 제168조).

(3) 전자감지기·전자경보기 등의 활용

전자감지기는 교정시설의 주벽·울타리, 그 밖 수용자의 도주 및 외부로부터의 침입을 방지하기 위하여 필요한 장소에 설치한다(규칙 제164조).

전자경보기는 외부의료시설 입원·이송·출정, 그 밖의 사유로 교정시설 밖에서 수용자를 계호하는 경우 보호장비나 수용자의 팔목 등에 전자경보기를 부착하여 사용할 수 있다(규칙 제165조).

고정식 물품검색기는 정문, 수용동 입구, 작업장 입구, 그 밖에 수용자 또는 교정시설을 출입하는 수용자 외의 사람에 대한 신체·의류·휴대품의 검사가 필요한 장소에 설치한다(규칙 제166조).

교도관은 수용자가 사후에 증명이 필요하다고 인정되는 행위를 하거나 사후 증명이 필요한 상태에 있는 경우 수용자에 대하여 증거수집장비를 사용할 수 있다(규칙 제167조).

4. 전자장비의 사용요건

(1) 교도관은 자살·자해·도주·폭행·손괴, 그 밖에 수용자의 생명·신체를 해하거나 시설의 안전 또는 질서를 해하는 행위를 방지하기 위하여 필요한 범위에서 전자장비를 이용하여 수용자 또는 시설을 계호할 수 있다(법 제94조).

이는 일반적인 전자장비 사용요건을 규정한 것이다. 전자장비를 통한 계호는 효율성이 높은 반면, 수용자의 사생활의 보호(프라이버시)를 지속적으로 침해하므로 교정시설에서 임의로 시행·남용할 수 없도록 자살 등의 경우에 한하여 필요한 범위 내로 요건을 규정하고 있다.

(2) 전자영상장비로 거실에 있는 수용자를 계호하는 것은 자살·자해·도주·폭행·손괴 등의 '우려가 큰 때'에만 할 수 있다. 거실에 있는 여성수용자를 전자영상장비로 계호하는 경우에는 여성교도관이 계호하여야 한다.

일반 전자장비에 비해 전자영상장비는 프라이버시 침해의 정도가 매우 크고, 더구나 일반사회라면 가정과 같은 주거시설인 거실에 전자영상장비를 설치하여 24시간 내내 지속적으로 사람 또는 사물의 영상 및 이에 따르는 음성·음향 등을 감시하고 녹화하는 것은 수용자 개인의 사생활비밀 및 자유를 심하게 제한하는 것이므로 특히 필요한 경우에 한하여 필요최소한도로 실시되어야 한다.

그러므로 거실 내 수용자에 대한 전자영상장비는 일반적인 사용요건이 '우려가 있는 때'가 아니라, '우려가 큰 때'로 규정을 강화한 것이다. 즉, 자살 등을 방지하기 위해 필요하다는 이유만으로 장비를 사용할 수는 없고, 개별 수용자의 특성이나 상황에 비추어 자살 등의 우려가 개연성(蓋然性)[49]의 정도로 큰 때에만 사용 가

49 법학에서의 '개연성'이란, 절대적으로 확실시되는 필연성의 정도에는 미치지 않지만, 아마 그럴 것이라고 생각되는 가능성의 정도가 꽤 높은 상황을 의미한다.

능하도록 특칙을 둔 것이다. 다만, '자살 등'을 포괄적인 사유로 규정하기보다는, 사유 중 단순폭행이나 손괴의 우려가 큰 때는 제외하는 것이 특칙의 취지를 더욱 잘 살릴 수 있다고 본다. 단순폭행·손괴 등은 교정시설 어디에서나 상시적으로 일어날 수 있고, 이러한 행동을 상시적으로 관찰함으로써 교정시설의 안전과 질서를 보호하려는 공익이 수용자 개인의 사생활비밀 및 자유 침해보다 결코 크다고 보기 어려우므로, 법익의 균형성도 갖추어야 하기 때문이다.

교도관이 거실에 있는 수용자를 전자영상장비로 계호하는 경우에는 거실수용자 영상계호부에 피계호자의 인적 사항 및 주요 계호내용을 개별적으로 기록하여야 한다.

다만, 중경비시설의 거실에 있는 수용자를 전자장비를 이용하여 계호하는 때에는 중앙통제실 등에 비치된 현황표에 피계호인원 등 전체 현황만을 기록할 수 있다.

(3) 교도관이 전자장비를 이용하여 계호하는 과정에서 수용자의 처우 및 관리에 특히 참고할만한 사항을 알게 된 경우에는 그 요지를 수용기록부에 기록하여 소장에게 지체 없이 보고하여야 한다(규칙 제163조 2항).

(4) 거실 내 수용자 CCTV 계호행위에 대한 헌법재판소의 입장[50]

1) CCTV 계호행위는 그 목적이 정당할 뿐 아니라, 교도관의 시선에 의한 감시만으로는 자살·자해 등의 교정사고발생을 막는 데 시간적·공간적 공백이 있으므로 이를 메우기 위해서는 수용자를 상시적으로 CCTV를 통해관찰하는 것이 적합한 수단이 될 수 있다.
2) CCTV 계호행위에 관한 수용자처우법령의 절차규정은 피해의 최소성 요건을 갖추고 있다.
3) CCTV 계호행위로 인하여 수용자 개인의 사생활에 상당한 제약이 가해진다 하더라고, 수용자들의 행동을 상시적으로 관찰함으로써 그의 생명·신체를 보호하고 교정시설 내의 안전과 질서을 보호하려는 공익 또한 그 보다 결코 작다고 할 수 없으므로, 법익의 균형성을 갖추고 있다.
4) 따라서 CCTV 계호행위가 과잉금지의 원칙을 위배하여 수용자 개개인의 사생활의 비밀 및 자유를 침해하고 있다고는 볼 수 없다. 즉, CCTV 계호행위는 헌법에 반하지 않는 합헌적인 업무활동이다.

---

50 헌재결 2010헌마413.

Ⅳ 보호장비의 사용

1. 의 의

보호장비는 구 「행형법」에서는 '계구'(戒具)로 불리웠다.

'일반적인 보호장비'란 신체를 위험으로부터 보호해 주는 장치와 설비를 뜻하지만, '교정장비로서의 보호장비'란 교정사고를 예방 또는 진압하기 위해 수용자의 신체를 억압하여 자유를 제한하는 데 이용되는 도구를 말한다.

보호장비는 수용자나 다른 사람의 생명·신체를 보호하고 시설의 안전 또는 질서를 유지하는 기능을 한다.

전자장비는 대물적 계호 또는 대인적 계호를 위해 사용되는 데 비해, 보호장비는 대인적 계호를 위해서만 사용되며, 수용자에 대한 직접적 강제수단으로 사용되는 것이 특징이다.

보호장비의 사용은 수용자에게 커다란 정신적·육체적 고통을 주므로 사용자는 법령이 정한 절차와 방법에 따라 계호의 목적을 달성하는 데 필요한 최소한도의 범위 내에서만 사용하여야 한다. 따라서 보호장비의 종류와 사용요건 및 한계는 법령으로 규정되어야 한다.

2. 보호장비의 종류

보호장비는 계호에서 가장 일반적으로 사용되면서도 신체적 거동의 자유를 침해하는 정도가 강하므로 그 종류를 법률로 명시하고 있다.

법 제98조는 수갑·머리보호장비·발목보호장비·보호의자·보호침대·보호복·보호대·포승 등 8종류의 보호장비를 규정하고 있다.

이 중에서 발목보호장비는 「수용자 처우에 관한 유엔최저기준규칙」 제47조가 보호장비로써 사용을 금지하고 있는 장비로서, 국제적 기준에서 보면 비인간적이고, 본질적으로 고통을 주는 장비라고 할 수 있다. 따라서 국가인권위원회로부터 도입에 대한 비판이 제기된 바 있다.

수갑에는 양손수갑·일회용수갑·한손수갑이 있고, 발목보호장비에는 양발목보호장비·한발목보호장비가 있다. 보호대에는 금속보호대와 벨트보호대가 있고, 포승에는 일반포승과 벨트형포승이 있다(시행규칙 제169조).

이와 같은 보호장비의 규격은 수용자처우법 시행규칙에 규정하고 있고, 그 규격에 맞지 않은 보호장비는 수용자에게 사용하지 못하도록 규정하고 있다(시행규칙 제170조).

3. 보호장비의 사용요건

교도관이 교정장비별로 보호장비를 사용할 수 있는 사유는 다음과 같다.

(1) 이송 · 출정, 그 밖의 장소로 수용자를 호송하는 때에는 포승과 수갑을 사용할 수 있다.

(2) 도주 · 자살 · 자해 또는 다른 사람에 대한 위해의 우려가 큰 때에는 포승 · 수갑 · 발목보호장비 · 보호대 · 보호의자를 사용할 수 있다.
머리보호장비는 수용자가 머리부분을 자해할 우려가 큰 때에 한해서만 사용할 수 있다. 보호침대 · 보호복은 자살 · 자해의 우려가 큰 때 사용할 수 있다.

(3) 위력으로 교도관의 정당한 직무집행을 방해하는 때에는 포승 · 수갑 · 발목보호장비 · 보호대 · 보호의자를 사용할 수 있다.

(4) 교정시설의 설비 · 기구 등을 손괴하거나 그 밖에 시설의 안전 또는 질서를 해칠 우려가 큰 때에는 포승 · 수갑 · 발목보호장비 · 보호대 · 보호의자를 사용할 수 있다.
보호장비 사용요건에서 '우려가 큰 때'에는 '지금 바로' 발생하는 상황까지 포함하여 예방적 상황을 비교적 넓게 포섭한다.

이처럼 보호장비 종류별 사용사유가 법정(法定)되어 있으므로 위의 사유에 해당하지 않은 경우에는 보호장비를 사용해서는 아니 된다. 즉, 그때그때 보호장비를 사용할 사유가 적극적으로 인정되지 않는 한 보호장비를 사용하지 않는 것이 원칙이 되어야 한다.

헌법재판소도 헌재결 2001헌마163 결정례에서,
"계구(보호장비)는 수용자에 대한 직접강제로 작용하므로 이것이 사용되면 수용자는 팔 · 다리 등 신체의 움직임에 큰 지장을 받게 되고 육체적 · 정신적 건강을 해칠 가능성이 높다. 따라서 계구(보호장비)의 사용은 무엇보다 수용자들의 육체적 · 정신적 건강상태가 유지되는 범위 내에서 이루어져야 하고 시설의 안전과 구금생활의 질서에 대한 구체적이고 분명한 위험이 임박한 상황에서 이를 제거하기 위하여 제한적으로 필요한 만큼만 이루어져야 한다. 그 경우에도 가능한 한 인간으로서의 기본적인 품위를 유지할 수 있도록 하여야 함은 물론이다.
결국 계구(보호장비)는 원칙적으로 공동생활의 질서와 안전을 유지하기 위하여 불가피한 경우 일시적으로 사용되어야 하고 명백한 필요성이 계속하여 존재하지 않는 경우에는 이를 즉시 해제하여야 하는 것이다."라고 하여 보호장비는 사용을 엄격히 제한하도록 판시하고 있다.

4. 보호장비의 사용절차

보호장비는 소장의 명령을 받을 시간적 여유가 없는 경우가 아니라면, 교도관은 소장의 명령 없이 수용자에게 보호장비를 사용해서는 아니 된다. 다만, 급박한 사정으로 인해 소장의 명령 없이 보호장비를 사용한 경우에는 사용 후 소장에게 즉시 보고하여야 한다(시행령 제120조).

소장이 보호장비사용을 명령하거나 승인하는 경우에는 보호장비의 종류 및 사용방법을 구체적으로 지정하여야 하며, 법무부령(시행규칙)으로 정한 이외의 방법으로 사용하게 해서는 아니 된다(시행규칙 제171조).

보호장비를 사용하는 경우에는 수용자의 나이·건강상태·수용생활 태도 등을 고려하여야 하고, 수용자에게 그 사유를 알려주어야 한다.

보호장비를 착용시킨 경우 그 수용자는 특별한 사정이 없으면 계호상 독거수용시켜야 한다.

5. 보호장비의 사용방법[51]

(1) 수 갑

수갑은 원칙적으로 앞으로 사용해야 하고, 앞으로 사용해서는 그 사용목적을 달성할 수 없다고 인정되면 뒤로 사용한다. 다만, 호송 등의 경우에는 뒤로 사용해서는 아니 된다. 진료를 받거나 입원 수인 수용자에 대하여는 한 손에만 수갑을 채울 수 있다.

앞으로 수갑을 사용할 때에는 수갑보호기를 함께 사용할 수 있으며, 뒤로 수갑을 사용했을 경우에는 그 목적 달성 후 즉시 앞으로 사용하는 방법으로 전환하거나 사용을 중지하여야 한다.

수갑 사용사유에 해당하여 수갑을 사용할 경우에는 구체적 상황에 적합한 종류를 선택하여 사용할 수 있다. 일회용 수갑을 사용한 경우에는 일시적으로만 사용하여야 하며, 사용목적을 달성한 경우에는 즉시 사용을 중지하거나 다른 보호장비로 교체하여야 한다.

(2) 머리보호장비

머리보호장비는 해당 수용자의 머리에 헬멧을 씌우며, 수용자가 머리보호장비를 임의로 해제하지 못하도록 다른 보호장비를 함께 사용할 수 있다.

---

51 「수용자처우법」 시행규칙 제172조에서 제197조까지 참조.

(3) 발목보호장비

양발목보호장비는 양발목에 수갑의 형태로 된 것을 사용한다. 진료를 받거나 입원 중인 수용자에 대해서는 한 발목에만 수갑의 형태로 된 것을 사용한다.

(4) 보호대(帶)

금속보호대는 수갑과 수갑보호기를 버클모양의 금속으로 된 보호대에 연결하여 사용하며, 벨트보호대는 가죽으로 된 보호대에 부착된 고리에 수갑을 연결하여 사용한다.

(5) 보호의자

보호의자란 상체와 하체, 손목과 발목을 움직이지 못하도록 특수하게 제작된 의자를 말한다. 이것은 호송 사유의 경우에는 사용할 수 없고, 호송을 제외한 보호장비 사용사유의 경우에도 다른 보호장비들을 통해서는 해당 행위를 방지하기 어려운 특별한 사정이 있는 경우에만 사용하여야 한다. 보호의자는 식사·목욕·용변 등 일시중지사유로 그 사용을 일시중지한 시간을 포함하여 8시간을 초과하여 사용할 수 없으며, 사용중지 후 4시간이 경과하지 아니한 경우에는 다시 사용해서는 아니 된다.

(6) 보호침대

보호침대는 가슴·허벅지·손목·발목을 움직이지 못하도록 특수하게 제작된 침대이다. 이것은 다른 보호장비로는 자살·자해를 방지하기 어려운 특별한 사정이 있는 경우에만 사용하여야 한다.

보호침대의 사용은 보호의자처럼 연속해서 8시간을 초과 사용할 수 없고, 4시간 경과하지 않으면 다시 사용할 수 없다.

(7) 보호복

보호복은 손을 포함한 상체를 움직이지 못하도록 특수하게 제작된 조끼이다.

보호복의 사용도 계속하여 8시간 초과 금지, 4시간 경과 후 사용요건이 적용되어야 한다.

(8) 포 승

포승은 고령·환자 등 도주의 위험이 크지 아니하다고 판단되는 수용자를 개별 호송하는 경우에는 「간이승」[52]의 방법으로 할 수 있고, 그 외의 수용자를 호송하는

52 간이승은 포승의 원칙적인 사용의 강도와 형식을 줄여서, 양손목을 묶어 허리에 휘돌려 묶는 형

경우에는 「상체승」의 방법으로 한다. 호송 시의 사용을 제외하고는 상체승의 방법만으로는 그 목적을 달성할 수 없다고 인정되면, 무릎과 발목 부분까지 묶는 「하체승」의 방법으로 한다. 하체승의 방법 사용 시에는 2개의 포승을 연결하여 사용할 수 있다.

상체승의 방법에 따라 포승을 사용하여 2명 이상의 수용자들을 일시에 호송하는 경우에는 수용자 간에 포승을 연결하여 사용할 수 있다.

6. 둘 이상의 보호장비 사용 및 계속 사용[53]

하나의 보호장비로 사용목적을 달성할 수 없는 경우에는 둘 이상의 보호장비를 사용할 수 있다. 그렇지만 보호의자 보호침대를 사용하는 경우에는 다른 보호장비를 함께 사용해서는 안 된다.

예컨대, 자해의 우려가 커서 수갑만 채워서는 그것을 막기 어려운 경우 보호대는 동시에 사용해도 되지만, 그에 대해 보호침대 또는 보호의자를 사용하는 경우라면 각각 하나만 사용해야지 이 두 가지를 함께 사용해서도 아니 되고, 수갑이나 보호대도 함께 곁들여 사용해서는 안 된다는 것이다.

소장은 보호장비를 착용 중인 수용자에 대하여는 보호장비 사용 심사부 및 보호장비 착용 관찰부 등의 기록과 관계직원 등의 의견 등을 토대로 보호장비의 계속사용 여부를 매일 심사하여야 한다.

소장은 의무관이나 의료관계 직원으로부터 보호장비의 사용중지 의견을 보고받았음에도 불구하고 해당 수용자에 대하여 보호장비를 계속하여 사용할 필요가 있는 경우에는 의무관 또는 의료관계 직원에게 건강유지에 필요한 조치를 취할 것을 명하고 보호장비를 그대로 사용할 수 있다. 이 경우 소장은 보호장비 사용 심사부에 보호장비를 계속 사용할 필요가 있다고 판단하는 근거를 기록하여야 한다.

7. 보호장비를 사용할 경우의 준수사항

교도관이 교정시설 안에서 수용자에 대하여 보호장비를 사용하고 있는 경우, 의무관은 그 수용자의 건강상태를 수시로 확인하여야 한다. 의무관이 출장·휴가 등으로 그 직무를 수행할 수 없는 경우에는 의료관계 직원에게 그 직무를 대행하게 할 수 있다.

식으로써, 팔을 마음대로 움직이지 못하도록 하는 방법이다.

53 「수용자처우법 시행규칙」 제180조 및 제183조 참조.

의무관 등은 보호장비 착용 수용자의 건강상태를 확인한 결과 특이사항을 발견한 경우에는 보호장비 사용 심사부에 기록하여야 한다.

소장은 보호의자·보호침대·보호복을 사용하거나 포승을 하체승의 방법으로 상체와 하체에 포승을 결박한 경우에는 교도관으로 하여금 수시로 해당 수용자의 상태를 확인하고 매시간마다 보호장비 착용 관찰부에 기록하게 하여야 한다. 소장은 보호장비 착용자를 전자영상장비로 계호할 때에는 거실수용자의 영상계호부에 기록하게 할 수 있다.

교도관은 보호장비를 사용하는 경우에는 보호장비 사용 심사부에 기록하여야 한다. 다만, 호송 시에 보호장비를 사용하거나 중경비시설 안에서 수용자의 동행계호를 위하여 양손수갑을 사용하는 경우에는 호송계획서나 수용기록부의 내용 등으로 기록을 바꾸어 대신 할 수 있다.

8. 보호장비 사용 중지 및 사용 완화 또는 사용 중단

의무관의 보호장비 착용 중인 수용자를 관찰한 결과, 그 수용자에게 보호장비를 계속 사용하는 것이 건강상 부적당하다고 인정하는 경우에는 소장에게 즉시 보고하여야 한다. 이 경우 소장은 특별한 사유가 없으면 사용을 즉시 중지하는 것이 원칙이다.

소장도 자신이 보호장비의 사용을 명령한 경우에는 수시로 그 사용실태를 확인·점검하여야 한다. 교도관은 보호장비 착용 수용자의 목욕·식사·용변·치료 등을 위하여 필요한 경우에는 보호장비 사용을 일시 중지하거나 완화할 수 있다.

교도관은 보호장비 사용사유가 소멸한 경우에는 소장의 허가를 받아 지체 없어 보호장비 사용을 중단해야 한다. 하지만 반드시 소장의 허가를 거쳐 중단해야 하는 것은 아니고, 소장의 허가를 받을 시간적 여유가 없을 때에는 보호장비의 사용 중단을 먼저 한 뒤에 지체 없이 소장의 승인을 받으면 된다.

9. 보호장비 남용 금지 및 감독

교도관은 필요한 최소한의 범위에서만 보호장비를 사용하여야 한다. 그리고 그 사유가 소멸하면 지체 없이 중단하여야 한다. 징벌과 관련해서는 보호장비를 그 수단으로 절대 사용해서는 아니 된다. 「수용자 처우에 관한 유엔최저기준규칙」에서도 "규율위반에 대한 처벌로 결박장치를 사용해서는 안 된다"고 권고하고 있다.[54]

54 동 규칙 제43조 2항 참조.

지방교정청장은 교정시설에서 보호장비가 남용되지 아니하도록 소속 교정시설의 보호장비 사용 실태를 정기적으로 점검하여야 한다(시행령 제124조).

V 강제력의 행사

1. 의 의

강제력을 행사한다는 것은 다른 사람의 신체에 강제하는 힘이나 무력을 가해서 신체활동과 관련된 자유를 억압하는 것을 말한다. 강제력의 행사는 맨손으로 할 수도 있고(인적계호), 보안장비를 사용하여 물적 계호로 할 수도 있다. 강제력의 행사는 보호장비 사용에 비해서는 일시적으로 신체행동의 자유를 제한하는 점에 특징이 있다.

예컨대, 도주·자살·자해 등을 막거나, 거실이나 구역 내에서 소요가 발생한 경우에 다른 곳으로 확산되는 것을 막기 위해 거실이나 구역을 차단하여 그 곳에서 나오지 못하도록 하는 조치가 강제력의 행사에 속한다.

현행법상 교도관은 강제력의 행사를 수용자나 수용자 이외의 사람에 대해서도 할 수 있도록 하고 있다.

적용대상에 있어서 보호장비의 사용은 수용자만을 대상을 하고 있으나 강제력 행사의 대상은 수용자 이외의 사람에게까지 확대된 점이 다르다.

우리나라에서 보호장비 사용 이외에 강제력 행사 규정이 마련된 것은 1999년 제 7차 「행형법」 개정 시이다. 이 때에는 수용자에 대한 강제력 행사만을 규정하고 있었다. 그 후 2007년 「수용자처우법」으로 전면 개정할 때에 '수용자 이외의 사람'에 대한 강제력 행사에 관한 근거규정이 마련되었다.

2. 강제력의 행사방법

구 「행형법」은 "교도관은 수용자가 해당하는 행위를 하거나 하려고 하는 때에는 강제력을 행사할 수 있다. 강제력의 행사는 수용자를 제압하기 위하여 신체적인 유형력을 행사하거나 교도봉·가스분사기·최루탄 등 보안장비를 사용한다"고 규정하여 인적계호와 물적 계호를 명시적으로 구분하여 표현하고 있었다.

그러나 현행법에서 '신체적인 유형력 행사'를 명시하지 않고 있다. 이렇게 규정의 내용을 바꾼 것은 '강제력 행사'에는 당연히 '신체적인 유형력 행사'가 포함되어 있기 때문이다. 따라서 현행법에서도 강제력의 행사방법으로 인적 계호행위인 '교도관의 유형력 행사'방법과 물적 계호행위인 '보안장비 사용' 방법, 두 가지 모두 사용방법에 포함된다.

3. 강제력 행사의 주체

강제력의 행사 주체는 소장이 아니라 교도관이다. 강제력이 가해질 상황은 일반적으로 급박한 비상상황이다. 이러한 비상상황에서 시설의 안전이나 질서를 크게 어지럽히는 행위를 하고 있거나 지금 막 하려고 하는 경우, 이를 신속하고 효과적으로 진압하기 위해서는 시설의 장의 명령이나 지시를 기다릴 여유가 없는 상황이 많을 것이라는 점을 고려하여 보호장비 사용이나 무기사용과 같이 교도관이 독자적으로 강제력 행사 주체가 되게 하였다. 이렇게 규정한 것은, 특히 급박한 상황에서 교정시설의 안전과 질서를 크게 해치는 행위로서 그러한 행위가 단순한 규율위반을 넘어서 범죄에 해당하는 경우에는, 소장의 개별적인 지시가 없더라도 교도관이 특별사법 경찰관리로서 직접 강제력을 행사할 수 있도록 하기 위한 취지를 반영한 것이다.

4. 강제력 행사의 요건

(1) 수용자에 대한 강제력행사 요건(법 제100조 제1항)

수용자가 1) 도주하거나 도주하려고 하는 때, 2) 자살하려고 하는 때, 3) 자해하거나 자해하려고 하는 때, 4) 다른 사람에게 위해를 끼치거나 끼치려고 하는 때, 5) 위력으로 교도관의 정당한 직무집행을 방해하는 때, 6) 교정시설의 설비·기구 등을 손괴하거나 손괴하려고 하는 때, 7) 그 밖에 시설의 안전 또는 질서를 크게 해치는 행위를 하거나 하려고 하는 때의 어느 하나에 해당하면, 교도관은 강제력을 행사할 수 있다.

이와 같은 강제력 행사 사유는 보호장비를 사용할 수 있는 사유와 거의 유사하다. 차이가 있다면, 보호장비 사용사유 중 '수용자를 호송하는 때'와 '정당한 직무집행을 방해하는 때' 이외의 보호장비 사용사유는 '우려가 큰 때'로서, '지금 바로' 발생하는 상황만이 아니라 예방적이 상황에서도 보호장비는 사용할 수 있도록 하고 있는 점이다. 이에 비해, 강제력의 행사 사유는 '하는 때' 또는 '하려고 하는 때'로 한정하여 예방적인 상황조치까지는 고려하지 않고 지금 막 진행되는 상황조치만을 고려하고 있다는 점이다. 즉, 강제력 행사는 사후적 계호활동을 본질로 한다.

따라서 사유가 동일한 상황에서는 강제력 행사와 보호장비 사용을 동시에 행할 수 있다. 이러한 경우에는 급박한 상황조치가 끝나고 상황이 진정되면, 좀 더 장기적인 계호행위인 보호장비 사용으로 전환하여야 한다.

구체적인 실제상황에서는 교도관은 그 상황에 맞추어 계호조치를 행하되 비례의 원칙(과잉금지의 원칙)에 따라 적정하게 판단하여 목적에 부합하도록 합목적적인 업무활동을 행하는 것이 바람직하다.

(2) 수용자 이외의 사람에 대한 요건(법 제100조 제2항)

교도관은 수용자 이외의 사람이 1) 수용자를 도주하게 하려고 하는 때, 2) 교도관 또는 수용자에게 위해를 끼치거나 끼치려고 하는 때, 3) 위력으로 교도관의 정당한 직무집행을 방해하는 때, 4) 교정시설의 설비·기구 등을 손괴하거나 손괴하려고 하는 때, 5) 교정시설에 침입하거나 침입하려고 하는 때, 6) 교정시설의 안 또는 교정시설 밖에 있는 교도관이 계호하는 장소에서 교도관의 퇴거 요구를 받고도 이에 응하지 아니하는 때의 어느 하나에 해당하면 강제력을 행사할 수 있다.

이는 수용자를 보호하고 교정시설의 안전과 질서를 유지하기 위하여 수용자 외의 사람이 이에 반하는 행위를 하거나 하려고 하는 때에도 강제력을 행사할 수 있는 법률적 근거를 마련한 것이다.

구 「행형법」하에서도 수용자 이외의 자에 대해 교도관이 강제력을 행사할 수 있다고 보는 것이 일반적인 입장이었다. 그렇지만 법령에 명확한 규정이 없어서, 어떤 사유에 대해 어떤 방법으로 강제력을 행사하여야 하는지에 대한 판단이 어렵고, 특히 공법상의 권한과 의무 등 법률관계가 문제될 소지가 있었다. 그러므로 강제력 행사의 법적 근거 및 요건·방법·한계를 명확하게 제시할 필요가 있어서 현행법에서는 강제력의 행사요건까지 구체적으로 법률로 명확하게 규정하여 그 남용을 방지할 수 있도록 하였다.

수용자보다는 수용자 외의 사람에 대한 강제력 행사는 더욱 엄격하게 요건을 적용하여야 하고, 제한적 범위 안에서 행사되어야 한다. 따라서 시설 주변에서 시위를 하거나 폭력적 소란행위가 발생하여 사회질서 유지 차원에서 그대로 방치할 수 없는 상황이 된 경우일지라도 본 법률상의 사유에 해당하지 않는다면, 교도관은 강제력을 행사하며 개입하여서는 아니 된다.

5. 강제력 행사의 절차 및 한계

(1) 교정시설의 장의 명령

교도관은 소장의 명령을 받을 시간적 여유가 없는 경우가 아니라면 원칙적으로 소장의 명령 없이 강제력을 행사해서는 아니 된다. 급박한 상황으로 인해 소장의 명령 없이 강제력을 행사한 경우에는 강제력 행사 후 소장에게 즉시 보고하여야 한다.[55]

이는 강제력 행사를 신중하게 하도록 하기 위해 소장의 명령을 받도록 하고 있지만, 실제로는 긴급한 경우가 많을 것을 염두에 두고, 그러한 경우에는 교도관이 독자적으로 강제력을 행사한 후 사후에 보고하도록 의무규정을 두어 사전명령의 취지를 살리는 방향으로 규정하고 있다.

(2) 사전 경고 후 행사(법 제100조)

강제력을 행사하려면 사전에 상대방에게 경고하여야 한다. 다만, 상황이 급박하여 경고할 시간적 여유가 없는 때에는 경고 없이도 사용할 수 있다.

경고의 대상을 '상대방'으로 명시한 것은 수용자뿐만 아니라 수용자 외의 사람에 대해서도 강제력을 행사하는 경우에는 사전 경고절차를 적용하도록 하기 위함이다.

(3) 보안장비의 사용(시행규칙 제187조 · 188조)

강제력을 행사하는 경우에는 교도관이 맨손으로 유형력을 행사하는 것 외에 보안장비를 사용할 수도 있다.

보안장비에는 교도봉 · 전기교도봉 · 가스분사기 · 가스총 · 최루탄 · 전자충격기 등이 있다. 이 밖에도 법무부장관이 다른 보안장비를 추가하여 정할 수 있다.

보안장비의 사용도 강제력 행사에 포함되지만, 이를 사용할 경우에는 비례의 원칙이 준수되도록 해야 한다. 먼저 보안장비 없이 사태를 해결하도록 노력하고, 보안장비를 사용하지 않고는 목적을 달성할 수 없다고 판단되면 필요한 최소한의 범위에서 사용해야 한다.

장비를 사용하는 경우에도 교도봉 · 가스분사기 · 가스총 · 최루탄 등 충격이 상대적으로 적은 것을 먼저 사용하는 것을 원칙으로 삼고, 전자충격기 · 전기교도봉은 상황이 긴급하여 다른 보안장비만으로는 그 목적을 달성할 수 없을 때에 한하여 사용하여야 한다.

---

55 「수용자처우법 시행령」 제125조 참조.

교도봉·전기교도봉을 사용하는 경우에는 얼굴이나 머리부분에 사용해서는 아니 되며, 전기교도봉은 타격 즉시 떼어야 한다. 가스분사기와 가스총은 1미터 이내의 거리에서는 상대방의 얼굴을 향하여 발사해서는 안 된다. 최루탄 중 투척용 최루탄은 근거리용으로 사용하고, 발사용 최루탄은 50m 이상의 원거리에서 사용하되, 30도 이상의 발사각을 유지해야 한다. 전자충격기를 사용해야 할 경우에도 전극침 발사장치가 있는 전자충격기를 사용할 경우라면 전극침을 상대방의 얼굴을 향해 발사해서는 안 된다.

(4) 비례의 원칙(과잉금지의 원칙) 준수

"강제력의 행사는 필요한 최소한도에 그쳐야 한다"고 명시하고 있으므로, 강제력의 행사에는 당연히 비례의 원칙이 적용되어야 한다.

이에 따르려면, 강제력 행사가 필요한 경우에만 행해져야 하고, 강제력 행사 목적에 적합한 방법을 선택해야 하며, 강제력 행사의 내용이 발생한 사건에 비추어 상당하여야 한다. 그리하여 상대방의 피해가 최소한에 그치게 하면서도 상대방의 기본권의 본질적인 내용을 침해하지 않도록 하여야 한다.

Ⅵ 무기의 사용

1. 의 의

무기란 전쟁이나 싸움에 사용되는 기구를 통틀어 이르는 말인데, 수용자처우법령상의 무기란 총을 가리킨다.

무기는 사람을 대상으로 하는 대인계호에 사용되는 교정장비이나, 사람에게 상해를 가하여 생명까지 빼앗는 가장 치명적인 장비이므로 계호의 최후 비상수단으로 엄격한 요건을 준수하면서 필요한 최소한의 범위에서만 사용되어야 한다.

무기를 계호의 수단으로 구「행형법」에 명시한 것은 1950년 「행형법」 제정 시부터이다. 당시에는 무기 사용의 대상으로 수용자만을 규정하였고, 수용자 외의 사람에 대하여는 근거규정이 존재하지 않았다. 「행형법」에 수용자 외의 사람에 대하여도 무기사용의 근거가 명시된 것은 1980년 제4차 「행형법」 개정 시부터이다.

전두환 군사정부가 설치한 임시입법기구인 국가보위입법회의는 1980년 당시 광주민주화운동 당시 교도소의 자위권이 문제되었다는 명분으로 이를 보완하기 위하여 교도소 등에 대한 외부의 침입에 대하여 제한된 범위 내에서 수형자 및 미결수용자 이외의 자에 대하여도 무기를 사용할 수 있도록 명시조항을 마련했다.

「수용자처우법」 제101조는, 교도관으로 하여금 법률에 정해진 사유에 해당하는 경우에 한하여 수용자 또는 수용자 외의 사람에 대하여 무기를 사용할 수 있도록 규정하고 있다.

무기는 상대방의 생명·신체에 가장 위협적인 교정장비이므로 자의적으로 사용되지 못하도록 하기 위해 그 요건을 엄격히 정하고, 소장 또는 그 직무를 행하는 사람의 명령을 받아 신중히 사용하도록 하면서도 필요한 최소한도로만 사용하여야 한다는 비례의 원칙, 그리고 비례의 원칙을 더욱 확장한 최후 수단성(보충성) 원칙까지 명시하고 있다. 또한 무기의 종류·종류별 사용요건과 절차 등에 대해서도 법무부령(시행규칙)으로 규정하도록 명시적으로 위임하고 있다.

2. 무기사용의 권한 주체

계호 교도관이 무기 사용의 주체이다. 교정실무에서는 무기사용의 위험성과 중대성을 고려하여, "무기 휴대자는 업무 교대 시를 제외하고는 어떠한 경우에도 소장 또는 그 직무를 대행하는 사람의 명령 없이 다른 사람과 임의로 무기를 주고받아서는 아니 된다"고 규정하여 무기사용 주체를 엄격히 제한하고 있다.[56]

교도관의 무기사용 근거는 「수용자처우법」에 명시되어 있지만, 무기 소지(휴대)에 대한 근거규정은 「수용자처우법」에 명시되지 않아서 교도관이 무기를 소지할 수 있는지에 관련한 문제가 제기될 소지가 있다. 그러므로 교도관의 무기소지에 대한 근거규정을 「수용자처우법」에 둘 필요가 있다.[57]

3. 무기 사용요건과 절차(법 제101조)

(1) 수용자에 대한 사용요건

교도관은 수용자가 1) 다른 사람에게 중대한 위해를 끼치거나 끼치려고 하여 그 사태가 위급한 때, 2) 폭행 또는 협박에 사용할 위험물을 소지하여 교도관이 버릴 것을 명령하였음에도 이에 따르지 아니하는 때, 3) 폭동을 일으키거나 일으키려고 하여 신속하게 제지하지 아니하면 그 확산을 방지하기 어렵다고 인정되는 때, 4) 도

56 「수용관리 및 계호업무 등에 관한 지침」(개정 2019.03.07) 제199조 참조.

57 같은 취지의 주장은 신양균, 형집행법, 463면 참조.

주하는 수용자에게 교도관이 정지할 것을 명령하였음에도 계속하여 도주하는 때, 5) 교도관의 무기를 탈취하거나 탈취하려고 하는 때, 6) 그 밖에 사람의 생명·신체 및 설비에 대한 중대하고도 뚜렷한 위험을 방지하기 위하여 무기사용을 피할 수 없을 때의 어느 하나에 해당하는 사유가 있으면 해당 수용자에 대하여 무기를 사용할 수 있다.

(2) 수용자 외의 사람에 대한 사용요건

교도관은 '교정시설의 안' 또는 '교정시설 밖 수용자 계호장소'에서 자기 또는 타인의 생명·신체를 보호하거나 수용자의 탈취를 저지하거나 건물 또는 그 밖의 시설과 무기에 대한 위험을 방지하기 위하여 급박하다고 인정되는 상당한 이유가 있으면 수용자 외의 사람에 대하여도 무기를 사용할 수 있다.

(3) 무기종류별 사용요건

교도관이 사용할 수 있는 무기의 종류에는 권총·소총·기관총·그 밖에 법무부장관이 정하는 무기가 있다(시행규칙 제189조).

1) 무기 중 권총·소총은 수용자에 대한 무기사용사유 어느 하나에 해당하면 전반적으로 사용할 수 있고, 기관총은 수용자가 폭동을 일으키거나 일으키려고 하여 신속하게 제지하지 아니하면 그 확산을 방지하기 어렵다고 인정되는 때에만 사용한다.
2) 수용자 외의 사람에 대하여 교도관이 권총과 소총을 사용하려면, 수용자 외의 사람에게 사용할 수 있도록 법이 규정한 사유에 해당하면 할 수 있다. 그러나 기관총은 해당 사유가 있을지라도 우선적으로 사용해서는 안되고 권총과 소총만 가지고는 그 목적을 달성할 수 없다고 인정되는 경우에만 사용한다. 그 밖의 법무부장관이 정하는 무기의 사용방법은 법무부장관이 정하는 바에 따른다.

(4) 사용 절차

교도관은 소장 또는 그 직무를 대행하는 사람의 명령을 받아 무기를 사용한다. 다만, 그 명령을 받을 시간적 여유가 없으면 명령 없이도 사용할 수 있다.

교도관이 총기를 사용하는 경우에는 구두경고 → 공포탄발사 → 위협사격 → 조준사격의 순서에 따라야 한다. 다만, 상황이 긴급하여 시간적 여유가 없을 때에는 순서에 따르지 않고도 상황에 적합하게 사용할 수 있다.

사용 순서 예외는 비례의 원칙에 벗어나지 않도록 다른 사람의 생명에 대한 급박한 위험을 방지하기 위해 필요한 경우 등으로 최소한의 범위 안에서만 인정되어야 한다.

교도관은 무기 사용 후 소장에게 즉시 보고하고, 보고를 받은 소장은 그 사실을 법무부장관에게 즉시 보고하여야 한다.

(5) 총기 교육

소장은 소속 교도관에 대하여 연 1회 이상 총기의 조작 · 정비 · 사용에 관한 교육을 하여야 한다. 총기교육을 받지 아니하였거나 총기 조작이 미숙한 사람, 그 밖에 총기휴대가 부적당하다고 인정되는 사람에 대하여는 총기휴대를 금지해야 한다.

4. 비례의 원칙 내지 최후수단성(보충성) 원칙

교도관은 무기를 사용할 수 있는 상황에 처하게 되었을 경우에는 그 사태를 합리적으로 판단하여 필요한 최소 한도 내에서만 무기를 사용해야 한다. 그리 하기 위해서는 무기사용은 1차적으로 공포탄을 발사하고 실탄사격의 경우에는 사람이 아닌 사람 주변의 물건을 향해 이루어져야 하고, 사람을 향해 발사하는 때에는 생명에는 지장이 없는 신체부위를 향하여 발사하여 피해가 최소한에 그치도록 하여야 한다.

또한 무기사용을 결정하려면, 그 목적을 달성할 수 있는 방법으로 무기사용 이외의 다른 방법이 없는지를 순간적으로 잘 판단해보고 다른 방법이 없는 경우에만 최후수단으로 무기가 동원될 수 있도록 해야 한다.

이를 실행하도록 「수용자처우법」 제101조 제5항은, “무기의 사용은 필요한 최소한도에 그쳐야 하며, 최후의 수단이어야 한다”고 명시하고 있다.

제5절 재난 시의 조치 - 비상계호

I 긴급한 조치와 비상계호

시설의 안전과 질서를 위한 계호는 평상시의 계호가 바탕이 되고 있다. 평상시의 통상계호는 예방에 중점을 두고 있고, 수용자의 신체에 대해 직접적 침해를 수반하지 않는다. 그러나 교정사고가 발생하거나 천재지변 등 재해가 발생하면 통상적인 절차를 벗어나서 대처를 해야 한다. 이러한 상황에서 이루어지는 비상계호는 평상시보다 강력한 신체적 구속이 가해지고 법익의 침해도 심해진다. 따라서 비상계호는 법률적 근거가 명확해야 한다.

「수용자처우법」 제102조는 비상계호의 일환으로 '재난 시의 조치'를 규정하고 있다. 재난 시의 조치란 천재지변이나 그 밖에 재해가 발생하여 시설의 안전과 질서유지를 위하여 취하는 긴급한 조치를 말한다. 천재지변은 태풍·지진 등 자연현상에 의한 재앙이므로 폭발·누전·화재·폭동 등 인적 재난이나 사회적 재난은 포함되지 않는다. 그래서 법에서는 '그 밖의 재해'를 병행하여 규정함으로써 감염병 확산이나 전쟁·소요 등으로 인한 국가체제상 장애 등까지 긴급한 조치가 적용되는 재난으로 개념을 확장하고 있다.

"천재지변이나 그 밖의 재해가 발생하여 시설의 안전과 질서유지를 위하여 긴급한 조치가 필요하면 소장은 수용자로 하여금 피해의 복구나 그 밖의 응급용무를 보조하게 할 수 있다. 소장은 교정시설 안에서 천재지변이나 그 밖의 사변에 대한 피난의 방법이 없는 경우에는 수용자를 다른 장소로 이송할 수 있다. 상황이 너무도 급박하여 다른 장소로 이송하는 것도 불가능하면 소장은 수용자들 일시 석방할 수 있다. 일시 석방된 자는 석방 후 24시간 이내에 교정시설 또는 경찰관서에 출석하여야 한다."

이 규정은 재해가 이미 발생한 경우뿐 아니라 재해의 발생이 임박한 상황이 객관적으로 인정되는 경우에도 구체적인 상황에 따라 적용될 수 있다.

교정시설은 사회적으로 위험성이 높은 사람들을 집단적으로 수용하고 있으므로 재난이 발생하면 사회의 안녕과 질서를 위해서도 보다 신속하고 안전한 대응이 필요하다.

II 수용자의 응급용무 보조 도입

법에서는 긴급재난 시 수용자로 하여금 피해의 복구나 그 밖의 응급용무를 보조하게 할 수 있도록 근거규정을 두고 있다. 재난이 발생한 경우에는 소장을 비롯하여 교도관과 직원이 위기관리지침에 따라 시설의 안전과 질서유지를 위한 모든 조치를 시행해야 하지만, 수용자도 응급용무에 보조인력으로 도울 수 있도록 명시하고 있다.

긴급상황에서 교정시설 근무인력이나 소방방재청의 인력만 가지고는 긴급한 조치를 취할 수 없거나 다른 대체 인력도 투입할 수 없는 상황에서는 수용자로 하여금 피해복구와 응급용무에 대해서는 보조할 수 있도록 한 것이다.

응급용무란 재난발생을 예방하거나 그 피해를 줄이기 위하여 필요한 긴급한 조치를 말한다. 사상자 응급처치 · 인명구조 · 진화작업 등이 이에 해당한다.

응급용무는 교정시설 안에서 실시되는 것이 일반적이겠지만 재난 시에는 교정시설 외곽에서도 필요할 수 있으므로 법에서는 교정시설 안으로만 한정하여 규정하지 않고 있다. 따라서 현행법상 응급용무 등의 수용자 보조는 예외적으로 교정시설 밖에서도 이루어질 수 있다.

소장은 응급용무의 보조를 위하여 교정성적이 우수한 수형자를 선정하여 필요한 훈련을 시킬 수 있다(시행령 제127조).

응급용무 보조가 필요한 때, 수용자는 소장의 지시에 따라 응급용무를 '보조하여야 한다'는 의무는 규정의 내용이 아니다. 따라서 응급용무 보조에 수용자는 자발적으로 참여할 수 있는 것이지 소장의 지시에 강제적으로 따라야 하는 것은 아니다. 그러므로 「수용자처우법」 제106조에서는 '응급용무에 공로가 있는 때'를 수용자에 대한 포상사유로 규정하고 있을 뿐, 이에 응하지 아니할 경우에는 직무상 지시 불이행을 이유로 징벌을 부과하는 것은 인정하지 않고 있다.

앞으로 교정처우상 보완이 필요한 것은 수용자가 응급용무 보조에 적극 참여할 수 있도록, 그리고 수용자의 복지적 처우를 높이기 위해서도 응급용무 보조로 인한 사망 · 질병 · 부상 · 장애 등이 발생했을 때에는 위로금이나 조위금과 같은 성격의 피해구조금을 지급하는 제도의 마련이 필요하다.[58]

Ⅲ 긴급이송 및 일시석방

1. 이송의 의의와 법적 효력

이송(移送)이란 한 교정시설에서 수용자를 다른 데로 옮겨 보내는 처분이다.

이송은 일반적으로 어느 교정시설에서 다른 교정시설로 보내는 것이지만, 다른 교정시설로의 이송에 한하지 않고 그 이송장소는 치료감호소나 다른 재난대피시설 등으로

58 같은 취지의 주장은 신양균, 형집행법 468면 참조.

보내는 것도 가능하다.

법 제20조 1항은 "소장은 수용자의 수용 · 작업 · 교화 · 의료, 그 밖의 처우를 위하여 필요하거나 시설의 안전과 질서유지를 위하여 필요하다고 인정하면 법무부장관의 승인을 받아 수용자를 다른 교정시설로 이송할 수 있다"고 규정하고 있다. 이는 원칙적인 일반이송이다.

법 제102조 2항은 "소장은 교정시설의 안에서 천재지변이나 그 밖의 사변에 대한 피난의 방법이 없는 경우에는 수용자를 다른 장소로 이송할 수 있다"고 규정하고 있다. 이는 재난 시의 긴급이송이다. 긴급이송의 경우에는 원칙적인 일반이송과는 달리 법무부장관의 승인을 거치지 않도록 하고 있고, 보내는 장소도 다른 장소로 포괄적으로 규정하고 있다.

재해가 발생한 경우라도 다른 교정시설로 이송하는 것이 원칙이나, 재난의 범주나 크기 등에 비추어 다른 교정시설로 보낼 수 없거나 다른 교정시설로 보내는 것만으로는 수용자의 안전을 보장할 수 없는 상황일 경우에는 교정시설 외의 다른 기관의 시설이나 재난대피소로 보낼 수 있도록 법적 근거를 마련한 것이 이 규정의 취지이다.

이송은 수용자의 법적 지위가 그대로 유지되므로 이송 경과 중에도 대상자는 수용자 신분이다. 재해에 따른 긴급이송일지라도 이송의 성격이 그대로 지속되므로 이송 시에는 일반적인 이송과 마찬가지로 교도관이 호송계호하게 되고, 이송되어 있는 기간도 수용이 정지되지 아니하고 형기나 구금기간에 포함된다.

2. 일시석방

(1) 의 의

교정시설은 수용자를 구금하는 시설이므로 법정 사유가 없는 한 수용자를 석방해서는 아니 되지만, 재해가 발생하여 우선 교정시설 안의 다른 장소로 대피시킬 수도 없고, 다른 장소로 이송하는 것마저도 불가능한 경우에는, 예외적으로 석방할 수 있도록 법적 근거를 마련한다는 것이 일시석방의 의의이다.

여기서 '이송이 불가능한 경우'란 호송을 할 수 없는 상태이다. 재해가 심각하고 넓어서 이송할 수 있는 교통수단도 동원할 수 없고, 제한된 인력으로 모든 수용자를 신속하고 안전하게 옮길 수도 없는 상황이 이송이 불가능한 경우의 예이다. 그리고 귀휴나 외부통근, 사회견학 등 개방형 처우(사회적 처우) 중인 수형자가 교정시설 밖에서 머물고 있는 동안에 큰 재해가 발생한 경우도 이에 해당된다.

(2) 법적 효력

일시석방은 형기 종료에 의한 석방이나 가석방과는 본질이 다르다. 그렇지만 임시적인 석방이지만 석방이므로, 수용자는 일시석방에 의해서 구금상태에서 벗어나고 수용자의 지위는 상실된다. 따라서 「형법」 제84조 2항 "징역, 금고, 구류와 유치에 있어서는 구속되지 아니한 일수는 형기에 산입하지 아니한다"의 규정에 따라 일시 석방된 기간은 형기나 구금기간에 산입되지 않는다.

(3) 일시석방된 사람의 출석의무

소장은 수용자를 일시 석방하는 경우에는 출석시한과 장소를 알려주어야 한다(시행령 제127조 2항).

일시 석방된 자는 석방 후 24시간 이내에 교정시설 또는 경찰관서에 출석하여야 한다(법 제102조 4항).

이와 같은 법령에 따르면, 소장은 임시조치로서 석방된 사람들의 신병을 확보하기 위해 미리 출석시한과 출석장소를 수용자에게 알려주면서 일시 석방하고, 일시 석방된 사람들은 그 시간까지 그 장소로 집결하여야 하지만, 그렇게 하지 못한 경우에는 늦어도 석방된 지 24시간 내에는 미리 지정된 장소가 아니더라도 가까운 교정시설이나 경찰관서에 출석하여야만 한다는 것이다.

이와 같은 출석 의무 부과는, 일시 석방으로 적법하게 수용관계가 해소된 사람들의 신병을 확보하여 수용관계를 다시 회복시키기 위한 필요에 따른 것이다.

현재의 「수용자처우법」 제102조 4항 "석방된 자는 석방 후 24시간 이내에 출석하여야 한다"의 규정은, 현실적으로 재해상황이 너무 커서 석방 후 24시간이 지나더라도 출석이 불가능한 경우가 있을 수 있으므로 이러한 상황을 고려하여, "정당한 사유가 없는 한 24시간 이내에 출석하여야 한다" 또는 "일시 석방된 사유가 해소된 후에는 즉시 출석하여야 한다"로 보완·개정하자는 주장이 제기되고 있다.[59]

(4) 집합명령위반죄의 처벌

「형법」상 집합명령위반죄는 법률에 의하여 구금된 자가 천재·사변 기타 법령에 의해 잠시 해금된 상태에서 정당한 이유 없이 그 집합명령에 위반함으로써 성립하는 범죄이다.

이에 따라 일시 석방된 자가 정당한 이유 없이 석방 후 24시간 이내에 교정시설

---

59 이와 같은 주장은 신양균, 형집행법, 469면 참조.

또는 경찰관서에 출석하지 않은 경우에는 집합명령위반죄가 성립되므로 「형법」 제145조에 따라, 1년 이하의 징역에 처한다. 또한 「수용자처우법」 제134조는 "정당한 이유 없이 제102조 제4항을 위반하여 일시석방 후 24시간 이내에 교정시설 또는 경찰관서에 출석하지 아니하는 행위를 한 수용자는 1년 이하의 징역에 처한다"고 규정하고 있다.

제6절 교도관에 의한 수용을 위한 체포

I 의 의

「형사소송법」에 의한 체포는 검찰수사관이나 사법경찰관이 피의자를 잡아서 일정 기간 유치하는 일을 가리킨다.

「형사소송법」에 따르면, 수용자가 도주한 경우에는 미결수용자에 대하여는 재차 영장을 발부받아 구속 또는 체포(긴급체포 포함)하여야 하고, 수형자의 경우에는 형집행장을 발부받아 구인하여야 한다. 이러한 권한은 사법경찰관에게 있다.

이와 같은 사법(司法)절차상의 원칙에도 불구하고 「수용자처우법」은 교도관에게도 수용상태를 이탈한 수용자에 대한 체포권을 규정하고 있다.

교도관에 의한 체포는 불법하게 수용상태를 이탈한 사람을 다시 시설에 수용하기 위한 계호행위의 성격을 지니고 있으므로 구금이나 형집행을 목적으로 행해지는 사법절차상의 사법경찰관 등에 의한 체포와는 성격을 달리한다.

「수용자처우법」은 교도관에 의한 체포를 인정하면서도 사법경찰관 등에 의한 체포와의 관계를 고려하여 시간상의 한계와 강제처분의 범위를 보다 엄격한 요건하에 제한하고 있다.

「수용자처우법」 제103조는 "교도관은 수용자가 도주 또는 출석의무 위반행위를 한 경우에는 도주 후 또는 출석기간이 지난 후 72시간 이내에만 그를 영장 없이 직접 체포할 수 있다"는 내용으로 규정하고 있다.

Ⅱ 체포대상자(법 제103조)

도주한 수용자 및 출석의무를 위반한 자, 미복귀 귀휴자·외부통근자 등이 대상이다.

도주자는 불법하게 수용상태를 이탈하였고, 귀휴·외부통근자 및 일시 석방 등으로 적법하게 교정시설 밖으로 나간 경우에도 정해진 기간 내로 돌아오지 않으면 불법하게 수용상태를 이탈한 상황이므로 도주자와 같이 불법상태에 있는 사람이 된다.

그러므로 도주자와 출석의무자, 미복귀 귀휴자·외부통근자를 교도관에 의한 체포대상자로 규정하고 있는 것이다.

Ⅲ 체포할 수 있는 동안

교도관이 체포행위를 할 수 있는 동안은 도주 후 또는 출석기한이 지난 때부터 72시간이 지난 때까지(72시간 이내)이다.

원칙적으로 도주 등을 행한 수용자에 대한 체포권은 사법경찰관에게 있고, 이들의 체포행위에 대해서는 기한 제한이 없다. 그렇지만 교도관에 의한 체포행위는 불법한 수용 이탈자를 구금상태로 되돌리기 위한 계호행위의 성격을 지니고 있고, 영장주의와 같은 사법적 통제가 없으므로 시간적 범위를 정하고 있다.

'72시간 이내'의 의미는, 교도관이 72시간이 도달하기 이전에 수용자의 체포행위를 착수하여야 한다는 것이다. '착수'란 어떤 일의 시작을 뜻하므로, 체포행위를 시작했으나 아직 대상자를 붙잡지 못하다가 72시간이 초과된 후에 붙잡은 경우나 72시간이 되기 이전에 체포한 대상자를 72시간 지난 이후에야 교정시설에 수용한 경우라도 적법한 체포가 된다.

Ⅳ 체포를 위한 업무행위(법 제103조 제2·3·4·5항)

교도관은 체포를 위하여 긴급히 필요하면 도주 등을 하였다고 의심할만한 상당한 이유가 있는 사람 또는 도주 등을 한 사람의 이동경로나 소재를 안다고 인정되는 사람을 정지시켜 질문할 수 있다. 교도관은 체포를 위한 질문 등을 할 때에는 그 신분을 표시하는 증표를 제시하고 질문의 목적과 이유를 설명하여야 한다.

이러한 질문 등의 허용은 경찰관의 직무질문에 해당하는 사법경찰권한을 체포를 담당하는 교도관에게 예외적으로 인정한 것이다. 그러므로 질문 외에 신분증 제시를 요구하거나 휴대품에 대한 검사 등을 실시하는 것은 허용되지 않는다.

교도관은 체포를 위하여 영업시간 내에 한해서는 공연장·여관·음식점·역, 그 밖에 다수인이 출입하는 장소의 관리자 또는 관계인에게 그 장소의 출입이나 그 밖에 특히 필요한 사항에 관하여 협조를 요구할 수 있다.

교도관은 공연장 등 필요한 장소에 출입하는 경우에는 그 신분을 표시하는 증표를 제시하여야 하며, 그 장소의 관리자 또는 관계인의 정당한 업무를 방해하여서는 아니 된다.

그러므로 영업시간 전이나 종료 후에 출입을 요구한다든가 정당한 업무에 방해되는 것을 감수하면서까지 협조하도록 요구할 수는 없다. 교도관은 체포를 위한 행위일지라도 영업시간 내로 시간적 제한을 준수하고, 신분증 제시의무를 이행하는 가운데 활동을 하여야 한다.

V 부수적 조치사항(시행령 제128조 · 129조)

소장은 수용자가 도주하거나 출석의무를 위반하는 행위를 한 경우에는 교정시설의 소재지 및 인접지역 또는 도주 등을 한 사람이 숨을 만한 지역의 경찰관서에 도주자의 사진이나 인상착의를 기록한 서면을 첨부하여 그 사실을 지체 없이 통보하여야 한다.

소장은 수용자가 도주 등을 하거나 도주자를 체포한 경우에는 법무부장관에게 지체 없이 보고하여야 한다.

법무부장관은 형법상 도주자·출석의무 위반자 또는 「수용자처우법」상 도주·출석의무 위반 등의 죄를 지은 수용자를 체포하거나 행정기관 또는 수사기관에 정보를 제공하여 체포하게 한 사람에게 예산의 범위에서 포상금을 지급할 수 있다.

제7절 엄중관리대상자 특별계호

Ⅰ 의 의

엄중관리대상자란 교정사고 유발 가능성이 매우 높으므로 교정사고를 미연에 방지하기 위해 특별히 엄격한 계호가 필요한 수용자이다.

여기서 '엄중관리'란 교정사고 가능성이 높은 특정한 수용자에 대하여 시설의 안전과 질서유지를 위하여 필요한 범위에서 다른 수용자와의 접촉을 차단하거나 계호를 엄중히 하는 등 다른 수용자와 달리 특별 관리하는 것을 말한다.

엄중관리가 필요한 수용자일지라도 대상자의 위험성을 고려하여 시설의 안전과 질서유지를 위하여 필요한 엄중 조치를 행하는 계호로 그쳐야 하고, 수용자로서의 기본적인 처우까지 일반 수용자와 달리 해서는 아니 된다.

「수용자처우법」 제104조는 엄중관리대상자의 관리에 관하여 "소장은 마약류사범·조직폭력사범 등 법무부령으로 정하는 수용자에 대하여는 시설의 안전과 질서유지를 위하여 필요한 범위에서 다른 수용자와의 접촉을 차단하거나 계호를 엄중히 하는 등 법무부령으로 정하는 바에 따라 다른 수용자와 달리 관리할 수 있다. 소장은 그러한 수용자를 다른 수용자와 달리 관리하는 경우에도 기본적인 처우를 제한하여서는 아니 된다"고 규정하고 있다.

현행 「수용자처우법 시행규칙」은 엄중관리대상자를 조직폭력수용자·마약류수용자·관심대상수용자로 구분하여 규정하고 있다. 현재 실무에서는 공안사범과 공안관련사범을 지정하여 다른 수용자에 우선하여 독거수용하는 등 특별관리를 실시하고 있는데, 이는 수용자처우법 제104조가 '법무부령으로 정하는 수용자에 한하여' 다른 수용자와 달리 관리할 수 있도록 규정한 취지에서 벗어나 법무부 훈령인 「수용관리 및 계호업무 등에 관한 지침」에 근거하여 다른 수용자와 달리 관리하고 있으므로 위법 여부가 다퉈질 소지가 있다.

II 엄중관리대상자 관리

1. 번호표 · 거실표 색상 구분(시행규칙 제195조)

일반수형자의 번호표 및 거실표의 색상은 흰색인데, 관심대상수용자는 노란색, 조직폭력수용자도 노란색, 마약류수용자는 파란색으로 하여 일반수형자와 달리 한다.

2. 상담(시행규칙 제196조)

소장은 엄중관리대상자 중 지속적인 상담이 필요하다고 인정되는 사람에 대하여는 상담책임자를 지정한다.

제1항의 상담책임자는 감독교도관 또는 상담 관련 전문교육을 이수한 교도관을 우선하여 지정하여야 하며, 상담대상자는 상담책임자 1명당 10명 이내로 하여야 한다.

상담책임자는 해당 엄중관리대상자에 대하여 수시로 개별상담을 함으로써 신속한 고충처리와 원만한 수용생활 지도를 위하여 노력하여야 한다.

상담책임자는 상담을 하였을 때에는 그 요지와 처리결과 등을 교정정보시스템에 입력하여야 한다. 이 경우 엄중관리대상자의 처우를 위하여 필요하면 엄중관리대상자 상담결과 보고서를 작성하여 소장에게 보고하여야 한다.

3. 작업부과(시행규칙 제197조)

소장은 엄중관리대상자에게도 교도작업을 부과할 수 있지만, 작업을 부과할 때에는 상담 등을 통한 신상에 관한 개별사안의 조사 심리 · 지능 · 적성 검사, 그 밖에 필요한 검사 등을 한 후 그 결과를 고려하여 신중하게 작업을 부과해야 한다.

4. 조직폭력수용자 관리(시행규칙 제198조~제203조)

소장은 1) 체포영장, 구속영장, 공소장 또는 재판서에 조직폭력사범으로 명시된 수용자, 2) 공소장 또는 재판서에 조직폭력사범으로 명시되어 있지는 아니하나 「폭력행위 등 처벌에 관한 법률」이나 「형법」상 범죄단체 조직 등과 관련된 죄를 범한 자, 3) 공범 · 피해자 등의 체포영장 · 구속영장 · 공소장 또는 재판서에 조직폭력사범으로 명시된 수용자 등에 대하여는 조직폭력수용자로 지정하여야 한다.

조직폭력수용자로 지정된 경우에는 원칙적으로 석방할 때까지 지정을 해제할 수 없다.

그렇지만, 공소장 변경 또는 재판 확정에 따라 지정사유가 해소되었다고 인정되는 경우에는 교도관회의의 심의 또는 분류처우위원회의 의결을 거쳐 지정을 해제해 주어야 한다(필요적해제).

조직폭력수용자가 다른 사람과 접견할 때에는 외부폭력조직과의 연계가능성이 높은 점 등을 고려하여 접촉차단시설이 있는 장소에서 접견하게 하여야 한다.

소장은 조직폭력수용자에게 거실 및 작업장 등의 봉사원·반장·조장·분임장, 그 밖에 수용자를 대표하는 직책을 부여해서는 안 된다.

소장은 조직폭력수용자가 작업장 등에서 다른 수형자와 음성적으로 세력을 형성하는 등 집단화할 우려가 있다고 인정하는 경우에는 법무부장관에게 해당 조직폭력수용자의 이송을 지체 없이 신청하여야 한다.

소장은 조직폭력수용자의 서신 및 접견의 내용 중 특이사항이 있는 경우에는 검찰청·경찰서 등 관계기관에 통보할 수 있다. 소장은 조직폭력수용자에게 귀휴나 그 밖에 특별한 이익이 되는 처우를 결정하는 경우에는 해당 처우의 허용요건에 관한 규정을 엄격히 적용하여야 한다.

5. 마약류수용자 관리(시행규칙 제204조~제209조)

소장은 1) 체포영장·구속영장·공소장 또는 재판서에 「마약류관리에 관한 법률」, 「마약류 불법거래방지에 관한 특례법」, 그 밖에 마약류에 관한 형사법률이 적용된 수용자, 2) 마약류에 관한 형사법률을 적용받아 집행유예가 선고되어 그 집행유예 기간 중에 별건으로 수용된 수용자에 대하여는 마약류 수용자로 지정하여야 한다.

마약류에 관한 죄에 대해서는 죄질이 가볍고 정상에 참작할만한 사유가 있어서 집행유예를 선고했는데, 다른 범죄로 수용된 사람은 마약류에 대한 상습성이 있을 우려가 크고, 그러한 사람에 대한 특성에 맞는 처우가 지속되기 위해서는 마약류수용자로서 관리하는 것이 합리적이다. 그러므로 현행법에서는 마약류수용자로 지정하도록 한 것이다.

소장은 마약류수용자로 지정된 사람에 대하여는 석방할 때까지 지정을 해제할 수 없다.

그렇지만 공소장 변경 또는 재판 확정에 따라 지정사유가 해소되었다고 인정되는 경우에는, 객관적으로 마약과는 관련 없음이 인정되었으므로, 지정을 해제할 수 있도록 규정하고 있다.

그리고 마약류수용자로 지정 후 5년이 지난 마약류수용자로서 수용생활태도, 교정성적 등이 양호하고 마약류에 관한 법률 외의 법률이 같이 적용되어 동시에 형이 집행되는 수용자도 지정을 해제할 수 있다. 이러한 수용자는 단독으로 마약류범죄에 해당하는 범죄만을 범한 경우에 비해 장기의 형이 합산되어 있고, 다른 범죄성에 대한 처우도 필요하므로 석방 전에 해제할 수 있도록 한 것이다.

그렇지만 석방 전 해제가 처우상 필요하고 해당 사유가 인정된다 해도 해제절차는 신중해야 하므로, 해제절차를 소장이 단독으로 결정하는 것보다 교도관회의의 심의 또는 분류처우위원회의 의결을 거치도록 하는 것이 타당성과 공정성을 높일 수 있다. 이 점을 고려하여 현행법에서는 교도관회의의 심의 또는 분류처우위원회의 의결을 거쳐 해제할 수 있다고 규정하고 있다(임의적 해제).

소장은 수용자 외의 사람이 마약류수용자에게 물품을 교부하려고 신청하는 경우에는 마약류 반입 등을 차단하기 위하여 신청을 허가하지 않아야 한다.

그러나 모든 물품의 교부를 절대로 차단하게 되면 해당 수용자의 수용생활에 심각한 결핍이 발생할 수 있고, 수용자 권리의 본질적인 내용까지 침해할 수 있으므로 법무부장관이 정하는 바에 따라 교정시설 안에서 판매되는 물품과 그 밖에 마약류 반입을 위한 도구로 이용될 가능성이 없다고 인정되는 물품에 대하여는 교부신청을 허가할 수 있도록 규정하고 있다(시행규칙 제207조).

마약류수용자 담당교도관은 마약류수용자의 영치품 및 소지물의 변동 상황을 수시로 점검하고, 특이사항이 있는 경우에는 감독교도관에게 보고하여야 한다.

소장은 마약류수용자가 마약류 근절(根絕) 의지를 갖고 이를 실천할 수 있도록 해당 교정시설의 여건에 적합한 마약류수용자 재활교육계획을 수립하여 시행하여야 한다. 소장은 마약류수용자의 마약류 근절 의지를 북돋울 수 있도록 마약 퇴치 전문강사, 성직자 등과 자매결연을 주선할 수 있다.

마약류수용자에 대하여 다량 또는 장기간 복용할 경우 환각증세를 일으킬 수 있는 의약품을 투약할 때에는 특히 유의하여야 한다.

소장은 교정시설에 마약류를 반입하는 것을 방지하기 위하여 필요하면 강제에 의하지 아니하는 범위에서 수용자의 소변을 채취하여 마약반응검사를 할 수 있다. 소변을 통한 마약반응검사는 당사자의 협력에 의한 방법으로 할 수 있지 강제처분으로 해서는 아니 된다.[60]

60 헌법재판소는 현행법상 소변채취 마약반응검사에 대한 근거규정이 없었을 때의 소변채취에 대하여, 정기적으로 소변채취를 통하여 마약반응검사를 실시하는 것은 교정시설의 안전과 질서유지 및 교정목적에 기여하는 측면이 높다는 점에서 그 목적이 정당성이 인정되고, 그 방법의 적절성도 인정할 수 있으며, 소변채취가 검사대상자들의 협력행위를 통하여 이루어지고, 이에 응

검사 결과 양성반응이 나타난 수용자에 대하여는 관계기관에 혈청검사, 모발검사, 그 밖의 정밀검사를 의뢰하고 그 결과에 따라 적절한 조치를 하여야 한다.

6. 관심대상수용자 관리(시행규칙 제210조~213조)

소장은

(1) 다른 수용자에게 상습적으로 폭력을 행사하는 수용자

(2) 교도관 등을 폭행하거나 협박하여 징벌을 받은 전력(前歷)이 있는 사람으로서 같은 종류의 징벌대상행위를 할 우려가 큰 수용자

(3) 수용생활의 편의 등 자신의 요구를 관철할 목적으로 상습적으로 자해를 하거나 각종 이물질을 삼키는 수용자

(4) 다른 수용자를 괴롭히거나 세력을 모으는 등 수용질서를 문란하게 하는 조직폭력수용자(조직폭력사범으로 행세하는 경우를 포함한다)

(5) 조직폭력수용자로서 무죄 외의 사유로 출소한 후 5년 이내에 교정시설에 다시 수용된 사람

(6) 상습적으로 교정시설의 설비·기구 등을 파손하거나 소란행위를 하여 공무집행을 방해하는 수용자

(7) 도주(음모, 예비 또는 미수에 그친 경우를 포함한다)한 전력이 있는 사람으로서 도주의 우려가 있는 수용자

(8) 중형선고 등에 따른 심적 불안으로 수용생활에 적응하기 곤란하다고 인정되는 수용자

(9) 자살을 기도한 전력이 있는 사람으로서 자살할 우려가 있는 수용자

(10) 사회적 물의를 일으킨 사람으로서 죄책감 등으로 인하여 자살 등 교정사고를 일으킬 우려가 큰 수용자

(11) 징벌집행이 종료된 날부터 1년 이내에 다시 징벌을 받는 등 규율 위반의 상습성이 인정되는 수용자

하지 않는다고 하여 징벌 등 제재수단도 없으며, 짧은 시간에 실시되므로 피해의 최소성도 지켜졌다고 보면서, 교정시설의 안전과 질서유지라는 공익이 신체에 대한 자기결정권 등 사익의 제한보다 훨씬 크므로 마약류수용자에 대한 소변채취는 과잉금지의 원칙에 위배되지 않는다고 결정했다. 헌재결 2005헌마277.

(12) 상습적으로 법령에 위반하여 연락을 하거나 금지물품을 반입하는 등의 방법으로 부조리를 기도하는 수용자

(13) 그 밖에 교정시설의 안전과 질서유지를 위하여 엄중한 관리가 필요하다고 인정되는 수용자에 대하여는 분류처우위원회의 의결을 거쳐 관심대상자로 지정한다.

분류처우위원회의 관할 대상이 아닌 미결수용자·사형확정자 등 분류처우위원회의 의결대상자가 아닌 경우에도 관심대상자로 지정할 필요가 있다고 인정되는 수용자에 대하여는 교도관회의의 심의를 거쳐 관심대상자로 지정할 수 있다.

소장은 관심대상수용자의 수용생활태도 등이 양호하고 지정사유가 해소되었다고 인정하는 경우에는 의결이나 심의절차에 따라 석방 전에 그 지정을 해제한다.

관심대상수용자로 지정하거나 지정을 해제하는 경우에는 담당교도관 또는 감독교도관의 의견을 고려하여야 한다.

소장은 다수의 관심대상수용자가 수용되어 있는 수용동 및 작업장에는 사명감이 투철한 교도관을 엄선하여 배치하여야 한다.

학습 체크 포인트

01 교정시설의 안전확보와 질서유지를 목적으로 하는 일체의 강제력으로서 수용자에 대한 격리와 교화개선을 위해 행해지는 것을 통칭해서 계호라고 부르며, 계호업무를 수행할 수 있는 권한을 가진 자가 자신의 권한 범위 내에서 행하는 조치를 계호행위라고 한다.

02 계호를 계호수단에 따라 나누면 물적 계호와 인적 계호로 구분된다. 물적 계호는 건조물이나 교정장비 등 도구에 의한 계호이고, 인적 계호는 교정직원의 정신적 · 육체적 기능에 의한 계호를 말한다. 과학이 발달하면서 계호의 흐름은 인적 계호보다 물적 계호가 중시되는 경향을 보이고 있다.

03 정당하고 적법한 계호권의 행사는 위법성이 조각되고(없어지고), 공무집행으로서 법률상 보호를 받는다. 그러나 계호권의 행사가 고의 또는 과실로 인하여 수용자나 제 3자에게 손해를 끼쳤을 경우에는 국가가 손해를 배상해야 한다. 또한 계호권의 행사가 고의 또는 과실로 위법 부당할 경우에는 징계처분을 받고 만약 형법 제125조에 해당하는 경우에는 형사처분을 면할 수 없다.

04 현행법상 금지물품의 종류에는 무인비행장치, 전자 · 통신기기, 그 밖에 도주나 다른 사람과의 연락에 이용될 물품도 규정되어 있고, 이러한 금지물품은 수용자의 처우를 위하여 소장이 허가하는 경우에는 소지할 수 있도록 하고 있다.

05 금지물품이란 수용자가 교정시설에 반입 · 소지 · 사용하거나 다른 수용자와 수수 · 교환해서는 아니 되는 물품을 말하고, 부정물품이란 교정시설 내 반입이 가능하고 수용자가 소지할 수 있는 물품이지만 소지 · 사용 등에 대하여 정상적인 허가를 얻지 못한 상태에서 소지 · 사용하고 있는 물품을 말한다.

06 교정시설의 장이 수용자가 없는 상태에서 실시한 거실검사 행위는 과잉금지의 원칙에 위배하여 수용자의 사생활의 비밀과 자유를 침해한다고 할 수 없고, 적법절차의 원칙에도 위배되지 않는다고 보는 것이 헌법재판소의 입장이다(헌재결 2009헌마691).

07 수용자의 진정실 수용기간은 24시간 이내로 함이 원칙이나 특히 계속하여 수용할 필요가 있으면 소장은 반드시 의무관의 의견을 참작하여 연장하여야 하고, 전체수용기간은 3일을 초과할 수 없다.

08 보호실에 수용자를 수용하려면 소장은 반드시 의무관의 의견을 고려하여야 하고, 수용기간은 15일 이내가 원칙이지만, 특히 계속하여 수용할 필요가 있으면 의무관의 의견을 고려하여 연장하되, 1회당 7일의 범위에서 기간을 정하여 연장하고 전체 수용기간은 3개월을 초과되지 않도록 해야 한다.

09 전자영상장비로 거실에 있는 수용자를 계호할 수 있으려면 단순히 도주 · 손괴 · 자살 등의 우려가 있는 것만으로는 아니 되고, 그러한 '우려가 큰 때에만' 할 수 있다. 따라서 단순히 도주 · 자해 · 자살 등의 우려가 있는 것만으로 전자영상장비로 거실에 있는 수용자를 계호한 것은 위법한 조치이다.

10 보호장비는 수용자 외의 사람에게는 어떠한 명분으로도 사용할 수 없으나, 강제력의 행사와 무기의 사용은 해당 사유가 있으면 수용자 외의 사람에게도 사용할 수 있다.

11 보호장비의 사용 시에는 사전에 상대방에게 경고할 필요가 없으나, 강제력을 행사하려는 경우나 무기를 사용해야 할 경우에는 상황이 급박하여 경고할 시간이 없는 경우를 제외하고는 사전에 상대방에게 이를 경고하여야 한다.

12 보호장비 사용과 강제력 행사에 대하여는 「수용자처우법」이 필요한 최소한도에 그쳐야 한다는 비례성 원칙을 명시하고 있으나, 그 사용이나 행사가 최후의 수단이어야 한다는 보충성 원칙까지는 명시하지 않고 있다. 최후의 수단이어야 한다는 것까지 명시하고 있는 것은 무기 사용이다.

13 현행법상 엄중관리대상자로 분류하여 특별계호가 적용되는 수용자에는 조직폭력수용자, 마약류수용자, 관심대상수용자가 있다.

14 조직폭력수용자와 마약류수용자 지정 시에는 분류처우위원회나 교도관회의의 의결 또는 심의를 거치지 아니하고 지정하지만, 관심대상수용자 지정 시에는 원칙적으로 분류처우위원회의 의결을 거쳐야 지정할 수 있고, 분류처우위원회의 의결대상이 아닌 수용자에 대하여는 교도관회의의 심의를 거쳐야만 지정할 수 있다.

15 교도관은 수용자가 도주를 한 경우에는 도주 후 72시간 이내에 그를 체포할 수 있다. 교도관은 체포를 위하여 긴급히 필요하면 도주 등을 하였다고 의심할 만한 상당한 이유가 있는 사람 또는 도주 등을 한 사람의 이동 경로나 소재를 안다고 인정되는 사람을 정지시켜 질문할 수 있다.

16 천재지변이나 그 밖의 사변으로 인하여 수용자를 피난시켜야 하는 경우에도 같은 교정시설 안에서의 피난 → 다른 장소로의 긴급이송 → 일시석방을 순차적으로 상황에 적절하게 하여야 하고, 이러한 피난방법을 선택적으로 실시할 수는 없다.

제4장

교정시설의 규율과 징벌

제1절 규율

I 의의

'규율'이란 질서나 제도를 유지하기 위하여 정하여 놓은, 행동방식의 준칙이 되는 본보기를 말한다. '교정시설의 규율'이란, 교정시설에서 시설의 안전과 질서유지를 위하여 수용자가 지켜야 할 행동방식의 준칙을 가리키는 말이다.

교정시설의 규율은 시설의 안전과 질서유지를 위하여 뿐만 아니라 수용자로 하여금 공동생활에 적응하도록 이끌어 교화 개선에 도움을 주고 책임의식을 기르는 데에도 기여하여 사회와의 재통합에 긍정적인 역할을 한다.

이러한 규율의 순기능을 살리기 위해서는 교정시설에서 일방적으로 수용자에게 규율을 강제시켜서는 안 되고, 규율의 의미와 중요성을 이해시키고 자발적으로 따르도록 훈련해가는 것이 바람직하다. 아무리 좋은 규칙일지라도 받아들이는 수용자의 마음가짐과 수용태도에 따라 그 효과는 달라지기 때문이다.

「수용자처우법」 제105조는, "수용자는 교정시설의 안전과 질서유지를 위하여 법무부장관이 정하는 규율을 준수하여야 한다"고 규정하여 수용자의 규율 준수의무를 명시하고 있다. 또한 규율의 일환인 일과시간표 준수의무로 "수용자는 소장이 정하는 일과시간표를 준수하여야 한다"라고 규정하면서, 넓은 의미의 규율로서 '교도관의 직무상 지시'에 대하여도 "수용자는 교도관의 직무상 지시에 복종하여야 한다"라고 명시하여 수용자의 교도관의 직무상 지시 준수의무를 규정하고 있다.

Ⅱ 일과시간표 준수의무

수용자의 재사회화의 시작은 일과시간표를 준수하는 것에서부터 비롯된다.

스스로 자발적 선택에 의해서가 아니라 강제적으로 입소한 수용자가 교정시설에 처음 들어오게 되면 마치 어린애가 어른들이 정해 준 행동방식을 습득하여 사회생활에 적응해 나가듯이 수용자도 일과시간표를 습득하면서 수용생활에 적응해 간다. 또한 집단적 공동생활을 하는 시설 내에서 수용자들이 일과시간표에 따라 규칙적인 활동을 하지 않게 되면 시설의 원활한 운영에 혼란이 야기되므로, 일과시간표의 준수는 시설의 안전과 질서유지의 가장 기본이 된다.

수용자의 일과는 교정공무원의 근무시간과 교정시설의 실정을 고려하여 이루어지게 하는 것이 합리적이다. 그래서 현행법에서는 교정시설별로 적합한 일상적인 활동시간표를 정하도록 하기 위해 일과시간표를 법무부장관이 정하도록 하지 않고 교정시설의 장이 정하도록 하고 있다.

"수용자는 소장이 정하는 일과시간표를 준수하여야 한다."

Ⅲ 수용자의 교도관 지시 복종의무

"수용자는 교도관의 직무상 지시에 복종하여야 한다." 여기에서 교도관은 「교도관직무규칙」 제2조에서 규정하고 있는 모든 교도관을 말한다. 따라서 교정직 교도관·직업훈련교도관·보건위생직교도관·기술직교도관·관리운영직교도관 모두를 포함하는 교도관의 직무상 지시에 대하여 수용자는 복종을 해야 한다. 예를 들자면 간호직교도관이 엉덩이에 주사를 놓기 위해 옷을 내리라는 지시에 수용자는 의무적으로 따라야 하고, 따르지 아니하면 징벌에 처할 수 있다.

'교도관의 지시'는 직무에 관한 것이면 되고, 그것이 명백히 위법한 것이 아니라면, 지시내용이 반드시 법령에 명시되어 있음을 요하지 않는다. 따라서 수용자는 교도관의 지시가 명백하게 불법인 내용이 아닌 경우라면, 단순히 지시가 부당하다는 이유로 거부할 수 없다.

지시를 받은 수용자는 일단 지시에 따른 다음, 사후에 시정이나 구제를 요구하는 절차를 밟아야 한다. 교도관은 시설의 관리나 처우를 위해 수용자에게 필요한 여러 종류의 지시를 내려야 하고, 수용자의 입장에서는 그러한 지시가 불법하거나 부당한 것인지 즉시 판단할 수 없는 경우가 많기 때문이다.

Ⅳ 법무부장관이 정하는 규율 및 준수의무

"수용자는 법무부장관이 정하는 규율을 준수하여야 한다." 수용자가 수용생활과 관련하여 지켜야 할 세부적인 규정들을 현행법에서는 법무부장관이 정하도록 하고 있다.

어떤 면에서 보면, 수용자가 지켜야 할 세부규정들은 그 시설의 안전과 질서유지 및 수용자처우의 책임을 맡고 있는 교정시설의 장이 정하도록 하는 것이 보다 타당할 것으로 생각할 수 있다. 그렇지만 수용자에게 있어서는 규율을 통해 신체활동의 자유나 사익이 제약되고 인권침해의 위험성도 많으므로 시설의 장에게 규율제정권을 부여하게 되면 남용이 우려된다. 또한 이송도 인정되고 있는 현실에서 시설마다 규율이 다르다면 적응상의 장애도 나타날 수 있다. 이러한 측면에서 현행법은 보다 합리적이고 통일적일 수 있도록 법무부장관에게 규율제정권한을 부여하고 있다.

수용생활 동안 수용자가 지켜야 할 규율은 「수용자처우법 시행규칙」 제214조에서 다음과 같이 규정하고 있다.

> 수용자는 다음 각 호에 해당하는 행위를 하여서는 아니 된다.
> 1. 교정시설의 안전 또는 질서를 해칠 목적으로 다중(多衆)을 선동하는 행위
> 2. 허가되지 아니한 단체를 조직하거나 그에 가입하는 행위
> 3. 교정장비, 도주방지시설, 그 밖의 보안시설의 기능을 훼손하는 행위
> 4. 음란한 행위를 하거나 다른 사람에게 성적(性的) 언동 등으로 성적 수치심 또는 혐오감을 느끼게 하는 행위(이와 같은 언행을 보통 '성희롱'이라고 부름)
> 5. 다른 사람에게 부당한 금품을 요구하는 행위
>
> 5의2. 허가 없이 다른 수용자에게 금원을 교부하거나 수용자 외의 사람을 통하여 다른 수용자에게 금원을 교부하는 행위
> 6. 작업·교육·접견·집필·전화통화·운동, 그 밖에 교도관의 직무 또는 다른 수용자의 정상적인 일과 진행을 방해하는 행위
> 7. 문신을 하거나 이물질을 신체에 삽입하는 등 의료 외의 목적으로 신체를 변형시키는 행위
> 8. 허가 없이 지정된 장소를 벗어나거나 금지구역에 출입하는 행위
> 9. 허가 없이 다른 사람과 만나거나 연락하는 행위
> 10. 수용생활의 편의 등 자신의 요구를 관철할 목적으로 이물질을 삼키는 행위
> 11. 인원점검을 회피하거나 방해하는 행위
> 12. 교정시설의 설비나 물품을 고의로 훼손하거나 낭비하는 행위

13. 고의로 수용자의 번호표, 거실표 등을 지정된 위치에 붙이지 아니하거나 그 밖의 방법으로 현황파악을 방해하는 행위
14. 큰 소리를 내거나 시끄럽게 하여 다른 수용자의 평온한 수용생활을 현저히 방해하는 행위
15. 허가 없이 물품을 반입·제작·소지·변조·교환 또는 주고받는 행위
16. 도박이나 그 밖에 사행심을 조장하는 놀이나 내기를 하는 행위
17. 지정된 거실에 입실하기를 거부하는 등 정당한 사유 없이 교도관의 직무상 지시나 명령을 따르지 아니하는 행위

제2절 징벌

I 징벌의 법적 의의

징벌(懲罰)이란 교정시설 내에서 시설의 안전과 질서유지를 위하여 형사법률에 저촉되는 행위를 하거나 법무부령으로 정하는 규율을 위반한 행위를 하였을 때 교정시설(교정기관)에서 과하는 제재이다.

징벌은 징계벌(질서벌)로서, 형벌과는 그 성질이나 목적을 달리하는 별개의 제재이다. 형벌은 일반사회의 법익에 직접적으로 해를 끼치는 행위에 대해, 「형법」에 규정되어 있는 형명(刑名)의 벌로써, 법원의 판결을 통해서만 과해질 수 있다. 징계벌은 일반사회의 법익에 직접 영향을 미치지는 않으나, 특별행정법관계에 있는 사람들에 대하여 내부질서유지를 위해 행정기관이 규정한 규율을 위반한 사람에 대해 규율위반자가 속한 행정기관에서 과하는 제재이다.

양자는 성질과 목적을 달리하기 때문에 하나의 행위가 동시에 형벌과 징계벌의 대상이 될 수 있다. 따라서 이러한 행위에 대해 징계벌을 과하고 또다시 형벌을 부과해도 「헌법」 제13조 제1항이 금지하는 이중처벌에 해당하지 않으므로 일사부재리의 원칙에 반하는 것이 아니다.

징벌은 교정시설 내의 질서유지를 위한 제재의 수단으로서 필요한 것이기는 하지만, 그 종류 및 요건·절차·효과 등을 명확하게 법률에 근거하여 정하지 않으면 수용자의 인권을 침해할 우려가 매우 크다.

징벌이 비록 행정법 상의 징계벌의 성질을 지닌 제재이기는 하나, "인간생활에 있어서 일반사회에 형법이 있는 것처럼, 교정시설이라는 작은 사회에 있어서의 형법이 곧 징벌법이다"라고 한 크릭스만(Kriegsmann)의 말처럼[61], 징벌은 그것이 부과되면 자유형을 본질적으로 가중시키는 제재이므로 무제한으로 교정기관의 재량에 내맡겨서는 아니 된다.

이와 관련하여 「수용자의 처우에 관한 유엔최저기준규칙」은,

"규율 및 기타 규범은 안전과 질서를 유지하기 위하여 필요한 한도를 넘지 않는 범위 내에서 유지되어야 한다(제36조). 규율위반을 구성하는 행위, 부과할 처벌(징벌)의 종류 및 그 기간, 처벌(징벌)을 부과할 권한 있는 기관 등을 항상 법률 또는 권한 있는 행정관청의 규칙으로 정해야 한다(제37조).

수용자는 명시된 법규와 공정성과 합당한 절차에 입각하여 처벌(징벌)을 받아야 한다. 수용자는 동일한 규율위반에 대하여 이중으로 처벌(징벌)받아서는 안 된다.

교정당국은 규율위반과 그에 대한 처벌(징벌)이 합당하게 이루어지도록 조치를 취해야 하며 부과된 모든 처벌(징벌)내역을 정확하게 기록해야 한다.

규율위반에 대한 처벌(징벌)을 부과하기 전에 교정당국은 수용자에게 정신질환이나 발달장애가 있는지 확인하고 위반사실에 대한 원인을 규명해야 한다. 교정당국은 정신질환이나 발달장애로 인한 규율위반을 처벌(징벌)해서는 안 된다(제39조).

구속 또는 규율위반에 대한 처벌(징벌)은 어떠한 경우에도 고문 또는 기타 잔인하거나 비인간적이거나 모욕적인 처우 또는 처벌(징벌)로 대체되어서는 안 되며 다음과 같은 행위는 금지되어야 한다.

가. 무기한 독거실에 수용하는 행위
나. 장기간 독거실에 수용하는 행위
다. 어둡거나 지속해서 밝혀져 있는 공간에 수용하는 행위
라. 체벌 또는 식사나 식수의 공급을 제한하는 행위
마. 집단 처벌하는 행위

규율위반에 대한 처벌(징벌)로 결박장치를 사용해서는 안 되며, 규율위반에 대한 처벌(징벌) 또는 구속조치로 가족과의 연락을 금지해서는 안 된다. 가족과의 연락을 금지하는 행위는 제한된 시간에 한하여 보안 또는 질서의 유지를 위한 경우에만 허용된다(제43조)."고 권고하고 있다.

---

61 Kriegsmann, am angeführten Ort, S. 169. 이 저술에서 크릭스만은 징벌에 관한 법령을 '교정시설 내의 형법'이라고 비유했다.

결론적으로 징벌에 관한 적법절차를 제시한다면, 징벌은 교정시설의 안전과 질서유지를 위하여 필요한 최소한도에 그치도록 하여야 하고(피해(침해)의 최소성), 그 징벌에 의하여 보호하려는 공익(公益)과 침해되는 수용자의 사익(私益)을 비교 형량(저울질)할 때 보호되는 공익인 교정시설의 안전과 질서유지 이익이 커야 하며(법익의 균형성), 규율위반 후의 징벌보다는 미연방지에 중점을 두되 안전·질서유지를 위해 다른 수단이 없을 때에 한하여 징벌을 부과해야 한다(보충성의 원칙).

Ⅱ 현행법상의 징벌 개관

1. 징벌 결정 및 집행

징벌위원회는 소장의 징벌요구에 따라 개최하며, 징벌은 그 의결로써 정한다(법 제111조 3항).

징벌은 소장이 결정할 수 없고, 소장은 징벌해당사유의 행위를 한 징벌대상자에게 징벌을 부과할 필요가 있으면 징벌의결 요구서를 제출하여 징벌위원회에 제출하여야 한다. 징벌위원회는 출석한 징벌대상자를 심문하고, 출석포기서 등을 제출하였거나 정당한 이유 없이 출석하지 아니한 경우에는 서면심리만으로 징벌을 의결하여 징벌 부과한다.

징벌위원회가 징벌을 심리하여 의결하려면 외부위원 1명 이상의 출석을 포함하여 재적위원 과반수의 출석 요건을 갖추어 개의한다. 징벌은 출석위원 과반수의 찬성이 있으면 결정된다.

징벌위원회는 징벌을 의결하는 때는 행위의 동기 및 정황·교정성적·뉘우치는 정도 등 그 사정을 고려할만한 사유가 있는 수용자에 대하여는 2개월 이상 6개월 이하의 기간 내에서 징벌의 집행을 유예할 것을 의결할 수 있다(법 제114조 1항).

징벌위원회가 징벌을 결정한 경우에는 소장에게 징벌의결 내용을 즉시 통보하여야 한다. 징벌통보를 받은 소장은 징벌집행의 유예가 아닌 경우에는 그 징벌을 지체 없이 집행하여야 한다.

2. 징벌의 종류(법 제108조)

현행법상 징벌의 종류는 다음과 같다.

(1) 경고
(2) 50시간 이내의 근로봉사
(3) 3개월 이내의 작업장려금 삭감
(4) 30일 이내의 공동행사 참가 정지
(5) 30일 이내의 신문열람 제한
(6) 30일 이내의 텔레비전 시청 제한
(7) 30일 이내의 자비구매물품(의사가 치료를 위하여 처방한 의약품을 제외한다) 사용 제한
(8) 30일 이내의 작업 정지(신청에 따른 작업에 한정한다)
(9) 30일 이내의 전화통화 제한
(10) 30일 이내의 집필 제한
(11) 30일 이내의 서신수수 제한
(12) 30일 이내의 접견 제한
(13) 30일 이내의 실외운동 정지
(14) 30일 이내의 금치(禁置)[62]

구 「행형법」에서는 경고·1월 이내의 신문 및 도서열람의 제한·서신수수 제한·2월 이내의 신청에 의한 작업의 정지·작업상여금의 전부 또는 일부의 삭감·2월 이내의 금치 등 다섯 종류의 징벌이 있었다.

이렇게 징벌을 규정했던 때는 「행형법」 5차 개정(1995년) 이후이고, 그 이전에는 접견·서신 금지 및 감식도 징벌의 종류에 규정되어 있었다.

감식은 1946년 미군정시대에 폐지되었으나 1980년 전두환 군사정부의 임시입법기구인 국가보위입법회의에서 실시한 제4차 「행형법」 개정 시 접견·서신 금지와 함께 도입했었다. 접견·서신 금지 및 감식을 징벌로 규정했던 것은 수용자의 기본권에 대한 침해로서 중대한 문제를 안고 있었으므로 문민정부의 출범에 따라 제5차 「행형법」 개정을 통해 폐지했다. 이 때, 2월 이내의 작업정지·5일 이내의 운동정지도 삭제되었다.

그 후 다섯 종류의 징벌제도를 유지하고 있다가 2007년 현행법으로 전면개정 시 과

62 금치는 감금유치(監禁留置)의 줄임말이다. 감금되어 있는 자를 더욱 비좁은 장소에 유치시켜 홀로 지내도록 하는 것을 뜻하는 일본 한자어에서 비롯된 용어이다.

거 금치 위주의 징벌관행을 개선하기 위해 근로봉사·공동행사 참가정지·텔레비전 시청 제한 등 9종의 징벌을 추가하고 규율위반의 형태에 따라 다양한 징벌을 선택할 수 있도록 14종의 징벌로 개정한 것이다.

(1) 경고는 가장 가벼운 징벌이다.
이는 별도의 고통이 없는 징벌로서 사후의 규율위반을 예방하기 위한 징벌이다. 이후에 같은 종류의 규율위반이 있으면 더 무거운 징벌을 과하게 된다.

(2) 50시간 이내의 근로봉사는 작업의무가 없는 수용자를 대상으로 노동을 통해 봉사를 강제하는 징벌이다.

(3) 3개월 이내의 작업장려금 삭감은 원칙적으로 징역수형자를 대상으로 금전적 불이익을 가하는 징벌이다.
이는 작업장려금 1개월분이 매우 적은 현실을 감안한다면 징벌로서의 효력을 거두기는 어렵다고 생각된다. 오히려 작업장려금의 삭감이 근로의 가치를 가볍게 만들어 교화 개선효과를 떨어뜨릴 수 있으므로 다른 종류의 징벌로 대체할 필요가 있다.

(4) 30일 이내의 공동행사 참가 정지는 위문행사·종교집회·가족만남의 날 행사 등의 단체행사의 참가를 금지시키는 징벌이다.

(5) 30일 이내의 신문열람 제한은 신문을 구독 중에 있는 수용자나 구독 신청하고자 하는 수용자에게 적용되는 징벌이다.
이는 신문을 통한 시사 정보 취득에 흥미가 있는 지식층 수용자에게 효과가 있을 것이므로, 징벌 결정 시 수용자의 취향을 감안할 필요가 있다.

(6) 30일 이내의 텔레비전 시청 제한은 주로 독거실수용자에게 적용되는 징벌이다. 혼거수용 중인 수용자에게 부과하려면 독거실 이동 가능 여부나 독거수용으로 오히려 혜택이 부여되지는 않는지 등을 감안하여 부과할 필요가 있다.

(7) 30일 이내의 자비구매물품 사용 제한은 교정시설에서 지급하는 물품을 제외하고 개인적인 필요에 따라 자기 돈으로 구입한 물품을 사용하지 못하도록 하여 욕구불만족을 느끼게 하는 징벌이다.
이 징벌에서 치료를 위한 의사 처방 의약품만 제외시키고 있는데, 그 외에도 건강에 관계된 의약품까지도 제외시키는 것이 타당하다고 생각된다.

(8) 30일 이내의 작업 정지는 2019년 개정에서 '신청에 따른 작업에 한정한다'고 조건을 추가했다.
왜냐하면 징역형을 받은 수형자는 정역의 의무가 있으므로, 징벌로서 작업을 정지시켜 주면 오히려 혜택을 부여하는 결과가 되어 부적절했기 때문이다. 현행처럼 '30일 이내의 작업 정지'를 금고형 수형자·미결수용자 등의 '신청에 의한 작업'에 한정함으로써 징역형 수형자의 강제적 노동의무에 대한 인식을 바로잡으면서도, 신청에 의한 작업 수용자들에 대해서는 징벌로서의 효력을 거둘 수 있게 되었다.

(9) 30일 이내의 전화통화 제한은 전화통화가 허용되는 수용자에게 적용되는 징벌이다. 이는 접견 등 외부와의 소통과 관련된 규율 위반행위를 한 수용자에게 제한적으로 적용할 때 징벌로서의 효과가 살려질 수 있다.

(10) 30일 이내의 집필 제한·서신수수·접견 제한은 징벌로서의 제재효과보다 수용자의 기본권 침해로 인한 위헌 소지가 있으므로 신중한 적용이 요구된다.
현행 제도가 시행되는 경우에도 미결수용자 등이 형사소송서류를 작성하는 경우, 변호인과의 접견 및 서신수수하는 경우에는 제한할 수 없으므로 이러한 특칙을 규정한 것은 합리적인 발전으로 평가된다.

(11) 30일 이내의 금치(禁置)는 징벌거실에 격리수용하여 공동행사 참가 정지·신문열람 제한·텔레비전 시청 제한·자비구매물품 사용 제한·작업 정지·전화통화 제한·집필 제한·서신수수 제한·접견 제한이 함께 병행되는 징벌로 가장 무거운 징벌이다.
이는 징벌가중사유가 적용되는 경우 2분의 1까지 가중되므로 실제로는 한 번에 45일까지 부과할 수 있으므로 유엔최저기준규칙의 권고에도 반하므로, 지나치다는 지적이 제기되고 있다. 유엔최저기준 규칙에서는 15일을 초과하여 연속으로 수용자를 독거실에 수용하는 '장기간 독거실에 수용하는 행위'를 금지하고 있다(제44조·제45조). 또한 금치에 해당하는 독거수용에 대하여 다음과 같은 내용으로 규정하고 있는 것도 고려할 필요가 있다.

"독거수용은 특수한 경우에 한하여 최후의 수단으로 허용되며 가능한 최소한의 시간으로 한정해야 하고 독립적인 심의와 관계 기관의 승인을 받아야 한다. 또한 수용자의 형량에 의거하여 독거수용을 부과해서는 안 된다.

정신적 또는 지체 장애가 있는 수용자의 경우 독거수용이 상태를 악화시킬 가능성이 있으면 독거수용을 부과할 수 없다. 독거수용이나 이와 유사한 조치를 범죄예방 및 형사사법에 대한 유엔의 기준 및 규범에 의거하여 여성 또는 소년에게 부과하는 것은 금지된다(제45조).

보건의료 담당자는 규율위반에 대한 처벌(징벌) 또는 구속조치를 부과할 수 없다. 그러나 보건의료 담당자는 매일 강제적으로 분리 수용된 수용자를 방문하고 수용자 또는 직원의 요청에 따라 의료지원을 제공하는 등 수용자의 건강상태에 각별한 주의를 기울어야 한다.

규율위반에 대한 처벌(징벌)이나 구속조치가 수용자의 육체적 또는 정신적 건강상태에 부정적인 영향을 미치는 경우 보건의료 담당자는 이를 즉시 교도소장에게 보고하고 처벌(징벌)조치의 중단이나 조정에 대하여 의견을 제시해야 한다.

보건의료 담당자는 강제로 분리 수용된 수용자의 건강상태나 정신 또는 지체장애가 악화되지 않도록 이를 검토하고 조정에 대한 의견을 제시해야 한다(제46조)."

3. 징벌부과사유

교정시설의 장은 다음 중 어느 하나에 해당하는 행위를 하면 징벌위원회의 의결에 따라 징벌을 부과할 수 있다(법 제107조).

(1) 「형법」, 「폭력행위 등 처벌에 관한 법률」, 그 밖의 형사 법률에 저촉되는 행위

(2) 수용생활의 편의 등 자신의 요구를 관철할 목적으로 자해하는 행위

(3) 정당한 사유 없이 작업 · 교육 · 교화프로그램 등을 거부하거나 태만히 하는 행위

(4) 제92조의 금지물품을 반입 · 제작 · 소지 · 사용 · 수수 · 교환 또는 은닉하는 행위

(5) 다른 사람을 처벌받게 하거나 교도관의 직무집행을 방해할 목적으로 거짓 사실을 신고하는 행위

(6) 그 밖에 시설의 안전과 질서유지를 위하여 법무부령(시행규칙)으로 정하는 규율을 위반하는 행위

4. 징벌부과

(1) 형사법률에 저촉되는 행위를 하면 징벌을 부과할 수 있다.

형사법률에 저촉되는 행위는 범죄이므로 당연히 형사처벌을 부과해야 한다. 그리고 형벌과는 별도로 징벌의 사유에 해당된다. 하나의 행위에 대한 형벌과 징벌 두 가지 제재를 과하는 것에 대해 일사부재리의 원칙(이중처벌 금지의 원칙)에 반하지 않는지에 대해 문제될 수 있다.

이와 관련하여 대법원은 "피고인이 「행형법(수용자처우법)」에 의한 징벌을 받아 집행종료되었다 하더라도 징벌은 교정시설 내의 준수사항위반에 대하여 과하는 행정상의 질서벌(징계벌)의 일종이다. 이는 형사법령에 위반한 행위에 대한 형사책임과 그 목적·성격을 달리하는 것이므로 징벌을 받은 뒤에 형사처벌을 한다고 하여 일사부재리의 원칙에 반하는 것은 아니다"라고 판시하여 징벌과 형벌을 아울러 매기는 것을 인정하고 있다.[63]

대법원은 징벌과 형벌의 병과를 인정하면서도, "양형단계에서 법원은 징벌 받았음을 고려하는 것이 타당하다"고 보았고, "징벌대상수용자가 법원에서 무죄 확정판결을 받은 경우에는 동일한 행위에 대한 징벌절차도 중지되어야 하며, 징벌집행 후 무죄판결이 확정된 경우라면 징벌집행의 위법성을 확인하는 구제절차를 취할 수 있다"는 의견도 제시했다.

(2) 자신의 요구 관철 목적으로 자해하는 행위를 하면 징벌을 부과할 수 있다.

수용생활의 편의 등 자신의 요구를 관철할 목적으로 자기 몸을 스스로 다치게 한 행위를 한 경우에는 그에 대해 징벌을 부과할 수 있다. 이 사유는 목적범일 것을 요건으로 하므로 수용자가 단순히 시설의 질서를 교란시킬 의도나 스트레스에 못 견디어 자해하거나 자살 시도로 상처를 입은 경우 또는 정신질환에 따른 자해인 때에는 징벌사유에 해당하지 않는다.

목적범이라는 요건은 그 징벌구성요건으로 자신의 수용생활 편의 요구 목적이 객관적으로 인정되어야만 징벌을 과할 수 있다는 의미이다.

(3) 정당한 사유 없이 작업 등을 거부하거나 태만히 하는 행위를 하면 징벌을 부과할 수 있다.

2019년 개정 전까지는 "정당한 사유 없이 작업·교육 등을 거부하거나 태만히 하는 행위"에 대해서만 징벌을 부과할 수 있도록 규정하고 있었다. 이로 인해 '교화

---

63 대판 200도3874 판결, 대판 87도1463 판결 참조.

프로그램'을 거부하거나 태만히 하는 경우에는 '교육 등'에 해당하는 것으로 보아 징벌을 부과할 수밖에 없었고, 이렇게 하는 경우 요건의 명확성이 약하므로 다툼의 여지가 있었다.

이에 2019년 개정을 통해 교화프로그램의 거부에 대해서도 징벌을 부과한다는 것을 명시적으로 규정하게 되었다. 이에 따라 요건의 명확성을 높임과 동시에 적극적인 교화프로그램 참여를 유도함으로써, 재범의 위험성을 낮추기 위한 심리치료 등 교화프로그램을 강화하고 그 효과성을 높이 는 데 기여할 수 있게 되었다.

여기서 '정당한 사유'란 작업면제사유(법 제72조)에 해당하는 경우나 몸이 아픈 경우 등이 전형적인 예이다. 단순히 작업환경이나 작업내용의 개선·변경 등을 이유로 작업을 거부한다든지, 자신에게 맞지 않는 교화프로그램이라는 이유로 참여를 거부하는 것 등은 '정당한 사유'가 될 수 없다.

(4) 금지물품 반입 등의 행위를 하거나 은닉하는 행위를 하면 징벌을 부과할 수 있다.

이 사유에 해당하는 행위와 관련하여 징벌부과와 별도로 공무집행방해죄 해당 여부가 문제되는 경우가 있을 수 있다.

이러한 행위가 단순히 교도관의 일반적인 감시를 피하는 데 그치지 않고, 교도관의 충실한 직무 수행에도 불구하고 통상적인 업무처리과정 하에서는 사실상 적발이 어려운 속임수(위계)를 적극적으로 사용하여 그 업무수행을 제대로 하지 못하게 하였다면, 이에 대해서만 위계에 의한 공무집행방해죄도 별도로 성립한다고 보아야 한다.[64]

(5) 다른 사람을 처벌받게 할 목적으로 거짓 사실을 신고하는 행위를 하면 징벌을 부과할 수 있다.

여기서 '거짓 사실'이란 신고의 내용이 진실과 일치하지 않는 것을 말한다. 따라서 신고의 내용이 진실에 부합할 때에는 본 요건이 성립하지 않는다.

'처벌받게 할 목적'에서 처벌에는 형벌뿐만 아니라 징계도 포함된다. 따라서 형사처벌 또는 징계처분을 받게 할 목적으로 고소·고발·진정 등을 한 경우에는 징벌사유에 해당하게 되는 것이다.

신고의 상대방은 수용자가 교도관에게 하였거나 소장에게 하였거나 경찰·검찰이나 법무부에 하였거나 아니면 언론에 제보하여 결과적으로 처벌받게 할 목적이 있는 경우도 포함된다. 그러므로 처벌받게 할 목적으로 신고하는 경우 신고의 상대방은

---

64 대판 2005도1731 판결 참조.

제한이 없다고 할 수 있다.

처벌받게 할 대상은 '다른 사람'이다. 따라서 다른 수용자뿐 아니라 교도관이나 소장 또는 교정시설의 직원 등 신고자 이외의 모든 사람을 처벌받게 할 목적으로 신고한 경우에는 이 요건에 해당된다. 이 징벌요건은 동시에 「형법」상의 무고죄(제156조)[65]에 해당될 수 있다. 이러한 경우에는 징벌 이외에 형벌이 부과된다.

(6) 교도관의 직무집행을 방해할 목적으로 거짓 사실을 신고하는 행위를 하면 징벌을 부과할 수 있다.

이 요건은 (5)의 요건과 같은 맥락이고, 목적과 행위만 '교도관의 직무집행 방해'로서 차이가 있다고 보면 된다.

'교도관의 직무집행을 방해할 목적'에서 '교도관'은 현재 직무를 집행하고 있는 교도관일 것을 요하지 않고 장래의 직무집행을 예상한 경우도 포함되므로, 휴무 중에 있다가 교도관 직무를 행할 가능성이 있는 교도관도 해당된다. 또한 공무원 선발절차에서 최종 합격한 사람까지도 해당된다고 보아야 한다.

그리고 직무집행을 방해할 목적으로 신고한 경우에는 본 요건이 성립되므로 신고자의 행위가 구체적으로 직무집행을 저지하거나 현실적으로 직무집행이 곤란한 정도에 이르지 아니했다고 해도 성립된다.

만일 거짓 사실을 신고한 행위로 인해 신고받은 기관에서 그 신고 사실이 거짓인 것을 모르고서 또는 착오가 생겨 교도관의 직무집행이 방해받게 된 경우에는 「형법」상 위계에 의한 공무집행방해죄(제137조)[66]도 성립될 가능성이 높다.

(7) 법무부령으로 정하는 규율을 위반하는 행위를 하면 징벌을 부과할 수 있다.

교정시설의 구체적이 특성을 고려하여 교정시설의 안전과 질서유지를 효과적으로 이루면서 교정의 목적을 추구해 나아가기 위해서는 징벌사유 일체를 추상적인 법률로 규정하기보다는 교정현장의 전문성을 지닌 법무부에서 보다 세부적이고 구체적인 규율을 제정하여 적용할 필요가 있다. 이에 따라 「수용자처우법」은 구체적인 규율을 법무부령으로 정하도록 하면서 그 규율을 위반하는 행위에 대하여는 징

65 「형법」 제156조(무고죄) 타인으로 하여금 형사처분 또는 징계처분을 받게 할 목적으로 공무소 또는 공무원에 대하여 허위의 사실을 신고한 자는 10년 이하의 징역 또는 1,500만 원 이하의 벌금에 처한다.

66 「형법」 제137조(위계에 의한 공무집행방해죄) 위계로써 공무원의 직무집행을 방해한 자는 5년 이하의 징역 또는 1천만 원 이하의 벌금에 처한다.

벌을 부과할 수 있도록 규정하고 있다.

보다 더 타당성이 높은 규율을 운용하기 위해서는 교정시설의 장이 규율을 제정·시행하는 것이 바람직하겠지만, 그로 인한 재량의 남용이나 시설별로 통일되지 않은 규율 적용으로 인한 혼란이 야기될 수 있으므로 규율 제정을 시설의 재량에 맡기지 않고 법무부령으로 규정하도록 위임한 것이다.

위반 시 징벌이 부과되는 「수용자처우법 시행규칙」(법무부령)으로 규정한 규율은 앞에서 기술한 17개의 규율이다.

과거 「행형법」 적용 시기에는 「수용자규율 및 징벌에 관한 규칙」을 별도로 운영하면서, 규율은 35개의 준수사항으로 하다가 그 후 21개의 준수사항으로 줄여서 시행하고 있었다. 이렇게 많은 준수사항은 수용자의 일반적인 수용생활을 지나치게 제약하고 있었고, 기본권을 침해하는 내용도 포함되어 있었기 때문에 현행법에서는 수용자가 지켜야 할 준수사항을 대폭 줄인 것이다.

Ⅲ 징벌결정기구 - 징벌위원회

1. 의 의

징벌사유가 발생하면 시설의 안전과 질서유지를 위하여 징벌을 부과하여야 한다. 그렇지만, 징벌을 소장이 직권으로 결정하게 하면 공정한 징벌부과가 쉽지 않고 남용의 우려가 크다.

이러한 점을 감안하여 징벌결정은 시설 내에 설치된 징벌위원회의 심의·의결을 거쳐 행하도록 하고 있다.

"소장은 수용자가 규율을 위반하는 등 징벌사유에 해당하는 행위를 하면 징벌위원회의 의결에 따라 징벌을 부과할 수 있다"(법 제107조).

2. 징벌위원회의 설치 및 운영(법 제111조)

(1) 설치·구성

징벌대상자의 징벌을 결정하기 위하여 교정시설에 징벌위원회를 둔다.

징벌위원회는 위원장을 포함하여 5인 이상 7인 이하의 위원으로 구성한다. 위원장은 징벌결정과정의 중립성을 높이기 위하여 소장이 맡지 않고 소장의 바로 다음 순위자가 된다.

징벌의 요구권자가 위원장을 맡게 되면 징벌결정의 객관성과 공정성을 해칠 우려가 있으므로 교정시설의 다른 위원회와는 달리 위원회 구성에 있어 소장을 배제하고 있다. 위원장이 불가피한 사정으로 그 직무를 수행하기 어려운 경우에는 위원장이 미리 지정한 위원이 그 직무를 대행한다(시행령 제130조).

위원은 소장이 소속 기관 교도소나 구치소의 과장 중에서 내부위원을 임명한다. 지소의 경우에는 7급 이상의 교도관 중에서 임명한다. 또한 징벌절차의 공정성과 객관성을 담보하기 위해 외부위원을 반드시 3인 이상 위촉하여 참여시켜야 한다. 외부위원은 교정에 관한 학식과 경험이 풍부한 외부 인사 중에서 위촉해야 하는데, 일정한 자격요건을 갖춘 사람 중에서 위촉해야 한다. 그 자격요건은 시행규칙에서 변호사·대학에서 법률학을 가르치는 조교수 이상의 직에 있는 사람, 교정위원 전원으로 구성된 교정협의회에서 추천한 사람·그 밖에 교정에 관한 학식과 경험이 풍부한 사람으로 제한하고 있다(제223조 1항). 위촉된 외부위원의 임기는 2년으로 하며, 연임할 수 있다.

위촉된 위원이 징벌위원회에 참석한 경우에는 예산의 범위에서 수당, 여비, 그 밖에 필요한 경비를 지급할 수 있다.

소장은 외부위원이 다음 각 호의 어느 하나에 해당하는 경우에는 해당 위원을 해촉할 수 있다(시행규칙 제223조 3항).

1) 심신장애로 직무수행이 불가능하거나 현저히 곤란하다고 인정되는 경우
2) 직무와 관련된 비위사실이 있는 경우
3) 직무태만, 품위 손상, 그 밖의 사유로 인하여 위원으로서 직무를 수행하기 적합하지 아니하다고 인정되는 경우
4) 위원 스스로 직무를 수행하는 것이 곤란하다고 의사를 밝히는 경우
5) 특정 종파나 특정 사상에 편향되어 징벌의 공정성을 해칠 우려가 있는 경우

(2) 제척 · 기피 제도

「수용자처우법」은 징벌절차의 공정성을 높이기 위해 불공정한 심의·의결을 할 우려가 있는 위원을 배제하도록 하는 제척제도와 기피제도를 두고 있다.

제척이란 위원을 맡고 있는 사람이 징벌부과사건에 대하여 특수한 관계에 있을 때 그 사건에 관한 직무 집행을 행할 수 없도록 하는 제도이다. 이는 징벌의 공정성을 위한 제도이다.

「수용자처우법」 제111조 4항은 "위원이 징벌대상자의 친족이거나 그 밖에 공정한 심의·의결을 기대할 수 없는 특별한 사유가 있는 경우에는 위원회에 참여할 수 없다"고 규정하고 있고, 시행령 제131조는 "위원회의 위원이 해당 징벌대상 행위의 조사를 담당한 경우에는 해당 위원회에 참석할 수 없다"고 제척사유를 정하고 있다. 여기에 해당하는 사람으로는 조사를 담당하는 부서의 장인 보안과장이 주로 대상이 될 수 있다.

기피란 징벌대상자가 어떠한 사정으로 불공평한 징벌결정 업무를 할 염려가 있다고 여겨지는 위원의 직무 집행을 거부하는 일을 말한다. 「수용자처우법」에서는 "징벌대상자는 위원에 대하여 기피신청을 할 수 있다. 이 경우 위원회의 의결로 기피 여부를 결정하여야 한다"(제 111조 5항)고 규정하고 있다.

기피사유는 제척사유를 포함하여 아무런 제한이 없다. 불공정한 심의·의결을 할 가능성이 있으면 그 사유로 볼 수 있다.

만일 외부위원이 제척이나 기피로 인해 3인이 되지 못하게 되면 다른 위원을 위촉하여 구성요건에 맞춰야 한다. 내부위원이 모두 제척·기피된 경우에는 위원장과 외부위원만으로 해당 사건의 위원회를 구성하여 진행하는 것도 가능하다.

(3) 징벌위원회의 심의·의결 대상

기피신청이 있는 경우에는 징벌위원회는 해당 징벌위원에 대한 기피신청의 심의·의결을 거쳐 기피 여부를 결정하여야 한다.

기피 여부 결정 이외에 일반적으로 징벌위원회가 심의·의결해야 할 사항은,

1) 징벌대상행위의 사실 여부, 2) 징벌의 종류와 내용, 3) 징벌기간 산입, 4) 징벌집행의 유예 여부와 그 기간이고, 그 밖에 징벌내용과 관련된 중요 사항이 있으면 그러한 사항도 심의·의결한다.

3)의 징벌기간 산입에 대한 심의·의결은, 징벌대상자에 대한 조사기간 중 징벌대상자가 분리·수용되어 접견·서신수수·전화통화·실외운동·작업·교육훈련·공동행사 참가·중간처우 등 다른 사람과 접촉이 일부 또는 전부 제한된 경우에 행하는 심의·의결사항이다.

이 경우 징벌위원회는 심의·의결을 거쳐 그 기간의 전부 또는 일부를 징벌기간에 포함시키는 것을 결정해야 한다(시행규칙 제220조 3항).

(4) 징벌의결정족수

징벌위원회는 재적위원 과반수 즉, 위원회 구성원의 절반 이상의 위원이 출석해

야 법적으로 유효한 회의로 인정된다. 이 경우에도 외부위원 1명 이상이 출석해야만 유효한 회의가 될 수 있다. 그렇게 개의된 회의에서 출석위원 과반수의 찬성이 있으면 그 의결내용은 유효하게 결정된다.

(5) 비밀누설 금지

징벌위원회에 참여한 사람은 직무상 알게 된 비밀을 누설하여서는 아니 된다(시행규칙 제228조 6항).

여기서 '회의 참여인'은 위원으로 한정되지 않고, 회의에 보조적으로 참여한 교도관이나 직원 등도 해당된다.

Ⅳ 징벌대상자(혐의자)의 조사

1. 분리수용 엄격 제한

구 「행형법시행령」은 "소장은 징벌혐의자로서 조사 중에 있는 수용자에 대하여는 조사실에 수용하여야 한다"고 규정하고 있었다. 이에 따라 아직 징벌이 확정되지 않은 징벌대상자를 징벌거실에서처럼 격리수용시켜 실질적으로 징벌을 집행받는 것과 마찬가지로 여러 가지 처우 제한을 가할 수 있었다.

당시에도 분리수용을 제한하기 위하여 「수용자규율 및 징벌에 관한 규칙」에서는 '징벌혐의자가 증거를 인멸할 우려가 있는 때, 다른 수용자를 해칠 우려가 있는 때 또는 조사에 현저한 지장을 초래할 우려가 있는 때'로 별도 요건을 규정하고 있었지만, '조사에 현저한 지장을 초래할 우려가 있는 때'와 같은 포괄적인 요건을 두고 있어서 분리수용이 원칙처럼 남용되고 있었다. 징벌대상자의 조사실 수용은 형사절차에 있어서 미결수용자과 유사한 성격을 지닌 처분이다. 그러므로 아직 징벌이 확정되지 않은 수용자에 대한 분리수용은 피의자나 피고인에 대한 구속처럼 엄격한 요건 하에서만 허용되도록 하여야 한다.

현행법은 법률로써 징벌대상자의 조사기간 중 분리수용을 엄격하게 제한하여 명시하고 있다.

「수용자처우법」 제110조는 "소장은 징벌사유에 해당하는 행위를 하였다고 의심할 만한 상당한 이유가 있는 수용자(징벌대상자)가 증거를 인멸할 우려가 있는 때, 다른 사람에게 위해를 끼칠 우려가 있는 때, 다른 수용자의 위해로부터 보호할 필요가 있는 때에 해당하는 사유가 있는 때에 한하여 조사기간 중 분리하여 수용할 수 있다. 소장은 징벌대상자를 분리하여 수용한 경우에는 접견·서신수수·전화통화·실외운동·작업·교육훈련·공동행사 참가·중간처우 등 다른 사람과의 접촉이 가능한 처우의 전부 또는 일부를 제한할 수 있다"고 규정하고 있다.

여기서 분리수용된 징벌대상자의 처우 제한은 다른 사람과 접촉으로 인한 증거인멸이나 안전 위협을 방지하기 위한 취지이므로, 타인과의 접촉 없이도 가능한 집필·신문 도서의 열람·라디오 청취·텔레비전 시청 등은 제한하여서는 아니 된다.

소장은 위와 같은 사유로 접견·서신수수 또는 전화통화를 제한하는 경우에는 징벌대상자가 통지를 원하지 아니하는 경우를 제외하고, 징벌대상자의 가족 등에게 그 사실을 알려야 한다(시행규칙 제222조).

2. 조사 시 준수사항(시행규칙 제219조)

징벌대상행위에 대하여 조사하는 교도관이 징벌대상자 또는 참고인 등을 조사할 때에는 다음 각 호의 사항을 준수하여야 한다.

(1) 인권침해가 발생하지 아니하도록 유의할 것
(2) 조사의 이유를 설명하고, 충분한 진술의 기회를 제공할 것
(3) 공정한 절차와 객관적 증거에 따라 조사하고, 선입견이나 추측에 따라 처리하지 아니할 것
(4) 형사 법률에 저촉되는 행위에 대하여 징벌 부과 외에 형사입건조치가 요구되는 경우에는 형사소송절차에 따라 조사대상자에게 진술을 거부할 수 있다는 것과 변호인을 선임할 수 있다는 것을 알릴 것

위 준수사항 중 형사법률에 저촉되는 행위에 대하여 결과적으로 형사입건조치가 가해질 수 있는 경우에는 형사소송절차에 따라 조사대상자에게 진술을 거부할 수 있다는 것과 변호인을 선임할 수 있다는 것을 알리도록 한 것은 헌법상 모든 국민은 진술거부권을 갖고 있기 때문이다. 즉, 모든 국민은 형사상 자기에게 불리한 진술을 강요당하지 아니한다(헌법 제12조).

이 권리는 「형사소송법」에 구체화되어 검사 또는 사법경찰관은 피의자를 심문하기 전에 1) 일체의 진술을 하지 아니하거나 개개의 질문에 대하여 진술을 하지 아니할 수 있다는 것, 2) 진술을 하지 아니하더라도 불이익을 받지 아니한다는 것, 3) 진술을 거

부할 권리를 포기하고 행한 진술은 법정에서 유죄의 증거로 사용될 수 있다는 것, 4) 신문을 받을 때에는 변호인을 참여하게 하는 등 변호인의 조력을 받을 수 있다는 것의 네 가지 사항을 알려주도록 규정하고 있다(법 제244의 3).

이러한 취지에 따라 징벌대상자가 형사처벌을 받게 될 때 통상적인 형사절차에서보다 불리하지 않도록 징벌대상자조사 시에도 규정을 두고 있는 것이다. 조사담당교도관은 이러한 취지를 살려 진술거부권 고지가 형식적으로 이루어지지 않고 실질적으로 보장되도록 하여야 한다.

소장은 특별한 사유가 없으면 교도관으로 하여금 징벌대상자에 대한 심리상담을 하도록 해야 한다(시행규칙 제219조의 2).

3. 조사기간

수용자의 징벌대상행위에 대한 조사기간은 조사를 시작한 날부터 징벌위원회의 의결이 있는 날까지로 하며, 그 기간은 10일 이내로 한다. 다만, 특히 필요하다고 인정하는 경우에는 1회에 한하여 7일을 초과하지 아니하는 범위에서 그 기간을 연장할 수 있다.

이에 따라 징벌대상자에 대하여 최장 17일까지 조사가 가능하다.

이러한 조사기간과 조사실 수용에 대한 징벌기간 산입에 대하여는 보다 합리적인 개선이 요구되고 있다. 조사기간 중 분리수용하고 접견 등의 처우제한이 가해진 경우에도 소장의 재량으로 조사기간을 연장하면서까지 조사하는 것은 무리한 조치이다. 분리수용 처우제한 조치는 실질적으로 금치와 유사한 권리제한이 가능한데도, 별도의 제한요건도 없이 연장할 수 있고, 그 기간의 징벌기간 산입도 일부만 할 수 있도록 하고 있기 때문이다.

이에 대하여는 분리수용 조사에 대하여 연장을 배제하든지 아니면 특별히 엄격한 제한요건을 규정할 필요가 있고, 징벌기간 산입도 구속기간의 형기 산입처럼 필요적 전부 산입으로 변경할 필요가 있다.[67]

소장은 징벌대상자의 질병이나 그 밖의 특별한 사정으로 인하여 조사를 계속하기 어려운 경우에는 조사를 일시 정지할 수 있다.

일시 정지된 경우 정지된 조사기간은 그 사유가 해소된 때부터 다시 진행한다. 이 경우 조사가 정지된 다음 날부터 정지사유가 소멸한 전날까지의 기간은 조사기간에 포함되지 아니한다(시행규칙 제221조).

---

67 같은 취지의 주장은 신양균, 앞의 책 502면 참조.

4. 조사 시 필요한 조치

(1) 소장은 징벌대상행위가 징벌대상자의 정신병적인 원인에 따른 것으로 의심할 만한 충분한 사유가 있는 경우에는 징벌절차를 진행하기 전에 의사의 진료, 전문가 상담 등 필요한 조치를 하여야 한다(시행규칙 제220조 4항).

(2) 소장은 징벌대상행위에 대한 조사 결과 그 행위가 징벌대상자의 정신병적인 원인에 따른 것이라고 인정하는 경우에는 그 행위를 이유로 징벌위원회에 징벌을 요구할 수 없다(시행규칙 제220조 5항).

(3) 소장은 조사 중인 수용자가 생활용품 등으로 자살·자해할 우려가 있거나 교정시설의 안전과 질서를 해칠 우려가 있는 경우에는 그 물품을 따로 보관하고 필요한 경우에만 이를 사용하게 할 수 있다(시행규칙 제220조 6항).

5. 조사결과에 따른 조치

소장은 조사기간 중 조사결과에 따라 다음 각 호의 어느 하나에 해당하는 조치를 할 수 있다(시행규칙 제220조 2항).

(1) 징벌위원회로의 회부
(2) 징벌대상자에 대한 무혐의 통고
(3) 징벌대상자에 대한 훈계
(4) 징벌위원회의 회부 보류
(5) 조사 종결

V 징벌의 의결

1. 징벌 요구 및 징벌위원회 소집

소장은 징벌혐의를 조사해 본 결과 혐의가 인정되고 훈계 또는 징벌위원회의 회부보류에 그칠 사안이 아닌 경우에는 해당 사건을 징벌위원회에 회부하여야 한다.

이처럼 소장이 징벌대상자에 대하여 징벌을 요구하는 경우에는 징벌요구서를 작성하여 징벌위원회에 제출하여야 한다.

징벌요구서가 징벌위원회에 제출되면, 징벌위원회의 위원장은 위원회를 소집해야 한다.

2. 징벌대상자에 대한 출석 통지

징벌위원회가 징벌의결 요구서를 접수한 경우에는 지체 없이 징벌대상자에게 법정 서식의 출석통지서를 전달하여야 한다.

출석통지서에는 다음 각 호의 내용이 포함되어야 한다.

(1) 혐의사실 요지
(2) 출석 장소 및 일시
(3) 징벌위원회에 출석하여 자기에게 이익이 되는 사실을 말이나 서면으로 진술할 수 있다는 사실
(4) 서면으로 진술하려면 징벌위원회를 개최하기 전까지 진술서를 제출하여야 한다는 사실
(5) 증인신청 또는 증거제출을 할 수 있다는 사실
(6) 형사절차상 불리하게 적용될 수 있는 사실에 대하여 진술을 거부할 수 있다는 것과 진술하는 경우에는 형사절차상 불리하게 적용될 수 있다는 사실

출석통지서를 전달받은 징벌대상자가 징벌위원회에 출석하기를 원하지 아니하는 경우에는 출석포기서를 징벌위원회에 제출하여야 한다.

3. 징벌대상자의 권리(법 제111조 6항)

징벌위원회은 징벌대상자가 위원회에 출석하여 충분한 진술을 할 수 있도록 기회를 부여하여야 하고, 징벌대상자는 그러한 기회를 요구할 권리를 가진다.

이에 따라 징벌대상자는 서면이나 말로써 자기에게 유리한 사실을 진술하거나 증거를 제출할 수 있다. 징벌대상자의 이 권리는 형사소송절차에 준할 수 있도록 징벌대상자에게 출석권·진술권 및 유리한 증거제출권을 보장한 것이다.

4. 징벌위원회의 심문 및 의결(시행규칙 제228조)

징벌위원회는 출석한 징벌대상자를 심문하고, 필요하다고 인정하는 경우에는 교도관이나 다른 수용자 등을 참고인으로 출석하게 하여 심문할 수 있다.

징벌위원회는 필요하다고 인정하는 경우에는 조사 시 심리상담을 한 교도관으로 하여금 그 심리 상담결과를 제출하게 하거나 해당 교도관을 징벌위원회에 출석하게 하여 심리상담결과를 진술하게 할 수 있다.

징벌위원회는 징벌대상자에게 출석통지서를 전달하였음에도 불구하고 징벌대상자가 출석포기서를 제출하거나 정당한 사유 없이 출석하지 아니한 경우에는 그 사실을 징벌위원회 회의록에 기록하고 서면심리만으로 징벌을 의결할 수 있다.

징벌위원회는 재적위원 과반수의 출석이 있었고, 출석위원 과반수의 찬성이 있는 경우 징벌을 결정할 수 있다. 징벌위원회가 작업장려금 삭감을 의결하려면 사전에 수용자의 작업장려금을 확인하여야 한다.

징벌위원회는 징벌을 의결한 경우에는 그 결과를 소장에게 즉시 통고해 주어야 한다.

Ⅵ 징벌의 부과

1. 징벌 부과 기준

수용자가 조사결과에 따라 심리한 결과 징벌대상행위를 한 것이 입증되면 징벌위원회는 「수용자처우법 시행규칙」 제 215조에 규정하고 있는 징벌부과기준에 근거하여 그 징벌사유에 합당한 징벌을 부과해야 한다.

현행 징벌부과기준에 따르면 현행법상 가장 무거운 징벌인 금치는 징벌대상행위가 가장 경미한 경우를 제외하고는 모두 과할 수 있다.

그러므로 금치에 편중되었던 관행에서 벗어나 개별적인 규율위반에 맞게 열네 가지 징벌을 다양하게 과할 수 있도록 한 현행법의 취지가 살려질 수 있는 징벌 적용 노력이 더욱 필요하다.

2. 징벌의 병과(법 제109조 1항)

징벌 열네 가지 중 경고·근로봉사·작업장려금 삭감·금치를 제외한 열 가지 징벌 처분은 함께 부과할 수 있다(법 제109조 1항).

이 규정의 의미는 징벌사유는 하나이지만 무겁게 징벌을 부과할 필요가 있는 경우에는 두 가지 이상의 징벌을 그 하나의 행위에 대해 한꺼번에 부과할 수 있다는 뜻이다. 예를 들자면 정당한 사유 없이 꾀병을 부려 1주일 이상 교화프로그램을 거부한 경우에 '텔레비전 시청 제한' 한 가지만으로는 그 규율위반의 중대성에 비해 징벌이 약하다고 판단되면 '신문열람 제한' 한 가지를 함께 더 부과하든지, '실외운동 정지'까지 두 가지를 더해서 세 가지 징벌을 함께 부과할 수도 있다.

이렇게 징벌의 병과를 인정하는 취지는 규율위반행위의 형태나 가볍고 무거운 정도에 따라 두 개 이상의 징벌을 부과할 수 있도록 하여 징벌의 실효성을 확보하고자 함이다.

'징벌의 병과'와 착각하기 쉬운 것은 두 개 이상의 규율위반행위를 해서 각각의 징벌상유에 해당하는 징벌이 어느 하나의 징벌에 중첩되는 경우나 두 개 이상의 규율위반행위에 해당하는 징벌이 여러 가지인 경우이다.

이렇게 둘 이상의 징벌사유가 동일한 징벌절차에서 징벌을 부과하는 경우와 동일한 징벌사유에 대해 두 가지 이상의 징벌이 함께 부과(병과)되는 경우는 명백히 구분하여야 한다.

3. 징벌의 가중(加重)

'가중'이란 여러 번 규율을 위반하거나 같은 위반행위를 거듭하였을 때 징벌을 더 무겁게 하는 것을 뜻한다.

(1) 징벌대상자에게 두 가지 이상의 징벌사유가 경합하는 때

즉, 둘 이상의 위반행위에 대하여 한꺼번에 징벌을 부과하여야 할 때 또는

(2) 징벌이 집행 중에 있거나 징벌집행이 끝난 후 6개월 내에 다시 징벌사유에 해당하는 행위를 한 때에는 경고를 제외한 열세 가지 징벌의 장기의 2분의 1까지 가중할 수 있다(법 제109조 2항).

그러므로 30일 이내로 규정된 징벌은 가중하게 되면 최장 45일까지 부과할 수 있게 된다.

둘 이상의 징벌사유가 경합하는 경우, 즉 둘 이상의 징벌대상행위가 경합하는 경우에는 각각의 행위에 해당하는 징벌 중 가장 중한 징벌의 2분의 1까지 가중할 수 있다(시행규칙 제218조 1항).

이를 풀어서 설명하면, 경고를 제외한 각 징벌사유에 해당하는 징벌에 대해 각각 장기의 2분의 1까지 거듭 거듭 가중하는 것이 아니라 가장 무거운 징벌 한 가지에 대해서만 가중을 한다는 의미이다. 따라서 일반적으로 금치를 가중할 수 있게 되어서 금치는 최장 45일까지 부과되어 집행이 가능하게 된다. 가중 시 징벌의 경중(輕重)은 징벌부과기준(규칙 제215조)의 순서에 따른다.

(3) '가까운 기간 내에 거듭 위반행위를 하여 가중되는 경우는 규율위반행위가 반복되는 경우에 「형법」상의 누범 가중처벌처럼 이를 가중 징벌함으로써 징벌의 엄격성을 높이고, 이를 통해 규율위반을 억제하기 위한 취지이다.

4. 징벌의 부과 제한

징벌은 동일한 행위에 관하여 거듭하여 부과할 수 없으며, 행위의 동기 및 경중, 행위 후의 정황, 그 밖의 사정을 고려하여 수용목적을 달성하는 데에 필요한 최소한도에 그쳐야 한다(법 제109조 3항).

이는 징벌은 교정시설 내 형벌로 비유되듯이, 징벌은 새로운 법익의 박탈을 수반하는 것이므로 그 요건과 절차는 형벌에 준하여 인권보장 원리가 적용되어야 한다.

이에 따라 「수용자처우법」에서는 징벌부과에 대하여도 일사부재리의 원칙(이중처벌 금지의 원칙) 및 비례의 원칙이 적용되어야 한다는 것을 명문으로 규정하고 있다.

「수용자 처우에 관한 유엔최저기준규칙」은 "수용자는 법규와 공정성과 합당한 절차에 입각하여 처벌(징벌)을 받아야 한다. 수용자는 동일한 규율위반에 대하여 이중으로 처벌받아서는 안 된다"(제39조 1항)고 권고규정을 두고 있다.

징벌부과는 징벌시효에 의해서도 제한되고 있다. 징벌사유가 발생한 날부터 2년이 지나면 이를 이유로 징벌을 부과하지 못한다(법 제109조 4항).

이는 공소시효나 징계시효와 유사한 제도로서, 규율위반 등 징벌사유행위를 한 후 일정기간이 경과하면 교정기관의 징벌권을 소멸시켜 수용자의 안정적인 수용생활을 보장한 것이다.

5. 징벌집행의 유예

징벌결정권이 있는 징벌위원회는 징벌을 의결하는 때에 행위의 동기 및 정황, 교정성적, 뉘우치는 정도 등 그 사정을 고려할 만한 사유가 있는 수용자에 대하여 2개월 이상 6개월 이하의 기간 내에서 징벌의 집행을 유예할 것을 의결할 수 있다.

소장은 징벌집행의 유예기간 중에 있는 수용자가 다시 징벌대상행위를 하여 징벌이 결정되면 그 유예한 징벌을 집행한다.

수용자가 징벌집행을 유예 받은 후 징벌을 받음이 없이 유예기간이 지나면 그 징벌의 집행은 종료된 것으로 본다.

구 「행형법」은 징벌집행의 유예를 인정하면서도 "징벌집행의 유예기간 중 당해 수용자가 규율을 위반한 때에는 그 유예한 징벌을 즉시 집행한다. 수용자가 징벌집행의 유예를 받은 후 규율위반행위 없이 유예기간을 경과한 때에는 그 징벌의 집행은 종료된 것으로 본다"고 규정하고 있었다.[68]

「수용자처우법」은 과거 「행형법」에 의한 징벌집행유예를 법리에 맞추어 실효요건과 효과요건을 명확하게 보완하여 제도화하고 있다. 실효요건은 '규율을 위반한 때'를 '징벌대상행위를 하여 징벌이 결정된 때'로, 효력요건은 '규율위반행위 없이'를 '징벌을 받음이 없이'로 개정하여 징벌집행유예의 실효성을 높였다.

이리하여 징벌을 필요한 최소한도로 그칠 수 있도록 하였고, 징벌에 있어서도 적정절차(due process)의 보장원칙을 보다 강화하여 수용자의 인권이 최대한으로 존중되도록 하고 있다.

Ⅶ 징벌의 집행

1. 집행절차

징벌은 소장이 집행한다(법 제112조 1항).

징벌위원회가 징벌을 의결한 후에는 징벌의결내용을 징벌의결서 정본(正本)에 첨부하여 소장에게 통보해야 한다.

소장은 징벌집행유예가 아닌 징벌은 지체 없이 집행하여야 한다. 징벌을 집행하려면 소장은 징벌의결의 내용과 징벌처분에 대한 불복방법 등을 기록한 징벌통지서에 징벌의결서 부본(副本)을 첨부하여 해당 수용자에게 전달하여야 한다(시행규칙 제229조).

소장은 실외운동 정지 또는 금치의 징벌집행을 마친 경우에는 의무관에게 해당 수용자의 건강을 지체 없이 확인하게 하여야 한다.

의무관이 출장, 휴가, 그 밖의 부득이한 사유로 행할 수 없는 경우에는 그 교정시설에 근무하는 의료관계 직원에게 대행하게 할 수 있다.

경고·작업장려금 삭감·공동행사 참자 정지 이외의 징벌 집행 중인 수용자가 다른 교정시설로 이송되거나 법원 또는 검찰청 등에 출석하는 경우에는 징벌집행이 계속되는 것으로 본다(시행령 제134조). 소장은 질병 그 밖의 사유로 징벌집행이 곤란하면 그 사유가 해소될 때까지 그 집행을 일시 정지할 수 있다(법 제113조 1항). 질병이나 그 밖의 사

68 구 「행형법」 제48조의2 참조.

유로 징벌집행을 일시 정한 겨우 그 정지 사유가 해소되었을 때에는 지체 없이 징벌집행을 재개하여야 한다. 이 경우 집행을 정지한 다음 날부터 집행을 재개한 전날까지의 일수는 징벌기간으로 계산하지 아니한다.

수용자가 이송 중에 징벌대상 행위를 하거나 다른 교정시설에서 징벌대상 행위를 한 사실이 이송된 후에 발각된 경우에는 그 수용자를 인수한 소장이 징벌을 부과한다. 소장은 수용자의 징벌에 관한 사항을 수용기록부 및 징벌집행부에 기록하여야 한다(시행령 제137조). 수용자의 징벌에 관한 사항을 징벌집행부에 기록한 때에는 그 내용을 교정정보시스템에 입력하여야 한다(시행규칙 제229조).

2. 집행 방법

(1) 징벌거실 수용과 금치처분 중 처우 제한

소장은 징벌집행을 위하여 필요하다고 인정하면 징벌거실 등에 수용자를 분리하여 수용할 수도 있고, 금치 이외의 징벌은 현재의 거실에서 집행할 수도 있다. 다만, 금치를 집행하는 경우에는 징벌집행을 위하여 별도로 운용하는 징벌거실에 반드시 해당 수용자를 수용하여 집행해야 한다.

징벌거실은 본래 금치처분을 집행하기 위한 거실로 설계·운용되고 있지만, 소장은 금치 이외의 징벌을 집행하는 경우 그 징벌의 목적을 달성하기 위하여 필요하다고 인정하면 해당 수용자를 징벌거실에 수용할 수도 있다.

금치 이외의 징벌을 받은 수용자를 분리수용해야 할 경우라면 금치를 위한 징벌거실과 구분하여 별도의 징벌거실을 운용하는 것이 바람직하다. 왜냐하면, 징벌 중에서 금치는 가장 무거운 징벌로서 대상자를 징벌거실에 구금하고 일정한 생활조건에 제약을 가함으로써, 일반적인 수용자의 구금상태보다 가중된 징벌적 구금이기 때문이다.

현행법상 금치처분을 받은 수용자에 대하여는 금치기간 중 다른 징벌, 즉 공동행사 참가·신문열람·텔레비전 시청·자비구매물품 사용·전화통화를 일률적으로 금지하고 집필·서신수수·접견을 원칙적으로 금지하는, 처우제한을 함께 부과하도록 규정하고 있다(법 제112조 3항).

현행규정과는 달리 2016년까지는 금치 집행 중에 실외운동도 원칙적으로 제한하는 내용으로 규정되어 있었다. 이에 대해 헌법재판소는 “금치기간 중 실외운동을 원칙적으로 제한하는 규정의 내용은 헌법에 위반된다”고 위헌 결정을 하였다.

이 결정이 나오기까지의 과정과 이유는 다음과 같다.

㈎ 금치조항 중 실외운동 정지가 포함된 것에 대한 관련 규정 및 헌법재판소 선(先)결정례

실외운동에 대한 법령에 따르면, 소장은 수용자가 건강유지에 필요한 운동을 정기적으로 할 수 있도록 하여야 한다(법 제33조 1항). 소장은 수용자가 매일 근무시간 내 1시간 이내의 실외운동을 할 수 있도록 하여야 하고, 다만, 작업의 특성상 실외운동이 필요 없다고 인정되는 때, 질병 등으로 실외운동이 수용자의 건강에 해롭다고 인정되는 때, 우천·수사·재판 그 밖의 부득이한 사정으로 실외운동을 하기 어려운 때에 해당하면 실외운동을 실시하지 아니할 수 있다(시행령 제49조).

과거 「행형법시행령」 제145조 2항의 금치규정에 따르면, "금치처분을 받은 자는 징벌실에 수용하고, 그 기간 중 운동을 금지한다"고 규정하고 있었다.

헌법재판소는 위 조항에 대해 헌법에 위반된다고 결정하였다. 그 결정내용은 다음과 같다.

실외운동은 구금되어 되어 있는 수형자의 신체적·정신적 건강유지를 위한 최소한의 기본적 요청이다. 따라서 금치처분을 받은 수형자에 대한 절대적인 운동의 금지는 징벌의 목적을 고려하더라도 그 수단과 방법에 있어서 최소한도의 범위를 벗어난 것으로, 헌법 제10조의 인간의 존엄과 가치를 침해하고, 신체의 완전성이 훼손당하지 아니할 자유(신체불훼손권)를 포함하는 제12조의 신체의 자유를 침해하는 정도에 이르렀다고 판단된다. 이에 따라 구 「행형법시행령」 제145조 제2항 중 "금치처분을 받은 자는 운동을 금지한다" 부분은 헌법에 위반된다고 결정했다.[69]

㈏ 2007.12.12. 전면개정된 「수용자처우법」 제112조 3항 중 금치에 관한 부분에 대한 결정례

「수용자처우법」 제112조 3항 중 금치처분을 받은 사람에 대하여는 원칙적으로 실외운동을 금지하고, 다만 소장이 수용자의 권리구제·수형자의 교화 또는 건전한 사회복귀를 위하여 특히 필요하다고 인정하면 실외운동을 허가할 수 있도록 규정하고 있었다.

이에 대해 헌법재판소는,

---

69 헌재결 2002헌마478 참조.

1) 교정시설의 안전과 질서를 위하여 가장 무거운 징벌인 금치처분을 받을 사람을 엄격한 격리에 의하여 외부와의 접촉을 금지시키고 반성에 전념하도록 하여 수용질서를 확립하고자 하는 입법목적은 정당하며, 금치기간 동안 실외운동을 원칙적으로 정지하는 것은 위 목적을 달성하기 위한 접합한 수단이다.

2) 금치처분을 받은 사람에 대한 실외운동을 원칙적으로 허용하고 징벌대상자의 특성을 고려하여 예외적으로만 제한하는 것이 바람직하며, 제한의 필요성이 인정되는 경우에도 그 제한의 최저기준을 법령에 명시하는 것이 필요하다.

그럼에도 실외운동이 수용자의 신체적·정신적 건강을 유지하는 데 필수적이라는 점 및 수용자의 교정교화와 건전한 사회복귀라는 형집행의 근본적 목적을 달성하려면 수용자의 신체적·정신적 건강이 뒷받침되어야 한다는 점을 고려하지 않고, 원칙적으로 실외운동 정지라는 처우제한까지 부과하고 있다.

이는 수용시설 안의 안전과 질서라는 입법목적을 달성을 위해 반드시 필요한 조치로 볼 수 없다. 또한 소란·난동을 피우거나 다른 사람을 해할 위험이 있어 실외운동을 허용할 경우 금치처분의 목적 달성이 어려운 경우에 한하여 실외운동을 제한할 수 있음에도, 그리하지 않고 원칙적으로 실외운동을 제한하고 있다. 그리고 「수용자처우법」 제112조 제3항 단서는 실외운동을 예외적으로 허가할 수 있다고 하면서도, 실외운동의 기회가 어떠한 경우에는 필요적으로 부여되어야 한다는 최저기준마저 정하고 있지 않다.

이상의 현실 사정들을 종합하여 보면, 금치조항 중 원칙적 실외운동 제한은 침해의 최소성에 위반된다.

3) 금치조항 중 '원칙적 실외운동 제한'을 통해 달성하고자 하는 수용시설의 안전과 질서유지라는 공익은 금치처분을 받은 사람 중 소란·난동을 피우거나 다른 사람을 해칠 위험이 있는 자들에 대하여 실외운동을 제한하는 것만으로도 달성할 수 있다. 그럼에도 금치처분을 받은 일반수용자에 대해서도 소장의 재량에 의해서만 예외적으로 실외운동을 허용하고 있어서 수용자의 정신적·신체적 건강에 필요 이상의 불이익을 가하고 있다. 따라서

이는 공익에 비해서 제한되는 수용자의 기본권적 이익이 크기 때문에, 제한되는 이익에 비해 달성코자 하는 공익이 더 커야만 제한할 수 있다는 법익의 균형성 요건도 갖추지 못하였다.

4) 결론적으로 「수용자처우법」 금치조항 중 제108조 제13호(금치기간 중 실외운동 금지)에 관한 부분은 수용자의 신체의 자유를 침해하여 헌법에 위반된다.

5) 덧붙여 설명한다면, 이 헌법소원심판사건에서 헌법재판소는 금치조항 중 공동행사 참가 정지, 텔레비전 시청 제한, 신문·잡지·도서 외 자비구매물품 사용 제한에 관한 원칙적 금지는 헌법에 위반되지 않는다고 결정하였다. 따라서 금치기간 중에도 '자비로 구매한 도서 열람, 라디오 청취(법 제48조), 개별적인 종교상담(법 제45조), 비치도서 이용(법 제46조), 실외운동 등은 허용되고 있다'고 금치에 관한 현행법을 종합적으로 해석, 이해할 수 있다.

6) 현행 금치처분의 집행(법 제112조 4항)
소장은 제108조 제14호의 금치처분을 받은 사람에게 다음 각 호의 어느 하나에 해당하는 사유가 있어 필요하다고 인정하는 경우에는 건강유지에 지장을 초래하지 아니하는 범위에서 실외운동을 제한할 수 있다. 다만, 실외운동을 제한하는 경우에도 매주 1회 이상은 실외운동을 할 수 있도록 하여야 한다.
가. 도주의 우려가 있는 경우
나. 자해의 우려가 있는 경우
다. 다른 사람에게 위해를 끼칠 우려가 있는 경우
라. 그 밖에 시설의 안전 또는 질서를 크게 해칠 우려가 있는 경우로서 법무부령으로 정하는 경우

(2) 작업장려금 삭감

작업장려금의 삭감은 징벌위원회가 해당 징벌을 의결한 날이 속하는 달의 작업장려금부터 이미 지급된 작업장려금에 대하여 역순으로 집행한다(시행규칙 제231조 1항).

3. 징벌집행의 순서(시행규칙 제230조)

금치와 그 밖의 징벌을 집행할 경우에는 금치를 우선하여 집행한다. 다만, 작업장려금의 삭감과 경고는 금치와 동시에 집행할 수 있다.

같은 종류의 징벌은 그 기간이 긴 것부터 하며, 금치를 제외한 두 가지 이상의 징벌을 집행할 경우에는 함께 집행할 수 있다.

4. 집행에 따른 부속 조치

(1) 실외운동 정지 · 금치 집행 전후 건강상태 확인

소장은 실외운동 정지 또는 금치처분을 집행하는 경우에는 의무관으로 하여금 사전에 수용자의 건강을 확인하도록 하여야 하며, 집행 중인 경우에도 수시로 건강상태를 확인하여야 한다(법 제112조 5항). 또한 실외운동 정지 또는 금치의 집행을 마친 경우에도 의무관에게 해당 수용자의 건강을 지체 없이 확인하게 하여야 한다(시행령 제133조 5항).

실외운동 정지와 금치는 수용자의 건강까지 해칠 수 있는 무거운 징벌이므로 다른 열 두 가지 징벌처분과는 구분하여 건강 확인 의무를 특칙으로 명시한 것이다. 특히 금치처분을 받은 사람은 0.46㎡ 크기의 창문이 딸린 4.6㎡(1.3평) 크기의 징벌거실에 수용되어 지내야 하므로 신체적 건강뿐만 아니라 정신적 건강에도 해를 입을 위험성이 현저히 높으므로 각별히 주의 깊게 건강 확인을 할 필요가 있다.

(2) 금치 집행 중 물품 별도 보관

소장은 금치 중인 수용자가 생활용품 등으로 자살 · 자해할 우려가 있거나 교정시설의 안전과 질서를 해칠 우려가 있는 경우에는 그 물품을 따로 보관하고 필요한 경우에만 이를 사용하게 할 수 있다(시행령 제232조).

이 조항을 근거로 실무에서는 원칙적으로 생활용품 사용을 제한하고 있다.

법령상에 따르면 지급물품은 제한되지 않고 자비구매물품의 사용만 제한하고 있지만, 자살 · 자해의 위험방지라는 명분으로 지급물품까지 사용하지 못하도록 하는 것은 과잉금지에 해당할 수 있다.

(3) 징벌집행 중인 수용자의 심리상담(시행규칙 제233조)

소장은 징벌집행 중인 수용자의 심리적인 안정과 징벌대상행위의 재발방지를 위해 교도관으로 하여금 징벌집행 중인 수용자에 대한 심리상담을 하게 해야 한다.

소장은 징벌대상행위의 재발방지에 도움이 된다고 인정하는 경우에는 징벌집행 중인 수용자가 교정위원·자원봉사자 등 전문가의 상담을 받게 할 수 있다.

이는 교정시설에서 수용자에 대한 심리상담을 적극 활용하기 위해 2018년 개정을 통해 심리상담을 도입한 것이다.

이는 징벌적인 방법에만 의존하기보다는 수용자의 개인적인 심리상태나 고충 등을 확인하여 규율위반이 반복되지 않도록 하는 데 많은 도움이 되도록 활용되어야 한다.

(4) 가족에게 징벌집행사실 통보

수용자가 징벌처분을 받아 접견·서신수수·전화통화가 제한된 경우에는 소장은 그의 가족에게 그 사실을 알려야 한다. 그렇지만, 수용자가 통지를 원하지 아니하면 알리지 말아야 한다(시행령 제133조 2항). 접견·서신수수·전화통화가 제한되는 것과 관련이 없는 징벌처분에 대하여는 가족에게 알려서는 아니 된다.

5. 징벌결정에 대한 불복

현행법상 징벌처분결정에 대한 독자적인 불복절차는 따로 제도화하지 않고 있다.

따라서 징벌결정에 대해 이의가 있는 경우에는 청원·국가인권위원회에 진정·행정심판·행정소송 등 통상적인 권리구제제도를 이용해야 한다. 그렇지만 이러한 구제절차는 시간과 비용이 많이 들고 절차도 복잡하기 때문에 실제 이용가능성이 높지 않다. 그러므로 지방교정청에 직접 이의를 제기하여 재심을 받을 수 있는 절차 등을 제도화할 필요가 있다. 그 밖에도 운영부담을 고려하여 옴브즈만제도와 같은 행정조직 밖의 징벌 재심의 기구 등도 고려해 볼 가치가 있다.

Ⅷ 징벌의 감면과 일시정지

소장은 징벌집행 중인 사람이 뉘우치는 빛이 뚜렷한 경우에는 그 징벌을 감경하거나 남은 기간의 징벌집행을 면제할 수 있다(법 제113조 2항).

소장은 징벌집행을 받고 있거나 집행을 앞둔 수용자가 같은 행위로 법률에 따른 처벌이 확정되어 징벌을 집행할 필요가 없다고 인정하면 징벌집행을 감경하거나 면제할 수 있다(시행규칙 제231조 4항).

소장은 질병이나 그 밖의 사유로 징벌집행이 곤란하면 그 사유가 해소될 때까지 그 집행을 일시 정지할 수 있다(법 제113조 1항).

Ⅸ 징벌의 종료와 실효

1. 징벌의 종료

법 제108조에서 규정하고 있는 징벌 중 경고나 작업장려금 삭감 이외의 징벌들을 집행일수 또는 집행시간으로 정해져 있으므로 해당 결정 기간(시간)이 경과하면 집행이 종료된다.

징벌집행을 유예 받은 경우에는 징벌집행을 유예 받은 후 징벌을 받음이 없이 유예기간이 지나면 그 징벌의 집행은 종료된 것으로 본다(법 제114조).

징벌집행 중인 수용자가 뉘우치는 빛이 뚜렷한 경우에는 징벌을 면제할 수 있으므로, 면제된 경우 면제결정을 받은 날 징벌은 종료된다.

징벌집행 중인 수용자가 형기종료나 가석방 등의 사유로 출소하였을 경우 행정처분인 징벌은 당연히 종료된다.

2. 징벌의 실효

(1) 의 의

징벌의 실효란 징벌집행이 끝나 후 규율위반 없이 일정기간이 경과하는 등의 요건을 갖춘 경우 징벌전력으로 인한 불이익을 없게 해주는 제도이다. 이는 징벌 받은 수용자의 정상적인 수용생활 복귀를 보장하기 위한 교정 정책의 소산이다.

(2) 실효의 요건(법 제115조)

소장은 징벌의 집행이 종료되거나 집행이 면제된 수용자가 교정성적이 양호하고 법무부령으로 정하는 아래의 기간 동안 징벌을 받지 아니하면 법무부장관의 승인을 받아 징벌을 실효시킬 수 있다.

1) 금치의 실효 경과기간

가. 21일 이상 30일 이하의 금치: 2년 6개월

나. 16일 이상 20일 이하의 금치: 2년

다. 10일 이상 15일 이하의 금치:1년 6개월

라. 9일 이하의 금치: 1년

2) 금치 외의 징벌 실효 경과기간

가. 3개월 이하의 작업장려금 삭감: 2년

나. 2개월 이하의 작업장려금 삭감: 1년 6개월

다. 아래의 징벌: 1년

- 30일 이내의 실외운동 및 공동행사 참가 정지
- 30일 이내의 접견·서신수수·집필 및 전화통화 제한
- 30일 이내의 텔레비전시청 및 신문열람 제한
- 1개월의 작업장려금 삭감

라. 아래의 징벌: 6개월

- 30일 이내의 접견 제한
- 30일 이내의 서신수수 제한
- 30일 이내의 집필 제한
- 30일 이내의 전화통화 제한
- 30일 이내의 작업 정지
- 30일 이내의 자비구매물품 사용 제한
- 30일 이내의 텔레비전 시청 제한
- 30일 이내의 신문 열람 제한
- 30일 이내의 공동행사 참가 정지
- 50시간 이내의 근로봉사
- 경고

소장은 수용자가 교정사고 방지에 뚜렷한 공로가 있다고 인정되면 분류처우위원회의 의결을 거친 후 법무부장관의 승인을 받아 징벌을 실효시킬 수 있다.

(3) 시설의 장의 신청

소장은 징벌을 받았던 수용자에 대해 징벌을 실효시킬 필요가 있으면 징벌실효기간이 지나거나 분류처우위원회의 의결을 거친 후에 지체 없이 법무부장관에게 그 승인을 신청하여야 한다.

징벌의 실효에는 「형의 실효 등에 관한 법률」의 자동실효처럼 일정기간 지나면

별도의 절차 없이 자동으로 실효되는 제도는 도입하지 않고 있다. 앞으로는 교정 정책상 자동적 징벌실효의 도입을 고려할 필요가 있다.[70]

(4) 실효의 효과

법무부장관의 승인을 거쳐 징벌이 실효된 경우, 소장은 실효된 징벌을 이유로 그 수용자에게 처우상 불이익을 주어서는 아니 된다.

X 양형자료의 통보

소장은 미결수용자에게 징벌을 부과한 경우에는 그 징벌대상행위 등에 관한 양형(量刑) 참고자료를 작성하여 관할 검찰청 검사 또는 관할 법원에 통보할 수 있다(시행규칙 제235조).

70 동지(同旨)의 주장은 신양균 앞의 책, 516면 참조.

학습 체크 포인트

01 상우(賞遇)는 수형자 개과천선과 재사회화의 동기를 촉진 · 강화하기 위하여 시설내처우 과정에서 개선의 정상이 현저하거나 행장이 우량한 자에 대하여 그에 상응하여 우대하는 처우로서 보상하여 경비처우급을 상향 조정하여 처우하거나 귀휴제나 선시제에 반영하여 개별 수형자의 개전의 정도에 따라 그에 상응하는 처우를 하는 교정방식이다.

02 포상제도는 '수형자에 한하여 적용되는 처우방식'이라는 상우의 한계를 뛰어넘어, 미결수용자나 사형확정자 등 다른 수용자들에게도 적용하여 수용자의 선행이나 모범적인 품행 등을 장려하고 시설내 안전과 질서에 기여하도록 구체적인 포상사유와 포상내용을 명시하여 상을 주는 제도이다.

03 우리나라는 2007년 「수용자처우법」으로 종래 「행형법」을 전면 개정하면서 「행형법」과는 달리 구체적인 포상규정을 마련하여 법무부령으로 정하는 바에 따라 포상사유에 해당하는 행위를 한 개별수용자에게 소장이 포상할 수 있도록 제도화하였다.

04 소장은 수용자가 1) 자살 시도 수용자 구출 등 사람의 생명을 구조하거나, 2) 도주를 방지한 때, 3) 재해 피해의 복구 등 응급용무에 공로가 있는 때에는 소장 표창 및 가족 만남의 집 이용대상자로 선정할 수 있고, 4) 수용자의 중대한 규율 위반 행위를 발견 · 신고하는 등 시설의 안전과 질서유지에 뚜렷한 공이 인정되는 때, 5) 교도작업의 생산성을 높이는 우수한 제안을 하는 등으로 수용생활에 모범을 보이거나 건설적이고 창의적인 제안을 하는 등 특히 포상할 필요가 있다고 인정되는 때에는 소장 표창 및 가족만남의 날 참여 대상자로 선정할 수 있다.

05 포상제도는 수용자로 하여금 그의 행동에 대하여 호의적인 평가를 하고 긍정적인 자아관념을 가지게 하여 책임 있는 수용생활을 영위하게 하며, 사회복귀에 대한 의욕을 고취시킬 수 있으므로, 징벌제도보다 수용질서 확립과 시설 내 안전과 질서유지에 더 큰 기여를 하는 제도로 평가되고 있다.

06 구 「행형법」하에서는 법무부장관이 정하는 규율위반을 모두 징벌사유로 한 적이 있으나, 징벌부과는 '시설 내 형벌' 내지는 '형벌 속의 형벌'에 해당하기 때문에 「수용자처우법」은 그 요건과 절차를 법으로 명확하게 규정하고, 그 밖에 시설의 안전과 질서유지를 위하여 필요한 경우에는 법무부령으로 정하는 규율을 위반하는 행위에 한하여 징벌위원회의 의결을 거쳐 징벌을 부과할 수 있도록 하고 있다.

07 징벌은 형사처분이 아니라 행정법 상 징계의 일종인 행정처분이다. 일반사회에서 형법이 담당하는 역할을 시설 내에서는 징벌에 관한 법률과 규칙이 담당한다는 의미에서 크릭스만(Krigsmann)은 징벌에 관한 법률 내지 규칙을 「교도소 내의 형법」이라고 불렀다. 징벌은 형사처벌은 아니지만 수용자의 권리에 대한 제한을 수반하므로 엄격한 제한 하에서만 인정된다. 따라서 징벌은 법률이나 법률이 위임한 범위 내에서 권한 있는 행정기관의 규칙으로 명시해야 한다(징벌법정주의).

08 「수용자처우법」은 징벌사유가 발생하더라도 소장이 직권으로 징벌을 결정하는 것이 아니라 외부위원이 참석하는 징벌위원회의 심의 · 의결을 거쳐 징벌을 결정하도록 하고 있고, 위원장도 소장이 맡지 않고 '소장의 바로 다음 순위자'가 맡도록 하고 있다. 이는 징벌절차를 규문주의에서 벗어나 탄핵주의의 성격을 강화하도록 하여 징벌 부과의 객관성과 투명성을 높이기 위함이므로 징벌위원회 구성에 있어서 가급적이면 외부위원을 많이 위촉하는 것이 바람직하다.

09 현행법은 징벌위원 중 징벌대상자의 친족이거나 공정한 심의 · 의결을 기대할 수 없는 특별한 사유가 있는 위원은 그 징벌에 관여하지 못하도록 하는 제척규정을 두고 있다. 또한 징벌대상자는 위원에 대해 기피신청을 할 수 있고, 징벌위원회는 그 위원의 기피 여부를 결정하여야 한다.

10 수용자의 징벌대상행위에 대하여는 최장 17일까지 조사가 가능하고, 징벌위원회는 징벌을 의결하는 때에 행위의 동기 및 정황 · 뉘우치는 빛이 뚜렷한 경우에는 그 징벌의 집행을 유예할 것을 의결할 수 있다.

11 징벌은 동일한 행위에 대하여 거듭하여 부과해서는 아니 되며, 징벌사유가 발생한 날부터 2년이 지나면 이를 이유로 징벌을 부과하지 못한다.

12 징벌 집행 중인 수용자가 다른 교정시설로 이송되거나 법원 또는 검찰청 등에 출석하는 경우에는 그 시간 동안 징벌 집행이 중지되지 않고 계속되는 것으로 보아 그 기간도 징벌 집행기간에 포함된다.

13 종래에는 조문에 '정당한 사유 없이 작업 · 교육 등을 거부하거나 태만히 하는 행위'에 대해서만 징벌을 부과할 수 있도록 정하고 있어, 교화프로그램을 거부하거나 태만히 하는 경우에는 위 규정의 '교육 등'에 해당하는 것으로 보아 징벌을 부과할 수밖에 없었다. 이는 요건의 명확성이 떨어져 수용자의 불복을 야기할 우려가 있으므로 2019년 법개정을 통해 '교화프로그램의 거부' 등에 대해서도 징벌을 부과한다는 것을 명시

적으로 규정하였다. 이에 따라 적극적인 교화프로그램 참여를 유도함으로써, 재범위험성을 낮추기 위한 심리치료 등 교화프로그램을 강화하고 효과성을 높이는 데에도 기여할 수 있게 되었고, 징벌사유의 명확성도 높아지게 되었다..

제5장

수용자의 권리 및 권리구제 제도

제1절 수형자의 법적 지위 변천

수형자의 법적 지위는 형벌의 객체에서 권리의 주체로 발전되어 왔다.

근대 이전까지는 수형자는 노예상태에 있는 형벌의 객체일 따름이었고 권리의 주체라는 생각은 아직 그 싹조차 움트지 못하고 있었으나, 20세기 이후에 와서야 비로소 수형자와 국가의 관계를 명백히 벌률 관계로 파악하여 수형자도 권리의무의 주체로서의 법적 지위가 확립되기에 이르렀다.

1. 근대 이전의 수형자의 상태

16세기 말 네덜란드 암스테르담노역장은 근대적 자유형을 집행하는 교정시설의 시작이다(통설). 근대적 자유형은, '감옥(Prison)'이라고 불리는 행형(行刑) 시설 속에 범죄인을 구금하여 그 신체를 구속하고 감옥 내의 작업장에서 교화개선을 위한 강제노동을 시키는 것을 특징으로 한다. 암스테르담노역장의 개선형사상은 역사적 연속성을 가지고 발전하지 못하고, 17, 18세기의 대부분의 감옥에서는 '노동을 통한 개선'이 아니라, 단순히 '감옥 내의 공장으로서의 강제노역'이 노동력 착취의 수단일 뿐이었다. 이러한 상황에서 수형자들은 노예상태에 있는 형벌의 객체일 따름이었고 권리의 주체라는 인식은 전혀 없었다.

2. 18세기 말 최초의 국제적 감옥개량운동가인 하워드(J. Howard)에 의해 감옥의 폐해를 시정하고 수형자의 상태와 처우를 개선하려는 '감옥개량운동'이 시작된 이래로, 유럽과 미국에서 전승되어 펜실바니아제(필라델피아제) · 오번제 · 엘마이라제 등 근

대적 구금제도가 정립되었다. 이러한 '감옥개량운동'은 인도주의 입장에서 수형생활의 비참함을 경감시킨 성과가 있었으나, 이는 어디까지나 은혜적 자선(慈善)에 불과할 뿐이었지 수형자의 권리보장 차원은 아니었다.

3. 19세기부터 유럽과 미국에서 전개된 행형개혁운동은 범죄학의 발달에 영향을 받아 성립한 근대학파가 교육 · 개선을 통한 특별예방을 강조하는 목적형론과 교육형주의에 바탕을 두고 전개한 것이었다. 과거의 '감옥개량운동'은 주로 감옥시설과 구금방식을 개선하려는 개혁운동이었으나 '행형개혁운동'은 자유형의 집행방법 즉 수형자의 처우를 개선하려는 것이었다. 이러한 행형개혁과정에서 수형자의 법적 지위를 보호하려는 움직임이 나타나기 시작했다. 이러한 행형개혁은 구금시설 내에 있어서 수형자의 생활조건의 개선에는 적지 않은 기여를 하였으나, 여전히 부분적 · 은혜적인 시책의 범주에서 벗어나지 못했고 수형자는 법적 권리의 주체로 인정되지 않았다.

4. 자유형순화론과 수형자의 법적 지위 인정

영 · 미에서는 감옥개량운동과 행형개혁운동을 통해 수형자의 처우를 개선하려했던 것에 비해 독일에서는 법이론적 차원에서 수형자의 인권을 개선하려는 노력이 있었다.

(1) 바알베르그(Wahlberg)

교도작업임금제를 최초로 주장한 바알베르그는 1884년 수형자의 보수청구권을 주장하는 논문에서, 행형기관과 수형자의 법률관계에 대하여, "수형자는 시민으로서 자유를 누리고 있을 때와 같은 인격권을 지닐 수는 없고 그 권리의 범위가 낮추어 줄어들지만, 그럼에도 불구하고 수형자는 법적 권리능력이 감소된 주체로서 여러 가지 권리를 갖고 있는 자이며, 전적으로 강제적 의무만 지니고 있는 존재가 아니다. 따라서 수형자와 국가의 관계는 권리와 의무의 복합관계로서, 자유형의 내용은 법률에 의하여 규율되어야지 합목적성의 관점에 입각한 의무에 의해서만 일방적으로 확정되어서는 아니 된다"고 주장했다.

(2) 프로이덴탈(B. Freudenthal)의 수형자 권리 · 의무 주체성 인정

프로이덴탈은 1909년 이래 수형자와 국가의 관계를 법률관계로 파악하여, 수형자가 권리의무의 주체라는 것을 명백히 했다. 그는 행형에 있어서 법치국가의 이념을 구현하기 위하여 자유형순화론을 주창했다. 그것은, 자유형은 자유박탈을 본질적인 내용으로 하는 형벌이므로, 자유박탈 이외의 일체의 침해적 효과를 배제함으로써 자유형의 형벌로서의 독자성과 고유성을 유지해야 한다는 이론이다. 이에 따르면, 자유형은 집행방법 상의 노동강제나 징벌 등을 통해서 신체 또는 생명에 대한 형으로 되어서는 아니 된다.

프로이덴탈은 수형자의 법적 지위와 권리보장에 관한 특별권력관계 이론을 부정하는 논리를 정립했다. 그는 1911년 "법률과 판결은 행형에 있어서도 마그나 카르타"라고 하면서, 수형자의 권리제한은 법률 또는 법규명령에 의하지 않으면 아니 되고, 국가와 수형자의 관계는 포괄적 지배－복종 관계가 아니라 법률관계이며, 수형자의 권리구제제도가 확립되어야 한다고 하였다.

특별권력관계이론이란, 일반 국민의 자유와 재산권 침해는 법치주의에 따라 법률의 유보(留保: 근거)를 필요로 하지만, 행정의 내부관계에 있어서는 법률의 근거 없이도 개인의 자유와 권리를 침해할 수 있다는 논리이다. 이 이론에 따르면, 수형자와 국가의 관계는 일반권력관계가 아니라 특별권력관계이므로, 수형자의 복종의무는 영조물행정목적에 의하여 과해지는 모든 침해에 대해 법률적 근거 없이도 인정된다. 따라서 행정명령을 통해서도 수형자의 권리를 제한할 수 있다. 또한 특별권력관계의 내부사항은 사법심사의 대상이 되지 않으므로 수형자에게는 권리구제를 위한 재판청구권이 인정되지 않는다. 종합하면, 특별권력관계에서의 행정행위에는 법률유보의 원칙 적용이 없고, 그러한 행정행위는 사법심사의 대상도 되지 않는다.

(3) 특별권력관계론의 부정

1972년 서독연방헌법재판소는 "수형자의 기본권도 법률에 의하거나 법률의 근거가 있어야만 이를 제한할 수 있다"고 하여, 이른바 "수형자 판례"를 통해 특별권력관계론을 명백히 부정하였다. 이후 오늘날에는 수형자에 대해서도 법치주의(법치국가원리)가 적용된다. 법치주의 원리는 '법률의 우위'와 '법률유보'라는 두 원칙으로 구성된다. 그러므로 교정(행형)에 있어서도 행정명령이 법률보다 우선되어서는 안 되며, 법률의 근거 없이는 수형자의 기본권을 침해할 수 없다. 따라서 수형자의 권리는 법률에 의하거나 법률의 수권(授權)에 근거하지 않으면 제한될 수 없다. 법치국가원리는 교정(행형)에 있어서도 합법성을 규제하는 원칙이다. 이와 더불어 오늘날에는 수형자에 대한 사회국가원리도 인정된다. 사회국가원리는 재사회화라는 교정목표를 뒷받침하는 기본원칙이다.

(4) 특별권력관계론과 같은 맥락에서 수형자의 권리보장을 인정하지 않으려는 논리가 미국에 있어서는 법원불간섭(개입)주의(Hands-off Doctrine)였다. 이는 법원이 교정(행형)분야에 대해서는 관할권을 행사하지 않는 것으로 하여, 교정행정사항에 대해서는 사법심사를 배제하는 논리이다. 즉, 수형자에게는 권리구제를 위한 재판청구권을 인정하지 않는 것이다. 이에 따르면, 수형자에 대한 처우는 교정기관의 재량에 맡겨지고, 교정시설내의 처분에 대해서는 비공개주의를 유지하므로 수형자에 대한 처우에 적법절차원리가 적용되지 않으며, 권리구제도 인정되지 않으므로 수형자는 인권사각지대에 놓이게 된다. 이 법원불간섭주의는 1964년 연방대법원이 헌법상의 권리침해를 이유로, "수형자는 교도관을 상대로 소송을 제기할 수 있다"는 판결을 통해 불개입주의를 개입주의로 전환시켰고, 1970년대 이후로 미국의 교정정책에서 의료모델을 배제하면서, 법원간섭(개입)주의(Hands-on Doctrine)로 확고하게 자리잡았다. 이에 따라 미국에서도 수형자가 권리구제를 위한 소송을 제기할 수 있게 되었고, 행형(교정)에 대한 적법절차가 강화되어 수형자의 인권보장은 더욱 높은 수준을 유지할 수 있게 되었다.

제2절 수용자의 기본권과 법률적 권리

기본권이란 헌법상 인정되고 보호받는 권리를 말한다. 즉 헌법적 차원에서 보장하는 권리이다. 따라서 단순히 '법률상' 인정되고 보호받는 권리는 기본권이 아니다. 「국민의 형사재판 참여에 관한 법률」에 따른 국민참여재판을 받을 권리 등이 법률상 권리의 예이다. 법률상 권리는 그 침해가 있더라도 헌법소원심판을 청구할 수 없다.

I 기본권의 주체에 수용자 포함

기본권의 주체란 기본권을 누릴 수 있는 사람으로서 기본권의 보호를 받는 존재를 말한다. 헌법상 대한민국 국적을 가진 모든 대한민국 국민은 기본권의 주체이다. 따라서 범죄자나 수용자도 모두 기본권의 주체이다.[71]

이와 관련하여 외국인수용자의 기본권주체성 인정 여부가 문제된다. 헌법은 대부분

71 수용자는 특수신분관계에 있는 자로서의 대표적 존재이다. 이들도 국민인 이상 기본권의 주체가 된다는 것에 대해서는 오늘날 이론(異論)의 여지가 없다.

의 기본권규정에서 "모든 국민은 … 권리를 가진다"라고 규정함으로써 기본권의 주체를 '국민'으로 명시하고 있기 때문이다. 이에 대해 헌법해석론상 기본권의 성질상 '인간의 권리'에 해당할 경우, 즉 국적에 관계없이 인간의 자격에서 보장받아야 할 권리라면 외국인도 기본권의 주체가 된다고 보는 것이 주류적인 입장이다.[72]

자유권·청구권적 기본권은 원칙적으로 외국인에게도 인정된다. 사회적 기본권(생존권)과 참정권은 원칙적으로 외국인에게는 인정되지 않는다. 이러한 맥락에서 외국인수형자에 대하여는 사회적 기본권에 바탕을 둔 교정교화 또는 건전한 사회복귀를 위한 처우를 받을 권리는 적극적으로 보장하지 않을 수 있으나, 그 밖의 수용자의 권리는 외국인수용자라 할지라도 차등을 두어서는 아니 된다.

Ⅱ 수용자의 기본권

1. 인간의 존엄과 가치

헌법 제10조는 "모든 국민은 인간으로서의 존엄과 가치를 가지며, 행복을 추구할 권리를 가진다"라고 규정하고 있으므로, 수용자도 이에 근거한 인격권이 보장되어야 한다.

수용자에 대하여는 구금의 목적 달성과 교정시설 안전과 질서보호를 위하여 기본권이 가장 많이 제한되어야 하지만, 기본권제한에 있어서 인간의 존엄과 가치를 침해함으로써 결과적으로 인간으로서의 존엄과 가치를 훼손한다면, 헌법 제10조에서 규정한 인간의 존엄과 가치에 위반된다.

헌법이 보장하는 인간의 존엄과 가치는 국가형벌권을 행사함에 있어 수용자를 단순히 형집행 또는 처우의 객체로 취급하거나 비인간적이고 잔혹한 형벌을 부과하는 것을 금지한다. 그러므로 고문을 가하거나 징벌로써 '감식'(減食)을 인정한다거나 보호장비로써 '사슬'을 사용하는 것은 허용되지 않는다. 또한 시설내처우에 있어 인간 존엄의 기본조건이 박탈된 시설에 범죄인을 수용하는 것도 인정할 수 없다.

인간의 존엄과 가치는 비록 범죄를 통해 사회에 커다란 해악을 끼친 수형자라 할지라도 그가 인간으로서 가지는 존엄과 가치는 훼손할 수 없다.

헌법재판소도 "구금의 목적 달성을 위해서는 수형자의 기본권에 대한 제한이 불가피하다 하더라도, 국가는 어떠한 경우에도 수형자가 인간으로서 가지는 존엄과 가치는

72 성낙인, 헌법학, 2011, 355면. 김하열, 헌법강의, 2018, 202면 참조.

훼손할 수 없다[73]"고 한다. 그리고 헌법재판소는 "교정시설의 1인당 수용면적이 수형자의 인간으로서의 기본욕구에 따른 생활조차 어렵게 할 만큼 지나치게 협소하다면, 이는 그 자체로 국가형벌권의 한계를 넘어 수형자의 인간의 존엄과 가치를 침해하는 것이다[74]"고 하면서 지나친 과밀수용을 위헌으로 결정한 바 있다.

또한 헌법재판소는 인간의 본질적이고 고유한 가치인 인간의 존엄과 가치로부터 나오는 일반적인 인격 보호, 즉 인격권을 수형자에게도 인정하고 있다. 그리하며 헌법재판소는, "경찰서 유치장에 유치하는 기간 동안 차폐시설이 불충분한 화장실을 사용하도록 강제한 행위는 인간으로서의 기본적 품위를 유지할 수 없도록 하는 것으로서 수인(受忍)하기 어려운 정도라고 보여진다. 그러므로 이러한 조치는 전체적으로 볼 때 인격권을 침해한 것이다[75]"라고 결정하였다. 일반적인 인격권은 「헌법」 제17조에 규정된 사생활의 비밀과 자유 및 개인정보자기결정권의 헌법적 근거로도 인정된다.[76]

이와 관련하여 범죄인에 대한 교정학적 관점에서 다음과 같은 헌법재판소 결정례를 주목할 필요가 있다.

〈일반적 인격권과 성매수자의 신상공개제도〉

"신상공개제도는 국가가 개인의 신상에 관한 사항 및 청소년의 성매수 등에 관한 범죄의 내용을 대중에게 공개함으로써 개인의 일반적 인격권을 제한하며, 한편 사생활의 비밀에 해당하는 사항을 국가가 일방적으로 공개하는 것이므로, 이는 일반적 인격권과 사생활의 비밀의 자유를 제한하는 것이라 할 것이다.

그렇지만, 형벌이나 보안처분만으로는 그 입법목적을 달성하는 데 충분하다고 하기 어렵고, 가령 청소년 대상 성범죄자의 치료나 효율적 감시체계 확립, 청소년에 대한 선도 등의 정책을 생각해 볼 수 있으나, 청소년 대상 성범죄자에 대한 전문적인 교정 인력의 부족 등 물적·인적 시설이 미비하고, 청소년들의 성에 대한 지나친 개방적 사고와 배금주의적 행태, 성을 상품화하는 잘못된 소비풍조, 어른들의 왜곡된 성의식 등 사회문화적 부문에서의 보다 근본적이고 전반적인 개선에는 많은 시간과 노력이 걸리므로, 현재 증가하고 있는 청소년 대상 성범죄를 예방하기 위해서는 신상 공개제도와 같은 입법적 수단이 불필요하다고 단정할 수 없는 것이다.

또한 행정당국이나 경찰당국에 범죄자의 명단을 등록케 하고, 지역주민 등의 요청에 의해서 정보를 공개하는 경우를 상정해 보면, 이러한 방법의 실효성을 달성하기 위해서는

---

73 헌재결 2013헌마142 참조.

74 헌재결 2011헌마332 참조.

75 헌재결 2000헌마546 참조.

76 김하열, 헌법강의, 2018, 317면 참조.

지역주민들에게 해당 범죄자에 대한 상세한 정보가 알려져야 하고 이를 위해서는 관보나 인터넷 보다는 쉽게 접근할 수 있는 신문이나 방송과 같은 공개 수단이 선택될 필요가 있다고 보여지는데, 이러한 제도가 현행 제도보다 명백히 덜 침해적이라고 보기 어렵다. 뿐만 아니라 법 제20조 제3항은 신상공개 결정에 있어서 공개대상자 및 대상 청소년의 연령, 범행동기, 범행수단과 결과 등을 감안하여 공개대상자 및 그 가족 등에 대한 부당한 인권침해가 없도록 할 것을 규정하고 있고, 하위 법령에 의하면 신상공개 대상자로 선정된 자에 대하여 의견진술기회가 부여되는 등 신상공개제도로 인한 당사자의 불이익을 최소화하기 위한 장치를 마련하고 있다.
그러므로 신상공개제도는 해당 범죄인들의 일반적 인격권, 사생활의 비밀의 자유를 헌법상의 과잉금지의 원칙에 위배하여 침해한 것이라 할 수 없다." (헌재결 2002헌가14)

2. 행복추구권

행복추구권은 사람마다 자신의 인격을 자유로이 발현할 권리이다.

사람이 자기의 인격을 자유로이 발현하기 위해서는 인격적 존재로서의 정체성과 자율성이 존중되어야 하고 인격 발현에 관하여 각자의 자유로운 사고·판단·행동이 가능하여야 한다. 이와 같이 행복추구권은 인격의 존중과 보호, 그리고 자유로운 행동을 내용으로 한다. 따라서 행복추구권 속에 '일반적 행동자유권', '개성의 자유로운 발현권(자기운명결정권)', '성적 자기결정권' 등이 함축되어 있다.

헌법재판소는 행복추구권을 다음과 같이 유권 해석하고 있다.

"헌법 제10조의 행복추구권은 국민이 행복을 추구하기 위하여 필요한 급부를 국가에게 적극적으로 요구할 수 있는 것을 내용으로 하는 것이 아니라, 국민이 행복을 추구하기 위한 활동을 국가권력의 간섭 없이 자유롭게 할 수 있다는 포괄적 의미의 자유권으로서의 성격을 가진다"고 보면서 구치소 등에 수용 중인 자를 기초생활보장급여의 지급대상에서 제외시킨 것은 행복추구권을 침해하는 것이 아니라고 하였다.[77]

또한 일반적인 행동자유권과 관련하여 "일반적인 행동자유권은 적극적으로 자유롭게 행동하는 것은 물론 소극적으로 행동하지 않을 자유도 포함하는 권리이므로 포괄적인 의미의 자유권이란 성격을 갖는다"고 보면서 수용자의 취침시간을 21:00으로 정하여 준수하게 한 규정에 대하여 "수용자의 일반적 행동자유권을 제한하는 규정이지만, 이는 「수용자처우법」 제105조 2항에 따른 것으로서 교정시설의 원활한 운영과 수용자들의 안전 및 질서유지를 위하여 동절기 취침시간을 21:00으로 변경하여 정한 것이므로 이

77 헌재결 2009헌마617, 2010헌마341(병합) 전원재판부 참조.

취침시간 규정이 수용자의 일반적 행동자유권을 침해하지 않는다"고 결정하였다.

성적 자기결정권과 관련해서는 다음 결정례가 대표적인 판례이다.

〈성적 자기결정권과 간통죄〉

'사회 구조 및 결혼과 성에 관한 국민의 의식이 변화되고, 성적 가기결정권을 보다 중요시하는 인식이 확산됨에 따라 간통행위를 국가가 형벌로 다스리는 것이 적정한지에 대해서는 이제 더 이상 국민의 인식이 일치한다고 보기 어렵고, 비록 비도덕적인 행위라 할지라도 본질적으로 개인의 사생활에 속하고 사회에 끼치는 해악이 그다지 크지 않거나 구체적 법익에 대한 명백한 침해가 없는 경우에는 국가권력이 개입해서는 안 된다는 것이 현대 형법의 추세여서 전 세계적으로 간통죄는 폐지되고 있다.

또한 간통죄의 보호법익인 혼인과 가정의 유지는 당사자의 자유로운 의지와 애정에 맡겨야지, 형벌을 통하여 타율적으로 강제될 수 없는 것이며, 현재 간통으로 처벌되는 비율이 매우 낮고, 간통행위에 대한 사회적 비난 역시 상당한 수준으로 낮아져 간통죄는 행위규제규범으로서 기능을 잃어가고, 형사정책상 일반예상 및 특별예방의 효과를 거두기도 어렵게 되었다.

부부간 정조의무 및 여성 배우자의 보호는 간통한 배우자를 상대로 한 재판상 이혼 청구, 손해배상청구 등 민사상의 제도에 의해 보다 효과적으로 달성될 수 있고, 오히려 간통죄가 유책의 정도가 훨씬 큰 배우자의 이혼수단으로 이용되거나 일시 탈선한 가정주부 등을 공갈하는 수단으로 악용되고 있기도 하다.

결국 심판대상조항인 간통죄 처벌규정은 과잉금치원칙에 위배하여 국민의 성적 가기결정권 및 사생활의 비밀과 자유를 침해하는 것으로서 헌법에 위반된다.' (헌재결 2009헌바17)

범죄자의 교정과 관련하여 자기운명결정권은 국가가 강제적으로 범죄인을 교화하여 재사회화시킬 수 있는지에 대해 논쟁을 제기한다.

미국에서의 의료(치료)모델(Medical Model)에 의하면, 수형자는 처우의 객체로서 국가가 일방적으로 치료·개선하여 재사회화하는 것을 인정하는 처우방식이었다. 이에 대해서는 헌법상의 자기운명결정권을 침해한다는 비판이 제기되었고, 이 처우방식이 폐기된 1970년대 이후 재통합모델(Reintegration Model)에서는 강제적인 처우프로그램 적용은 허용하지 않고, 교정은 사회복귀에 필요한 한도 내에서 지도·원조를 내용을 하는 처우이어야 함을 강조하는 방향으로 발전하였다. 이는 수형자는 재사회화를 거부할 수 있는 권리가 있다는 것을 인정하는 이념에 바탕을 두고 있다.

우리 「헌법」 제10조 인간의 존엄과 가치 및 행복추구권에는 개인의 자기운명결정권이 전제되는 것이고, 이 자기운명결정권에는 수형자가 재사회화될 것인지 재사회화를 하지 않고 자기의 삶의 기본모습을 그대로 유지할 것인지를 주체적으로 결정할 수 있는 자유를 보장하는 것이 함축되어 있다고 볼 수 있다. 삶의 의미와 목적을 어떻게 설정하고, 인생행로의 갈림길에 있는 형집행과정에서 어떤 선택을 할지는 각자에게 유보되어 있다. 따라서 범죄행위에 대한 책임에 따른 형벌은 강제적으로 부과할 수 있지만, 수형자의 인격적 결단에 대해서까지 국가가 다수의 가치를 강요하거나 인격 개조를 강제해서는 아니 된다. 즉, 처우를 거부할 수 있는 권리를 보장해야 한다.

3. 평등권

「헌법」은 일반적 평등조항으로 제11조를 두고 있다. "모든 국민은 법 앞에 평등하다. 누구든지 성별·종교 또는 사회적 신분에 의하여 정치적·경제적·사회적·문화적 생활의 모든 영역에 있어서 차별을 받지 아니한다."

「수용자 처우에 관한 유엔최저기준규칙」(만델라규칙)은 "본 규칙은 공평하게 적용되어야 한다. 수용자의 인종, 피부색, 성별, 언어, 종교, 정치적 또는 그 밖의 견해, 국적, 사회적 신분, 재산, 출생 또는 그 밖의 지위에 의하여 차별이 있어서는 안 된다. 수용자의 종교적 신념과 도덕률은 존중되어야 한다.

차별금지의 원칙을 적용하기 위해 교정당국에서는 수용자 개인의 필요(특히 교정시설의 환경에서 가장 취약한 부분에 대하여)를 고려해야 한다. 특수한 필요를 가진 수용자들을 보호하고 그들의 권리를 존중하기 위한 조치들은 필요한 것으로서 차별로 간주되지 않는다(제2조)."고 규정하여 형집행상 차별금지를 권고하고 있다.

「수용자처우법」은 "수용자는 합리적인 이유 없이 성별, 종교, 장애, 나이, 사회적 신분, 출신지역, 출신국가, 출신민족, 용모 등 신체조건, 병력(病歷), 혼인 여부, 정치적 의견 및 성적(性的) 지향 등을 이유로 차별받지 아니한다(제5조)"라고 교정절차상 차별금지를 구체적으로 명시하고 있다.

「수용자처우법」은 구「행형법」에 비해 차별의 영역을 장애·나이·출신지역·출신민족·용모 등 신체조건·병력·혼인 여부·정치적 의견 및 성적 지향을 추가하여 보다 구체적으로 열거하고 있다. 이는 불합리한 차별사유들을 광범위하게 예시함으로써 수용자처우에 있어서 실질적 평등을 강조한 것이다.

평등권 보장은 차별금지이다. 차별금지는 수용자와 일반인 사이에서만 적용되는 것이 아니라 수용자 간에도 적용된다.[78]

헌법재판소는 "수형자에 대한 기본권제한의 정도와 동행계호행위의 목적 등에 비추

---

78 헌재결 2009헌마438 전원재판부 참조.

어 볼 때 관심대상수용자에 대한 동행계호행위는 법률에 따라 그 기본권제한의 범위 내에서 이루어진 것으로서 청구인 수용자의 신체의 자유 등을 침해하지 아니할 뿐만 아니라 관심대상수용자인 청구인에 대하여 특별히 계호를 엄중히 하는 것은 교도소 내의 안전과 질서유지를 위한 것으로서 그 차별에 합리적인 이유가 있으므로 수용자 간의 평등권을 침해한다고 볼 수 없다"[79]고 판시하였다.

평등권 보장에 있어서 평등은 일체의 차별적 처우를 부정하는 절대적 평등을 의미하는 것이 아니라 입법과 법의 적용에 있어서 합리적 근거가 없는 차별을 하여서는 아니 된다는 상대적 평등을 뜻한다.

상대적 평등의 기준으로는 합리성 · 자의(恣意) 금지의 원칙 · 형평과 정의 등이 있다. 차별금지의 사유 중 '사회적 신분'과 관련하여 헌법재판소는, "사회적 신분이란 사회에서 장기간 점하는 지위로서 일정한 사회적 평가를 수반하는 것을 의미한다"라고 판시하면서, 누범과 상습범에 대한 가중처벌의 합헌성을 인정하고 있는 것[80]은 교정학상 감안할 필요가 있다고 하였다.

평등권 보장에 있어서 '실질적 평등'이란, 본질적으로 같은 것을 다르게 처우하거나, 반대로 다른 것을 동일하게 처우해서는 안 된다는 의미이다. 예를 들면, 5천만 원의 사기범죄를 범한 사람은 남자이거나 여자이거나 본질적으로 불법이 같으므로 같은 정도의 징역형을 처해야 하고, 같은 징역형이 선고되어 집행되는 경우에 남성수형자와 여성수형자는 본질적으로 신체적 특징이 다르므로 여성수형자에 대하여는 「수용자처우법」 제50조부터 제53조에 의해 특별한 보호규정을 적용하여 처우하는 것이 실질적 평등을 실현하는 것이다.

오늘날에는 실질적 평등 차원에서 평등은, 종래 성별 등의 사유로 인해 차별적인 처우를 받았던 사람들에 대해 더 이상 차별을 하여서는 아니 된다는 소극적 차별금지만을 의미하는 것에 그치지 않고, 종래 사회로부터 차별을 받아 온 여성 · 노인 · 외국인 · 장애인 · 소년 등 일정집단에 대해 그 집단의 구성원이라는 이유로 처우 영역에서 직 · 간접적으로 적정한 처우 또는 배려를 부여하는 적극적 평등실현조치(잠정적 우대조치: Affirmative Action)가 강조되고 있다.

이에 따라 「수용자처우법」은 제2편 제7장 '특별한 보호' 규정을 통하여 적극적 평등실현조치로서의 처우를 하고 있다.

79 1)번과 상동.

80 헌재결 93헌바43, 89헌마53 참조.

제50조(여성수용자의 처우) ① 소장은 여성수용자에 대하여 여성의 신체적 · 심리적 특성을 고려하여 처우하여야 한다.
② 소장은 여성수용자에 대하여 건강검진을 실시하는 경우에는 나이 · 건강 등을 고려하여 부인과질환에 관한 검사를 포함시켜야 한다.
③ 소장은 생리 중인 여성수용자에 대하여는 위생에 필요한 물품을 지급하여야 한다.

제54조(수용자에 대한 특별한 처우) ① 소장은 노인수용자에 대하여 나이 · 건강상태 등을 고려하여 그 처우에 있어 적정한 배려를 하여야 한다.
② 소장은 장애인수용자에 대하여 장애의 정도를 고려하여 그 처우에 있어 적정한 배려를 하여야 한다.
③ 소장은 외국인수용자에 대하여 언어 · 생활문화 등을 고려하여 적정한 처우를 하여야 한다.
④ 소장은 소년수용자에 대하여 나이 · 적성 등을 고려하여 적정한 처우를 하여야 한다.

위에서의 특별한 보호조치는 그 형태상 사회적 이유에 기한 차등처우의 하나이지만 실질적 평등의 입장에서는 평등권을 침해하는 것이 아니다.

4. 자유권

(1) 생명권

생명권의 주체는 모든 자연인이므로 수용자도 포함된다.

생명권의 보호대상은 모든 생명이다. 생명권의 주체인 이상 모든 생명은 법적으로 똑같은 가치를 지닌다. '생존 가치 없는 생명'이라는 평가는 누구에 의해서든, 어떠한 명분으로도 허용되어서는 아니 된다.

연쇄살인범으로서 사형이 확정되어 수용되어 있는 사형확정자도 법적 절차에 따라 사형이 집행될 때까지는 일반인과 동등한 생명 가치를 갖는다. 외국인수용자도 또한 같다.

생명권은 자유권에 속한다. 국가가 아무런 법적 근거도 없이 또는 법을 위반하여 수용자의 생명을 박탈하는 것은 생명권의 침해이다. 국가는 스스로 수용자의 생명권을 침해하지 말아야 할 소극적 의무를 부담할 뿐 아니라 수용자의 생명권을 보호해야 하는 적극적 의무도 지고 있다.

교정시설 등의 국가시설 수용자에 대하여 국가는 보다 강화된 생명보호 의무를 진다. 교정기관은 다른 수용자의 공격이나 교정사고 · 질병 등으로 인한 생명에의

위협을 방지하기 위해 필요한 적절한 조치를 취해야 한다.[81]

「수용자처우법」은 제 2편 제4장에서 생명권의 기초가 되고 있는 '위생과 의료'를 규정하고 있고, 자살·자해 방지를 위한 여러 규정을 두고 있다. 특히 진료 또는 음식물 섭취를 거부하는 수용자에게 강제급식을 할 의무까지는 규정하고 있지 않지만 강제적으로 적당한 진료 또는 영양보급 등을 할 수 있는 근거규정을 마련한 것은 국가의 적극적 생명보호의무를 강조한 것이다.

> **제40조(수용자의 의사에 반하는 의료조치)** ① 소장은 수용자가 진료 또는 음식물의 섭취를 거부하면 의무관으로 하여금 관찰·조언 또는 설득을 하도록 하여야 한다.
> ② 소장은 제1항의 조치에도 불구하고 수용자가 진료 또는 음식물의 섭취를 계속 거부하여 그 생명에 위험을 가져올 급박한 우려가 있으면 의무관으로 하여금 적당한 진료 또는 영양보급 등의 조치를 하게 할 수 있다.

생명권이 「헌법」 제37조 2항에 따라 제한될 수 있는지에 대해서는 아직까지 찬·반 논쟁이 지속되고 있다. 사형제도에 관한 위헌론과 합헌론도 이와 관련이 있다. 헌법재판소는 사형제도를 합헌으로 보고 있다.

(2) 신체를 훼손당하지 않을 권리

우리 헌법상 신체를 훼손당하지 않을 권리(신체불훼손권)을 인정하는 명문규정은 없으나 헌법상 보장되는 권리로 보고 있다.

교도관과 같은 법집행기구가 법집행을 위해 교정장비나 물리력을 사용함으로써 신체를 훼손하는 경우에는 생명권과 유사한 법적 규율과 정당화사유를 필요로 한다.

헌법재판소에서 신체를 훼손당하지 않을 권리 침해 여부를 심판한 결정례로서 교정과 관련된 주요판례로는, 성폭력범죄를 다시 범할 위험성이 있다고 인정되는 성도착증 환자에 대한 동의 없는 약물치료명령이다.[82]

---

81 Horoz v. Turkey, Hudoc(2009).

82 약물치료명령제도의 근거법은 「성폭력범죄자의 성충동 약물치료에 관한 법률」이다.

〈신체불훼손권과 성충동 약물치료〉

"성충동약물치료 조항들은 피치료자의 정신적 욕구와 신체기능에 대한 통제를 그 내용으로 하는 것으로서, 신체의 완전성이 훼손당하지 아니할 자유를 포함한 헌법 제12조의 신체의 자유를 제한하고, 사회공동체의 일반적인 생활규범의 범위 내에서 사생활을 자유롭게 형성해 나가고 그 설계 및 내용에 대해서 외부로부터의 간섭을 받지 아니할 권리인 헌법 제17조의 사생활의 자유를 제한한다.

또한 심판대상조항들은 피치료자의 동의를 요건으로 하지 않으므로, 환자가 질병의 치료 여부 및 방법 등을 결정할 수 있는 신체에 관한 자기결정권 내지 성행위 여부 등에 관한 성적 자기결정권 등 헌법 제10조의에서 유래하는 개인의 자기운명결정권을 제한한다. 그 밖에 강제적인 성적 욕구·기능의 통제 자체로 대상자로 하여금 물적(物的) 취급을 받는 느낌, 모욕감과 수치심을 가지게 할 수 있으므로 헌법 제10조로부터 유래하는 인격권 역시 제한한다."

'심판대상조항들은 성폭력범죄를 저지른 성도착증 환자의 동종 재범을 방지하기 위한 것으로서 그 입법목적이 정당하고, 성충동 약물치료는 성도착증 환자의 성적 환상이 충동 또는 실행으로 옮겨지는 과정의 핵심에 있는 남성호르몬의 생성 및 작용을 억제하는 것으로서 수단의 적절성이 인정된다. 또한 성충동 약물치료는 전문의의 감정을 거쳐 성도착증 환자로 인정되는 사람을 대상으로 청구되고, 한정된 기간 동안 의사의 진단과 처방에 의하여 이루어지며, 부작용 검사 및 치료가 함께 이루어지고, 치료가 불필요한 경우의 가해제 제도가 있으며, 심판대상조항들은 원칙적으로 침해의 최소성 및 법익균형성이 충족된다.

다만, 장기형이 선고되는 경우 치료명령의 선고시점과 집행시점 사이에 상당한 시간적 간극이 있어 집행시점에서 발생할 수 있는 불필요한 치료와 관련한 부분에 대해서는 침해의 최소성과 법익균형성을 인정하기 어렵다. 따라서 이 사건 청구조항은 과잉금지원칙에 위배되지 아니하나, 이 사건 명령조항은 집행 시점에서 불필요한 치료를 막을 수 있는 절차가 마련되어 있지 않은 점으로 인하여 과잉금지원칙에 위배되어 치료명령 피청구인의 신체의 자유 등 기본권을 침해한다.' (헌재결 2013헌가9)

(3) 신체의 자유

1) 의 의

신체의 자유는 신체활동(거동)의 자유로서, 직접적 물리력행사를 통한 인신구금으로부터의 자유이다.

자유형은 형을 받은 사람을 일정한 곳에 가두어 신체의 자유를 빼앗는 형벌이므로 자유형 집행이 대표적인 자유권 제한이다. 체포·구속을 통한 구금인 미결수용도 전형적인 신체의 자유 제한처분이다.

「헌법」 제12조 제1항은 "누구든지 법률에 의하지 아니하고는 체포·구속되지 아니하며, 법률과 적법한 절차에 의하지 아니하고는 처벌·보안처분 또는 강제노역을 받지 아니한다"라고 하여 구금을 법률과 적법한 절차에 의해서만 할 수 있도록 엄격히 규제하고 있다.

「수용자처우법」은 '교도소·구치소 및 그 지소'를 교정시설이라고 규정하고, 법률과 적법한 절차에 따라 교정시설에 수용된 사람을 '수용자'로 정의하면서 수형자(자유형 수형자, 노역수형자), 미결수용자, 사형확정자로 구분하고, 수용자의 처우와 권리 및 교정시설의 운영에 관하여 필요한 사항을 규정하고 있다.

「수용자처우법」은 법적 절차에 따라 격리된 교정시설에서 공동생활을 하면서 헌법이 보장하는 신체의 자유가 가장 많이 제한되고 있는 수용자에 대한 자유권 침해를 방지할 수 있도록 여러 제도와 절차를 규정하고 있다.

2) 수용자의 기본권제한과 한계

수용자의 경우 헌법이 보장하는 신체의 자유 등 기본권에 대한 제한이 불가피하지만, 수용자의 경우에도 모든 기본권에 대한 제한이 정당화될 수는 없다.

국가는 수용자에 대하여도 개인의 불가침의 기본적인 인권을 확인하고 보장하여야 한다. 그러므로 수용자의 지위에 의해 제한이 가해지는 자유와 권리는 형의 집행과 도주·증거인멸의 방지라는 수용의 목적과 관련된 신체의 자유 및 거주이전의 자유 등에 한정되어야 하며, 필요한 최소한의 범위에서 그쳐야 한다. 특히 교정시설 내의 질서 및 안전유지를 위하여 행해지는 규율과 징벌을 통한 기본권의 제한은 단지 수용생활의 질서유지를 위하여 수용자에게 수용과 별도로 부가적으로 가해지는 고통이다. 따라서 다른 방법으로는 그 목적을 달성할 수 없는 경우에만 예외적으로 허용되어야 한다.

수용자의 기본권제한에 대한 구체적인 한계는 「헌법」 제37조 제2항에 따라 구체적인 자유·권리의 내용과 성질, 그 제한의 태양과 정도 등을 저울질하여 설정하게 되고, 교정시설의 안전과 질서유지를 위하여 이들 기본권의 일부 제한이 불가피하다 하더라도 그 본질적인 내용을 침해하거나, 목적의 정당성·방법의 적정성·피해의 최소성 및 법익의 균형성 등을 의미하는 과잉금지의 원칙에 위배되어서는 아니 된다.[83]

3) 무죄추정의 원칙

「헌법」 제27조 제4항은 "형사피고인은 유죄의 판결이 확정될 때까지는 무죄

83 헌재결 2003헌마289 참조.

로 추정된다."고 규정하여 무죄추정의 원칙을 명시하고 있다. 「수용자처우법」 제79조도 "미결수용자는 무죄의 추정을 받으며 그에 합당한 처우를 받는다"고 규정하고 있다.

무죄추정의 원칙이란 유죄의 확정판결이 있기까지는 원칙적으로 죄가 없는 사람에 준하여 취급하여야 하고, 불이익을 입혀서는 아니 된다는 논리이다. 설령 불이익을 입혀야 할 경우이더라도 필요한 최소한도에 그치도록 하여야 이 원칙에 부합한다. 여기의 불이익에는 형사절차상의 처분뿐만 아니라 그 밖의 기본권 제한과 같은 처분도 포함된다.[84]

무죄추정원칙은 수사와 재판이 원칙적으로 불구속 상태에서 이루어질 것을 요구한다. 유죄확정 이전의 미결구금은 유죄판결 확정의 효과로서 부여되는 자유형과 그 실질에 있어서 큰 차이가 없기 때문이다. 따라서 미결구금은 필요한 경우에 한하여 예외적으로만 허용되어야 하고, 이 경우에도 구금의 기간은 가능한 한 최소한에 그쳐야 한다. 또한 미결구금 기간은 형기에 전부 산입되어야 한다.

〈미결구금일수의 형기 불산입과 무죄추정원칙〉

"헌법상 무죄추정의 원칙에 따라, 유죄판결이 확정되기 전에 피의자 또는 피고인을 죄 있는 자에 준하여 취급함으로써 법률적·사실적 측면에 유형·무형의 불이익을 주어서는 아니 된다. 특히 미결구금은 신체의 자유를 침해받는 피의자 또는 피고인의 입장에서 보면 실질적으로 자유형의 집행과 다를 바 없으므로, 인권보호 및 공평의 원칙상 형기에 전부 산입되어야 한다.

그러나 개정 전 형법 제57조 제1항 중 "또는 일부" 부분은 미결구금의 이러한 본질을 충실히 고려하지 못하고 법관으로 하여금 미결구금일수 중 일부를 형기에 산입하지 않을 수 있게 허용하였는 바, 이는 헌법상 무죄추정의 원칙 및 적법절차의 원칙 등을 위배하여 합리성과 정당성 없이 신체의 자유를 지나치게 제한함으로써 헌법에 위반된다고 할 것이다." (헌재결 2007헌바25)

무죄추정의 원칙이 적용되는 형사피의자 또는 형사피고인이 구속되어 미결수용자가 된 경우에는 미결수용자에 대한 불이익은 형이 확정되어 형집행을 받고 있는 수형자에 비해 불이익이 최소화된 처우를 받도록 하여야만 이 원칙의 취지가 살려질 수 있다.

무죄가 추정되는 미결수용자의 자유와 권리에 대한 제한은 구금의 목적 달성,

84 헌재결 2000헌마138 참조.

구금시설의 규율이나 안전 유지를 위한 필요최소한의 범위 내에서 이루어져야 한다. 그러므로 미결수용자를 수형자와 같이 취급하는 것은 그에 대한 특별한 필요성이 인정되지 않는 한 허용되지 않는다. 헌법재판소는 미결수용자로 하여금 수사나 재판을 받을 때 재소자용 의류를 입게 한 것은 무죄추정원칙 위배라고 하였다.[85]

또한 미결수용자의 변호인 접견에 교도관이 참여하는 것은 접견교통권을 침해하는 것이라고 판시했다.[86]

4) 수용자의 특별계호에 의한 신체의 자유 제한 가중

헌법재판소는 교도소 내 엄중격리대상자들에 대한 계구(보호장비)사용행위, 동행계호행위 및 1인 운동장을 사용하게 하는 처우에 대하여 수형자가 입게 되는 자유 제한에 비하여 교정사고를 예방하고 교도소 내의 안전과 질서를 확보하는 공익이 더 크다고 할 것이므로 기본권을 부당하게 침해한다고 보기 어렵다는 결정을 내렸다.[87] 그리고 수형자를 다른 교도소로 이송하는 경우에 이루어진 보호장비 사용행위에 대하여 이송 시에는 도주 등 교정사고의 우려가 높아지기 때문에 교정시설 안에서의 계호보다 높은 수준의 계호가 요구되고, 이송 도중 교정사고를 예방하기 위하여 기본권 제한의 범위 내에서 이루어진 것이므로 인격권과 신체의 자유를 침해하지 않는다고 하였다.[88]

5) 신체의 자유 본질적인 내용 침해 금지

수용자는 수용으로 인하여 신체의 자유가 심하게 제한되지만, 신체의 자유 그 기본권의 본질적인 내용까지 침해하여서는 아니 된다. 이에 따라 「수용자처우법」은 "소장은 수용자의 건강유지에 필요한 운동 및 목욕을 정기적으로 할 수 있도록 하여야 한다(제33조)."고 규정하고 있고, 「수용자처우법 시행령」에서는 "소장은 공휴일 및 법무부장관이 정하는 날을 제외한 매일, 수용자가 1시간 이

---

85 헌재결 97헌마137 참조.
참고로 헌법재판소는, '형의집행 및 수용자의 처우에 관한 법률' 제88조가 형사재판의 피고인으로 출석하는 수형자에 대하여 사복착용에 관한 동법 제82조를 준용하지 않은 것은 공정한 재판을 받을 권리 등을 침해하는 것이나, 민사재판의 당사자로 출석하는 수형자에 대하여 사복착용에 관한 동법 제82조를 준용하지 않은 것은 인격권 등을 침해하지 않는다고 하였다(헌재결 2013헌마712).

86 헌재결 91헌마111 참조.

87 헌재결 2005헌마137 참조.

88 헌재결 2011헌마426 참조.

내의 실외운동을 할 수 있도록 하여야 한다(제49조)"라고 하여 건강권을 보장하고 있다.

5. 양심의 자유

양심의 자유에 관하여는 학자들 사이에 논쟁이 많은 분야이므로 헌법재판소의 유권적 해석을 소개하고, 이를 교정과 관련된 판례를 제시하는 것으로 정리한다.

1) 양심의 개념

"헌법 제19조는 "모든 국민은 양심의 자유를 가진다."라고 규정하여 양심의 자유를 기본권의 하나로 보장하고 있다. 여기에서의 양심은 옳고 그른 것에 대한 판단을 추구하는 가치적·도덕적 마음가짐으로, 개인의 소신에 따른 다양성이 보장되어야 하고 그 형성과 변경에 외부적 개입과 억압에 의한 강요가 있어서는 아니 되는 인간의 윤리적 내심영역이다.

보호되어야 할 양심에는 세계관·인생관·주의·신조 등은 물론, 이에 이르지 아니하여도 보다 널리 개인의 인격형성에 관계되는 내심에 있어서의 가치적·윤리적 판단도 포함될 수 있다(헌재결 2004헌마190).

2) 양심의 자유의 제한

양심의 자유를 양심형성의 자유와 양심실현의 자유로 나눌 때 양심형성의 자유는 내면의 자유이므로 제한해서는 아니 된다(절대적 무제한설).

그러나 양심실현의 자유는 외부세계와의 관련성을 가지므로 다른 기본권과 마찬가지로 제한이 필요하고, 「헌법」 제37조 2항에 따라 제한이 가능하다.

"헌법이 보장한 양심의 자유는 정신적인 자유로서 어떠한 사상·감정을 가지고 있더라도 그것이 내심에 머무르는 한 절대적인 자유이므로 제한할 수 없는 것이다." "양심의 자유 중 양심형성의 자유는 내심에 머무르는 한, 절대적으로 보호되는 기본권이라 할 수 있는 반면, 양심적 결정을 외부로 표현하고 실현할 수 있는 권리인 양심실현의 자유는 법질서에 위배되거나 타인의 권리를 침해할 수 있기 때문에 법률에 의하여 제한될 수 있는 상대적 자유라 할 것이다."[89]

89 헌재결 96헌마35 참조.

〈양심의 자유와 준법서약서〉

"내용상 단순히 국법질서나 헌법체제를 준수하겠다는 취지의 서약을 할 것을 요구하는 이 사건 준법서약은 국민이 부담하는 일반적 의무를 장래를 향하여 확인하는 것에 불과하며, 어떠한 가정적 혹은 실제적 상황에서 특정의 사유(思惟)를 하거나 특별한 행동을 할 것을 새로이 요구하는 것이 아니다. 따라서 이 사건 준법서약은 어떤 구체적이거나 적극적인 내용을 담지 않은 채 단순한 헌법적 의무의 확인·서약에 불과하다 할 것이어서 양심의 영역을 건드리는 것이 아니다.

당해 실정법이 특정의 행위를 금지하거나 명령하는 것이 아니라 단지 특별한 혜택을 부여하거나 권고 내지 허용하고 있는 데에 불과하다면, 수범자는 수혜를 스스로 포기하거나 권고를 거부함으로써 법질서와 충돌하지 아니한 채 자신의 양심을 유지, 보존할 수 있으므로 양심의 자유에 대한 침해가 된다 할 수 없다.

이 사건의 경우, 가석방심사 등에 관한 규칙 제14조에 의하여 준법서약서의 제출이 반드시 법적으로 강제되어 있는 것이 아니다. 당해 수형자는 가석방심사위원회의 판단에 따라 준법서약서의 제출을 요구받았다고 하더라도 자신의 의사에 의하여 준법서약서의 제출을 거부할 수 있다." (헌재결 96헌마425).

준법서약서 제도에 대해 헌법재판소의 이와 같은 합헌결정 이후에도 준법서약서를 제출하도록 한 규정에 대해 헌법상 양심의 자유 침해 여부에 관한 논쟁이 계속되면서도 형사정책상으로는 실효성이 거의 없다는 것을 인정하여 법무부에서 이를 삭제하기에 이르렀다. 현재는 가석방과 관련한 준법서약제도는 폐지되었다.

〈양심의 자유와 양심적 병역거부〉

"헌법재판소는 2004년 입법자에 대하여 국가안보라는 공익의 실현을 확보하면서도 병역거부자의 양심을 보호할 수 있는 대안이 있는지 검토할 것을 권고하였는데, 그로부터 14년이 경과하도록 이에 관한 입법적 진전이 이루어지지 못하였다. 그 사이 국가인권위원회, 국방부, 법무부, 국회 등 국가기관에서 대체복무제도입을 검토하거나 그 도입을 권고하였으며, 법원에서도 최근 하급심에서 양심적 병역거부에 대해 무죄판결을 선고하는 사례가 증가하고 있다. 이러한 모든 사정을 감안해 볼 때 국가는 이 문제의 해결을 더 이상 미룰 수 없으며, 대체복무제를 도입함으로 병역종류조항으로 인한 기본권 침해 상황을 제거할 의무가 있다.

다수결을 기본으로 하는 민주주의 의사결정구조에서 다수와 달리 생각하는 이른바 '소수자'들의 소리에 귀를 기울이고 이를 반영하는 것은 관용과 다원성을 핵심으로 하는 민주주의의 참된 실현하는 길이 될 것이다." (헌재결 2011헌바379).

이와 같은 이유로 헌법재판소는 “양심적 병역거부자에 대한 대체복무제를 규정하지 아니한 병역종류조항(병역법 제5조 1항)은 과잉금지원칙에 위배하여 양심적 병역거부자의 양심의 자유를 침해한다”고 판시했다.

6. 종교의 자유

「헌법」 제20조 제1항은 “모든 국민은 종교의 자유를 가진다”라고 규정하여 종교의 자유를 보장하고 있다. 또한 제2항에서는 “국교는 인정되지 아니하며, 종교와 정치는 분리된다”고 규정하여 정치와 종교를 분리하고 있다(정교분리).

「수용자처우법」은 다음과 같이 종교의 자유를 구체적으로 규정하고 있다.

> **제45조(종교행상의 참석 등)** ① 수용자는 교정시설의 안에서 실시하는 종교의식 또는 행사에 참석할 수 있으며, 개별적인 종교상담을 받을 수 있다.
> ② 수용자는 자신의 신앙생활에 필요한 서적이나 물품을 소지할 수 있다.
> ③ 소장은 다음 각호의 어느 하나에 해당하는 사유가 있으면 제1항 및 제2항에서 규정하고 있는 사항을 제한할 수 있다.
> 1. 수형자의 교화 또는 건전한 사회복귀를 위하여 필요한 때
> 2. 시설의 안전과 질서유지를 위하여 필요한 때

「민영교도소법」제25조 제3항도 “교정법인의 임직원과 민영교도소 등의 장 및 직원은 수용자에게 특정 종교와 사상을 강요하여서는 아니 된다”고 규정하여 종교의 자유를 보장하고 있다.

종교의 자유는 양심의 자유와 마찬가지로, 내면적 신앙의 자유와 외부적 종교행위의 자유로 구분된다. 신앙의 자유는 내면의 영역에 머무르는 한 법률로써도 제한할 수 없으므로 절대적 기본권에 속한다. 종교적 행위의 자유는 내면에서 형성된 종교적 신념을 외적으로 표명·전파·예배하고, 신앙 강요를 거부하는 것을 내용으로 하므로 법률로써 제한할 수 있는 상대적 기본권에 속한다.

종교의 자유와 교정 관련 판례로는 다음과 같은 두 판례를 소개한다.

〈종교의 자유와 교정 관련 판례〉

1) 신봉하는 종교가 아닌 다른 종교행사에 참여금지처분을 내린 것은 수형자의 기본권인 종교의 자유를 본질적으로 침해하지 않은 것으로서 합헌이다.
   왜냐하면 수형자가 원한다고 하여 종교집회 참석을 무제한으로 허용한다면 행형관리와 계호상의 어려움이 발생하고 진정으로 그 종교를 신봉하는 다른 수용자의 종교집회참석을 방해하는 결과를 초래하기 때문이다(헌재결 2004헌마9111).
2) 미결수용자에게 시설 내에서 실시하는 종교의식 또는 행사의 참석을 금지한, 종교행사 등 참석 불허 처우는 과잉금지의 원칙을 위반했으므로 수용자의 종교의 자유를 침해하여 기본권을 침해한 것이므로 위헌이다.
   「형의 집행 및 수용자의 처우에 관한 법률」 제45조는 종교행사 등에의 참석 대상을 "수용자"로 규정하고 있어 수형자와 미결수용자를 구분하고 있지도 아니하고, 무죄추정의 원칙이 적용되는 미결수용자들에 대한 기본권 제한은 징역형 등의 선고를 받아 그 형이 확정된 수형자의 경우보다는 더 완화되어야 할 것임에도, 시설의 장이 수용자 중 미결수용자에 대하여만 일률적으로 종교행사 등에의 참석을 불허한 것은 미결수용자의 종교의 자유를 나머지 수용자의 종교의 자유보다 더욱 엄격하게 제한한 것이다. 나아가 공범 등이 없는 경우 내지 공범 등이 있는 경우라도 공범이나 동일사건 관련자를 분리하여 종교행사 등에의 참석을 허용하는 등의 방법으로 미결수용자의 기본권을 덜 침해하는 수단이 존재함에도 불구하고 이를 전혀 고려하지 아니하였으므로 이 사건 종교행사 등 참석 불허 처우는 침해의 최소성 요건을 충족하였다고 보기 어렵다. 그리고 이 사건 종교행사 등 참석 불허 처우로 얻어질 공익의 정도가 무죄추정의 원칙이 적용되는 미결수용자들이 종교행사 등에 참석을 하지 못함으로써 입게 되는 종교의 자유의 제한이라는 불이익에 비하여 결코 크다고 단정하기 어려우므로 법익의 균형성 요건 또한 충족하였다고 할 수 없다.
   따라서 이 사건 종교행사 등 참석불허 처우는 과잉금지원칙을 위반하여 미결수용자의 종교의 자유를 침해하였다(헌재결 2009헌마527).

7. 언론 · 출판의 자유와 집회 · 결사의 자유

「헌법」 제21조는 제1항에서 언론·출판의 자유와 집회·결사의 자유를 보장하고, 제2항에서는 이들 기본권에 대한 허가나 검열을 금지하고 있다.

집회 · 결사의 자유는 수용(구금)의 목적과 성질에 근거하여 기본적으로 수용자에게는 금지되고 있으나 언론 · 출판의 자유는 교정시설에서도 「수용자처우법」에 근거하여 교정시설의 안전과 질서유지를 위해 필요한 최소한의 범위에서만 제한하고 최대한 보장하고 있다. 이와 관련된 규정이 집필에 관한 규정이다.

제49조(집필) ① 수용자는 문서 또는 도화를 작성하거나 문예·학술, 그 밖의 사항에 관하여 집필할 수 있다. 다만, 소장이 시설의 안전 또는 질서를 해칠 명백한 위험이 있다고 인정하는 경우는 예외로 한다.
② 제26조(수용자의 물품소지)는 제1항에 따라 작성 또는 집필한 문서나 도화의 소지 및 처리에 관하여 준용한다.
③ 제1항에 따라 작성 또는 집필한 문서나 도화가 제43조 제5항(서신 발신·수신 금지사유) 각 호의 어느 하나에 해당하면 제43조 제7항(영치 또는 동의하면 폐기)을 준용한다.
④ 집필용구의 관리, 집필의 시간·장소, 집필한 문서 또는 도화의 외부반출 등에 관하여 필요한 사항은 대통령령으로 정한다.

특히 이 조문에서는 표현의 자유를 최대한으로 보장한다는 취지에서 '명백하고 현존하는 위험의 법리'[90]를 감안하여 '시설의 안전 또는 질서를 해칠 명백한 위험이 있다고 인정하는 경우'에 한하여 집필을 금지하고 있다.

집필과 관련된 판례로는 금치처분을 받은 수형자에 대하여 집필을 전면 금지하도록 규정한 구 「행형법 시행령」의 조항에 대한 헌법재판소의 위헌결정의 예가 있다.

〈집필 관련 판례〉

교정시설 내에서 부과하는 징벌의 한 종류인 '금치'처분을 받은 수용자에 대하여 그 기간 중 절대적으로 집필을 금지시키는 조항(구 「행형법시행령」 제145조 제2항)은 위헌이다(헌재결 2003헌마289).

구 「행형법」 제33조의3 제1항은 수용자에 대하여 원칙적으로 집필을 금지하고 있다고 볼 수 있다. 그러나 이 사건 시행령 조항은 같은 조항에서 규정하고 있는 접견이나 서신수발 등과 달리 교도소장이 예외적으로라도 이를 허용할 가능성마저 봉쇄하고 있고, 위 「행형법」 제33조의3 제1항보다 가중된 제한을, 그것도 모법(母法)과 상이한 사유를 원인으로 집필의 자유를 박탈하고 있으므로, 이 역시 이 사건 시행령 조항의 법률적 근거가 된다고 할 수 없다. 그러므로 이 사건 시행령 조항은 금치처분을 받은 수형자의 집필에 관한 권리를 법률의 근거나 위임 없이 제한하는 것으로서, 법률유보의 원칙에 위반된다. 이 사건 시행령 조항은 규율 위반자에 대해 불이익을 가한다는 면만을 강조하여 금치처분을 받은 자에 대하여 집필의 목적과 내용 등을 묻지 않고, 또 대상자에 대한 교화 또는 처우상 필요한 경우까지도 예외 없이 일체의 집필행위를 금지하고 있음은 입법목적 달성을 위한 필요최소한의 제

90 명백하고 현존하는 위험의 법리란, 표현으로 인하여 초래될 해악이 명백하면서도, 해악의 발생이 시간적으로 근접하고 있는 경우에만 표현의 자유를 제한할 수 있다는 원칙이다. 이에 따르면 '위험발생의 우려'만 가지고는 제한할 수 없다.

한이라는 한계를 벗어난 것으로서 과잉금지의 원칙에 위반된다.

〈구 「행형법시행령」 제145조 제2항〉

금치의 처분을 받은 자는 징벌실에 수용하고 그 기간 중 접견, 서신수발, 전화통화, 집필, 작업, 운동, 신문·도서열람, 라디오 청취, 텔레비전 시청 및 자비부담물품의 사용을 금지한다. 다만, 미결수용자의 소송서류작성, 변호인과의 접견 및 서신수발은 예외로 하며, 소장이 교화 또는 처우상 특히 필요하다고 인정하는 때에는 접견·서신수발 또는 도서열람을 허가할 수 있다.

8. 통신의 자유

「헌법」 제18조는 “모든 국민들은 통신의 비밀을 침해받지 아니한다”고 규정하여 통신의 자유를 보장하고 있다.

여기서 통신이란 우편물 및 전기통신을 말하므로 교정과 관련해서는 서신수수(법 제43조)와 전화통화(제44조)가 규정되어 있다.

통신의 자유는 통신비밀의 보장을 핵심내용으로 한다.

따라서 편지·우편·전화 등 통신수단을 개봉하거나 열람·청취하는 것은 법률로써 허용하는 경우에만 할 수 있다.

〈통신의 자유와 수용자의 서신수수 규정〉

제43조(서신수수) ① 수용자는 다른 사람과 서신을 주고받을 수 있다. 다만, 다음 각 호의 어느 하나에 해당하는 사유가 있으면 그러하지 아니하다.

1. 「형사소송법」이나 그 밖의 법률에 따른 서신의 수수금지 및 압수의 결정이 있는 때
2. 수형자의 교화 또는 건전한 사회복귀를 해칠 우려가 있는 때
3. 시설의 안전 또는 질서를 해칠 우려가 있는 때

② 제1항 본문에도 불구하고 같은 교정시설의 수용자 간에 서신을 주고받으려면 소장의 허가를 받아야 한다.

③ 소장은 수용자가 주고받는 서신에 법령에 따라 금지된 물품이 들어 있는지 확인할 수 있다.

④ 수용자가 주고받는 서신의 내용은 검열받지 아니한다. 다만, 다음 각 호의 어느 하나에 해당하는 사유가 있으면 그러하지 아니하다.

1. 서신의 상대방이 누구인지 확인할 수 없는 때

2. 「형사소송법」이나 그 밖의 법률에 따른 서신검열의 결정이 있는 때
3. 제1항 제2호 또는 제3호에 해당하는 내용이나 형사 법령에 저촉되는 내용이 기재되어 있다고 의심할 만한 상당한 이유가 있는 때
4. 대통령령으로 정하는 수용자 간의 서신인 때

⑤ 소장은 제3항 또는 제4항 단서에 따라 확인 또는 검열한 결과 수용자의 서신에 법령으로 금지된 물품이 들어 있거나 서신의 내용이 다음 각 호의 어느 하나에 해당하면 발신 또는 수신을 금지할 수 있다.
1. 암호·기호 등 이해할 수 없는 특수문자로 작성되어 있는 때
2. 범죄의 증거를 인멸할 우려가 있는 때
3. 형사 법령에 저촉되는 내용이 기재되어 있는 때
4. 수용자의 처우 또는 교정시설의 운영에 관하여 명백한 거짓사실을 포함하고 있는 때
5. 사생활의 비밀 또는 자유를 침해할 우려가 있는 때
6. 수형자의 교화 또는 건전한 사회복귀를 해칠 우려가 있는 때
7. 시설의 안전 또는 질서를 해칠 우려가 있는 때

⑥ 소장이 서신을 발송하거나 교부하는 경우에는 신속히 하여야 한다.

⑦ 소장은 제1항 단서 또는 제5항에 따라 발신 또는 수신이 금지된 서신은 그 구체적인 사유를 서면으로 작성해 관리하고, 수용자에게 그 사유를 알린 후 교정시설에 영치한다. 다만, 수용자가 동의하면 폐기할 수 있다.

⑧ 서신발송의 횟수, 서신 내용물의 확인방법 및 서신 내용의 검열절차 등에 관하여 필요한 사항은 대통령령으로 정한다.

제84조(미결수용자의 서신수수) ③ 제43조 제4항 단서에도 불구하고 미결수용자와 변호인 간의 서신은 교정시설에서 상대방이 변호인임을 확인할 수 없는 경우를 제외하고는 검열할 수 없다.

헌법재판소는 수형자에 대한 서신수수의 제한, 집필문의 외부 반출 제한을 통신의 자유의 문제로 보고 있다.

통신의 자유를 제한하는 주요 법률이 「형의 집행 및 수용자의 처우에 관한 법률」이다. 수용자의 통신활동의 가능성(서신수수, 전화통화, 집필한 문서·도화의 외부 반출)은 교정질서의 유지 등을 위해 필요한 일정한 경우 교도소 등 교정시설의 장의 허가나 금지에 의한 제한을 받으며, 경우에 따라 검열이나 청취·녹음에 의해 통신의 내용도 노출될 수 있다(제43조, 제44조, 제49조).

수형자의 서신 검열, 수형자가 국가기관에 발송하는 서신의 검열, 금치처분을 받은 수형자에 대한 서신수수 금지에 대해서는 헌법재판소가 통신의 자유 침해가 아니라고 하였다.

〈통신의 자유와 교정 관련 판례〉

1) 수용자가 발송하는 모든 서신을 봉함하지 않은 상태로 교정시설에 제출하도록 하는 조항은 수용자의 통신비밀의 자유를 침해하여 위헌이다(헌재결 2009헌마333).

수용자가 보내려는 모든 서신에 대해 무봉함의 상태의 제출을 강제함으로써 수용자의 발송 서신 모두를 검열가능한 상태에 놓이도록 하는 것은 기본권 제한의 최소 침해성 요건을 위반하여 수용자의 통신비밀의 자유를 침해하는 것이다.

왜냐하면, 수용자의 교화 또는 건전한 사회복귀를 해칠 우려가 있는 물건을 수용자가 주고받는 것을 금지하기 위한 목적은 정당하다고 하여도, 보다 덜 기본권 침해적인 방법으로 그 목적을 충분히 달성될 수 있기 때문이다. 또한 수용자가 밖으로 보내려는 서신을 봉함 상태로 제출하도록 하는 경우 그 내용물을 확인하는 데 소요되는 인력과 재정을 감안하더라도, 수용자가 보내려는 서신을 봉함하지 않은 상태로 제출하도록 함으로 인하여 수용자가 입게 되는 통신비밀의 자유에 대한 침해는 매우 중대하다 할 것이므로 이 사건 시행령 조항은 법익 균형성 요건을 충족하지 못하고 있기 때문이다.

2) 구금의 목적을 달성하기 위하여 수형자의 서신을 검열하는 것은 통신의 자유의 본질적 내용을 침해하는 것이 아니므로 합헌이다(헌재결 96헌마398).

수형자를 구금하는 목적은 자유형의 집행이고, 자유형의 본질상 수형자에게는 외부와의 자유로운 교통·통신에 대한 제한이 수반된다. 그러므로 수형자에게 통신의 자유를 구체적으로 어느 정도 인정할 것인가의 기준은 기본적으로 입법자의 입법정책에 맡겨져 있다. 수형자의 교화·갱생을 위하여 서신수발의 자유를 허용하는 것이 필요하다고 하더라도, 구금시설은 다수의 수형자을 집단으로 관리하는 시설로서 규율과 질서유지가 필요하므로 수형자의 서신수발의 자유에는 내재적 한계가 있고, 구금의 목적을 달성하기 위하여 수형자의 서신에 대한 검열은 불가피하다.

현행법령과 제도하에서 수형자가 수발하는 서신에 대한 검열로 인하여 수형자의 통신의 비밀이 일부 제한되는 것은 국가안전보장·질서유지 또는 공공복리라는 정당한 목적을 위하여 부득이할 뿐만 아니라 유효적절한 방법에 의한 최소한의 제한이다. 따라서 서신을 검열할 수 있도록 한 규정 그 자체는 통신의 자유의 본질적 내용을 침해하는 것이 아니다.

9. 사생활의 비밀과 자유

「헌법」 제17조는 "모든 국민은 사생활의 비밀과 자유를 침해받지 아니한다"고 규정하여 사생활의 비밀과 자유를 보장하고 있다. 이는 정보사회의 첨단적 발달에 따라 프라이버시보호의 원리를 헌법상 기본권으로 인정한 것이다.

사생활의 비밀과 자유는 교정시설의 안전과 질서유지, 교정교화·교정사고나 범죄예방 등 공익을 위해 제한되는 경우가 많다.

헌법재판소에서 사생활의 비밀과 자유의 문제로 보아 심판하여 결정을 내린 것을 들면, 성범죄자의 신상공개제도에 대한 합헌결정(헌재 2003.6.26 2002헌가14), 교도소의 엄중격리대상자에 대한 CCTV설치·운용 행위가 사생활의 비밀과 자유를 침해하지 않는다고 한 결정(헌재 2005헌마137), 교정시설의 장이 미결수용자와 그 배우자 사이의 접견내용을 녹음한 행위는 사생활의 비밀과 자유를 침해하지 않는다고 한 결정(헌재 2010헌마153), 성폭력범죄자에 대한 위치추적 전자장치 부착에 대한 합헌 결정(헌재 2010헌바187), 성매매를 한 자를 형사처벌하는 것에 대한 합헌 결정(헌재 2013헌가2)이 있다.

〈사생활의 비밀보호와 접견 내용 녹음〉

"소장이 미결수용자에 대하여 실시하는 접견내용 녹음행위는 증거인멸의 가능성 및 추가 범죄의 발생 가능성을 차단하고, 교정시설 내의 안전과 질서유지를 위한 것이다.
미결수용자는 아직 범죄 수사 중이거나 재판이 이루어지고 있는 상태이므로 접견 시 가족 등을 통해 자신의 범죄에 대한 증거를 인멸할 가능성이 있는데, 특히 청구인과 같은 마약류사범의 경우에는 범죄의 은밀성과 조직연계성으로 인하여 재범자가 대다수를 차지한다는 점을 고려하여 보면, 교정시설 내부로 마약이 반입될 위험성이 항상 존재하므로 교정시설 내의 안전과 질서유지가 근본적으로 위협 받을 수 있어 엄중한 관리감독이 요구된다."(헌재결 2010헌마153).

〈사생활의 비밀보호와 교정시설 내 CCTV설치·운영〉

"이 사건 CCTV 설치행위는 「행형법」 및 「교도관직무규칙」 등에 규정된 교도관의 계호활동 중 육안에 의한 시선계호를 CCTV 장비에 의한 시선계호로 대체한 것에 불과하므로, 이 사건 CCTV 설치행위에 대한 특별한 법적 근거가 없더라도 일반적인 계호활동을 허용하는 법률규정에 의하여 허용된다고 보아야 한다.
한편 CCTV에 의하여 감시되는 엄중격리대상자에 대하여 지속적이고 부단한 감시가 필요하고 자살·자해나 흉기 제작 등의 위험성을 등을 고려하면, 제반사정을 종합하여 볼 때 기본권 제한의 최소성 요건이나 법익균형성의 요건도 충족하고 있다(헌재결 2005헌마137).

이 결정 이후 「수용자처우법」 개정으로 CCTV 설치 근거가 다음과 같이 마련되었고, 헌법재판소는 또다시 CCTV설치·운용은 합헌임을 판시하였다.

제94조(전자장비를 이용한 계호) ① 교도관은 자살·자해·도주·폭행·손괴, 그 밖에 수용자의생명·신체를 해하거나 시설의 안전 또는 질서를 해하는 행위(이하 "자살등"이라 한다)를 방지하기 위하여 필요한 범위에서 전자장비를 이용하여 수용자 또는 시설을 계호할 수 있다. 다만, 전자영상장비로 거실에 있는 수용자를 계호하는 것은 자살 등의 우려가 큰 때에만 할 수 있다.

② 제1항 단서에 따라 거실에 있는 수용자를 전자영상장비로 계호하는 경우에는 계호직원·계호시간 및 계호대상 등을 기록하여야 한다. 이 경우 수용자가 여성이면 여성교도관이 계호하여야 한다.

③ 제1항 및 제2항에 따라 계호하는 경우에는 피계호자의 인권이 침해되지 아니하도록 유의하여야 한다.

④ 전자장비의 종류·설치장소·사용방법 및 녹화기록물의 관리 등에 관하여 필요한 사항은 법무부령으로 정한다.

〈사생활의 비밀보호와 범죄자에 대한 위치추적 전자장치 부착〉

"이 사건 전자장치부착조항은 전자장치가 부착된 자의 위치와 이동경로를 실시간으로 파악하여 피부착자를 24시간 감시할 수 있도록 하고 있으므로 피부착자의 사생활의 비밀과 자유를 제한하며, 피부착자의 위치와 이동경로 등 '위치 정보'를 수집, 보관, 이용한다는 측면에서 개인정보자기결정권도 제한한다.

전자장치에 의한 위치추적은 범죄 예방에 큰 효과가 있을 것임은 분명하다. 법무부가 제출한 자료에 의하면, 재범 방지에 매우 효과적이라는 것이 실증적으로 확인되고 있다. 성폭력범죄자에 대한 위치추적 전자장치 부착은 이미 저지른 범죄에 대한 처벌이 아니라 장래 발생할지도 모를 재범을 방지하려는 수단이므로, 형사처벌을 받은 자에게 다시 지나치게 무거운 제재를 가하는 것이라고는 볼 수 없으며, 전자장치 부착 후에는 매 3개월마다 보호관찰소장, 피부착자 및 그 법정대리인의 신청에 의한 심사를 통해 전자장치 부착을 가해제할 수 있어(법 제17조, 제18조) '10년'이라는 부착기간의 상한이 지나치다고 보기는 어렵다.

부착명령을 청구하기 위해 필요한 경우 관할 보호관찰소의 장을 통해 범죄의 동기, 피해자와의 관계, 심리상태, 재범의 위험성 등의 조사를 할 수 있고, 필요한 경우 피의자에 대한 정신감정이나 전문가의 진단 결과를 참고하도록 하고 있으며(제6조 제1항, 제4항), 피부착자의 전자장치로부터 수신한 자료의 보존과 폐기, 열람·조회·공개의 제한 등에 관하여 규정하여(제16조), 부당한 전자장치 부착이나 위치정보의 남용으로 인한 인권 침해를 방지할 수단을 마련하고 있다. 단지 그 위치를 파악함으로써 성폭력범죄자가 입게 되는 불이익은 성폭력범죄의 피해로부터 국민을 보호하여야 할 이익에 비해 결코 크다고 할 수는 없을 것이다."(헌재결 2010헌바187)

10. 개인정보 자기결정권

개인정보 자기결정권은 자신에 관한 정보를 조사 · 사용해도 되는지 여부 및 그 범위 및 사용목적에 관하여 그 정보의 주체가 스스로 결정할 수 있는 권리를 말한다. 다시 말하면, 자신에 관한 정보가 언제 누구에게 어느 범위까지 알려지고 또 이용되도록 할 것인지에 관하여는 그 정보의 주체가 스스로 결정할 수 있는 권리가 개인정보 자기결정권이다.

개인정보 자기결정권과 관련된 문제로 볼 수 있는 교정 관련사례로는 접견 녹음 내용의 검찰청 등에의 제공, 성폭력 범죄자에 대한 위치추적 전자장치 부착, 아동 · 청소년 대상 성범죄자의 신상공개 등을 들 수 있다.

〈개인정보 자기결정권과 수용자 접견 시 녹음내용 제공〉

1) 헌법재판소는 "교정시설의 장이 수용자와 그 배우자의 접견을 녹음하여 검찰청 검사장에게 그 접견녹음파일을 제공한 행위가 개인정보자기결정권을 침해하는지 여부가 문제된 헌법소원사건에서" 이 사건의 접견녹음파일 제공행위는 형사 사법의 실체적 진실을 발견하고, 이를 통해 형사 사법의 적정한 수행을 도모하기 위한 것으로서 그 목적이 정당하고 수단 역시 적합하며, 접견기록물의 제공은 제한된 경우에만 이루어지고, 제공된 접견 내용은 수사와 공소제기 등 필요한 범위 내에서만 사용되기 위한 제도적 장치가 마련되어 있는 등 여러 사정을 종합하여 고려할 때 과잉금지원칙에 위반하여 청구인의 개인정보자기결정권을 침해하였다고 볼 수 없다."라고 판시하였다.(헌재결 2010헌마153)
2) 헌법재판소는 "수용자가 제출한 소송서류의 발송일자 등을 소송서류 접수 및 전달부에 등재한 행위는 개인정보 자기결정권을 침해하였다고 볼 수 없다"라고 판시하였다.

11. 정보공개청구권으로서의 알 권리

(1) 의 의

표현의 자유는 의사의 형성을 전제로 하는데, 의사의 형성을 위하여는 필요한 정보를 수집 · 획득할 수 있어야 하므로, 알 권리는 헌법상 명시적인 기본권규정이 없지만 표현의 자유에 의해 보장되고 있다.

「수용자처우법」에서는 2010년 개정에 의해 '정보공개청구' 규정을 신설하여 수용자도 일반국민과 마찬가지로 알 권리를 실현하기 위해 공공기관이 보유·관리하는 정보에 대해 공개를 청구할 수 있는 근거를 마련하였다.

교정시설에서의 수용자의 정보공개청구는 권리구제에 필요한 정보의 획득이라는 면에서 중요하다. 따라서 이 조문은 간접적인 권리구제제도의 성격을 지니고 있다고 볼 수 있다. 그래서 「수용자처우법」 체제에 있어서도 제2편 제13장 '권리구제'에 편입시켜 규정하고 있다.

제117조의2(정보공개청구) ① 수용자는 「공공기관의 정보공개에 관한 법률」에 따라 법무부장관, 지방교정청장 또는 소장에게 정보의 공개를 청구할 수 있다.

② 현재의 수용기간 동안 법무부장관, 지방교정청장 또는 소장에게 제1항에 따른 정보공개청구를 한 후 정당한 사유 없이 그 청구를 취하하거나 「공공기관의 정보공개에 관한 법률」 제17조에 따른 비용을 납부하지 아니한 사실이 2회 이상 있는 수용자가 제1항에 따른 정보공개청구를 한 경우에 법무부장관, 지방교정청장 또는 소장은 그 수용자에게 정보의 공개 및 우송 등에 들 것으로 예상되는 비용을 미리 납부하게 할 수 있다.

③ 제2항에 따라 정보의 공개 및 우송 등에 들 것으로 예상되는 비용을 미리 납부하여야 하는 수용자가 비용을 납부하지 아니한 경우 법무부장관, 지방교정청장 또는 소장은 그 비용을 납부할 때까지 「공공기관의 정보공개에 관한 법률」 제11조에 따른 정보공개 여부의 결정을 유예할 수 있다.

④ 제2항에 따른 예상비용의 산정방법, 납부방법, 납부기간, 그 밖에 비용납부에 관하여 필요한 사항은 대통령령으로 정한다.

(2) 정보 공개 청구

수용자는 누구든지 정보공개를 청구할 수 있다. 외국인도 수용자로서 정보공개청구가 가능하다. 다만 「수용자처우법」에 따른 공개청구의 대상은 법무부장관, 지방교정청장 또는 소장이며, 공개를 청구하는 정보의 내용은 자신의 수용관련정보는 물론 「공공기관의 정보공개에 관한 법률」에서 정한 모든 정보를 포함한다. 공공기관의 의무, 정보공개의 절차, 공개의 방법, 불복에 대한 구제절차 등은 위 법에 따른다.

(3) 비용부담 및 예납

정보의 공개 및 우송 등에 소요되는 비용은 「공공기관의 정보공개에 관한 법률」에 따라 실비의 범위 안에서 청구인인 수용자의 부담으로 한다.

현재의 수용기간 동안 법무부장관, 지방교정청장 또는 소장에게 정보공개청구를 한 후 정당한 사유 없이 그 청구를 취하하거나 「공공기관의 정보공개에 관한 법률」 비용을 납부하지 아니한 사실이 2회 이상 있는 수용자가 정보공개청구를 한 경우에 법무부장관, 지방교정청장 또는 소장은 그 수용자에게 정보의 공개 및 우송 등에 들 것으로 예상되는 비용을 미리 납부하게 할 수 있다.

예상비용은 「공공기관의 정보공개에 관한 법률시행령」에 따른 수수료와 우편요금(공개되는 정보의 사본·출력물·복제물 또는 인화물을 우편으로 송부하는 경우로 한정한다)을 기준으로 공개를 청구한 정보가 모두 공개되었을 경우에 예상되는 비용으로 한다(시행령 제139조의2 제1항). 법무부장관, 지방교정청장 또는 소장은 예상비용을 미리 납부해야 할 수용자가 정보공개의 청구를 한 경우에는 청구를 한 날부터 7일 이내에 그 예상비용을 산정하여 해당 수용자에게 미리 납부할 것을 통지할 수 있고, 비용납부의 통지를 받은 수용자는 그 통지를 받은 날부터 7일 이내에 현금 또는 수입인지로 법무부장관, 지방교정청장 또는 소장에게 납부하여야 한다.

(4) 정보공개 여부의 결정 및 유예

법무부장관, 지방교정청장 또는 소장은 예상비용이 납부되면 신속하게 정보공개 여부의 결정을 하여야 하며, 예상비용이 납부되기 전이라고 정보공개 여부의 결정을 할 수 있다. 비공개결정을 한 경우에는 납부된 예상비용의 전부를 반환하고 부분공개 결정을 한 경우에는 공개결정한 부분에 대하여 드는 비용을 제외한 금액을 반환하여야 한다.

정보의 공개 및 우송 등에 들 것으로 예상되는 비용을 미리 납부하여야 하는 수용자가 – 산정된 예상비용의 납부를 통지받은 때로부터 7일 이내에 – 비용을 납부하지 아니한 경우에는 법무부장관, 지방교정청장 또는 소장은 그 비용을 납부할 때까지 정보공개여부의 결정을 유예할 수 있으며, 이 경우에 해당 수용자에게 정보공개 여부 결정의 유예를 통지한다(시행령 제139조의2).

12. 직업의 자유

「헌법」 제15조는 "모든 국민은 직업의 자유를 가진다"고 규정하여 직업의 자유를 보장하고 있다. 직업의 자유에는 직업선택의 자유도 포함되는데, 수용자와 관련해서는 직업선택의 자유가 논의될 수 있다.

수용자는 교정시설에 강제로 수용되었으므로 자유형의 성질상 수용자에게는 직업선택의 자유가 전혀 인정될 수 없다. 정역(定役)뿐만 아니라 신청에 의한 작업 등 교도작업은 수용자에게 선택권이 인정되지 않는다. 직업훈련의 경우에도 이는 처우의 내용으로 이루어지는 것이므로 선택권이 인정되지 않고 직업훈련의 직종과 대상자는 교정시설의 장이 선정한다.

13. 재산권

(1) 의 의

헌법상 재산권은 재산가치가 있는 모든 사법(私法) 및 공법상의 권리를 포함한다. 획득한 재산을 유지·사용·수익·처분하는 자유도 재산권에 포함되는데, 교정시설에 수용되어 있는 수용자에 대하여는 재산의 사용권이 크게 제한된다.

수용자는 교정시설 내에서 현금·수표 등을 소지할 수 없고, 영치금도 일정금액 이상 갖고 있지 못하도록 제한하고 있다.

영치금의 사용도 하루에 사용할 수 있는 금액의 상한이 규율로 정해져 있으므로 일정금액 이상을 사용할 수 도 없다. 수용자 간에는 금품의 수수도 금지하고 있다.

(2) 재산권과 영치에 관한 논쟁

1) 영치의 개념 이해

영치(領置)란 '수용자에게 딸린 물건을 국가가 다스려 보관하는 행위'를 뜻하는데, 이를 쉽게 말하면 '교정기관의 수용자의 물품 관리 행위'를 뜻하는 말이다. 즉, 수용자 소지의 금전이나 물품을 수용자 본인을 위해 그리고 교정시설의 안전과 질서를 위해서 수용자의 사용·처분의 자유를 제한하면서 원칙적으로 수용자가 석방될 때까지 교정시설에서 보관 또는 처분을 주도하는 초치를 말한다.

「수용자처우법」 제 25조 제1항은 "소장은 수용자의 휴대금품을 교정시설에 영치한다"고 규정하여 영치의 대상을 신입자의 휴대금품으로 한정하는 것처럼 명시하고 있다. 그러나 일반적으로 영치의 대상은 신입자의 휴대금품에 한하지 않고 수용자가 수용 중에 취득한 금품[91]도 영치의 대상물로 본다. 영치의 대상이 되는 물품은 동산에 한정되고 부동산은 제외된다.

교정실무에서는 수용자가 소지할 수 있는 기준을 초과하여 영치창고에 보관하는 일이나 수용자가 거실 내에서 보관·사용할 수 없는 경우에 필요한 처분을

---

91 금품(金品)이란 현금 및 수표인 돈과 물건을 가리키는 말이다. 법령에서는 영치금과 영치품을 구분하여 규정하고 있으므로 규정 내용이 영치금품을 모두 포함한 것인지 아니면 영치금과 영치품을 별도로 규정한 것인지 구별이 필요하다.

할 때까지 일시 보관하는 것, 그리고 법령상 영치할 수 없는 물건을 매각 등 처분을 위해 일시 보관하는 것까지도 영치라고 부르고 있다.

2) 영치의 법적 성격

영치는 수용자의 적법한 소유금품에 한정하여 이루어지지 않고 불법 소지물품도 수용자에 딸린 금품이면 대상이 되므로, 영치는 수용자의 점유권에 대한 직접적인 지배를 일시 정지 또는 제한하는 행위로 보아야 한다.[92] 점유권은 물건에 대한 사실적 지배, 즉 점유라는 사실을 법률요건으로 하여 인정되는 일종의 물권이다. 영치로 인해 수용자는 자신의 점유 하에 있는 금물에 대하여 가지는 사용·수익·처분할 권리를 제한받는다.

즉 영치는 수용자의 소지물에 대한 소유권이나 점유권의 권능 중에서 사용·수익·처분의 권리를 일시 제한하는 권력적 사실행위(행정상의 강제 보관 처분)이다.[93]

「헌법」 제 23조는 "모든 국민의 재산권은 보장된다. 그 내용과 한계는 법률로 정한다. 재산권의 행사는 공공복리에 적합하도록 하여야 한다"라고 규정하고 있다. 따라서 영치는 수용자의 재산권을 공공복리를 위하여 법률로써 제한하는 처분으로 볼 수 있다.

지금까지 우리나라에서는 영치의 법적 성질을 민법상 소비대차와 유사하다는 주장이 제기되어 왔다. 그러나 영치는 민법상 계약에 의해 성립하는 것이 아니라 특별행정법 관계로 성립되는 것이고, 영치는 국가가 수용자의 금품을 소비하기 위해 점유하는 것이 아니라 수용자의 재산권보장이나 시설관리를 위해 보관하는 것이고 영치물은 영치한 물건 그대로 반환하는 것이 원칙이다. 그러므로 소비대차와는 그 성격을 달리한다.[94] 국가가 영치물에 대해 선량한 관리자의 주의의무를 지도록 규정한 것도 개인의 재산권보장을 위해 국가가 행하는 일종의 공법상의 사무관리에 따른 주의의무를 정한 것으로 보아야 하는 것이지 민법상 선량

---

92 일부 문헌(이백철, 교정학, 601면)에서는 영치를 '일정기간 점유를 박탈해 보호하는 처분'이라고 하면서, "영치는 소유권을 박탈하는 것이 아니라 점유권만을 박탈하므로 소유권의 행사가 제한받는 것이 아니다"라고 기술하고 있는데, 이는 법리상 타당성이 약하다. 영치는 점유권 중 직접점유권을 일시 제한하고 간접 점유권은 유지되므로 점유권을 박탈한다는 것은 오류이다. 또한 소유권 중 사용·수익권 및 사실상의 처분권을 제한하므로 소유권의 행사도 제한받는다고 보아야 한다.

93 신양균, 형집행법, 2012, 139면 참조.

94 신양균, 형집행법, 2012, 140면 참조.

한 관리자의 주의의무에 따른 것이 아니다. 또한 영치는 「형사소송법」상 압수와는 달리 강제적인 점유의 이전을 내용으로 하지 않는다는 점에서 임의적인 처분으로 보는 견해가 있다. 그러나 영치는 법률에 따라 수용자의 의사에 반하여 점유를 이전하는 것이고, 수용자의 신청이 있더라도 소장이 반드시 사용·처분 등을 허용하는 것이 아니므로 압수와 유사한 강제처분의 일종이다. 그렇지만 영치는 처분의 주체가 법원이나 수사기관이 아니라 교정기관이고, 영장에 의한 사법적 통제의 대상도 아니며, 행정처분이라는 점에서 압수와는 차이가 있다.

14. 참정권

참정권은 정치에 참여할 권리로서, 이는 국민에게만 인정되므로 외국인 수용자에게는 해당되지 않는다. 수용자와 관련해서는 특히 선거권이 문제된다. 선거권은 현재 18세 이상자에게만 인정되므로 18세 미만의 소년수용자에게는 문제되지 않는다.

종래에는 「공직선거법」에서 집행유예자와 모든 수형자에게 전면적·획일적으로 선거권을 제한하고 있었다. 이에 대해 헌법재판소는 위헌으로 보고 다음과 같이 판시하였다.

〈자유형 집행유예자와 수형자에 대한 선거권 박탈〉

'심판대상조항은 집행유예자와 수형자에 대하여 전면적·획일적으로 선거권을 제한하고 있다. 심판대상조항의 입법목적에 비추어 보더라도, 구체적인 범죄의 종류나 내용 및 불법성의 정도 등과 관계없이 일률적으로 선거권을 제한하여야 할 필요성이 있다고 보기는 어렵다.

범죄자가 저지른 범죄의 경중을 전혀 고려하지 않고 수형자와 집행유예자 모두의 선거권을 제한하는 것은 침해의 최소성원칙에 어긋난다. 특히 집행유예자는 집행유예 선고가 실효되거나 취소되지 않는 한 교정시설에 구금되지 않고 일반인과 동일한 사회생활을 하고 있으므로, 그들의 선거권을 제한해야 할 필요성이 크지 않다. 따라서 심판대상조항은 청구인들의 선거권을 침해하고, 보통선거원칙에 위반하여 집행유예자와 수형자를 차별 취급하는 것이므로 평등원칙에도 어긋난다. 따라서 집행유예자에 대한 선거권 박탈은 위헌결정을 선고한다. 심판대상조항 중 수형자에 관한 부분의 위헌성은 지나치게 전면적·획일적으로 수형자의 선거권을 제한한다는 데 있다. 그런데 그 위헌성을 제거하고 수형자에게 헌법합치적으로 선거권을 부여하는 것은 입법자의 형성재량에 속하므로 심판대상조항 중 수형자에 관한 부분에 대하여 헌법불합치결정을 선고한다.' (헌재 2014.1.28. 2012헌마409)

이 결정이 있은 후 「공직선거법」 제18조를 개정하여, 자유형의 집행유예를 선고받고 유예기간 중에 있는 사람은 선거권이 박탈되지 않고, 수형자 중에서는 1년 이상의 징역 또는 금고의 형의 선고를 받고 그 집행이 종료되지 아니하거나 그 집행을 받지 아니하기로 확정되지 아니한 사람만 선거권이 없도록 규정하고 있다.

수용자 중 사형확정자도 「형법」 제43조의 자격상실 규정에 따라 공법상의 선거권과 피선거권이 상실되므로 당연히 선거권을 행사할 수 없다.

수용자 중 미결수용자는 아직 형이 확정되지 않았기 때문에 일반국민과 마찬가지로 선거권과 피선선거권 모두 지니고 있다.

15. 형사보상 청구권

「헌법」 제28조는 "형사피의자 또는 형사피고인으로서 구금되었던 자가 법률이 정하는 불기소처분을 받거나 무죄판결을 받은 때에는 법률이 정하는 바에 의하여 국가에 정당한 보상을 청구할 수 있다."고 형사보상 청구권을 보장하고 있다.

이 기본권은 국가에 의하여 범죄자의 혐의를 받아 형사피고인 등으로 구금되었던 자가 최종적으로 무죄판결 등을 받은 경우에 국가에 대하여 물질적·정신적 피해에 대한 정당한 보상을 청구할 수 있는 권리이다.

형사보상 청구권은 국가의 형사 사법절차에 내재하는 불가피한 위험에 의하여 국민의 신체의 자유에 관하여 중대한 피해를 입은 국민에게 사후적으로 그 피해를 보상해 줌으로써 국민의 기본권 보호를 강화하는 데 그 의의가 있다.

16. 범죄피해자 구조청구권

「헌법」 제30조는 "타인의 범죄행위로 인하여 생명·신체에 대한 피해를 받은 국민은 법률이 정하는 바에 의하여 국가로부터 구조를 받을 수 있다."고 범죄피해자 구조청구권을 제도화하고 있다.

범죄피해자 구조청구권은 범죄로 인한 생명·신체의 피해자와 그 가족 또는 유족을 보호하고 사회의 안정을 도모하려는 사회보장적 청구권이다. 범죄에 대한 국가의 보호의무가 적극적 청구권으로 제도화된 것이다.

범죄로 인한 재산상의 피해의 구조는 이 권리의 내용에 포함되지 않는다. 「범죄피해자 보호법」은 구조금의 지급요건, 구조금액, 유족구조금을 지급받을 수 있는 유족의 범위 등에 관하여 규정하고 있는데, 가해자로부터 피해보상을 받지 못한 때에만 구조금의 지급을 인정하고 있다.

17. 청원권

「헌법」 제26조는 "모든 국민은 법률이 정하는 바에 의하여 국가기관에 문서로 청원할 권리를 가진다. 국가는 청원에 대하여 심사할 의무를 진다."고 규정하고 있다.

청원권(請願權)은 국민이 국가기관에 대하여 고충이나 불만, 희망을 표출하면서 시정이나 해결을 요구하고 그에 대해 심사를 받을 수 있는 권리이다.

수용자도 국민으로서 청원권을 갖는다. 수용자는 이러한 일반국민으로서의 일반청원권 외에 「수용자처우법」에 근거한 청원제도에 의한 특별청원도 할 수 있다.

18. 재판청구권

우리 「헌법」은 국민의 기본권보장을 위한 법치국가원리를 지도이념으로 삼고 있다.

이에 따라 「헌법」 제27조 제1항은 "모든 국민은 헌법과 법률이 정한 법관에 의하여 재판을 받을 권리를 가진다"고 규정하여 재판청구권을 보장하고 있다. 수형자도 일반시민과 마찬가지로 행형절차 법정주의로 표현되는 적법절차가 보장되어야 하고, 재판청구권이 절차적 기본권으로 보장되어야 한다. 그러므로 교정과정에서 이루어지는 조치들도 행정작용으로서의 본질을 지니고 있으므로 사법(司法)적 심사의 대상이 되어야 하며, 수형자들에게도 재판청구권이 그들의 기본권으로 보장되어야 한다.

이는 유럽에서 특별권력관계론이 완전히 부정되고, 미국에서도 법원불개입주의(hands off doctrine)가 포기된 이래 오늘날의 모든 법치국가에서는 일치되게 인정하고 있는 법원리로 자리 잡고 있다.

19. 사회적 기본권(생존권)

사회국가원리는 우리 헌법의 기본원리 중의 하나이고, 사회국가원리는 국가의 적극적 활동을 통해서 실현될 수 있다. 그러한 국가적 활동을 요구할 수 있는 것을 국민의 권리의 차원으로 발전시킨 것이 사회적 기본권(생존권)이다. 사회적 기본권은 수형자에게도 보장된다.

사회국가원리에 따르면 일정한 사회집단에게 국가가 배려해 줄 것이 요청된다. 여기서 일정한 사회집단이란 사회적 장애 등을 이유로 개인적·사회적 방해를 받고 있는 사회적 약자 집단이다. 이러한 사회적 약자집단에는 수형자집단도 포함된다. 따라서 수형자와 국가와의 관계에서 국가가 적극적으로 수형자를 교정교화하여 사회에 복귀시키고자 하는 재사회화이념은 사회국가원리로부터 나오는 국가의 배려인 것이다. 사회국가원칙에 따르는 국가라면, 행형과정에서 재사회화 목적이 달성될 수 있도록 수형자를 배려하고 조성하는 적극적인 활동이 추구되어야 한다.

우리 「헌법」도 사회국가원리를 기본원리로 규정하고 있으므로 국가는 수형자가 장차 범죄를 범하지 않고 정상적인 사회생활을 영위하도록 돕기 위해 행형과정에서 적극적인 교화개선활동을 기울여야 한다. 사회국가원리는 국가에게 이러한 의무를 부여할 뿐만 아니라 수형자에게도 교정목적 실현을 위해 국가의 개입과 조성에 순응해야 할 의무가 부여된다. 이러한 수형자의 의무는 독일의 연방헌법재판소가 인정하고 있고, 우리나라 헌법학계에서도 인정하는 견해가 일반적이다. 그렇지만 수형자들에게 국가적·사회적 배려가 필요하지만, 이로 인해 그들의 기본권이 제한되어서는 아니 된다. 따라서 법치국가원리는 사회국가원리의 한계를 설정하는 기능을 하여야 하고, 법치국가원리와 사회국가원리가 상충될 때에는 법치국가원리가 우선되어야 한다.

제3절 권리구제 제도

I 개관(概觀)

(1) 「수용자처우법」은 보장적 기능, 즉 수용자의 권리장전으로서의 기능을 수행해야 한다. 따라서 교정시설 내에서 수용자의 권리가 보장되는 방향으로 처우규정이 마련되어야 하고, 또한 수용자의 권리가 침해된 경우에는 이를 구제하기 위한 제도가 갖추어져야 한다.

(2) 수형자의 권리구제방법은 사법적(司法的) 구제제도와 비사법적(非司法的) 구제제도가 있다.

1) 사법적 구제 제도는 사법부(법원)에 대하여 재판을 청구하는 방법으로서 민사소송·형사소송·행정소송, 헌법소원이 있다.

국민의 권리를 보호하기 위한 최후의 보루가 법원이라는 점에서 수형자의 권리구제도 중 최종적으로는 확실한 사법적 구제에 의할 수밖에 없다. 그러나 사법적 구제는 그 절차가 복잡하고 많은 비용과 시간이 소요되며, 교정기관의 지도력 손상을 야기하고, 수용자는 자신을 변호할 능력과 여건 부족의 문제를 해결하기 어려우며, 소송에 이긴 경우에도 실질적인 해결에 상당한 시간이 필요하게 된다는 점이 있으므로 손쉽게 이용하기 어렵다는 단점도 있다.

2) 비사법적 구제 제도에는 소장면담, 청원, 행정심판, 국가인권위원회에의 진정 등이 있다. 소장면담과 청원, 행정심판 등의 절차는 사법적 구제수단에 비하면 간편하고 용이하게 권리구제를 신청할 수 있다. 그러나 소장면담·청원 및 행정심판은 교정행정 당국에 의한 권리구제로서 실효성의 면에서 의문이 제기되고 있다. 그리하여 최근에는 국가인권위원회에 대한 진정이 새로운 구제수단으로 많이 활용되고 있다.

   비사법적 권리구제 제도는 행정상의 문제는 사법적 처리보다는 행정적 통제가 우선 요구된다는 논리를 바탕으로 제도화되었다. 이러한 제도의 장점은, 판정구제기관이 행정기관이므로 문제가 심화되기 이전에 신속히 처리할 수 있고, 시간과 비용이 절약되며, 불만과 불평을 보다 효과적으로 대처할 수도 있고, 강제적인 사법적 해결보다는 합의적 해결방식이므로 수용자에게 보다 주체적인 의미를 줄 수 있고 후유증을 줄일 수 있다는 점 등이다.

   비사법적 구제 제도의 단점은, 구제기관이 관련 조직 내의 기관인 경우 공정한 판단이 이루어지지 어렵고, 전문적인 법률절차에 따른 해결을 기하기 어려워 효과적인 구제절차 진행에 한계가 있다는 점이다. 또한 구제결정이 이루어진 경우에도 그 결정에 대한 구속력이 없어 해당 기관에서 그 결정을 수용하지 않는 경우에는 또 다시 사법(司法)적 구제절차를 반복해야 하는 번거로움이 나타날 수 있다는 점도 단점이 될 수 있다.

(3) 소장면담

수용자는 그 처우에 관하여 소장에게 면담을 신청할 수 있다(형집행법 제116조). 이 규정에 따라 수용자는 처우와 관련하여 권리침해가 있는 경우, 소장면담을 통해 구제를 받을 수 있으므로, 소장면담은 권리구제수단으로서의 성격을 지닌 제도이다. 소장은 수용자의 면담신청이 있으면 특별한 사유가 있는 경우를 제외하고는 면담에 응하여야 한다. 소장은 특별한 사정이 있으면 소속 교도관으로 하여금 그 면담을 대리하게 할 수 있다. 소장은 면담한 결과 처리가 필요한 사항이 있으면 그 처리결과를 수용자에게 통지하여야 한다.

소장면담의 법적 성질에 관해서는 청원의 일종이라는 견해와 고충처리제도라는 견해가 있다. 소장면담을 고충처리제도로 보게 되면 청원의 일종으로 보는 것과는 달리 수용자에게 법적 청구권이 보장되는 것은 아니게 되어 권리구제수단으로서는 충분하지 않다고 할 수 있으므로 청원의 성질을 지닌 제도라고 본다. 소장면담이 거절된 때에는 그 사유가 청원의 사유가 된다고 본다.

(4) 청 원

수용자는 '그 처우에 관하여 불복하는 경우'[95] 법무부장관·순회점검공무원 또는 관할 지방교정청장에게 청원할 수 있다(제117조). 청원하려는 수용자는 원칙적으로 문서로 청원해야 하므로 청원서를 작성하여 봉한 후 소장에게 제출하여야 한다. 다만, 순회점검공무원에 대한 청원은 말로도 할 수 있다. 소장은 청원서를 개봉하여서는 아니 되며, 이를 지체 없이 법무부장관·순회점검공무원 또는 관할 지방교정청장에게 보내거나 순회점검공무원에게 전달하여야 한다. 순회점검공무원이 청원을 청취하는 경우에는 해당 교정시설의 교도관이 참여하여서는 아니 된다. 청원에 관한 결정은 문서로써 하여야 한다. 소장은 청원에 관한 결정서를 접수하면 청원인에게 지체 없이 전달하여야 한다.

청원은 헌법상의 권리이므로 청원권(헌법 제26조)에서 유래하는 것이며, 「수용자처우법」은 수용자의 청원에 관하여 특별한 규정을 두고 있는 데 불과하다. 따라서 수용자가 청원을 함에 있어서 「수용자처우법」에 규정되지 않은 사항에 대해서는 「청원법」의 규정이 적용되고, 수형자는 법무부장관이나 순회점검공무원 이외의 관서에 대해서도 「청원법」의 규정에 따라 청원을 할 수 있다.

청원에 대하여 국가는 수리하고 심사·처리해야 하지만 행정심판과는 달리 재판절차에 준하는 의결(議決)이나 결정(決定)이 요구되는 것은 아니다. 「수용자처우법」에서는 청원에 대한 결정문을 '문서로서 작성'하여 청원인에게 전달하도록 하고 있으나 이 점만으로 행정심판적 성격을 가지고 있다고 보기는 어렵다.

청원이 채택되더라도 즉시 당해 처분의 무효 또는 취소 등의 효력이 발생하지 않고 소장의 취소 명령이 이루어짐으로써 그 효력이 발생한다. 따라서 청원은 중요한 권리구제수단이지만 그 자체만으로는 실효성이 약하다고 할 수 있다.

헌법재판소는 청원의 효력에 대해서, "청원은 처리기관이나 절차 및 효력면에서

---

95 「수용자처우법」은 청원의 요건으로 '처우에 불복이 있는 경우에만' 즉 '부당한 처우'에 대해서만 청원이 가능하도록 규정하고 있다. 이는 '부당한 처우' 이외에 다른 권리침해의 경우에는 「수용자처우법」 이외의 다른 구제수단을 활용하도록 한 취지이다. '처우'란 수용자에게 사실상·법률상 영향을 미치는 교정행정작용을 말한다.

권리구제절차로서는 불충분하고 우회적인 제도로서 헌법소원에 앞서 반드시 거쳐야 하는 사전구제절차로 보기 어렵다"고 판시하였다(2009헌마341.)

(5) 행정심판

행정심판이란 행정청의 위법·부당한 처분으로 권리 및 이익을 침해받은 국민이 법적으로 이를 구제받을 수 있도록 한 제도이다. 행정심판 '행정소송'과는 달리 위법한 침해뿐만이 아니라 부당한 처분에 대해서도 구제를 청구할 수 있다. 권리를 위법·부당하게 침해당한 수형자는 행정심판법에 의하여 직근상급행정기관인 지방교정청장에게 행정심판을 청구할 수 있다. 청구된 심판사건은 지방교정청행정심판위원회가 심판한다. 행정심판은 비사법적 구제절차라는 점에서는 청원과 같지만, 재판절차에 준하는 엄격한 형식을 요한다는 점에서 청원과 구별된다.

(6) 국가인원위원회 진정

인권을 침해당한 사람은 국가인권위원회에 진정을 할 수 있으며 구금시설이나 보호시설에 수용된 사람도 진정을 할 수 있다.

수용자가 위원회에 진정하려고 하면 소속공무원은 그 사람에게 즉시 진정서 작성에 필요한 시간과 장소 및 편의를 제공하여야 한다(국가인권위원회법 제31조).

시설수용자가 위원 또는 위원회 소속 직원 앞에서 진정하기를 원하는 경우 소속공무원 등은 즉시 그 뜻을 위원회에 통지하여야 한다. 위원회는 위원 또는 소속 직원으로 하여금 구금·보호시설을 방문하게 하여 진정을 원하는 시설수용자로부터 구술 또는 서면으로 진정을 접수하게 하여야 한다. 시설에 수용되어 있는 진정인과 위원 또는 위원회 소속 직원의 면담에는 구금·보호시설의 직원이 참여하거나 그 내용을 듣거나 녹취하지 못한다. 다만, 보이는 거리에서 시설수용자를 감시할 수 있다.

소속공무원 등은 시설수용자가 위원회에 제출할 목적으로 작성한 진정서 또는 서면을 열람할 수 없다.

국가인권위원회는 진정에 대해 각하, 이송, 권고, 기각, 조정, 고발 및 징계권고 등의 조치를 취할 수 있다.

(7) 감사원의 직무감찰 및 심사

「감사원법」상 감사원의 직무감찰 및 심사를 통한 권리구제도 비사법적 권리구제로서 활용할 수 있다.

(8) 행정소송

행정소송이란 행정청의 위법한 행정처분을 법원에서 다투는 소송절차를 말한다. '행정심판'과 행정소송은 행정청(교정기관)의 처분을 시정하는 절차라는 점에서는 공통점이 있으나, 행정소송은 행정심판과 달리 '위법행위'는 소송의 대상이 되지만, '부당행위'는 소송의 대상이 되지 않는다.[96]

행정소송은 처분을 행한 행정청을 피고로 하여 제기한다.

종전에는 행정소송을 제기하기 전에 행정심판절차를 거치도록 되어 있었으나, 1998년에 행정소송법이 개정되어 현재는 행정심판을 거치지 않더라도 행정소송을 제기할 수 있게 되었다. 행정소송은 1심 관할법원을 행정법원으로 하고 있으며, 교정당국에 의해 위법하게 권리를 침해당한 수형자는 행정소송을 제기할 수 있다.

행정소송은 행정청의 조치에 대한 불복신청의 수단으로서 직접적이고 가장 강력한 것이지만, 행정소송의 중심적 지위를 차지하는 취소소송에서 원고가 그 처분을 취소함에 의해 회복할 수 있는 법률상의 이익을 가지고 있어야 하며 이미 손해가 발생한 경우에는 이 소송을 제기할 실익이 없게 된다.

(9) 민사소송

교정당국으로부터 권리침해를 당한 수형자는 민사소송을 제기할 수 있다.

수형자가 제기하는 민사소송의 대부분은 국가배상법에 의한 손해배상청구이다. 국가배상에는 공권력의 행사에 의한 배상과 영조물의 설치관리의 하자에 의한 손해의 배상이 있다. 이 밖에 민법상의 불법행위에 의해 손해의 배상을 청구할 수 있다.

(10) 헌법소원

수형자는 행정소송은 물론이고 사건에 따라서는 민사소송이나 형사소송의 절차를 밟을 수도 있다. 그리고 이러한 모든 절차가 좌절된 경우라고 하더라도 교정기관의 처분에 의해 자신의 헌법상의 기본권이 침해되었다는 이유로 헌법재판소에 헌법소원을 제기할 수 있다. 다만 법률에 다른 구제절차가 있는 경우에는 그 절차를 모두 거친 후가 아니면 청구할 수 없다(헌법소원의 보충성 원칙).

---

96 홍정선, 행정법원론(상), 2019, 930면

학습 체크 포인트

01 대한민국 헌법 제10조에서 보장하는 인간의 존엄과 가치는 국가가 형벌권을 행사함에 있어 사람을 국가행위의 단순한 객체로 취급하거나 비인간적이고 잔혹한 형벌을 부과하는 것을 금지하고, 행형(行刑)에 있어 인간조건의 기본조건이 박탈된 시설에 사람을 수용하는 것도 금지한다.

02 구금의 목적달성을 위하여 필요최소한의 범위 내에서 수형자의 기본권에 대한 제한이 불가피하다 하더라도, 국가는 어떠한 경우에도 수형자의 인간의 존엄과 가치를 훼손할 수 없다.

03 행형의 역사상 18세기의 감옥개량운동이 주로 감옥의 구금방식을 개선하려고 한 것이라면, 19세기의 행형개혁운동은 자유형의 집행방법 즉 수형자의 처우를 개선하려고 한 것이었다.

04 프로이덴탈은 형벌을 집행 받는 수형자에게도 법률의 근거 없이 자유와 권리를 제한할 수 없다고 주장하여, 1909년 이래 수형자와 국가의 관계를 명확히 법률관계로 파악하여 수형자가 권리의 주체라는 것을 명백히 하였다.

05 1972년 독일연방헌법재판소는 "수형자의 기본권 역시 오로지 법률에 의하거나 또는 법률에 근거하여서만 제한될 수 있다"고 하여 특별권력관계론을 부정하였다.

06 재사회화를 위한 처우도 인권에 우선할 수 없으므로, 수형자의 주체적 자유와 인권이 보장되는 한도 내에서만 처우가 이루어져야 한다.

07 사법(司法)적 권리구제제도로는 행정심판 · 민사소송 · 형사소송 및 헌법소원이 있고, 「형집행법」에 규정하고 있는 비사법적 권리구제제도로는 청원 · 소장면담 · 순회점검이 있다.

08 교정시설인 교도소나 구치소에서 부당하거나 위법한 처분을 당한 수용자는 지방교정청장에게 행정심판을 청구할 수 있고, 이에 대해서는 지방교정청 행정심판위원회가 행정심판을 하여야 한다.

09 행정심판과 행정소송은 교도관이나 소장의 위법한 행위에 대해 쟁송을 할 수 있다는 점이 공통점이고, 행정소송은 행정심판을 거치지 않고도 할 수 있다.

10 법무부장관이나 지방교정청장에게 한 청원이 채택되더라도 즉시 당해 처분이 무효 또는 취소되는 효과는 없고 교정시설의 장이 당해 처분에 대해 취소함으로써 그 효력이 발생된다.

11 「형집행법」에 따라, 청원은 소장에게는 할 수 없고 순회점검공무원 · 지방교정청장 · 법무부장관에게 할 수 있고, 정보공개청구는 순회점검공무원에게는 할 수 없고 소장 · 지방교정청장 · 법무부장관에게는 할 수 있다.

12 행정심판이란 교도소 등 행정기관의 위법·부당한 처분 또는 그 밖에 공권력의 행사·불행사 등으로 권리 및 이익을 침해받은 수용자 등 국민이 신속하고 간편하게 법적으로 이를 구제받을 수 있도록 한 제도를 말한다. 행정심판은 비용은 무료이고, 절차가 간편하며, 신속하게 처리된다는 장점이 있다.

13 교도소 등 행정기관이 한 각종 행정처분(조치)에 대해 불복하는 경우 이의(異意)를 제기할 수 있는 절차는 크게 청원·행정심판·행정소송 등 3가지가 있다. 이 세 가지의 다른 점은 다음과 같다.
행정심판은 행정기관을 구속하는 강력한 법적 효력이 있지만, 청원은 해당 결정이 권고의 형식으로 내려지므로 행정기관을 구속하는 법적 효력이 매우 약하다.
행정심판은 '3심에, 유료이면서, 위법성만 판단하는 행정소송'에 비해 신속·간편하고 별도의 비용이 들지 않으면서, 위법성·부당성·합목적성까지 판단받으므로, 구제의 폭이 훨씬 넓다. 따라서 행정심판은 수용자 등 국민입장에서 매우 편리하고 효율적인 권익구조제도라고 할 수 있다.

제6장

특별한 보호수용자

[1] 사회적 약자 내지 소수자 보호의 의의

사회국가원리는 우리 헌법의 기본원리 중 하나이다.

「헌법」 제34조는 제1항에 "모든 국민은 인간다운 생활을 할 권리를 가진다"라는 원칙 규정을 두고, 제2항 이하에서는 "국가는 사회보장·사회복지의 증진에 노력할 의무를 진다. 국가는 여자의 복지와 권익의 향상을 위하여 노력해야 한다. 국가는 노인과 청소년의 복지향상을 위한 정책을 실시할 의무가 있다. 신체장애자 및 질병·노령 기타의 생활능력이 없는 국민은 법률이 정하는 바에 의하여 국가의 보호는 받는다"고 하여 인간다운 생활을 할 권리를 보장하기 위한 구체적인 제도로서 '사회복지'에 대한 정책을 마련하고 실시할 국가의 의무를 규정하고 있다.

이에 따라 국가는 질병·재해 등 생활안전을 위협하는 위험으로부터 국민을 보호하여야 하고, 여자·노인·소년 등 사회적 약자가 인간다운 생활을 할 수 있도록 배려·지원하여야 한다.

사회복지란 아동·노인·장애인 등 특별한 보호를 필요로 하는 국민을 위하여 시설이나 서비스의 제공을 통하여 생활의 어려움을 지원하는 제도를 말한다. 이는 필요한 급여를 실시하여 자활을 돕는 것을 내용으로 하며, 수요자의 욕구에 대응하는 개별적 처우를 제공하는 점이 특징이다.[97]

사회적 기본권은 국가의 적극적 활동인 배려·조성 등을 통해 실현될 수 있는데, 사회적 기본권을 보장해야 하는 국가의 과제는 1차적으로 입법을 통해 실현된다.

이에 따라 교정분야에서 이러한 사회적 기본권 실현 의무를 이행하기 위하여 마련된 대표적 규정이 「수용자처우법」 제2편 제7장 '특별한 보호'이다.

---

97 김하열, 한국헌법, 2018, 665면.

구 「행형법」에서는 "임부, 산부와 노쇠자는 병에 걸린 자에 준한다"고만 규정하고 있었다. 이를 2007년 「수용자처우법」으로 전면개정하면서, 사회적 약자인 여성·임산부·노인·장애인·외국인 수용자를 각기 별도로 규정하여 적정한 배려 또는 적절한 처우를 하도록 명시하였다.

그 후 2015년 개정을 통해 소년수용자도 특별한 보호대상으로 포함시켰다.

특별한 보호 규정들은 사회적 소수자[98] 보호의 정신을 교정과정에서도 살릴 수 있도록 하여 우리나라의 사회복지수준을 사회의 가장 음지인 교정시설로까지 확장했다는 점에서 큰 의의를 지니고 있다.

[2] 여성수용자 적정 처우

I 여성수용자 처우 원칙

여성수용자는 전체 수용자 중 4~6% 정도로서, 수용인원이 남성수용자에 비해 매우 적다. 이로 인해 교정시설에서 여성수용자에 대한 처우프로그램이 남성수용자에 비해 양적으로도 적고 그 내용도 열악하다는 지적을 받아 왔다. 특히 여성수용자의 특수한 필요성을 충족시키지 못하고, 수용자에 대한 획일적인 처우가 성적 특성을 무시하고 그대로 적용되는 경우가 문제시되었다.

이러한 점을 고려하여 우리나라의 교정시설에서 여성수용자 관리에 대한 관심이 증가하게 되었고, 남성수용자 위주의 교정정책에서 벗어나 여성수용자의 특성을 고려한 처우가 제도적으로 많이 보완되어 처우에 있어서 질적 향상을 가져왔다.

「수용자처우법」은 원칙적으로 여성수용자를 전담교정시설에 수용하도록 규정하고(법 제57조 5항), 여성의 신체적, 심리적 특성을 고려한 처우 실시 의무, 여성의 성보호를 위한 여성교도관 전담 관리, 임산부에 대한 보호 특칙 등을 제도적으로 보장하고 있다.

---

98 사회적 소수자(Minority)란 국가나 어느 사회에서 차별의 대상이 되는 여성·노인·청소년·장애인·외국인·성소수자·소수종교인 등을 말한다.

Ⅱ 여성수용자 처우의 특칙

1. 신체적 · 심리적 특성을 고려한 처우

여성수용자는 남성수용자와는 다른 신체적 · 심리적 특성을 지니고 있고, 신체적으로 남성에 비해 약하고, 정신적으로는 예민하고, 주기적으로 생리현상을 겪으며, 수동적이고 갈등적인 측면이 많다.

따라서 「수용자처우법」 제50조는 여성수용자 처우에 대해, "소장은 여성수용자에 대하여 여성의 신체적 · 심리적 특성을 고려하여 처우하여야 하고, 건강검진을 실시하는 경우에는 나이 · 건강 등을 고려하여 부인과 질환에 관한 검사를 포함시켜야 한다. 그리고 생리 중인 여성수용자에 대하여는 위생에 필요한 물품으로 지급하여야 한다"고 규정하고 있다. '건강검진 시 부인과 질환 검사 포함'과 '생리용품지급'에 관하여는 종전에는 임의적 규정으로 하였으나 2014년 개정을 통해 현행처럼 필요적 규정으로 바꾸어 여성수용자에 대한 특별보호를 확실하게 실시할 수 있게 되었다.

종래에는 '미성년자녀에 대한 장소변경 접견' 특칙도 있었으나 2019년 개정을 통해 전체 수용자에 대한 특칙으로 변경하였으므로 현재는 미성년자녀와 접견 시 접촉차단 시설이 없는 장소에서 접견할 수 있도록 한 규정은 여성수용자에 대한 특별규정이 아니다.

2. 여성의 성보호를 위한 처우(법 제51조)

「수용자처우법」은 남성교도관에 의한 여성수용자 성폭력이나 성희롱 방지를 위하여, "소장은 여성수용자에 대하여 상담 · 교육 · 작업 등을 실시하는 때에는 여성교도관이 담당하도록 하여야 한다. 다만, 여성교도관이 부족하거나 그 밖의 부득이한 사정이 있으면 남성교도관이 담당할 수 있다"고 규정하고 있다. 특히 여성교도관이 부족하여 부득이하게 남성교도관이 1인의 여성수용자에 대하여 실내에서 상담 등을 해야 하는 경우에는 투명한 창문이 설치된 장소에서 다른 여성을 입회시킨 후 실시하도록 하고 있다.

이 외에도 「수용자처우법 시행령」에서는 여성수용자 거실에 대한 남성교도관의 야간 시찰 제한, 목욕 시 계호 특칙을 규정하고 있다.

시행령 제7조(여성수용자에 대한 시찰) 소장은 특히 필요하다고 인정하는 경우가 아니면 남성교도관이 야간에 수용자거실에 있는 여성수용자를 시찰하게 하여서는 아니 된다.

제77조(여성수용자의 목욕) ① 소장은 제50조에 따라 여성수용자의 목욕횟수를 정하는 경우에는 그 신체적 특성을 특히 고려하여야 한다.

② 소장은 여성수용자가 목욕을 하는 경우에 계호가 필요하다고 인정하면 여성교도관이 하도록 하여야 한다.

그리고 신체 등의 검사에 있어서도 "여성의 신체·의류 및 휴대품에 대한 검사는 여성교도관이 하여야 한다"는 규정(법 제93조 4항)을 두고 있고, 전자영상장비로 거실에 있는 여성수용자를 계호하는 경우에는 오로지 여성교도관만이 할 수 있도록 하고 있다(법 제94조 2항).

이러한 검사나 계호에 관하여는 앞에서 기술한 상담 담당 등의 규정과는 달리 예외가 인정되지 않고 있다.

다만, 여성수용자 거실에 대한 검사와 관련해서는 아직 남성교도관 제한 규정을 두고 있지 않고 있어 이에 대한 검토가 요청된다.

Ⅲ 임산부 수용자에 대한 처우

임산부란 임부와 산부를 가리킨다. 임부(姙婦)란 아이를 밴 여자이고, 산부(産婦)는 아이를 갓 낳은 여자인데, 산부에는 유산(流産)한 경우와 죽은 아이를 낳은 사산(死産)까지 포함한다.

임산부는 특별한 보호가 필요하다.

그래서 「수용자 처우에 관한 유엔최저기준규칙」에서는 "여자교도소에서는 산전 및 산후의 모든 간호 및 처치를 위하여 필요한 특별한 설비가 갖추어져 있어야 한다. 가능한 경우에는 항상 시설 밖의 병원에서 분만할 수 있도록 조치를 강구해야 한다. 아이가 시설 내에서 태어난 경우 그 사실을 출생증명서에 기재해서는 안 된다"고 규정하고 있다(제 28조).

「수용자처우법」에서도 '임산부인 수용자의 처우'를 규정하고 있다.

법 제52조(임산부인 수용자의 처우) ① 소장은 수용자가 임신 중이거나 출산(유산·사산을 포함한다) 한 경우에는 모성보호 및 건강유지를 위하여 정기검진 등 적정한 조치를 하여야 한다.
② 소장은 수용자가 출산하려고 하는 경우에는 외부의료시설에서 진료를 받게 하는 등 적절한 조치를 하여야 한다.

이 규정에서 유산·사산을 포함한 출산의 범위는 출산 후 60일이 지나지 아니한 경우를 말한다(시행령 제78조).

위에서 인용한 「수용자처우법」을 보완하여 「수용자처우법 시행규칙」에서는 "소장은 임산부에 대해 지급할 필요가 있다고 인정하면 겨울철에 솜이불을 사용하게 할 수 있다(규칙 제7조 제1호).

소장은 임산부인 수용자에 대하여 필요하다고 인정하는 경우에는 의무관의 의견을 들어 필요한 양의 쌀밥, 죽 등의 주식과 별도로 마련된 부식을 지급할 수 있으며, 양육유아에 대하여는 분유 등의 대체식품을 지급할 수 있다(규칙 제42조)"라고 규정하고 있다.

Ⅳ 유아가 있는 수용자의 유아 양육

심리학이론에 따르면, 정서발달에 가장 중요한 요소는 애착(Attachment)이다. '애착'은 타인과 근접성을 유지하려는 욕구 내지 친밀감과 상호 간의 사랑으로 특징지을 수 있는 두 사람 사이의 강한 정서적 관계이다. 일반적으로 젖먹이의 경우 애착의 주요 대상은 어머니이다. 애착을 강조하는 이론에 따르면, 생후 1~2년 이내의 젖먹이와 그를 돌보는 사람과의 애착의 질에 따라 차후 인지적·사회적 발달에 결정적인 영향을 미친다고 한다. 애착에 문제가 있는 사람들은 자신에 대하여 부정적인 이미지를 가지며 일탈행동을 할 가능성도 커지는 경우가 많다. 그러므로 어머니의 사랑이나 포근함은 유아의 생명에 절대적으로 필요한 젖 이상의 의미를 가진다. 이처럼 인간발달과정에서의 어머니와의 관계는 아주 중요하므로, 미래의 범죄예방차원에서도 큰 의미와 가치를 지닌다. 이에 따라 원만한 애착을 함양하기 위해 '유아양육'제도를 두고 있다.

구 「행형법」은 "신입의 여자가 출산한 유아를 교도소 등의 안에서 양육할 것을 신청한 때에는 상당한 이유가 있는 경우에 한하여 생후 18개월에 이르기까지 당해 소장이 이를 허가할 수 있다. 이 규정은 수용 중의 여자가 출산한 유아에 대하여도 이를 준용한다"고 규정하고 있었다.

「행형법」에서는 유아양육이 원칙적으로 인정되지 않았고, 상당한 이유가 있는 경우에 한하여 예외적으로 소장이 재량으로 허가할 수 있도록 하였으므로 모성보호와 유아의 보호가 매우 미흡한 상황이었다.

「수용자의 처우에 관한 유엔최저기준규칙」에서는 유아양육에 대해 다음과 같이 권고하고 있다.

> **제29조** ① 수용자의 자녀를 구금시설 내에서 수용자와 함께 생활하는 것에 대한 판단을 내릴 때에는 해당 자녀의 이익을 최우선적으로 고려해야 한다.
> 다음의 경우에 한하여 수용자의 자녀를 구금시설 내에서 생활하는 것을 허용한다.
> 가. 수용자가 자녀를 돌보지 못할 때 적정 인력을 갖춘 내부 또는 외부 보육시설에 자녀를 위탁할 수 있는 경우
> 나. 전문가가 입소에 대한 건강검진 및 자녀의 발육에 대한 지속적인 모니터링을 포함한 어린이의 특별한 보건의료 서비스를 제공할 수 있는 경우
> ② 구금시설에서 생활하는 수용자의 자녀는 어떠한 경우에도 수용자로 처우해서는 안된다.

「수용자처우법」은 이러한 점을 고려하여 여성수용자와 대상 유아의 실질적 보호차원에서, 여성수용자의 자녀양육 신청권에 가깝게 제도화하여, 유아양육 신청을 받은 소장은 법정 제한사유가 없으면 의무적으로 허가하도록 하고 있다. 그리고 양육허가 후에는 유아의 생육 여건을 실질적으로 갖추도록 하고 있다.

> **제53조(유아의 양육)** ① 여성수용자는 자신이 출산한 유아를 교정시설에서 양육할 것을 신청할 수 있다. 이 경우 소장은 다음 각 호의 어느 하나에 해당하는 사유가 없으면, 생후 18개월에 이르기까지 허가하여야 한다.
> 1. 유아가 질병·부상, 그 밖의 사유로 교정시설에서 생활하는 것이 특히 부적당하다고 인정되는 때
> 2. 수용자가 질병·부상, 그 밖의 사유로 유아를 양육할 능력이 없다고 인정되는 때
> 3. 교정시설에 감염병이 유행하거나 그 밖의 사정으로 유아양육이 특히 부적당한 때
> ② 소장은 제1항에 따라 유아의 양육을 허가한 경우에는 필요한 설비와 물품의 제공, 그 밖에 양육을 위하여 필요한 조치를 하여야 한다.

> **시행령 제79조(유아의 양육)** 소장은 법 제53조 제1항에 따라 유아의 양육을 허가한 경우에는 교정시설에 육아거실을 지정·운영하여야 한다.
>
> **제80조(유아의 인도)** ① 소장은 유아의 양육을 허가하지 아니하는 경우에는 수용자의 의사를 고려하여 유아보호에 적당하다고 인정하는 법인 또는 개인에게 그 유아를 보낼 수 있다. 다만, 적당한 법인 또는 개인이 없는 경우에는 그 유아를 해당 교정시설의 소재지를 관할하는 시장·군수 또는 구청장에게 보내서 보호하게 하여야 한다.
> ② 법 제53조 제1항에 따라 양육이 허가된 유아가 출생 후 18개월이 지나거나, 유아양육의 허가를 받은 수용자가 허가의 취소를 요청하는 때 또는 법 제53조 제1항 각 호의 어느 하나에 해당되는 때에도 제1항과 같다.

현행법이 "교정시설 수용은 수용요건을 구비한 본인만을 수용할 수 있다"는 수용원칙의 예외로서 수용요건에 해당하지 않은 사람인 유아를 수용자와 함께 수용하도록 하는 유아양육을 인정하는 취지는, 유아의 경우에는 출산한 엄마수용자가 직접 양육하는 것이 유아에게 정서적·신체적인 면에서 필요하기 때문이다.

보통 인간발달과정에서 생후 18개월까지를 영아기로 보는데, 이 기간에는 인간의 기본적 정서가 발달해가는 시기이다. 그러므로 어머니와의 스킨십(Skinship)을 통한 애정의 교류, 정서 안정, 직접 수유 등이 매우 필요하다. 그렇지만 생후 18개월 이후에는 사람의 지적 능력이 발달하는 시기이므로 교정시설 내의 생활이 지적 능력 발달에 장애를 초래할 우려가 많다. 그래서 현행법에서도 생후 18개월에 이르기까지만 유아양육을 허용하고 있는 것이다.

또한 유아양육의 인정은 「헌법」상 보장된 인간다운 생활을 할 수 있는 권리와 사회복지의 실현 차원에서도 타당한 조치이다.

[3] 노인 · 장애인 · 외국인 · 소년 수용자의 특별 보호처우

I 노인수용자의 적정한 배려 처우

노인수용자는 65세[99] 이상인 수용자를 말한다(시행령 제81조 1항).

「수용자처우법」 제54조 제1항은 "소장은 노인수용자에 대하여 나이 · 건강상태 등을

99 노인수용자 특별보호와 관련하여 연령기준을 현재 '65세 이상'은 노인수용자에 대한 행형비용 등을 감안하여 '70세 이상'으로 조정할 필요성이 있다고 본다.

고려하여 그 처우에 있어 적정한 배려를 하여야 한다"고 규정하고 있다.

노인수용자는 다른 유형의 수용자와 비교할 때 많은 나이와 건강상태가 가장 큰 특징이므로 이러한 점을 배려하여 처우를 실시하도록 하고 있다.

1. 노인수형자 전담교정시설 및 수용거실 수용 원칙

(1) 노인수형자는 「수용자처우법」 제57조 제5항에 따라 전담교정시설의 부족이나 그 밖의 부득이한 사정이 있는 경우를 제외하고는 법무부장관이 노인 수형자의 처우를 전담하도록 정하는 시설(노인수형자 전담교정시설)에 수용되며, 그 특성에 알맞은 처우를 받는다.

이는 원칙적으로 전담교정시설에 수용하여 처우할 것을 규정한 것이다. 또한 노인의 다양한 특성을 고려하여 적절한 인적, 물적 설비를 갖춘 시설에서 적정한 배려를 할 수 있도록 하기 위함이다.

노인수형자 전담교정시설에는 「장애인 · 노인 · 임산부 등의 편의증진보장에 관한 법률시행령」의 교도소 · 구치소 편의시설의 종류 및 설치기준에 따른 편의시설을 갖추어야 하며, 별도의 공동휴게실을 마련하고 노인이 선호하는 오락용품 등을 비치하여야 한다.

(2) **노인수용자 전용거실**(시행규칙 제44조)

노인수형자 전담교정시설이 아닌 교정시설에서는 노인수용자를 수용하기 위하여 별도의 거실을 지정하여 운용할 수 있다.

노인수용자의 거실은 시설부족 그 밖에 부득이한 사정이 없으면 건물의 1층에 설치하고 특히 겨울철 난방을 위하여 필요한 시설을 갖추어야 한다. 이는 시설 내 이동과 건강 등을 배려한 규정이다.

2. 처우상의 특칙

시행규칙에서는 주 · 부식 등의 지급, 운동 · 목욕, 의료, 교육 · 교화프로그램 및 작업 등의 처우와 관련하여 구체적으로 노인수용자에 대한 특별한 규정을 두고 있다.

(1) **주 · 부식 등 지급**(규칙 제45조)

소장은 노인수용자의 나이 · 건강상태 등을 고려하여 필요하다고 인정하면, 의류의 품목, 의류의 품목별 착용시기 및 대상, 침구의 품목, 침구의 품목별 사용 시기 및 대상, 의류·침구 등 생활용품의 지급기준의 규정과 주식의 혼합비, 주식의 지급, 부식·주·부식의 지급횟수에 대한 규정에 따른 수용자의 지급기준을 초과하여 주·부식, 의류·침구, 그 밖의 생활용품을 지급할 수 있다.

(2) **운동·목욕**(규칙 제46조)

소장은 노인수용자의 나이·건강상태 등을 고려하여 필요하다고 인정하면 시행령에 따른 일반수용자의 원칙적 운동시간을 연장하거나 목욕횟수를 늘릴 수 있다. 또한 소장은 거동이 불편하여 혼자서 목욕하기 어려운 경우에는 교도관, 자원봉사자 또는 다른 수용자로 하여금 목욕을 보조하게 할 수 있다.

(3) **전문의료진 확보와 건강검진**(규칙 제47조)

노인수형자 전담교정시설의 장은 노인성질환에 관한 전문적인 지식을 가진 의료진과 장비를 갖추고, 외부의료시설과 협력체계를 강화하여 노인수형자가 신속하고 적절한 치료를 받을 수 있도록 하여야 한다.

소장은 노인수용자에 대하여 6개월에 1회 이상 건강검진을 하여야 한다.

재정마련의 어려움이 있겠으나, 노인의 신체적 특성을 고려하면 더 나아가 건강검진의 횟수 외에 여성수용자의 경우처럼 나이·건강상태 등을 고려하여 노인성질환에 관한 검사를 포함시킬 수 있도록 할 필요가 있다고 본다.

(4) **교육·교화프로그램 및 작업**(규칙 제43조)

노인수형자 전담교정시설의 장은 노인문제에 관한 지식과 경험이 풍부한 외부전문가를 초빙하여 교육하는 등 노인수형자의 교육을 받을 수 있는 기회를 확대하고, 노인전문오락, 그 밖에 노인의 특성에 알맞은 교화프로그램을 개발·시행하여야 한다.

소장은 노인수용형자가 작업을 원하는 경우에는 나이·건강상태 등을 고려하여 해당 수형자가 감당할 수 있는 정도의 작업을 부과한다. 이 경우에는 의무관의 의견을 감안해야 한다.

II 장애인수용자의 적정한 배려 처우

1. 적정한 처우의 원칙

장애인수용자란 시각·청각·언어·지체(肢體) 등의 장애로 통상적인 수용생활이 특히 곤란하다고 인정되는 사람으로 법무부령(시행규칙)으로 정하는 수용자를 말한다(시행령 제

81조 2항).

시행규칙 제49조에 따르면 「장애인복지법 시행령」의 규정에 해당하는 사람으로서 시각·청각·언어·지체(肢體) 등의 장애로 통상적인 수용생활이 특히 곤란하다고 인정되는 수용자를 말한다.

장애인도 일반인과 마찬가지고 인간으로서 존엄과 가치를 존중받고 그에 합당한 대우를 받아야 한다. 이를 위해 장애인의 자립지원과 보호에 대해 국가와 지방자치단체가 책임져야 하듯이 장애인 수용자에 대해서도 교정기관이 책임을 져야 한다.

그러므로 장애인수용자의 시설 내 생활에 대해 별도의 처우계획을 수립하고 편의시설이나 의료·직업훈련 등에 세밀한 관심을 기울여야 하는 것이다.

「수용자처우법」 제54조 1항은 "소장은 장애인수용자에 대하여 장애의 정도를 고려하여 그 처우에 있어 적정한 배려를 하여야 한다"고 규정하고 있다.

장애인수용자는 자신의 장애로 인해 장애를 가지지 않은 일반수용자와 함께 시설 내 생활을 하는 데 어려움에 처하게 되므로, 이 점을 고려하여 특별히 배려하는 처우를 하도록 한 것이다. 특히 겉으로 드러난 장애뿐만 아니라 장애로 인해 나타나게 되는 상실감·분노감·절망감 등이 심한 수용자에 대해서는 심리치료를 함께 시행하면서 사회적응을 위한 특별한 프로그램도 적용하도록 하는 것이 바람직하다.

2. 장애인수형자 전담교정시설 및 수용거실

(1) 장애인수형자 전담교정시설 수용원칙

장애인수형자는 「수용자처우법」 제57조 제5항에 따라 전담교정시설의 부족이나 그 밖의 부득이한 사정이 있는 경우를 제외하고는 법무부장관이 장애인수형자의 처우를 전담하도록 정하는 시설(장애인수형자 전담교정시설)에 수용되며, 그 특성에 알맞은 처우를 받는다. 이는 장애인수형자도 원칙적으로 전담교정시설에 수용해서 처우할 것을 규정한 것이다. 또한 장애인의 신체적 특징을 고려하여 적절한 인원과 물적 설비를 갖춘 시설에서 적정한 배려를 할 수 있도록 하기 위함이다.

(2) 장애인수용자 전용거실(시행규칙 제51조)

장애인수형자 전담교정시설이 아닌 교정시설에서는 장애인 수용자를 수용하기 위하여 별도의 거실을 지정하여 운용할 수 있다.

장애인수용자와 거실은 시설부족 그 밖에 부득이한 사정이 없으면 건물의 1층에 설치하고 특히 장애인이 이용할 수 있는 변기 등의 시설을 갖추도록 하여야 한다.

이는 시설 내 이동과 편의 등을 배려해서 만든 규정이다.

3. 처우상의 특칙

시행규칙에서는 재활프로그램, 주·부식 등의 지급, 운동·목욕, 의료, 교육·교화프로그램 및 작업 및 직업훈련 등의 처우와 관련하여 장애인수용자에 대한 특별한 규정을 두고 있다.

(1) 재활치료프로그램의 개발 및 시행(규칙 제50조)

「수용자처우법」에 따라 장애인수형자의 처우를 전담하도록 정하는 장애인수형자 전담교정시설의 장은 장애종류별 특성에 알맞은 재활치료프로그램을 개발하여 시행하여야 한다.

(2) 전문의료진 확보(규칙 제52조)

장애인수형자 전담교정시설의 장은 장애인의 재활에 필요한 전문의료진과 장비를 갖추도록 노력하여야 한다.

(3) 직업훈련(규칙 제53조)

장애인수형자 전담교정시설의 장은 장애인수형자에 대한 직업훈련이 석방 후의 취업과 연계될 수 있도록 그 프로그램의 편성 및 운영에 특히 유의하여야 한다.

(4) 노인수용자에 대한 처우 특칙의 준용(규칙 제54조)

장애인수형자의 장애 정도, 건강 등을 고려하여 필요하다고 인정하는 경우 주·부식 등의 지급, 운동·목욕 및 교육·교화프로그램·작업에 관하여는 노인 수용장에 대한 특칙을 준용한다. 그러나 노인수용자의 건강검진기간 6개월 1회 이상 규정은 장애인수용자에게는 준용되지 않는다.

Ⅲ 외국인수용자의 적정한 처우

1. 다문화시대를 맞이하여 외국인수용자가 꾸준히 증가하고 있다. 이에 따라 우리나라에서는 최초로 2010년 외국인만을 수용하는 외국인 전담교도소인 '천안교도소'를 개설·운영하고 있다.

「수용자처우법」 제54조 제3항은 "소장은 외국인수용자에 대하여 언어 · 생활문화 등을 고려한 적정한 처우를 하여야 한다"고 규정하고 있다.

2. 외국인수형자 전담교정시설 및 전담요원

(1) 외국인수형자 전담교정시설 수용원칙(규칙 제55조)

「수용자처우법」에 따라 외국인수형자의 처우를 전담하는 외국인수형자 전담시설의 장은 외국인의 특성에 알맞은 교화프로그램 등을 개발하여 시행하여야 한다.

(2) 수용거실지정(규칙 제57조)

소장은 외국인수용자의 수용거실을 지정하는 경우에는 종교 또는 생활관습이 다르거나 민족감정 등으로 인하여 분쟁의 소지가 있는 외국인은 분리수용하여야 한다. 소장은 외국인수용자에 대하여는 그 생활양식을 고려하여 필요한 수용설비를 제공하도록 노력하여야 한다.

(3) 전담요원의 지정

외국인수용자를 수용하는 소장은 외국어에 능통한 소속 교도관을 전담요원으로 지정하여 일상적인 개별면담, 고충해소, 통역·번역 및 외교공관 또는 영사관 등 관계기관과의 연락 등의 업무를 수행하게 하여야 한다(규칙 제56조 제1항).

전담요원은 외국인 미결수용자에게 소송 진행에 필요한 법률지식을 제공하는 등의 조력을 하여야 한다(동조 제2항).

현행법에서 전담교정시설 외에도 전담요원제도까지 제도화하고 있는 것은 외국인수용자에 대한 것이 유일하다.

3. 처우상의 특칙

(1) 주·부식의 지급(규칙 제58조)

외국인수용자에게 지급하는 음식물의 총열량은 일반수용자에 대한 칼로리 기준(1인당 1일 2,500칼로리)에도 불구하고 소속 국가의 음식문화, 체격 등을 고려하여 조정할 수 있다. 외국인수용자에 대하여는 쌀과 보리의 혼합곡, 빵 또는 그 밖의 식품을 주식으로 지급하되 소속 국가의 음식문화를 고려하여야 하고, 외국인수용자에게 지급하는 부식의 기준은 법무부장관이 정한다.

(2) 위독 또는 사망 시 조치(규칙 제59조)

소장은 외국인수용자가 질병 등으로 위독하거나 사망한 경우에는 그의 국적이나 시민권이 속하는 나라의 외교공관 또는 영사관의 장이나 그 관원 또는 가족에게 이를 즉시 통지하여야 한다.

Ⅳ 소년수용자의 적정한 처우

청소년은 성장단계에 있고 변화와 개선가능성이 성인보다 높다. 따라서 소년범죄자는 교화 개선하여 재사회화하는 데 있어서 성공할 확률도 높다고 인식되고 있다.

소년범죄자의 경우 대부분의 범죄가 사회환경적 요인에 의해 행해지고 있다는 점도 특징 중 한 가지이다.

비교적 무거운 범죄를 범하여 교정시설에 수용된 소년수용자에 대한 처우는 소년을 사회와 격리한 상태에서 이루어지므로 건전한 사회인으로서의 사회성 개발과 성장을 저해할 수도 있고, 성인수형자에 비해 범죄학습과 낙인이라는 시설내처우의 폐해가 커질 우려가 높다. 그러므로 수년수용자에 대해서는 범죄조장적인 환경으로부터 보호하면서 그들의 필요에 상응하는 다양하고 전문화된 처우가 필요하다.

이러한 점을 고려하여 현행「수용자처우법」제54조 제4항은 "소장은 소년수용자에 대하여 나이 · 적성 등을 고려하여 적정한 처우를 하여야 한다"고 명시하고 있다.

1. 소년수형자 전담교정시설 및 수용거실

(1) 소년수형자 전담교정시설 수용원칙

소년수형자는「수용자처우법」제57조 제5항에 따라 전담교정시설의 부족이나 그 밖의 부득이한 사정이 있는 경우를 제외하고는 법무부장관이 19세 미만의 소년수형자의 처우를 전담하도록 정하는 시설(소년수형자 전담교정시설)에 수용되며, 그 특성에 알맞은 처우를 받는다. 이는 원칙적으로 전담교정시설에 수용하여 처우할 것을 규정한 것이다.

소년수형자 전담교정시설의 장은 소년의 나이 · 적성 등 특성에 알맞은 교육 · 교화프로그램을 개발하고 시행하여야 한다.

소년수형자 전담교정시설에는 별도의 공동학습공간을 마련하고 학용품 및 소년의 정서 함양에 필요한 도서, 잡지 등을 갖춰 두어야 한다(규칙 제59조의 2).

(2) 소년수용자 수용거실(규칙 제59조의 3)

소년수형자 전담교정시설이 아닌 교정시설에서는 소년수용자를 수용하기 위하여 별도의 거실을 지정하여 운용할 수 있다.

소년수형자 전담교정시설이 아닌 교정시설에서 소년수용자를 수용한 경우 소년의 나이·적성 등 특성에 알맞은 교육·교화프로그램을 개발하여 시행하여야 한다.

2. 처우상의 특칙

(1) 소년수용자의 접견·전화(규칙 제59조의 4)

소장은 소년수형자 등의 나이·적성 등을 고려하여 필요하다고 인정하면 경비처우급에 따른 접견 및 전화통화 횟수를 늘릴 수 있다.

(2) 소년수형자의 사회적 처우(규칙 제59조의 5)

성인수형자의 경우 사회견학, 사회봉사, 자신이 신봉하는 종교행사 참석, 연극·영화 그 밖의 문화공연 관람은 개방처우급·완화경비처우급 수형자에게 원칙적으로 허가할 수 있고, 일반경비처우급 수형자에게는 처우상 특히 필요한 경우에만 허가할 수 있다.

그렇지만 소년수형자에 대하여는 그 요건에 해당하지 않는 경우에도 소장은 소년수형자 등의 나이·적성 등을 고려하여 필요하다고 인정하면 소년수형자 등에게 사회적 처우 중 해당하는 활동을 허가할 수 있다.

이 경우 소장이 허가할 수 있는 활동에는 발표회 및 공연 등의 참가 활동을 포함한다.

(3) 노인수용자에 대한 처우 특칙 준용(규칙 제59조의 6)

소년수용자의 나이·건강상태 등을 고려하여 필요하다고 인정하는 경우 주·부식의 등의 지급, 운동·목욕, 전문의료진 등 및 작업에 관하여 노인수용자에게 규정된 주·부식 초과 지급, 운동시간 연장, 목욕횟수 증가, 전문의료진, 교육·교화프로그램, 작업에 관한 특칙을 준용한다.

학습 체크 포인트

01 유엔최저기준규칙(만델라 규칙) 제 8조에는, "① 남녀 수용자를 함께 수용하고 있는 시설에서는 여성 전용구역에 여자 책임자를 두고 해당 구역의 모든 열쇠를 관리하도록 해야 한다. ② 남자 직원은 여자 직원의 동반 없이 여성 전용구역에 출입할 수 없다. ③ 여자 직원만이 여성 수용자를 관리해야 한다. 그러나 남자 직원, 특히 의사와 교사가 교정시설이나 여성 전용구역에서 직무를 수행하는 것을 제한하지 않는다"고 여성 수용자의 성 보호를 권장하고 있다.

02 여성의 신체 · 의류 및 휴대품에 관한 검사는 물론이고, 거실에 있는 여성수용자를 전자영상장비로 계호하는 경우에도 여성교도관만이 하여야 한다. 그러나 거실 · 작업장 검사에 대하여는 법령상 제한규정이 없다.

03 소장은 특히 필요하다고 인정하는 경우에 한해서만 남성교도관이 야간에 수용자거실에 있는 여성수용자를 시찰하게 하여야 한다.

04 여성교도관의 부족 등 부득이한 사정으로 남성교도관이 단 1명의 여성수용자에 대하여 실내에서 상담 등을 하는 경우에는 투명한 창문이 설치된 장소에서 하되, 반드시 또 다른 여성을 1명 이상 입회시킨 후 실시하여야 한다.

05 소장은 여성수용자가 자신이 출산한 유아를 교정시설에서 양육할 것을 신청한 때에는 법정 사유가 없으면 생후 18개월에 이르기까지 교정시설 내에서 양육할 수 있도록 허가하여야 한다.

06 「형사소송법」은 자유형의 집행정지와 관련하여 '잉태 후 6개월 이상인 때'를 임의적 집행정지 사유로 규정하여 임부(姙婦)를 임신 후 일정기간 경과한 후로 보고 있으나, 「수용자처우법」에서는 기간 한정 없이 임신 중 전 기간에 걸쳐서 모성보호 및 건강유지를 위하여 정기적인 검진 등 특별한 보호를 받도록 규정하고 있다.

07 노인수용자의 경우에도 「형사소송법」은 '연령 70세 이상인 때', '직계존속이 연령 70세 이상으로 보호할 다른 친족이 없을 때'를 자유형의 임의적 집행정지 사유로 규정하고 있으나, 「수용자처우법 시행령」은 노인수용자를 65세 이상인 수용자로 규정하고 있다.

08 19세 미만의 소년수용자와 노인수용자는 건강검진횟수에 있어서 특칙이 적용되어 일반수용자에 대하여 1년에 1회 이상 실시하는 건강검진을 6개월에 1회 이상 실시하도록 규정하고 있다.

09 노인수용자와 장애인수용자의 거실은 시설부족 또는 그 밖의 부득이한 사정이 없으면 건물 1층에 설치하여야 하고, 노인수용자거실에는 특히 겨울철 난방을 위하여 필요한 시설을 갖추어야 하고, 장애인수용자거실에는 특히 장애인이 이용할 수 있는 변기 등의 시설을 갖추어야 한다.

10 노인수형자전담 교정시설에는 별도의 공동휴게실을 마련하고 노인이 선호하는 오락용품 등을 갖춰두어야 하고, 소년수형자 전담교정시설에는 별도의 학습공간을 마련하고 학용품 및 소년의 정서 함양에 필요한 도서 · 잡지 등을 갖춰 두어야 한다.

11 「수용자처우법」은 노인수용자와 장애인수용자에 대하여는 그 처우에 있어 '적정한 배려'를 하도록 규정하고 있고, 외국인수용자와 소년수용자에 대하여는 '적정한 처우'를 하도록 규정하고 있다.

12 「수용자처우법」상 외국인이란 '대한민국 이외 국가의 국적을 가진 사람'으로 한정하지 않고, 무국적자까지 포함할 수 있도록 '대한민국 국적을 가지지 아니한 수용자'로 규정하고 있다.

13 현행법령상 특별한 보호대상으로 규정한 수용자 유형에는 여성 · 노인 · 장애인 · 소년수용자가 있고, 이 중 전담교정시설뿐 아니라 전담요원까지 두도록 규정하고 있는 대상은 외국인 수용자가 유일하다.

3

각론(各論)
- 미결수용자 및 사형확정자

제1장

미결수용자의 처우

교정시설에 수용되어 있는 사람 중 수형자 다음으로 높은 비중을 차지하는 수용자가 미결수용자이다. 미결수용자는 수형자와 법적 지위가 본질적으로 다르고, 구금의 성질도 크게 차이가 있으므로 수형자와는 별도로 논의가 필요하다.

I 미결수용자

1. 의 미

'미결(未決)'이란, '법적 판결이 나지 않음'이라는 뜻이다. 미결수용(未決收容)은 한자어 뜻 그대로 확정판결이 아직 내려지지 않은 상태에서 절차 및 형의 집행을 확보하기 위해 시설에 수용하는 것을 말한다. 미결수용은 형사사건으로 수사 또는 재판을 받고 있는 형사 피의자[1]나 형사 피고인[2]의 도주 및 증거인멸을 방지함으로써 수사·공판심리의 원활한 진행을 도모하고, 형의 집행을 확보하기 위하여, 그들의 신병(구금의 대상이 되는 해당자의 몸)을 확정판결 이전에 일정한 교정시설에 수용하는 강제처분이다.

법률상 '형사피의자 또는 형사피고인으로서 체포되거나 구속영장의 집행을 받아 교정시설에 수용된 사람'을 미결수용자라고 한다. 즉 '미결수용자'란 형사소송법에 따라 체포 또는 구속되어 시설에 수용된 피의자나 피고인이다. 법률과 적법절차에 따라 체포된 경우에

1 형사피의자란 형사사건 절차에서 범죄의 혐의가 있어 정식으로 수사대상으로 입건되어 수사를 받고 있으면서도 아직은 공소 제기가 되지 않은 사람이다. '피의자'라고도 부른다.

2 형사피고인이란 범죄를 범한 혐의가 수사절차에서 어느 정도 인정이 되어 검사에게 공소 제기(기소)되어 형사법원에서 재판을 받고 있는 사람이다. '피고인'이라고도 부른다.

도 구속영장의 집행을 받는 경우와 마찬가지로 시설에 수용하게 된다. 따라서 구속된 피의자·피고인뿐만 아니라 체포된 피의자도 미결수용자의 범위에 포함시키고 있다.

2. 미결수용자 처우의 발전

(1) 구 「행형법」하에서 미결수용자에 대해서는, 구분수용·외부참석용 의류 등의 자비부담에 대해 별도의 규정을 둔 것 이외에 별도로 「미결수용」이라는 표제어 아래 참관금지, 분리수용, 이발, 접견 및 서신, 작업과 교회 그리고 유치장에 대한 특별규정을 두고 있었다. 그러나 미결수용자의 처우 대부분에 대해서는 수형자의 처우에 대한 규정을 준용하고 있어, 무죄추정을 받으면서 방어권이 보장되어야 하는 사람으로서의 처우를 적절히 드러내지 못하고 있었다.

(2) 현행법은 제2편 제9장에서 미결수용에 대해 규정하면서 무죄추정에 따른 처우규정을 두고, '미결수용자에 대한 징벌 중 방어 권리 행사 보장' 그리고 '사복착용'에 대한 근거규정을 보완하였다. 그러나 수형자의 처우를 중심으로 하는 「수용자처우법」의 성격상 미결수용자의 처우도 대부분 '수용자'의 처우로서 일률적으로 규율되고 있다.

Ⅱ 미결수용자 처우의 기본원칙

「UN최저기준규칙」도 "유죄 판결을 받지 아니한 수용자는 무죄로 추정되고 무죄인 자로서 처우되어야 한다"고 규정하고 있듯이, 무죄추정의 원칙은 수사절차에서 공판절차에 이르기까지 형사절차의 전과정을 지배하는 지도원리이다. 미결수용자는 유죄가 확정될 때까지 무죄로 추정되는 법적 지위를 가진 사람이다. 이러한 점에서 미결수용자에 대한 처우는 수형자와 동일시되어서는 안 되고, 구금의 필요성으로 인한 자유 제한 외에는 일반사회인의 지위와 동일시되어야 한다. 따라서 미결수용자에 대한 기본권 제한은 수형자의 경우와는 달리 엄격한 제한 절차를 거쳐 더 완화된 처우를 하여야 한다. 「형사소송법」상 미결수용자는 형사재판에서 소추자인 검사와 대등한 입장에 서 있는 소송당사자로서 그 자신을 방어하고 변호할 법적 권리가 보장되어 있는 사람이다.

1. 무죄추정을 받는 사람으로서의 처우 보장 및 기본권 제한

(1) 미결수용자로서의 처우보장

1) 미결수용자는 무죄의 추정을 받으므로, 무죄추정을 받는 사람으로서의 합당한 처우를 받아야 한다. 미결수용자는 형이 확정된 '수형자'와는 달리 아직 유죄판결이 확정되지 않은 사람이기 때문에 헌법[3]과 법률[4]에 따라 무죄추정을 받고, 따라서 미결수용자에 대하여 유죄를 전제로 하거나 유죄를 추정하게 하는 처우를 해서는 안 되며, 수형자에 비해 미결수용자를 불리하게 처우를 해서도 안 된다. 또한 미결수용자에게 사회복귀를 위한 처우를 적극적으로 행한다거나 짧은 구금기간을 이유로 수용자에게 필요한 기본적인 처우를 배제해서도 아니 된다.

2) 형사절차상 미결수용자는 무죄로 추정되는 동시에 소송의 주체로서의 지위를 가지고 있기 때문에, 구금으로 인하여 방어권행사가 부당하게 제약되지 않도록 해야 한다. 미결구금으로 인한 자유박탈 자체가 미결수용자의 방어권행사에 중대한 제약을 초래할 수 있다는 점을 고려한다면, 이러한 방어권보장은 보다 확실하게 이루어져야 한다.

(2) 기본권 제한

미결수용자는 비록 무죄추정을 받는다 하더라도 구금되어 있는 사람으로서의 법적 지위를 지니므로 일반사회인과 동일할 수는 없다. 구금목적이나 시설의 안전과 질서유지가 현저하게 위태롭게 될 수 있는 경우에는 기본권의 제한이 불가피하다. 그러나 기본권의 제한에 대해서는 「헌법」 제37조 제2항에 따라 비례의 원칙이 적용되므로, 미결수용자의 기본권제한은 구금목적을 달성하거나 시설의 안전과 질서유지를 위해 필요 최소한의 범위 내에서만 허용된다.[5]

---

3 헌법: 형사피고인은 유죄의 판결이 확정될 때까지는 무죄로 추정된다(제27조 제4항).

4 형집행법: 미결수용자는 무죄의 추정을 받으며 그에 합당한 처우를 받는다.

5 미결수용자에 대한 불이익 억제: 무죄가 추정되는 미결수용자의 자유와 권리에 대한 제한은 구금의 목적 달성, 구금시설의 규율이나 안전유지를 위한 필요최소한의 범위 내에서 이루어져야 한다. 그러므로 미결수용자를 수형자와 같이 취급하는 것은 그에 대한 특별한 필요성이 인정되지 않는 한 허용되지 않는다. 헌법재판소는 미결수용자로 하여금 수사나 재판을 받을 때 재소자용 의류를 입게 한 것은 무죄추정의 원칙 위배라고 하였다(헌재결 97헌마137).

2. 구금종료 후의 사회생활을 위한 배려

(1) 미결수용자의 처우는 소극적 처우보장 뿐만 아니라 적극적인 측면에서 일반수형자들의 경우와 마찬가지로 구금으로부터 벗어난 이후에 정상적인 사회생활을 할 수 있도록 배려하여야 한다. 따라서 미결구금의 집행 및 미결수용자의 처우는 가능한 한 일반시민의 생활수준과 비등한 것이어야 하고, 구금으로 인한 해로운 결과가 최소화되도록 필요한 조치를 취하여야 한다. 또한, 미결수용자에게도 외부와의 접견교통은 폭넓게 허용되어야 한다.

(2) 소송이 진행되는 상태에서 무죄추정을 받고 있는 미결수용자의 적극적 처우는 대상자의 동의를 전제로 해서 이루어져야 하며, 교정시설이 제공하는 적극적 배려가 소송의 진행에 부정적인 영향을 미치지 않도록 해야 한다. 개별수용자에게 필요한 처우를 한다는 명분으로 미결구금을 부당하게 지속하거나 연장시키는 일이 없도록 해야 한다.

(3) 미결수용자의 구속사유에 따라 처우를 달리할 것인지에 대해서도 검토가 필요하다.
구속사유로 '도망의 염려가 있는 경우'와 '증거인멸의 염려가 있는 경우'는 시설 내에서 경비 정도 등이 달라질 수 있기 때문에 구금의 목적에 맞는 개별적 처우가 필요하다는 주장이 제기되고 있다.

(4) 판결선고 전 구금일수(미결구금일수)는 그 전부를 유기징역 · 금고, 벌금 · 과료에 관한 유치 또는 구류의 기간에 산입한다(「형법」 제57조). 미결구금일수의 1일은 자유형 또는 노역장유치의 1일로 계산한다. 다만 무기형에 대해서는 산입하지 아니하며, 미결구금일수보다 많은 일수를 산입하는 것도 위법이다.

Ⅲ 미결수용자의 처우

1. 구분수용

「수용자처우법」 제11조는 19세 이상 수형자, 19세 미만 수형자, 미결수용자 그리고 사형확정자를 구분해서 수용하도록 하면서, 미결수용자는 구치소에 수용하도록 규정하고 있다. 다만 관할법원 및 검찰청 소재지에 구치소가 없는 때, 구치소의 수용인원이 정원을 훨씬 초과하여 정상적인 운영이 곤란한 때, 범죄의 증거인멸을 방지하기 위하여 필요하거나 그 밖의 특별한 사정이 있는 때에는 교도소에 미결수용자를 수용할 수 있도록 하고 있다. 수형자와 미결수용자를 같은 교정시설에 수용하는 경우에는 서로 분리하여 수용하도록 하고 있다.

2. 공범 간 분리수용

미결수용자로서 사건에 서로 관련이 있는 사람은 분리수용하고 서로 간의 접촉을 금지하여야 한다. 미결수용은 형사절차의 진행을 위해 구금을 확보하는 데 주된 목적이 있으므로, 구금으로 인해 오히려 형사절차의 진행에 좋지 않은 결과를 초래하는 일이 없도록 해야 하기 때문이다.

그러므로 소장은 이송이나 출정, 그 밖의 사유로 미결수용자를 교정시설 밖으로 호송하는 경우에는 해당 사건에 관련된 사람들에 대하여 호송차량의 좌석을 분리하는 등의 방법으로 서로 접촉하지 못하게 하여야 한다.

3. 일반경비시설에 준하는 시설

미결수용자를 수용하는 시설의 설비 및 계호의 정도는 일반경비시설에 준한다. 「수용자처우법」은 교정시설의 경비등급을 개방시설, 완화경비시설, 일반경비시설, 중(重)경비시설로 구분하고 있다. 일반경비시설이란 '도주방지를 위한 통상적인 설비를 갖추고 수형자에 대하여 통상적인 관리 · 감시를 하는 교정 시설'을 말한다. 구금확보의 차원에서 보면, 미결수용자를 개방시설이나 완화경비시설에 수용하기 어렵고, 반대로 무죄추정을 받는 자를 중경비시설에 수용할 수도 없다는 점을 고려하여 일반경비시설 정도의 계호를 적용하고 있다.

4. 참관 금지

미결수용자가 수용된 거실은 교정시설 내부 공개제도인 참관을 할 수 없도록 규정하고 있다. 참관이란, 일반인 등이 학술연구 등 정당한 이유가 있는 경우에 소장의 허가를 받아 각 과사무실, 종교사동, 직업훈련장, 각종 교육실, 작업장 등 교정행정에 대한 이해를 높일 수 있는 장소를 견학하는 것이다. 참관 금지는 무죄추정의 취지를 살려 사생활의 비밀을 보장하고, 수형자에 대한 처우와의 차별성을 나타내기 위해 미결수용자의 거실을 참관 대상에서 제외한 것이다. 참관만 제외되므로, 판사나 검사가 직무상 필요에 따라 실시하는 시찰은 미결수용자의 거실에 대해서도 허용된다.

5. 이발 · 복장에 관한 특칙

(1) 미결수용자의 머리카락과 수염은 특히 필요한 경우가 아니면 본인의 의사에 반하여 짧게 깎을 수 없다. 따라서 미결수용자의 경우에도 필요한 경우에는 본인의 의사에 반하여 두발 또는 수염을 짧게 깎을 수 있다.

(2) 미결수용자는 수사 · 재판 · 국정감사 또는 법률로 정하는 조사에 참석할 때에는 본인이 원하면 사복을 착용할 수 있다. 다만, 소장은 도주 우려가 크거나 특히 부적당한 사유가 있다고 인정하면 교정시설에서 지급하는 의류를 입게 할 수 있다.
미결수용자가 외부로 나갈 때 관급의류(죄수복)를 착용하게 하면 일반인들이 그에 대해 부정적인 인상을 가질 수 있고 미결수용자 자신도 모욕감이나 수치심을 느끼고 심리적으로 위축되어 방어권을 제대로 행사할 수 없다. 이는 결과적으로 실체적 진실발견을 저해할 우려가 있으므로 무죄추정에 반한다는 점을 고려한 것이다. 이 내용은 1999년 헌법재판소의 위헌결정 이후에 입법화하여 현행 방식으로 규정하고 있다. 위헌결정 당시 헌법재판소는, "미결수용자에게 재소자용 의류를 입게 하는 것은 무죄추정의 원칙에 반하고, 인간으로서의 존엄과 가치에서 유래하는 인격권과 행복추구권, 공정한 재판을 받을 권리를 침해한다"고 보았다(98헌마5).

6. 접견 및 서신수수

(1) 일반적인 접견, 서신수수

미결수용자의 경우에도 일반적인 접견 및 서신수수에 대해서는 수용자 일반에 대한 규정이 그대로 적용된다. 다만 접견횟수는 변호인과 접견하는 경우에는 제한이 없으나 일반적인 접견은 매일 1회로 하고, 소장이 미결수용자의 처우를 위하여 특히 필요하다고 인정하면 접견시간대 외에도 접견하게 할 수 있고, 변호인이 아닌 사람과 접견하는 경우에도 접견시간(회당 30분 이내)을 연장하거나 접견횟수를 늘릴 수 있으며, 접촉차단시설이 없는 장소에서 접견하게 할 수 있다.

(2) 변호인과의 접견

1) 미결수용자와 변호인과의 접견에는 교도관이 보이는 거리에서 관찰할 수 있을 뿐 참여하지 못하며, 그 내용을 청취 또는 녹취하지 못하고, 접견은 시간과 횟수를 제한하지 아니한다. 헌법은 "누구든지 체포 또는 구속을 당한 때에는 즉시 변호인의 조력을 받을 권리를 가진다."라고 규정하여 미결수용자에 대하여 변호인의 조력을 받을 권리를 기본권으로 보장하고 있다. 변호인의 충분한 조력을 받을 권리의 필수적 내용은 미결수용자와 변호인의 접견교통이다. 이는 미결수용자와 변호인의 대화내용에 대하여 비밀이 완전히 보장되고 어떠한 제한, 영향, 압력 또는 부당한 간섭 없이 자유롭게 대화할 수 있는 접견을 통하여서만 방어권보장이 가능하고, 이러한 자유로운 접견은 미결수용자와 변호인의 접견에 교도관이나 수사관 등 관계공무원의 참여가 없어야 가능하다.
2) 미결수용자와 변호인과 '자유로운 접견'이 보장되어야 한다. '자유로운 접견'이란, '대화내용에 대하여 비밀이 완전히 보장되고 어떠한 제한, 영향, 압력 또는 부당한 간섭 없이 자유롭게 대화할 수 있는 접견'을 의미하는 것으로서, 접견시간과 접견횟수 제한 폐지도 이러한 자유로운 접견을 보장하기 위한 수단으로서 의미를 가지는 것이다. 따라서 방어권행사를 위해 필요한 경우에는 변호인이 언제든지 횟수와 시간 제한 없이 미결수용자를 접견할 수 있도록 보장되어야 한다.

3) 자유로운 접견 및 변호인의 조력을 받을 권리 보장의 한계

미결수용자와 변호인과의 자유로운 접견은 제한할 수 없다. 이는 변호인접견권 그 자체를 제한할 수 없다는 의미가 아니므로, 미결수용자의 변호인접견권도 국가안전보장·질서유지 또는 공공복리를 위해 필요한 경우에는 법률로써 제한할 수 있다.

헌법재판소는 토요일 또는 공휴일이라는 이유만으로 미결수용자와 변호인의 접견을 원칙적으로 불허하고 있는 것과 관련하여, "변호인의 조력을 받을 권리를 보장하는 목적은 피의자 또는 피고인의 방어권행사를 보장하기 위한 것이므로, 구속된 자와 변호인의 접견이 실제로 이루어지는 경우에 있어서의 자유로운 접견이 제한되어서는 아니 된다. 그러나 미결수용자 또는 변호인이 원하는 특정한 시점에 접견이 이루어지지 못하였다 하더라도 그것만으로 곧바로 변호인의 조력을 받을 권리가 침해되었다고 할 수 없다. 그 시점을 전후한 변호인접견의 상황이나 수사 또는 재판의 진행과정에 비추어 미결수용자가 방어권을 행사하기 위해 변호인의 조력을 받을 기회가 충분히 보장되었다고 인정될 수 있는 경우에는, 비록 미결수용자 또는 그 상대방인 변호인이 원하는 특정시간대에 접견이 이루어지지 못하였다 하더라도 변호인의 조력을 받을 권리가 침해되었다고 할 수 없다"고 보고 있다.[6]

(3) 변호인과의 서신수수

1) 미결수용자와 변호인 간의 서신내용은 교정시설에서 상대방이 변호인임을 확인할 수 없는 경우를 제외하고는 검열할 수 없다. 즉 수용자가 주고받는 서신의 경우에는 예외적으로 검열이 가능하지만, 미결수용자와 변호인 간의 서신은 교정시설에서 상대방이 변호인임을 확인할 수 없는 경우가 아니면 내용검열이 허용되지 않음을 명시하고 있다. 따라서 서신의 내용이 시설의 안전 또는 질서를 해칠 우려가 있는 내용이나 형사법령에 저촉되는 내용이 기재되어 있다고 의심할 만한 상당한 이유가 있더라도 검열이 허용되지 않는다.
2) '교정시설에서 상대방이 변호인임을 확인할 수 없는 경우에는 검열할 수 있다'는 것은 적극적으로 서신의 내용을 검열할 수 있다는 의미가 아니라, 서신의 상대방이 변호인임을 확인하기 위해 필요한 범위 내에서 서신을 검열할 수 있다는 의미로 이해해야 한다.[7]

(4) 수형자 및 사형확정자에 대한 확대

형사사건으로 수사 또는 재판을 받고 있는 수형자와 사형확정자에 대하여도 변호인과의 접견 · 서신수수에 관한 규정을 준용한다.

수형자나 사형확정자가 별개의 형사사건으로 수사나 재판을 받고 있는 경우에

---

6 이 결정문은 "변호인의 조력을 받을 권리 역시 다른 모든 헌법상 기본권과 마찬가지로 국가안전보장 · 질서유지 또는 공공복리를 위하여 필요한 경우에는 법률로써 제한할 수 있는 것이다"라고 설명했다. 따라서 "변호인의 조력을 받을 권리의 내용 중 하나인 미결수용자의 변호인접견권 역시 국가안전보장 등을 위해 필요한 경우에는 법률로써 제한 될 수 있음은 당연하다."고 전제하고, 이 사건 접견불허처분은 "수용자의 접견은 매일 「국가공무원복무규정」에 따른 근무시간 내에서 한다."고 규정한 「형의 집행 및 수용자의 처우에 관한 법률 시행령」 제58조에 따른 것이고, 이러한 「수용자처우법 시행령」 조항은 "접견의 횟수 · 시간 · 장소 · 방법 및 접견 및 접견내용의 청취 · 기록 · 녹음 · 녹화 등에 관하여 필요한 사항은 대통령령으로 정한다."고 규정한 「수용자처우법」 제41조 제4항을 근거로 법률유보의 원칙에 따른 것이므로 헌법에 위반되지 않는다고 결정했다.

7 신양균, 형집행법, 377면.

그 사건과 관련하여 미결수용자의 지위를 가지게 되므로, 당해 형사사건에서 방어권보장을 위해 변호인과의 자유로운 접견 및 서신의 무검열원칙을 그대로 적용하도록 하고 있다.

무검열원칙에 관하여 형사사건 이외의 수형자 등이 자신의 법률적 사무를 처리하기 위해서 또는 시설 내 처우와 관련하여 불복하기 위해 소송대리인인 변호사를 선임한 경우에는 서신의 무검열원칙이 적용되지 않는다.

헌법재판소는 "원래 변호인의 조력을 받을 권리는 형사절차에서 피의자 또는 피고인이 검사 등 수사·공소기관과 대립되는 당사자의 지위에서 변호인 또는 변호인이 되려는 자와의 사이에 충분한 접견교통에 의하여 피의사실이나 공소사실에 대하여 충분하게 방어할 수 있도록 함으로써 피고인이나 피의자의 인권을 보장하려는 데 그 제도의 취지가 있는 점에 비추어 보면, 형사절차가 종료되어 교정시설에 수용 중인 수형자는 원칙적으로 변호인의 조력을 받을 권리의 주체가 될 수 없다"고 결정한 바 있다.

형이 확정되어 수용중인 수형자가 재심을 청구한 경우에도 변호인과의 접견 교통권이 보장된다.

헌법재판소는 "형사절차가 종료되어 교정시설에 수용중인 수형자는 원칙적으로 변호인의 조력을 받을 권리의 주체가 될 수 없다. 다만, 수형자의 경우에도 재심절차 등에는 변호인 선임을 위한 일반적인 교통·통신이 보장될 수도 있다"고 보고 있다(2002헌마478).

(5) 현행법은 수형자를 포함한 수용자가 소송사건의 대리인 및 상소권회복 또는 재심 청구사건의 대리인이 되려는 변호사와 접견하는 경우에는 교정시설의 안전과 질서를 해칠 우려가 없는 한 접촉차단시설이 설치되지 않은 장소에서 접견하게 하여야 하고, 소송사건의 대리인인 변호사와 수용자가 접견하는 때에는 교도관이 참여하지 못하도록 규정하여 자유로운 접견을 소송대리인접견으로까지 확장하였다(시행령 제62조 1항).

(6) 미결수용자 및 형사사건으로 수사 또는 재판을 받고 있는 수형자와 사형확정자도 수사·재판·국정감사 또는 법률로 정하는 조사에 참석할 때에는 사복을 착용할 수 있다.

7. 방어권보장을 위한 특칙

교도소장, 구치소장 또는 그 직무를 대리하는 자는 교도소 또는 구치소에 있는 피고인이나 피의자가 법원 또는 판사에 대한 신청이나 기타 진술에 관한 서면을 작성하고자 할 때에는 그 편의를 도모하여야 하고, 특히 피고인이나 피의자가 그 서면을 작성할 수 없을 때에는 소속 공무원으로 하여금 대서하게 하는 등의 조치를 취하여야 한다.

미결수용자가 징벌대상자로서 조사받고 있거나 징벌집행중인 경우에도 소송서류의 작성, 변호인과의 접견·서신수수 그 밖의 수사 및 재판과정에서의 권리 행사를 보장하여야 한다. 형사사건으로 수사 또는 재판을 받고 있는 수형자와 사형확정자에 대하여도 이 규정을 준용한다.

수용자가 징벌대상자로 조사를 받는 경우에는 접견·서신수수 등 다른 사람과의 접촉이 가능한 처우의 전부 또는 일부를 제한할 수 있고, 금치처분을 받은 수용자에 대해서는 집필·서신수수·접견이 원칙적으로 제한되지만, 미결수용자의 경우에는 방어권보장을 위해 변호인과의 접견이나 서신수수는 물론이고 소송서류의 작성을 비롯한 형사절차에서 권리행사를 위한 활동을 제한할 수 없다. 또한 미결수용자가 빈곤하거나 무지하여 수사 및 재판과정에서 권리를 충분히 행사하지 못한다고 인정하는 경우에는 법률구조에 필요한 지원을 할 수 있다.

8. 작업 및 교화의 예외적 적용

(1) 무죄추정을 받는 미결수용자는 본인의 의사에 반하지 않는 범위 안에서만 처우의 대상이 되므로 신청을 전제로 해서만 교육, 교화프로그램실시 및 작업을 하도록 하고, 그 경우에 수형자에 대해 적용되는 규정을 준용한다. 이 경우, 미결수용자에 대한 교육·교화프로그램 또는 작업은 교정시설 밖에서 행하는 것은 포함하지 않도록 하고 있다. 이는 미결수용자의 도망 등을 방지하여 구금을 확보하기 위한 제한이다.

(2) 소장은 미결수용자에 대하여는 신청에 따라 교육 또는 교화프로그램을 실시하거나 작업을 부과할 수 있으며, 미결수용자에게 교육 또는 교화프로그램을 실시하거나 작업을 부과하는 경우에는 수형자에 대해서 적용되는 교육, 교화프로그램, 작업부과 및 집중근로에 따른 처우, 휴일의 작업, 작업의 면제, 작업수입 등, 위로금·조위금, 다른 보상·배상과의 관계, 위로금·조위금을 지급받을 권리의 보호에 관한 규정을 준용한다.

(3) 소장은 작업이 부과된 미결수용자가 작업의 취소를 요청하는 경우에는 그 미결수용자의 의사, 건강 및 교도관의 의견 등을 고려하여 작업을 취소할 수 있다. 미결수용자의 작업이 본인의 자발적인 의사에 기한 신청을 전제로 하고 있으므로 본인이 작업취소를 요청하는 경우에는 이에 응하도록 하면서도, 건강이나 교도관의 의견 등을 고려함으로써 자의적이고 일방적인 작업취소가 이루어지는 것을 방지하고, 정당한 사유 없이 작업을 거부하거나 태만히 하는 경우에 대해 징벌을 통해 규율할 수 있도록 하고 있다.

9. 미결수용자의 사고에 대한 관련기관과의 협조

(1) 미결수용자가 도주하거나 도주한 미결수용자를 체포한 경우에는 법무부장관에게 보고(「시행령」 제128조 제2항)하는 외에 검사에게 통보하고 기소된 상태인 경우에는 법원에도 지체 없이 통보하여야 하며, 미결수용자가 위독하거나 사망한 경우에는 그 사실을 검사에게 통보하고 기소된 상태인 경우에는 법원에도 지체 없이 통보하여야 한다. 이는 미결수용자는 현재 형사사건으로 수사를 받거나 재판을 받고 있는 자라는 점을 고려하여, 절차진행에 지장이 없도록 하기 위해 마련된 규정이다.

(2) 소장은 미결수용자에게 징벌을 부과한 경우에는 그 징벌대상행위 등에 관한 양형 참고자료를 작성하여 관할 검찰청 검사 또는 관할 법원에 통보할 수 있다(「시행규칙」 제235조).

헌법재판소는 이와 관련하여, "소장이 금치의 징벌처분을 받은 미결수용자에 관한 양형참고자료를 법원에 통보하는 것은 헌법에 위반되지 않는다"고 보았다. 그러나 이에 대해 5인의 재판관은 이러한 처분이 미결수용자의 개인정보자기결정권을 침해한다고 보았다(2012헌마549). 그 이유는 "형집행법이 양형참고자료 통보에 명시적으로 규정하지 않는 등 통보행위의 법률적 근거가 없어 '법률유보의 원칙'을 위반해 개인정보자기결정권을 침해한다"는 것이다.

Ⅳ 경찰서에 설치된 유치장

(1) 설치 근거 및 기능

1) 경찰서에 설치된 유치장은 수사기관에 의해 체포 또는 구속된 피의자를 일

시적으로 수용하는 시설이다. 현행 「경찰관직무집행법」은 “법률에서 정한 절차에 따라 체포 · 구속된 사람 또는 신체의 자유를 제한하는 판결 또는 처분을 받은 사람을 수용하기 위하여 경찰서와 해양경찰서에 유치장을 둔다(제9조).”고 규정하여 유치장의 설치근거를 명시함과 동시에 그 기능에 대해 미결수용자뿐만 아니라 ‘일정한 판결이나 처분을 받은 자도 수용하는 시설’이라고 규정하고 있다.

2) 경찰관서에 설치된 유치장은 교정시설의 미결수용실로 보아 「수용자처우법」을 준용한다.

이 규정은, 「미결수용자의 처우」에 속해 있으므로 경찰관서에 설치된 유치장에 수용된 미결수용자도 교정시설 내 미결수용실에 수용된 경우와 동일하게 처우해야 한다는 것으로 해석된다.

3) 경찰관서에 설치된 유치장에는 수형자를 30일 이상 수용할 수 없다(「시행령」 제107조).

(2) 유치장 수용 현황

미결수용자는 구치소, 교도소 내 분리된 장소 또는 경찰서유치장 등 어디에 수용되어 있든 동일한 처우를 받을 수 있어야 한다. 그러나 경찰서유치장의 경우 그 관리주체가 교정기관이 아니고 경찰청이고, 직원 그리고 시설의 다른 특성으로 인해 구치소와 동일한 처우를 하기 어렵다. 예컨대, 유치장에는 별도의 의료시설을 갖추고 있지 않고 실외운동을 위한 공간이 없다. 그러나 접견의 경우에는 통상 1일 3회를 허용하고 있으므로 오히려 구치소에 수용되어 있는 경우보다 처우상 유리한 측면도 있다.

V 현행 미결수용의 문제점 및 개선방안

1. 미결수용의 문제점

(1) 실질적으로 형벌에 처해지는 효과가 있다.

형이 확정되지 않은 형사피의자나 피고인을 교정시설에 수용하는 것은 일정기간 신체의 자유를 박탈하여 열악한 시설환경을 경험하게 한다는 점에서 형벌적인 성격을 부정할 수 없다. 특히 낙인효과와 수용자 가족의 정신적 고통 및 실직으로 인한 경제적 폐해 등을 감안하면 실질적인 형벌과 큰 차이가 없다.

(2) 구금 장소 부족과 열악한 미결수용시설로 인해 과밀수용되어 적합한 처우가 어렵다.

미결수용자는 수형자와 법적 지위나 처우의 내용·목적 등이 달라 별도의 장소에서 분리·독립되어 그에 적합하게 처우되어야 한다. 그럼에도 불구하고 구치소의 부족과 예산상의 제약 등으로 미결수용자의 처우가 수형자보다 낫다고 할 수 없다. 또한 경찰관서의 유치장을 미결수용시설에 준하는 대용감방으로 활용하고 있는데, 그 관리와 처우를 수사기관이 관장하고 있으므로, 수사에 편리하도록 운용할 수 있어 인권침해의 우려가 크다.

(3) 출정계호상의 여러 문제가 있다.

현재 구치시설의 대부분이 도심지 외곽에 위치하여 법원·경찰청과 동떨어져 있고, 시설구조상 교도소와 큰 차이가 없어 출정계호 중 도주 등 교정사고의 위험성이 높고, 법원이나 검찰의 수시 소환 및 신문에 적시에 응하기 어려워 수사·심리절차가 지연되고 소송경제에도 부합하지 않다.

(4) 범죄에 감염될 가능성이 많다.

미결수용시설의 과밀화 등으로 미결수용자와 수형자가 같은 시설에 수용되고 있고, 미결수용자 간 독거수용도 제대로 행해지지 않고 있어 다른 불량한 범죄인으로부터 범죄를 학습할 가능성이 많다.

2. 개선방안

(1) 구속수사의 지양

불구속수사의 원칙을 지켜 교정시설의 과밀화를 해소하고, 피의자·피고인의 인권 내지 방어권을 충실히 보장하여야 한다.

(2) 출소제도의 적극적 활용

무죄추정을 받는 미결수용자는 「형사소송법」상 검사와 대등한 소송당사자로서의 지위를 가지므로, 이를 보장하고 과밀수용을 줄이기 위하여 체포·구속적부심이나 보석제도가 적극 활용되어야 한다.

(3) 수사 및 법원심리의 신속화

사법절차의 지연은 수용시설의 과밀화와 구금의 폐해를 가중시키므로 졸속절차를 야기하지 아니하는 범위에서 가능한 한 최대로 신속한 절차가 진행되어 「형사소송법」상 신속한 재판의 원칙이 이루어져야 한다.

(4) 구금시설의 증설과 개선

구금시설의 과밀화를 해소하고 분류처우, 악성감염방지 등을 위하여 미결수용 전담 교정시설을 교도소와 분리하여 법원·검찰청 가까이에 독립 설치하여야 한다. 아울러 「형사소송법」상 인권보장 정신에도 어긋나는 대용감방제도를 폐지하고 단계적으로 경찰관서의 유치장을 대체하는 구치지소의 확보가 적극 추진되어야 한다.

(5) 그밖에 미결수용자의 가족보호제도 마련, 실질적인 형사보상청구권 보장, 독립된 고유한 미결수용법의 제정 등이 개선책으로 논의되고 있다.

학습 체크 포인트

01 미결구금일수는 그 전부를 유기징역, 유기금고, 구류, 벌금 · 과료에 관한 유치의 기간에는 산입하여야 하나, 무기형이나 자격형, 사형에는 산입하지 않는다.

02 미결수용자는 수사 · 재판뿐만 아니라 국정감사나 법률로 정하는 조사에 참석할 때에도 사복을 착용할 수 있다.

03 현행법상 미결수용자가 형사절차상 법원 · 검찰청에 출두할 때에는 원칙적으로 사복을 착용하는 것은 아니고 선택적으로 착용할 수 있도록 하고 있다.

04 미결수용자는 무죄추정을 받아야 한다는 무죄추정의 원칙은 「헌법」뿐 아니라 「형집행법」에도 명문규정을 두고 있다.

05 미결수용자에 대하여는 어떠한 경우에도 귀휴 · 가석방 · 분류심사는 적용되지 않는다.

06 금지물품을 주고받는 행위 또는 교정사고를 방지하거나 발생 시 적절하게 대처하기 위하여, 소장이 변호인접견실에 CCTV를 설치하여 미결수용자와 변호인 간의 접견을 관찰하는 행위는 변호인의 조력을 받을 권리를 침해한다고 할 수 없다(판례).

07 미결수용자를, 무죄추정의 원칙에도 불구하고, 수형자처럼 감금하는 목적은 도주 및 증거인멸의 방지이다.

08 「형사소송법」은 미결수용을 '구속' 또는 '구금'이라는 용어로 표현하고 있다

09 미결수용이라 함은 피의자 또는 피고인으로서 구속 · 체포 영장의 집행을 받은 자에 대하여 수사 · 공판절차의 원활한 진행을 도모하고, 도주 및 증거인멸을 방지하며, 종국에는 형집행을 확보하기 위하여 아직 형이 확정되지 않았지만 그들의 신병을 일정한 국가시설에 수용하는 강제처분을 말한다.

10 법원은 미결수용된 피고인을 공판심리를 위해 소환할 수 있고, 교도관은 피고인을 호송하여 법원에 인치하여야 한다. 다만, 공판심리가 개정된 후 공판정 내에서는 법정경찰관의 계호권이 호송교도관에 우선한다.

11 우리나라는 미결수용시설의 독립설치를 인정하면서도 국가재정의 형편을 고려하여 부득이 독립시설과 부설시설을 병치하고 있다.

12 교도소와 구치소 외에 미결수용실 대용으로 사용하고 있는 경찰서 유치장도 미결수용시설의 하나에 해당한다.

13 협의의 미결수용은 시간적으로 두 가지로 나눌 수 있다. 그 하나는 공소제기 전 수사절차상 피의자에 대한 미결수용이고, 다른 하나는 공소제기 후 재판절차상 피고인에 대한 미결수용이다

14 미결수용에 대한 개선방안으로는 구속수사의 지양, 구속적부심 · 보석 등 석방제도의 적극 활용, 수사 및 법원심리의 신속화, 미결구금시설의 증설과 개선 등이 주장되고 있다.

15 미결수용 중인 형사피의자에 대한 변호인의 접견교통권도 헌법상의 기본권으로 보장되어야 한다(판례).

16 미결수용자에 대하여 법령상 전화통화 허용횟수 제한규정이 명시되어 있지 않으나, 전화통화 허가대상을 '수용자'로 규정하고 있는 법률에 근거하여 미결수용자에게 전화통화를 허가할 수 있다.

17 형사사건으로 수사 또는 재판을 받고 있는 수형자나 사형확정자는 수사 · 재판 · 국정감사 또는 법률로 정하는 조사에 참석할 때에는 사복을 착용할 수 있다.

18 미결수용자는 변호인과 접견 시에는 제한이 없지만 소송대리인인 변호사와 접견 시에는 시간은 회당 60분으로 제한되고, 접견 횟수는 월 4회로 제한되며, 교정시설의 안전과 질서를 해칠 우려가 있으면 접촉차단시설이 설치된 장소에서 접견하여야 한다. 미결수용자가 변호인 · 소송대리인 또는 상소권회복 · 재심 청구사건의 대리인이 되려는 변호사 이외의 교정시설 외부사람과 접견 시에는 접견은 30분 이내, 횟수는 1일 1회, 접촉차단시설이 설치된 장소에서의 접견 및 해당사유가 있으면 교도관의 접견참여 · 녹음 · 녹화 등의 제한이 인정된다.

제2장

사형확정자의 처우

사형확정자도 수용자의 일종이지만, 수형자와 같이 형이 확정되었다는 점에서는 기결(旣決)의 성격을 지니고 있고, 아직 집행 이전 단계에 있다는 점에서는 수형자와 법적 지위가 다르다. 집행 이전 단계에 있다는 점에서는 미결수용자와 같지만, 형이 확정되어 있다는 점에서는 미결수용자와도 법적 지위가 다르다.

사형확정자는 삶의 종말을 눈앞에 둔 수용자이므로 죽음에 대한 공포심으로 정신적·육체적 장애를 초래하여 도주·자살 등의 위험이 높다는 특성을 지닌다. 따라서 사형확정자에 대한 시설내처우를 할 때 신중하게 고려해야 할 동기는 '심리적 안정' 및 '원만한 수용생활의 도모'이다.

I 사형확정자의 처우 원칙

1. '사형수'에서 '사형확정자'로 용어 순화

사형확정자는 구 「행형법」에서는 '사형수(死刑囚)'라는 명칭으로 규정되었었다. '사형수'라는 용어에서 '수(囚)'는 사방이 벽으로 둘러쳐져 있는 곳에 사람이 갇혀 있는 형상을 띠고 있듯이 '갇혀 있는 죄인'이라는 의미이다. 그렇지만 전통적으로 부정적 의미가 강하게 내포되어 있기 때문에 현행법에서는 '사형확정자'로 용어를 순화하였다.

2. 사형확정자의 법적 성격과 특징

사형확정자는 유죄판결이 이미 확정되어 있으므로 미결수용자와 다르고 또 예정된 사형을 집행할 때까지 '수용'하는 데 그치는 것이므로, 수형자처럼 사회복귀를 도모하기 위한 적극적인 처우의 대상도 될 수 없다. 그러나 사형이 집행되기 전까지 사형확정자를 구금한 채로 그대로 방치하는 것 역시 인격권 보호 및 시설의 안전과 질서의 유지라는 관점에서 바람직하지 못하다. 따라서 「수용자처우법」은 구 「행형법」과는 달리 사형확정자의 처우에 대해 별도의 장을 두어 규율하고 있다.

구 「행형법」에서는 사형수의 수용, 사형의 집행, 사형수의 거실참관 금지 등에 대해서만 규정하고, 그 처우에 관해서는 시행령에 "사형의 확정판결을 받은 자에 대하여는 미결수용자에 관한 규정을 준용한다"고 규정하고 있었을 뿐이다. 그러나 「수용자처우법」에서는 '사형의 선고를 받아 그 형이 확정되어 교정시설에 수용된 사람'을 '사형확정자'라고 규정하고, '수형자·미결수용자와 대등하게 사형확정자 등 법률과 적법한 절차에 따라 수용시설에 수용된 사람'을 수용자라고 정의하면서 독자적인 주체성을 인정하고 있다. 따라서 「수용자의 처우」에 관해 규정한 제2편 제1장에서 제7장까지의 개별규정들은 사형확정자에 대해서도 그대로 적용된다. 다만 사형확정자에 대해서는 수용기간 동안 건전한 사회복귀보다 심리적 안정 및 원만한 수용생활의 도모에 중점을 두어야 하므로, 수용자 일반의 처우에 대한 규정들이 사형확정자라는 특수한 법적 지위를 가진 사람에 대하여 그대로 적용될 수는 없다.

현행 「수용자처우법」은 구법과 마찬가지로 사형확정자를 수용자에 포함시켜 규율함으로써 그 처우에 대해서는 제2편 '수용자의 처우'에 관한 규정이 그대로 적용되지만, 제2편 제10장에서는 사형확정자에 대해서, 미결수용자의 처우에 대한 규정을 준용한다는 규정을 두지 않고, 독자적으로 처우에 관한 3개의 규정을 두고 있다. 법률체계상으로 보면 사형확정자의 수용과 처우 등에 대해 특별규정이 우선 적용되지만, 그 내용이 실질적으로 개인상담 등에 관한 규정에 한정되어 있어, 처우 일반에 대해서는 수용자처우에 관한 일반규정이 보편적인 의미를 가진다. 그렇지만 현행법 하에서도 구법과 마찬가지로 수용자의 처우에 관한 규정을 사형확정자에 대해 적용하는 경우에는 사형확정자로서의 특수한 법적 지위를 고려해야 한다.

사형확정자에 대해서는 사형이 집행될 때까지 신병을 확실히 보전해야 하고, 사형의 집행을 위한 수용이라는 특성으로 인해 대상자가 정서적으로 매우 불안한 상태에 있기 때문에 수용생활을 원만히 하고 심리적 안정을 얻을 수 있도록 하는 것이 특히 중요하다. 따라서 사형확정자의 처우에 대한 일반원칙 내지 기준이 명시되어 있지 않은 현행법 하

에서도 심리적 안정과 원만한 수용생활은 처우의 기준으로서 의미를 가진다.[8]

현행법은 사형확정자에 대한 구체적인 처우내용으로서 개인상담 등을 명시하면서 그 내용으로서, "소장은 사형확정자의 심리적 안정 및 원만한 수용생활을 위하여 교육 또는 교화프로그램을 실시하거나 신청에 따라 작업을 부과할 수 있다"고 규정하고 있다. 이 규정에 근거해서, 사형확정자의 처우에 있어서는 '심리적 안정'과 '원만한 수용생활'을 도모하는 것이 중요한 기준이 된다.

Ⅱ 사형확정자의 처우

1. 「수용자처우법」은 "사형확정자는 구분하여 수용한다"고 규정하여 구분수용을 명확히 하고, 사형확정자를 구 「행형법」에서 구치소나 미결수용실에 수용하도록 규정했던 것과 달리 교도소 또는 구치소에 수용하는 것을 원칙으로 규정하고 있다. 이에 따라 사형확정자를 수형자나 미결수용자와 구분하여 교도소나 구치소에 수용하도록 하는 한편, 구체적인 구분기준은 법무부령으로 정하도록 하고 있다. 이를 근거로 「시행규칙」은 사형확정자의 구분수용 등에 대해 상세한 규정을 두고 있다. 이 규정에 따르면, 사형확정자는 사형집행시설이 설치되어 있는 교정시설[9]에 수용하되, 교도소 수용 중 사형이 확정된 사람, 교도소에서 교육·교화프로그램 또는 신청에 따른 작업을 실시할 필요가 있다고 인정되는 사람은 교도소에, 그리고 구치소 수용 중 사형이 확정된 사람, 교도소에서 교육·교화프로그램 또는 신청에 따른 작업을 실시할 필요가 없다고 인정되는 사람은 구치소에 각기 수용한다. 다만 사형확정자의 심리적 안정 도모 또는 교정시설의 안전과 질서유지를 위하여 특히 필요하다고 인정하는 경우에는 교도소에 수용할 사형확정자를 구치소에 수용할 수 있고, 구치소에 수용할 사형확정자를 교도소에 수용할 수 있다.

2. 구 「행형법」에서는 "사형의 선고를 받은 자는 구치소 또는 미결수용실에 수용한다"고만 규정함으로써 구분수용의 원칙을 명확히 하지 않았었다. 그러나 현행법에서는 구분수용의 장소를 교도소와 구치소로 특정하고 있다. 이것은 현실적으로 사형확

---

8 신양균, 형집행법 392면.

9 현재는 사형확정자를 사형집행시설이 있는 서울구치소, 대전교도소, 대구교도소, 광주교도소, 부산구치소 등 5개 기관에 분산수용하고 있다.

정자를 위한 별도의 수용시설을 설치할 수 없는 점을 전제로 해서, 대상자가 어떤 절차단계에서 사형이 확정되었는가 그리고 그 시설이 사형집행시설 및 사형확정자의 처우를 위한 설비 등을 갖추고 있는가에 따라 적합하게 수용할 수 있도록 하기 위한 것이다.

3. 수용시설의 계호의 정도 및 이송

사형확정자를 수용하는 시설의 설비 및 계호의 정도는 경비등급별 교정시설 가운데 일반경비시설 또는 중(重)경비시설에 준한다.

이는 사형확정자는 수용을 통해 형의 집행을 확보해야 할 필요성이 있으므로 도주방지를 위한 보다 엄중한 설비와 수용자에 대한 보다 엄한 관리 · 감시가 필요하기 때문에, 개방시설이나 완화경비시설에 수용할 수 없도록 한 것이다.

안전과 질서에 관한 규정인 금지물품, 신체검사, 전자장비를 이용한 계호, 보호실 및 진정실수용, 보호장비의 사용 · 종류 및 사용요건 · 남용금지, 강제력의 행사, 무기의 사용, 재난 시의 조치, 수용을 위한 체포 등은 사형확정자에 대해서도 다른 수용자와 마찬가지로 그대로 적용된다.

사형확정자는 다른 수용자와 마찬가지로 법무부장관의 승인을 받아 다른 시설로 이송할 수 있다.

「시행규칙」은 "소장은 사형확정자의 교육 · 교화프로그램, 작업 등을 위하여 필요하거나 교정시설의 안전과 질서유지를 위하여 특히 필요하다고 인정하는 경우에는 법무부장관의 승인을 받아 사형확정자를 다른 교정시설로 이송할 수 있다."고 규정하고 있다. 다만, 법 제20조는 수용 · 작업 · 교화 · 의료, 그 밖의 처우를 위하여 필요한 경우에도 수용자의 이송이 가능하도록 규정하고 있으므로, 사형확정자에 대해서도 그 법적 지위에 상응하는 처우를 위해 필요한 경우에는 수용이나 의료 그리고 다른 처우 목적을 위한 이송이 가능하다.

4. 독거수용의 원칙 적용 및 처우 내용

(1) 사형확정자는 독거수용한다. 다만, 자살방지, 교육·교화프로그램, 작업, 그 밖의 적절한 처우를 위하여 필요한 경우에는 법무부령으로 정하는 바에 따라 혼거수용할 수 있다.

(2) 사형확정자에 대해서도 적절한 처우를 위해 혼거수용을 할 수 있다.

「시행규칙」 제150조는 "소장은 사형확정자의 자살·도주 등의 사고를 방지하기 위하여 필요한 경우에는 사형확정자와 미결수용자를 혼거수용할 수 있고, 사형확정자의 교육·교화프로그램, 작업 등의 적절한 처우를 위하여 필요한 경우에는 사형확정자와 수형자를 혼거수용할 수 있다"고 규정하고 있다.

1) 사형확정자는 수형자나 미결수용자 등 다른 법적 지위를 가진 수용자와 구분해서 수용하는 것은 물론이고, 사형확정자 개인도 원칙적으로 다른 사형확정자와 분리해서 수용하도록 해야 한다. 사형확정자는 죽음을 앞두고 있어 다른 사람과 혼거하는 것이 적정하지 않고 적극적인 처우의 대상도 아니라는 점을 고려하면, 원칙적으로 독거수용을 하는 것이 바람직하다.

2) 현행법은 사형확정자 상호간의 혼거수용에 대해서는 아무런 규정을 두고 있지 않다. 그러나 다른 사형확정자와 접촉시킴으로써 심리적 안정 등에 기여하게 되는 경우도 있으므로 굳이 제외할 이유는 없을 것이다.[10]

5. 접견·서신수수 및 전화통화 인정

(1) 사형확정자에 대해서도 다른 수용자와 마찬가지로 외부와의 접견교통권이 보장된다.

(2) 사형확정자는 원칙적으로 교정시설의 외부에 있는 사람과 접견할 수 있다.

사형확정자의 접견횟수는 수형자와 마찬가지로 매월 4회이다. 다만, 소장은 사형확정자의 교화나 심리적 안정을 도모하기 위하여 특히 필요하다고 인정하면 접견시간대 외에도 접견을 하게 할 수 있고 접견시간을 연장하거나 접견횟수를 늘릴 수 있으며, 접촉차단시설이 없는 장소에서 접견하게 할 수 있다. 이는 사형확정자의 특수한 지위를 고려하여 탄력적으로 접견기회를 보장하기 위한 것이다.

---

10 신양균, 앞의 책 395면.

(3) 사형확정자의 서신수수는 다른 수용자들의 경우와 동일하다.

(4) 전화통화에 대해서는 사형확정자의 심리적 안정과 원만한 수용생활을 위하여 필요하다고 인정하는 경우에는, 수형자처럼 경비등급이 적용되지 않지만 완화경비처우급 수형자의 경우와 마찬가지로 월 3회 이내의 범위에서 전화 통화를 허가할 수 있다.

6. 청원작업 인정

사형확정자에게 신청에 따라 작업을 부과할 수 있다.
소장은 사형확정자가 작업을 신청하면 교도관회의의 심의를 거쳐 교정시설 안에서 행하여지는 작업을 부과할 수 있다. 사형확정자는 개별처우나 분류처우가 적용되지 않기 때문에 분류처우위원회의 관할이 아니므로 교도관회의의 심의를 거친다. 이 경우 부과하는 작업은 심리적 안정과 원만한 수용생활을 도모하는 데 적합한 것이어야 한다. 사형확정자는 독거수용을 원칙으로 하지만, 작업을 위해 필요한 경우에는 수형자와 혼거수용도 가능하도록 규정하고 있으므로, 작업은 거실 내 작업에 국한되지 않는다. 소장은 작업이 부과된 사형확정자에 대하여는, 교도관회의의 심의를 거쳐 번호표를 왼쪽 가슴에 부착할 때 붉은색으로 하지 않고 일반수형자처럼 흰색 바탕에 검정 글씨 번호표를 부착하게 할 수도 있다. 또한 사형확정자에게 봉사원 등 수용자를 대표하는 직책을 부여해서는 아니 된다(시행규칙 제153조).

외부통근은 현행법상 수형자에 대해서만 허용되므로 사형확정자는 그 대상이 되지 못한다.

신청에 의해 작업이 부과된 사형확정자가 작업의 취소를 요청하는 경우에는 사형확정자의 의사 · 건강, 담당교도관의 의견 등을 고려하여 작업을 취소할 수 있다.

7. 권리구제 제도와 포상, 징벌

(1) 사형확정자의 경우에도 수용생활을 통해 자신의 권리가 침해된 경우에는 다양한 형태의 권리구제수단을 일반 수용자와 같이 이용할 수 있다.

(2) 포상과 징벌은 수용자에 관한 일반조항이 사형확정자에게도 그대로 적용된다.

Ⅲ 사형확정자에 대한 특별처우

1. 교육 또는 교화프로그램의 실시

사형확정자에 대해 교육 및 교화프로그램을 실시할 수 있다.

2007년 행형법 전면개정 법률인 「수용자처우법」은 개인상담에 관한 규정을 신설하였고, 사형집행이 1997년 12월 30일 사형수 23명에게 사형이 집행된 이래 장기간 유보되고 있는 현실[11]을 고려하여 2008년 「수형자처우법」을 일부개정하면서 "심리상담 또는 종교상담을 받게 할 수 있다"는 내용을 "교육 또는 교화프로그램을 실시하거나 신청에 따라 작업을 부과할 수 있다"로 개정하였다.

2. 심리상담의 실시

(1) 「시행규칙」 제154조는 "소장은 사형확정자의 심리적 안정 및 원만한 수용생활을 위하여 소속 교도관으로 하여금 지속적인 상담을 하게 하여야 한다"고 하여 사형확정자에 대한 상담의무를 부과하고, 소속 교도관 가운데 상담책임자를 정하도록 규정하고 있다.

(2) 사형확정자에 대해서는 지속적이고 정기적인 상담의 실시와 함께 외부전문가를 통한 상담이 필요하다.

「시행규칙」 제154조는 "소장은 사형확정자에 대하여 심리상담, 종교상담, 심리치료 등의 교화프로그램을 실시하는 경우에는 전문가에 의하여 집중적이고 지속적으로 이루어질 수 있도록 계획을 수립·시행하여야 한다"고 규정하여 교화프로그램이 각종 상담과 치료의 형태로 이루어져야 함을 규정하고 있다.

사형확정자에 대한 교육·교화프로그램, 작업 등의 처우를 위하여 법무부장관이 정하는 전담교정시설에 사형확정자를 집중 수용할 수 있도록 하는 규정도 두고 있다(시행규칙 제155조).

---

11 2019년 2월 기준으로 사형확정판결을 받고 수용되어 있는 사람은 61명이다. 사형에 대하여 헌법재판소는 1996년, "사형이 최소한 동등한 가치가 있는 다른 생명 또는 그에 못지 않은 공공의 이익을 보호하기 위해 불가피한 경우에만 적용된다면, 그것이 비록 생명을 빼앗는 형벌이라고 하더라도 헌법에 위반되는 것으로 볼 수 없다"는 합헌결정을 내린 바 있다.

Ⅳ 사형의 집행 절차

1. 사형의 집행은 재판 내지 형의 집행의 일종으로서 「형사소송법」의 영역에 속하는 문제이므로, 시설수용을 내용으로 하는 「수용자처우법」과 직접 관련이 없다. 그러나 사형의 집행장소가 교정시설 내의 사형장이고, 시설의 장이나 그 대리자가 참여한다는 점에서 「수용자처우법」에서 사형집행과 관련된 조항을 일부 두고 있다.

   「형사소송법」에 따르면, 교정시설에 수용중인 사형확정자에 대해서는 법무부장관의 명령으로 사형을 집행하며, 사형집행의 명령은 판결이 확정된 날로부터 6월 이내에 하여야 한다. 그리고 법무부장관이 사형의 집행을 명한 때에는 5일 이내에 집행하여야 한다. 사형집행 방법은 「형법」에서 교수형으로 정하고 있다. 다만, 군인은 「군형법」에 의해 총살형이다.

2. 사형의 집행에는 검사와 검찰청 서기관과 교도소장 또는 구치소장이나 그 대리자가 참여하여야 하며, 검사나 교도소장 또는 구치소장의 허가가 없으면 누구든지 형의 집행 장소에 들어가지 못한다. 사형집행에 대해서는 비공개(밀행)주의를 바탕으로 하고 있다.

3. 사형은 교정시설의 사형장에서 집행한다.

   사형확정자는 교정시설에 수용되어 있으므로 시설 내에 사형장을 설치하여 사형을 집행하는 것이 바람직하다는 점을 고려한 것인데, 이는 또한 인도적 차원에서 사형장 이외의 공개된 장소에서의 사형집행을 금지한 것이다.

4. 공휴일과 토요일에는 사형을 집행하지 아니한다.

5. 소장은 사형을 집행하였을 경우에는 시신을 검시(檢屍)한 후 5분이 지나지 아니하면 교수형에 사용한 줄을 풀지 못한다.

6. 시신의 처치

소장은 사형집행으로 사망한 사실을 즉시 그 가족에게 통지하여야 하고, 사망한 수용자의 친족 또는 특별한 연고가 있는 사람이 그 시신 또는 유골의 인도를 청구하는 경우에는 인도하여야 한다. 그러나 그 시신을 인수하지 아니하거나 인수할 사람이 없으면, 임시로 매장하거나 화장 후 봉안하여야 한다.

V 현행 사형제도의 문제점 및 개선방안

1. 우리나라는 법률적·제도적으로 사형을 존치하고 있으나, 1997년 이후 사형을 집행하지 않고 있어 국제사면위원회(국제앰네스티) 기준 '실질적 사형폐지국가'로 분류되고 있다.

2. 사형을 선고는 하되 장기간 집행하지 않음으로 인해 일반국민의 법적 확신에 대한 회의 증대, 시설운영경비의 증가, 각종 교정사고의 우려 고조 등 다양한 문제점이 나타나고 있다. 그러므로 사형을 대체할 종신형제도의 도입이나 징역수형자에 대해서처럼 강제노역의 의무를 부여하는 방안, 중국에서 시행하고 있는 사형집행유예제도[12]의 도입 등이 개선책으로 논의되고 있다.[13]

12 사형집행유예제도란 중국에만 있는 특수한 제도로서, 사형판결을 함과 동시에 그 집행을 2년간 유예하고 강제노동에 의한 교화개선을 실시한 뒤 수형자의 개선정도를 평가하여 사형을 집행하거나 무기징역으로 감형하는 제도이다.

13 이백철, 교정학, 672면.

학습 체크 포인트

01 사형확정자는 집행 이전 단계에 있으므로 미결수용자와 법적 지위가 유사한 면이 있으나, 형이 확정되어 있는 상태에 있다는 점에서는 본질적으로 다른 지위를 지니고 있다.

02 사형확정자는 교정시설 중 교도소 또는 구치소에 수용하고, 사형은 교정시설 내 사형장에서 집행해야 하지만, 사형확정자가 심신장애로 의사능력이 없는 상태에 있거나 잉태 중에 있는 여자인 때에는 법무부장관의 명령으로 집행을 정지해야 한다.

03 사형확정자를 시설 내에서 처우할 때 가장 핵심적으로 고려해야 할 것은 사형확정자의 심리적 안정 및 원만한 수용생활 도모이며, 교화 또는 건전한 사회복귀는 처우의 직접적인 목적이 아니다

04 수형자에 대하여는 교화 또는 건전한 사회복귀를 도모해야 하고, 미결수용자에 대하여는 도주 및 증거인멸 방지를 도모해야 하며, 사형확정자에 대하여는 심리적 안정 및 원만한 수용생활 유지를 우선적으로 도모해야 한다.

05 과거에는 사형의 확정판결을 받은 자에 대하여는 미결수용에 관한 규정을 준용한다는 규정이 있었으나, 이는 법리(法理)에 어긋나므로 현행법에서는 미결수용과 별도로 고유한 규정을 두고 있다.

06 사형확정자는 사회로 복귀할 수 없는 수용자이지만, 현행법에서는 전화통화나 접견 및 서신수수를 인정하고 있다.

07 사형확정자도 현행법상 독거수용이 원칙이다.

08 사형확정자에 대한 집행명령은 법무부장관이 하는 것이 원칙이고, 사형집행의 명령은 판결이 확정된 날로부터 6월 이내에 하여야 하지만 사형확정자에 대한 사형 집행은 실제로는 우리나라의 경우 1997년 이후 중단하고 있다.

09 법무부장관이 사형의 집행을 명한 때에는 5일 이내에 집행하여야 하며, 사형의 집행에는 검사와 검찰청서기관과 교정시설의 장이나 그 대리자가 참여해야 하며, 검사 또는 교정시설의 장의 허가가 없으면 누구든지 형의 집행장소에 들어가지 못한다.

10 소장은 사형확정자가 작업을 신청하면, 반드시 교도관회의의 심의를 거친 후, 교정시설 안에서 실시하는 작업에 한해서 부과할 수 있다.

작업신청 시 작업부과절차에서 미결수용자나 구류 · 금고형 수형자에 대하여는 교도관회의 심의절차가 없으나, 사형확정자는 중범죄를 범한 자로서 교정사고의 가능성이 높기 때문에 특히 신중하게 절차를 진행하도록 하고 있다.

11 사형확정자에 대하여는 미결수용자와는 달리, 작업에 대해서만 교정시설 안으로 제한하는 명문규정을 두고 있고, 교육 및 교화프로그램에 관해서는 명문규정을 두고 있지 않다.

4

각론(各論) - 수형자

제1장

수형자 분류처우

[1] 개관(概觀)

I 서설(序說)

19세기 후반 자연과학적 인식에 대한 확산을 바탕으로 자연과학적·사회학적 결정론에 입각하여 범죄원인의 인과적 해명과 그에 대한 대책으로서 범죄인에 대한 교화개선 및 사회방위처분이 강조되기 시작했다.

이러한 학문경향을 실증주의 범죄학파 또는 현대학파(신파)라고 부른다. 이 학파에서는 범죄인의 소질과 환경에서 인과적으로 결정되는 범죄원인을 탐구하는 범죄 생물·심리학 및 범죄사회학적 방법을 토대로 범죄원인에 적합한 치료·개선·교화 방법인 교정처우를 통하여 범죄인을 사회에 복귀시킴으로써 재범을 방지하는 특별예방주의를 교정의 이념으로 삼았다.

이에 따라 범죄인들의 원인적 특성과 범죄적 위험성에 따라 수형자를 분류하고, 그러한 특성과 위험성에 부합하는 교정을 실시함으로써 특별예방의 실효성을 높이고자 하는 교정원리로서 '처우의 개별화'가 주요 관심(Focal Concerns)이 되면서 개별처우를 위한 과학적 분류처우가 교정의 핵심으로 자리 잡고 있다.

II 현행 분류제도 - 경비등급 제도

1. 경비등급의 의미

경비등급제도는 교정시설을 '도주방지 등을 위한 수용설비 및 계호의 정도'인 경비등급에 따라 구획을 정하여 시설의 형태·계호방법 등을 차등화한 후 수형자를 분류심사한 결과에 따라 적합한 교정시설에 수용하여 처우하면서 수형자의 수용생활태도·교정성적 등을 재심사하여 수용시설을 단계적으로 조정하여 처우하는 제도이다.

경비등급에 따른 처우는 수용시설의 결정이 곧 처우수준의 정도를 결정한다.

2. 교정시설의 경비등급 구분

경비등급에 따라 교정시설은 개방시설, 완화경비시설, 일반경비시설, 중(重)경비시설로 구분한다. 다만, 동일한 교정시설이라도 구획을 정하여 경비등급을 달리할 수 있다. 경비등급별시설의 정의는 다음과 같다(법 57조 2항).

(1) 개방시설: 도주방지를 위한 통상적인 설비의 전부 또는 일부를 갖추지 아니하고 수형자의 자율적 활동이 가능하도록 통상적인 관리·감시의 전부 또는 일부를 하지 아니하는 교정시설

(2) 완화경비시설: 도주방지를 위한 통상적인 설비 및 수형자에 대한 관리·감시를 일반경비시설보다 완화한 교정시설

(3) 일반경비시설: 도주방지를 위한 통상적인 설비를 갖추고 수형자에 대하여 통상적인 관리·감시를 하는 교정시설

(4) 중(重)경비시설: 도주방지 및 수형자 상호 간의 접촉을 차단하는 설비를 강화하고 수형자에 대한 관리·감시를 엄중히 하는 교정시설

3. 수형자의 경비처우급에 따른 수용 및 처우

교정시설은 경비등급에 따라 해당 경비처우급 수형자를 구분수용한다. 다만, 처우상 특히 필요하거나 시설의 여건상 부득이한 경우 또는 특수한 기능을 수행하는 전담교정시설의 경우에는 경비처우급이 다른 수형자를 함께 수용하여 처우할 수 있다. 경비등급에 따른 수용구분은 기본수용급·경비처우급별 분류수용을 기준으로 한다.

수형자는 분류심사의 결과에 따라 처우등급이 부여된다. 처우등급이란 수형자의 처우 및 관리와 관련하여 수형자를 수용할 시설·수형자에 대한 계호의 정도·처우수준 및 처우의 내용을 구별하는 기준을 말하는데, 기본수용급·경비처우급·개별처우급으로 구분한다(시행규칙 제 72조). 여기서 경비처우급은 개방처우급·완화경비처우급·일반

경비처우급 · 중(重)경비처우급으로 나누어 그에 맞게 처우한다.

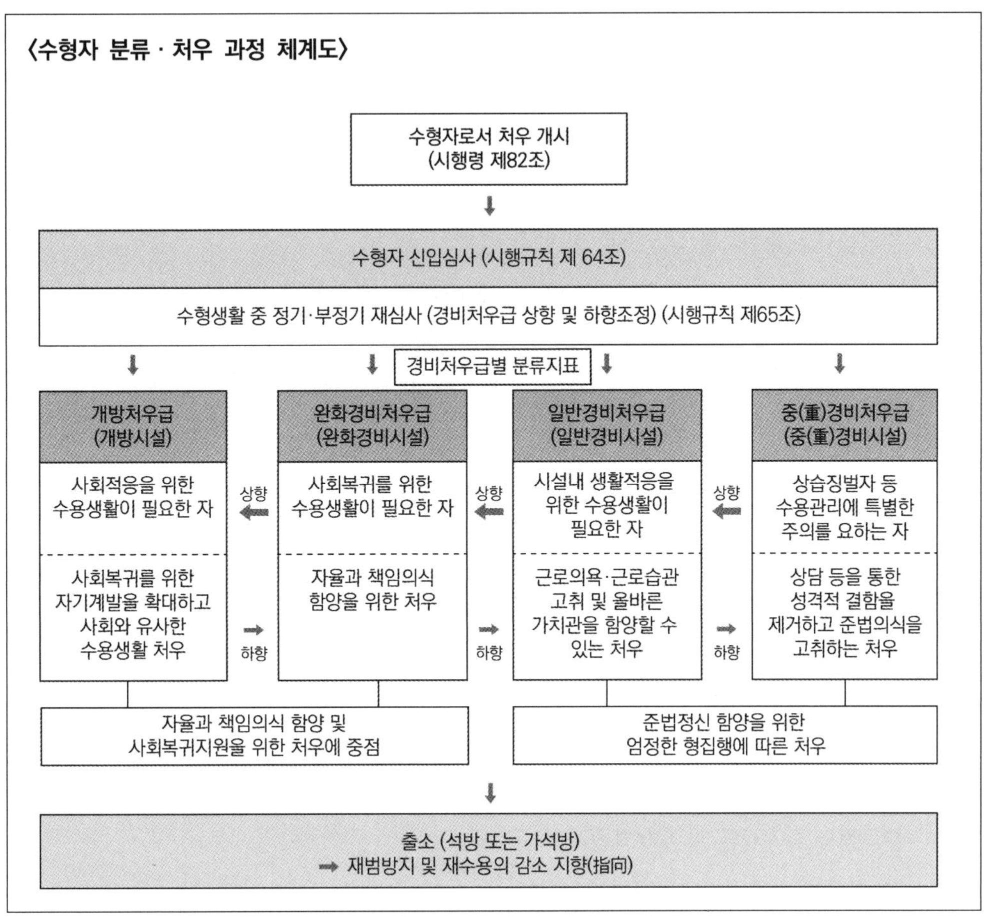

[2] 수형자분류처우

Ⅰ 분류심사

1. 의 의

분류심사란 수형자의 인성, 행동특성 및 자질 등을 과학적으로 조사 · 측정 · 평가하는 처분이다. 분류심사는 수형자에 대한 개별처우계획을 합리적으로 수립하고 조정하기 위하여 한다. 수형자 개인의 특성에 맞는 수용 및 처우기준을 정하고, 그에 적합한 처우를 함으로써, 수형자 스스로가 개선하여 사회에 복귀하려는 의욕이 고취되도록 개별처우계획을 정기적으로 또는 수시로 점검하려면 분류심사가 필요하다. 수형자는 분류심사의 결과에 따라 그에 적합한 교정시설에 수용되며, 개별처우의 계획에 따라 그 특성에 알맞은 처우를 받는다.

2. 분류심사의 대상(시행규칙 제 62조)

(1) 분류심사는 수형자를 대상으로 한다.

검사는 형집행지휘를 한 날부터 10일 이내에 재판서나 그 밖에 적법한 서류를 소장에게 보내야 한다. 소장은 검사의 형집행지휘서가 도달한 때부터 수형자로 처우할 수 있다. 미결수용자로서 법적 지위는 자유형이 확정된 때부터 수형자로 바뀌지만, 현실적으로 교정시설에서 수형자로 처우하려면 '검사의 집행지휘서 도달'이라는 요건이 갖추어져야만 한다. '집행할 형기'란 형집행지휘서 접수일부터 형기종료일까지의 기간을 말한다.

(2) 소장은 집행할 형기가 3개월 이상인 수형자를 대상으로 분류심사를 실시한다.

(3) 수형자 중 분류심사 제외자[1] – 필요적 제외

① 집행할 형기가 3개월 미만인 수형자

② 구류형 수형자

(4) 분류심사 유예사유 및 유예대상자

1) 분류심사 유예사유 – 필요적 유예

① 질병 등으로 분류심사가 곤란한 때

② 징벌대상행위의 혐의가 있어 조사 중이거나 징벌집행 중인 때

③ 분류심사가 특히 곤란하다고 인정하는 때

2) 분류심사 유예대상자

① 상담이 불가능한 중환자 및 정신미약자, 법정 감염병에 감염되어 격리된 자, 그 밖에 질병 등으로 분류심사가 곤란한 자

---

1 2017년까지는 '노역장 유치명령을 받은 사람'도 분류심사제외자 포함시켰으나 2017년 개정을 통해 제외자에서 삭제했다. 실무상 노역장 유치명령을 받아 수용된 노역수형자 중 집행할 노역일수가 180일 미만인 순수 노역수형자만 분류심사에서 제외하고 있다(분류처우 업무지침 제 8조).

② 징벌대상 행위의 혐의가 있어 조사 중이거나 징벌집행 중인 자
다만, 신입심사 대상자가 분류심사를 완료하였으나 그 달에 징벌 집행이 종료된 경우에는 징벌유예가 아닌 신입심사 대상자로 편입한다.

③ 분류심사를 거부한 자, 이 경우 분류심사에 필요한 분류검사 또는 분류상담을 거부하는 자는 분류심사를 거부한 것으로 본다.

④ 그 밖의 사유로 분류심사가 특히 곤란하다고 인정된 자

3. 분류심사의 시기 및 사유(시행규칙 제 64조~제 68조)

(1) 분류심사는 그 시기에 따라 신입심사와 재심사로 구분한다.

'신입심사'란 신입수형자를 대상으로 실시하는 분류심사를 말한다. 신입심사는 형이 확정된 경우에 개별처우계획을 수립하기 위한 심사이다.

'재심사'는 일정한 형기가 지나거나 상벌 또는 그 밖의 사유가 발생한 경우에 개별처우계획을 조정하기 위하여 하는 심사를 말한다.

(2) 신입심사는 매월 초일부터 말일까지 형집행지휘서가 접수된 수형자를 대상으로 하며, 그 다음 달까지 완료하여야 한다. 다만, 특별한 사유가 있는 경우에는 그 기간을 연장할 수 있다.

(3) 재심사는 일정한 형기가 도달한 때 행하는 정기심사와 상벌 또는 그 밖의 사유가 발생한 경우에 행하는 부정기심사로 구분된다. 소장은 재심사를 할 때에는 그 사유가 발생한 달의 다음 달까지 완료하여야 한다.

1) 정기재심사는 형집행지휘서가 접수된 날부터 6개월이 지나지 아니한 경우를 제외하고 전체복역기간을 통해 4회에 걸쳐 이루어지는데, 형기의 3분의 1에 도달한 때, 2분의 1에 도달한 때, 3분의 2에 도달한 때, 6분의 5에 도달한 때에 각기 행한다. 부정기형의 재심사시기는 단기형을 기준으로 하며, 무기형과 20년을 초과하는 징역형·금고형의 재심사시기를 산정하는 경우에는 그 형기를 20년으로 보고, 2개 이상의 징역형 또는 금고형을 집행하는 수형자의 재심사시기를 산정하는 경우에는 그 형기를 합산하고 다만 합산한 형기가 20년을 초과하는 경우에는 그 형기를 20년으로 본다.

2) 부정기재심사는, 분류심사에 오류가 있음이 발견된 때, 수형자가 교정사고의 예방에 뚜렷한 공로가 있는 때, 수형자를 징벌하기로 의결한 때, 수형자가

집행유예의 실효 또는 추가사건으로 금고 이상의 형이 확정된 때, 수형자가 「기능장려법」에 따른 전국기능경기대회 입상, 기사 이상의 자격취득, 학사 이상의 학위를 취득한 때, 그 밖에 수형자의 수용 또는 처우의 조정이 필요한 때 할 수 있다. 부정기심사는 정기심사와는 별개로 이루어져야 하나, 양자가 같은 달에 중복되는 경우에는 부정기재심사를 실시한다. 정기재심사기간 중 부정기재심사가 이루어진 경우에는 부정기재심사 이후부터 정기재심사까지의 기간을 정기재심사시기로 본다.

4. 분류심사사항(시행규칙 제 63조)

분류심사에 있어서는 다음 사항을 심사한다.

(1) 처우등급에 관한 사항, 즉 각 처우등급의 판정에 필요한 사항이나 경비처우급 분류지표계산에 필요한 사항을 말한다.

(2) 작업, 직업훈련, 교육 및 교화프로그램 등의 처우방침에 관한 사항, 즉 수형자 개인의 교육경력이나 직업경력 등을 조사하는 것을 말한다.

(3) 보안상의 위험도 측정 및 거실지정 등에 관한 사항, 즉 개인의 특성이나 성장과정, 범죄경력 및 인성특성 등을 조사하여 그에 따라 위험도를 특정하고 거실을 지정하게 된다.

(4) 보건 및 위생관리에 관한 사항, 즉 수형자 개인의 병력, 생활상태 등을 조사하는 것을 말한다.

(5) 이송에 관한 사항, 즉 이송을 위하여 처우등급별판정에 필요한 조사를 하는 것을 말한다.

(6) 가석방 및 귀휴심사에 관한 사항, 즉 보호관계, 교정성적, 개선 정도, 석방 후의 생활계획 등을 조사하는 것을 말한다.

(7) 석방 후의 생활계획에 관한 사항, 즉 석방 후 생활계획의 실천을 위한 여건 즉, 보호자, 가족사항, 보호자의 석방 후 생활대책 등을 조사하는 것을 말한다.

(8) 그 밖의 수형자의 처우 및 수용 관리에 참고할 사항

5. 분류조사와 분류검사

소장은 분류심사를 위하여 수형자를 대상으로 상담 등을 통한 신상에 관한 개별사안의 조사, 심리·지능·적성검사, 그 밖에 필요한 검사를 할 수 있다. 소장은 분류심사를 위하여 외부전문가로부터 필요한 의견을 듣거나 외부전문가에게 조사를 의뢰할 수 있다.

(1) 분류조사

1) '분류조사'란 분류심사를 위하여 수형자의 관련서류·기록을 열람하거나 관계기관에 조회 또는 수형자와의 개별상담을 통하여 수형자의 출생·양육·교육·직업력·생활력·성장과정·범죄경력 등 신상에 관한 개별사안에 대하여 필요한 사항을 조사하는 것을 말한다.

2) 분류조사 사항(시행규칙 제 69조)

① 신입심사를 할 때 조사하는 사항은, 성장과정, 학력 및 직업경력, 생활환경, 건강상태 및 병력사항, 심리적 특성, 마약·알코올 등 약물중독경력, 가족관계 및 보호자관계, 범죄경력 및 범행내용, 폭력조직 가담 여부 및 정도, 교정시설 총수용기간, 교정시설수용(과거에 수용된 경우를 포함한다) 중에 받은 징벌관련사항, 도주(음모, 예비 또는 미수에 그친 경우를 포함한다) 또는 자살기도(企圖) 유무와 횟수, 상담관찰사항, 수용생활태도, 범죄피해의 회복노력 및 정도, 석방 후의 생활계획, 그 밖에 수형자의 처우 및 관리에 필요한 사항이다.

② 재심사를 할 때에는 위 조사사항 가운데 변동된 사항과 함께 교정사고유발 및 징벌관련사항, 소득 점수를 포함한 교정처우의 성과, 교정사고예방 등 공적 사항, 추가사건 유무, 그 밖에 재심사를 위하여 필요한 사항을 조사한다.

3) **분류조사의 방법**(시행규칙 제 70조)

소장은 분류심사와 그 밖에 수용목적의 달성을 위하여 필요하면 수형자의 가족 등을 면담하거나 법원·경찰관서, 그 밖의 관계기관 또는 단체에 대하여 필요한 사실을 조회할 수 있다. 특히 분류조사를 위해서, 수용기록확인 및 수형자와의 상담, 수형자의 가족 등과의 면담, 검찰청, 경찰서, 그 밖의 관계기관에 대한 사실조회, 외부전문가에 대한 의견조회, 그 밖에 효율적인 분류심사를 위하여 필요하다고 인정되는 방법을 사용한다.

(2) 분류검사(시행규칙 제 71조)

1) '분류검사'란 수형자의 인성 · 지능 · 적성에 관한 특성을 측정하고 진단하기 위한 검사를 말한다.

2) 인성검사는 모든 신입심사대상자 및 그 밖에 처우상 필요한 수형자를 대상으로 하며, 분류심사가 유예된 때, 그 밖에 인성검사가 곤란하거나 불필요하다고 인정되는 사유가 있는 때에는 인성검사를 하지 아니할 수 있다.

인성검사는 교정심리검사, MMPI검사 그 밖의 검사실시목적에 적합한 검사를 사용할 수 있으며, 장기수형자, 성격특이자, 상습규율위반자, 정신질환의심자 진단, 기타 생활지도 · 개방처우 · 특수처우실시 등을 위하여 필요한 경우 목적에 맞는 다양한 종류의 인성 검사를 실시하여 교정심리검사의 문제점을 보완할 수 있도록 한다.

인성검사예외자란, 예컨대 한글을 읽을 수 없거나 외국인으로서 의사소통이 곤란한 경우, 상담을 통한 분류심사는 가능하지만 검사가 불가능한 자, 정신이상자, 관계서류나 기록, 상담 등을 통하여 인성이 정상적인 자로 사료되어 인성검사를 실시하는 것이 불필요하다고 인정되는 자 등이 여기에 해당한다. 다만 이해력의 현저한 부족 등으로 인하여 인성검사를 하지 아니한 경우에는 상담내용과 관련서류를 토대로 인성을 판정하여 경비처우급 분류지표를 결정할 수 있다.

3) 지능 및 적성검사는 신뢰도가 검증되고 교정분류검사로서의 적합성이 우수한 것으로 실시하며, 임상심리사 등 전문가의 의견을 고려하여 기관실정에 따라 선택하여 사용할 수 있다. 지능검사 등은 인성검사를 하지 아니할 수 있는 사유에 해당하지 아니하는 신입심사대상자로서 집행할 형기가 형집행지휘서 접수일부터 1년 이상이고 나이가 35세 이하인 경우에 한다. 다만, 직업훈련대상자 선정이나 수용관리 및 처우를 위하여 필요한 경우에는 기관의 실정에 맞는 범위에서 집행할 형기와 나이에 관계없이 예외적으로 지능검사나 적성검사를 실시할 수 있다.

Ⅱ 분류전담시설 및 분류처우위원회

1. 분류전담시설(법 제 61조)

법무부장관은 수형자를 과학적으로 분류하기 위하여 분류심사를 전담하는 교정시설을 지정·운영할 수 있다. 법무부장관이 분류심사를 전담하는 교정시설을 지정·운영하는 경우에는 지방교정청별로 1개소 이상이 되도록 하여야 한다. 현재 전국 6개 교정시설(서울구치소,안양교도소, 대구교도소, 광주교도소, 대전교도소, 부산구치소)을 분류전담시설로 지정하여 별도로 분류심사과를 두고 있다.

법무부예규인 「교정시설 경비등급별 수형자의 처우 등에 관한 지침」에 따르면, 분류전담시설에서는 수용분류를 위한 분류심사를 실시하며, 경비등급별 개별시설에서는 처우를 위한 분류심사를 실시하도록 하고 있다.

2. 분류처우회의(「분류처우 업무지침」 제 6장 제 1절)

분류처우회의는 법령이 아니라 법무부 예규인 「분류처우 업무지침」에 근거하여 설치·운영하고 있다.

각 교도소에는 분류처우위원회에 회부할 사항과 분류처우위원회의 위원장이 자문한 사항을 심의·결정하기 위하여 분류처우회의를 설치·운영하고 있다. 처우회의는 교육·작업·보안·분류심사·재심사담당자 및 관구책임자 등 관계교도관 중에서 10인 이상 20인 이내의 위원으로 구성한다. 의장은 분류심사과장이 되며, 의장이 부득이한 사유로 그 직무를 수행할 수 없을 경우에는 의장이 미리 지정한 위원이 그 직무를 대행할 수 있다. 의장은 처우회의의 사무를 통할하고, 회의내용을 기록하는 등 사무처리를 위하여 7급 이상의 소속위원 중에서 1명을 간사로 지정할 수 있다.

분류처우회의는 월 7일에 개최하며, 분류심사과장은 분류처우회의 개최 1일 전까지 개최일시, 장소 및 회의자료를 분류처우회의 위원에게 고지한다. 회의개최일이 토요일, 공휴일, 그 밖에 법부부장관이 정한 휴무일일 경우 해당 휴일이 끝난 다음 날에 회의를 개최한다. 처우회의의 의장은 분류처우위원회의 위원장이 회의개최를 요구하거나 수형자처우와 관련하여 긴급히 처리하여야 하는 사항이 있는 경우에는 임시회의를 개최할 수 있다.

처우회의는 수형자의 각 처우등급별 심의에 관한 사항, 수형자의 처우등급 조정심의에 관한 사항, 수형자의 소득점수평가 및 평정 심의에 관한 사항, 수형자의 공적사항

심의에 관한 사항, 수형자의 개별처우 수립 및 변경사항 심의에 관한 사항, 처우와 관련하여 분류처우위원장이 자문한 사항, 그 밖의 수형자의 수용 및 처우 등에 관한 사항을 심의·결정한다. 회의는 재적위원 3분의 2 이상의 출석으로 개의하고, 출석위원 과반수의 찬성으로 결정한다.

3. 분류처우위원회(법 제 62조)

수형자의 개별처우계획, 가석방심사신청 대상자선정, 그 밖에 수형자의 분류처우에 관한 중요사항을 심의·의결하기 위하여 교정시설에 분류처우위원회를 둔다(법 제62조).

(1) 구 성

분류처우위원회는 위원장을 포함한 5인 이상 7인 이하의 위원으로 구성하고, 위원장은 소장이 되며, 위원은 위원장이 소속기관의 부소장 및 과장(지소의 경우에는 7급 이상의 교도관) 중에서 임명한다. 위원장 및 위원의 임기는 해당 직위의 보직기간 동안이다.

위원장은 위원회를 소집하고 위원회의 사무를 총괄하며, 위원장이 부득이한 사유로 그 직무를 수행할 수 없을 때에는 위원장이 미리 지정한 위원이 그 직무를 대행할 수 있다.

(2) 심의·의결 대상

분류처우위원회는 분류처우회의에서 회부한 사항 등을 심의·의결한다.

1) 「시행규칙」상 심의·의결 대상

처우등급판단 등 분류심사에 관한 사항, 소득점수 등의 평가 및 평정에 관한 사항, 수형자 처우와 관련하여 소장이 심의를 요구한 사항, 가석방적격심사신청 대상자선정 등에 관한 사항, 그 밖에 수형자의 수용 및 처우에 관한 사항을 심의·의결한다.

2) 「분류처우 업무 지침」상 심의·의결 대상

분류처우회의에서 회부한 사항, 가석방예비심사, 조직폭력수용자 해제심사, 관심대상수용자의 지정 및 해제심사, 마약류수용자의 해제심사, 봉사원선정·기간연장 및 선정 취소심사, 자치생활 대상자 선정 및 취소 심사, 인성검사 특이자 지정 및 해제심사, 수형자 개별처우 수립 및 변경 심사, 징벌실효 승인 요청에 관한 심사를 심사한다.

3) 분류처우위원회는 그 심의·의결을 위하여 외부전문가로부터 의견을 들을 수 있다.

(3) 회 의

위원회의 회의는 매월 10일에 개최한다. 다만, 위원회의 회의를 개최하는 날이 토요일, 공휴일, 그 밖에 법무부장관이 정한 휴일일 때에는 그 다음 날에 개최한다. 위원장은 수형자의 처우와 관련하여 긴급히 처리하여야 하는 사항이 있는 경우에는 임시회의를 개최할 수 있다. 가석방예비심사 등이 여기에 해당한다.

위원회의 회의는 재적위원 3분의 2 이상의 출석으로 개의하고, 출석위원 과반수의 찬성으로 의결한다.

Ⅲ 분류기준

1. 일 반

「수용자처우법」은 연령 및 형의 확정에 따른 분류, 성별에 따른 분류, 경비등급에 따른 분류, 전담기능에 따른 분류에 대한 근거규정을 두고 있다. 「시행규칙」은 수형자의 처우등급을 기본수용급, 경비처우급, 개별처우급으로 구분하고 있다.

2. 처우등급별 분류(시행규칙 제 72조~제 76조)

수형자의 처우등급은 3가지로 구분된다.

(1) 기본수용급(시행규칙 제 73조)

성별 · 국적 · 나이 · 형기 등에 따라 수용할 시설 및 구획 등을 구별하는 기준을 말하며, 여성수형자(W급, Woman Prisoner), 외국인수형자(F급, Foreign Prisoner), 금고형수형자(I급, Imprisonment Sentenced Prisoner), 19세 미만의 수형자(J급, Juvenile Prisoner), 23세 미만의 청년수형자(Y급, Young Prisoner), 65세 이상의 노인수형자(A급, Aged Prisoner), 형기가 10년 이상인 장기수형자(L급, Long-term Prisoner), 정신질환 또는 장애가 있는 수형자(M급, Mentally Handicapped Prisoner), 신체질환 또는 장애가 있는 수형자(P급, Physically Handicapped Prisoner)를 각기 구분하여 수용한다.

개별수형자에 대해서는 개인에게 해당되는 기본수용급을 모두 부여하여 수용시설 및 구획을 정하게 된다. 예컨대 여성으로서 23세 미만이며 정신질환을 앓고 있는 경우에는 WYM급을 부여하고, 그에 적합한 시설 내지 구획에 수용하여 처우한다.

(2) 경비처우급(시행규칙 제 74조)

도주 등의 위험성에 따라 수용시설과 계호의 정도를 구별하고, 범죄성향의 진전과 개선 정도, 교정성적에 따라 처우수준으로 구별하는 기준을 말하며, 개방처우급(S1급), 완화경비처우급(S2급), 일반경비처우급(S3급), 중(重)경비처우급(S4급)으로 구분된다.

개방처우급은, 개방시설에 수용되어 가장 높은 수준의 처우가 필요한 수형자로서, 외부통근작업 및 개방지역작업이 가능하다.

완화경비처우급은 완화경비시설에 수용되어 통상적인 수준보다 높은 수준의 처우가 필요한 수형자로서, 개방지역작업 및 필요시 외부통근작업이 가능하다.

일반경비처우급은 일반경비시설에 수용되어 통상적인 수준의 처우가 필요한 수형자로서, 구내작업 및 필요시 개방지역작업이 가능하다.

가장 경비가 엄중한 중경비처우급은 중(重)경비시설에 수용되어 기본적인 처우가 필요한 수형자로서, 필요시 구내작업이 가능하다.

(3) 개별처우급(시행규칙 제 76조)

수형자의 개별적인 특성에 따라 중점처우의 내용을 구별하는 기준을 말하며, 중점처우의 내용으로는 직업훈련(V급, Vocational Training), 학과교육(E급, Educational Curriculum), 생활지도(G급, Guidance), 작업지도(R급, Regular Work), 운영지원작업(N급, National Employment Work), 의료처우(M급, Medical Treatment), 자치처우(H급, Halfway Treatment), 개방처우(O급, Open Treatment), 집중처우(C급, Concentrated Treatment)가 있다.

실무상으로 수형자에게 가장 적합한 개별처우급을 2개까지 부여할 수 있으며, 의료처우의 경우에는 정신질환 또는 장애의 정도, 신체질환 또는 장애 또는 정도에 따라 다시 경(輕)환자인 T1급과 T2급으로 구분하여 처우한다.

3. 신입수형자의 처우

(1) 신입수형자는 원칙적으로 입소 시에는 중(重)경비처우급(S4급)으로 처우하며, 분류심사가 완료되면 편입된 경비처우급에 따라 처우하게 된다.

분류심사 제외자 가운데 잔형기간이 3개월 미만인 수형자의 경우에도 입소 시에는 마찬가지로 중경비처우급(S3급)으로 처우하게 되며, 순수 노역장 유치수형자의 경우에는 일반경비처우급(S3급)으로 처우한다.

(2) 분류심사 유예자는 어느 경우이든 일단 입소 시에는 중경비처우급(S4급)으로 처우하지만, 질병으로 인한 경우에는 분류심사가 완료된 후 일반경비처우급(S3급)으로 처우하며, 징벌이나 분류심사의 거부로 분류심사가 유예된 자의 경우에는 분류심사가 완료된 후 편입된 경비처우급으로 처우하게 된다.

Ⅳ 소득점수(시행규칙 제 77조 ~ 제 80조)

1. 의 의

소득점수란 수형자에 대한 개별처우를 위해 그의 수형생활태도, 작업 또는 교육성적을 고려하여 점수화한 것을 말한다.

현행법 이전에는 점수제에 입각해서 수형자의 형기, 전과, 개선가능성 등을 고려해서 개인마다, 각급마다 책임점수를 부여하고 각자가 매월 취득한 소득점수로 이를 소각한 경우에 상위급에 진급시키고 처우를 완화해 나가는 처우방식(누진제도 중 점수제)을 채택하였으나, 「수용자처우법」은 '책임점수제도'를 폐지하고 수형기간이나 수형자의 개선의지를 반영하여 시설 측에서 소득점수를 평정하고 일정 점수 이상인 자에 대해 처우를 조정할 수 있도록 하는 「고사제」로 변경하였다. 고사제도 누진제의 한 방식이다.

2. 소득점수의 평가기준

소장은 수형자의 소득점수를 소득점수평가 및 통지서에 따라 매월 평가하여야 한다. 이 경우 대상기간은 매월 초일부터 말일까지로 한다.

소득점수를 산정하는 경우, 수형생활태도는 5점 이내, 작업 또는 교육성적은 5점 이내로 한다. 따라서 소득점수는 합계 10점이 만점이 된다.

3. 소득점수의 채점 및 평정

(1) 보안·작업담당교도관 및 교정시설의 효율적인 운영과 수용자의 적정한 관리

및 처우를 위하여 수용사동별 또는 작업장별로 나누어진 교정시설 안의 일정한 구역인 관구의 책임교도관은 서로 협의하여 소득점수평가 및 통지서에 해당 수형자에 대한 매월 초일부터 말일까지 소득 점수를 채점한다.

(2) 「분류처우 업무지침」에 따르면, 보안·교육·작업담당교도관 및 관구책임교도관은 서로 협의하여 소득점수평가 및 통지서에 해당 수형자에 대한 매월 초일(업무상 첫날)부터 말일까지의 소득점수를 채점하여, 다음 달 3일까지 분류심사과장에게 배부하며, 관구책임교도관은 보안·교육 또는 작업담당교도관에게 배부하며, 관구책임교도관은 보안·교육 또는 작업담당교도관으로 하여금 해당 수형자에게 평가 또는 평정된 소득점수를 알려주도록 하여야 한다.

(3) 소장은 재심사를 하는 경우 그때마다 위 기준에 따라 평가한 수형자의 소득점수를 평정하여 경비처우급을 조정할 것인지를 고려하여야 한다. 다만, 부정기재심사의 소득점수평정대상기간은 사유가 발생한 달까지로 한다. 소득점수를 평정하는 경우에는 평정대상기간 동안 매월 평가된 소득점수를 합산하여 평정 대상기간의 개월 수로 나누어 얻은 점수인 평정소득점수로 한다.

V 경비처우급의 조정(시행규칙 제 81조)

1. 의 의

수형자에 대한 처우는 교화 또는 건전한 사회복귀를 위하여 교정성적에 따라 상향조정될 수 있으며, 특히 그 성적이 우수한 수형자는 개방시설에 수용되어 사회생활에 필요한 적정한 처우를 받을 수 있다. 이에 따라 교정성적 등이 좋은 수형자의 경우에는 그 처우가 상향조정될 수 있으며 그 내용은 경비처우급의 조정이라는 형태로 나타나게 된다. 위 규정 후단이 '그 성적이 우수한 수형자는 개방시설에 수용되어 사회생활에 필요한 적정한 처우를 받을 수 있다'고 규정한 것은 전단에서 말하는 '처우의 조정'이 경비처우급의 조정을 의미함을 보여주고 있다. 현행법 이전에는 경비급과 처우급이 구분되어 어느 시설에 수용되어 어떤 처우를 받는가가 별개로 정해졌으나, 현행법 하에서는 양자가 일원화되어, 수형자의 특성을 분석하여 기본 수용시설, 계호의 정도, 범죄성향의 진전과 개선 정도를 판단하는 경비처우급지표를 개발하고, 대규모 교정시설 내에서는 경비등급별 구획을 지정하여 운영하고 있다.

2. 조정기준

(1) 경비처우급을 상향 또는 하향 조정하기 위하여 고려할 수 있는 평정소득점수의 기준은, 상향조정은 8점 이상으로 하고 하향조정은 5점 이하로 한다. 이 점수는 조정을 하기 위한 기준에 그치므로, 당해 점수에 해당한다고 해서 반드시 상향 혹은 하향조정해야 하는 것은 아니고 최종적인 결정은 분류처우위원회를 거쳐 소장이 행한다. 경비처우급의 조정은 기준점수뿐만 아니라 그 밖에 처우성과 등을 고려하여 조정해야 하고, 조정기준점수에 해당되더라도 처우성과를 검토하여 현재의 경비처우급을 유지할 수 있다.

(2) 이와 같은 경비처우급 조정은 누진제 중 고사제에 해당한다.

(3) 재심사에 따라 경비처우급을 조정할 필요가 있는 경우에는 한 단계의 범위에서 조정하고, 다만 수용 및 처우를 위하여 특히 필요한 경우에는 두 단계의 범위에서 조정할 수 있다.
수용 및 처우를 위하여 특히 필요한 경우에 평정소득점수의 기준을 법무부장관이 달리 정할 수 있다. 예컨대 경비처우급별 인원조정, 수용관리 등을 위한 정책결정, 교정사고방지 등 부정기재심사사유에 의한 조정은 두 단계 범위에서 상향조정을 할 수 있다.

3. 조정결정 및 처우(시행규칙 제 82조)

경비처우급의 상향조정, 하향조정, 현 처우유지에 대한 결정은 수형자의 처우성과 등을 고려하여 최종적으로 분류처우위원회의 의결에 따라 소장이 행한다.

조정된 처우등급에 따른 처우는 그 조정이 확정된 다음 날부터 한다. 이 경우 조정된 처우등급은 그 달 초일부터 적용된 것으로 보며, 소장은 수형자의 경비처우급을 조정한 경우에는 지체없이 해당 수형자에게 그 사항을 알려야 한다. 다른 시설에서 이송된 수형자는 이송된 날부터 이송한 교정시설에서와 동일한 처우를 실시하며, 형집행정지의 취소로 재입소한 자는 재입소한 날부터 석방 당시와 동일한 처우를 실시한다. 재범으로 형집행정지가 취소된 수형자와 가석방의 취소 또는 실효로 재입소한 수형자는 재입소한 날부터 분류처우위원회 의결 전까지는 신입수형자와 동일한 처우를 실시하며, 분류처우위원회에서 처우등급이 조정된 경우에는 결정된 다음 날부터 조정된 처우를 실시한다.

Ⅵ 처우등급별 처우

1. 처우등급별 수용(시행규칙 제 83조)

(1) 소장은 수형자를 기본수용급별 · 경비처우급별 구분하여 수용하여야 한다.

다만 처우상 특히 필요하거나 시설의 여건상 부득이한 경우에는 기본수용급 · 경비처우급이 다른 수형자를 함께 수용하여 처우할 수 있다. 기본수용급이나 경비처우급이 다른 경우에는 별도의 시설에 구분 수용하는 것이 바람직하다.

(2) 구분 수용하는 경우에도 개별처우의 효과를 증진하기 위하여 경비처우급 · 개별처우급이 같은 수형자집단으로 수용하여 처우할 수 있다.

경비처우등급이 동일하더라도 수형자마다 개별적인 특성을 달리하는 경우에는 처우의 중점이 달라지게 되므로, 필요한 경우에는 개별처우급마다 구획을 정하여 집단으로 수용하는 것이 바람직하다. 그러나 완화경비시설이나 일반경비시설에 수용되는 일반수형자들의 경우 대부분 작업지도 등에 편입됨으로써 실제로는 특수한 중점처우를 요하는 수형자들을 별도로 집단수용하는 것이 곤란한 점 등을 고려해서 현행법은 임의규정으로 하고 있다.

2. 물품지급(시행규칙 제 84조)

소장은 주·부식, 음료, 그 밖에 건강유지에 필요한 물품을 제외하고 수형자의 경비처우급에 따라 물품에 차이를 두어 지급할 수 있으며, 의류를 지급하는 경우 수형자가 개방처우급인 경우에는 색상, 디자인 등을 다르게 할 수 있다.

3. 봉사원선정(시행규칙 제 85조)

소장은 개방처우급·완화경비처우급·일반경비처우급의 수형자로서 교정성적, 나이, 인성 등을 고려하여 다른 수형자의 모범이 된다고 인정되는 경우에는 봉사원으로 선정하여 담당교도관의 사무처리와 그 밖의 업무를 보조하게 할 수 있다.

봉사원의 활동기간은 1년 이하로 하되, 필요한 경우에는 연장할 수 있다.

실무상으로는 동일 작업장의 경우 연속하여 3년을 초과할 수 없으며, 기술자격취득이나 탁월한 기술능력으로 교도관의 보조업무를 하는 경우에는 예외로 하고 있다.

소장은 봉사원의 활동과 역할수행이 부적당하다고 인정하는 경우에는 그 선정을 취소할 수 있다.

수형자가 지시명령 및 소내규율을 위반하거나 수용질서를 문란케 한 때, 건강 및 정신적 결함이 있다는 판정을 받은 때, 작업장봉사원이 다른 작업장으로 전업된 때, 질서문란행위를 은폐하거나 담당직원을 보좌하는 임무에 소홀함이 인정되는 때, 기타 봉사원 등의 자격이 없다고 인정되는 때가 여기에 해당한다.

소장은 봉사원선정, 기간연장 및 선정취소에 관한 사항을 결정할 때에는 분류처우위원회의 심의·의결을 거쳐야 한다.

4. 자치생활(시행규칙 제 86조)

소장은 개방처우급·완화경비처우급의 수형자에게 자치생활을 허가할 수 있다.

수형자 자치생활의 범위는 인원점검, 취미활동, 일정한 구역 안에서의 생활 등으로 하며, 소장은 자치생활수형자들이 교육실, 강당 등 적당한 장소에서 월 1회 이상 토론회를 할 수 있도록 하여야 한다.

소장은 자치생활수형자가 법무부장관 또는 소장이 정하는 자치생활준수사항을 위반한 경우에는 자치생활허가를 취소할 수 있다.

5. 접견(시행규칙 제 87조)

(1) 법에서는 수용자의 접견권 보장과 접견의 중지에 대해서 규정하고 있고, 시행령에서는 접견의 예외, 접견 시 외국어사용금지, 접견 시 유의사항 고지, 접견내용의 청취·기록·녹음·녹화, 접견중지사유의 고지 등에 대해 규정하고 있으며, 시행규칙에서는 접견횟수와 접견장소에 대한 구체적인 규정을 두고 있다.

(2) 수형자의 접견허용횟수는 경비처우급별로 달리 정해져 있다.
개방처우급은 1일 1회, 완화경비처우급은 월 6회, 일반경비처우급은 월 5회, 중(重)경비처우급은 월 4회로 한다.

(3) 소장은 개방처우급 수형자에 대하여는 법무부장관이 정하는 바에 따라 접촉차단시설이 설치된 장소 외의 적당한 곳에서 접견(장소변경접견)을 실시 할 수 있다. 다만, 처우상 특히 필요하다고 인정하는 경우에는 그 밖의 수형자에 대하여도 이를 허용할 수 있다.
이에 따라 완화경비처우급, 일반경비처우급, 중(重)경비처우급 수형자는 원칙적으로 접견실에서만 접견할 수 있지만, 소장이 처우상 필요하다고 인정한 경우에는 접견실 외에서 접견하는 것(장소변경접견)도 허용된다.

6. 가족만남의 날 행사 등(시행규칙 제 89조)

(1) 「가족만남의 날 행사」란 수형자와 그 가족이 교정시설의 일정한 장소에서 다과와 음식을 함께 나누면서 대화의 시간을 갖는 행사를 말한다.
「가족만남의 집」이란 수형자와 그 가족이 숙식을 함께 할 수 있도록 교정시설에 수용사동과 별도로 설치된 일반주택 형태의 건축물을 말한다.

(2) 소장은 개방처우급 · 완화경비처우급의 수형자에 대하여 가족만남의 날 행사에 참여하게 하거나 가족만남의 집을 이용하게 할 수 있으며, 이 경우는 위의 접견허용횟수에는 포함되지 아니한다. 가족이 없는 수형자에 대하여는 결연을 맺었거나 그밖에 가족에 준하는 사람으로 하여금 그 가족을 대신하게 할 수 있다.
교화를 위하여 특히 필요한 경우에는 일반경비처우급 수형자에 대하여도 가족만남의 날 행사참여 또는 가족만남의 집 이용을 허가할 수 있다.

7. 전화통화(시행규칙 제 90조)

전화통화의 횟수는 경비처우등급별로 차등을 두고 있다.

개방처우급은 월 5회 이내, 완화경비처우급은 월 3회 이내이며, 일반경비처우급과 중(重)경비처우급은 처우상 특히 필요한 경우에 한해 월 2회 이내에서 허가할 수 있도록 하고 있다.

소장은 처우상 특히 필요한 경우에는 개방처우급 · 완화경비처우급 수형자의 전화통화허용횟수를 늘릴 수 있는데, 실무지침에 따르면 각기 월 2회까지 연장할 수 있다.

취사원의 경우에는 출역기간 등 기관실정을 고려하여 경비처우급별 전화통화횟수와는 별도로 개방처우급, 완화경비처우급, 일반경비처우급은 월 1회 이상 추가 실시한다.

8. 경기 또는 오락회 개최(시행규칙 제 91조)

소장은 개방처우급 · 완화경비처우급 또는 자치생활수형자에 대하여 월 2회 이내에서 경기 또는 오락회를 개최하게 할 수 있으며, 소년수형자에 대하여는 그 횟수를 늘릴 수 있다.

경기 또는 오락회가 개최되는 경우 소장은 해당 시설의 사정을 고려하여 참석인원, 방법 등을 정할 수 있으며, 관련분야의 전문지식과 자격을 가지고 있는 외부강사를 초빙할 수 있다.

9. 사회적 처우(사회견학, 사회봉사, 외부 종교행사 참석, 외부 문화공연 관람)(시행규칙 제 92조)

소장은 개방처우급·완화경비처우급 수형자에 대하여 교정시설 밖에서 이루어지는 활동으로서, 사회견학, 사회봉사, 자신이 신봉하는 종교행사 참석, 연극·영화, 그 밖의 문화공연 관람을 허가할 수 있으며, 처우상 특히 필요한 경우에는 일반경비처우급 수형자에게도 이를 허가할 수 있다.

연극·영화, 그 밖의 문화공연 관람에 필요한 비용은 수형자가 부담하지만, 처우상 필요한 경우에는 예산의 범위에서 그 비용을 지원할 수 있다.

사회적 처우 활동들을 허가하는 경우에는 소장은 별도의 수형자의류를 지정하여 입게 하며, 처우상 필요한 경우에는 자비구매의류를 입게 할 수 있다.

10. 중간처우(시행규칙 제93조)

중간처우는 출소가 가까운 수형자를 개방시설에 수용하여 사회적응에 필요한 교육·취업지원 등 적정한 처우를 실시하는 것이다. 중간처우를 위한 개방시설은 '교정시설에 설치된 개방시설'과 '지역사회에 설치된 개방시설'로 구분된다. 이 중간처우제도는 수용생활을 끝내고 출소하는 수형자들이 큰 충격 없이 원만하게 재적응할 수 있도록 도와주는 기능을 하므로 미국 등에서 운영되는 중간처우소(Halfway-out House)와 같은 성격을 지니고 있다.

소장은 개방처우급 또는 완화경비처우급 수형자가 형기가 3년 이상인 사람·범죄횟수가 2회 이하인 사람으로서 중간처우를 받는 날부터 가석방 또는 형기종료 예정일까지 기간이 3개월 이상 1년 6개월 이하인 사람은 교정시설에 설치된 개방시설에 수용하여 사회적응에 필요한 교육·취업지원 등 적정한 처우를 할 수 있다. 중간처우사유에 해당하면서 출소예정일까지의 기간이 9개월 미만인 수형자에 대하여는 지역사회에 설치된 개방시설에 수용하여 해당처우를 할 수 있다. 중간처우의 선발절차는 법무부장관이 정한다.

11. 작업지도보조, 개인작업, 외부직업훈련(시행규칙 제 94조 ~ 제 96조)

(1) 소장은 수형자가 개방처우급 또는 완화경비처우급으로서 작업·교육 등의 성적이 우수하고 관련기술이 있는 경우에는 교도관의 작업지도를 보조하게 할 수 있다. 실무상으로는, 개방처우급 또는 완화경비처우급 수형자로서 교육 또는 작업성

적이 우수하고 해당 교육장 등에 상당기간 취업하여 해당 직종에 기술이 있는 자 가운데 선정한다.

(2) 소장은 수형자가 개방처우급 또는 완화경비처우급으로서 작업기술이 탁월하고 작업성적이 우수한 경우에는 수형자 자신을 위한 개인작업을 하게 할 수 있다. 개인작업은 특정한 기술을 가지고(통상 기사 이상 기술자격취득 또는 기능경기대회 입상자에 한한다) 작업성적이 우수한 수형자를 대상으로 하여 소장의 허가를 받아 행해지는 것이므로 교도작업과는 구별해야 하며, 그 수입도 개인에게 귀속된다. 이는 교도작업임금제의 효과를 도모할 수 있다는 점에서 의의가 있다. 개인작업의 시간은 교도작업에 지장을 주지 아니하는 범위에서 1일 2시간 이내로 제한하고 있다.
소장은 개인작업을 하는 수형자에게는 개인작업용구를 사용하게 할 수 있고, 작업용구는 특정한 용기에 보관하도록 하여야 하며, 개인작업에 필요한 작업재료 등의 구입비용은 수형자가 부담하고, 다만 처우상 필요한 경우에는 예산의 범위에서 그 비용을 지원할 수 있다.

(3) 소장은 수형자가 개방처우급 또는 완화경비처우급으로서 직업능력향상을 위하여 특히 필요한 경우에는 교정시설 외부의 공공기관 또는 기업체 등에서 운영하는 직업훈련을 받게 할 수 있으며, 직업훈련의 비용은 수형자가 부담한다. 다만, 처우상 특히 필요한 경우에는 예산의 범위에서 그 비용을 지원할 수 있다.

경비등급 · 처우급에 따른 수형자 처우 내용 및 기준[2]

1. 경비등급에 따른 교정시설 및 경비처우급에 따른 수용생활 처우기준

<table>
<tr><th colspan="2">경비급 / 구분</th><th>개방시설
(개방처우급)</th><th>완화경비시설
(완화경비처우급)</th><th>일반경비시설
(일반경비처우급)</th><th>重경비시설
(重경비처우급)</th></tr>
<tr><td colspan="2">거실형태</td><td colspan="2">혼거</td><td>독거 또는 혼거</td><td>독거</td></tr>
<tr><td rowspan="4">접견</td><td>허용대상</td><td colspan="3">제한 없음</td><td>필요시 제한</td></tr>
<tr><td>장소특정</td><td>칸막이 없음/
야외 면회장</td><td>칸막이 면회
/특히 필요시
칸막이 없음</td><td>칸막이 면회
/면회내용 녹음 ·
녹화</td><td>칸막이 면회
/면회내용 녹음 ·
녹화</td></tr>
<tr><td>허용시간</td><td>30분 이내</td><td>20분 이내</td><td>15분 이내</td><td>15분 이내</td></tr>
<tr><td>허용횟수</td><td>1일 1회</td><td>월 6회</td><td>월 5회</td><td>월 4회</td></tr>
<tr><td colspan="2">전화</td><td>월 5회 이내 혹은
자유로운 통화</td><td>월 3회 이내/
전화내용 녹음</td><td>필요시 월 2회
사용 가능/
전화내용 녹음</td><td>사용 못함
(필요시 월1회
사용가능/
전화내용 녹음)</td></tr>
</table>

2. 경비등급에 따른 교정시설 및 경비처우급에 따른 분류심사 처우기준

<table>
<tr><th>경비급 / 구분</th><th>개방시설
(개방처우급)</th><th>완화경비시설
(완화경비처우급)</th><th>일반경비시설
(일반경비처우급)</th><th>重경비시설
(重경비처우급)</th></tr>
<tr><td>분류심사 기준</td><td>석방을 대비한
욕구 평가</td><td>사회적응을 위한
위험성 평가</td><td>시설적응 또는
보안을 위한
위험성 평가</td><td>도덕적 평가/
문제행동유발가능
성을 위한 평가</td></tr>
<tr><td>분류심사 주체</td><td colspan="4">분류전담시설: 1차 분류(수용분류) → 해당기관: 2차 분류(처우분류)</td></tr>
<tr><td>경비처우급
하향 조정 기준</td><td>경고 이상의
처분을 받은 경우
경비처우급 하향
조정</td><td>금치처분을 받은
경우 경비처우급
하향 조정</td><td>1년 이내 금치 3회
이상 시
경비처우급 하향
조정</td><td>–</td></tr>
<tr><td>봉사원선정</td><td>가능</td><td>가능</td><td>선별적 가능</td><td>불가</td></tr>
<tr><td>자치생활</td><td>가능</td><td>가능</td><td>불가</td><td>불가</td></tr>
<tr><td>가석방
심사심청</td><td>가능</td><td>가능</td><td>제한적 가능</td><td>불가</td></tr>
</table>

2 신양균, 형집행법 2012, 295면~297면 참조.

3. 경비등급에 따른 교정시설 및 경비처우급에 따른 교도작업 처우 기준

구분 \ 경비급	개방시설 (개방처우급)	완화경비시설 (완화경비처우급)	일반경비시설 (일반경비처우급)	重경비시설 (重경비처우급)
교도작업	외부통근작업, 개방지역작업 (지도보호직원 동행 또는 미동행)	외부통근작업 (계호직원 동행) 개방지역작업	구내작업, 필요시 개방지역 작업 가능	필요시 구내작업 가능
직업훈련	외부통근 직업훈련 (지도보호직원 동행 또는 미동행)	구외직업훈련 (계호직원동행) 공공직업훈련 사이버직업훈련	집체직업훈련 공공직업훈련 일반직업훈련	없음

4. 경비처우급에 따른 사회적 처우기준

구분 \ 경비급	개방처우급	완화경비처우급	일반경비처우급	重경비처우급
일반귀휴	허가 (연중 20일)	허가 (연중 10일 이내)	특히 필요시 허가	불허
외출 · 외박 귀휴	허가	필요시 허가	특히 필요시 허가	불허
사회견학	허가	허가	특히 필요시 허가	불허
봉사활동	허가	허가	특히 필요시 허가	불허
가족만남의 날	허가	허가	특히 필요시 허가	불허
가족만남의 집	허가	허가	특히 필요시 허가	불허
외부종교 행사 참석	허가	허가	특히 필요시 허가	불허
외부 연극, 문화공연 관람	필요시 허가	필요시 허가	특히 필요시 허가	불허
외부 통근작업	허가	허가	시설내 통근 작업	특히 필요하다고 인정하는 경우 허가
중간처우	허가	허가	불허	불허

5. 경비등급에 따른 교정시설 및 경비처우급에 따른 보안 · 계호형태 처우기준

구분 \ 경비급	개방시설 (개방처우급)	완화경비시설 (완화경비처우급)	일반경비시설 (일반경비처우급)	重경비시설 (重경비처우급)
거실문 개방	개방 (주간, 야간)	개방 (주간)	자물쇠를 채워 문을 잠금(시정)	자물쇠를 채워 문을 잠금(시정)
자율활동 (자율보행 등)	전면 허용	부분 허용 (사동 내 전면 허용)	전혀 허용 안 함 (불허)	불허 (엄정계호 시행)
사동출입문 관리	개방(주간)	시정	시정	시정
통용문	없음	시정 (일정구역 설정)	시정	시정
인원점검	자율시행 (수형자 대표) 1일 2회	시행 1일 3회	시행 1일 3회	시행 1일 3회
구내	개방형	반개방형	폐쇄형	폐쇄형

학습 체크 포인트

01 형집행법은 "수형자에 대하여는 교육 · 교화프로그램, 작업, 직업훈련 등을 통하여 교정교화를 도모하고 사회생활에 적응하는 능력을 함양하도록 처우하여야 한다."고 규정하여, 재사회화를 수형자 처우의 원칙으로 선언하고 있다.

02 분류의 목적은 공공안전의 확보, 효율적인 수용자관리, 비용-편익적 운영, 효과적인 교정시설의 건축과 보수 기준 제공 등이다.
적정한 분류제도는 수형자가 수용되어야 할 시설의 구금 · 계호 수준을 정하는 데 도움을 주고, 불필요한 중구금시설 건축이나 수용을 줄일 수 있으며, 계호수준에서 벗어나는 과잉계호를 경감시켜 행형비용을 절감할 수 있다.

03 분류의 기본원리로서 강조되는 것은 성별 중립성 유지, 최소제한의 원리, 명확한 목표 지향 등이다. 교정시설에서의 분류는 성적 불평등이 나타나지 않도록 하면서 특정시설의 목적 및 수형자처우에 적합하게 이루어져야 한다. 또한 시설의 안전과 질서에 필요한 최소한으로 제한된 계호가 적용될 수 있도록 하여야 하며, 교정의 목적과 목표가 무엇이며 분류가 어떻게 그 목표달성에 기여할 수 있는가를 고려하여야 한다.

04 과학적 분류제도는 범죄피의자 · 피고인에 대해서는 처분이나 양형 기준을 제시해주는 기능을 하고, 시설내에서의 수형자에 대하여는 적합한 프로그램 적용이나 상대적 위험성 수준에 부합하는 보안수준 측정 기능을 하며, 특정한 범죄자나 범죄 집단에 대해서는 선별적 무능력화 적합 여부 판단 기준을 제시하는 기능이 있다.

05 수형자분류는 1차적으로 범죄의 원인과 대책에 대한 과학적 인식이라는 목적을 추구하는 '범죄인분류'와는 취지를 달리하는 처우제도로서, 역사적으로 수용분류에서 출발하여 처우분류에 중점을 두는 방향으로 발전했다.

06 수형자분류는 목적에 따라 교정(행형)관리를 위한 분류와 교정처우를 위한 분류로 나누고, 시기에 따라 초기분류 · 재분류 · 석방 전 분류로 구분할 수 있다.

07 인성에 의한 수형자분류에는 대인적 성숙도 검사(I-Level)와 미네소타 다면적 인성검사법 등 여러 종류의 심리검사가 있는데 세계적으로 가장 널리 쓰이고. 가장 많이 연구되어 있는 객관적 성격진단검사는 미네소타 다면적 인성검사이다.

08 미네소타 다면적 인성검사(MMPI)는 비정상적인 행동을 객관적으로 측정하기 위한 방법으로 개발되었고, 전문가의 도움 없이 교도관들이 분류심사에 활용할 수 있고, 비용이 절감되는 장점이 있다

09 분류심사란 수형자에 대한 개별처우계획을 합리적으로 수립하고 조정하기 위하여 수형자의 인성, 행동특성, 자질 등을 과학적으로 조사 · 측정 · 평가하는 조치이다.

10 조정되는 처우등급은 경비처우급이고, 조정된 처우등급에 따른 처우는 그 조정이 확정된 다음 날부터 하며, 조정된 처우등급이 조정된 것으로 보는 때는 조정이 된 달 초일이다.

11 현행법상 분류심사 제외자에는 집행할 형기가 3개월 미만인 수형자와 구류수형자가 있고, 노역장유치명령을 받은 사람에게는 분류심사를 적용할 수도 있다.

12 형집행법 시행규칙은 분류심사를 신입심사와 재심사로 구분하고 있다. 재심사는 정기재심사와 부정기재심사로 나누고 있다.

13 정기재심사는 해당사유가 있으면 필요적으로 재심사를 하여야 하고, 부정기재심사는 해당사유가 있는 경우에도 재심사를 임의로 할 수도 있고 하지 아니할 수도 있다.

14 수형자가 질병 등으로 분류심사가 곤란한 때에는 분류심사를 유예하고, 부정기형의 정기재심사 시기는 단기를 기준으로 한다.

15 분류조사와 분류검사는 분류심사를 위한 과정이므로 독자적인 분류기준으로써 적용되지 아니한다.

16 현행법상 분류처우위원회는 교도관만으로 구성하여야 하고 외부전문가를 위원으로 위촉하여서는 아니 된다

17 분류처우위원회는 개별처우계획, 가석방 심사신청 대상자 선정, 그 밖에 수형자의 분류처우에 관한 업무를 심의 · 의결하는 기능을 하며, 교정시설에 설치 · 운영한다.

18 기본수용급은 9종으로 구분되고, 경비처우급은 4종으로 구분하며, 개별처우급은 9종으로 구분하고 있다

19 경비처우급을 상향 또는 하향 조정하기 위하여 기준이 되는 점수는 평정소득점수이다.

20 시행규칙에서 소득점수 산정기준자료로 인정하고 있는 것은 수형생활 태도 및 작업성적 또는 교정성적이다.

21 재심사에 따라 조정할 수 있는 처우등급은 경비처우급이고, 조정할 필요가 있는 경우에는 원칙적으로 한 단계 범위에서 조정한다. 다만, 수용 및 처우를 위하여 특히 필요한 경우에는 두 단계 범위에서 조정할 수 있다.

22 미국에서는 중간처우소(Halfway House)제도가 활발히 활용되고 있다. 중간처우소는 마약중독자 등의 금단증상을 완화하는 등 입소자를 위한 중간처우시설(Halfway-in House)과 출소자를 위한 중간처우시설(Halfway-out House) 및 시설내처우의 대안이나 집중 감시 보호관찰대상자 등의 통제를 위한 독자적인 중간처우시설로 이용되고 있다. 이러한 여러 기능 중 현행법은 출소자를 위한 중간처우를 실시하기 위해 교정시설에 설치되는 개방시설과 지역사회에 설치되는 개방시설제도를 도입하였다. 따라서 우리나라에서도 중간처우소제도(Halfway House)가 채택되어 있다고 할 수 있다.

제2장

교육과 교화프로그램

[1] 교 육

I 교정교육의 발전

형벌의 본질은 응보에 있고 형벌의 내용은 악에 대한 보복으로서의 고통이어야 한다는 응보주의나, 형벌의 목적은 장래의 범죄를 방지하는 것이라고 보면서도 형벌의 내용을 범죄인에 대한 고통부과라고 주장하는 일반예방주의 입장에서는 교정교육은 행형(行刑)과 관련이 없었다.

교정교육과 교화가 행형과 관련하여 고려되기 시작한 계기는 형벌은 범죄인의 개선·교육을 위한 교화수단이므로 반드시 고통을 내용으로 할 필요는 없다고 보는 특별예방주의의 등장이었다. 특히 범죄의 원인을 소질보다는 환경의 산물로 보아 사회적 원인을 중시했던 범죄사회학파의 사회적 결정론의 입장에서는 범죄자의 교육을 통한 개선을 교정프로그램의 핵심으로 삼아야 한다고 보았다. 특히 범죄행위 당시 미성숙단계에 있는 소년범죄자에 대해서는 그들의 특성상 교육효과가 더 크기 때문에 교정교육의 필요성이 더욱 높다.

미국의 범죄사회학 이론 중에는 범죄의 동기 생성을, 경제적 부(富)를 성취하는 데 있어서 합법적인 수단과 기회가 없기 때문이라고 보는 압박(긴장)과 기회이론(Strain/Opportunity Theory)이 있다. 이 이론 입장에서는 사회적 성공에 필요한 지식과 기술이 부족한 사람은 제도적 성취기회가 주어지지 않거나 주어진 기회도 성취할 수단이 없으므로 결국에는 위법한 수단에 의해 목표를 달성하려고 하여 범죄가 행해진다고 본다.

그러므로 이 입장에 따르면, 범죄생활 대신 제도적·합법적 생활을 할 수 있도록 해주기 위해서는 교육과 훈련이 필요하다.

교육과 훈련을 통해 지식과 기술을 습득하게 해주면 합법적·제도적 수단과 기회가 갖춰지므로 범죄를 행하지 않을 것이다. 이러한 차원에서 범죄의 동기를 줄일 수 있는 처우로써 교정교육이 매우 중요시되었다.

형법이론 차원에서 교정교육이 크게 강조된 것은 교육형주의의 정립이었다. 교육형주의 입장에서는 형벌의 내용은 오로지 '자유의 박탈이라는 고통부과'이어서는 안 되고, 수형자를 교정·교화하여 건전한 시민으로서 재사회화시키는 교육이어야 한다는 것이다.

교육형주의는 리스트(Liszt)의 목적형주의 입장에서 현대 교정의 특징을 더욱 진보적으로 발전시킨 것으로 독일의 리프만(Liepmann), 이탈리아의 란자(Lanza) 그리고 스페인의 살다냐(Saldaña)에 의하여 주장되었다.

리프만의 교육형주의
그는 범죄인도 인간으로 존중해 주지 않으면 안 된다는 명제 아래 형벌은 인도적인 교육형이어야 한다고 주장했다. 그는 형벌은 범죄인을 선량한 국민으로 개선할 수 있는 교육이어야 함을 강조하여, 형벌의 목적은 범죄인의 재범 방지에 있다는 교육형주의를 주창했다.
란자의 교육형주의
그는 헌법국가를 대신하여 교육국가를 형성하여야 한다고 보고, 교육국가에 있어서는 학교에서 이성적 문맹을 퇴치해야 하는 것처럼 교정시설에서는 도덕적 문맹을 퇴치해야 한다고 주장했다. 즉, 형벌의 의의가 교육에 있음을 강조했다. 이와 같이 그는 인도주의 입장에서 교육형주의 이론을 체계화했다.
살다냐의 교육형주의
그는 형벌의 본질을 선악의 문제로 보아서는 안 되고, 형벌은 사회에 유익함을 가져올 때에만 정당성이 있다고 주장했다. 따라서 형벌을 집행함이 유익할 때에는 집행하여야 하지만, 집행을 유예함이 교육적으로 유익할 때에는 집행을 하지 않아야 한다고 한다.

우리나라에서도 「행형법」 시행 이후부터 제 1조 '목적'에서 '수형자를 교정·교화하여 건전하게 사회에 복귀시키는 것'이 행형(行刑)의 본질적인 목적임을 명시하여 교육형주의를 선언하고 있다.

Ⅱ 교정교육의 의의

교정교육이란 재사회화 목적을 가지고 계획된 학습환경과 학습체험을 통해 수형자의 가치관이나 생활방식을 친사회적으로 변화시키는 전체 교육과정이다.

교정교육과정에서는 수형자의 가치·생활태도·지식·기술·사회적 관계를 향상·발전시키는 것이 목표가 된다. 따라서 교육내용으로 기본적인 지식과 기술에 대한 교육·훈련만을 강조할 것이 아니라 긍정적인 자아정체성을 증진하도록 하는 것도 강조되어야 한다.

현대 교정에서 교정교육은 지식습득을 위한 학과교육, 취업을 위한 기술교육·직업훈련, 긍정적 자아정체성의 계발을 위한 정신·정서 교육 등을 포함시키고 있다.

이렇게 함으로써 교정교육은 사회생활·경제생활 및 가정생활 등에 대한 원만한 준비와 개인적 성장의 기회가 균형 있게 강화되고 있다.[3]

Ⅲ 교정교육의 기본원리

인간존중의 원리

- 인간존중의 원리란 범죄인 교정처우의 기본이념으로서, 교정의 대상이 되는 범죄인이라 할지라도 그 사람의 인권을 최대한 존중하여야 한다는 이치이다. 따라서 수형자의 기본권과 처우를 받을 권리가 보장되어야 하며, 수형자에 대한 인권의 배려가 그들이 자기 자신을 존엄하게 여기는 계기가 되도록 해야 한다. 이것이 교정교육의 제1의 원리이다.
- 「수용자처우법」은, 이 법 집행 시 "수용자의 인권은 최대한으로 존중되어야 한다"고 명시하고 있다(제4조).

자기인식의 원리

교정이 이루어지기 위한 기초로서 범죄인 스스로 자기가 어떠한 상태에 있고, 얼마만큼 사회에 해악을 끼쳐왔고, 재범의 가능성은 어떠한지를 깨닫도록 하여야 한다. 자기 자신에 대한 바른 인식 없이는 어떠한 교정처우프로그램도 적극적으로 수용될 수 없으므로 자기인식의 원리는 교정처우의 바탕이 된다.

3 같은 취지의 주장은 이윤호, 앞의 책, 183면 참조.

자기조력(자기결정)의 원리 = 자조의 원리

- 교정의 궁극적인 목적이 범죄자로 하여금 법을 준수하게 하고 수형자를 교정교화하여 선량한 시민으로 사회에 복귀하도록 하는 데 있다면, 그 수단과 방법은 이들 수형자의 자력개선 의지 함양에 중점을 두어야 효과적이다. 따라서 수형자의 처우는 이들이 자기의 힘으로 문제를 해결해 나가도록 조력하는 것이며, 이들을 대신해서 문제를 해결해 주는 것이어서는 아니 된다.
- 교정과정의 재사회화에서는 본인의 자발적 참여 없이는 의도한 효과가 보장되기 어렵다. 이것은 국가적 배려가 제아무리 우수하다고 해도 당사자의 의지와 결합하지 않으면 효과를 얻기 어렵다는 이치이다.
- 자기결정의 원리의 취지는 수형자 스스로 자신의 문제를 깨닫고 스스로 생각하며 해결하는 태도를 가질 수 있도록 상담, 집단토의 및 전문가의 지도 등을 통하여 자기결정능력을 길러주어야 한다는 것이다. 이렇게 하여야만 출소 후 자기 스스로 법규를 지키며 자기책임하에 자립적인 생활능력을 지닐 수 있게 된다.
- 일본의 대표적인 교육형주의자인 마사키아키라(正木亮)는 이 원리를 강조하여, "수형자에 대한 강제와 권위의 피동적인 방법을 탈피하고 스스로 자활(自活)할 수 있는 길을 개척하도록 유도하고, 자기결정능력을 배양해 주는 것이 진정한 교화개선의 방법이며 교정처우의 제1보이다"라고 하였다.

신뢰의 원리(신뢰회복의 원리)

- 수형자의 자기인식을 바탕으로 자기결정에 의한 적극적인 참여를 유도하기 위해서는 교육하는 사람과 수형자 사이에 바람직한 인간관계의 조성과 유지, 즉 마음과 마음의 소통이 있지 않으면 아니 된다. 따라서 교정처우에 있어서는 상호 간의 신뢰회복이 그 전제가 되어야 교정교육의 효과가 제대로 발휘될 수 있다. 또한 수형자의 잠재적 능력과 좋은 점을 믿어주는 것도 교정에 있어 매우 중요하다.

위와 같이 신뢰의 원리와 자조의 원리를 살려 교정교화효과를 높이기 위해서는 수형자에게 징벌 부과보다는 포상이나 상우를 적극 적용하여 행동을 수정해나가는 것이 바람직하다. "칭찬은 코끼리도 춤추게 한다."는 원리도 신뢰의 원리와 자조의 원리에 바탕을 둔 교육방법론이다.

Ⅳ 현행법상 교정교육과 교화프로그램

현행 「수용자처우법」과 「시행령」에서는 다음과 같이 교육에 관한 규정을 두고 있다.

> **법 제63조(교육)** ① 소장은 수형자가 건전한 사회복귀에 필요한 지식과 소양을 습득하도록 교육할 수 있다.
> ② 소장은 「교육기본법」 제8조의 의무교육을 받지 못한 수형자에 대하여는 본인의 의사·나이·지식정도, 그 밖의 사정을 고려하여 그에 알맞게 교육하여야 한다.
> ③ 소장은 제1항 및 제2항에 따른 교육을 위하여 필요하면 수형자를 중간처우를 위한 전담교정시설에 수용하여 다음 각 호의 조치를 할 수 있다.
> 1. 외부 교육기관에의 통학
> 2. 외부 교육기관에서의 위탁교육
>
> ④ 교육과정·외부통학·위탁교육 등에 관하여 필요한 사항은 법무부령으로 정한다.

위의 법 제 63조 제3항은 '외부통학제도'를 사회적 처우의 일환으로 채택하여 교육효과를 높이도록 하고 있다.

> **시행령 제87조(교육)** ① 소장은 법 제63조에 따른 교육을 효과적으로 시행하기 위하여 교육실을 설치하는 등 교육에 적합한 환경을 조성하여야 한다.
> ② 소장은 교육 대상자, 시설 여건 등을 고려하여 교육계획을 수립하여 시행하여야 한다.
>
> **제88조(정서교육)** 소장은 수형자의 정서 함양을 위하여 필요하다고 인정하면 연극·영화관람·체육행사, 그 밖의 문화예술활동을 하게 할 수 있다.

위 규정의 기반이 되는 것은 「수용자처우법」 제55조 '수형자 처우의 원칙' 규정이다. 이 규정은 "수형자에 대하여는 교육·교화프로그램, 작업, 직업훈련 등을 통하여 교정교화를 도모하고 사회생활에 적응하는 능력을 함양하도록 처우하여야 한다."고 하여 수형자에 대하여 과거 「행형법」처럼 재사회화 목적을 달성하기 위해 교도작업에만 의존하지 않고 교육 및 교화프로그램도 적극 활용하도록 원칙을 제시하고 있다.

이에 따라 교화프로그램에 관하여는 법 제64조와 제 58조에서 다음과 같이 명시하고 있다.

> **법 제64조(교화프로그램)** ① 소장은 수형자의 교정교화를 위하여 상담·심리치료, 그 밖의 교화프로그램을 실시하여야 한다.

② 소장은 제1항에 따른 교화프로그램의 효과를 높이기 위하여 범죄원인별로 적절한 교화프로그램의 내용, 교육장소 및 전문 인력의 확보 등 적합한 환경을 갖추도록 노력하여야 한다.
③ 교화프로그램의 종류·내용 등에 관하여 필요한 사항은 법무부령으로 정한다.

법 제58조(외부전문가의 상담 등) 소장은 수형자의 교화 또는 건전한 사회복귀를 위하여 필요하면 교육학·교정학·범죄학·사회학·심리학·의학 등에 관한 학식 또는 교정에 관한 경험이 풍부한 외부전문가로 하여금 수형자에 대한 상담·심리치료 또는 생활지도 등을 하게 할 수 있다.

V 교육을 위한 처우

1. 개관(槪觀)

수형자에 대한 교육은 크게 두 가지 유형으로 구분된다. 인성교육과 학과교육이다.

인성교육은 사회복귀에 필요한 지식과 소양을 습득하는 교육이다. 학과교육은 의무교육을 받지 못한 수형자에 대한 교육 및 방송통신고등학교 과정 등 「초·중등 교육법」과 「고등교육법」에 근거한 교육이다.

구 「행형법」에서는 무교육자나 소년수형자에 대한 교육만을 규정하고 있었으나, 현행 수용자처우법령에서는 수형자 일반에 대한 사회복귀를 위한 교육으로 확장하여 규정을 두고 있다.

「수용자처우법 시행령」 제87조는 이러한 교육을 효과적으로 실시하도록, 소장에게 교육실 설치 등 교육에 적합한 환경을 조성할 의무를 부과하고 있고, 교육대상자·시설여건 등을 고려하여 교육계획을 수립하여 시행하도록 규정하고 있다.

그리고 사회복귀를 위한 교육의 일환으로 소장이 수형자의 정서함양을 위하여 필요하다고 인정하면 연극·영화관람·체육행사, 그 밖의 문화예술 활동을 하게 할 수 있다고도 규정하고 있다.

2. 인성교육(「수형자 교육교화 운영지침」)

인성교육이란 인간으로서의 기본적인 자질과 태도, 품성을 배양하기 위한 교육이다.

소장은 모든 수형자를 대상으로 정기적으로 인성교육을 시행하여야 하며, 형이 확정된 6개월 이내에 실시하여야 한다. 인성교육은 매회 3일 이상 5일 이내 15시간 이상의 교육으로 시행하여야 하며, 1) 감수성훈련·인간관계회복·심리치료·집단상담·도덕성회복, 2) 시민의식 및 준법정신함양, 생활예절, 효행교육, 3) 레크리에이션 기타 수용생활에 필요한 교육을 중심으로 교육과정을 편성하여야 한다.

인성교육은 기관의 교육시설 및 내용 등을 고려하여 1회 교육인원을 30명 내외로 정하며, 필요시 증감할 수 있으며, 기관 내 질서유지, 교육효과 제고 등 특히 필요하다고 인정할 경우에는 범죄유형, 나이 등에 따라 수형자를 구분하여 교육인원을 편성할 수 있다.

소장은 '교육생 명부'와 '교육 일지'를 작성·관리하여야 한다.

소장은 소속간부직원 또는 내부강사를 활용하여 시행할 수 있으며, 지방교정청장은 인성교육단체 선정위원회를 구성하여 대학·연구기관·전문교육기관 등과 1년 이내의 위탁계약(협약)을 체결하여 소속기관 인성교육의 전부 또는 일부를 위탁할 수 있으며, 소장은 예산의 범위 내에서 외부강사 수당 및 교육에 소요된 재료비를 지급할 수 있다.

인성교육은 모든 수형자를 대상으로 하지만, 1) 65세 이상인 자, 2) 노역장유치자, 3) 외국어전문교육생·정예직업훈련생·대학(전문학사 포함)과정 교육생, 4) 전일근로·외부통근 취업수형자와 구외공장·운영지원작업 취업수형자, 5) 문화프로그램, 성폭력프로그램·마약프로그램·단(斷)도박프로그램 등 인성 교육과 유사한 교육을 15시간 이상 이수한 자, 6) 개방시설에 수용중인 개방처우자 또는 중간처우자로서 단계별 교육과정에 있는 자, 7) 외국인 및 정신적·신체적 장애 등으로 교육이 부적합하다고 인정되는 자, 8) 기타 중경비시설수형자로서 교육분위기를 저해할 우려가 있는 자는 교육을 면제할 수 있다.

1) 교육면제사유에 해당하지 않으나, 교육을 감내할 수 없는 환자, 2) 징벌집행 중에 있거나 규율위반혐의로 조사 중일 때, 3)임부 또는 해산 후 6월 이내인 산부, 4) 기타 교육을 이수하지 못할 특별한 사유가 있을 때에는 그 사유가 해소될 때까지 교육을 유예할 수 있다. 한편 취업수형자가 인성교육을 수강하는 경우에는 작업을 실시한 시간에 대하여 작업장려금을 지급한다.

소장은 인성교육수료자를 대상으로 반기별 '교육만족도조사' 실시하여야 하며, 그 분석결과를 교육운영에 반영하여야 한다. 소장은 인성교육 이수사항을 수형자의 수용기록부 및 교정정보시스템에 기록하여야 하며, 교육수료자 중 교육참여도 등이 높은 수형자를 선정하여 포상하거나 처우에 반영할 수 있다.

3. 학과교육과정(「규칙 제108조~제113조」)

「수용자처우법 시행규칙」은 교육과정으로 검정고시반, 방송통신고등학교 과정, 독학에 의한 학위취득 과정, 방송통신대학 과정, 전문대학 위탁교육 과정 그리고 정보화 및 외국어 과정에 대해 규정하고 있다.

(1) 검정고시반 설치 및 운영(규칙 제108조)

소장은 매년 초 초등학교 졸업학력 검정고시, 중학교 졸업학력 검정고시, 고등학교 졸업학력검정고시의 시험을 준비하는 수형자를 대상으로 검정고시반을 설치·운영할 수 있다. 소장은 교육기간 중에 검정고시에 합격한 교육대상자에 대하여는 해당 교육과정을 조기수료시키거나 상위교육과정에 임시 편성시킬 수 있으며, 고등학교졸업 또는 이와 동등한 수준 이상의 학력이 인정되는 수형자를 대상으로 대학 입학시험 준비반을 편성·운영할 수 있다.

(2) 방송통신고등학교과정 설치 및 운영(규칙 제109조)

소장은 수형자에게 고등학교 과정의 교육기회를 부여하기 위하여 「초·중등교육법」에 따른 방송통신고등학교 교육과정을 설치·운영할 수 있고, 소장은 중학교 졸업 또는 이와 동등한 수준 이상의 학력이 인정되는 수형자가 방송통신고등학교 교육과정을 지원하여 합격한 경우에는 교육대상자로 선발할 수 있으며, 그 교육과정의 입학금, 수업료, 교과용 도서구입비 등 교육에 필요한 비용을 예산의 범위에서 지원할 수 있다.

(3) 독학에 의한 학위 취득과정 설치 및 운영(규칙 제110조)

소장은 수형자에게 학위취득기회를 부여하기 위하여 독학에 의한 학사학위 취득과정으로서 학사고시반 교육을 설치·운영할 수 있는데, 1995년부터 국문학, 영문학, 법학 등의 학사고시반을 운영하고 있다.

소장은 ㉠ 고등학교졸업 또는 이와 동등한 수준 이상의 학력이 인정되고, ㉡ 교육개시일을 기준으로 형기의 3분의 1(21년 이상의 유기형 또는 무기형의 경우에는 7년)이 지났으며, ㉢ 집행할 형기가 2년 이상인 요건을 갖춘 수형자가 학사고시반 교육을 신청하는 경우에는 교육대상자로 선발할 수 있다.

(4) 방송통신대학과정 설치 및 운영(규칙 제111조)

소장은 대학과정의 교육기회를 부여하기 위하여 「고등교육법」에 따른 방송통신대학 교육과정을 설치·운영할 수 있는데, 1995년부터 국문학, 영문학, 법학분야에 대해 방송을 통한 독학학위취득반을 운영하고 있다.

소장은 학사고시반 교육을 신청할 수 있는 요건을 갖춘 개방처우급·완화경비처우급·일반경비처우급 수형자가 방송통신대학 교육과정에 지원하여 합격한 경우에는 교육대상자로 선발할 수 있다.

(5) 전문대학 위탁교육과정 설치 및 운영(규칙 제112조)

소장은 전문대학과정의 교육기회를 부여하기 위하여 「고등교육법」에 따른 전문대학 위탁교육과정을 설치·운영할 수 있는데, 2019년 순천교도소가 순천제일대학과 위탁교육협약을 체결, 운영하고 있다. 소장은 학사고시반 교육을 신청할 수 있는 요건을 갖춘 개방처우급·완화경비처우급·일반경비처우급 수형자자 전문대학 위탁교육과정에 지원하여 합격한 경우에는 교육대상자로 선발할 수 있다. 전문대학 위탁교육 과정의 교과과정, 시험응시 및 학위취득에 관한 세부사항은 위탁자와 수탁자 간의 협약에 따른다.

(6) 정보화교육(규칙 제113조)

정보화교육이란 지식정보사회에 대한 이해와 정보화 활용능력을 배양하기 위하여 실시하는 교육을 말한다. 소장은 수형자에게 지식정보사회에 적응할 수 있는 교육기회를 부여하기 위하여 정보화교육과정을 설치·운영할 수 있다.

소장은 정보화교육과정으로서, 1) 정보화에 대한 이해와 워드프로세스 1·2·3급 과정 등 컴퓨터활용의 기초지식을 함양하는 워드반, 2) 엑셀, 데이터베이스, 파워포인트, 포토샵 및 인터넷정보검색 기타 정보화소양 증진에 유용한 내용 중에서 소장이 정하여 편성하는 컴퓨터활용반을 운영하여야 한다.

워드반의 교육대상자는 수용 중 정보화교육을 받은 경험이 없거나 워드교육이 필요하다고 인정되는 자 중에서 신청을 받아 선정하며, 컴퓨터활용반의 교육대상자는 워드반의 교육과정을 이수하였거나 정보화 관련 자격을 보유하고 있는 수형자로서 교육이 필요하다고 인정되는 자 중에서 신청을 받아 선정한다.

(7) 외국어교육(규칙 제113조)

소장은 개방처우급·완화경비처우급·일반경비처우급 수형자에게 다문화시대에 대처할 수 있는 교육기회를 부여하기 위하여 외국어교육과정을 설치·운영할 수 있다.

소장은 외국어교육대상자가 교육실 외에서의 어학학습 장비를 이용한 외국어 학습을 원하는 경우에는 계호수준, 독거 여부, 교육 정도 등에 대해 「교도관직무규칙」에 따른 교도관회의의 심의를 거쳐 허가할 수 있다.

4. 교육과정 관리(시행규칙 제101조)

소장은 교육대상자를 소속기관(소장이 관할하고 있는 교정시설)에서 선발하여 교육하며, 다만, 소속기관에서 교육대상자를 선발하기 어려운 경우에는 다른 기관에서 추천한 사람을 모집하여 교육할 수 있다.

소장은 교육대상자의 성적불량, 학업태만 등으로 인하여 교육의 목적을 달성하기 어려운 경우에는 그 선발을 취소할 수 있다. 소장은 교육대상자 및 시험응시 희망자의 학습능력을 평가하기 위하여 자체 평가시험을 실시할 수 있고, 교육의 효과를 거두지 못하였다고 인정하는 교육대상자에게 다시 교육을 할 수 있다.

소장은 기관의 교육전문인력, 교육시설, 교육대상인원 등의 사정을 고려하여 단계별 교육과 자격취득목표를 설정할 수 있으며, 자격취득·대회입상 등을 하면 처우에 반영할 수 있다.

(1) 교육대상자 준수사항(규칙 제102조)

교육대상자는 교육의 시행에 관한 관계법령, 학칙 및 「교육관리지침」을 성실히 준수하여야 한다. 교육대상자로 선발된 자는 소장에게 "나는 교육대상자로서 긍지를 가지고 제반규정을 준수하며, 교정시설 내 교육을 성실히 이수할 것을 선서합니다"라는 선서를 하고 서약서를 제출하여야 한다.

독학에 의한 학위취득과정, 방송통신대학과정, 전문대학 위탁교육과정 그리고 정보화 및 외국어교육과정의 교육을 실시하는 경우 소요되는 비용은 특별한 사정 없으면 교육대상자의 부담으로 한다.

(2) 교육대상자의 선발(규칙 제103조)

소장은 각 교육과정의 선정요건과 수형자의 나이, 학력, 교정성적, 자체 평가 시험성적, 정신자세, 성실성, 교육계획과 시설의 규모, 교육대상인원 등을 고려하여 교육대상자를 선발하거나 추천하여야 하며, 정당한 이유 없이 교육을 기피한 사실이 있거나 자퇴(제적을 포함한다)한 사실이 있는 수형자는 교육대상자로 선발하거나 추천하지 아니할 수 있다.

교육과정의 변경도 교육대상자의 선발로 보아 이 규정을 준용한다.

(3) 교육대상자의 관리 등(규칙 제104조)

학과교육대상자의 과정수료단위는 학년으로 하되, 학기의 구분은 국공립학교의 학기에 준하며, 다만 독학에 의한 교육은 수업일수의 제한을 받지 아니한다.

소장은 교육을 위하여 필요한 경우에는 외부강사를 초빙할 수 있으며, 카세트 또는 재생전용기기의 사용을 허용할 수 있으며, 교육의 실효성을 확보하기 위하여 교육실을 설치·관리하여야 하며, 교육목적을 위하여 필요한 경우 신체장애를 보완하는 교육용 물품의 사용을 허가하거나 예산의 범위에서 학용품과 응시료를 지원할 수 있다.

(4) 교육의 취소 및 일시중지(규칙 제105조)

소장은 교육대상자가 1) 각 교육과정의 관계법령, 학칙, 「교육관리지침」 등을 위반한 때, 2) 학습의욕이 부족하여 구두경고를 하였는데도 개선될 여지가 없거나 수학능력이 현저히 부족하다고 판단되는 때, 3) 징벌을 받고 교육부적격자로 판단되는 때, 4) 중대한 질병·부상 그 밖의 부득이한 사정으로 교육을 받을 수 없다고 인정되는 때의 어느 하나에 해당하는 경우에는 교육대상자선발을 취소할 수 있다.

소장은 교육대상자에게 질병, 부상, 그 밖의 부득이한 사정이 있는 경우에는 교육과정을 일시 중지할 수 있다.

(5) 이송(규칙 제106조)

소장은 특별한 사유가 없으면 교육기간 동안 교육대상자를 다른 기관으로 이송할 수 없으며, 교육대상장의 선발이 취소되거나 교육대상자가 교육을 수료하였을 때에는 선발 당시 소속기관으로 이송한다. 다만, 집행할 형기가 이송사유가 발생한 날부터 3개월 이내인 때, 제 105조 제1항 제3호의 사유로 인하여 교육대상자 선발이 취소된 때, 소속기관으로의 이송이 부적당하다고 인정되는 특별한 사유가 있는 때의 어느 하나에 해당하는 경우에는 소속기관으로 이송하지 아니하거나 다른 기관으로 이송할 수 있다.

(6) 작업 등의 면제(시행규칙 제107조)

교육대상자에게는 작업·직업훈련 등을 면제한다. 작업·직업훈련수형자 등도 독학으로 검정고시·학사고시 등에 응시하게 할 수 있다. 이 경우 자체 평가시험성적 등을 고려하여 한다.

[2] 교화프로그램

I 의의와 연혁

교화프로그램이란 수형자의 덕성을 함양하고 인격을 도야하여 이후에는 건전한 사회인으로 살아갈 수 있도록 상담, 심리치료 등 수형자의 특성에 맞추어 실시하는 프로그램이다(법 제64조 제1항).

연혁적으로는 1787년 미국의 월넛가 교도소(Walnut Street Jail)에서 처음 실시한 종교교회(敎誨)에서 출발하였으나, 현재에는 다양한 처우기법을 활용하여 교화가 행해지고 있다.[4]

「수용자처우법」에서는 2019년 개정을 통해 심리치료 등 교화프로그램을 마련하고 교육장소와 전문인력을 확보하는 등 각 교정시설에서 적합한 환경을 조성하도록 하여 적극적인 심리치료 프로그램을 운영하도록 하고 있다.

II 종류(규칙 제114조 ~ 제119조)

교화프로그램으로는 문화프로그램, 문제행동예방프로그램, 가족관계회복프로그램, 교화상담, 그 밖에 법무부장관이 정하는 교화프로그램이 있다.

소장은 수형자의 인성함양, 자아존중감회복 등을 위하여 음악, 미술, 독서 등 문화예술과 관련된 다양한 프로그램을 도입하거나 개발하여 운영할 수 있으며, 이에 따라 현재 수용자에게 서예, 그림그리기 등을 통하여 심성을 순화시키고 예능소질을 계발시키고 있으며 매년 교정작품전시회 및 국전 등에 수용자의 작품을 출품하고 있다.

또한 소장은 수형자의 죄명, 죄질 등을 구분하여 그에 따른 심리측정·평가·진단·치료 등의 문제행동예방프로그램을 도입하거나 개발하여 실시할 수 있다.

이에 따라 2009년부터는 엄중격리대상자들이 수용되어 있는 경북북부 제2교도소에서 상습적인 폭행이나 자해로 수용질서를 어지럽히는 수형자들을 대상으로 자아회복을 통한 행동교정 특별교육프로그램인 「아리랑캠프(나를 발견하는 기쁨)」를 시행하고 있다. 이 캠프에서는 상습규율위반자의 치료를 위해 자아발견을 위한 성격심리검사와 분노조절훈련, 대인관계훈련 등을 중심으로 하루 4시간씩 10회에 걸쳐 집중교육을 실시하고 있는데, 교정

4 신양균, 앞의 책, 306면 참조.

직원들로 구성된 교육전담팀과 수형자교육에 경험이 있는 외부인성교육전문가를 프로그램에 참여시켜 교육효과를 높이는 한편, 쌍방향 영상편지 등을 통해 교육 중 변화하는 모습을 가족이 직접 확인하고 격려할 수 있는 기회도 제공하고 있다.

소장은 수형자와 그 가족의 관계를 유지·회복하기 위하여 수형자의 가족이 참여하는 각종 프로그램을 운영할 수 있다. 다만, 가족이 없는 수형자의 경우 교화를 위하여 필요하면 결연을 맺었거나 그 밖에 가족에 준하는 사람의 참여를 허가할 수 있다. 가족관계회복프로그램에 참여하는 대상수형자는 교도관회의의 심의를 거쳐 선발하고, 참여인원은 5명 이내의 가족으로 한다. 다만, 특히 필요하다고 인정하는 경우에는 참여인원을 늘릴 수 있다.

현재 실시되고 있는 '가족만남의 날 행사'나 '가족만남의 집' 및 귀휴도 이러한 프로그램의 일환이라고 할 수 있다.

그리고 소장은 수형자의 건전한 가치관형성, 정서안정, 고충해소 등을 위하여 교화상담을 실시할 수 있다. 이를 위하여 교도관이나 교정참여인사를 교화상담자로 지정할 수 있으며, 수형자의 안정을 위하여 결연을 주선 할 수 있다.

현재 교도소 내에 신앙생활이나 수용생활을 지원하는 활동, 도서비치, 신문 등 구독, 교화방송, 집필 및 특별활동반, 가족사진 비치, 텔레비전 시청 및 신문 열람 등도 교화프로그램의 일종이라고 할 수 있다.

Ⅲ 운영방법(규칙 제119조)

소장은 교화프로그램을 운영하는 경우 약물중독·정신질환·신체장애·건강·성별·나이 등 수형자의 개별특성을 고려하여야 하며, 프로그램의 성격 및 시설 규모와 인원을 고려하여 이송 등의 적절한 조치를 할 수 있다. 소장은 교화프로그램을 운영하기 위하여 수형자의 정서적인 안정이 보장될 수 있는 장소를 따로 정하거나 방송설비 및 방송기기를 이용할 수 있다.

소장은 교정정보시스템(교정시설에서 통합적으로 정보를 관리하는 시스템을 말한다)에 교화프로그램의 주요 진행내용을 기록하여 수형자처우에 활용하여야 하며, 상담내용 등 개인정보가 유출되지 아니하도록 하여야 한다.

교화프로그램운영에 관하여는 교육에 관해 「수용자처우법 시행규칙」에서 정한 교육관리기본원칙, 교육대상자 준수 기본원칙, 교육대상자 선발, 교육대상자 관리, 교육 취소 등 이송, 작업 등의 규정이 준용된다.

Ⅳ 사진의 소지 및 송부(「수용자 교육교화 운영지침」)

소장은 모든 수용자에게 1) 직계 존·비속, 배우자(조사자와 징벌자는 여기에 한함), 2) 배우자의 직계존손, 3) 풍경, 동·식물 등 정서순화에 도움이 되는 사진, 4) 그 밖의 처우상 필요한 사람의 사진을 허가할 수 있다.

수용자는 허가받은 사진에 대해서는 타 수용자의 생활에 방해되지 않는 범위에서 개인사물함 등에 소지할 수 있으며, 위 사진 중 1매(크기18㎝×13㎝ 이내)에 한하여 개인사물함에 비치할 수 있다. 다만, 소장은 1) 시설의 안전 또는 질서를 해칠 우려가 있는 때, 2) 수형자의 교화 또는 건전한 사회복귀를 해치 우려가 있는 때, 3) 선정적이거나 음란 등으로 미풍양속에 반할 우려가 있는 때, 4) 그 밖에 수용자의 정서안정에 유해하다고 판단되는 때에는 사진 소지 및 비치를 제한할 수 있다. 소장은 수형자가 자신의 얼굴 등을 촬영하여 그의 가족 및 근친자 등에게 보내고자 신청한 경우에는 이를 허가할 수 있다. 사진촬영은 교도관이 하며, 사진촬영 및 송부에 필요한 경비는 수형자의 자기부담으로 하고 사진촬영의 사진규격은 가로(10.16㎝), 세로(15.24㎝) 이내로 한다.

[3] 교정 교육·교화프로그램의 한계 및 비판

교육과 교화에 대하여는 응보 내지 일반제지(General Deterrence) 관점에서 다음과 같은 비판이 제기되고 있으므로 그 한계를 뛰어넘을 수 있도록 보완하는 것이 필요하다

첫째, 구금은 그 자체가 강압적인 성격을 내포하는 것이므로 자기존중감을 떨어뜨리고, 이러한 구금 상태하에서 실시하는 교정교육이란 범죄인의 자발성에 바탕을 두지 않은 것이므로 결국 '선량한 수형자를 만드는 교육'은 될지라도, 진정한 의미의 교화개선 및 사회복귀 교육은 될 수 없다.

둘째, 교육·교화의 행형은 막대한 비용은 투입되나 그 효과에는 의문이 많고 격증하는 범죄문제의 해결에도 한계가 있다.

수형자들은 지능이 낮거나 교육에 대한 의욕도 약한 경우가 많기 때문에 일종의 교육곤란자가 많은데, 이들은 여건이 보다 나은 학교나 가정에서의 교육실패로 인해 범죄

를 하게 된 이후에 열악한 여건에 처해 있는 교정시설에서 교육을 한다는 것은 기대하기 어렵기 때문이다.

이와 같은 주장에 따라 1970년대 이후 미국에서는 고전주의적 형법이론을 부활시켜 일반예방 및 응보주의에 입각하여 '동일범죄에 대한 동등한 처벌원칙'에 바탕을 둔 정의모델과 사회로부터의 장기간 격리를 선별적으로 적용하는 '선별적 무능력화 방안'이 등장하여 미국의 범죄정책이 크게 보수화되었다.

셋째, 교정교육과 교화는 수용된 상태에서 이루어지므로 범죄인을 사회와 격리시켜 오히려 사회생활의 발전을 저해하고, 형벌로 인한 낙인효과로 부정적인 자아정체성이 형성될 수 있으며, 범죄학습의 우려도 적지 않다.

학습 체크 포인트

01 수형자에 대한 교육이 강조되는 것은 형벌이 범죄에 대한 보복에 그쳐서는 아니 되고, 범죄자를 교육하여 사회적으로 개선하는 수단으로 작용해야 한다고 보는 교육형주의를 인정하면서부터이다.

02 특별예방법이란 범죄인을 교육 · 개선하여 사회에 복귀시킴으로써 더 이상 범죄를 저지르지 않도록 하는 것이므로 교육형주의도 특별예방주의에 속한다고 할 수 있다.

03 교육형주의는 형벌을 대신하여 교육조치로 전환하자는 주장이 아니라, 형벌은 범죄인을 선량한 국민으로 개선할 수 있는 교육적 처우이어야 함을 강조하는 형벌이론이다.

04 교정 교육의 기본원리로는 인간존중의 원리, 자기인식의 원리, 자조의 원리, 신뢰의 원리가 강조된다. 특히 자조의 원리에 따라 수형자가 스스로 노력하여야 한다는 자각을 가지고 주체적으로 처우를 받으며 사회생활에 적응하는 능력을 배양할 수 있도록 하여야 한다.

05 수형자 처우의 궁극적인 목적은 수형자의 준법적 사회생활로의 복귀에 있다. 따라서 교정시설 내에서의 사회복귀 업무는 수형자가 성공적인 사회 정착을 할 수 있도록 수형자 개인의 기본적인 인성과 태도 · 품성을 배양하고, 수형자와 그 가족의 관계회복을 지원하는 등 사회적응에 필요한 각종 교육 및 교화프로그램을 집중적으로 실시하는 것이 되어야 한다.

06 「수용자처우법」은 "수형자에 대하여는 교육 · 교화 프로그램 · 작업 · 직업훈련 등을 통하여 교정교화를 도모하고 사회생활에 적응하는 능력을 함양하도록 처우하여야 한다"고 하여 교정교육과 교화프로그램을 강조하는 '수형자 처우의 원칙'을 선언하고, 수형자로 하여금 교육과 교화프로그램을 소홀히 회피하지 못하도록 정당한 사유 없이 교육 · 교화프로그램 등을 거부하거나 태만히 하는 행위에 대하여는 징벌을 부과할 수 있도록 규정하고 있다.

07 수형자 교육이란 계획된 학습체험과정과 내용을 가르치고 인격을 길러 주어 수형자를 개선시키기 위한 교정프로그램의 일환이다. 현행법상 수형자교육은 의무교육을 받지 못한 수형자에 대한 교육과 사회복귀에 필요한 지식과 소양을 습득하는 교육으로 나눌 수 있다.

08 「수용자처우법」에 따라 소장은 교육을 위하여 필요하면 수형자를 중간처우를 위한 전담교정시설에 수용하여 외부 교육기관에의 통학 또는 외부 교육기관에서의 위탁교육의 조치도 할 수 있다.

09 「수용자처우법 시행규칙」은 검정고시반 교육과정, 방송통신고등학교 과정, 독학에 의한 학위취득과정, 방송통신대학과정, 전문대학 위탁교육과정, 정보화 교육과정, 외국어 교육과정을 공식적인 교육과정으로 규정하고 있다.

10 현행법상 수형자 교육에 드는 비용은 모두 국가가 부담하지 않고, 학사고시반 교육과정, 방송대과정, 전문대학과정, 정보화 교육과정, 외국어 교육과정에 소요되는 비용은 원칙적으로 교육대상자가 부담하도록 하고 있다.

11 현행법상 교육대상자 선발은 교육과정에 따라 경비처우급에 따라 제한하는 경우와 경비처우급에 관계없이 선발하는 경우로 나누고 있다.
방송대과정, 전문대학 과정, 외국어 교육과정의 대상자는 개방처우급 · 완화경비처우급 · 일반경비처우급 수형자 중에서만 선발할 수 있도록 제한하고 있다.

12 소장은 수형자의 교정교화를 위하여 상담 · 심리치료, 그 밖의 교화프로그램을 의무적으로 실시하여야 하고, 교화프로그램을 실시하는 경우에는 교화프로그램의 효과를 높이기 위하여 범죄인별로 적절한 교화프로그램의 내용 · 교육장소 및 전문 인력의 확보 등 적합한 환경을 갖추도록 노력하여야 한다.

13 오늘날 교정의 목표인 재사회화란 사회화과정이 충분하게 이루어지지 않았거나 잘못 이루어진 범죄자들에게 사회화에 대한 학습의 기회 및 교화프로그램 제공 등의 처우를 통해 출소한 후에 재범을 범하지 않고 준법적인 생활을 할 수 있도록 하는 것이다.

14 재사회화란 결정론적 인간관을 바탕으로 하면서도 범죄의 원인을 개인에게서 찾는 입장에서 출발하고 있고, 국가가 개인의 시회화과정에 개입하고 교육 · 교화의 목표를 계획적으로 설정 · 조정한다는 의미에서 사회국가원리의 표현이라고 볼 수 있다.

제3장

교도작업(矯導作業)

교도작업은 시대의 변천과 형벌사상(이념)에 따라 그 성격이 변화되어 왔다. 과거의 교도작업은 형벌로서의 고통 가중 수단일 뿐이었다. 그러나 오늘날에는 수형자의 재사회화를 위한 교화개선수단 또는 직업교육이라는 의미가 더 크다.

I 의 의

1. 교도작업(Prison Labour)은 교정시설에서 수용자에게 수용 중 부과하는 일체의 작업이다. 본래의 교도작업은 징역형의 형벌내용인 정역(定役)[5]으로서의 강제작업이었다. 즉 형법은 "징역은 형무소 내에 구치하여 정역(定役)에 복무하게 한다"고 규정하여 징역형 수형자에게는 형법상 의무로 규정하고 있다. 그러나 금고·구류 수형자에게는 노동이 의무는 아니고 수용자처우법에 의해 신청에 의하여 부과된다.

   수용자처우법은 징역형수형자 이외에 금고 및 구류형을 받은 수형자와 미결수용자에게는 신청에 의한 작업(청원작업)을 인정하고 있으며, 실제로 상당수의 금고수형자들이 교도작업에 종사하고 있다. 그리고 사형확정자에게도 작업이 적용될 수 있기 때문에 교도작업은 사실상 모든 수용자들과 관계된다.

   종래 자유형을 정역·무정역형(無定役刑)으로 구별하고, 무정역형은 비파렴치범에 대한 명예구금으로, 정역형(定役刑)은 파렴치범에게 부과하는 고통으로 여겼다. 이와 같이 작업부과의 여부를 중심으로 한 자유형의 종류 세분화는, 과거에는 노동을

5 정역(定役)이란 '법으로 정한 노역'의 줄임말이다. 신청에 의한 작업(청원작업)은 이와 대비된다.

미천하고 고통스러운 것이라고 보아, 파렴치범들에게는 미천하고 고통스러운 노동을 부과해서 보다 엄중하게 형을 집행해야 한다고 생각한 데서 비롯되었다.

2. 교도작업은 의무적 성격을 가지므로 사회에서 자유계약에 기초해서 이루어지는 일반적인 노동이나 「시행규칙」에 따라 수형자가 자신을 위하여 자유 시간 등에 자발적으로 행하는 개인작업과도 구별된다. 교도작업에 대해서는 일반적인 노동관계에 대하여 적용되는 근로기준법 등이 적용되지 아니한다.

   개인작업은 수형자가 자신을 위하여 교도작업에 지장을 주지 아니하는 범위 내에서 자신을 위하여 작업재료를 본인이 구입하여 행하는 작업이므로 '자기노작'(自己勞作)이라고도 한다. 이는 교도작업에 포함되지 않는다.

II 연 혁

1. 자유형의 등장과 더불어 탄생한, 자유형집행을 위한 구금시설로서의 16세기 근대감옥제도는 사회통제와 범죄통제 그리고 개선희망을 담고 운영되었다. 이러한 이데올로기를 배경으로 하여 자유형은, 구금기능과 교화 · 구직수단으로서 노동기능을 함께 수행하게 되었다. 자유형이 확립되기 이전에는 구금은 단순히 신병확보를 위한 미결구금수단이었을 뿐이고, 노동은 구금에 필연적으로 수반되는 형벌수단으로 인식되었다. 즉 형벌은 노동과 불가분의 관계에 있으며, 노동은 범죄예방이나 교화수단과 같이 어떤 목적을 추구하기 위한 것이 아니라 고통과 해악을 부과하기 위한 수단 그 자체였다. 이처럼 교도작업의 성격은 시대의 흐름과 형벌이론의 발전에 따라 변화되었다.

2. 역사적으로 보면 고대에는 수형자의 노동력이 국가의 자원이나 상인의 영리추구 수단으로 기능하였다.

   중세에 이르러서는 참회와 반성을 통한 개선이라는 도덕적·종교적 지배이념에 의해 교도작업 의미가 새롭게 해석되기도 하였지만 그 본질에는 변함이 없었다. 그러나 16세기에는 형벌의 목적과 기능을 교화·개선으로 파악하는 개선형의 관점에서 교도작업을 시행하기 시작하였는데 그 기원은 암스테르담 노역장으로서, 교도작업은 수형자의 교화수단·구직수단으로 기능하였다. 감옥개량가 존 하워드(J. Howard)는 암스테르담 노역장을 방문한 후 수형자에 따라 다양한 정역을 부과하는 것의 긍정적인 기능을 강조하기도 하였다. 이와 같이 형벌사상이 응보형사상에서 교육형사상으로 변화되면서 교도작업의 성격도 고통의 부과가 아니라 개선·교화의 수단이자 사회복귀를 실질적으로 원조하는 생활영위수단으로 자리 잡게 되었다.

3. 우리나라의 경우, 갑오개혁 이전에는 자유형 수형자에게 교도작업을 과했다는 기록은 없고, 다만 문헌상 도형(徒刑)으로 부역하는 공도(公徒)[6]라는 것이 있어 관아에서 강제작업을 시켰다는 기록이 있을 뿐이다.

그러나 이는 근대적 교도작업과는 거리가 있는 것이었다. 갑오개혁 이후 징역처단례(懲役處斷例)가 제정되어 「재감인의 작업에 관한 건」이라는 항목이 규정됨으로써 교도작업의 실시가 구체화되었다. 1894년에는 「감옥규칙」(監獄規則)이 제정되어 정역의 부과에 대한 근거가 만들어졌으나 실제 작업에 대한 기록이 없다. 1908년 「감옥관제」(監獄管制)의 실시로 근대적인 교정시설이 설치되면서 종로감옥에서 민간의 고공(藁工)[7]을 도급작업으로 처음 실시하였다. 그 후 1909년에는 전국적으로 수형자에게 작업을 부과하기 시작했다.

4. 대한민국 정부수립 이후 1950년 「행형법」 제정으로 작업에 대한 근거규정을 두었으나 시설과 작업기술 등의 문제로 작업이 제대로 실시되지 못하다가, 1961년 「교도작업특별회계법」과 「교도작업관용법」이 제정되면서 1962년부터 본격적으로 실시되어 2008년 이 두 가지 법률을 통합한 「교도작업의 운영 및 특별회계에 관한 법률」이 제정되면서 교도작업운영과 특별회계에 관한 사항을 통합 규율하고 민간기업의 참여규정과 교도작업생산제품의 민간판매에 대한 근거 규정을 신설하여 교도작업의 활성화 및 효율적이고 합리적인 교도작업의 운영을 도모하고 있다.

5. 현재 교도작업은 법무부 교정본부의 직업훈련과에서 계획·관리·통계 등의 업무를 총괄하여 관장하고 있으며, 개별교정시설에서는 소장의 지휘를 받아 직업훈련과장이 교도작업특별회계의 재산 및 물품수급 작업에 대한 계획·경영·관리에 관한 업

---

6 공도(公徒)란 '고된 노동을 시키는 형벌'로서 도형(徒刑)을 가리킨다.

7 고공(藁工)이란 볏짚을 가공하여 생활용품을 만드는 작업이었다.

무를 수행하고 있다. 수용자처우법은 '수형자 처우의 원칙'으로 "수형자에 대하여는 교육·교화프로그램·작업·직업훈련 등을 통하여 교정교화를 도모하고 사회생활에 적응하는 능력을 함양하도록 처우하여야 한다"고 규정하여 교도작업과 직업훈련을 교화개선을 위한 중요 수단으로 명시하고 있다(법 제55조).

Ⅲ 목적 내지 기능

1. 교도작업의 목적[8]

교도작업은 수형자의 사회복귀와 기술습득의 촉진을 목적으로 하며, 그러기 위해서 교도작업은 수형자의 나이·형기·건강상태·기술·성격·취미·경력과 장래의 생계, 기타 사정을 고려하여 부과하여야 한다. 자유형의 집행이 교육적 개선이고 특별예방적 기능을 가진 교화수단이라고 한다면, 교도작업의 본질도 작업부과를 통한 개선이라야 한다. 따라서 교도작업은 교정시설에서 교정작용의 일환으로 작업을 통하여 이들에게 근로정신을 함양하고 기술을 습득시켜 사회에 적응할 수 있는 건전한 국민으로 거듭나게 하는데 그 목적이 있다. 이러한 입장에서 교도작업의 목적은 윤리적 목적·경제적 목적·행정적 목적으로 구분한다.

(1) 윤리적 목적

교도작업은 취업자의 노동을 싫어하는 성향과 무위도식의 습벽을 교정하고 수용생활에서 오는 고독감과 번민을 제거하여 정신적·육체적 건강을 증진시키고, 석방 후의 생계유지에 도움을 주려는 데 그 목적이 있다. 즉, 수형자의 대부분이 노동기피로 인한 무위도식과 나태심의 소지자이므로 이들을 규칙적인 노동에 취업시켜 이러한 나쁜 습성을 교정하고 노동의욕을 고취하여 새 삶의 의욕을 갖게 하고, 쇠약과 질병으로부터 건강을 유지하게 하려는 데 그 목적을 두고 있다. 따라서 작업의 부과는 수형자에게 노동의 윤리성을 인식시켜 그릇된 노동관을 바로 잡고 국가와 사회에 대한 책무로서 자발적으로 일하도록 유도하는 가운데, 작업이 비생산적이고 안일하게 운영되지 않도록 하여야 한다.

(2) 경제적 목적

교도작업의 수입은 국고에 귀속되므로 국가입장에서 보면 행형에 대한 재정적·경

8 남상철, 교정학개론 519면, 허주욱, 교정학 490면.

제적 비용을 충당하는 의미가 있으므로, 교도작업의 작업수익으로 교정시설에 소요되는 제반비용을 충당하게 함으로써 자급자족원칙을 실현할 수가 있게 된다. 이러한 관점에서 교도작업은 수형자가 노동으로써 국가·사회에 진 빚을 국가·사회에 갚는다는 의미를 내포한다.

경제적 목적을 실현하려면 교도작업은 생산적이고 수익적이어야 한다. 그러나 너무 수익성에 치중하다 보면 자유시장 경쟁체제에서 민업압박(民業壓迫·사기업 압박)의 문제가 생길 수 있다. 이러한 폐단을 방지하고 교도작업의 활성화를 도모하기 위하여 「교도작업의 운영 및 특별회계에 관한 법률」을 제정, 시행하여 교도작업 관용주의를 실현하고 있다.

(3) 행정적 목적

교도작업은 잡념과 스트레스를 줄이고 무료함을 방지하여 시설 내 질서문란·폭동 등을 방지한다. 이에 따른 교도소 내의 질서 유지라는 소극적 목적이 있는데, 이것이 행정적 목적이다. 수형자는 구금에 따른 스트레스와 나태로 인해 부정, 반항, 폭행, 폭동 등 각종 교정사고를 일으키기 쉬운데, 작업은 바로 이러한 스트레스와 나태를 해소해 줌으로써 시설 내 질서를 유지하고 사고를 예방하는 데 효과가 있다.

2. 교도작업의 기능[9]

오늘날의 교도작업은 노동을 통한 해로움 부과라는 응보(보복)적 성격을 벗어나 수형자의 재사회화를 위한 처우로서 활용되고 있다. 따라서 교도작업은 재사회화수단으로서, 교정을 위한 여러 기능을 발휘하고 있다.

(1) 사회윤리적 기능

교도작업은 부지런한 습성을 길러 성실하고 정직한 인격을 형성하고 직업을 얻기 위한 기술을 학습시켜, 사회윤리적 측면에서 수형자의 윤리적 타락을 방지할 수 있다. 즉, 수형자를 그냥 방치하지 않고 규칙적인 노동에 익숙케 함으로써 정신적 불안을 해소하고 육체의 건강을 지켜주며, 나아가서 사회생활의 규범에 순응할 수 있도록 할 뿐만 아니라, 공동 작업을 통해 타인과 더불어 사는 생활에 적응할 수 있는 능력을 함양할 수 있다. 또한 직업에 대한 훈련을 통해 기술과 능력을 함양함으로써 석방 후에 생계를 얻을 기회를 증진시키는 수단으로서 기능을 한다.

---

9 신양균, 형집행법 311면.

(2) 관리적 기능

수형자를 시설 내에서 하는 일 없이 방치하게 되면 부패의 우려가 크다. 따라서 작업을 과함으로써 교도소 내의 질서를 유지하고 수형자의 교정사고를 방지할 수 있으며, 주어진 작업 목표를 달성케 함으로써 인내심과 스트레스를 해소하는 데에도 도움이 된다. 그러나 관리적 기능만 지나치게 중시하면 과중한 작업으로 인해 수형자의 건강을 해치거나 재사회화 기능이라는 본래의 목적에서 벗어날 수 있다.

(3) 경제적 기능

경제적 측면에서 보면, 교도작업은 형집행에 따른 교정시설 운영비용을 충당케 하는 의미가 있다. 즉, 작업으로 인한 수익으로 시설운영에 따른 비용을 충당할 수 있다. 이를 통해 형집행에 따른 비용을 수형자들의 작업에 의해 충족한다는 자급자족의 원칙이 실현될 수 있다. 그러나 이 원칙을 지나치게 강조하게 되면 작업의 경제적 효율성만 중시해서 수형자의 교화개선 · 재사회화라는 본래의 목적이 후퇴할 수 있고, 생산 작업으로 인해 민간기업의 생산 활동을 압박하는 결과가 초래될 수도 있다.

(4) 처벌적 기능[10]

오늘날 교도작업은 이념적으로 교화개선 기능이 강조되고 있으나, 현실적으로는 형벌성을 가중하는 기능도 지니고 있다. 특히 징역형에 있어서는 수형자에게 작업의무를 부과함으로써 불명예와 처벌(응보)적 성격을 인식시키고, 이로 인해 잠재적 범죄인을 위하(억제)[11]하는 일반예방의 기능도 가진다.

(5) 사회교육적 기능

교도작업은 수형자의 근로정신을 함양하고 생활 및 직업의 적응 수단으로 활용할 수 있다는 점에서 사회교육적 기능을 가진다. 이 기능은 사회윤리적 기능에 포함시킬 수도 있다.

---

10 처벌적 기능은 현행법이 작업 이외의 다양한 개별처우 수단을 보장하고, 이를 통해 수형자의 재사회화를 지향하고 있는 점을 감안하면 더 이상 독자적인 목적이나 기능이라고 보기 어렵다. 형법이 자유형 가운데 징역형에 대해서만 정역을 강제함으로써 작업이 실질적으로 형집행을 가중하는 성격을 가지고 있고 그 점에서 작업이 지니는 해악성을 부정하기 어려운 측면이 있지만, 수형자에게 해악 · 고통으로서의 작업을 강제한다는 것은 오늘날의 형사정책적 요청에 비추어 보면 타당하지 않다. 유엔 최저기준규칙이 "교도작업은 성질상 고통을 주는 것이어서는 안 된다"고 규정한 것도 교도작업이 처벌적 기능을 하는 수단이 되어서는 안 된다는 권고이다(신양균, 312면).

11 위하(威嚇): 힘으로 으르고 협박함. 위협과 같은 말.

Ⅳ 종 류

교도작업은 작업 성질에 따라 일반작업과 신청에 의한 작업으로, 작업 경영(시행)방법에 따라 직영작업·위탁작업·노무작업·도급작업으로, 작업내용에 따라 생산작업·직업훈련·관용작업으로, 작업장소에 따라 구내작업·구외작업으로 나누어 볼 수 있다.

1. 작업의 성질에 따른 구별

교도작업은 그 성질에 따라 일반작업과 신청에 의한 작업으로 구별한다. 일반작업은 징역형 수형자에 대하여 정역으로 과해지는 작업이고, 신청작업은 금고·구류형 수형자 및 미결수용자, 사형확정자가 작업을 신청한 때 인정되는 청원작업이다.

(1) 일반작업

일반작업은 응보형주의의 형벌관에서 노동을 기준으로 자유형의 종류를 구별한 데서 유래한 것이다. 일반작업은 「형법」을 근거로 징역수형자에게, 법으로 지정하여(定役) 강제적으로 부과하는 교도작업이다.

(2) 신청작업

신청작업은 정역을 과하지 아니하는 구류·금고수형자, 미결수용자, 사형확정자의 신청에 의해 소장의 재량으로 허가하는 작업을 말한다. 즉, 징역형 수형자와 같이 정역(定役)에 복역하는 것이 법적으로 규정된 법정취업자와 달리 금고·구류형 수형자·미결수용자·사형확정자 등 임의취업자가 작업에 취업할 것을 신청하였을 때, 소장이 이것을 허가한 경우의 작업을 말한다.

수용자가 작업을 신청하였을 때 소장은 반드시 작업을 하게 하여야 할 의무를 지는 것은 아니지만, 특별한 사정이 없는 한 이를 허가하여야 한다. 그것은 작업의 허가가 교화목적달성 및 구금으로부터 오는 육체적·정신적 질환과 인간본성의 박탈을 해소하려는 수단이 될 수 있기 때문이다.

신청작업의 종류는 이를 제한할 필요가 없으나 수형자의 나이·형기·건강상태·기술·성격·취미·경력 및 장래의 생계·기타 사정 등을 참작하고, 19세 미만의 수형자의 경우 정신적·신체적 성숙 정도, 교육적 효과 등에 관한 사항을 고려하여야 한다. 그리고 교정질서 유지의 견지에서 이것을 부과하되 형사피의자·피고인 등 미결수용자에게는 증거의 인멸이나 통모의 우려, 도주의 위험 등을 신중히 심사한 후 허가하여야 한다. 현행법상 미결수용자나 사형확정자에 대한 작업은 교정시설 안에서만 실시할 수 있고 교정시설 밖에서 행하는 것은 인정하지 아니한다.

신청작업은 수용자의 자발적 신청에 따라 소장이 허가한 것이지만, 일단 허가된 이상 신청에 의하여 취업한 자는 정당한 사유가 없는 한 임의로 작업을 중지하거나 작업의 종류를 변경하지 못한다.

2. 작업의 시행(경영)방법에 따른 구별

교도작업은 수용자의 작업상황과 주문 및 작업시행 등 그 시행방법에 따라 직영작업(直營作業), 노무작업(勞務作業), 위탁작업(委託作業), 도급작업(都給作業) 등 4가지로 구분된다.

(1) 직영작업(直營作業)

1) 직영작업(Public or State Account System) 이란 민간의 개입 없이 교도소가 직접 경영하는 작업방법으로서 관사작업(官司作業)이라고도 한다. 즉, 교정기관이 작업종목의 선정, 시설 마련, 재료 구입, 생산·판매를 전담하는 운영방식을 말한다. 이는 교화목적상 가장 이상적인 시행방식이다. 현재 우리나라는 직영방식을 원칙으로 하고 있다.

2) 직영작업의 장점

① 형벌집행의 통일과 작업통제가 용이하다.

② 작업을 취업자의 작업적성에 적합하도록 부과할 수 있어 직업훈련에 적합하다.

③ 민간의 관여 없이 엄격한 규율을 유지하며, 안전과 질서를 확보할 수 있다.

④ 경기변동에 따른 작업량의 큰 변화 없이 안정된 작업을 유지할 수 있다.

⑤ 이윤을 국가가 독점할 수 있다.

⑥ 국가세입의 증가와 자급자족이 가능하다.

⑦ 사기업의 경기변동에 영향을 받지 않아 작업종목 선택이 자유롭고, 일정한 수익을 유지할 수 있다.

3) 직영작업의 단점

① 민간기업 압박의 문제가 나타날 수 있고 제품처분이 곤란한 경우가 있다.

② 일반사회와의 경제경쟁에서 불리하다. 교도관의 일반 기업 활동에 대한 전문지식의 결여와 관계법규·복무규정 등의 제약으로 적절한 시기에 기계, 기구, 원자재 구입이 곤란하여 경영의 합리화를 도모하기 어렵고 일

반 사기업과의 경쟁에서 불리하다.

4) 직영작업은 교도작업제품 관용주의(State Use System)와 결합하는 방식으로 시행하는 것이 일반적이다.

(2) 위탁작업(委託作業)

1) 위탁작업(Unit Price System)이란 개인이나 기업 위탁자로부터 작업의 주요 재료·기계·설비의 전부 또는 일부의 제공을 받고, 교정시설은 취업자로 하여금 위탁받은 물건을 제작·수리, 생산·가공하여 교부한 후 위탁자로부터 부속 재료비와 노임을 지불받는 교도작업 경영방식이다. 이 방식은 교정시설 측에서 제품생산의 전과정을 담당하고, 다만 가공한 제품의 단위당 대가만 받는 방식이므로 단가방식(Price－price System)이라고도 부른다.

2) 위탁작업 장점

① 교도소는 재료의 구입, 제품의 판매와 관계없이 생산해서 납품만 하면 되므로 경기변동에 따른 리스크가 크지 않다.

② 직영작업이나 도급작업에 비하여 민업압박이 적고, 작업관리사무가 단순하다.

③ 직영작업의 간격을 이용, 시행할 수 있으므로 작업운영비의 부족으로 인한 작업의 중단을 방지할 수 있다.

④ 기계의 설비 자금과 원자재 구입자금 등이 필요하지 않아 수시로 시행할 수 있다.

⑤ 적은 비용으로도 많은 인원을 취업시킬 수 있다.

⑥ 작업관리는 교정시설에서 외부의 간섭 없이 직접 행함으로써 작업의 통일성을 유지할 수 있다.

3) 위탁작업 단점

① 일시적 작업이 보통이므로 교도작업 본래의 목적을 일관되게 실현하는데 한계가 있다.

② 위탁자의 필요에 따른 작업종목 선정으로 인해 수형자의 적성 등을 고려하기 어려우므로 직업훈련에 적합하지 않다.

③ 작업수익이 민간에 배분되므로 직영작업보다 경제적 이윤이 적다.

④ 외부와의 접촉으로 보안상의 문제를 초래할 수 있다.

4) 현행법상 위탁작업은 1년을 기간으로 계약한다. 계약은 소장이 법무부장관의 승인을 받아 시행한다. 재계약의 경우에는 지방교정청장의 승인을 받아 시행한다. 현재 생산적업 중에서 위탁작업의 비중이 가장 높다.

(3) 노무작업(勞務作業)

1) 노무작업(Lease System)이란 교도소와 외부 업자와의 계약에 의해 교도소는 업자에게 노무만을 제공하고 그 대가로 노임을 징수하는 작업방법이다. 이를 수부작업(受負作業) 또는 임대방식이라고도 한다. 노무작업은 작업기간, 취업인원, 노임, 원료구입, 기계·기구의 설비, 작업분배, 제품처분 등을 업자가 하고, 교정시설에서는 수형자의 노동력만 제공하는 방식이다. 외부인이 가장 많이 관여하는 작업방법이다. 현재 이 방식에 가장 가까운 교도작업은 외부통근작업이다.

2) 노무작업의 장점

① 사무처리와 시행절차가 간단하다.
② 교도소는 경기의 호·불황과는 무관하므로 손실이 없다.
③ 설비투자비가 필요 없고 경비(자본) 없이도 가능하다.
④ 제품처리의 문제가 나타나지 않는다.

3) 노무작업의 단점

① 수형자에 대한 작업의 통일성을 기하기 어렵다.
② 교정운영에 외부에 의한 관여범위가 넓어 수형자에 대한 교화목적이 손상될 우려가 있다.
③ 취업자의 기술습득이나 직업훈련에 적당하지 않은 작업을 부과할 수 있어 재사회화 목적에 반할 우려가 있다.
④ 교정기관과 수부(노무)업자 사이에 교도작업 본래의 사명에 위배되는 부정을 초래할 우려가 있다.

4) 법무부장관의 승인을 얻어 실시하며, 소장은 민간기업이 참여할 교도작업의 내용을 해당 기업체와 계약으로 정한다.

(4) 도급작업(都給作業)

1) 도급작업(Contract System)이란 교도소와 제3자 간의 공사도급계약에 따라 부과하는 작업을 말한다.

교도소는 노동력의 제공은 물론, 작업용 재료·비용·공사감독 등을 일괄하여 도급계약에 의거 책임지고 기일 내 준공하는 작업이다.

도급작업도 노무(수부)작업과 같이 작업을 주문받는다는 점에서 공통점이 있으나, 도급작업은 실외작업이 대부분인데 비해 노무작업은 실내작업이 보통이고, 도급작업은 노동력의 제공·재료비용 등을 전부 부담함이 원칙이나 노무작업은 노동력만을 제공하는 것이 보통이다.

도급작업은 소장이 법무부장관의 승인을 얻어 수형자를 도급작업에 취업시킬 수 있다.

2) 도급작업의 장점

① 대량작업을 전제로 하므로 수형자의 대규모취업을 가능하게 하여 불취업을 해소할 수가 있다.

② 높은 수익을 목표로 시행할 수 있다.

③ 첨단기술을 적용하면, 수형자의 전문기술습득이 용이하다.

3) 도급작업의 단점

① 구외작업으로 인한 계호상의 어려움이 많다.

② 대형작업은 손실의 대형화가 우려되므로 실패할 경우 보상방법이 곤란하다.

③ 전문기술자의 확보가 곤란하여 현실적으로 실현성이 희박하다.

④ 사기업 압박 우려도 적지 않다.

⑤ 외부인과의 접촉으로 인하여 교화·개선의 목적을 달성하기 어려워질 수 있다.

4) 현재 도급작업은 거의 시행되지 않고 있다.

(5) 「교도작업의 운영 및 특별회계에 관한 법률 시행규칙」은 시행방법에 따른 교도작업의 종류를 직영작업·위탁작업·노무작업·도급작업으로 구분하고 있다.

3. 작업내용에 따른 구별

작업내용에 따라 교도작업은 기능작업, 중노동작업, 경노동작업으로 나눌 수 있다.

기능작업은 목공·인쇄·철공·기계·자동차 등 특수한 기능이 필요한 작업을 말하고, 중노동작업은 축산·경운·토목·제재·제염 등 육체적 노동의 정도가 큰 작업을 말하며, 경노동작업은 내의·가발·단추·모자 등 노동의 정도가 작은 작업을 말한다.

현재는 보다 생산적이고 전문성이 있는 기능 작업이 중시되는 경향이며, 특히 최근에 와서는 작업의 수익성보다는 유용성(有用性)이 강조되고 있다. 유용성이란, 국가재정의 측면에서 생산성이 높은 작업인가에 중점을 두는 것이 아니라 작업이 가지는 교육적 기능, 다시 말해 수형자의 사회복귀에 기여하는 작업인가에 중점을 둔다는 의미이다.

따라서 교도작업은 수형자가 석방된 후 스스로 생계를 유지하는 데 도움이 되는 것이어야 하므로 수형자에게 작업 기술이나 능력을 익히게 하는 직업교육이나 직업보도(輔導), 각종 자격증 취득 등을 목적으로 하는 직업능력개발훈련이 중시되어야 한다.

4. 작업의 목적에 따른 구별

교도작업은 그 목적에 따라 생산작업, 직업훈련, 관용(자영)작업으로 나뉜다.

(1) 생산작업은 행형에 소요되는 경제적 비용을 마련하고 수형자에게 직업을 보도(輔導)하려는 목적에서 시장성이 있는 상품을 만들거나 서비스에 종사하도록 하는 것을 말한다.

(2) 직업훈련은 수형자의 사회복귀와 기능인력의 양성을 목적으로 하는 작업으로서, 크게 직업훈련기본법에 의해 시행되는 공공직업훈련과 일반직업훈련으로 구분된다.

(3) 관용(자영)작업은 교정시설의 유지·관리와 수용자의 수용 등 교정시설 자체의 기능을 유지하기 위하여 필요한 작업이다. 예를 들면 세탁, 취사, 청소, 이발, 경리, 간병, 건물보수 등과 같은 것이다. 현행 시행규칙은 관용작업을 '운영지원작업'이라는 법률용어로 규정하고 있다.

(4) 운영지원작업에 취업하는 수형자는 경험 또는 적성을 고려하여 교정성적이 우수한 자 가운데서 선발한다. 이 작업은 교도소의 예산을 절감하는 효과도 있다. 「수용자처우법 시행규칙」은 운영지원작업을 개별처우급의 하나(N급)로 분류하고 있다. 이는 특정관리업무에 경험 또는 적성이 있거나 수용생활태도가 양호하여 운영지원작업에 적합한 자가 그 대상이 된다.

5. 작업의 장소에 따른 구별

교도작업은 작업이 이루어지는 장소에 따라 구내작업(構內作業)과 구외작업(構外作業)으로 나눌 수 있다. 수용자처우법 시행규칙 제74조 제2항은 경비처우급에 따른 작업기준과 관련하여 교도작업장소를 구내작업 · 개방지역작업 · 외부통근작업으로 구분하고 있다.

(1) 구내작업은 교정시설 안에서 이루어지는 작업을 말하고 구외작업은 교정시설 외부에서 실시되는 작업으로서 감외(監外)작업 또는 외역(外役)이라고도 한다. 원래 구외작업이란 교정시설의 주벽 밖에서 교도관의 계호하에 보안구역 내외의 청소라든지 영농작업 등을 하는 것을 말하는 것이지만 넓은 의미로는 모범수형자에게 실시하는 외부통근작업이나 외박작업장에서의 작업까지를 포함하여 말하기도 한다.

(2) 외부통근제도는 본래 의미의 구외작업과는 달리 수형자가 교정시설 밖에서 작업을 함에 있어서 교도관의 계호와 감시 · 감독을 받지 않고 일반 업체에 출퇴근을 하게 하며 야간과 휴일에는 교정시설 내에서 생활하도록 하는 개방형처우의 일종이다.

(3) 외부작업장으로는 과거 수원교도소(현 여주교도소)의 남양 채염장, 마포교도소(현 안양교도소)의 의정부농장(현 의정부교도소), 영등포교도소의 뚝섬농장, 안동교도소의 과수원, 부산교도소의 김해농장 등이 있었으나 현재는 모두 교도소로 독립하거나 폐지되었고, 교도소 외곽에 위탁작업이나 노무작업을 실시하는 작업장을 설치하는 형태로 운영되고 있다. 구외작업은 오늘날에는 외부통근작업을 가리키는 교도작업방식으로 인식되고 있다.

(4) 구외작업은 「교도작업운영지침」에 근거를 두고 있다.
「수용자처우법령」에는 구외작업이라는 용어를 쓰지 않고 있다. 구외작업은 현재 교정시설 부근의 독립건물에 설치하여 교정시설과 계약을 체결하고 그곳에 입주한 외부기업체가 수형자의 작업을 통해 제품을 생산하는 것을 의미하며, '개방지역작업'이라고도 한다. 이 경우에도 수형자가 도보 또는 차량으로 시설 밖으로 통근하게 되므로 넓은 의미에서 외부통근작업에 포함된다. 이는 외부통근작업은 '외부 기업체 통근'과 '외부 작업장 통근'으로 구분할 때 '작업장 통근'으로 불리워지는 방식을 말한다.

구외작업 또는 개방지역작업은 출소시기가 가까운 수형자나 교정성적이 우수한 수형자에 대하여 교도소 외에서 작업을 시킴으로써 사회와 거리감을 해소하고 사회에 대한 적응능력을 향상시킬 뿐만 아니라, 장기구금에 따른 정신적 · 신체적 부담을 해소시키는 데 기여한다. 뿐만 아니라 구내작업에 따른 교정시설의 재정적 부담을 줄일 수 있고, 수형자의 입장에서도 구내작업보다 높은 작업장려금을 받을 수 있으며 교정직원과 수형자 간의 신뢰를 두텁게 할 수도 있다. 따라서 단기수형자뿐만 아니라 장기수형자에 대해서도 적절한 활용이 바람직하다.

이 제도는 계호에 따른 어려움이 있고 교정사고의 우려가 구내작업보다 크며, 여러 사람이 함께 참여함으로 인해 혼거제의 폐단을 가져올 수 있고, 민간인들과의 접촉이 수형자의 교화개선에 지장을 초래할 수 있다. 따라서 구외작업의 경우에는 그 대상자를 엄격히 선정하고 계호에 따른 문제점을 보완하는 일이 병행되어야 한다.

현행 「수용자처우법 시행규칙」에서는 외부 기업체에 통근하는 수형자는 개방처우급 · 완화경비처우급 수형자 중에서 선정하는 것을 원칙으로 하고 있고, 교정시설 안에 설치된 외부기업체의 작업장에 통근하며 작업하는 수형자는 개방처우급 및 완화 · 일반 경비처우급 수형자 중에서 선정함을 원칙으로 규정하고 있다(규칙 제120조).

V 관련문제

1. 자급자족문제

(1) 교도작업은 작업수익으로 교정시설의 운영경비를 충당함으로써 국민의 부담을 경감시킬 수 있는 경제적 의미를 가지는데, 이와 같이 교도작업을 통해 교정시설의 운영에 따른 경비를 충당하는 것을 자급자족의 원칙이라고 한다. 이러한 자급자족의 원칙을 실현하기 위하여 필연적으로 경영의 합리화를 꾀하여 그 수입의 증대에 노력하여야 할 것이며 특히 자급자족의 원칙에 따르는 경우에는 품질관리 · 적기공급 · 제품개발 · 적정생산 등의 문제가 고려되어야 한다.

(2) 자급자족원칙을 지나치게 강조하게 되면, 교정시설이 기업화되거나 수형자의 노

동력을 착취하는 결과를 야기하게 되어 교도작업의 본래의 기능인 교화수단으로써 재사회화를 추구하는 형사정책적 의의가 퇴색할 수 있다.

교도작업을 통한 경제적 이익은 교도작업의 형사정책적 효과, 즉 수형자의 기술 습득과 출소 후의 자립생계 유지에의 유용성 보장이 확보된 후에 추구되어야 한다. 「수용자 처우에 관한 유엔최저기준규칙」이 "수형자들의 이익과 직업훈련은 교도소 내 사업에서 오는 재정적 이익의 목적에 종속되어서는 안 된다"고 규정하고 있는 것도 같은 취지이다. 우리나라의 교도작업 경영방식이 직영작업을 원칙으로 하고 있는 것도 교도작업의 교화개선기능을 우선적으로 추구하기 위함이다.

2. 민업(사기업) 압박문제

(1) 직영방식을 통해 생산되는 저렴한 가격의 제품이나 저렴한 가격의 노동력이 일반 상품시장이나 노동시장에 나오게 되면, 민간기업 및 일반 노동자는 이로 인해 큰 압박을 받게 된다. 이와 같은 개인기업 및 일반 노동자를 보호하기 위해서는 어떠한 방법으로든 교도작업을 통한 상품이나 노동력의 시장경쟁을 제한할 필요가 있다. 이러한 취지에서 교도작업에 의한 제품의 가격을 시장가격을 참작해서 결정한다든지 개인기업과의 경쟁을 방지하는 방안 등이 제시되고 있는데, 교도작업제품 관용주의(官用主義)도 이러한 취지에서 나온 제도이다.

(2) 교도작업제품 관용주의(State-use System)는 교도작업의 생산품을 주로 국가, 지방자치단체 또는 공공기관에 우선 공급하는 교도작업제품 처리방식이다. 우리나라도 「교도작업의 운영 및 특별회계에 관한 법률」에서 교도작업제품 관용주의를 규정하여 시행 중에 있다.

이 법은 "국가, 지방자치단체 또는 공공기관은 그가 필요한 물품이, 교도작업으로 생산되는 제품의 종류와 수량으로 회계연도 개시 1개월 전까지 공고된 것인 경우에는, 공고된 제품 중에서 우선적으로 구매하여야 한다(제5조)."고 규정하고 있다. 그러나 이 법은 "교도작업으로 생산된 제품은 민간기업 등에 직접 판매하거나 위탁하여 판매할 수 있다"는 규정도 두고 있다(제7조).

3. 교도작업임금제 도입문제

(1) 의 의

우리나라의 「수용자처우법」은 교도작업에 의한 수입을 국고수입으로 하고 있으므로 수형자는 자신의 노무에 대한 임금을 청구할 권리가 없고, 다만 국가가 수형자의 출소 후 생계기반조성 등을 위해 은혜적·정책적 급부로서 이들에게 작업장려금을 지급하고 있다.

최근에 와서는 이러한 작업장려금제에 대한 비판이 제기되면서 여러 나라에서 수형자에 대해서도 작업에 대한 대가로서 동일노동, 동일임금의 원칙을 기초로 임금을 받을 권리가 있음을 인정하는 경향을 보이고 있는데, 이것을 교도작업임금제라고 한다.

이 제도는 1884년 독일의 바알베르그(Wahlberg)가 주장하였고, 1895년 파리에서 열린 제5차 「국제형법 및 형무(감옥)회의」에서도 지지를 받은 바 있다.

현재 미국의 일부 주·영국·이탈리아·스웨덴·프랑스·아르헨티나·핀란드·노르웨이·네덜란드 등이 이 제도를 채택하고 있고, 「수용자 처우에 관한 유엔최저기준규칙」 역시 제103조에 "수형자의 작업에 대한 공정한 보수제도가 있어야 한다"고 규정함으로써 작업임금제를 간접적으로 지지하고 있다.

(2) 찬반론

작업임금제와 관련하여서는 찬·반 양론이 대립되고 있다.

1) 작업임금제를 반대하는 논거

① 수형자의 작업은 국가와 근로계약에 의한 것이 아니고 수형자의 처우의 일환이기 때문에 국가는 임금을 지급할 의무가 없다.

② 자급자족원칙에 따라 작업수익 가운데 행형비용을 제외하면 임금제를 채택하더라도 수형자의 수입이 현재의 장려금보다 많아지기 어려우므로 실질적으로는 의미가 없다.

③ 수형자의 작업은 형집행의 과정이고, 수형자는 사회에 손해를 끼친 자들이기 때문에 임금을 지급하여 보상하는 것은 이율배반성을 가진다.

④ 임금지급을 위한 추가적인 예산지원은 교정경비의 부담을 가중시킨다.

⑤ 범죄자가 사회의 실직자에 비해 우대받는 것은 형평의 원리에 어긋난다. 즉, 사회정의나 일반국민의 법감정에 위배된다.

⑥ 형집행과정 중 임금이 지급되면 형벌의 위하(억제)효과가 떨어진다.

2) 임금제를 찬성하는 논거

① 작업임금제는 작업에 대한 보상을 지급함으로써 노동에 대한 가치와 근로의욕을 고취시켜 제품의 질을 향상시킴으로써 작업수익의 증대에 도움이 된다.

② 노동에 대한 정당한 대가는 근로를 국민의 권리이자 의무로 파악하고 있는 헌법의 태도와 일치한다.

③ 교도작업에 대해 임금을 지급하지 않는 것은 작업을 일종의 형벌로 보기 때문이며, 비자발적인 봉사와 속죄를 강요하는 것과 다를 바가 없다.

④ 석방 후 경제적 자립기반을 제공함으로써 행형의 과제인 재사회화에 실질적으로 기여할 수 있다.

⑤ 피해자에 대한 손해배상과 기회를 제공할 수 있다

⑥ 수형자의 자긍심을 높여 교화개선을 촉진할 수 있다.

⑦ 임금으로 가족의 생활에 도움을 주게되면 가족과의 유대감이 커지고, 이는 사회복귀에 긍정적으로 작용하여 재범방지에도 도움이 된다.

Ⅵ 현행 교도작업의 부과 및 운영

1. 교도작업 부과기준

「수용자처우법」은 “수형자에게 부과하는 작업은 건전한 사회복귀를 위하여 기술을 습득하고 근로의욕을 고취하는 데에 적합한 것이어야 한다. 소장은 수형자에게 작업을 부과하려면 나이·형기·건강상태·기술·성격·취미·경력·장래생계, 그 밖의 수형자의 사정을 고려하여야 한다.”고 규정하고 있다. 이는 교도작업의 목적이 교정교화와 재사회화에 있고, 기술습득과 근로의욕 고취가 사회복귀에 기여하므로 작업에 있어서 기술습득과 근로의욕 고취에 중점을 두어야 함을 지적한 것이다. 기술습득은 석방 후 생계수단을 확보하는 데 기여하며, 근로의욕고취는 수형자의 건강한 육체와 정신을 통한 사회적응에 기여한다.

현행법상 작업의 부과는 처우의 개별화라는 관점에서 교정시설에서 일방적으로 정하도록 하고 있으나, 재사회화의 목표를 달성하기 위해서는 수형자의 의사를 고려해서 이루어질 필요가 있다.

「유엔 최저기준규칙」은 "수형자는 적당한 직업선택이라는 조건에 충족하고, 시설의 관리와 요구에 반하지 아니하는 범위 내에서, 자기가 하고 싶어하는 종류의 작업을 선택할 수 있어야 한다"고 권고하고 있다.

2. 신청에 의한 작업

(1) 소장은 금고형 또는 구류형의 집행 중에 있는 사람에 대하여는 신청에 따라 작업을 부과할 수 있다. 금고형이나 구류형 수형자의 경우에는 그 특성상 기본적으로 작업 이외의 교육이나 교화프로그램을 통해 재사회화를 도모하는 것이 바람직하기 때문에 작업은 해당 수형자의 신청이 있는 경우에 한해 소장이 허가할 수 있도록 하고 있다.

금고형수형자가 작업을 신청하는 경우라도 해당 교정시설이 정한 작업에 한하며, 다만 작업의무가 있는 경우와는 달리 신청자의 의사를 최대한 고려해서 작업을 부과하여야 한다. 그렇지만, 시설의 형편에 따라 신청자에게 제공할 수 있는 작업의 종류나 작업조건 등에 한계가 있으므로 소장은 신청이 있는 경우라도 반드시 작업을 하게 하여야 의무를 지는 것은 아니고 소장의 재량사항이다. 「수용자처우법」이 '작업을 부과할 수 있다'고 규정한 것은 이러한 취지이다.

(2) 소장은 「수용자처우법」에 따라 신청작업이 부과된 수형자가 작업의 취소를 요청하는 경우에는 그 수형자의 의사, 건강 및 교도관의 의견 등을 고려하여 작업을 취소할 수 있다.

신청에 의한 작업이 수용자의 희망에 따라 행해지는 만큼 작업에 종사한 이후라도 금고수형자 등은 희망의사를 철회할 수 있다. 그러나 당해 수형자가 임의로 언제든지 철회를 할 수 있도록 하게 되면 작업계획에 차질을 가져오고 시설의 운영에도 지장을 초래할 수 있으므로, 소장이 작업취소를 결정한 경우에만 작업을 그만둘 수 있도록 하고 있다. 그리고 소장은 작업을 취소할 때 수형자의 의사뿐만 아니라, 그의 건강상태 그리고 작업을 지도하는 교도관의 의견을 들어 작업의사의 철회가 정당한지 여부를 판단하도록 노력하여야 한다.

(3) 미결수용자나 사형확정자의 경우에도 금고형이나 구류형수형자와 마찬가지로 신청에 따른 작업 취소요청 시 그 수용자의 의사·건강 및 교도관의 의견 등을 고려하여 취소가 가능하다.

3. 교도작업종류의 선정

(1) 소장은 법무부장관의 승인을 받아 수형자에게 부과하는 작업의 종류를 정한다.

(2) 소장은 법무부장관의 승인을 받아 교도작업의 시행방법에 따른 교도작업의 종류를 교도작업제품별로 정한다. 교도작업의 종류를 변경할 때에도 법무부장관의 승인을 받아야 한다. 교도작업을 중지하려면 지방교정청장의 승인을 받아야 한다.

4. 교도작업과정

(1) 소장은 수형자에게 작업을 부과하는 경우에는 작업의 종류 및 작업과정을 정하여 고지하여야 한다. 작업과정은 작업성적, 작업시간, 작업의 난이도 및 숙련도를 고려하여 정한다. 작업과정을 수량으로 정하기 어려운 경우에는 작업시간을 작업과정으로 본다.

취업수용자의 작업과정은 작업성적, 작업장려금 계산비율 및 시간 등을 참고하여 작업을 부과하되 개인별 일·월간 책임량을 정하여 부과하여야 한다(수량과정원칙). 신체장애자의 개인별 책임생산량은 의무관의 의견을 들어 일반 취업자의 2분의 1까지 감량 부과할 수 있다.

(2) 노인수용자, 장애인수용자, 소년수용자가 작업을 원하는 경우에는 의무관의 의견을 들어야 하고, 해당 수용자의 나이·건강상태 등을 고려하여 해당 수용자가 감당할 수 있는 작업을 부과한다. 특히 19세 미만 수형자에게 작업을 부과하는 경우에는 정신적·신체적 성숙 정도, 교육적 효과 등도 고려하여야 한다.

(3) 소장은 교도관에게 매일 수형자의 작업 실적을 확인하게 하여야 한다.

작업장담당자는 매일 1회 이상 취업자의 작업 성적을 검사하여 작업일과표에 성적을 기재하고 매월 말에 이를 일괄하여 직업훈련과장 또는 수용기록과장에게 보고하여야 한다.

(4) 소장은 전월분의 교도작업운영현황보고서를 작성하여 매월 8일까지 지방교정청장에게 보고하고, 지방교정청장은 산하기관의 보고서를 취합하고 의견을 첨부하여 매월 12일까지 법무부장관에게 보고하여야 한다.

법무부장관은 매년 1회 이상 직업훈련과 소속 공무원 또는 지방교정청장으로 하여금 교정시설의 작업 사무 및 운영현황을 지도·확인하게 하여야 한다.

5. 교도작업시간

(1) 수용자의 작업일과는 「수용자동작시간표」에 의한다. 수용자의 작업시간은 근로기준법상 근로시간(1주일 최대 44시간) 규정에 따라 1일 8시간제에 의하고 있다. 작업일과의 기준이 되는 「수용자일과시간표」는 계절에 따라 신축적으로 운영되나, 작업시간은 원칙적으로 오전 8시 취업, 오후 5시 종업을 따른다. 휴식은 오전·오후 각 15분과 정오부터 1시까지의 식사시간이며 이는 작업시간에 통산되지 않는다. 단, 교육과 교회 및 운동·목욕은 작업시간에 통산한다.

(2) 소장은 19세 미만의 수용자는 주 5시간 범위 내에서, 19세 이상의 수용자는 주 10시간 범위 내에서 연장 작업을 시킬 수 있으며, 작업 또는 기관운영상 특별한 사정이 있는 경우에는 시간을 신축 조정할 수 있다.

6. 작업장려금 및 위로금 또는 조위금

(1) 작업장려금의 성격과 의의

과거 「행형법」에서는 "수형자에게는 법무부장관이 정하는 바에 의하여 작업의 종류, 성적과 행형성적 기타 사정을 참작하여 작업상여금을 지급할 수 있다"고 규정하고 있었다. 그렇지만 「수형자 처우법」은 "작업수입은 국고수입으로 한다. 소장은 수형자의 근로의욕을 고취하고 건전한 사회복귀를 지원하기 위하여 법무부장관이 정하는 바에 따라 작업장려금을 지급할 수 있다"고 하여 '상여금' 대신 '장려금'으로 명목을 바꾸어 규정하고 있다. 이는 '상여금'이 성과급의 의미를 지닌 말로 통용되고 있으므로, 교도작업이 일반근로자의 노동과 성격이 다른 점을 명확히 하고, 임금의 성격을 배제하려는 취지에서 '장려금'이라는 용어를 채택한 것이다.

작업장려금은 근로에 대한 사법적 대가(代價)가 아니므로 수형자는 국가에 대하여 보수청구권을 가지지 않는다. 작업장려금은 국가가 수형자의 교정교화와 재사회화를 추진하기 위하여 복지적 자원에서 지급하는 은혜적 · 정책적 급부의 성격을 가진다.

(2) 작업장려금의 지급

「교도작업 특별회계 운영지침」에 의하면, 작업장려금은 일반작업장려금과 특별작업장려금으로 나누어 운영하고 있다. 이는 생산작업과 비생산작업으로 구분·적용하면서 1일 최다 15,000원에서 최저 1일 700원까지로 책정하고 있다. 법무연감에 나타난 작업장려금 지급현황을 보면, 최근 1인당 1일 평균 약 2,500원 정도이다. 1달에 21일 작업한다고 하면, 1인당 1월 약 52,500원을 모을 수 있다.

작업장려금은 기술숙련도 및 작업내용의 경중 기타 사정을 참작하여 생산적업·비생산작업으로 구분하고, 각 종목마다 상·중·하 3등급으로 나누어 지급한다. 작업장려금은 봉급처럼 정기적으로 지급하는 것이 아니라 원칙적으로 석방할 때 본인에게 지급한다(법 제73조 제3항).

이는 작업장려금이 건전한 사회복귀 장려를 위한 것임을 감안하여 수형자가 출소 후에 생활자금으로 사용하도록 함으로써 재범방지에 기여할 수 있도록 고려한 것이다. 작업장려금은 수용자가 교정시설에서 석방될 때 작업장려금 계산액을 현금으로 본인에게 지급하며, 금융기관에 예탁한 경우에는 예금통장으로 지급한다. 작업장려금 계산액은 수용자에게 지급하기 전에는 그 소유권이 국가에게 있으므로 징벌로서 삭감할 수 있다. 작업장려금 지급은 석방할 때 지급하는 것이 원칙이지만, 예외적으로 본인의 가족생활부조를 위하여 특히 필요한 경우이거나 해당 수형자의 교화 또는 사회복귀를 위하여 특히 필요한 경우에는 석방 전이라도 그 전부 또는 일부를 지급할 수 있다(법 제73조 제3항 단서).

또한 「수용자처우법 시행규칙」 제142조에 따라 귀휴비용으로 작업장려금의 전부 또는 일부를 사용하게 해줄 수도 있다.

현재, 수용자가 도주하거나 사망한 때에 작업장려금 계산액을 그 가족이나 상속인에게 교부하는 것을 인정할 것인지에 대한 법률상의 명문규정은 없고, 「교도작업 특별회계 운영지침」에만 유류금이 있으면 소장이 청구절차를 알려주도록 하면서 청구 시 교부하도록 하고 있다. 그리고 청구 없이 1년이 경과하면 그 금품은 국고에 귀속되도록 규정하고 있다(같은 지침 제96조 참조).

이러한 현행 규정은 작업장려금 계산액의 소유권이 국가에 있는 점 등을 감안한다면 매우 모호한 규정이라고 할 수 있다. 따라서 이에 대하여 법령상 명백한 규정을 마련할 것이 요구된다.

(3) 위로금과 조위금

소장은 작업 또는 직업훈련으로 인한 부상 또는 질병으로 신체에 장애가 발생한 때에는 위로금을, 작업 또는 직업훈련 중에 사망하거나 그로 인하여 사망한 때에는 조위금을 지급하도록 규정하고 있다(법 제74조).

위로금은 예외 없이 석방할 때 본인에게 지급하고, 조위금은 수용자 사망 시 그 상속인에게 지급한다.

위로금 또는 조위금은 「산업재해 보상보험법」에 따른 업무상 재해보상금이라고 할 수 없고, 국가가 지급하는 정책적 · 은혜적 급부의 성격을 가지고 있다.[12] 왜냐하면 위로금 · 조위금은 보험급여 수급권자의 청구에 따라 지급되는 것이 아니고 소장의 신청에 따라 국가가 일방적으로 지급하도록 규정하고 있기 때문이다.

위로금 · 조위금은 지급받을 수용자가 국가로부터 동일한 사유로 「민법」 등 법령에 따라 그 급원에 상당하는 금액을 지급받은 경우에는 그 금액을 위로금 또는 조위금으로 지급하지 아니한다(법 제75조). 이는 위로금 · 조위금의 보충적 성질을 전제하고 있다.

위로금 · 조위금을 지급받을 권리는 다른 사람 또는 법인에게 양도하거나 담보로 제공할 수 없으며, 다른 사람 또는 법인은 이를 압류할 수 없도록 규정한 것은 위로금 · 조위금의 일신전속성을 강조한 것이다(법 제76조). 또한 위로금 · 조위금을 표준으로 하여 조세와 그 밖에 공과금을 부과하여서는 아니 된다는 특별보호규정도 두고 있다(법 제76조 제2항).

7. 안전 및 위생의 확보를 위해 필요한 조사

(1) 교도작업은 일반사회의 노동과는 성격을 달리하므로 근로기준법이나 산업안전보건법과 같은 노동관계법이 적용되지 않지만, 수형자의 안전과 위생을 확보할 필요성 자체는 일반적인 노동과 다를 바가 없다. 그럼에도 불구하고 「수용자처우법」은 일반위생에 관한 규정을 통해 작업장의 청결과 수형자의 청결유지의무를 규정하고 있을 뿐 안전에 관해서는 아무런 명시적인 규정을 두고 있지 않고, 「교도작업운영지침」에서 외부통근작업과 집중근로제에 관해서만 안전사고예방에 관한 규정을 두고 있을 뿐이다.[13]

(2) 교도작업의 경우에도 일반노동의 경우와 마찬가지로 다양한 위험이나 건강장해에 대비한 안전조치 내지 위생조치를 강구할 필요가 있다. 수형자에게도 교정시

---

12 같은 취지의 주장은 신양균, 형집행법 334면 참조.

13 외부통근작업과 관련하여 「교도작업 운영지침」 제82조는 '소장은 기업체의 장과 협의하여 위험한 기계 · 장비를 사용하거나 작업 내용이 안전사고의 발생위험이 있는 경우에는 사전에 적절한 예방조치를 취하여 한다'고 규정하고 있다.

설의 장이 정한 안전수칙이나 위생수칙을 준수할 의무를 부과하고, 정기적으로 안전교육 등을 실시하도록 명시하여야 한다는 주장이 제기되고 있다.[14]

8. 집중근로제의 실시

(1) '집중근로제도'란 취업수용자로 하여금 작업시간 중 접견, 전화통화, 교육, 공동행사 참가 등을 시행하지 않고 휴게시간 외에는 작업에만 전념하도록 하여 생산성 향상 및 근로정신함양으로 출소 후 재사회화를 촉진시키는 작업제도를 말한다. 이는 민간기업에서 생산성향상 내지 업무의 효율성을 위해 실시해 온 다양한 '유연근무제도'의 일종이다. 이것이 공기업에 확산되면서 교정 분야에도 도입된 것이다. 이는 교화개선과 사회복귀 측면에서 긍정적인 효과를 거둘 수 있다.

(2) 소장은 수형자의 신청에 따라 외부통근작업, 외부직업능력개발훈련, 그 밖에 집중적인 근로가 필요한 작업을 부과하는 경우에는 접견 · 전화통화 · 교육 · 공동행사참가 등의 처우를 제한할 수 있다. 다만, 접견 또는 전화 통화를 제한한 때에는 휴일이나 그 밖에 해당 수용자의 작업이 없는 날에 접견 또는 전화 통화를 할 수 있게 하여야 한다(법 제 70조).

집중근로작업은 직영작업과 위탁작업의 형태로 이루어지고 있다.

집중근로를 하는 수형자는 그 성격상 작업에만 전념하게 되므로 작업시간 내에는 통상 일과시간 중에 이루어지는 기본적인 처우를 받지 못하거나 제한될 수 있으므로 이에 대한 법적 근거가 필요한데, 「수용자처우법」은 처우제한의 법적 근거를 명시하고 있다. 또한 집중근로로 인하여 제한된 처우내용에 대해서는 작업이 없는 날 처우를 다시 받을 수 있도록 보장함으로써 집중근로가 수형자 개인에게 불리한 결과로 되지 않도록 배려하고 있다.

(3) 집중근로는 수형자의 신청을 전제로 한다. 따라서 재사회화를 위해 필요하다는 이유로 수형자의 의사에 반하여 집중근로를 과할 수 없다. 또한 수형자가 집중근로의 의미를 잘 알고 이에 임하도록 하기 위해 소장은 작업을 부과하거나 훈련을 받게 하기 전에 수형자에게 제한되는 처우의 내용을 충분히 설명하여야 한다.

---

14 신양균, 앞의 책 317면.

Ⅶ 직업훈련(직업능력개발훈련)

1. 직업훈련의 의의 및 기능

(1) 직업훈련이란, 교정시설에서 수용자를 대상으로 출소 후 취업에 필요한 직업상 기능을 습득·향상시키기 위하여 실시하는 교육·훈련이다. 법령상 직업능력개발훈련이라고도 부른다.

「수용자처우법」은 "소장은 수형자의 건전한 사회복귀를 위하여 기술습득 및 향상을 위한 직업능력개발훈련을 실시할 수 있다"고 규정함으로써 직업훈련에 대한 법적 근거를 마련하고 있다.[15] 직업훈련은 교정시설 안에서 실시하는 것이 원칙이지만, 필요하면 외부의 기관 또는 단체에서 훈련받게 할 수도 있다. 또한 일반 교정시설에서 실시하는 직업훈련과 직업훈련 전담 교정시설에서 실시하는 '집체직업훈련'으로 구분하여 규정하고 있다.

(2) 기술자격 취득수형자를 대상으로 보다 심화된 기술훈련을 실시하기 위하여 2007년부터 경북북부직업훈련교도소[16]에 전문기술숙련과정을 운영 중에 있으며, 2009년도부터는 최첨단 훈련시설과 장비를 갖춘 화성직업훈련교도소를 개청하여 민간기업의 수요에 부응하는 고급 기능인력 양성을 도모하고 있다.

(3) 직업훈련은 수형자들의 근로의식을 고취시키고 기술을 습득하게 하여 가능하면 관련자격증까지 취득시켜 출소 후 자립재활능력을 배양함으로써 재범을 방지하는 데 주된 목적이 있으나, 그 외에도 교도작업의 경우와 마찬가지로 교정시설에 수용되어 규칙적인 작업에 종사하도록 함으로써 규율을 확립하고 질서를 유지시키는 데에도 기여한다.

(4) 「수용자처우법」은 "소장은 수형자의 직업훈련을 위하여 필요하면 외부의 기관

---

15 구 「행형법」은 "소장은 수형자의 건전한 인격형성을 촉진시키고 심신단련과 기술습득을 위하여 필요한 교육훈련을 실시할 수 있다"고 규정하고, "교육을 위하여 필요한 경우에는 수형자를 외부의 교육기관 또는 기업체 등에 통근하게 할 수 있다"고 규정함으로써, 직업훈련을 교육훈련의 일종으로 보아 그 독자성이 모호하였다. 따라서 수용자처우법은 이러한 문제를 해결하기 위해 직업훈련에 관한 규정을 교육의 장에서 분리하여 작업에 관한 장으로 옮기고 제69조에 독립한 규정을 두고 있다.

16 2004년 교정시설 직제개편으로 최초의 직업훈련교도소로 청송직업훈련교도소를 설치했다. 그 후 경북북부직업훈련교도소로 개칭하여 오늘에 이르고 있다.

또는 단체에서 훈련을 받게 할 수 있다"고 규정함으로써 직업훈련의 실효성을 높이고 개방형처우로서의 성격도 함께 부여하고 있다. 수형자의 직업훈련에 대해서는 수용자처우법 및 동법시행령을 근거로 「수형자직업능력개발훈련운영지침」에서 상세히 규율하고 있다.

(5) 현행법에서는 직업훈련을 교도작업과 같은 절에서 규율하면서 「교도작업 특별회계 운영지침」에서는 직업훈련을 비생산작업으로 분류하여 작업장려금을 지급하고 있으므로, 직업훈련은 넓은 의미의 교도작업에 포섭시킬 수 있다.

2. 직업훈련의 직종 선정 및 대상자 선정기준

(1) 직업훈련 직종 선정 및 훈련과정별 인원은 법무부장관의 승인을 받아 소장이 정한다.

(2) 직업훈련 대상자는 소속기관의 수형자 중에서 소장이 선정한다. 다만, 직업훈련 전담 교정시설이나 그 밖에 직업훈련을 실시하기 적합한 교정시설에 수용하여 실시하는 집체직업훈련 대상자는 집체직업훈련을 실시하는 교정시설의 관할 지방교정청장이 선정한다.

(3) 소장은 수형자의 의사·적성·나이·학력 등을 고려하여 직업훈련대상자를 선정할 수 있다. 그러나 수형자가 15세 미만의 경우, 교육과정을 수행할 문자해독능력 및 강의 이해능력이 부족한 경우, 징벌대상행위의 혐의가 있어 조사 중이거나 징벌집행 중인 경우, 작업·교육·교화프로그램 시행으로 인하여 직업훈련의 실시가 곤란하다고 인정되는 경우, 질병·신체조건 등으로 인하여 직업훈련을 감당할 수 없다고 인정되는 경우 등에 해당하는 수형자를 직업훈련 대상자로 선정해서는 아니 된다.

(4) 외부출장직업훈련

'외부출장직업훈련'이란, 수형자를 교정시설 외부의 기관 또는 단체에 위탁하여 실시하는 현장훈련이다. 「시행규칙」 제96조에서는 '외부직업훈련'으로 규정하고 있다.

수형자가 개방처우급 또는 완화경비처우급으로서 직업능력향상을 위하여 특히 필요한 경우에는 교정시설 외부의 공공기관 또는 기업체 등에서 운영하는 직업훈련을 받게 할 수 있다. 외부에서 행하는 직업훈련의 비용은 수형자가 부담하고, 다만 처우상 특히 필요한 경우에는 예산의 범위에서 그 비용을 지원할 수 있다.

소장은 교정성적이 우수하고 도주의 우려가 없는 모범수형자를 외부산업체나 직업전문기관 등에 출장시켜 현장훈련을 할 필요가 있다고 인정하는 경우에는 법무부장관의 승인을 받아 외부출장직업훈련을 실시할 수 있다.

소장은 외부출장직업훈련 중인 수형자가 해당 산업체에 등에 취업이 보장된 경우에는 가석방 신청 시 이를 반영하여야 한다.

Ⅷ 취업지원

1. 의 의

(1) 수형자에 대한 개별처우계획에 따른 직업훈련 등의 처우는 교정교화의 도모 및 사회생활 적응능력함양에 그 목적이 있으며, 이러한 목적의 달성을 위해서는 수형자가 사회에 나갔을 때 건전한 사회인으로서 일상생활을 영위할 수 있는 여건이 마련되어야 한다. 특히 수형자가 사회에서 안정적인 직업을 가지는 것은 재범을 방지하고 사회인으로서 책임 있는 생활을 하는 데 가장 중요한 기반이 된다고 할 수 있다. 이런 의미에서 수형자에 대한 취업 내지 창업을 지원하는 일은 수형자처우의 매우 중요한 내용을 이루고 있다.

(2) 수형자들의 경우 직업훈련도 현실적으로 가석방 등의 요건을 충족하는 도구로 인식되는 경향이 적지 않고 훈련받거나 자격증을 취득한 기술을 사회에 나아가서 어떻게 활용할 것인지에 대해서는 관심이 크지 않은 경우가 많다.[17] 따라서 직업훈련을 이수한 수형자의 상담과 취업지원이 현실적으로도 매우 중요하다.

(3) 「수용자처우법 시행령」 제85조는 이러한 취지에서 "수형자의 건전한 사회복귀를 지원하기 위하여 교정시설에 취업알선 및 창업지원에 관한 협의기구를 둘 수 있다"고 규정하고 있고, 이러한 협의기구로서 「수형자 취원지원협의회」의 조직·운영, 그 밖에 활동에 필요한 사항을 「시행규칙」 제144조 이하에서 상세히 정

17 현실적인 여건을 보더라도, 사업장에서 전과자라는 이유로 채용을 기피하거나 근로조건을 열악하게 보장하는 경우가 적지 않고, 재범발생 우려 등으로 취업을 꺼리는 경향이 있어, 수형자들의 취업의지나 능력과 관계없이 취업에 큰 장애를 겪고 있는 형편이다.

하고 있다. 또한 「수형자 취업 및 창업지원업무지침」에서는 취업 및 창업지원을 위해 수형자 취업지원협의회, 법무부 수형자 취업정책협의회, 취업 및 창업지원전담반설치, 수형자를 위한 신원 보증보험 및 취업·창업교육 및 상담 등에 관해 상세히 규정하고 있다.

2. 취업지원프로그램

직업훈련을 이수한 수형자에 대해서는 무엇보다 각종 상담과 교육 등 취업을 지원하기 위한 프로그램을 운영하는 것이 중요하다.

현재 운영되고 있는 프로그램으로는 취업 특강, 단기 적응훈련프로그램, 취업박람회, 자기이해 및 각종 진단검사, 직업상담, 특화된 직업 정보 제공, 인터넷 활용 취업지원시스템 운용, 취업지도담당자 연수 등이 있다.

3. 수형자 취업지원협의회

(1) 설치 및 구성

본 협의회는 법률에는 근거규정이 없고, 「수용자처우법 시행령」에 설치 근거규정을 두고 있다.

1) 수형자취업지원협의회는 회장 1명을 포함하여 3명 이상 5명 이하의 내부위원과 10명 이상의 외부위원으로 구성한다.
   내부위원은 소장이 지명하는 소속기관의 부소장·과장(지소의 경우에는 7급 이상의 교도관)으로 구성하며, 외부위원은 노동부고용지원센터 등 지역 취업·창업 유관공공기관의 장 또는 기관추천자, 취업컨설턴트, 창업컨설턴트, 기업체대표, 시민단체 및 기업연합체의 임직원, 변호사, 「고등교육법」에 따른 대학에서 법률학을 가르치는 강사 이상의 직에 있는 사람, 그 밖에 교정에 관한 학식과 경험이 풍부하고 수형자 사회복귀지원에 관심이 있는 외부인사 중에서 소장의 추천을 받아 법무부장관이 위촉한다.
2) 외부위원의 임기는 3년으로 하며, 연임할 수 있으며, 법무부장관은 외부위원이 다음 각 호의 어느 하나에 해당하는 경우에는 소장의 건의를 받아 해당 위원을 해촉할 수 있다.
   ① 심신장애로 직무수행이 불가능하거나 현저히 곤란하다고 인정되는 경우
   ② 직무와 관련된 비위사실이 있는 경우

③ 직무태만, 품위손상, 그 밖의 사유로 인하여 위원으로 적합하지 아니하다고 인정되는 경우

④ 위원 스스로 직무를 수행하는 것이 곤란하다고 의사를 밝히는 경우

3) 협의회 회장은 소장이 되고, 부회장은 2명을 두되 1명은 소장이 내부위원 중에서 지명하고 1명은 외부위원 중에서 호선한다. 회장은 협의회를 소집하고 협의회업무를 총괄하며, 회장이 부득이한 사유로 직무를 수향할 수 없을 때에는 소장이 지정한 부회장이 그 직무를 대행한다.

(2) 수형자 취업지원협의회의 기능

1) 수형자 사회복귀지원업무에 관한 자문에 대한 조언
2) 수형자 취업·창업교육
3) 수형자 사회복귀지원을 위한 지역사회 네트워크 추진
4) 취업 및 창업지원을 위한 자료제공 및 기술지원
5) 직업적성 및 성격검사 등 각종 검사 및 상담
6) 불우수형자 및 그 가족에 대한 지원활동
7) 그 밖에 수형자 취업알선 및 창업지원을 위하여 필요한 활동

(3) 회 의

1) 협의회의 회의는 반기마다 개최한다. 다만, 수형자의 사회복귀지원을 위하여 협의가 필요할 때, 회장이 필요하다고 인정하는 때, 위원 3분의 1 이상의 요구가 있는 때에는 임시회의를 개최할 수 있다.
2) 협의회 회의는 회장이 소집하고 그 의장이 되며, 재적위원 과반수의 출석으로 개의하고, 출석위원 과반수의 찬성으로 의결한다.
3) 협의회의 사무를 처리하기 위하여 수형자 취업알선 및 창업지원업무를 전담하는 직원 중에서 간사 1명을 두며, 간사는 협의회의 회의록을 작성하여 유지하여야 한다.

학습 체크 포인트

01 UN최저기준규칙은 교도작업은 성질상 고통을 주는 것이어서는 안 된다고 규정하여 교도작업이 수형자의 교정교화를 도모하는 처우가 되어야 한다고 강조하고 있다.

02 현행법상 징역수형자와 노역수형자에 대해서는 강제작업이 부과되고, 금고 · 구류수형자 및 미결수용자 · 사형확정자에 대하여는 신청에 의한 작업을 부과할 수 있다.

03 조선시대의 5형 중 도형(徒刑)은 강제 노역에 종사시키는 형벌이었으므로, 오늘날 징역형에 가장 가까운 형벌로 볼 수 있다.

04 직영작업은 관사(官司)작업이라고도 하는데, 이는 외부인이 개입하지 않아 수익이 오로지 교정기관에 귀속되므로 수익률이 가장 높고 일관되게 교화목적을 추구할 수 있으나, 관계법규 등 제약이 많아 적절한 시기에 원자재 · 기계 · 기구 구입이 곤란하다.

05 교육형주의에 입각하여 오늘날 교도작업은 윤리적 목적 · 경제적 자급자족 목적 · 행정적(관리적) 목적이 중시된다.

06 현행법은 외부통근제 유형 중 행정형만 채택하고, 사법형과 혼합형은 전혀 채택하지 않고 있다.

07 외부통근작업형태 중 행정형 외부통근제는 장기수형자의 사회적응력 함양에 적합하고, 사법형 외부 통근제는 경미한 범죄를 범한 단기수형자에게 적합하다.

08 우리나라는 민영교도소나 외부통근작업에 있어서나 교도작업임금제는 전혀 채택하지 않고 있다. 따라서 교도작업수입은 모두 국고수입으로 한다.

09 현행법 교도작업에 따르면, 시행방법에 따라 직영작업 · 위탁작업 · 노무작업 · 도급작업으로 구분된다.

10 교도작업제품 관용주의(State-use System)는 민간기업 압박을 피할 수 있으므로 우리나라에서는 이를 원칙으로 준수하도록 하면서도, 교도작업으로 생산된 제품을 민간기업 등에 직접 판매하거나 위탁하여 판매할 수 있게도 하고 있다.

제4장

가석방(假釋放)제도 (임시석방제도)[18]

'형기종료 이전 조기석방제도'인 가석방제도는 영미의 'Premature Releas'와 'Parole' 두 유형으로부터 영향을 받아 제도화되었다. 전자는 보호관찰이 부과되지 않는 가석방이고, 후자는 보호관찰이 부과되는 가석방이다. 우리나라에서는 1995년 「형법」이 개정되기 이전에는 '보호관찰 없는 단순가석방'을 채택했었으나, 1995년 「형법」 개정을 통해 보호관찰부 가석방인 퍼로울(Parole)이 도입되었다. 현행 「형법」은 보호관찰부 가석방을 원칙으로 하면서 보호관찰 없는 단순가석방도 인정하고 있다.[19]

현행 가석방제도는 영미의 퍼로울(Parole)제도와 유사성을 가진 제도이다. 영미의 parole 제도는 법원이 피고인에게 상대적 부정기형을 선고하고 교정기관이 선고형의 단기와 장기 범위 내에서 구체적으로 집행할 형기를 결정하도록 하는 제도이다. 이 제도는 범죄인의 재범위험성을 판결 시에 미리 정확하게 판단하기 어렵기 때문에 교정전문가인 교도관으로 하여금 교정과정에서 재범위험성을 판단하도록 하여 재범위험성이 없는 수형자들은 조기에 석방하도록 하면서 보호관찰을 부과하도록 하는 처우방식이다.

우리나라 가석방은 정기형주의를 바탕으로 하기 때문에 Parole과 같이 교정기관이 주도적으로 수형자의 집행형기를 결정하도록 위임하는 성격이 약하다. 이는 개전의 정상 또는 재범위험성의 유무판단을 통해 법원이 선고한 정기형을 보정하는 성격을 지닌 제도로 볼 수 있다.

---

18 '가석방'에서 '가(假)'는 '임시 가' 자(字)이다. 따라서 그 용어를 '임시석방'으로 순화해야 한다. 임시석방은 석방날짜가 미리 정해져 있는 형기종료석방(만기석방)과 대비되는 용어이다. 임시석방은 석방날짜를 미리 정하지 않고, 그때그때의 상황에 따라 석방일을 정하고, 조건을 붙여 석방한다는 의미를 지니고 있다.

19 「형법」 제73조의2 제2항: 가석방된 자는 가석방기간 중 보호관찰을 받는다. 다만, 가석방을 허가한 행정관청이 필요가 없다고 인정한 때에는 그러하지 아니하다.

I 의의 및 발전과정

1. 의 의

(1) 가석방제도는 구금시설 밖에서 처우하는 사회내처우(비시설처우)이다.

가석방이란 재판에 의하여 선고 확정된 징역, 금고의 집행을 받고 있는 자가 교정성적이 우수하고 재범의 위험성이 없다고 인정될 때 아직 형기만료 전에 일정한 조건 아래 임시로 석방하고, 그 후에 임시석방이 취소 또는 실효되지 않는 한 형의 집행이 종료된 것으로 간주하는 사회내처우제도이다. 가석방은 집행유예와 비교하여 '잔여형의 집행유예'라도고 할 수 있다.

(2) 가석방은 수형자가 개전의 정[20]이 뚜렷할 것을 조건으로 하고 있다.

이는 목적형주의 내지 교육형주의의 요청에서 나온 제도이다. 즉, 이미 뉘우치고 있고 개선된 수형자의 불필요한 구금을 될 수 있는대로 피하고, 수형자에게 희망을 가지게 하며, 아울러 형기종료 후에 사회복귀를 용이하게 하려는 형사정책의 요청에서 나온 제도이다. 이 제도를 도입함으로써 정기형제도의 결함을 보충할 수 있고, 결과적으로 정기자유형을 실질적으로 상대적 부정기형화하게 된다. 가석방은 수형자의 개전의 정 또는 재사회화의 정도를 전혀 고려하지 않고 미리 정해진 형을 집행하는 정기형제도의 결함을 보완하여 집행과정에서 범죄인의 인격적 거듭남(갱생)과 사회복귀에 초점을 맞추어 집행에 있어서의 구체적 타당성을 실현할 수 있다.

(3) 현실적으로 가석방은 교정시설에서의 질서유지 수단으로서의 기능도 한다.

교정시설의 수형생활 중 규율을 위반하거나 교도관들에게 순응하지 않으면 그 수형자의 가석방은 사실상 불가능하게 된다는 것을 수형자들에게 인식시켜 규율과 교도관의 지시에 따르도록 심리적 강제를 가하는 효과가 있기 때문이다.

2. 발전과정

(1) 가석방제도는 18세기 말 영국에서 수형자들을 오스트레일리아로 유형을 보낸 데에서 출발하였다. 당시 영국에서는 특히 위험한 범죄자들을 식민지였던 오스트레일리아의 유형지인 노포크(Norfolk)섬에 수용하였다. 수형자들은 여기서 준

20 '개전(改悛)의 정'이라 함은 범죄인이 범죄행위나 범죄습성에 대해 그 잘못을 뉘우치고 마음을 바르게 고쳐 다시는 범죄를 범하지 않으려는 자세를 취하는 것을 말한다.

엄하고도 가혹한 강제노동에 종사하였는데, 이 강제노역제도가 시행되면서 과밀구금, 가혹한 노동에 반대하는 폭동이 빈발하는 등의 부작용이 나타났다. 이를 피하기 위해 1791년 필립(A. Phillip) 주지사는 유형수 가운데 특히 행장이 양호하고 개전의 정이 있는 자에 대하여 조건부 은사의 형식으로 그 형기를 일부 단축하고 본국으로 돌아가지 않을 것을 조건으로 하는 잔형을 면제하는 가출소허가장(Ticket of Leave) 제도를 취했는데, 이것이 가석방제도의 시작(효시)이다.

(2) 우리나라의 가석방제도

1) 우리나라에서도 1950년 「행형법」 제정 당시 가석방심사위원회에 대한 근거규정을 두었고, 1953년 「형법」 제정 시에 가석방제도를 두었으며 형집행과정에서 가석방을 실시하기 위해 심사기준·절차 및 취소절차 등을 상세히 정한 「가석방심사 등에 관한 규칙」을 제정하였고, 가석방된 자에 대한 감호를 위한 「가석방자관리규정」을 두고 있었다. 2008년 전면개정된 「수용자처우법」이 시행되면서 「가석방심사 등에 관한 규칙」과 「가석방심사위원회규정」은 동법 시행규칙에 흡수, 폐지되었다.
2) 1995년 형법을 일부 개정하면서 가석방된 자에 대한 체계적인 처우를 하기 위해 보호관찰을 필요적으로 부과하도록 함으로써 원칙적으로 보호관찰을 전면 실시하게 되었다[21].
3) 현행법상 가석방과 유사한 제도로는, 「치료감호 등에 관한 법률」에 따른 피치료감호자에 대한 치료감호자의 가종료제도와 「보호소년 등의 처우에 관한 법률」에 따른 소년원생에 대한 임시퇴원제도가 있다. 이 두 가지 제도는 시설에서 나온 후에 일정기간 동안 보호관찰이 부과된다는 점에서 가석방제도와 유사하다.
4) 현재 가석방은 일반가석방과 특별가석방으로 나누어 실시하고 있는데, 전자는 월 1회 실시되고, 후자는 삼일절·석가탄신일·광복절·성탄절 등 연 4회에 걸쳐 실시되고 있다.

---

21 「보호관찰 등에 관한 법률」 개정으로 동법 제5장에 갱생보호에 관한 규정이 포함됨으로써, 가석방된 자로서 보호관찰을 받는 자뿐만 아니라 보호관찰대상에서 제외된 자에 대해서도 「가석방자관리규정」이 적용되는 점을 제외하고는 보호관찰 등에 관한 법률이 적용되게 되었다.

Ⅱ 법적 성격

1. 법적 성격에 대한 학설

가석방의 법적 성격에 대한 주장으로는, 시설 내에서 선행(善行)을 유지한 데에 대한 은혜로서 부여되는 포상이라는 견해(은사설 내지 포상설), 자유형의 폐해를 피하기 위해 출소 후 사회에 적응할 상태에 있으면 가석방을 해야 한다고 하여 형벌개별화를 강조하는 견해(행정처분설), 위험한 범죄자에게 부정기형이 필요한 것처럼 석방 시에도 반드시 임시로 석방해서 보호관찰을 붙이고 만일 사회에서 준법적으로 생활하지 못하면 다시 수용해야 한다고 사회방위를 강조하는 견해(사회방위설), 구금시설이라는 사회격리상태에서 사회에 나올 때에는 다소라도 보호와 원호를 요하므로 모든 수형자에 대해 적용해야 한다고 보아 형집행의 단계로서 가석방을 파악하는 견해(형행제도설) 등이 있다.

2. 우리나라의 제도적 성격

(1) 우리나라의 가석방은 행정처분으로서, 법적 성질은 형집행작용이다.

가석방은 자유형의 폐해를 줄이고 특별예방의 견지에서 형벌개별화의 수단으로서, 사회에 순응할 것이 예측되는 수형자에 대해 형벌의 집행 도중이라도 임시 석방하고 가석방의 취소가능성을 담보로 석방 후의 생활을 신중하게 하도록 하는 것이므로 형집행작용이다. 현행 「형법」 제72조 제1항이 가석방을 행정처분의 일종으로 규정한 것은 이러한 취지에 따른 것이다. 그러나 현행 가석방제도가 가석방을 보호관찰과 결합시키고 있거나 「가석방자관리규정」을 둔 것은 가석방의 사회방위적 성격을 고려한 것으로 보인다. 현행 가석방제도가 교정성적이 우수한 자에 대해 가석방심사위원회의 심사를 거쳐 임시로 석방하는 것은 행형제도로서의 성격도 가진 것이라고 할 수 있다. 따라서 현행법은 가석방제도를 행정처분으로 보면서도 사회방위와 행형제도라는 성격을 함께 고려하고 있다.

(2) 헌법재판소의 입장

1) 가석방이란 수형자의 사회복귀를 촉진하기 위하여 형의 집행중에 있는 자 가운데서 행장이 양호하고 개전의 정이 현저한 자를 그 형의 집행종료 전에 석방함으로써 교화된 수형자에 대한 무용한 구금을 피하고 수형자의 윤리적

자기형성을 촉진하고자 하는 의미에서 취해지는 형사정책적 행정처분이다.

2) 가석방청구권은 수형자에게 인정되지 않는다.

가석방은 수형자의 개별적인 요청이나 희망에 따라 행하여지는 것이 아니라 행형기관의 교정정책 혹은 형사정책적 판단에 따라 수형자에게 주어지는 은혜적 조치일 뿐이므로, 어떤 수형자가 「형법」 제72조 1항에 규정된 요건을 갖추었다고 하더라도 그것만으로 행형당국에 대하여 가석방을 요구할 주관적 권리를 취득하거나 행형당국이 그에게 가석방을 하여야 할 법률상의 의무를 부담하게 되는 것이 아니다. 수형자는 동조에 근거한 행형당국의 가석방이라는 구체적인 행정처분이 있을 때 비로소 형기만료 전 석방이라는 사실상의 이익을 은혜적으로 얻게 될 뿐이다(93헌마12).

가석방은 「형법」과 「수용자처우법」 등 관련법규에 따라 가석방 심사 대상자로 인정될 수 있는지 여부는 교정시설의 장의 재량적 판단에 달려 있고, 수형자에게는 가석방 심사를 청구할 권리가 없다(2012헌마360).

Ⅲ 현행 가석방 절차

1. 형법 · 소년법상 가석방 요건

(1) 징역 또는 금고의 집행 중에 있는 자가 무기에 있어서는 20년, 유기에 있어서는 형기의 3분의 1을 경과한 후라야 한다.

이 경우에 형기에 산입된 판결선고 전 구금의 일수는 집행을 경과한 기간에 산입한다. 여기서 형기는 법원에 의해 선고된 형기를 의미하지만, 감형된 경우에는 감형된 형기를 기준으로 한다.

(2) 소년수형자의 경우에는, 징역 또는 금고를 선고받은 소년이 무기형은 5년, 15년의 유기형은 3년, 부정기형은 단기의 3분의 1을 각기 지나면 가석방을 허가할 수 있다.

소년은 아직 신체적, 정신적으로 미숙한 상태이기 때문에 소년보호의 원칙에 입각해서 성인수형자인 경우와 비교해서 허가요건을 완화한 것이다.

(3) 행장이 양호하여 개전의 정이 현저한 자라야 한다.

수형자가 규율을 준수하고 회오하고 있음을 인정할 만한 정상이 있음을 말하며,

결국 수형자에게 형벌을 집행하지 않아도 다시 죄를 범하지 않을 것이라는 예측이 가능한 경우로서, 결국 '재범의 위험성'이 없을 것을 요한다. '행장이 양호한 자'라 함은 교정성적이 우수한 자를 말하며, '개전의 정이 현저'하다는 것은 특별예방의 관점에서 재범의 위험성을 판단하는 것이므로 범죄의 중대성과 같은 일반예방의 관점을 고려하지 않도록 해야 한다.

(4) 벌금 또는 과료의 병과가 있는 때에는 그 금액을 완납해야 한다.

이 경우에 벌금 또는 과료에 관한 유치기간에 산입된 판결선고 전 구금일수는 그에 해당하는 금액이 납입된 것으로 간주한다.

이 요건은 징역·금고의 자유형에 벌금이나 과료가 병과된 경우에는 가석방되더라도 벌금·과료를 납부하지 않은 상태에 있는 경우 노역장에 유치되어 다시 수형생활을 계속해야 하기 때문에 벌금 또는 과료를 완납할 것을 요건화하고 있는 것이다.

2. 가석방의 절차

(1) 소장의 가석방적격심사신청

1) 사전심사

소장은 수형자의 가석방적격심사신청을 위하여 해당 사항을 사전에 조사하여야 한다. 이 경우 특히 필요하다고 인정될 때에는 수형자, 가족, 그 밖의 사람과 면담 등을 할 수 있다. 사전심사과정에서 분류처우위원회가 가석방 적격심사 대상자 선정 등에 관한 사항을 심의·의결해야 한다.

2) 가석방적격심사의 신청

① 소장은 형법 제72조 제1항의 기간이 지난 성인 수형자에 대하여는 법무부령으로 정하는 바에 따라 가석방심사위원회에 가석방적격심사를 신청하여야 한다. 소장은 가석방적격심사를 신청할 때에는 가석방적격심사신청서에 가석방적격심사 및 신상조사표를 첨부하여야 한다.

② 소장은 가석방이 허가되지 아니한 수형자에 대하여 그 후에 가석방을 허가하는 것이 적당하다고 인정하는 경우에는 다시 가석방적격심사신청을 할 수 있다.

③ 소장은 가석방적격심사신청 대상자를 선정한 경우 선정된 날부터 5일 이

내에 가석방심사위원회에 가석방적격심사신청을 하여야 하며, 가석방심사위원회에 적격심사신청한 사실을 수형자의 동의를 받아 보호자 등에게 알릴 수 있다. 소년수형자의 경우는 보호관찰심사위원회에 적격심사신청을 해야 한다.

3. 가석방심사위원회의 적격심사

(1) 가석방심사위원회와 보호관찰심사위원회

① 「형법」에 따른 가석방의 적격 여부를 심사하기 위하여 법무부장관 소속으로 가석방심사위원회를 둔다.
가석방심사위원회는 위원장을 포함한 5인 이상 9인 이하의 위원으로 구성하며, 위원장은 법무부차관이 되고, 위원은 판사, 검사, 변호사, 법무부 소속 공무원, 교정에 관한 학식과 경험이 풍부한 사람 중에서 법무부 장관이 임명 또는 위촉한다.

② 가석방심사위원회는 가석방심사 신청된 수형자의 가석방적격 여부 및 취소 등에 관한 사항을 심사한다.
가석방심사위원회의 회의는 재적위원 과반수의 출석으로 개의하고, 출석위원 과반수의 찬성으로 의결한다.

③ 「소년법」에 따른 가석방과 그 취소에 관한 사항을 심사·결정하기 위하여 법무부장관 소속으로 보호관찰심사위원회를 둔다. 보호관찰심사위원회는 성인수형자와는 달리 소년수형자에 대한 교정시설의 장의 가석방심사 신청이 없는 경우에도 가석방이 적절한지를 직권으로 심사하여 결정할 수 있다. 성인수형자에 대하여는 가석방심사위원회가 교정시설의 장의 신청없이 직권으로 심사하는 것이 인정되지 않는다.

④ 보호관찰심사위원회는 가석방심사 결과 소년수형자의 가석방이 적절하다고 결정한 경우에는 결정서에 관계서류를 첨부하여 법무부장관에게 이에 대한 허가를 신청하여야 한다.

⑤ 성인수형자의 가석방시 보호관찰의 필요성 심사는 소년수형자와 마찬가지로 보호관찰심사위원회에서 심사하여 결정한다.

(2) 가석방 적격 심사절차의 이원화

1) 성인수형자 적격심사

가석방심사위원회는 수형자의 나이, 범죄동기, 죄명, 형기, 교정성적, 건강상태, 가석방 후의 생계능력, 생활환경, 재범의 위험성, 그 밖에 필요한 사정을 고려하여 가석방의 적격 여부를 결정한다.

성인수형자에 대한 가석방 시 보호관찰의 필요성은 보호관찰심사위원회에서 심사하여 결정한다.

2) 소년수형자 적격심사

교정시설의 장은 징역·금고의 형을 받은 소년수형자가 부정기형(단기의 3분의 1), 15년 유기형(3년), 무기형(5년) 기간이 지나면 교정시설 소재지 관할 보호관찰심사위원회에 그 사실을 통보해야 한다.

교정시설의 장은 가석방 허가 경과기간이 지난 소년수형자에 대하여 보호관찰심사위원회에 가석방 심사를 신청할 수 있다.

보호관찰심사위원회는 가석방심사 신청을 받으면 소년수형자에 대한 가석방이 적절한지를 심사하여 결정한다. 또한 신청이 없으면 직권으로 심사하여 결정할 수 있다.

4. 보호관찰위원회의 성인수형자에 대한 보호관찰 사안조사

(1) 교도소·구치소·소년교도소의 장은 징역 또는 금고 이상의 형을 선고받은 성인에 대하여 형집행법에 따라 가석방심사위원회에 가석방적격심사신청을 할 때에는 신청과 동시에 가석방적격심사신청 대상자의 명단과 신상조사서를 해당 교정시설의 소재지를 관할하는 보호관찰심사위원회에 보내야 한다.

(2) 보호관찰심사위원회는 교정시설의 장으로부터 가석방적격심사신청 대상자의 명단과 신상조사서를 받으면 해당 성인수형자를 면담하여 직접 수형자의 범죄 또는 비행의 동기, 수용 전의 직업, 생활환경, 교우관계, 가족상황, 피해회복 여부, 생계대책 등과 석방 후의 재범위험성 및 사회생활에 대한 적응가능성 등에 관한 조사를 하거나 교정시설의 소재지 또는 해당 성인수형자의 거주예정지를 관할하는 보호관찰소의 장에게 그 자료를 보내 보호관찰사안조사를 의뢰할 수 있고, 보호관찰사안조사를 의뢰받은 보호관찰소의 장은 지체없이 보호관찰사안조사

를 하고 그 결과를 심사위원회에 통보하여야 한다. 또한 교정시설의 장은 심사위원회 또는 보호관찰소의 장으로부터 보호관찰사안조사를 위하여 성인수형자의 면담 등 필요한 협조요청을 받으면 이에 협조하여야 한다.

5. 법무부장관의 가석방결정

(1) 가석방·보호관찰 심사위원회가 가석방적격결정을 하였으면 5일 이내에 법무부장관에게 가석방허가를 신청하여야 한다.

(2) 보호관찰심사위원회는 심사결과 보호관찰이 필요없다고 결정한 경우에는 법무부장관에게 이에 대한 허가도 신청해야 한다.

(3) 법무부장관은 위원회의 가석방허가신청이 적정하다고 인정하면 허가할 수 있다.

(4) 소장은 법무부장관의 가석방허가에 따라 수형자를 가석방하는 경우에는 가석방자교육을 하여 가석방의 실효와 취소사유 그리고 준수사항을 알려준 후, 주거지관할경찰서 또는 보호관찰소에 출석할 기한 등을 기록한 가석방증을 발급하여야 한다.

교정시설의 장은 가석방이 허가된 사람을 석방할 때에는 그 사실을 가석방될 사람의 주거지를 관할하는 지방검찰청의 장과 형을 선고한 법원에 대응하는 검찰청 검사장 및 가석방될 사람을 보호·감독할 경찰서의 장에게 미리 통보하여야 한다.

(5) 가석방은 그 서류도달 후 12시간 이내에 행하여야 한다. 다만 그 서류에서 석방일시를 지정하고 있으면 그 일시에 행한다.

6. 가석방 기간

(1) 가석방의 기간은 무기형에 있어서는 10년으로 하고, 유기형에 있어서는 남은 형기로 하되, 그 기간은 10년을 초과할 수 없다.

(2) 소년수형자의 경우는 징역 또는 금고를 선고받은 자가 가석방된 후 그 처분이 취소되지 아니하고 가석방 전에 집행을 받은 기간과 같은 기간이 지난 경우에는 형의 집행을 종료한 것으로 본다. 다만 죄를 범할 당시 18세 미만인 소년이

15년의 유기징역을 받은 경우에는 그 형기, 부정기형을 받은 경우에는 장기의 기간이 먼저 지난 경우에 그 때에 형의 집행을 종료한 것으로 한다.

(3) 소년수형자에게는 성인수형자와 달리 가석방의 실효는 적용되지 않는다.

7. 가석방 시 보호관찰(Parole)

(1) 필요적 보호관찰

가석방된 자는 가석방기간 중 보호관찰을 받는다. 다만, 가석방을 허가한 행정관청이 필요가 없다고 인정한 때에는 그러하지 아니하다.

선고유예나 집행유예의 경우에 보호관찰이 임의적인 것과는 달리 가석방기간 동안에는 당연히 보호관찰이 개시된다. 다만 가석방된 자가 보호관찰을 실시하지 않더라도 재범의 위험성이 없고 사회복귀에 지장이 없는 때에는 예외적으로 가석방을 허가한 행정관청이 보호관찰을 실시하지 않을 수 있다. 여기서 허가관청이란 가석방을 허가한 법무부장관을 의미한다.

(2) 가석방된 자에 대한 보호관찰은 가석방된 때부터 「보호관찰 등에 관한 법률」에 따라 실시되는데, 보호관찰대상자는 대통령령으로 정하는 바에 따라 주거, 직업, 생활계획, 그 밖에 필요한 사항을 관할 보호관찰소의 장에게 신고하여야 한다. 보호관찰은 보호관찰대상자의 주거지를 관할하는 보호관찰소 소속 보호관찰관이 담당한다. 보호관찰대상자는 보호관찰관의 지도·감독을 받으며 준수사항을 지키고 스스로 건전한 사회인이 되도록 노력하여야 한다.

8. 보호관찰을 받지 않는 가석방자의 보호 및 감독

(1) 가석방된 자가 보호관찰을 받지 않는 경우에는 「가석방자관리규정」에 따라 가석방기간 중에 그의 주거지를 관할하는 경찰서의 장의 보호와 감독을 받는다.

(2) 가석방된 자는 가석방증에 적힌 기한 내에 관할경찰서에 출두하여 가석방증에 출석확인을 받아야 할 출석의무를 지고, 그의 주거지에 도착하였을 때에는 지체 없이 종사할 직업 등 생활계획을 세우고 이를 관할경찰서의 장에게 서면으로 신고할 신고의무를 진다(동규정 제5조, 제6조), "가석방자는 국내 주거지 이전 또는 1개월 이상 국내 여행을 하려는 경우 관할 경찰서의 장에게 신고하여야 한다. 가석

방자는 국외 이주 또는 1개월 이상 국외 여행을 하려는 경우 관할 경찰서의 장에게 신고하여야 한다."(2016.01.22 개정)

9. 가석방의 효과

가석방기간 중에는 아직 형의 집행이 종료된 것이 아니므로, 가석방기간 중 다시 죄를 범하여도 누범에 해당하지 않는다. 가석방의 처분을 받은 후 성인수형자는 그 처분이 실효 또는 취소되지 아니하고, 소년수형자는 취소되지 아니하고 가석방기간을 경과한 때에는 형의 집행을 종료한 것으로 본다. 따라서 선고유예의 경우처럼 면소된 것으로 간주되는 것도 아니고, 집행유예의 경우처럼 형의 선고 자체가 효력을 잃는 것도 아니다.

10. 가석방의 실효와 취소

(1) 가석방의 실효

가석방 중 금고 이상의 형을 받아 그 판결이 확정될 때에는 가석방처분은 효력을 잃는다. 다만 과실로 인한 죄로 형의 선고를 받았을 때에는 예외로 한다(형법 제74조).

각 지방검찰청의 장, 경찰서의 장 및 교정시설의 장은 가석방자가 「형법」 제74조(가석방의 실효) 또는 제75조(가석방의 취소)에 해당하게 된 사실을 알았을 때에는 지체없이 석방시설의 장에게 통보하여야 하며, 통보를 받은 석방시설의 장은 지체없이 법무부장관에게 보고하여야 한다(가석방자관리규정 제18조).

가석방이 실효된 때에는 보호관찰대상자에 대한 보호관찰은 종료한다(보호관찰 등에 관한 법률 제51조 제3호).

(2) 가석방의 임의적 취소

가석방의 처분을 받은 자가 감시에 관한 규칙(가석방자관리규정)을 위반하거나 보호관찰준수사항을 위반하고 그 정도가 무거운 때에는 가석방처분을 취소할 수 있다.

1) 취소사유

보호관찰을 받지 않는 가석방자는 가석방기간 중 「가석방자관리규정」에 따른 출석의무, 신고의무, 관할경찰서장의 조치에 대한 준수, 국내주거지이전 및 여행시의 신고, 국외이주 및 여행시의 신고, 국외이주 또는 여행중지의 신고, 국외귀국신고 등에 따른 준수사항 및 관할경찰서장의 명령 또는 조치를 위반한 경우에는 가석방을 취소할 수 있다.

보호관찰을 받는 가석방자의 경우 보호관찰기간 중 「보호관찰 등에 관한 법률」 제32조의 준수사항을 위반하고 위반 정도가 무거워 보호관찰을 계속하기가 적절하지 아니하다고 판단되는 경우에 가석방을 취소할 수 있다.

2) 취소신청

수형자를 가석방한 소장 또는 가석방자를 수용하고 있는 소장은 가석방자가 가석방취소사유에 해당하는 사실이 있음을 알게 되거나 관할경찰서장으로부터 그 사실을 통보받은 경우에는 지체 없이 가석방취소심사신청서에 가석방취소심사 및 조사표를 첨부하여 위원회에 가석방취소심사를 신청하여야 하며, 가석방심사위원회가 그 신청을 받아 심사를 한 결과 가석방을 취소하는 것이 타당하다고 결정한 경우에는 결정서에 가석방취소심사 및 조사표를 첨부하여 지체 없이 법무부장관에게 가석방의 취소를 신청하여야 한다.

소장은 가석방을 취소하는 것이 타당하다고 인정하는 경우 긴급한 사유가 있을 때에는 위원회의 심사를 거치지 아니하고 전화, 전산망, 또는 그 밖의 통신수단으로 법무부장관에게 가석방의 취소를 신청할 수 있다. 이 경우 소장은 지체없이 가석방취소심사 및 조사표를 송부하여야 한다.

보호관찰을 받는 가석방자의 경우에는 보호관찰소의 장의 신청을 받거나 보호관찰심사위원회의 직권으로 가석방의 취소를 심사하여 결정할 수 있다.

3) 취소심사 및 결정

① 가석방심사위원회가 가석방취소를 심사하는 경우에는 가석방자가 「가석방자관리규정」 등의 법령을 위반하게 된 경위와 그 위반이 사회에 미치는 영향, 가석방기간 동안의 생활태도, 직업의 유무와 종류, 생활환경 및 친족과의 관계, 그 밖의 사정을 고려하여야 한다. 위원회는 심사를 위하여 필요하다고 인정하면 가석방자를 위원회에 출석하게 하여 진술을 들을 수 있다.

② 법무부장관은 가석방처분을 취소하였을 때에는 가석방자의 주거지를 관할하는 지방검찰청의 장 또는 교정시설의 장이나 가석방취소 당시 가석방자를 수용하고 있는 교정시설의 장에게 통보하여 남은 형을 집행하게 하여야 한다. 이 경우 가석방자에게 발급한 가석방증은 효력을 잃는다.

③ 보호관찰을 받는 가석방자의 경우, 보호관찰심사위원회는 심사결과 가석방

을 취소하는 것이 적절하다고 결정한 경우에는 결정서에 관계서류를 첨부하여 법무부장관에게 이에 대한 허가를 신청하여야 하며, 법무부장관은 심사위원회의 결정이 정당하다고 인정되면 이를 허가할 수 있다.

(3) 실효 및 취소의 효과

1) 가석방이 실효되거나 취소되었을 경우에는 가석방자를 재수용하여 잔여형기를 집행한다.
2) 소장은 가석방이 취소되거나 실효된 경우에는 지체 없이 잔형집행에 필요한 조치를 취하고 법무부장관에게 가석방취소자 잔형집행보고서를 송부하여야 한다.
3) 가석방이 취소된 사람 또는 가석방이 실효된 사람이 교정시설에 수용되지 아니한 사실을 알게 된 때에는 소장은 관할지방검찰청 검사 또는 관할경찰서장에게 구인하도록 의뢰하여야 하며 구인의뢰를 받은 검사 또는 경찰서장은 즉시 가석방취소자 또는 가석방실효자를 구인하여 소장에게 인계하여야 한다.
4) 가석방취소자 및 가석방실효자의 잔형기간은 가석방을 실시한 다음날부터 원래 형기의 종료일까지로 하고, 잔형집행기산일은 가석방의 취소 또는 실효로 인하여 교정시설에 수용된 날부터 한다. 가석방기간 중 별도의 형사사건으로 구속되어 교정시설에 미결수용 중인 자의 가석방취소결정으로 잔형을 집행하게 된 경우에는 가석방된 형의 집행을 지휘하였던 검찰청 검사에게 잔형집행지휘를 받아 우선 집행하여야 한다.
5) 가석방의 실효 및 취소의 결정에 따른 재수용자의 가석방 중의 일수는 형기에 산입되지 않는다. '가석방 중의 일수'란 가석방된 다음날부터 가석방이 실효 또는 취소되어 구금된 전날까지의 일수를 말한다.

Ⅳ 현행 가석방의 문제점 및 개선방안

현행 가석방은 국가 중심적 관점에서 요건이 규정되어 있어서 피해자에 대한 배려가 거의 없다.

가석방의 요건을 규정하고 있는 「형법」 제72조 제2항은 "가석방을 하려는 경우에는 벌금 또는 과료의 병과가 있는 때에 그 금액을 완납하여야 한다"고 규정하고 있는 데, 이는 국가에게 납부해야 할 벌과금을 심리적으로 강제하는 효과와 노역장유치로 인한 가석방의 취지 손상을 경감하는 효과는 있으나 피해자에 대한 손해배상 등에 의한 원상회복이나 피해자의 감정 등 피해자에 대한 배려를 외면하고 있다.

이에 대하여는 회복적 사법 이념을 살릴 수 있도록 피해자에 대한 원상회복을 보장할 수 있도록 가석방 요건으로 “가석방을 하려면 피해자에게 손해배상을 완납하고 피해자의 동의가 있어야 한다”는 내용을 요건으로 추가하여야 한다.

그리고 해당 수형자의 자발적인 개선과 주체적인 책임생활을 확인하는 차원에서 수형자 본인이 가석방을 원하는 경우에 가석방을 허가하도록 요건화할 필요가 있다.

학습 체크 포인트

01 선시제(Good Time System)는 폐쇄형처우에 속하나 가석방은 사회형처우에 속한다.

02 가석방이란 징역 또는 금고의 집행 중에 있는 수형자를 형기만료 이전에 일정한 조건 하에 임시석방하는 것을 말한다. 잔여형의 집행유예라고 할 수 있다.

03 가석방제도는 특별예방을 우선하는 제도로서, 수형자들로 하여금 자발적으로 개선 · 갱생의 의욕을 갖도록 하고, 기계적으로 형기만료일까지 형을 집행하는 정기형제도의 단점을 보완하여 형집행의 구체적 타당성을 기하는 목적도 가지고 있다.

04 가석방은 사법(司法)처분이 아니라 가석방심사위원회 또는 보호관찰심사위원회의 허가신청에 의해 법무부장관이 결정하는 행정처분이다.

05 우리나라의 성인수형자에 대한 가석방은 정기형주의의 결함을 보정하기 위한 제도이므로, 영미의 parole과 성격이 더욱 유사한 것은 소년수형자에 대한 가석방제도이다.

06 가석방은 원칙적으로 보호관찰을 받도록 한다는 점에서 보호관찰이 재량으로 부과되는 선고유예 및 집행유예와 구별된다.

07 가석방은 무기수형자에게도 인정되는 제도인데, 무기수형자는 형기가 없으므로 성인의 무기징역 · 무기금고에 있어서는 20년 이상 경과해야 가석방을 허가할 수 있다. 가석방기간은 원칙적으로 남은 형기로 하지만 형기가 없는 무기수형자는 10년으로 가석방기간을 정하고 있다.

08 자유형에 벌금 또는 과료가 병과된 경우 가석방되더라도 벌금 또는 과료가 미납된 상태에 있으면 또다시 노역수형자로서 복역해야 하므로, 벌금 또는 과료의 병과가 있는 때에는 그 금액을 완납해야만 가석방을 할 수 있도록 규정하고 있다.

09 가석방의 효과는 형의 집행을 종료한 효과만 있고, 집행유예처럼 형선고 자체가 실효되는 것은 아니다. 따라서 가석방기간 종료 후 재범을 하면 누범이 될 수 있다. 그러나 가석방 기간 중 재범을 하면 누범이 되지 않는다.

10 가석방이 실효되거나 취소된 경우 가석방 중의 일수는 형기에 산입되지 아니한다. 따라서 가석방이 실효 · 취소된 사람에 대해서는 가석방 시의 잔형 전부를 교정시설 내에서 집행해야 한다.

1

형의 집행 및 수용자의 처우에 관한 법률

(약칭: 형집행법 또는 수용자처우법)

[시행 2020. 8. 5] [법률 제16925호, 2020. 2. 4, 일부개정]

제1장

총 칙

제1조(목적) 이 법은 수형자의 교정교화와 건전한 사회복귀를 도모하고, 수용자의 처우와 권리 및 교정시설의 운영에 관하여 필요한 사항을 규정함을 목적으로 한다.

제2조(정의) 이 법에서 사용하는 용어의 뜻은 다음과 같다. 〈개정 2016. 12. 2.〉

1. "수용자"란 수형자·미결수용자·사형확정자 등 법률과 적법한 절차에 따라 교도소·구치소 및 그 지소(이하 "교정시설"이라 한다)에 수용된 사람을 말한다.
2. "수형자"란 징역형·금고형 또는 구류형의 선고를 받아 그 형이 확정되어 교정시설에 수용된 사람과 벌금 또는 과료를 완납하지 아니하여 노역장 유치명령을 받아 교정시설에 수용된 사람을 말한다.
3. "미결수용자"란 형사피의자 또는 형사피고인으로서 체포되거나 구속영장의 집행을 받아 교정시설에 수용된 사람을 말한다.
4. "사형확정자"란 사형의 선고를 받아 그 형이 확정되어 교정시설에 수용된 사람을 말한다.

제3조(적용범위) 이 법은 교정시설의 구내와 교도관이 수용자를 계호(戒護)하고 있는 그 밖의 장소로서 교도관의 통제가 요구되는 공간에 대하여 적용한다.

제4조(인권의 존중) 이 법을 집행하는 때에 수용자의 인권은 최대한으로 존중되어야 한다.

제5조(차별금지) 수용자는 합리적인 이유 없이 성별, 종교, 장애, 나이, 사회적 신분, 출신지역, 출신국가, 출신민족, 용모 등 신체조건, 병력(病歷), 혼인 여부, 정치적 의견 및 성적(性的) 지향 등을 이유로 차별받지 아니한다.

제5조의2(기본계획의 수립) ① 법무부장관은 이 법의 목적을 효율적으로 달성하기 위하여 5년마다 형의 집행 및 수용자 처우에 관한 기본계획(이하 "기본계획"이라 한다)을 수립하고 추진하여야 한다.

② 기본계획에는 다음 각 호의 사항이 포함되어야 한다.

1. 형의 집행 및 수용자 처우에 관한 기본 방향
2. 인구·범죄의 증감 및 수사 또는 형 집행의 동향 등 교정시설의 수요 증감에 관한 사항

3. 교정시설의 수용 실태 및 적정한 규모의 교정시설 유지 방안
4. 수용자에 대한 처우 및 교정시설의 유지·관리를 위한 적정한 교도관 인력 확충 방안
5. 교도작업과 직업훈련의 현황, 수형자의 건전한 사회복귀를 위한 작업설비 및 프로그램의 확충 방안
6. 수형자의 교육·교화 및 사회적응에 필요한 프로그램의 추진방향
7. 수용자 인권보호 실태와 인권 증진 방안
8. 교정사고의 발생 유형 및 방지에 필요한 사항
9. 형의 집행 및 수용자 처우와 관련하여 관계 기관과의 협력에 관한 사항
10. 그 밖에 법무부장관이 필요하다고 인정하는 사항

③ 법무부장관은 기본계획을 수립 또는 변경하려는 때에는 법원, 검찰 및 경찰 등 관계 기관과 협의하여야 한다.

④ 법무부장관은 기본계획을 수립하기 위하여 실태조사와 수요예측 조사를 실시할 수 있다.

⑤ 법무부장관은 기본계획을 수립하기 위하여 필요하다고 인정하는 경우에는 관계 기관의 장에게 필요한 자료를 요청할 수 있다. 이 경우 자료를 요청받은 관계 기관의 장은 특별한 사정이 없으면 요청에 따라야 한다.

[본조신설 2019. 4. 23.]

제5조의3(협의체의 설치 및 운영) ① 법무부장관은 형의 집행 및 수용자 처우에 관한 사항을 협의하기 위하여 법원, 검찰 및 경찰 등 관계 기관과 협의체를 설치하여 운영할 수 있다.

② 제1항에 따른 협의체의 설치 및 운영 등에 필요한 사항은 대통령령으로 정한다.

[본조신설 2019. 4. 23.]

제6조(교정시설의 규모 및 설비) ① 신설하는 교정시설은 수용인원이 500명 이내의 규모가 되도록 하여야 한다. 다만, 교정시설의 기능·위치나 그 밖의 사정을 고려하여 그 규모를 늘릴 수 있다. 〈개정 2020. 2. 4.〉

② 교정시설의 거실·작업장·접견실이나 그 밖의 수용생활을 위한 설비는 그 목적과 기능에 맞도록 설치되어야 한다. 특히, 거실은 수용자가 건강하게 생활할 수 있도록 적정한 수준의 공간과 채광·통풍·난방을 위한 시설이 갖추어져야 한다.

③ 법무부장관은 수용자에 대한 처우 및 교정시설의 유지·관리를 위한 적정한 인력을 확보하여야 한다. 〈신설 2019. 4. 23.〉

제7조(교정시설 설치·운영의 민간위탁) ① 법무부장관은 교정시설의 설치 및 운영에 관한 업무의 일부를 법인 또는 개인에게 위탁할 수 있다.

② 제1항에 따라 위탁을 받을 수 있는 법인 또는 개인의 자격요건, 교정시설의 시설기준, 수용대상자의 선정기준, 수용자 처우의 기준, 위탁절차, 국가의 감독, 그 밖에 필요한 사항은 따로 법률로 정한다.

제8조(교정시설의 순회점검) 법무부장관은 교정시설의 운영, 교도관의 복무, 수용자의 처우 및 인권실태 등을 파악하기 위하여 매년 1회 이상 교정시설을 순회점검하거나 소속 공무원으로 하여금 순회점검하게 하여야 한다. 〈개정 2016. 5. 29.〉

제9조(교정시설의 시찰 및 참관) ① 판사와 검사는 직무상 필요하면 교정시설을 시찰할 수 있다.
② 제1항의 판사와 검사 외의 사람은 교정시설을 참관하려면 학술연구 등 정당한 이유를 명시하여 교정시설의 장(이하 "소장"이라 한다)의 허가를 받아야 한다.

제10조(교도관의 직무) 이 법에 규정된 사항 외에 교도관의 직무에 관하여는 따로 법률로 정한다.

제2장

수용자의 처우

01 수용

제11조(구분수용) ① 수용자는 다음 각 호에 따라 구분하여 수용한다. 〈개정 2008. 12. 11.〉

1. 19세 이상 수형자: 교도소
2. 19세 미만 수형자: 소년교도소
3. 미결수용자: 구치소
4. 사형확정자: 교도소 또는 구치소. 이 경우 구체적인 구분 기준은 법무부령으로 정한다.

② 교도소 및 구치소의 각 지소에는 교도소 또는 구치소에 준하여 수용자를 수용한다.

제12조(구분수용의 예외) ① 다음 각 호의 어느 하나에 해당하는 사유가 있으면 교도소에 미결수용자를 수용할 수 있다.

1. 관할 법원 및 검찰청 소재지에 구치소가 없는 때
2. 구치소의 수용인원이 정원을 훨씬 초과하여 정상적인 운영이 곤란한 때
3. 범죄의 증거인멸을 방지하기 위하여 필요하거나 그 밖에 특별한 사정이 있는 때

② 취사 등의 작업을 위하여 필요하거나 그 밖에 특별한 사정이 있으면 구치소에 수형자를 수용할 수 있다.

③ 수형자가 소년교도소에 수용 중에 19세가 된 경우에도 교육·교화프로그램, 작업, 직업훈련 등을 실시하기 위하여 특히 필요하다고 인정되면 23세가 되기 전까지는 계속하여 수용할 수 있다. 〈개정 2008. 12. 11.〉

④ 소장은 특별한 사정이 있으면 제11조의 구분수용 기준에 따라 다른 교정시설로 이송하여야 할 수형자를 6개월을 초과하지 아니하는 기간 동안 계속하여 수용할 수 있다.

제13조(분리수용) ① 남성과 여성은 분리하여 수용한다.

② 제12조에 따라 수형자와 미결수용자, 19세 이상의 수형자와 19세 미만의 수형자를 같은 교정시설에 수용하는 경우에는 서로 분리하여 수용한다. 〈개정 2008. 12. 11.〉

제14조(독거수용) 수용자는 독거수용한다. 다만, 다음 각 호의 어느 하나에 해당하는 사유가 있으면 혼거수용할 수 있다.

1. 독거실 부족 등 시설여건이 충분하지 아니한 때
2. 수용자의 생명 또는 신체의 보호, 정서적 안정을 위하여 필요한 때
3. 수형자의 교화 또는 건전한 사회복귀를 위하여 필요한 때

제15조(수용거실 지정) 소장은 수용자의 거실을 지정하는 경우에는 죄명·형기·죄질·성격·범죄전력·나이·경력 및 수용생활 태도, 그 밖에 수용자의 개인적 특성을 고려하여야 한다.

제16조(신입자의 수용 등) ① 소장은 법원·검찰청·경찰관서 등으로부터 처음으로 교정시설에 수용되는 사람(이하 "신입자"라 한다)에 대하여는 집행지휘서, 재판서, 그 밖에 수용에 필요한 서류를 조사한 후 수용한다.

② 소장은 신입자에 대하여는 지체 없이 신체·의류 및 휴대품을 검사하고 건강진단을 하여야 한다. 〈개정 2017. 12. 19.〉

③ 신입자는 제2항에 따라 소장이 실시하는 검사 및 건강진단을 받아야 한다. 〈신설 2015. 3. 27., 2017. 12. 19.〉

제16조의2(간이입소절차) 다음 각 호의 어느 하나에 해당하는 신입자의 경우에는 법무부장관이 정하는 바에 따라 간이입소절차를 실시한다.

1. 「형사소송법」 제200조의2, 제200조의3 또는 제212조에 따라 체포되어 교정시설에 유치된 피의자
2. 「형사소송법」 제201조의2 제10항 및 제71조의2에 따른 구속영장 청구에 따라 피의자 심문을 위하여 교정시설에 유치된 피의자

[본조신설 2017. 12. 19.]

제17조(고지사항) 신입자 및 다른 교정시설로부터 이송되어 온 사람에게는 말이나 서면으로 다음 각 호의 사항을 알려 주어야 한다. 〈개정 2020. 2. 4.〉

1. 형기의 기산일 및 종료일
2. 접견·편지, 그 밖의 수용자의 권리에 관한 사항
3. 청원, 「국가인권위원회법」에 따른 진정, 그 밖의 권리구제에 관한 사항
4. 징벌·규율, 그 밖의 수용자의 의무에 관한 사항
5. 일과(日課) 그 밖의 수용생활에 필요한 기본적인 사항

제18조(수용의 거절) ① 소장은 다른 사람의 건강에 위해를 끼칠 우려가 있는 감염병에 걸린 사람의 수용을 거절할 수 있다. 〈개정 2009. 12. 29.〉

② 소장은 제1항에 따라 수용을 거절하였으면 그 사유를 지체 없이 수용지휘기관과 관할 보건소장에게 통보하고 법무부장관에게 보고하여야 한다.

제19조(사진촬영 등) ① 소장은 신입자 및 다른 교정시설로부터 이송되어 온 사람에 대하여 다른 사람과의 식별을 위하여 필요한 한도에서 사진촬영, 지문채취, 수용자 번호지정, 그 밖에 대통령령으로 정하는 조치를 하여야 한다.
② 소장은 수용목적상 필요하면 수용 중인 사람에 대하여도 제1항의 조치를 할 수 있다.

제20조(수용자의 이송) ① 소장은 수용자의 수용·작업·교화·의료, 그 밖의 처우를 위하여 필요하거나 시설의 안전과 질서유지를 위하여 필요하다고 인정하면 법무부장관의 승인을 받아 수용자를 다른 교정시설로 이송할 수 있다.
② 법무부장관은 제1항의 이송승인에 관한 권한을 대통령령으로 정하는 바에 따라 지방교정청장에게 위임할 수 있다.

제21조(수용사실의 알림) 소장은 신입자 또는 다른 교정시설로부터 이송되어 온 사람이 있으면 그 사실을 수용자의 가족(배우자, 직계 존속·비속 또는 형제자매를 말한다. 이하 같다)에게 지체 없이 알려야 한다. 다만, 수용자가 알리는 것을 원하지 아니하면 그러하지 아니하다.
〈개정 2020. 2. 4.〉
[제목개정 2020. 2. 4.]

02 물품지급

제22조(의류 및 침구 등의 지급) ① 소장은 수용자에게 건강유지에 적합한 의류·침구, 그 밖의 생활용품을 지급한다.
② 의류·침구, 그 밖의 생활용품의 지급기준 등에 관하여 필요한 사항은 법무부령으로 정한다.

제23조(음식물의 지급) ① 소장은 수용자에게 건강상태, 나이, 부과된 작업의 종류, 그 밖의 개인적 특성을 고려하여 건강 및 체력을 유지하는 데에 필요한 음식물을 지급한다.
② 음식물의 지급기준 등에 관하여 필요한 사항은 법무부령으로 정한다.

제24조(물품의 자비구매) ① 수용자는 소장의 허가를 받아 자신의 비용으로 음식물·의류·침구, 그 밖에 수용생활에 필요한 물품을 구매할 수 있다.
② 물품의 자비구매 허가범위 등에 관하여 필요한 사항은 법무부령으로 정한다.

03 금품관리

제25조(휴대금품의 보관 등) ① 소장은 수용자의 휴대금품을 교정시설에 보관한다. 다만, 휴대품이 다음 각 호의 어느 하나에 해당하는 것이면 수용자로 하여금 자신이 지정하는 사람에게 보내게 하거나 그 밖에 적당한 방법으로 처분하게 할 수 있다. 〈개정 2020. 2. 4.〉

1. 썩거나 없어질 우려가 있는 것
2. 물품의 종류·크기 등을 고려할 때 보관하기에 적당하지 아니한 것
3. 사람의 생명 또는 신체에 위험을 초래할 우려가 있는 것
4. 시설의 안전 또는 질서를 해칠 우려가 있는 것
5. 그 밖에 보관할 가치가 없는 것

② 소장은 수용자가 제1항 단서에 따라 처분하여야 할 휴대품을 상당한 기간 내에 처분하지 아니하면 폐기할 수 있다.

[제목개정 2020. 2. 4.]

제26조(수용자가 지니는 물품 등) ① 수용자는 편지·도서, 그 밖에 수용생활에 필요한 물품을 법무부장관이 정하는 범위에서 지닐 수 있다. 〈개정 2020. 2. 4.〉

② 소장은 제1항에 따라 법무부장관이 정하는 범위를 벗어난 물품으로서 교정시설에 특히 보관할 필요가 있다고 인정하지 아니하는 물품은 수용자로 하여금 자신이 지정하는 사람에게 보내게 하거나 그 밖에 적당한 방법으로 처분하게 할 수 있다. 〈개정 2020. 2. 4.〉

③ 소장은 수용자가 제2항에 따라 처분하여야 할 물품을 상당한 기간 내에 처분하지 아니하면 폐기할 수 있다.

[제목개정 2020. 2. 4.]

제27조(수용자에 대한 금품 전달) ① 수용자 외의 사람이 수용자에게 금품을 건네줄 것을 신청하는 때에는 소장은 다음 각 호의 어느 하나에 해당하지 아니하면 허가하여야 한다. 〈개정 2020. 2. 4.〉

1. 수형자의 교화 또는 건전한 사회복귀를 해칠 우려가 있는 때
2. 시설의 안전 또는 질서를 해칠 우려가 있는 때

② 소장은 수용자 외의 사람이 수용자에게 주려는 금품이 제1항 각 호의 어느 하나에 해당하거나 수용자가 금품을 받지 아니하려는 경우에는 해당 금품을 보낸 사람에게 되돌려 보내야 한다. 〈개정 2020. 2. 4.〉

③ 소장은 제2항의 경우에 금품을 보낸 사람을 알 수 없거나 보낸 사람의 주소가 불분명한 경우에는 금품을 다시 가지고 갈 것을 공고하여야 하며, 공고한 후 6개월이 지나도 금품을 돌려달라고 청구하는 사람이 없으면 그 금품은 국고에 귀속된다. 〈개정 2020. 2. 4.〉

④ 소장은 제2항 또는 제3항에 따른 조치를 하였으면 그 사실을 수용자에게 알려 주어야 한다.

[제목개정 2020. 2. 4.]

제28조(유류금품의 처리) ① 소장은 사망자 또는 도주자가 남겨두고 간 금품이 있으면 사망자의 경우에는 그 상속인에게, 도주자의 경우에는 그 가족에게 그 내용 및 청구절차 등을 알려주어야 한다. 다만, 썩거나 없어질 우려가 있는 것은 폐기할 수 있다. 〈개정 2020. 2. 4.〉

② 소장은 상속인 또는 가족이 제1항의 금품을 내어달라고 청구하면 지체 없이 내어주어야 한다. 다만, 제1항에 따른 알림을 받은 날(알려줄 수가 없는 경우에는 청구사유가 발생한 날)부터 1년이 지나도 청구하지 아니하면 그 금품은 국고에 귀속된다. 〈개정 2020. 2. 4.〉

[제목개정 2020. 2. 4.]

제29조(보관금품의 반환 등) ① 소장은 수용자가 석방될 때 제25조에 따라 보관하고 있던 수용자의 휴대금품을 본인에게 돌려주어야 한다. 다만, 보관품을 한꺼번에 가져가기 어려운 경우 등 특별한 사정이 있어 수용자가 석방 시 소장에게 일정 기간 동안(1개월 이내의 범위로 한정한다) 보관품을 보관하여 줄 것을 신청하는 경우에는 그러하지 아니하다. 〈개정 2020. 2. 4.〉

② 제1항 단서에 따른 보관 기간이 지난 보관품에 관하여는 제28조를 준용한다. 이 경우 "사망자" 및 "도주자"는 "피석방자"로, "금품"은 "보관품"으로, "상속인" 및 "가족"은 "피석방자 본인 또는 가족"으로 본다. 〈개정 2020. 2. 4.〉

[전문개정 2015. 3. 27.]
[제목개정 2020. 2. 4.]

04 위생과 의료

제30조(위생·의료 조치의무) 소장은 수용자가 건강한 생활을 하는 데에 필요한 위생 및 의료상의 적절한 조치를 하여야 한다.

제31조(청결유지) 소장은 수용자가 사용하는 모든 설비와 기구가 항상 청결하게 유지되도록 하여야 한다.

제32조(청결의무) ① 수용자는 자신의 신체 및 의류를 청결히 하여야 하며, 자신이 사용하는 거실·작업장, 그 밖의 수용시설의 청결유지에 협력하여야 한다.

② 수용자는 위생을 위하여 머리카락과 수염을 단정하게 유지하여야 한다. 〈개정 2020. 2. 4.〉

제33조(운동 및 목욕) ① 소장은 수용자가 건강유지에 필요한 운동 및 목욕을 정기적으로 할 수 있도록 하여야 한다.

② 운동시간·목욕횟수 등에 관하여 필요한 사항은 대통령령으로 정한다.

제34조(건강검진) ① 소장은 수용자에 대하여 건강검진을 정기적으로 하여야 한다.
② 건강검진의 횟수 등에 관하여 필요한 사항은 대통령령으로 정한다.

제35조(감염병 등에 관한 조치) 소장은 감염병이나 그 밖에 감염의 우려가 있는 질병의 발생과 확산을 방지하기 위하여 필요한 경우 수용자에 대하여 예방접종·격리수용·이송, 그 밖에 필요한 조치를 하여야 한다. 〈개정 2016. 12. 2.〉
[제목개정 2016. 12. 2.]

제36조(부상자 등 치료) ①소장은 수용자가 부상을 당하거나 질병에 걸리면 적절한 치료를 받도록 하여야 한다. 〈개정 2010. 5. 4.〉
② 제1항의 치료를 위하여 교정시설에 근무하는 간호사는 야간 또는 공휴일 등에 「의료법」 제27조에도 불구하고 대통령령으로 정하는 경미한 의료행위를 할 수 있다. 〈신설 2010. 5. 4.〉

제37조(외부의료시설 진료 등) ① 소장은 수용자에 대한 적절한 치료를 위하여 필요하다고 인정하면 교정시설 밖에 있는 의료시설(이하 "외부의료시설"이라 한다)에서 진료를 받게 할 수 있다.
② 소장은 수용자의 정신질환 치료를 위하여 필요하다고 인정하면 법무부장관의 승인을 받아 치료감호시설로 이송할 수 있다.
③ 제2항에 따라 이송된 사람은 수용자에 준하여 처우한다.
④ 소장은 제1항 또는 제2항에 따라 수용자가 외부의료시설에서 진료받거나 치료감호시설로 이송되면 그 사실을 그 가족(가족이 없는 경우에는 수용자가 지정하는 사람)에게 지체 없이 알려야 한다. 다만, 수용자가 알리는 것을 원하지 아니하면 그러하지 아니하다. 〈개정 2020. 2. 4.〉
⑤ 소장은 수용자가 자신의 고의 또는 중대한 과실로 부상 등이 발생하여 외부의료시설에서 진료를 받은 경우에는 그 진료비의 전부 또는 일부를 그 수용자에게 부담하게 할 수 있다.

제38조(자비치료) 소장은 수용자가 자신의 비용으로 외부의료시설에서 근무하는 의사(이하 "외부의사"라 한다)에게 치료받기를 원하면 교정시설에 근무하는 의사(공중보건의사를 포함하며, 이하 "의무관"이라 한다)의 의견을 고려하여 이를 허가할 수 있다.

제39조(진료환경 등) ① 교정시설에는 수용자의 진료를 위하여 필요한 의료 인력과 설비를 갖추어야 한다.
② 소장은 정신질환이 있다고 의심되는 수용자가 있으면 정신건강의학과 의사의 진료를 받을 수 있도록 하여야 한다. 〈개정 2011. 8. 4.〉
③ 외부의사는 수용자를 진료하는 경우에는 법무부장관이 정하는 사항을 준수하여야 한다.
④ 교정시설에 갖추어야 할 의료설비의 기준에 관하여 필요한 사항은 법무부령으로 정한다.

제40조(수용자의 의사에 반하는 의료조치) ① 소장은 수용자가 진료 또는 음식물의 섭취를 거부하면 의무관으로 하여금 관찰·조언 또는 설득을 하도록 하여야 한다.

② 소장은 제1항의 조치에도 불구하고 수용자가 진료 또는 음식물의 섭취를 계속 거부하여 그 생명에 위험을 가져올 급박한 우려가 있으면 의무관으로 하여금 적당한 진료 또는 영양보급 등의 조치를 하게 할 수 있다.

05 접견·편지수수(便紙授受) 및 전화통화〈개정 2020. 2. 4.〉

제41조(접견) ① 수용자는 교정시설의 외부에 있는 사람과 접견할 수 있다. 다만, 다음 각 호의 어느 하나에 해당하는 사유가 있으면 그러하지 아니하다.

1. 형사 법령에 저촉되는 행위를 할 우려가 있는 때
2. 「형사소송법」이나 그 밖의 법률에 따른 접견금지의 결정이 있는 때
3. 수형자의 교화 또는 건전한 사회복귀를 해칠 우려가 있는 때
4. 시설의 안전 또는 질서를 해칠 우려가 있는 때

② 수용자의 접견은 접촉차단시설이 설치된 장소에서 하게 한다. 다만, 다음 각 호의 어느 하나에 해당하는 경우에는 접촉차단시설이 설치되지 아니한 장소에서 접견하게 한다. 〈신설 2019. 4. 23.〉

1. 미결수용자(형사사건으로 수사 또는 재판을 받고 있는 수형자와 사형확정자를 포함한다)가 변호인과 접견하는 경우
2. 수용자가 소송사건의 대리인인 변호사와 접견하는 경우로서 교정시설의 안전 또는 질서를 해칠 우려가 없는 경우

③ 제2항에도 불구하고 다음 각 호의 어느 하나에 해당하는 경우에는 접촉차단시설이 설치되지 아니한 장소에서 접견하게 할 수 있다. 〈신설 2019. 4. 23.〉

1. 수용자가 미성년자인 자녀와 접견하는 경우
2. 그 밖에 대통령령으로 정하는 경우

④ 소장은 다음 각 호의 어느 하나에 해당하는 사유가 있으면 교도관으로 하여금 수용자의 접견내용을 청취·기록·녹음 또는 녹화하게 할 수 있다. 〈개정 2019. 4. 23.〉

1. 범죄의 증거를 인멸하거나 형사 법령에 저촉되는 행위를 할 우려가 있는 때
2. 수형자의 교화 또는 건전한 사회복귀를 위하여 필요한 때
3. 시설의 안전과 질서유지를 위하여 필요한 때

⑤ 제4항에 따라 녹음·녹화하는 경우에는 사전에 수용자 및 그 상대방에게 그 사실을 알려주어야 한다. 〈개정 2019. 4. 23.〉

⑥ 접견의 횟수·시간·장소·방법 및 접견내용의 청취·기록·녹음·녹화 등에 관하여 필요한 사항은 대통령령으로 정한다. 〈개정 2019. 4. 23.〉

제42조(접견의 중지 등) 교도관은 접견 중인 수용자 또는 그 상대방이 다음 각 호의 어느 하나에 해당하면 접견을 중지할 수 있다.

1. 범죄의 증거를 인멸하거나 인멸하려고 하는 때
2. 제92조의 금지물품을 주고받거나 주고받으려고 하는 때
3. 형사 법령에 저촉되는 행위를 하거나 하려고 하는 때
4. 수용자의 처우 또는 교정시설의 운영에 관하여 거짓사실을 유포하는 때
5. 수형자의 교화 또는 건전한 사회복귀를 해칠 우려가 있는 행위를 하거나 하려고 하는 때
6. 시설의 안전 또는 질서를 해하는 행위를 하거나 하려고 하는 때

제43조(편지수수) ① 수용자는 다른 사람과 편지를 주고받을 수 있다. 다만, 다음 각 호의 어느 하나에 해당하는 사유가 있으면 그러하지 아니하다. 〈개정 2020. 2. 4.〉

1. 「형사소송법」이나 그 밖의 법률에 따른 편지의 수수금지 및 압수의 결정이 있는 때
2. 수형자의 교화 또는 건전한 사회복귀를 해칠 우려가 있는 때
3. 시설의 안전 또는 질서를 해칠 우려가 있는 때

② 제1항 각 호 외의 부분 본문에도 불구하고 같은 교정시설의 수용자 간에 편지를 주고받으려면 소장의 허가를 받아야 한다. 〈개정 2020. 2. 4.〉

③ 소장은 수용자가 주고받는 편지에 법령에 따라 금지된 물품이 들어 있는지 확인할 수 있다. 〈개정 2020. 2. 4.〉

④ 수용자가 주고받는 편지의 내용은 검열받지 아니한다. 다만, 다음 각 호의 어느 하나에 해당하는 사유가 있으면 그러하지 아니하다. 〈개정 2020. 2. 4.〉

1. 편지의 상대방이 누구인지 확인할 수 없는 때
2. 「형사소송법」이나 그 밖의 법률에 따른 편지검열의 결정이 있는 때
3. 제1항 제2호 또는 제3호에 해당하는 내용이나 형사 법령에 저촉되는 내용이 기재되어 있다고 의심할 만한 상당한 이유가 있는 때
4. 대통령령으로 정하는 수용자 간의 편지인 때

⑤ 소장은 제3항 또는 제4항 단서에 따라 확인 또는 검열한 결과 수용자의 편지에 법령으로 금지된 물품이 들어 있거나 편지의 내용이 다음 각 호의 어느 하나에 해당하면 발신 또는 수신을 금지할 수 있다. 〈개정 2020. 2. 4.〉

1. 암호·기호 등 이해할 수 없는 특수문자로 작성되어 있는 때
2. 범죄의 증거를 인멸할 우려가 있는 때
3. 형사 법령에 저촉되는 내용이 기재되어 있는 때
4. 수용자의 처우 또는 교정시설의 운영에 관하여 명백한 거짓사실을 포함하고 있는 때
5. 사생활의 비밀 또는 자유를 침해할 우려가 있는 때
6. 수형자의 교화 또는 건전한 사회복귀를 해칠 우려가 있는 때

7. 시설의 안전 또는 질서를 해칠 우려가 있는 때

⑥ 소장이 편지를 발송하거나 내어주는 경우에는 신속히 하여야 한다. 〈개정 2020. 2. 4.〉

⑦ 소장은 제1항 단서 또는 제5항에 따라 발신 또는 수신이 금지된 편지는 그 구체적인 사유를 서면으로 작성해 관리하고, 수용자에게 그 사유를 알린 후 교정시설에 보관한다. 다만, 수용자가 동의하면 폐기할 수 있다. 〈개정 2019. 4. 23., 2020. 2. 4.〉

⑧ 편지발송의 횟수, 편지 내용물의 확인방법 및 편지 내용의 검열절차 등에 관하여 필요한 사항은 대통령령으로 정한다. 〈개정 2020. 2. 4.〉

[제목개정 2020. 2. 4.]

제44조(전화통화) ① 수용자는 소장의 허가를 받아 교정시설의 외부에 있는 사람과 전화통화를 할 수 있다.

② 제1항에 따른 허가에는 통화내용의 청취 또는 녹음을 조건으로 붙일 수 있다.

③ 제42조는 수용자의 전화통화에 관하여 준용한다.

④ 제2항에 따라 통화내용을 청취 또는 녹음하려면 사전에 수용자 및 상대방에게 그 사실을 알려 주어야 한다.

⑤ 전화통화의 허가범위, 통화내용의 청취·녹음 등에 관하여 필요한 사항은 법무부령으로 정한다.

06 종교와 문화

제45조(종교행사의 참석 등) ① 수용자는 교정시설의 안에서 실시하는 종교의식 또는 행사에 참석할 수 있으며, 개별적인 종교상담을 받을 수 있다.

② 수용자는 자신의 신앙생활에 필요한 책이나 물품을 지닐 수 있다. 〈개정 2020. 2. 4.〉

③ 소장은 다음 각 호의 어느 하나에 해당하는 사유가 있으면 제1항 및 제2항에서 규정하고 있는 사항을 제한할 수 있다.

1. 수형자의 교화 또는 건전한 사회복귀를 위하여 필요한 때
2. 시설의 안전과 질서유지를 위하여 필요한 때

④ 종교행사의 종류·참석대상·방법, 종교상담의 대상·방법 및 종교도서·물품을 지닐 수 있는 범위 등에 관하여 필요한 사항은 법무부령으로 정한다. 〈개정 2020. 2. 4.〉

제46조(도서비치 및 이용) 소장은 수용자의 지식함양 및 교양습득에 필요한 도서를 비치하고 수용자가 이용할 수 있도록 하여야 한다.

제47조(신문등의 구독) ① 수용자는 자신의 비용으로 신문·잡지 또는 도서(이하 "신문등"이라 한다)의 구독을 신청할 수 있다.

② 소장은 제1항에 따라 구독을 신청한 신문등이 「출판문화산업 진흥법」에 따른 유해간행물인 경우를 제외하고는 구독을 허가하여야 한다.

③ 제1항에 따라 구독을 신청할 수 있는 신문등의 범위 및 수량은 법무부령으로 정한다.

제48조(라디오 청취와 텔레비전 시청) ① 수용자는 정서안정 및 교양습득을 위하여 라디오 청취와 텔레비전 시청을 할 수 있다.

② 소장은 다음 각 호의 어느 하나에 해당하는 사유가 있으면 수용자에 대한 라디오 및 텔레비전의 방송을 일시 중단하거나 개별 수용자에 대하여 라디오 및 텔레비전의 청취 또는 시청을 금지할 수 있다.

1. 수형자의 교화 또는 건전한 사회복귀를 해칠 우려가 있는 때
2. 시설의 안전과 질서유지를 위하여 필요한 때

③ 방송설비·방송프로그램·방송시간 등에 관하여 필요한 사항은 법무부령으로 정한다.

제49조(집필) ① 수용자는 문서 또는 도화(圖畵)를 작성하거나 문예·학술, 그 밖의 사항에 관하여 집필할 수 있다. 다만, 소장이 시설의 안전 또는 질서를 해칠 명백한 위험이 있다고 인정하는 경우는 예외로 한다. 〈개정 2020. 2. 4.〉

② 제1항에 따라 작성 또는 집필한 문서나 도화를 지니거나 처리하는 것에 관하여는 제26조를 준용한다. 〈개정 2020. 2. 4.〉

③ 제1항에 따라 작성 또는 집필한 문서나 도화가 제43조제5항 각 호의 어느 하나에 해당하면 제43조제7항을 준용한다.

④ 집필용구의 관리, 집필의 시간·장소, 집필한 문서 또는 도화의 외부반출 등에 관하여 필요한 사항은 대통령령으로 정한다.

07 특별한 보호

제50조(여성수용자의 처우) ① 소장은 여성수용자에 대하여 여성의 신체적·심리적 특성을 고려하여 처우하여야 한다.

② 소장은 여성수용자에 대하여 건강검진을 실시하는 경우에는 나이·건강 등을 고려하여 부인과질환에 관한 검사를 포함시켜야 한다. 〈개정 2014. 12. 30.〉

③ 소장은 생리 중인 여성수용자에 대하여는 위생에 필요한 물품을 지급하여야 한다. 〈개정 2014. 12. 30.〉

④ 삭제 〈2019. 4. 23.〉

제51조(여성수용자 처우 시의 유의사항) ① 소장은 여성수용자에 대하여 상담·교육·작업 등(이하 이 조에서 "상담등"이라 한다)을 실시하는 때에는 여성교도관이 담당하도록 하여야 한다.

다만, 여성교도관이 부족하거나 그 밖의 부득이한 사정이 있으면 그러하지 아니하다.

② 제1항 단서에 따라 남성교도관이 1인의 여성수용자에 대하여 실내에서 상담등을 하려면 투명한 창문이 설치된 장소에서 다른 여성을 입회시킨 후 실시하여야 한다.

제52조(임산부인 수용자의 처우) ① 소장은 수용자가 임신 중이거나 출산(유산·사산을 포함한다)한 경우에는 모성보호 및 건강유지를 위하여 정기적인 검진 등 적절한 조치를 하여야 한다. 〈개정 2019. 4. 23.〉

② 소장은 수용자가 출산하려고 하는 경우에는 외부의료시설에서 진료를 받게 하는 등 적절한 조치를 하여야 한다.

제53조(유아의 양육) ① 여성수용자는 자신이 출산한 유아를 교정시설에서 양육할 것을 신청할 수 있다. 이 경우 소장은 다음 각 호의 어느 하나에 해당하는 사유가 없으면, 생후 18개월에 이르기까지 허가하여야 한다. 〈개정 2009. 12. 29.〉

1. 유아가 질병·부상, 그 밖의 사유로 교정시설에서 생활하는 것이 특히 부적당하다고 인정되는 때
2. 수용자가 질병·부상, 그 밖의 사유로 유아를 양육할 능력이 없다고 인정되는 때
3. 교정시설에 감염병이 유행하거나 그 밖의 사정으로 유아양육이 특히 부적당한 때

② 소장은 제1항에 따라 유아의 양육을 허가한 경우에는 필요한 설비와 물품의 제공, 그 밖에 양육을 위하여 필요한 조치를 하여야 한다.

제53조의2(수용자의 미성년 자녀 보호에 대한 지원) ① 소장은 신입자에게 「아동복지법」 제15조에 따른 보호조치를 의뢰할 수 있음을 알려주어야 한다.

② 소장은 수용자가 「아동복지법」 제15조에 따른 보호조치를 의뢰하려는 경우 보호조치 의뢰가 원활하게 이루어질 수 있도록 지원하여야 한다.

③ 제1항에 따른 안내 및 제2항에 따른 보호조치 의뢰 지원의 방법·절차, 그 밖에 필요한 사항은 법무부장관이 정한다.

[본조신설 2019. 4. 23.]

제54조(수용자에 대한 특별한 처우) ① 소장은 노인수용자에 대하여 나이·건강상태 등을 고려하여 그 처우에 있어 적정한 배려를 하여야 한다.

② 소장은 장애인수용자에 대하여 장애의 정도를 고려하여 그 처우에 있어 적정한 배려를 하여야 한다.

③ 소장은 외국인수용자에 대하여 언어·생활문화 등을 고려하여 적정한 처우를 하여야 한다.

④ 소장은 소년수용자에 대하여 나이·적성 등을 고려하여 적정한 처우를 하여야 한다. 〈신설 2015. 3. 27.〉

⑤ 노인수용자·장애인수용자·외국인수용자 및 소년수용자에 대한 적정한 배려 또는 처우에 관하여 필요한 사항은 법무부령으로 정한다. 〈개정 2015. 3. 27.〉

[제목개정 2015. 3. 27.]

08 수형자의 처우

제1절 통칙

제55조(수형자 처우의 원칙) 수형자에 대하여는 교육·교화프로그램, 작업, 직업훈련 등을 통하여 교정교화를 도모하고 사회생활에 적응하는 능력을 함양하도록 처우하여야 한다.

제56조(개별처우계획의 수립 등) ① 소장은 제62조의 분류처우위원회의 의결에 따라 수형자의 개별적 특성에 알맞은 교육·교화프로그램, 작업, 직업훈련 등의 처우에 관한 계획(이하 "개별처우계획"이라 한다)을 수립하여 시행한다.

② 소장은 수형자가 스스로 개선하여 사회에 복귀하려는 의욕이 고취되도록 개별처우계획을 정기적으로 또는 수시로 점검하여야 한다.

제57조(처우) ① 수형자는 제59조의 분류심사의 결과에 따라 그에 적합한 교정시설에 수용되며, 개별처우계획에 따라 그 특성에 알맞은 처우를 받는다.

② 교정시설은 도주방지 등을 위한 수용설비 및 계호의 정도(이하 "경비등급"이라 한다)에 따라 다음 각 호로 구분한다. 다만, 동일한 교정시설이라도 구획을 정하여 경비등급을 달리할 수 있다.

1. 개방시설 : 도주방지를 위한 통상적인 설비의 전부 또는 일부를 갖추지 아니하고 수형자의 자율적 활동이 가능하도록 통상적인 관리·감시의 전부 또는 일부를 하지 아니하는 교정시설
2. 완화경비시설 : 도주방지를 위한 통상적인 설비 및 수형자에 대한 관리·감시를 일반경비시설보다 완화한 교정시설
3. 일반경비시설 : 도주방지를 위한 통상적인 설비를 갖추고 수형자에 대하여 통상적인 관리·감시를 하는 교정시설
4. 중(重)경비시설 : 도주방지 및 수형자 상호 간의 접촉을 차단하는 설비를 강화하고 수형자에 대한 관리·감시를 엄중히 하는 교정시설

③ 수형자에 대한 처우는 교화 또는 건전한 사회복귀를 위하여 교정성적에 따라 상향 조정될 수 있으며, 특히 그 성적이 우수한 수형자는 개방시설에 수용되어 사회생활에 필요한 적정한 처우를 받을 수 있다.

④ 소장은 가석방 또는 형기 종료를 앞둔 수형자 중에서 법무부령으로 정하는 일정한 요건을 갖춘 사람에 대해서는 가석방 또는 형기 종료 전 일정 기간 동안 지역사회 또는 교정시설에 설치된 개방시설에 수용하여 사회적응에 필요한 교육, 취업지원 등의 적정한 처우를 할 수 있다. 〈신설 2015. 3. 27.〉

⑤ 수형자는 교화 또는 건전한 사회복귀를 위하여 교정시설 밖의 적당한 장소에서 봉사활동·견학, 그 밖에 사회적응에 필요한 처우를 받을 수 있다. 〈개정 2015. 3. 27.〉

⑥ 학과교육생·직업훈련생·외국인·여성·장애인·노인·환자·소년(19세 미만인 자를 말한다), 제4항에 따른 처우(이하 "중간처우"라 한다)의 대상자, 그 밖에 별도의 처우가 필요한 수형자는 법무부장관이 특히 그 처우를 전담하도록 정하는 시설(이하 "전담교정시설"이라 한다)에 수용되며, 그 특성에 알맞은 처우를 받는다. 다만, 전담교정시설의 부족이나 그 밖의 부득이한 사정이 있는 경우에는 예외로 할 수 있다. 〈개정 2015. 3. 27.〉

⑦ 제2항 각 호의 시설의 설비 및 계호의 정도에 관하여 필요한 사항은 대통령령으로 정한다. 〈개정 2015. 3. 27.〉

제58조(외부전문가의 상담 등) 소장은 수형자의 교화 또는 건전한 사회복귀를 위하여 필요하면 교육학·교정학·범죄학·사회학·심리학·의학 등에 관한 학식 또는 교정에 관한 경험이 풍부한 외부전문가로 하여금 수형자에 대한 상담·심리치료 또는 생활지도 등을 하게 할 수 있다.

제2절 분류심사

제59조(분류심사) ① 소장은 수형자에 대한 개별처우계획을 합리적으로 수립하고 조정하기 위하여 수형자의 인성, 행동특성 및 자질 등을 과학적으로 조사·측정·평가(이하 "분류심사"라 한다)하여야 한다. 다만, 집행할 형기가 짧거나 그 밖의 특별한 사정이 있는 경우에는 예외로 할 수 있다.

② 수형자의 분류심사는 형이 확정된 경우에 개별처우계획을 수립하기 위하여 하는 심사와 일정한 형기가 지나거나 상벌 또는 그 밖의 사유가 발생한 경우에 개별처우계획을 조정하기 위하여 하는 심사로 구분한다.

③ 소장은 분류심사를 위하여 수형자를 대상으로 상담 등을 통한 신상에 관한 개별사안의 조사, 심리·지능·적성 검사, 그 밖에 필요한 검사를 할 수 있다.

④ 소장은 분류심사를 위하여 외부전문가로부터 필요한 의견을 듣거나 외부전문가에게 조사를 의뢰할 수 있다.

⑤ 이 법에 규정된 사항 외에 분류심사에 관하여 필요한 사항은 법무부령으로 정한다.

제60조(관계기관등에 대한 사실조회 등) ① 소장은 분류심사와 그 밖에 수용목적의 달성을 위하여 필요하면 수용자의 가족 등을 면담하거나 법원·경찰관서, 그 밖의 관계 기관 또는 단체(이하 "관계기관등"이라 한다)에 대하여 필요한 사실을 조회할 수 있다.

② 제1항의 조회를 요청받은 관계기관등의 장은 특별한 사정이 없으면 지체 없이 그에 관하여 답하여야 한다. 〈개정 2020. 2. 4.〉

제61조(분류전담시설) 법무부장관은 수형자를 과학적으로 분류하기 위하여 분류심사를 전담하는 교정시설을 지정·운영할 수 있다.

제62조(분류처우위원회) ① 수형자의 개별처우계획, 가석방심사신청 대상자 선정, 그 밖에 수형자의 분류처우에 관한 중요 사항을 심의·의결하기 위하여 교정시설에 분류처우위원회(이

하 이 조에서 "위원회"라 한다)를 둔다.

② 위원회는 위원장을 포함한 5명 이상 7명 이하의 위원으로 구성하고, 위원장은 소장이 되며, 위원은 위원장이 소속 기관의 부소장 및 과장(지소의 경우에는 7급 이상의 교도관) 중에서 임명한다. 〈개정 2020. 2. 4.〉

③ 위원회는 그 심의·의결을 위하여 외부전문가로부터 의견을 들을 수 있다.

④ 이 법에 규정된 사항 외에 위원회에 관하여 필요한 사항은 법무부령으로 정한다.

제3절 교육과 교화프로그램

제63조(교육) ① 소장은 수형자가 건전한 사회복귀에 필요한 지식과 소양을 습득하도록 교육할 수 있다.

② 소장은 「교육기본법」 제8조의 의무교육을 받지 못한 수형자에 대하여는 본인의 의사·나이·지식정도, 그 밖의 사정을 고려하여 그에 알맞게 교육하여야 한다.

③ 소장은 제1항 및 제2항에 따른 교육을 위하여 필요하면 수형자를 중간처우를 위한 전담교정시설에 수용하여 다음 각 호의 조치를 할 수 있다. 〈개정 2015. 3. 27.〉

1. 외부 교육기관에의 통학
2. 외부 교육기관에서의 위탁교육

④ 교육과정·외부통학·위탁교육 등에 관하여 필요한 사항은 법무부령으로 정한다.

제64조(교화프로그램) ① 소장은 수형자의 교정교화를 위하여 상담·심리치료, 그 밖의 교화프로그램을 실시하여야 한다.

② 소장은 제1항에 따른 교화프로그램의 효과를 높이기 위하여 범죄원인별로 적절한 교화프로그램의 내용, 교육장소 및 전문인력의 확보 등 적합한 환경을 갖추도록 노력하여야 한다. 〈신설 2019. 4. 23.〉

③ 교화프로그램의 종류·내용 등에 관하여 필요한 사항은 법무부령으로 정한다. 〈개정 2019. 4. 23.〉

제4절 작업과 직업훈련

제65조(작업의 부과) ① 수형자에게 부과하는 작업은 건전한 사회복귀를 위하여 기술을 습득하고 근로의욕을 고취하는 데에 적합한 것이어야 한다.

② 소장은 수형자에게 작업을 부과하려면 나이·형기·건강상태·기술·성격·취미·경력·장래생계, 그 밖의 수형자의 사정을 고려하여야 한다.

제66조(작업의무) 수형자는 자신에게 부과된 작업과 그 밖의 노역을 수행하여야 할 의무가 있다.

제67조(신청에 따른 작업) 소장은 금고형 또는 구류형의 집행 중에 있는 사람에 대하여는 신청에 따라 작업을 부과할 수 있다.

제68조(외부 통근 작업 등) ① 소장은 수형자의 건전한 사회복귀와 기술습득을 촉진하기 위하여 필요하면 외부기업체 등에 통근 작업하게 하거나 교정시설의 안에 설치된 외부기업체의 작업장에서 작업하게 할 수 있다.

② 외부 통근 작업 대상자의 선정기준 등에 관하여 필요한 사항은 법무부령으로 정한다.

제69조(직업능력개발훈련) ① 소장은 수형자의 건전한 사회복귀를 위하여 기술 습득 및 향상을 위한 직업능력개발훈련(이하 "직업훈련"이라 한다)을 실시할 수 있다.

② 소장은 수형자의 직업훈련을 위하여 필요하면 외부의 기관 또는 단체에서 훈련을 받게 할 수 있다.

③ 직업훈련 대상자의 선정기준 등에 관하여 필요한 사항은 법무부령으로 정한다.

제70조(집중근로에 따른 처우) ① 소장은 수형자의 신청에 따라 제68조의 작업, 제69조제2항의 훈련, 그 밖에 집중적인 근로가 필요한 작업을 부과하는 경우에는 접견·전화통화·교육·공동행사 참가 등의 처우를 제한할 수 있다. 다만, 접견 또는 전화통화를 제한한 때에는 휴일이나 그 밖에 해당 수용자의 작업이 없는 날에 접견 또는 전화통화를 할 수 있게 하여야 한다.

② 소장은 제1항에 따라 작업을 부과하거나 훈련을 받게 하기 전에 수형자에게 제한되는 처우의 내용을 충분히 설명하여야 한다.

제71조(휴일의 작업) 공휴일·토요일과 그 밖의 휴일에는 작업을 부과하지 아니한다. 다만, 취사·청소·간호, 그 밖에 특히 필요한 작업은 예외로 한다.

제72조(작업의 면제) ① 소장은 수형자의 가족 또는 배우자의 직계존속이 사망하면 2일간, 부모 또는 배우자의 제삿날에는 1일간 해당 수형자의 작업을 면제한다. 다만, 수형자가 작업을 계속하기를 원하는 경우는 예외로 한다. 〈개정 2020. 2. 4.〉

② 소장은 수형자에게 부상·질병, 그 밖에 작업을 계속하기 어려운 특별한 사정이 있으면 그 사유가 해소될 때까지 작업을 면제할 수 있다.

제73조(작업수입 등) ① 작업수입은 국고수입으로 한다.

② 소장은 수형자의 근로의욕을 고취하고 건전한 사회복귀를 지원하기 위하여 법무부장관이 정하는 바에 따라 작업의 종류, 작업성적, 교정성적, 그 밖의 사정을 고려하여 수형자에게 작업장려금을 지급할 수 있다.

③ 제2항의 작업장려금은 석방할 때에 본인에게 지급한다. 다만, 본인의 가족생활 부조, 교화 또는 건전한 사회복귀를 위하여 특히 필요하면 석방 전이라도 그 전부 또는 일부를 지급할 수 있다.

제74조(위로금·조위금) ① 소장은 수형자가 다음 각 호의 어느 하나에 해당하면 법무부장관이 정하는 바에 따라 위로금 또는 조위금을 지급한다.

1. 작업 또는 직업훈련으로 인한 부상 또는 질병으로 신체에 장해가 발생한 때
2. 작업 또는 직업훈련 중에 사망하거나 그로 인하여 사망한 때

② 위로금은 석방할 때에 본인에게 지급하고, 조위금은 그 상속인에게 지급한다.

제75조(다른 보상·배상과의 관계) 위로금 또는 조위금을 지급받을 사람이 국가로부터 동일한 사유로 「민법」이나 그 밖의 법령에 따라 제74조의 위로금 또는 조위금에 상당하는 금액을 지급받은 경우에는 그 금액을 위로금 또는 조위금으로 지급하지 아니한다.

제76조(위로금·조위금을 지급받을 권리의 보호) ① 제74조의 위로금 또는 조위금을 지급받을 권리는 다른 사람 또는 법인에게 양도하거나 담보로 제공할 수 없으며, 다른 사람 또는 법인은 이를 압류할 수 없다.

② 제74조에 따라 지급받은 금전을 표준으로 하여 조세와 그 밖의 공과금(公課金)을 부과하여서는 아니 된다.

제5절 귀휴

제77조(귀휴) ① 소장은 6개월 이상 형을 집행받은 수형자로서 그 형기의 3분의 1(21년 이상의 유기형 또는 무기형의 경우에는 7년)이 지나고 교정성적이 우수한 사람이 다음 각 호의 어느 하나에 해당하면 1년 중 20일 이내의 귀휴를 허가할 수 있다. 〈개정 2020. 2. 4.〉

1. 가족 또는 배우자의 직계존속이 위독한 때
2. 질병이나 사고로 외부의료시설에의 입원이 필요한 때
3. 천재지변이나 그 밖의 재해로 가족, 배우자의 직계존속 또는 수형자 본인에게 회복할 수 없는 중대한 재산상의 손해가 발생하였거나 발생할 우려가 있는 때
4. 그 밖에 교화 또는 건전한 사회복귀를 위하여 법무부령으로 정하는 사유가 있는 때

② 소장은 다음 각 호의 어느 하나에 해당하는 사유가 있는 수형자에 대하여는 제1항에도 불구하고 5일 이내의 특별귀휴를 허가할 수 있다.

1. 가족 또는 배우자의 직계존속이 사망한 때
2. 직계비속의 혼례가 있는 때

③ 소장은 귀휴를 허가하는 경우에 법무부령으로 정하는 바에 따라 거소의 제한이나 그 밖에 필요한 조건을 붙일 수 있다.

④ 제1항 및 제2항의 귀휴기간은 형 집행기간에 포함한다.

제78조(귀휴의 취소) 소장은 귀휴 중인 수형자가 다음 각 호의 어느 하나에 해당하면 그 귀휴를 취소할 수 있다.

1. 귀휴의 허가사유가 존재하지 아니함이 밝혀진 때
2. 거소의 제한이나 그 밖에 귀휴허가에 붙인 조건을 위반한 때

09 미결수용자의 처우

제79조(미결수용자 처우의 원칙) 미결수용자는 무죄의 추정을 받으며 그에 합당한 처우를 받는다.

제80조(참관금지) 미결수용자가 수용된 거실은 참관할 수 없다.

제81조(분리수용) 소장은 미결수용자로서 사건에 서로 관련이 있는 사람은 분리수용하고 서로 간의 접촉을 금지하여야 한다.

제82조(사복착용) 미결수용자는 수사·재판·국정감사 또는 법률로 정하는 조사에 참석할 때에는 사복을 착용할 수 있다. 다만, 소장은 도주우려가 크거나 특히 부적당한 사유가 있다고 인정하면 교정시설에서 지급하는 의류를 입게 할 수 있다.

제83조(이발) 미결수용자의 머리카락과 수염은 특히 필요한 경우가 아니면 본인의 의사에 반하여 짧게 깎지 못한다. 〈개정 2020. 2. 4.〉

제84조(변호인과의 접견 및 편지수수) ① 제41조 제4항에도 불구하고 미결수용자와 변호인(변호인이 되려고 하는 사람을 포함한다. 이하 같다)과의 접견에는 교도관이 참여하지 못하며 그 내용을 청취 또는 녹취하지 못한다. 다만, 보이는 거리에서 미결수용자를 관찰할 수 있다. 〈개정 2019. 4. 23.〉

② 미결수용자와 변호인 간의 접견은 시간과 횟수를 제한하지 아니한다.

③ 제43조제4항 단서에도 불구하고 미결수용자와 변호인 간의 편지는 교정시설에서 상대방이 변호인임을 확인할 수 없는 경우를 제외하고는 검열할 수 없다. 〈개정 2020. 2. 4.〉

[제목개정 2020. 2. 4.]

제85조(조사 등에서의 특칙) 소장은 미결수용자가 징벌대상자로서 조사받고 있거나 징벌집행중인 경우에도 소송서류의 작성, 변호인과의 접견·편지수수, 그 밖의 수사 및 재판 과정에서의 권리행사를 보장하여야 한다. 〈개정 2020. 2. 4.〉

제86조(작업과 교화) ① 소장은 미결수용자에 대하여는 신청에 따라 교육 또는 교화프로그램을 실시하거나 작업을 부과할 수 있다.

② 제1항에 따라 미결수용자에게 교육 또는 교화프로그램을 실시하거나 작업을 부과하는 경우에는 제63조부터 제65조까지 및 제70조부터 제76조까지의 규정을 준용한다.

제87조(유치장) 경찰관서에 설치된 유치장은 교정시설의 미결수용실로 보아 이 법을 준용한다.

제88조(준용규정) 형사사건으로 수사 또는 재판을 받고 있는 수형자와 사형확정자에 대하여는 제82조, 제84조 및 제85조를 준용한다. 〈개정 2008. 12. 11., 2016. 12. 2.〉

[2016. 12. 2. 법률 제14281호에 의하여 2015. 12. 23. 헌법재판소에서 헌법 불합치 결정된 이 조를 개정함.]

10 사형확정자

제89조(사형확정자의 수용) ① 사형확정자는 독거수용한다. 다만, 자살방지, 교육·교화프로그램, 작업, 그 밖의 적절한 처우를 위하여 필요한 경우에는 법무부령으로 정하는 바에 따라 혼거수용할 수 있다.

② 사형확정자가 수용된 거실은 참관할 수 없다.

[전문개정 2008. 12. 11.]

제90조(개인상담 등) ① 소장은 사형확정자의 심리적 안정 및 원만한 수용생활을 위하여 교육 또는 교화프로그램을 실시하거나 신청에 따라 작업을 부과할 수 있다. 〈개정 2008. 12. 11.〉

② 사형확정자에 대한 교육·교화프로그램, 작업, 그 밖의 처우에 필요한 사항은 법무부령으로 정한다. 〈개정 2008. 12. 11.〉

제91조(사형의 집행) ① 사형은 교정시설의 사형장에서 집행한다.

② 공휴일과 토요일에는 사형을 집행하지 아니한다.

11 안전과 질서

제92조(금지물품) ① 수용자는 다음 각 호의 물품을 지녀서는 아니 된다. 〈개정 2019. 4. 23., 2020. 2. 4.〉

1. 마약·총기·도검·폭발물·흉기·독극물, 그 밖에 범죄의 도구로 이용될 우려가 있는 물품
2. 무인비행장치, 전자·통신기기, 그 밖에 도주나 다른 사람과의 연락에 이용될 우려가 있는 물품
3. 주류·담배·화기·현금·수표, 그 밖에 시설의 안전 또는 질서를 해칠 우려가 있는 물품
4. 음란물, 사행행위에 사용되는 물품, 그 밖에 수형자의 교화 또는 건전한 사회복귀를 해칠 우려가 있는 물품

② 제1항에도 불구하고 소장이 수용자의 처우를 위하여 허가하는 경우에는 제1항 제2호의 물품을 지닐 수 있다. 〈신설 2019. 4. 23., 2020. 2. 4.〉

제93조(신체검사 등) ① 교도관은 시설의 안전과 질서유지를 위하여 필요하면 수용자의 신체·의류·휴대품·거실 및 작업장 등을 검사할 수 있다.

② 수용자의 신체를 검사하는 경우에는 불필요한 고통이나 수치심을 느끼지 아니하도록

유의하여야 하며, 특히 신체를 면밀하게 검사할 필요가 있으면 다른 수용자가 볼 수 없는 차단된 장소에서 하여야 한다.

③ 교도관은 시설의 안전과 질서유지를 위하여 필요하면 교정시설을 출입하는 수용자 외의 사람에 대하여 의류와 휴대품을 검사할 수 있다. 이 경우 출입자가 제92조의 금지물품을 지니고 있으면 교정시설에 맡기도록 하여야 하며, 이에 따르지 아니하면 출입을 금지할 수 있다. 〈개정 2020. 2. 4.〉

④ 여성의 신체·의류 및 휴대품에 대한 검사는 여성교도관이 하여야 한다.

⑤ 소장은 제1항에 따라 검사한 결과 제92조의 금지물품이 발견되면 형사 법령으로 정하는 절차에 따라 처리할 물품을 제외하고는 수용자에게 알린 후 폐기한다. 다만, 폐기하는 것이 부적당한 물품은 교정시설에 보관하거나 수용자로 하여금 자신이 지정하는 사람에게 보내게 할 수 있다. 〈개정 2020. 2. 4.〉

제94조(전자장비를 이용한 계호) ① 교도관은 자살·자해·도주·폭행·손괴, 그 밖에 수용자의 생명·신체를 해하거나 시설의 안전 또는 질서를 해하는 행위(이하 "자살등"이라 한다)를 방지하기 위하여 필요한 범위에서 전자장비를 이용하여 수용자 또는 시설을 계호할 수 있다. 다만, 전자영상장비로 거실에 있는 수용자를 계호하는 것은 자살등의 우려가 큰 때에만 할 수 있다.

② 제1항 단서에 따라 거실에 있는 수용자를 전자영상장비로 계호하는 경우에는 계호직원·계호시간 및 계호대상 등을 기록하여야 한다. 이 경우 수용자가 여성이면 여성교도관이 계호하여야 한다.

③ 제1항 및 제2항에 따라 계호하는 경우에는 피계호자의 인권이 침해되지 아니하도록 유의하여야 한다.

④ 전자장비의 종류·설치장소·사용방법 및 녹화기록물의 관리 등에 관하여 필요한 사항은 법무부령으로 정한다.

제95조(보호실 수용) ① 소장은 수용자가 다음 각 호의 어느 하나에 해당하면 의무관의 의견을 고려하여 보호실(자살 및 자해 방지 등의 설비를 갖춘 거실을 말한다. 이하 같다)에 수용할 수 있다.

1. 자살 또는 자해의 우려가 있는 때
2. 신체적·정신적 질병으로 인하여 특별한 보호가 필요한 때

② 수용자의 보호실 수용기간은 15일 이내로 한다. 다만, 소장은 특히 계속하여 수용할 필요가 있으면 의무관의 의견을 고려하여 1회당 7일의 범위에서 기간을 연장할 수 있다. 〈개정 2019. 4. 23.〉

③ 제2항에 따라 수용자를 보호실에 수용할 수 있는 기간은 계속하여 3개월을 초과할 수 없다. 〈개정 2019. 4. 23.〉

④ 소장은 수용자를 보호실에 수용하거나 수용기간을 연장하는 경우에는 그 사유를 본인에게 알려 주어야 한다.

⑤ 의무관은 보호실 수용자의 건강상태를 수시로 확인하여야 한다.
⑥ 소장은 보호실 수용사유가 소멸한 경우에는 보호실 수용을 즉시 중단하여야 한다.

제96조(진정실 수용) ① 소장은 수용자가 다음 각 호의 어느 하나에 해당하는 경우로서 강제력을 행사하거나 제98조의 보호장비를 사용하여도 그 목적을 달성할 수 없는 경우에만 진정실(일반 수용거실로부터 격리되어 있고 방음설비 등을 갖춘 거실을 말한다. 이하 같다)에 수용할 수 있다. 〈개정 2016. 5. 29.〉

1. 교정시설의 설비 또는 기구 등을 손괴하거나 손괴하려고 하는 때
2. 교도관의 제지에도 불구하고 소란행위를 계속하여 다른 수용자의 평온한 수용생활을 방해하는 때

② 수용자의 진정실 수용기간은 24시간 이내로 한다. 다만, 소장은 특히 계속하여 수용할 필요가 있으면 의무관의 의견을 고려하여 1회당 12시간의 범위에서 기간을 연장할 수 있다. 〈개정 2019. 4. 23.〉
③ 제2항에 따라 수용자를 진정실에 수용할 수 있는 기간은 계속하여 3일을 초과할 수 없다. 〈개정 2019. 4. 23.〉
④ 진정실 수용자에 대하여는 제95조 제4항부터 제6항까지의 규정을 준용한다.

제97조(보호장비의 사용) ① 교도관은 수용자가 다음 각 호의 어느 하나에 해당하면 보호장비를 사용할 수 있다. 〈개정 2016. 5. 29.〉

1. 이송·출정, 그 밖에 교정시설 밖의 장소로 수용자를 호송하는 때
2. 도주·자살·자해 또는 다른 사람에 대한 위해의 우려가 큰 때
3. 위력으로 교도관의 정당한 직무집행을 방해하는 때
4. 교정시설의 설비·기구 등을 손괴하거나 그 밖에 시설의 안전 또는 질서를 해칠 우려가 큰 때

② 보호장비를 사용하는 경우에는 수용자의 나이, 건강상태 및 수용생활 태도 등을 고려하여야 한다.
③ 교도관이 교정시설의 안에서 수용자에 대하여 보호장비를 사용한 경우 의무관은 그 수용자의 건강상태를 수시로 확인하여야 한다.

제98조(보호장비의 종류 및 사용요건) ① 보호장비의 종류는 다음 각 호와 같다.

1. 수갑
2. 머리보호장비
3. 발목보호장비
4. 보호대(帶)
5. 보호의자
6. 보호침대
7. 보호복

8. 포승

② 보호장비의 종류별 사용요건은 다음 각 호와 같다.

1. 수갑·포승 : 제97조 제1항 제1호부터 제4호까지의 어느 하나에 해당하는 때
2. 머리보호장비 : 머리부분을 자해할 우려가 큰 때
3. 발목보호장비·보호대·보호의자 : 제97조제1항 제2호부터 제4호까지의 어느 하나에 해당하는 때
4. 보호침대·보호복 : 자살·자해의 우려가 큰 때

③ 보호장비의 사용절차 등에 관하여 필요한 사항은 대통령령으로 정한다.

제99조(보호장비 남용 금지) ① 교도관은 필요한 최소한의 범위에서 보호장비를 사용하여야 하며, 그 사유가 없어지면 사용을 지체 없이 중단하여야 한다. 〈개정 2020. 2. 4.〉

② 보호장비는 징벌의 수단으로 사용되어서는 아니 된다.

제100조(강제력의 행사) ① 교도관은 수용자가 다음 각 호의 어느 하나에 해당하면 강제력을 행사할 수 있다. 〈개정 2016. 5. 29.〉

1. 도주하거나 도주하려고 하는 때
2. 자살하려고 하는 때
3. 자해하거나 자해하려고 하는 때
4. 다른 사람에게 위해를 끼치거나 끼치려고 하는 때
5. 위력으로 교도관의 정당한 직무집행을 방해하는 때
6. 교정시설의 설비·기구 등을 손괴하거나 손괴하려고 하는 때
7. 그 밖에 시설의 안전 또는 질서를 크게 해치는 행위를 하거나 하려고 하는 때

② 교도관은 수용자 외의 사람이 다음 각 호의 어느 하나에 해당하면 강제력을 행사할 수 있다. 〈개정 2016. 5. 29., 2020. 2. 4.〉

1. 수용자를 도주하게 하려고 하는 때
2. 교도관 또는 수용자에게 위해를 끼치거나 끼치려고 하는 때
3. 위력으로 교도관의 정당한 직무집행을 방해하는 때
4. 교정시설의 설비·기구 등을 손괴하거나 하려고 하는 때
5. 교정시설에 침입하거나 하려고 하는 때
6. 교정시설의 안(교도관이 교정시설의 밖에서 수용자를 계호하고 있는 경우 그 장소를 포함한다)에서 교도관의 퇴거요구를 받고도 이에 따르지 아니하는 때

③ 제1항 및 제2항에 따라 강제력을 행사하는 경우에는 보안장비를 사용할 수 있다.

④ 제3항에서 "보안장비"란 교도봉·가스분사기·가스총·최루탄 등 사람의 생명과 신체의 보호, 도주의 방지 및 시설의 안전과 질서유지를 위하여 교도관이 사용하는 장비와 기구를 말한다. 〈개정 2016. 5. 29.〉

⑤ 제1항 및 제2항에 따라 강제력을 행사하려면 사전에 상대방에게 이를 경고하여야 한다. 다만, 상황이 급박하여 경고할 시간적인 여유가 없는 때에는 그러하지 아니하다.

⑥ 강제력의 행사는 필요한 최소한도에 그쳐야 한다.
⑦ 보안장비의 종류, 종류별 사용요건 및 사용절차 등에 관하여 필요한 사항은 법무부령으로 정한다.

제101조(무기의 사용) ① 교도관은 다음 각 호의 어느 하나에 해당하는 사유가 있으면 수용자에 대하여 무기를 사용할 수 있다. 〈개정 2016. 5. 29., 2020. 2. 4.〉

1. 수용자가 다른 사람에게 중대한 위해를 끼치거나 끼치려고 하여 그 사태가 위급한 때
2. 수용자가 폭행 또는 협박에 사용할 위험물을 지니고 있어 교도관이 버릴 것을 명령하였음에도 이에 따르지 아니하는 때
3. 수용자가 폭동을 일으키거나 일으키려고 하여 신속하게 제지하지 아니하면 그 확산을 방지하기 어렵다고 인정되는 때
4. 도주하는 수용자에게 교도관이 정지할 것을 명령하였음에도 계속하여 도주하는 때
5. 수용자가 교도관의 무기를 탈취하거나 탈취하려고 하는 때
6. 그 밖에 사람의 생명·신체 및 설비에 대한 중대하고도 뚜렷한 위험을 방지하기 위하여 무기의 사용을 피할 수 없는 때

② 교도관은 교정시설의 안(교도관이 교정시설의 밖에서 수용자를 계호하고 있는 경우 그 장소를 포함한다)에서 자기 또는 타인의 생명·신체를 보호하거나 수용자의 탈취를 저지하거나 건물 또는 그 밖의 시설과 무기에 대한 위험을 방지하기 위하여 급박하다고 인정되는 상당한 이유가 있으면 수용자 외의 사람에 대하여도 무기를 사용할 수 있다. 〈개정 2016. 5. 29.〉
③ 교도관은 소장 또는 그 직무를 대행하는 사람의 명령을 받아 무기를 사용한다. 다만, 그 명령을 받을 시간적 여유가 없으면 그러하지 아니하다. 〈개정 2016. 5. 29.〉
④ 제1항 및 제2항에 따라 무기를 사용하려면 공포탄을 발사하거나 그 밖에 적당한 방법으로 사전에 상대방에 대하여 이를 경고하여야 한다.
⑤ 무기의 사용은 필요한 최소한도에 그쳐야 하며, 최후의 수단이어야 한다.
⑥ 사용할 수 있는 무기의 종류, 무기의 종류별 사용요건 및 사용절차 등에 관하여 필요한 사항은 법무부령으로 정한다.

제102조(재난 시의 조치) ① 천재지변이나 그 밖의 재해가 발생하여 시설의 안전과 질서유지를 위하여 긴급한 조치가 필요하면 소장은 수용자로 하여금 피해의 복구나 그 밖의 응급용무를 보조하게 할 수 있다.
② 소장은 교정시설의 안에서 천재지변이나 그 밖의 사변에 대한 피난의 방법이 없는 경우에는 수용자를 다른 장소로 이송할 수 있다.
③ 소장은 제2항에 따른 이송이 불가능하면 수용자를 일시 석방할 수 있다.
④ 제3항에 따라 석방된 사람은 석방 후 24시간 이내에 교정시설 또는 경찰관서에 출석하여야 한다. 〈개정 2020. 2. 4.〉

제103조(수용을 위한 체포) ① 교도관은 수용자가 도주 또는 제134조 각 호의 어느 하나에 해당하는 행위(이하 "도주등"이라 한다)를 한 경우에는 도주 후 또는 출석기한이 지난 후 72시간 이내에만 그를 체포할 수 있다. 〈개정 2019. 4. 23.〉

② 교도관은 제1항에 따른 체포를 위하여 긴급히 필요하면 도주등을 하였다고 의심할 만한 상당한 이유가 있는 사람 또는 도주등을 한 사람의 이동경로나 소재를 안다고 인정되는 사람을 정지시켜 질문할 수 있다.

③ 교도관은 제2항에 따라 질문을 할 때에는 그 신분을 표시하는 증표를 제시하고 질문의 목적과 이유를 설명하여야 한다.

④ 교도관은 제1항에 따른 체포를 위하여 영업시간 내에 공연장·여관·음식점·역, 그 밖에 다수인이 출입하는 장소의 관리자 또는 관계인에게 그 장소의 출입이나 그 밖에 특히 필요한 사항에 관하여 협조를 요구할 수 있다. 〈개정 2020. 2. 4.〉

⑤ 교도관은 제4항에 따라 필요한 장소에 출입하는 경우에는 그 신분을 표시하는 증표를 제시하여야 하며, 그 장소의 관리자 또는 관계인의 정당한 업무를 방해하여서는 아니 된다.

제104조(마약류사범 등의 관리) ① 소장은 마약류사범·조직폭력사범 등 법무부령으로 정하는 수용자에 대하여는 시설의 안전과 질서유지를 위하여 필요한 범위에서 다른 수용자와의 접촉을 차단하거나 계호를 엄중히 하는 등 법무부령으로 정하는 바에 따라 다른 수용자와 달리 관리할 수 있다.

② 소장은 제1항에 따라 관리하는 경우에도 기본적인 처우를 제한하여서는 아니 된다.

12 규율과 상벌

제105조(규율 등) ① 수용자는 교정시설의 안전과 질서유지를 위하여 법무부장관이 정하는 규율을 지켜야 한다. 〈개정 2020. 2. 4.〉

② 수용자는 소장이 정하는 일과시간표를 지켜야 한다. 〈개정 2020. 2. 4.〉

③ 수용자는 교도관의 직무상 지시에 따라야 한다. 〈개정 2020. 2. 4.〉

제106조(포상) 소장은 수용자가 다음 각 호의 어느 하나에 해당하면 법무부령으로 정하는 바에 따라 포상할 수 있다.

1. 사람의 생명을 구조하거나 도주를 방지한 때
2. 제102조제1항에 따른 응급용무에 공로가 있는 때
3. 시설의 안전과 질서유지에 뚜렷한 공이 인정되는 때

4. 수용생활에 모범을 보이거나 건설적이고 창의적인 제안을 하는 등 특히 포상할 필요가 있다고 인정되는 때

제107조(징벌) 소장은 수용자가 다음 각 호의 어느 하나에 해당하는 행위를 하면 제111조의 징벌위원회의 의결에 따라 징벌을 부과할 수 있다. 〈개정 2019. 4. 23., 2020. 2. 4.〉

1. 「형법」, 「폭력행위 등 처벌에 관한 법률」, 그 밖의 형사 법률에 저촉되는 행위
2. 수용생활의 편의 등 자신의 요구를 관철할 목적으로 자해하는 행위
3. 정당한 사유 없이 작업·교육·교화프로그램 등을 거부하거나 태만히 하는 행위
4. 제92조의 금지물품을 지니거나 반입·제작·사용·수수·교환·은닉하는 행위
5. 다른 사람을 처벌받게 하거나 교도관의 직무집행을 방해할 목적으로 거짓 사실을 신고하는 행위
6. 그 밖에 시설의 안전과 질서유지를 위하여 법무부령으로 정하는 규율을 위반하는 행위

제108조(징벌의 종류) 징벌의 종류는 다음 각 호와 같다. 〈개정 2019. 4. 23., 2020. 2. 4.〉

1. 경고
2. 50시간 이내의 근로봉사
3. 3개월 이내의 작업장려금 삭감
4. 30일 이내의 공동행사 참가 정지
5. 30일 이내의 신문열람 제한
6. 30일 이내의 텔레비전 시청 제한
7. 30일 이내의 자비구매물품(의사가 치료를 위하여 처방한 의약품을 제외한다) 사용 제한
8. 30일 이내의 작업 정지(신청에 따른 작업에 한정한다)
9. 30일 이내의 전화통화 제한
10. 30일 이내의 집필 제한
11. 30일 이내의 편지수수 제한
12. 30일 이내의 접견 제한
13. 30일 이내의 실외운동 정지
14. 30일 이내의 금치(禁置)

제109조(징벌의 부과) ① 제108조제4호부터 제13호까지의 처분은 함께 부과할 수 있다.

② 수용자가 다음 각 호의 어느 하나에 해당하면 제108조 제2호부터 제14호까지의 규정에서 정한 징벌의 장기의 2분의 1까지 가중할 수 있다.

1. 2 이상의 징벌사유가 경합하는 때
2. 징벌이 집행 중에 있거나 징벌의 집행이 끝난 후 또는 집행이 면제된 후 6개월 내에 다시 징벌사유에 해당하는 행위를 한 때

③ 징벌은 동일한 행위에 관하여 거듭하여 부과할 수 없으며, 행위의 동기 및 경중, 행위 후의 정황, 그 밖의 사정을 고려하여 수용목적을 달성하는 데에 필요한 최소한도에 그쳐야 한다.

④ 징벌사유가 발생한 날부터 2년이 지나면 이를 이유로 징벌을 부과하지 못한다.

제110조(징벌대상자의 조사) ① 소장은 징벌사유에 해당하는 행위를 하였다고 의심할 만한 상당한 이유가 있는 수용자(이하 "징벌대상자"라 한다)가 다음 각 호의 어느 하나에 해당하면 조사기간 중 분리하여 수용할 수 있다.

1. 증거를 인멸할 우려가 있는 때
2. 다른 사람에게 위해를 끼칠 우려가 있거나 다른 수용자의 위해로부터 보호할 필요가 있는 때

② 소장은 징벌대상자가 제1항 각 호의 어느 하나에 해당하면 접견·편지수수·전화통화·실외운동·작업·교육훈련, 공동행사 참가, 중간처우 등 다른 사람과의 접촉이 가능한 처우의 전부 또는 일부를 제한할 수 있다. 〈개정 2015. 3. 27., 2020. 2. 4.〉

제111조(징벌위원회) ① 징벌대상자의 징벌을 결정하기 위하여 교정시설에 징벌위원회(이하 이 조에서 "위원회"라 한다)를 둔다.

② 위원회는 위원장을 포함한 5명 이상 7명 이하의 위원으로 구성하고, 위원장은 소장의 바로 다음 순위자가 되며, 위원은 소장이 소속 기관의 과장(지소의 경우에는 7급 이상의 교도관) 및 교정에 관한 학식과 경험이 풍부한 외부인사 중에서 임명 또는 위촉한다. 이 경우 외부위원은 3명 이상으로 한다. 〈개정 2020. 2. 4.〉

③ 위원회는 소장의 징벌요구에 따라 개회하며, 징벌은 그 의결로써 정한다.

④ 위원이 징벌대상자의 친족이거나 그 밖에 공정한 심의·의결을 기대할 수 없는 특별한 사유가 있는 경우에는 위원회에 참석할 수 없다.

⑤ 징벌대상자는 위원에 대하여 기피신청을 할 수 있다. 이 경우 위원회의 의결로 기피 여부를 결정하여야 한다.

⑥ 위원회는 징벌대상자가 위원회에 출석하여 충분한 진술을 할 수 있는 기회를 부여하여야 하며, 징벌대상자는 서면 또는 말로써 자기에게 유리한 사실을 진술하거나 증거를 제출할 수 있다.

⑦ 위원회의 위원 중 공무원이 아닌 사람은 「형법」 제127조 및 제129조부터 제132조까지의 규정을 적용할 때에는 공무원으로 본다. 〈신설 2016. 1. 6.〉

제111조의2(징벌대상행위에 관한 양형 참고자료 통보) 소장은 미결수용자에게 징벌을 부과한 경우에는 그 징벌대상행위를 양형(量刑) 참고자료로 작성하여 관할 검찰청 검사 또는 관할 법원에 통보할 수 있다.
[본조신설 2020. 2. 4.]

제112조(징벌의 집행) ① 징벌은 소장이 집행한다.

② 소장은 징벌집행을 위하여 필요하다고 인정하면 수용자를 분리하여 수용할 수 있다.

③ 제108조 제14호의 처분을 받은 사람에게는 그 기간 중 같은 조 제4호부터 제12호까지의 처우제한이 함께 부과된다. 다만, 소장은 수용자의 권리구제, 수형자의 교화 또는 건전한 사회복귀를 위하여 특히 필요하다고 인정하면 집필·편지수수 또는 접견을 허가할 수 있다. 〈개정 2016. 12. 2., 2020. 2. 4.〉

④ 소장은 제108조 제14호의 처분을 받은 사람에게 다음 각 호의 어느 하나에 해당하는 사유가 있어 필요하다고 인정하는 경우에는 건강유지에 지장을 초래하지 아니하는 범위에서 실외운동을 제한할 수 있다. 〈신설 2016. 12. 2., 2020. 2. 4.〉

1. 도주의 우려가 있는 경우
2. 자해의 우려가 있는 경우
3. 다른 사람에게 위해를 끼칠 우려가 있는 경우
4. 그 밖에 시설의 안전 또는 질서를 크게 해칠 우려가 있는 경우로서 법무부령으로 정하는 경우

⑤ 소장은 제108조 제13호에 따른 실외운동 정지를 부과하는 경우 또는 제4항에 따라 실외운동을 제한하는 경우라도 수용자가 매주 1회 이상 실외운동을 할 수 있도록 하여야 한다. 〈신설 2020. 2. 4.〉

⑥ 소장은 제108조 제13호 또는 제14호의 처분을 집행하는 경우에는 의무관으로 하여금 사전에 수용자의 건강을 확인하도록 하여야 하며, 집행 중인 경우에도 수시로 건강상태를 확인하여야 한다. 〈개정 2016. 12. 2., 2020. 2. 4.〉

[2016. 12. 2. 법률 제14281호에 의하여 2016. 5. 26. 헌법재판소에서 위헌 결정된 이 조 제3항 본문 중 제108조제13호에 관한 부분을 개정함.]

제113조(징벌집행의 정지·면제) ① 소장은 질병이나 그 밖의 사유로 징벌집행이 곤란하면 그 사유가 해소될 때까지 그 집행을 일시 정지할 수 있다.

② 소장은 징벌집행 중인 사람이 뉘우치는 빛이 뚜렷한 경우에는 그 징벌을 감경하거나 남은 기간의 징벌집행을 면제할 수 있다.

제114조(징벌집행의 유예) ① 징벌위원회는 징벌을 의결하는 때에 행위의 동기 및 정황, 교정성적, 뉘우치는 정도 등 그 사정을 고려할 만한 사유가 있는 수용자에 대하여 2개월 이상 6개월 이하의 기간 내에서 징벌의 집행을 유예할 것을 의결할 수 있다.

② 소장은 징벌집행의 유예기간 중에 있는 수용자가 다시 제107조의 징벌대상행위를 하여 징벌이 결정되면 그 유예한 징벌을 집행한다.

③ 수용자가 징벌집행을 유예받은 후 징벌을 받음이 없이 유예기간이 지나면 그 징벌의 집행은 종료된 것으로 본다.

제115조(징벌의 실효 등) ① 소장은 징벌의 집행이 종료되거나 집행이 면제된 수용자가 교정성적이 양호하고 법무부령으로 정하는 기간 동안 징벌을 받지 아니하면 법무부장관의 승인을

받아 징벌을 실효시킬 수 있다.
② 제1항에도 불구하고 소장은 수용자가 교정사고 방지에 뚜렷한 공로가 있다고 인정되면 분류처우위원회의 의결을 거친 후 법무부장관의 승인을 받아 징벌을 실효시킬 수 있다.
③ 이 법에 규정된 사항 외에 징벌에 관하여 필요한 사항은 법무부령으로 정한다.

13 권리구제

제116조(소장 면담) ① 수용자는 그 처우에 관하여 소장에게 면담을 신청할 수 있다.
② 소장은 수용자의 면담신청이 있으면 다음 각 호의 어느 하나에 해당하는 사유가 있는 경우를 제외하고는 면담을 하여야 한다. 〈개정 2020. 2. 4.〉
1. 정당한 사유 없이 면담사유를 밝히지 아니하는 때
2. 면담목적이 법령에 명백히 위배되는 사항을 요구하는 것인 때
3. 동일한 사유로 면담한 사실이 있음에도 불구하고 정당한 사유 없이 반복하여 면담을 신청하는 때
4. 교도관의 직무집행을 방해할 목적이라고 인정되는 상당한 이유가 있는 때

③ 소장은 특별한 사정이 있으면 소속 교도관으로 하여금 그 면담을 대리하게 할 수 있다. 이 경우 면담을 대리한 사람은 그 결과를 소장에게 지체 없이 보고하여야 한다.
④ 소장은 면담한 결과 처리가 필요한 사항이 있으면 그 처리결과를 수용자에게 알려야 한다. 〈개정 2020. 2. 4.〉

제117조(청원) ① 수용자는 그 처우에 관하여 불복하는 경우 법무부장관·순회점검공무원 또는 관할 지방교정청장에게 청원할 수 있다.
② 제1항에 따라 청원하려는 수용자는 청원서를 작성하여 봉한 후 소장에게 제출하여야 한다. 다만, 순회점검공무원에 대한 청원은 말로도 할 수 있다.
③ 소장은 청원서를 개봉하여서는 아니 되며, 이를 지체 없이 법무부장관·순회점검공무원 또는 관할 지방교정청장에게 보내거나 순회점검공무원에게 전달하여야 한다.
④ 제2항 단서에 따라 순회점검공무원이 청원을 청취하는 경우에는 해당 교정시설의 교도관이 참여하여서는 아니 된다. 〈개정 2016. 5. 29.〉
⑤ 청원에 관한 결정은 문서로 하여야 한다. 〈개정 2020. 2. 4.〉
⑥ 소장은 청원에 관한 결정서를 접수하면 청원인에게 지체 없이 전달하여야 한다.

제117조의2(정보공개청구) ① 수용자는 「공공기관의 정보공개에 관한 법률」에 따라 법무부장관, 지방교정청장 또는 소장에게 정보의 공개를 청구할 수 있다.
② 현재의 수용기간 동안 법무부장관, 지방교정청장 또는 소장에게 제1항에 따른 정보공개

청구를 한 후 정당한 사유 없이 그 청구를 취하하거나 「공공기관의 정보공개에 관한 법률」 제17조에 따른 비용을 납부하지 아니한 사실이 2회 이상 있는 수용자가 제1항에 따른 정보공개청구를 한 경우에 법무부장관, 지방교정청장 또는 소장은 그 수용자에게 정보의 공개 및 우송 등에 들 것으로 예상되는 비용을 미리 납부하게 할 수 있다.

③ 제2항에 따라 정보의 공개 및 우송 등에 들 것으로 예상되는 비용을 미리 납부하여야 하는 수용자가 비용을 납부하지 아니한 경우 법무부장관, 지방교정청장 또는 소장은 그 비용을 납부할 때까지 「공공기관의 정보공개에 관한 법률」 제11조에 따른 정보공개 여부의 결정을 유예할 수 있다.

④ 제2항에 따른 예상비용의 산정방법, 납부방법, 납부기간, 그 밖에 비용납부에 관하여 필요한 사항은 대통령령으로 정한다.

[본조신설 2010. 5. 4.]

제118조(불이익처우 금지) 수용자는 청원, 진정, 소장과의 면담, 그 밖의 권리구제를 위한 행위를 하였다는 이유로 불이익한 처우를 받지 아니한다.

제3장

수용의 종료

01 가석방

제119조(가석방심사위원회) 「형법」 제72조에 따른 가석방의 적격 여부를 심사하기 위하여 법무부장관 소속으로 가석방심사위원회(이하 이 장에서 "위원회"라 한다)를 둔다.

제120조(위원회의 구성) ① 위원회는 위원장을 포함한 5명 이상 9명 이하의 위원으로 구성한다. 〈개정 2020. 2. 4.〉

② 위원장은 법무부차관이 되고, 위원은 판사, 검사, 변호사, 법무부 소속 공무원, 교정에 관한 학식과 경험이 풍부한 사람 중에서 법무부장관이 임명 또는 위촉한다.

③ 위원회의 심사과정 및 심사내용의 공개범위와 공개시기는 다음 각 호와 같다. 다만, 제2호 및 제3호의 내용 중 개인의 신상을 특정할 수 있는 부분은 삭제하고 공개하되, 국민의 알권리를 충족할 필요가 있는 등의 사유가 있는 경우에는 위원회가 달리 의결할 수 있다. 〈개정 2011. 7. 18., 2020. 2. 4.〉

1. 위원의 명단과 경력사항은 임명 또는 위촉한 즉시
2. 심의서는 해당 가석방 결정 등을 한 후부터 즉시
3. 회의록은 해당 가석방 결정 등을 한 후 5년이 경과한 때부터

④ 위원회의 위원 중 공무원이 아닌 사람은 「형법」 제127조 및 제129조부터 제132조까지의 규정을 적용할 때에는 공무원으로 본다. 〈신설 2016. 1. 6.〉

⑤ 그 밖에 위원회에 관하여 필요한 사항은 법무부령으로 정한다. 〈신설 2011. 7. 18., 2016. 1. 6.〉

제121조(가석방 적격심사) ① 소장은 「형법」 제72조 제1항의 기간이 지난 수형자에 대하여는 법무부령으로 정하는 바에 따라 위원회에 가석방 적격심사를 신청하여야 한다.

② 위원회는 수형자의 나이, 범죄동기, 죄명, 형기, 교정성적, 건강상태, 가석방 후의 생계능력, 생활환경, 재범의 위험성, 그 밖에 필요한 사정을 고려하여 가석방의 적격 여부를 결정한다.

제122조(가석방 허가) ① 위원회는 가석방 적격결정을 하였으면 5일 이내에 법무부장관에게 가석방 허가를 신청하여야 한다.

② 법무부장관은 제1항에 따른 위원회의 가석방 허가신청이 적정하다고 인정하면 허가할 수 있다.

02 석방

제123조(석방) 소장은 사면·형기종료 또는 권한이 있는 사람의 명령에 따라 수용자를 석방한다. 〈개정 2020. 2. 4.〉

제124조(석방시기) ① 사면, 가석방, 형의 집행면제, 감형에 따른 석방은 그 서류가 교정시설에 도달한 후 12시간 이내에 하여야 한다. 다만, 그 서류에서 석방일시를 지정하고 있으면 그 일시에 한다. 〈개정 2020. 2. 4.〉

② 형기종료에 따른 석방은 형기종료일에 하여야 한다. 〈개정 2020. 2. 4.〉

③ 권한이 있는 사람의 명령에 따른 석방은 서류가 도달한 후 5시간 이내에 하여야 한다. 〈개정 2020. 2. 4.〉

제125조(피석방자의 일시수용) 소장은 피석방자가 질병이나 그 밖에 피할 수 없는 사정으로 귀가하기 곤란한 경우에 본인의 신청이 있으면 일시적으로 교정시설에 수용할 수 있다.

제126조(귀가여비의 지급 등) 소장은 피석방자에게 귀가에 필요한 여비 또는 의류가 없으면 법무부장관이 정하는 범위에서 이를 지급하거나 빌려 줄 수 있다.

제126조의2(석방예정자의 수용이력 등 통보) ① 소장은 석방될 수형자의 재범방지, 자립지원 및 피해자 보호를 위하여 필요하다고 인정하면 해당 수형자의 수용이력 또는 사회복귀에 관한 의견을 그의 거주지를 관할하는 경찰관서나 자립을 지원할 법인 또는 개인에게 통보할 수 있다. 다만, 법인 또는 개인에게 통보하는 경우에는 해당 수형자의 동의를 받아야 한다.

② 제1항에 따라 통보하는 수용이력 또는 사회복귀에 관한 의견의 구체적인 사항은 대통령령으로 정한다.

[본조신설 2020. 2. 4.]

03 사망

제127조(사망 알림) 소장은 수용자가 사망한 경우에는 그 사실을 즉시 그 가족(가족이 없는 경우에는 다른 친족)에게 알려야 한다. 〈개정 2020. 2. 4.〉

[제목개정 2020. 2. 4.]

제128조(시신의 인도 등) ① 소장은 사망한 수용자의 친족 또는 특별한 연고가 있는 사람이 그 시신 또는 유골의 인도를 청구하는 경우에는 인도하여야 한다. 다만, 제3항에 따라 자연장(自然葬)을 하거나 집단으로 매장을 한 후에는 그러하지 아니하다. 〈개정 2015. 3. 27.〉

② 소장은 제127조에 따라 수용자가 사망한 사실을 알게 된 사람이 다음 각 호의 어느 하나에 해당하는 기간 이내에 그 시신을 인수하지 아니하거나 시신을 인수할 사람이 없으면 임시로 매장하거나 화장(火葬) 후 봉안하여야 한다. 다만, 감염병 예방 등을 위하여 필요하면 즉시 화장하여야 하며, 그 밖에 필요한 조치를 할 수 있다. 〈개정 2015. 3. 27., 2020. 2. 4.〉

1. 임시로 매장하려는 경우: 사망한 사실을 알게 된 날부터 3일
2. 화장하여 봉안하려는 경우: 사망한 사실을 알게 된 날부터 60일

③ 소장은 제2항에 따라 시신을 임시로 매장하거나 화장하여 봉안한 후 2년이 지나도록 시신의 인도를 청구하는 사람이 없을 때에는 다음 각 호의 구분에 따른 방법으로 처리할 수 있다. 〈개정 2015. 3. 27.〉

1. 임시로 매장한 경우: 화장 후 자연장을 하거나 일정한 장소에 집단으로 매장
2. 화장하여 봉안한 경우: 자연장

④ 소장은 병원이나 그 밖의 연구기관이 학술연구상의 필요에 따라 수용자의 시신인도를 신청하면 본인의 유언 또는 상속인의 승낙이 있는 경우에 한하여 인도할 수 있다.

⑤ 소장은 수용자가 사망하면 법무부장관이 정하는 범위에서 화장·시신인도 등에 필요한 비용을 인수자에게 지급할 수 있다.

제4장

교정자문위원회 등

제129조(교정자문위원회) ① 수용자의 관리·교정교화 등 사무에 관한 지방교정청장의 자문에 응하기 위하여 지방교정청에 교정자문위원회(이하 이 조에서 "위원회"라 한다)를 둔다. 〈개정 2019. 4. 23.〉

② 위원회는 10명 이상 15명 이하의 위원으로 성별을 고려하여 구성하고, 위원장은 위원 중에서 호선하며, 위원은 교정에 관한 학식과 경험이 풍부한 외부인사 중에서 지방교정청장의 추천을 받아 법무부장관이 위촉한다. 〈개정 2019. 4. 23.〉

③ 이 법에 규정된 사항 외에 위원회에 관하여 필요한 사항은 법무부령으로 정한다.

제130조(교정위원) ① 수용자의 교육·교화·의료, 그 밖에 수용자의 처우를 후원하기 위하여 교정시설에 교정위원을 둘 수 있다.

② 교정위원은 명예직으로 하며 소장의 추천을 받아 법무부장관이 위촉한다.

제131조(기부금품의 접수) 소장은 기관·단체 또는 개인이 수용자의 교화 등을 위하여 교정시설에 자발적으로 기탁하는 금품을 받을 수 있다.

제5장

벌칙

제132조(금지물품을 지닌 경우) ① 수용자가 제92조제2항을 위반하여 소장의 허가 없이 무인비행장치, 전자·통신기기를 지닌 경우 2년 이하의 징역 또는 2천만원 이하의 벌금에 처한다. 〈개정 2020. 2. 4.〉

② 수용자가 제92조제1항제3호를 위반하여 주류·담배·화기·현금·수표를 지닌 경우 1년 이하의 징역 또는 1천만원 이하의 벌금에 처한다. 〈개정 2020. 2. 4.〉

[전문개정 2019. 4. 23.]
[제목개정 2020. 2. 4.]

제133조(금지물품의 반입) ① 소장의 허가 없이 무인비행장치, 전자·통신기기를 교정시설에 반입한 사람은 3년 이하의 징역 또는 3천만원 이하의 벌금에 처한다.

② 주류·담배·화기·현금·수표·음란물·사행행위에 사용되는 물품을 수용자에게 전달할 목적으로 교정시설에 반입한 사람은 1년 이하의 징역 또는 1천만원 이하의 벌금에 처한다.

③ 상습적으로 제2항의 죄를 범한 사람은 2년 이하의 징역 또는 2천만원 이하의 벌금에 처한다.

[본조신설 2019. 4. 23.]
[종전 제133조는 제134조로 이동 〈2019. 4. 23.〉]

제134조(출석의무 위반 등) 다음 각 호의 어느 하나에 해당하는 행위를 한 수용자는 1년 이하의 징역에 처한다. 〈개정 2020. 2. 4.〉

1. 정당한 사유 없이 제102조 제4항을 위반하여 일시석방 후 24시간 이내에 교정시설 또는 경찰관서에 출석하지 아니하는 행위
2. 귀휴·외부통근, 그 밖의 사유로 소장의 허가를 받아 교도관의 계호 없이 교정시설 밖으로 나간 후에 정당한 사유 없이 기한까지 돌아오지 아니하는 행위

[제133조에서 이동 〈2019. 4. 23.〉]

제135조(녹화 등의 금지) 소장의 허가 없이 교정시설 내부를 녹화·촬영한 사람은 1년 이하의 징역 또는 1천만원 이하의 벌금에 처한다.

[본조신설 2019. 4. 23.]

제136조(미수범) 제133조 및 제135조의 미수범은 처벌한다.

[본조신설 2019. 4. 23.]

第137條(몰수) 제132조 및 제133조에 해당하는 금지물품은 몰수한다.
[본조신설 2019. 4. 23.]

부칙〈제16925호, 2020. 2. 4.〉

이 법은 공포 후 6개월이 경과한 날부터 시행한다.

2

형의 집행 및 수용자의 처우에 관한 법률 시행령

(약칭: 형집행법(수용자처우법) 시행령)

[시행 2019. 10. 24] [대통령령 제30134호, 2019. 10. 22, 일부개정]

제1장

총 칙

제1조(목적) 이 영은 「형의 집행 및 수용자의 처우에 관한 법률」에서 위임된 사항과 그 시행에 필요한 사항을 규정함을 목적으로 한다.

제1조의2(협의체의 구성 및 운영 등) ① 「형의 집행 및 수용자의 처우에 관한 법률」(이하 "법"이라 한다) 제5조의3에 따른 협의체(이하 "협의체"라 한다)는 위원장을 포함하여 12명의 위원으로 구성한다.

② 협의체의 위원장은 법무부차관이 되고, 협의체의 위원은 다음 각 호의 사람이 된다.

1. 기획재정부, 교육부, 법무부, 국방부, 행정안전부, 보건복지부, 고용노동부, 경찰청 및 해양경찰청 소속 고위공무원단에 속하는 공무원(국방부의 경우에는 고위공무원단에 속하는 공무원 또는 이에 상당하는 장성급 장교를, 경찰청 및 해양경찰청의 경우에는 경무관 이상의 경찰공무원을 말한다) 중에서 해당 소속 기관의 장이 지명하는 사람 각 1명
2. 법원행정처 소속 판사 또는 3급 이상의 법원일반직공무원 중에서 법원행정처장이 지명하는 사람 1명
3. 대검찰청 소속 검사 또는 고위공무원단에 속하는 공무원 중에서 검찰총장이 지명하는 사람 1명

③ 협의체의 위원장은 협의체 회의를 소집하며, 회의 개최 7일 전까지 회의의 일시·장소 및 안건 등을 각 위원에게 알려야 한다.

④ 협의체의 위원장은 협의체의 회의 결과를 위원이 소속된 기관의 장에게 통보해야 한다.
[본조신설 2019. 10. 22.]

제2조(판사 등의 시찰) ① 판사 또는 검사가 법 제9조 제1항에 따라 교도소·구치소 및 그 지소(이하 "교정시설"이라 한다)를 시찰할 경우에는 미리 그 신분을 나타내는 증표를 교정시설의 장(이하 "소장"이라 한다)에게 제시해야 한다. 〈개정 2018. 12. 24., 2019. 10. 22.〉

② 소장은 제1항의 경우에 교도관에게 시찰을 요구받은 장소를 안내하게 해야 한다. 〈개정 2018. 12. 24.〉

제3조(참관) ① 소장은 법 제9조 제2항에 따라 판사와 검사 외의 사람이 교정시설의 참관을 신청하는 경우에는 그 성명·직업·주소·나이·성별 및 참관 목적을 확인한 후 허가 여부를 결정하여야 한다.

② 소장은 외국인에게 참관을 허가할 경우에는 미리 관할 지방교정청장의 승인을 받아야 한다.

③ 소장은 제1항 및 제2항에 따라 허가를 받은 사람에게 참관할 때의 주의사항을 알려주어야 한다.

제2장

수용자의 처우

01 수 용

제4조(독거실의 비율) 교정시설을 새로 설치하는 경우에는 법 제14조에 따른 수용자의 거실수용을 위하여 독거실(獨居室)과 혼거실(混居室)의 비율이 적정한 수준이 되도록 한다.

제5조(독거수용의 구분) 독거수용은 다음 각 호와 같이 구분한다.

1. 처우상 독거수용: 주간에는 교육·작업 등의 처우를 위하여 일과(日課)에 따른 공동생활을 하게 하고 휴업일과 야간에만 독거수용하는 것을 말한다.
2. 계호(戒護)상 독거수용: 사람의 생명·신체의 보호 또는 교정시설의 안전과 질서유지를 위하여 항상 독거수용하고 다른 수용자와의 접촉을 금지하는 것을 말한다. 다만, 수사·재판·실외운동·목욕·접견·진료 등을 위하여 필요한 경우에는 그러하지 아니하다.

제6조(계호상 독거수용자의 시찰) ① 교도관은 제5조 제2호에 따라 독거수용된 사람(이하 "계호상 독거수용자"라 한다)을 수시로 시찰하여 건강상 또는 교화상 이상이 없는지 살펴야 한다.

② 교도관은 제1항의 시찰 결과, 계호상 독거수용자가 건강상 이상이 있는 것으로 보이는 경우에는 교정시설에 근무하는 의사(공중보건의사를 포함한다. 이하 "의무관"이라 한다)에게 즉시 알려야 하고, 교화상 문제가 있다고 인정하는 경우에는 소장에게 지체 없이 보고하여야 한다.

③ 의무관은 제2항의 통보를 받은 즉시 해당 수용자를 상담·진찰하는 등 적절한 의료조치를 하여야 하며, 계호상 독거수용자를 계속하여 독거수용하는 것이 건강상 해롭다고 인정하는 경우에는 그 의견을 소장에게 즉시 보고하여야 한다.

④ 소장은 계호상 독거수용자를 계속하여 독거수용하는 것이 건강상 또는 교화상 해롭다고 인정하는 경우에는 이를 즉시 중단하여야 한다.

제7조(여성수용자에 대한 시찰) 소장은 특히 필요하다고 인정하는 경우가 아니면 남성교도관이 야간에 수용자거실에 있는 여성수용자를 시찰하게 하여서는 아니 된다.

제8조(혼거수용 인원의 기준) 혼거수용 인원은 3명 이상으로 한다. 다만, 요양이나 그 밖의 부득이한 사정이 있는 경우에는 예외로 한다.

제9조(혼거수용의 제한) 소장은 노역장 유치명령을 받은 수형자와 징역형·금고형 또는 구류형을 선고받아 형이 확정된 수형자를 혼거수용해서는 아니 된다. 다만, 징역형·금고형 또는 구류형의 집행을 마친 다음에 계속해서 노역장 유치명령을 집행하거나 그 밖에 부득이한 사정이 있는 경우에는 그러하지 아니하다.

제10조(수용자의 자리 지정) 소장은 수용자의 생명·신체의 보호, 증거인멸의 방지 및 교정시설의 안전과 질서유지를 위하여 필요하다고 인정하면 혼거실·교육실·강당·작업장, 그 밖에 수용자들이 서로 접촉할 수 있는 장소에서 수용자의 자리를 지정할 수 있다.

제11조(거실의 대용금지) 소장은 수용자거실을 작업장으로 사용해서는 아니 된다. 다만, 수용자의 심리적 안정, 교정교화 또는 사회적응능력 함양을 위하여 특히 필요하다고 인정하면 그러하지 아니하다.

제12조(현황표 등의 부착 등) ① 소장은 수용자거실에 면적, 정원 및 현재인원을 적은 현황표를 붙여야 한다.

② 소장은 수용자거실 앞에 이름표를 붙이되, 이름표 윗부분에는 수용자의 성명·출생연도·죄명·형명 및 형기(刑期)를 적고, 그 아랫부분에는 수용자번호 및 입소일을 적되 윗부분의 내용이 보이지 않도록 하여야 한다. 〈개정 2014. 6. 25.〉

③ 소장은 수용자가 법령에 따라 지켜야 할 사항과 수용자의 권리구제 절차에 관한 사항을 수용자거실의 보기 쉬운 장소에 붙이는 등의 방법으로 비치하여야 한다. 〈개정 2014. 6. 25.〉

제13조(신입자의 인수) ① 소장은 법원·검찰청·경찰관서 등으로부터 처음으로 교정시설에 수용되는 사람(이하 "신입자"라 한다)을 인수한 경우에는 호송인(護送人)에게 인수서를 써 주어야 한다. 이 경우 신입자에게 부상·질병, 그 밖에 건강에 이상(이하 이 조에서 "부상등"이라 한다)이 있을 때에는 호송인으로부터 그 사실에 대한 확인서를 받아야 한다.

② 신입자를 인수한 교도관은 제1항의 인수서에 신입자의 성명, 나이 및 인수일시를 적고 서명 또는 날인하여야 한다.

③ 소장은 제1항 후단에 따라 확인서를 받는 경우에는 호송인에게 신입자의 성명, 나이, 인계일시 및 부상등의 사실을 적고 서명 또는 날인하도록 하여야 한다.

제14조(신입자의 신체 등 검사) 소장은 신입자를 인수한 경우에는 교도관에게 신입자의 신체·의류 및 휴대품을 지체 없이 검사하게 하여야 한다.

第15조(신입자의 건강진단) 법 제16조 제2항에 따른 신입자의 건강진단은 수용된 날부터 3일 이내에 하여야 한다. 다만, 휴무일이 연속되는 등 부득이한 사정이 있는 경우에는 예외로 한다.

第16조(신입자의 목욕) 소장은 신입자에게 질병이나 그 밖의 부득이한 사정이 있는 경우가 아니면 지체 없이 목욕을 하게 하여야 한다.

第17조(신입자의 신체 특징 기록 등) ① 소장은 신입자의 키·용모·문신·흉터 등 신체 특징과 가족 등 보호자의 연락처를 수용기록부에 기록하여야 하며, 교도관이 업무상 필요한 경우가 아니면 이를 열람하지 못하도록 하여야 한다.

② 소장은 신입자 및 다른 교정시설로부터 이송(移送)되어 온 사람(이하 "이입자"라 한다)에 대하여 수용자번호를 지정하고 수용 중 번호표를 상의의 왼쪽 가슴에 붙이게 하여야 한다. 다만, 수용자의 교화 또는 건전한 사회복귀를 위하여 특히 필요하다고 인정하면 번호표를 붙이지 아니할 수 있다.

第18조(신입자거실 수용 등) ① 소장은 신입자가 환자이거나 부득이한 사정이 있는 경우가 아니면 수용된 날부터 3일 동안 신입자거실에 수용하여야 한다.

② 소장은 제1항에 따라 신입자거실에 수용된 사람에게는 작업을 부과해서는 아니 된다.

③ 소장은 19세 미만의 신입자 그 밖에 특히 필요하다고 인정하는 수용자에 대하여는 제1항의 기간을 30일까지 연장할 수 있다.

第19조(수용기록부 등의 작성) 소장은 신입자 또는 이입자를 수용한 날부터 3일 이내에 수용기록부, 수용자명부 및 형기종료부를 작성·정비하고 필요한 사항을 기록하여야 한다.

第20조(신입자의 신원조사) ① 소장은 신입자의 신원에 관한 사항을 조사하여 수용기록부에 기록하여야 한다. 〈개정 2012. 1. 6.〉

② 소장은 신입자의 본인 확인 및 수용자의 처우 등을 위하여 불가피한 경우 「개인정보 보호법」 제23조에 따른 정보, 같은 법 시행령 제18조 제2호에 따른 범죄경력자료에 해당하는 정보, 같은 영 제19조에 따른 주민등록번호, 여권번호, 운전면허의 면허번호 또는 외국인등록번호가 포함된 자료를 처리할 수 있다. 〈신설 2012. 1. 6.〉

第21조(형 또는 구속의 집행정지 사유의 통보) 소장은 수용자에 대하여 건강상의 사유로 형의 집행정지 또는 구속의 집행정지를 할 필요가 있다고 인정하는 경우에는 의무관의 진단서와 인수인에 대한 확인서류를 첨부하여 그 사실을 검사에게, 기소된 상태인 경우에는 법원에도 지체 없이 통보하여야 한다.

第22조(지방교정청장의 이송승인권) ① 지방교정청장은 법 제20조 제2항에 따라 다음 각 호의 어느 하나에 해당하는 경우에는 수용자의 이송을 승인할 수 있다.

1. 수용시설의 공사 등으로 수용거실이 일시적으로 부족한 때
2. 교정시설 간 수용인원의 뚜렷한 불균형을 조정하기 위하여 특히 필요하다고 인정되는 때

3. 교정시설의 안전과 질서유지를 위하여 긴급하게 이송할 필요가 있다고 인정되는 때

② 제1항에 따른 지방교정청장의 이송승인은 관할 내 이송으로 한정한다.

제23조(이송 중지) 소장은 수용자를 다른 교정시설에 이송하는 경우에 의무관으로부터 수용자가 건강상 감당하기 어렵다는 보고를 받으면 이송을 중지하고 그 사실을 이송받을 소장에게 알려야 한다.

제24조(호송 시 분리) 수용자를 이송이나 출정(出廷), 그 밖의 사유로 호송하는 경우에는 수형자는 미결수용자와, 여성수용자는 남성수용자와, 19세 미만의 수용자는 19세 이상의 수용자와 각각 호송 차량의 좌석을 분리하는 등의 방법으로 서로 접촉하지 못하게 하여야 한다.

02 물품 지급

제25조(생활용품 지급 시의 유의사항) ① 소장은 법 제22조 제1항에 따라 의류·침구, 그 밖의 생활용품(이하 "의류등"이라 한다)을 지급하는 경우에는 수용자의 건강, 계절 등을 고려하여야 한다.

② 소장은 수용자에게 특히 청결하게 관리할 수 있는 재질의 식기를 지급하여야 하며, 다른 사람이 사용한 의류등을 지급하는 경우에는 세탁하거나 소독하여 지급하여야 한다.

제26조(생활기구의 비치) ① 소장은 거실·작업장, 그 밖에 수용자가 생활하는 장소(이하 이 조에서 "거실등"이라 한다)에 수용생활에 필요한 기구를 갖춰 둬야 한다.

② 거실등에는 갖춰 둔 기구의 품목·수량을 기록한 품목표를 붙여야 한다.

제27조(음식물의 지급) 법 제23조에 따라 수용자에게 지급하는 음식물은 주식·부식·음료, 그 밖의 영양물로 한다.

제28조(주식의 지급) ① 수용자에게 지급하는 주식은 쌀로 한다. 〈개정 2014. 6. 25.〉

② 소장은 쌀 수급이 곤란하거나 그 밖에 필요하다고 인정하면 주식을 쌀과 보리 등 잡곡의 혼합곡으로 하거나 대용식을 지급할 수 있다. 〈개정 2014. 6. 25.〉

제29조(특식의 지급) 소장은 국경일이나 그 밖에 이에 준하는 날에는 특별한 음식물을 지급할 수 있다.

제30조(환자의 음식물) 소장은 의무관의 의견을 고려하여 환자에게 지급하는 음식물의 종류 또는 정도를 달리 정할 수 있다.

제31조(자비 구매 물품의 기준) 수용자가 자비로 구매하는 물품은 교화 또는 건전한 사회복귀에 적합하고 교정시설의 안전과 질서를 해칠 우려가 없는 것이어야 한다.

제32조(자비 구매 의류등의 사용) 소장은 수용자가 자비로 구매한 의류등을 영치한 후 그 수용자가 사용하게 할 수 있다.

제33조(의류등의 세탁 등) ① 소장은 수용자가 사용하는 의류등을 적당한 시기에 세탁·수선 또는 교체(이하 이 조에서 "세탁등"이라 한다)하도록 하여야 한다.
② 자비로 구매한 의류등을 세탁등을 하는 경우 드는 비용은 수용자가 부담한다.

03 금품관리

제34조(휴대금품의 정의 등) ① 법 제25조에서 "휴대금품"이란 신입자가 교정시설에 수용될 때에 지니고 있는 현금(자기앞수표를 포함한다. 이하 같다)과 휴대품을 말한다.
② 법 제25조 제1항 각 호의 어느 하나에 해당하지 아니한 신입자의 휴대품은 영치한 후 사용하게 할 수 있다.
③ 법 제25조 제1항 단서에 따라 신입자의 휴대품을 팔 경우에는 그 비용을 제외한 나머지 대금을 영치할 수 있다.
④ 소장은 신입자가 법 제25조 제1항 각 호의 어느 하나에 해당하는 휴대품을 법무부장관이 정한 기간에 처분하지 않은 경우에는 본인에게 그 사실을 고지한 후 폐기한다.

제35조(금품의 영치) 수용자의 현금을 영치하는 경우에는 그 금액을 영치금대장에 기록하고 수용자의 물품을 영치하는 경우에는 그 품목·수량 및 규격을 영치품대장에 기록하여야 한다.

제36조(귀중품의 보관) 소장은 영치품이 금·은·보석·유가증권·인장, 그 밖에 특별히 보관할 필요가 있는 귀중품인 경우에는 잠금장치가 되어 있는 견고한 용기에 넣어 보관하여야 한다.

제37조(영치품 매각대금의 영치) 소장은 수용자의 신청에 따라 영치품을 팔 경우에는 그 비용을 제외한 나머지 대금을 영치할 수 있다.

제38조(영치금의 사용 등) ① 소장은 수용자가 그의 가족(배우자, 직계존비속 또는 형제자매를 말한다. 이하 같다) 또는 배우자의 직계존속에게 도움을 주거나 그 밖에 정당한 용도로 사용하기 위하여 영치금의 사용을 신청한 경우에는 그 사정을 고려하여 허가할 수 있다.
② 제1항에 따라 영치금을 사용하는 경우 발생하는 비용은 수용자가 부담한다.

③ 영치금의 출납·예탁(預託), 영치금품의 보관 등에 관하여 필요한 사항은 법무부장관이 정한다.

제39조(소지범위 초과 물품의 처리) 법 제26조 제2항 및 제3항에 따라 소지범위를 벗어난 수용자의 물품을 처분하거나 폐기하는 경우에는 제34조 제3항 및 제4항을 준용한다.

제40조(물품의 폐기) 수용자의 물품을 폐기하는 경우에는 그 품목·수량·이유 및 일시를 관계 장부에 기록하여야 한다.

제41조(금품교부 신청자의 확인) 소장은 수용자가 아닌 사람이 법 제27조 제1항에 따라 수용자에게 금품을 교부하려고 신청하는 경우에는 그의 성명·주소 및 수용자와의 관계를 확인하여야 한다.

제42조(교부허가금품의 사용 등) ① 소장은 법 제27조 제1항에 따라 금품의 교부를 허가한 경우에는 그 금품을 영치한 후 사용하게 할 수 있다.

② 법 제27조 제1항에 따라 수용자에게 교부하려고 하는 금품의 허가범위 등에 관하여 필요한 사항은 법무부령으로 정한다.

제43조(교부 허가물품의 검사) 소장은 법 제27조 제1항에 따라 교부를 허가한 물품은 검사할 필요가 없다고 인정되는 경우가 아니면 교도관으로 하여금 검사하게 하여야 한다. 이 경우 그 물품이 의약품인 경우에는 의무관으로 하여금 검사하게 하여야 한다.

제44조(영치의 예외) 음식물은 영치의 대상이 되지 아니한다.

제45조(유류금품의 교부) ① 소장은 사망자의 유류품을 교부받을 사람이 원거리에 있는 등 특별한 사정이 있는 경우에는 유류품을 받을 사람의 청구에 따라 유류품을 팔아 그 대금을 보낼 수 있다.

② 법 제28조에 따라 사망자의 유류금품을 보내거나 제1항에 따라 유류품을 팔아 대금을 보내는 경우에 드는 비용은 유류금품의 청구인이 부담한다.

04 위생과 의료

제46조(보건 · 위생관리계획의 수립 등) 소장은 수용자의 건강, 계절 및 시설여건 등을 고려하여 보건·위생관리계획을 정기적으로 수립하여 시행하여야 한다.

제47조(시설의 청소 · 소독) ① 소장은 거실·작업장·목욕탕, 그 밖에 수용자가 공동으로 사용하는 시설과 취사장, 주식·부식 저장고, 그 밖에 음식물 공급과 관련된 시설을 수시로

청소 · 소독하여야 한다.

② 소장은 저수조 등 급수시설을 6개월에 1회 이상 청소 · 소독하여야 한다.

제48조(청결의무) 수용자는 교도관이 법 제32조 제1항에 따라 자신이 사용하는 거실, 작업장, 그 밖의 수용시설의 청결을 유지하기 위하여 필요한 지시를 한 경우에는 이에 따라야 한다.

제49조(실외운동) 소장은 수용자가 매일(공휴일 및 법무부장관이 정하는 날은 제외한다) 「국가공무원 복무규정」 제9조에 따른 근무시간 내에서 1시간 이내의 실외운동을 할 수 있도록 하여야 한다. 다만, 다음 각 호의 어느 하나에 해당하면 실외운동을 실시하지 아니할 수 있다.

1. 작업의 특성상 실외운동이 필요 없다고 인정되는 때
2. 질병 등으로 실외운동이 수용자의 건강에 해롭다고 인정되는 때
3. 우천, 수사, 재판, 그 밖의 부득이한 사정으로 실외운동을 하기 어려운 때

제50조(목욕횟수) 소장은 작업의 특성, 계절, 그 밖의 사정을 고려하여 수용자의 목욕횟수를 정하되 부득이한 사정이 없으면 매주 1회 이상이 되도록 한다.

제51조(건강검진횟수) ① 소장은 수용자에 대하여 1년에 1회 이상 건강검진을 하여야 한다. 다만, 19세 미만의 수용자와 계호상 독거수용자에 대하여는 6개월에 1회 이상 하여야 한다.

② 제1항의 건강검진은 「건강검진기본법」 제14조에 따라 지정된 건강검진기관에 의뢰하여 할 수 있다. 〈개정 2009. 3. 18.〉

제52조(감염병의 정의) 법 제18조 제1항, 법 제53조 제1항 제3호 및 법 제128조 제2항에서 "감염병"이란 「감염병의 예방 및 관리에 관한 법률」에 따른 감염병을 말한다. 〈개정 2010. 12. 29.〉

[제목개정 2010. 12. 29.]

제53조(감염병에 관한 조치) ① 소장은 수용자가 감염병에 걸렸다고 의심되는 경우에는 1주 이상 격리수용하고 그 수용자의 휴대품을 소독하여야 한다. 〈개정 2010. 12. 29.〉

② 소장은 감염병이 유행하는 경우에는 수용자가 자비로 구매하는 음식물의 공급을 중지할 수 있다. 〈개정 2010. 12. 29.〉

③ 소장은 수용자가 감염병에 걸린 경우에는 즉시 격리수용하고 그 수용자가 사용한 물품과 설비를 철저히 소독하여야 한다. 〈개정 2010. 12. 29.〉

④ 소장은 제3항의 사실을 지체 없이 법무부장관에게 보고하고 관할 보건기관의 장에게 알려야 한다.

[제목개정 2010. 12. 29.]

제54조(의료거실 수용 등) 소장은 수용자가 부상을 당하거나 질병에 걸린 경우에는 그 수용자를 의료거실에 수용하거나, 다른 수용자에게 그 수용자를 간병하게 할 수 있다.

제54조의2(간호사의 의료행위) 법 제36조 제2항에서 "대통령령으로 정하는 경미한 의료행위"란

다음 각 호의 의료행위를 말한다.

1. 외상 등 흔히 볼 수 있는 상처의 치료
2. 응급을 요하는 수용자에 대한 응급처치
3. 부상과 질병의 악화방지를 위한 처치
4. 환자의 요양지도 및 관리
5. 제1호부터 제4호까지의 의료행위에 따르는 의약품의 투여

[본조신설 2010. 7. 9.]

第55조(외부의사의 치료) 소장은 특히 필요하다고 인정하면 외부 의료시설에서 근무하는 의사(이하 "외부의사"라 한다)에게 수용자를 치료하게 할 수 있다.

第56조(중환자의 가족 통지) 소장은 수용자가 위독한 경우에는 그 사실을 가족에게 지체 없이 알려야 한다.

第57조(외부 의료시설 입원 등 보고) 소장은 법 제37조 제1항에 따라 수용자를 외부 의료시설에 입원시키거나 입원 중인 수용자를 교정시설로 데려온 경우에는 그 사실을 법무부장관에게 지체 없이 보고하여야 한다.

05 접견, 서신수수 및 전화통화

第58조(접견) ① 수용자의 접견은 매일(공휴일 및 법무부장관이 정한 날은 제외한다) 「국가공무원 복무규정」 제9조에 따른 근무시간 내에서 한다.

② 변호인(변호인이 되려고 하는 사람을 포함한다. 이하 같다)과 접견하는 미결수용자를 제외한 수용자의 접견시간은 회당 30분 이내로 한다. 〈개정 2014. 6. 25.〉

③ 수형자의 접견 횟수는 매월 4회로 한다.

④ 삭제 〈2019. 10. 22.〉

⑤ 법 및 이 영에 규정된 사항 외에 수형자, 사형확정자 및 미결수용자를 제외한 수용자의 접견 횟수·시간·장소 등에 관하여 필요한 사항은 법무부장관이 정한다.

⑥ 소장은 교정시설의 외부에 있는 사람의 수용자 접견에 관한 사무를 수행하기 위하여 불가피한 경우 「개인정보 보호법」 시행령 제19조에 따른 주민등록번호, 여권번호, 운전면허의 면허번호 또는 외국인등록번호가 포함된 자료를 처리할 수 있다. 〈신설 2012. 1. 6.〉

[2019. 10. 22. 대통령령 제30134호에 의하여 2013. 8. 29. 헌법재판소에서 헌법불합치 결정된 제58조 제4항을 삭제함]

[2016. 6. 28. 대통령령 제27262호에 의하여 2015. 11. 26. 헌법재판소에서 헌법불합치 결정된 제58조 제2항 중 '수형자' 부분 및 같은 조 제3항을 신설된 제59조의2에 반영 함]

제59조(접견의 예외) ① 소장은 제58조 제1항 및 제2항에도 불구하고 수형자의 교화 또는 건전한 사회복귀를 위하여 특히 필요하다고 인정하면 접견 시간대 외에도 접견을 하게 할 수 있고 접견시간을 연장할 수 있다.

② 소장은 제58조 제3항에도 불구하고 수형자가 다음 각 호의 어느 하나에 해당하면 접견 횟수를 늘릴 수 있다.

1. 19세 미만인 때
2. 교정성적이 우수한 때
3. 교화 또는 건전한 사회복귀를 위하여 특히 필요하다고 인정되는 때

③ 법 제41조 제3항 제2호에서 "대통령령으로 정하는 경우"란 다음 각 호의 어느 하나에 해당하는 경우를 말한다. 〈개정 2019. 10. 22.〉

1. 수형자가 제2항 제2호 또는 제3호에 해당하는 경우
2. 미결수용자의 처우를 위하여 소장이 특별히 필요하다고 인정하는 경우
3. 사형확정자의 교화나 심리적 안정을 위하여 소장이 특별히 필요하다고 인정하는 경우

제59조의2(변호사 와의 접견) ① 제58조 제2항에도 불구하고 수용자가 다음 각 호의 어느 하나에 해당하는 변호사와 접견하는 시간은 회당 60분으로 한다. 〈개정 2019. 10. 22.〉

1. 소송사건의 대리인인 변호사
2. 「형사소송법」에 따른 상소권회복 또는 재심 청구사건의 대리인이 되려는 변호사

② 수용자가 제1항 각 호의 변호사와 접견하는 횟수는 다음 각 호의 구분에 따르되, 이를 제58조 제3항, 제101조 및 제109조의 접견 횟수에 포함시키지 아니한다. 〈개정 2019. 10. 22.〉

1. 소송사건의 대리인인 변호사: 월 4회
2. 「형사소송법」에 따른 상소권회복 또는 재심 청구사건의 대리인이 되려는 변호사: 사건 당 2회

③ 소장은 제58조 제1항과 이 조 제1항 및 제2항에도 불구하고 소송사건의 수 또는 소송내용의 복잡성 등을 고려하여 소송의 준비를 위하여 특히 필요하다고 인정하면 접견 시간대 외에도 접견을 하게 할 수 있고, 접견 시간 및 횟수를 늘릴 수 있다.

④ 소장은 제1항 및 제2항에도 불구하고 접견 수요 또는 접견실 사정 등을 고려하여 원활한 접견 사무 진행에 현저한 장애가 발생한다고 판단하면 접견 시간 및 횟수를 줄일 수 있다. 이 경우 줄어든 시간과 횟수는 다음 접견 시에 추가하도록 노력하여야 한다.

⑤ 수용자가 「형사소송법」에 따른 상소권회복 또는 재심 청구사건의 대리인이 되려는 변호사와 접견하는 경우에는 교정시설의 안전 또는 질서를 해칠 우려가 없는 한 접촉차단시설이 설치되지 않은 장소에서 접견하게 한다. 〈신설 2019. 10. 22.〉

⑥ 제1항부터 제5항까지에서 규정한 사항 외에 수용자와 제1항 각 호의 변호사의 접견에 관하여 필요한 사항은 법무부령으로 정한다. 〈개정 2019. 10. 22.〉

[본조신설 2016. 6. 28.]

[제목개정 2019. 10. 22.]

제60조(접견 시 외국어 사용) ① 수용자와 교정시설 외부의 사람이 접견하는 경우에 법 제41조 제4항에 따라 접견내용이 청취·녹음 또는 녹화될 때에는 외국어를 사용해서는 아니 된다. 다만, 국어로 의사소통하기 곤란한 사정이 있는 경우에는 외국어를 사용할 수 있다. 〈개정 2019. 10. 22.〉

② 소장은 제1항 단서의 경우에 필요하다고 인정하면 교도관 또는 통역인으로 하여금 통역하게 할 수 있다.

제61조(접견 시 유의사항 고지) 소장은 법 제41조에 따라 접견을 하게 하는 경우에는 수용자와 그 상대방에게 접견 시 유의사항을 방송이나 게시물 부착 등 적절한 방법으로 알려줘야 한다.

제62조(접견내용의 청취 · 기록 · 녹음 · 녹화) ① 소장은 법 제41조 제4항의 청취·기록을 위하여 다음 각 호의 사람을 제외한 수용자의 접견에 교도관을 참여하게 할 수 있다. 〈개정 2016. 6. 28., 2019. 10. 22.〉

1. 변호인과 접견하는 미결수용자
2. 소송사건의 대리인인 변호사와 접견하는 수용자

② 소장은 특별한 사정이 없으면 교도관으로 하여금 법 제41조 제5항에 따라 수용자와 그 상대방에게 접견내용의 녹음·녹화 사실을 수용자와 그 상대방이 접견실에 들어가기 전에 미리 말이나 서면 등 적절한 방법으로 알려 주게 하여야 한다. 〈개정 2019. 10. 22.〉

③ 소장은 법 제41조 제4항에 따라 청취·녹음·녹화한 경우의 접견기록물에 대한 보호·관리를 위하여 접견정보 취급자를 지정하여야 하고, 접견정보 취급자는 직무상 알게 된 접견정보를 누설하거나 권한 없이 처리하거나 다른 사람이 이용하도록 제공하는 등 부당한 목적을 위하여 사용해서는 아니 된다. 〈개정 2019. 10. 22.〉

④ 소장은 관계기관으로부터 다음 각 호의 어느 하나에 해당하는 사유로 제3항의 접견기록물의 제출을 요청받은 경우에는 기록물을 제공할 수 있다.

1. 법원의 재판업무 수행을 위하여 필요한 때
2. 범죄의 수사와 공소의 제기 및 유지에 필요한 때

⑤ 소장은 제4항에 따라 녹음·녹화 기록물을 제공할 경우에는 제3항의 접견정보 취급자로 하여금 녹음·녹화기록물을 요청한 기관의 명칭, 제공받는 목적, 제공 근거, 제공을 요청한 범위, 그 밖에 필요한 사항을 녹음·녹화기록물 관리프로그램에 입력하게 하고, 따로 이동식 저장매체에 옮겨 담아 제공한다.

제63조(접견중지 사유의 고지) 교도관이 법 제42조에 따라 수용자의 접견을 중지한 경우에는 그 사유를 즉시 알려주어야 한다.

제64조(서신수수의 횟수) 수용자가 보내거나 받는 서신은 법령에 어긋나지 아니하면 횟수를 제한하지 아니한다.

第65조(서신 내용물의 확인) ① 수용자는 서신을 보내려는 경우 해당 서신을 봉함하여 교정시설에 제출한다. 다만, 소장은 다음 각 호의 어느 하나에 해당하는 경우로서 법 제43조 제3항에 따른 금지물품의 확인을 위하여 필요한 경우에는 서신을 봉함하지 않은 상태로 제출하게 할 수 있다. 〈개정 2013. 2. 5., 2017. 9. 19.〉

1. 다음 각 목의 어느 하나에 해당하는 수용자가 변호인 외의 자에게 서신을 보내려는 경우
   가. 법 제104조 제1항에 따른 마약류사범·조직폭력사범 등 법무부령으로 정하는 수용자
   나. 제84조 제2항에 따른 처우등급이 법 제57조 제2항 제4호의 중(重)경비시설 수용대상인 수형자
2. 수용자가 같은 교정시설에 수용 중인 다른 수용자에게 서신을 보내려는 경우
3. 규율위반으로 조사 중이거나 징벌집행 중인 수용자가 다른 수용자에게 서신을 보내려는 경우

② 소장은 수용자에게 온 서신에 금지물품이 들어 있는지를 개봉하여 확인할 수 있다.
[제목개정 2013. 2. 5.]
[2013. 2. 5. 대통령령 제24348호에 의하여 2012. 2. 23. 헌법재판소에서 위헌 결정된 이 조 제1항을 개정함.]

第66조(서신 내용의 검열) ① 소장은 법 제43조 제4항 제4호에 따라 다음 각 호의 어느 하나에 해당하는 수용자가 다른 수용자와 서신을 주고받는 때에는 그 내용을 검열할 수 있다.

1. 법 제104조 제1항에 따른 마약류사범·조직폭력사범 등 법무부령으로 정하는 수용자인 때
2. 서신을 주고받으려는 수용자와 같은 교정시설에 수용 중인 때
3. 규율위반으로 조사 중이거나 징벌집행 중인 때
4. 범죄의 증거를 인멸할 우려가 있는 때

② 수용자 간에 오가는 서신에 대한 제1항의 검열은 서신을 보내는 교정시설에서 한다. 다만, 특히 필요하다고 인정되는 경우에는 서신을 받는 교정시설에서도 할 수 있다.
③ 소장은 수용자가 주고받는 서신이 법 제43조 제4항 각 호의 어느 하나에 해당하면 이를 개봉한 후 검열할 수 있다. 〈신설 2013. 2. 5.〉
④ 소장은 제3항에 따라 검열한 결과 서신의 내용이 법 제43조 제5항의 발신 또는 수신 금지사유에 해당하지 아니하면 발신서신은 봉함한 후 발송하고, 수신서신은 수용자에게 교부한다. 〈신설 2013. 2. 5.〉
⑤ 소장은 서신의 내용을 검열하였을 때에는 그 사실을 해당 수용자에게 지체 없이 알려주어야 한다. 〈신설 2013. 2. 5.〉
[제목개정 2013. 2. 5.]

第67조(관계기관 송부문서) 소장은 법원·경찰관서, 그 밖의 관계기관에서 수용자에게 보내온

문서는 다른 법령에 특별한 규정이 없으면 열람한 후 본인에게 전달하여야 한다.

제68조(서신 등의 대서) 소장은 수용자가 서신, 소송서류, 그 밖의 문서를 스스로 작성할 수 없어 대신 써 달라고 요청하는 경우에는 교도관이 대신 쓰게 할 수 있다.

제69조(서신 등 발송비용의 부담) 수용자의 서신·소송서류, 그 밖의 문서를 보내는 경우에 드는 비용은 수용자가 부담한다. 다만, 소장은 수용자가 그 비용을 부담할 수 없는 경우에는 예산의 범위에서 해당 비용을 부담할 수 있다. 〈개정 2014. 6. 25.〉

제70조(전화통화) 수용자의 전화통화에 관하여는 제60조 제1항 및 제63조를 준용한다.

제71조(참고사항의 기록) 교도관은 수용자의 접견, 서신수수, 전화통화 등의 과정에서 수용자의 처우에 특히 참고할 사항을 알게 된 경우에는 그 요지를 수용기록부에 기록하여야 한다.

06 도서·방송 및 집필

제72조(비치도서의 이용) ① 소장은 수용자가 쉽게 이용할 수 있도록 비치도서의 목록을 정기적으로 공개하여야 한다.

② 비치도서의 열람방법, 열람기간 등에 관하여 필요한 사항은 법무부장관이 정한다.

제73조(라디오 청취 등의 방법) 법 제48조 제1항에 따른 수용자의 라디오 청취와 텔레비전 시청은 교정시설에 설치된 방송설비를 통하여 할 수 있다.

제74조(집필용구의 구입비용) 집필용구의 구입비용은 수용자가 부담한다. 다만, 소장은 수용자가 그 비용을 부담할 수 없는 경우에는 필요한 집필용구를 지급할 수 있다.

제75조(집필의 시간대 · 시간 및 장소) ① 수용자는 휴업일 및 휴게시간 내에 시간의 제한 없이 집필할 수 있다. 다만, 부득이한 사정이 있는 경우에는 그러하지 아니하다.

② 수용자는 거실·작업장, 그 밖에 지정된 장소에서 집필할 수 있다.

제76조(문서 · 도화의 외부 발송 등) ① 소장은 수용자 본인이 작성 또는 집필한 문서나 도화를 외부에 보내거나 내가려고 할 때에는 그 내용을 확인하여 법 제43조 제5항 각 호의 어느 하나에 해당하지 아니하면 허가하여야 한다.

② 제1항에 따라 문서나 도화를 외부로 보내거나 내갈 때 드는 비용은 수용자가 부담한다.

③ 법 및 이 영에 규정된 사항 외에 수용자의 집필에 필요한 사항은 법무부장관이 정한다.

07 특별한 보호

제77조(여성수용자의 목욕) ① 소장은 제50조에 따라 여성수용자의 목욕횟수를 정하는 경우에는 그 신체적 특성을 특히 고려하여야 한다.

② 소장은 여성수용자가 목욕을 하는 경우에 계호가 필요하다고 인정하면 여성교도관이 하도록 하여야 한다.

제78조(출산의 범위) 법 제52조 제1항에서 "출산(유산·사산을 포함한다)한 경우"란 출산(유산·사산한 경우를 포함한다) 후 60일이 지나지 아니한 경우를 말한다. 〈개정 2019. 10. 22.〉

제79조(유아의 양육) 소장은 법 제53조 제1항에 따라 유아의 양육을 허가한 경우에는 교정시설에 육아거실을 지정·운영하여야 한다.

제80조(유아의 인도) ① 소장은 유아의 양육을 허가하지 아니하는 경우에는 수용자의 의사를 고려하여 유아보호에 적당하다고 인정하는 법인 또는 개인에게 그 유아를 보낼 수 있다. 다만, 적당한 법인 또는 개인이 없는 경우에는 그 유아를 해당 교정시설의 소재지를 관할하는 시장·군수 또는 구청장에게 보내서 보호하게 하여야 한다.

② 법 제53조 제1항에 따라 양육이 허가된 유아가 출생 후 18개월이 지나거나, 유아양육의 허가를 받은 수용자가 허가의 취소를 요청하는 때 또는 법 제53조 제1항 각 호의 어느 하나에 해당되는 때에도 제1항과 같다.

제81조(노인수용자 등의 정의) ① 법 제54조 제1항에서 "노인수용자"란 65세 이상인 수용자를 말한다.

② 법 제54조 제2항에서 "장애인수용자"란 시각·청각·언어·지체(肢體) 등의 장애로 통상적인 수용생활이 특히 곤란하다고 인정되는 사람으로서 법무부령으로 정하는 수용자를 말한다.

③ 법 제54조 제3항에서 "외국인수용자"란 대한민국의 국적을 가지지 아니한 수용자를 말한다. 〈신설 2015. 12. 10.〉

④ 법 제54조 제4항에서 "소년수용자"란 다음 각 호의 사람을 말한다. 〈신설 2015. 12. 10.〉

1. 19세 미만의 수형자
2. 법 제12조 제3항에 따라 소년교도소에 수용 중인 수형자
3. 19세 미만의 미결수용자

08 수형자의 처우

제1절 통 칙

제82조(수형자로서의 처우 개시) ① 소장은 미결수용자로서 자유형이 확정된 사람에 대하여는 검사의 집행 지휘서가 도달된 때부터 수형자로 처우할 수 있다.

② 제1항의 경우 검사는 집행 지휘를 한 날부터 10일 이내에 재판서나 그 밖에 적법한 서류를 소장에게 보내야 한다.

제83조(경비등급별 설비 및 계호) 법 제57조 제2항 각 호의 수용설비 및 계호의 정도는 다음 각 호의 규정에 어긋나지 않는 범위에서 법무부장관이 정한다.

1. 수형자의 생명이나 신체, 그 밖의 인권 보호에 적합할 것
2. 교정시설의 안전과 질서유지를 위하여 필요한 최소한의 범위일 것
3. 법 제56조 제1항의 개별처우계획의 시행에 적합할 것

제84조(수형자의 처우등급 부여 등) ① 법 제57조 제3항에서 "교정성적"이란 수형자의 수용생활 태도, 상벌 유무, 교육 및 작업의 성과 등을 종합적으로 평가한 결과를 말한다.

② 소장은 수형자의 처우수준을 개별처우계획의 시행에 적합하게 정하거나 조정하기 위하여 교정성적에 따라 처우등급을 부여할 수 있다.

③ 수형자에게 부여하는 처우등급에 관하여 필요한 사항은 법무부령으로 정한다.

제85조(수형자 취업알선 등 협의기구) ① 수형자의 건전한 사회복귀를 지원하기 위하여 교정시설에 취업알선 및 창업지원에 관한 협의기구를 둘 수 있다.

② 제1항의 협의기구의 조직 · 운영, 그 밖에 활동에 필요한 사항은 법무부령으로 정한다.

제2절 분류심사

제86조(분류전담시설) 법무부장관은 법 제61조의 분류심사를 전담하는 교정시설을 지정 · 운영하는 경우에는 지방교정청별로 1개소 이상이 되도록 하여야 한다.

제3절 교 육

제87조(교육) ① 소장은 법 제63조에 따른 교육을 효과적으로 시행하기 위하여 교육실을 설치하는 등 교육에 적합한 환경을 조성하여야 한다.

② 소장은 교육 대상자, 시설 여건 등을 고려하여 교육계획을 수립하여 시행하여야 한다.

제88조(정서교육) 소장은 수형자의 정서 함양을 위하여 필요하다고 인정하면 연극 · 영화관람, 체육행사, 그 밖의 문화예술활동을 하게 할 수 있다.

제4절 작업과 직업훈련

제89조(작업의 종류) 소장은 법무부장관의 승인을 받아 수형자에게 부과하는 작업의 종류를 정한다.

제90조(소년수형자의 작업 등) 소장은 19세 미만의 수형자에게 작업을 부과하는 경우에는 정신적·신체적 성숙 정도, 교육적 효과 등을 고려하여야 한다.

제91조(작업의 고지 등) ① 소장은 수형자에게 작업을 부과하는 경우에는 작업의 종류 및 작업과정을 정하여 고지하여야 한다.

② 제1항의 작업과정은 작업성적, 작업시간, 작업의 난이도 및 숙련도를 고려하여 정한다. 작업과정을 정하기 어려운 경우에는 작업시간을 작업과정으로 본다.

제92조(작업실적의 확인) 소장은 교도관에게 매일 수형자의 작업실적을 확인하게 하여야 한다.

제93조(신청 작업의 취소) 소장은 법 제67조에 따라 작업이 부과된 수형자가 작업의 취소를 요청하는 경우에는 그 수형자의 의사(意思), 건강 및 교도관의 의견 등을 고려하여 작업을 취소할 수 있다.

제94조(직업능력개발훈련 설비 등의 구비) 소장은 법 제69조에 따른 직업능력개발훈련을 하는 경우에는 그에 필요한 설비 및 실습 자재를 갖추어야 한다.

제95조(집중근로) 법 제70조 제1항에서 "집중적인 근로가 필요한 작업"이란 수형자의 신청에 따라 1일 작업시간 중 접견·전화통화·교육 및 공동행사 참가 등을 하지 아니하고 휴게시간을 제외한 작업시간 내내 하는 작업을 말한다.

제96조(휴업일) 법 제71조에서 "그 밖의 휴일"이란 「각종 기념일 등에 관한 규정」에 따른 교정의 날 및 소장이 특히 지정하는 날을 말한다. 〈개정 2017. 9. 19.〉

제5절 귀휴(歸休)

제97조(귀휴자에 대한 조치) ① 소장은 법 제77조에 따라 2일 이상의 귀휴를 허가한 경우에는 귀휴를 허가받은 사람(이하 "귀휴자"라 한다)의 귀휴지를 관할하는 경찰관서의 장에게 그 사실을 통보하여야 한다.

② 귀휴자는 귀휴 중 천재지변이나 그 밖의 사유로 자신의 신상에 중대한 사고가 발생한 경우에는 가까운 교정시설이나 경찰관서에 신고하여야 하고 필요한 보호를 요청할 수 있다.

③ 제2항의 보호 요청을 받은 교정시설이나 경찰관서의 장은 귀휴를 허가한 소장에게 그 사실을 지체 없이 통보하고 적절한 보호조치를 하여야 한다.

09 미결수용자의 처우

제98조(미결수용시설의 설비 및 계호의 정도) 미결수용자를 수용하는 시설의 설비 및 계호의 정도는 법 제57조 제2항 제3호의 일반경비시설에 준한다.

제99조(법률구조 지원) 소장은 미결수용자가 빈곤하거나 무지하여 수사 및 재판 과정에서 권리를 충분히 행사하지 못한다고 인정하는 경우에는 법률구조에 필요한 지원을 할 수 있다.

제100조(공범 분리) 소장은 이송이나 출정, 그 밖의 사유로 미결수용자를 교정시설 밖으로 호송하는 경우에는 해당 사건에 관련된 사람과 호송 차량의 좌석을 분리하는 등의 방법으로 서로 접촉하지 못하게 하여야 한다.

제101조(접견 횟수) 미결수용자의 접견 횟수는 매일 1회로 하되, 변호인과의 접견은 그 횟수에 포함시키지 않는다.

제102조(접견의 예외) 소장은 미결수용자의 처우를 위하여 특히 필요하다고 인정하면 제58조 제1항에도 불구하고 접견 시간대 외에도 접견하게 할 수 있고, 변호인이 아닌 사람과 접견하는 경우에도 제58조 제2항 및 제101조에도 불구하고 접견시간을 연장하거나 접견 횟수를 늘릴 수 있다. 〈개정 2019. 10. 22.〉

제103조(교육 · 교화와 작업) ① 법 제86조 제1항의 미결수용자에 대한 교육·교화프로그램 또는 작업은 교정시설 밖에서 행하는 것은 포함하지 아니한다.

② 소장은 법 제86조 제1항에 따라 작업이 부과된 미결수용자가 작업의 취소를 요청하는 경우에는 그 미결수용자의 의사, 건강 및 교도관의 의견 등을 고려하여 작업을 취소할 수 있다.

제104조(도주 등 통보) 소장은 미결수용자가 도주하거나 도주한 미결수용자를 체포한 경우에는 그 사실을 검사에게 통보하고, 기소된 상태인 경우에는 법원에도 지체 없이 통보하여야 한다.

제105조(사망 등 통보) 소장은 미결수용자가 위독하거나 사망한 경우에는 그 사실을 검사에게 통보하고, 기소된 상태인 경우에는 법원에도 지체 없이 통보하여야 한다.

제106조(외부의사의 진찰 등) 미결수용자가 「형사소송법」 제34조, 제89조 및 제209조에 따라 외부의사의 진료를 받는 경우에는 교도관이 참여하고 그 경과를 수용기록부에 기록하여야 한다.

제107조(유치장 수용기간) 경찰관서에 설치된 유치장에는 수형자를 30일 이상 수용할 수 없다.

10 사형확정자의 처우

제108조(사형확정자 수용시설의 설비 및 계호의 정도) 사형확정자를 수용하는 시설의 설비 및 계호의 정도는 법 제57조 제2항 제3호의 일반경비시설 또는 같은 항 제4호의 중경비시설에 준한다. 〈개정 2017. 9. 19.〉

제109조(접견 횟수) 사형확정자의 접견 횟수는 매월 4회로 한다.

제110조(접견의 예외) 소장은 제58조 제1항 · 제2항 및 제109조에도 불구하고 사형확정자의 교화나 심리적 안정을 도모하기 위하여 특히 필요하다고 인정하면 접견 시간대 외에도 접견을 하게 할 수 있고 접견시간을 연장하거나 접견 횟수를 늘릴 수 있다. 〈개정 2019. 10. 22.〉

제111조(사형집행 후의 검시) 소장은 사형을 집행하였을 경우에는 시신을 검사한 후 5분이 지나지 아니하면 교수형에 사용한 줄을 풀지 못한다. 〈개정 2014. 6. 25.〉

11 안전과 질서

제112조(거실 등에 대한 검사) 소장은 교도관에게 수용자의 거실, 작업장, 그 밖에 수용자가 생활하는 장소(이하 이 조에서 "거실등"이라 한다)를 정기적으로 검사하게 하여야 한다. 다만, 법 제92조의 금지물품을 숨기고 있다고 의심되는 수용자와 법 제104조 제1항의 마약류사범 · 조직폭력사범 등 법무부령으로 정하는 수용자의 거실등은 수시로 검사하게 할 수 있다.

제113조(신체 등에 대한 검사) 소장은 교도관에게 작업장이나 실외에서 수용자거실로 돌아오는 수용자의 신체 · 의류 및 휴대품을 검사하게 하여야 한다. 다만, 교정성적 등을 고려하여 그 검사가 필요하지 아니하다고 인정되는 경우에는 예외로 할 수 있다.

제114조(검사장비의 이용) 교도관은 법 제93조에 따른 검사를 위하여 탐지견, 금속탐지기, 그 밖의 장비를 이용할 수 있다.

제115조(외부인의 출입) ①교도관 외의 사람은 「국가공무원 복무규정」 제9조에 따른 근무시간 외에는 소장의 허가 없이 교정시설에 출입하지 못한다. 〈개정 2014. 8. 6.〉

② 소장은 외부인의 교정시설 출입에 관한 사무를 수행하기 위하여 불가피한 경우 「개인정보 보호법 시행령」 제19조에 따른 주민등록번호, 여권번호, 운전면허의 면허번호 또는 외국인등록번호가 포함된 자료를 처리할 수 있다. 〈신설 2014. 8. 6.〉

제116조(외부와의 차단) ① 교정시설의 바깥문, 출입구, 거실, 작업장, 그 밖에 수용자를 수용하고 있는 장소는 외부와 차단하여야 한다. 다만, 필요에 따라 일시 개방하는 경우에는 그 장소를 경비하여야 한다.

② 교도관은 접견·상담·진료, 그 밖에 수용자의 처우를 위하여 필요한 경우가 아니면 수용자와 외부인이 접촉하게 해서는 아니 된다.

제117조(거실 개문 등 제한) 교도관은 수사·재판·운동·접견·진료 등 수용자의 처우 또는 자살 방지, 화재진압 등 교정시설의 안전과 질서유지를 위하여 필요한 경우가 아니면 수용자거실의 문을 열거나 수용자를 거실 밖으로 나오게 해서는 아니 된다.

제118조(장애물 방치 금지) 교정시설의 구내에는 시야를 가리거나 그 밖에 계호상 장애가 되는 물건을 두어서는 아니 된다.

제119조(보호실 등 수용중지) ① 법 제95조 제5항 및 법 제96조 제4항에 따라 의무관이 보호실이나 진정실 수용자의 건강을 확인한 결과 보호실 또는 진정실에 계속 수용하는 것이 부적당하다고 인정하는 경우에는 소장에게 즉시 보고하여야 한다. 이 경우 소장은 특별한 사유가 없으면 보호실 또는 진정실 수용을 즉시 중지하여야 한다.

② 소장은 의무관이 출장·휴가, 그 밖의 부득이한 사유로 법 제95조 제5항 및 법 제96조 제4항의 직무를 수행할 수 없을 때에는 그 교정시설에 근무하는 의료관계 직원에게 대행하게 할 수 있다.

제120조(보호장비의 사용) ① 교도관은 소장의 명령 없이 수용자에게 보호장비를 사용하여서는 아니 된다. 다만, 소장의 명령을 받을 시간적 여유가 없는 경우에는 사용 후 소장에게 즉시 보고하여야 한다.

② 법 및 이 영에 규정된 사항 외에 보호장비의 규격과 사용방법 등에 관하여 필요한 사항은 법무부령으로 정한다.

제121조(보호장비 사용중지 등) ① 의무관은 수용자에게 보호장비를 계속 사용하는 것이 건강상 부적당하다고 인정하는 경우에는 소장에게 즉시 보고하여야 한다. 이 경우 소장은 특별한 사유가 없으면 보호장비 사용을 즉시 중지하여야 한다.

② 의무관이 출장·휴가, 그 밖의 부득이한 사유로 법 제97조 제3항의 직무를 수행할 수 없을 때에는 제119조 제2항을 준용한다.

제122조(보호장비 사용사유의 고지) 보호장비를 사용하는 경우에는 수용자에게 그 사유를 알려주어야 한다.

제123조(보호장비 착용 수용자의 거실 지정) 보호장비를 착용 중인 수용자는 특별한 사정이 없으면 계호상 독거수용한다.

제124조(보호장비 사용의 감독) ① 소장은 보호장비의 사용을 명령한 경우에는 수시로 그 사용 실태를 확인·점검하여야 한다.
② 지방교정청장은 소속 교정시설의 보호장비 사용 실태를 정기적으로 점검하여야 한다.

제125조(강제력의 행사) 교도관은 소장의 명령 없이 법 제100조에 따른 강제력을 행사해서는 아니 된다. 다만, 그 명령을 받을 시간적 여유가 없는 경우에는 강제력을 행사한 후 소장에게 즉시 보고하여야 한다. 〈개정 2014. 6. 25.〉

제126조(무기사용 보고) 교도관은 법 제101조에 따라 무기를 사용한 경우에는 소장에게 즉시 보고하고, 보고를 받은 소장은 그 사실을 법무부장관에게 즉시 보고하여야 한다. 〈개정 2014. 6. 25.〉

제127조(재난 시의 조치) ① 소장은 법 제102조 제1항에 따른 응급용무의 보조를 위하여 교정성적이 우수한 수형자를 선정하여 필요한 훈련을 시킬 수 있다.
② 소장은 법 제102조 제3항에 따라 수용자를 일시석방하는 경우에는 같은 조 제4항의 출석 시한과 장소를 알려주어야 한다.

제128조(도주 등에 따른 조치) ① 소장은 수용자가 도주하거나 법 제134조 각 호의 어느 하나에 해당하는 행위(이하 이 조에서 "도주등"이라 한다)를 한 경우에는 교정시설의 소재지 및 인접지역 또는 도주등을 한 사람(이하 이 조에서 "도주자"라 한다)이 숨을 만한 지역의 경찰관서에 도주자의 사진이나 인상착의를 기록한 서면을 첨부하여 그 사실을 지체 없이 통보하여야 한다. 〈개정 2019. 10. 22.〉
② 소장은 수용자가 도주등을 하거나 도주자를 체포한 경우에는 법무부장관에게 지체 없이 보고하여야 한다.

제128조의2(포상금 지급) ① 법무부장관은 「형법」 제145조 · 제146조 또는 법 제134조 각 호에 규정된 죄를 지은 수용자를 체포하거나 행정기관 또는 수사기관에 정보를 제공하여 체포하게 한 사람에게 예산의 범위에서 포상금을 지급할 수 있다. 〈개정 2019. 10. 22.〉
② 포상금의 지급기준·지급방법, 그 밖에 필요한 사항은 법무부장관이 정한다.
[본조신설 2015. 12. 10.]

제128조의3(포상금의 지급 신청) ① 포상금을 받으려는 자는 법무부장관이 정하는 바에 따라 포상금 지급 신청서를 지방교정청장에게 제출하여야 한다.
② 제1항에 따른 신청서를 접수한 지방교정청장은 그 신청서에 법무부장관이 정하는 서류를 첨부하여 법무부장관에게 제출하여야 한다.
[본조신설 2015. 12. 10.]

제128조의4(포상금의 환수) 법무부장관은 제128조의2 제1항에 따라 포상금을 지급한 후 다음 각 호의 어느 하나에 해당하는 사실이 발견된 경우에는 해당 포상금을 환수할 수 있다.
1. 위법 또는 부당한 방법의 증거수집, 허위신고, 거짓진술, 증거위조 등 부정한 방법으로 포상금을 지급받은 경우

2. 동일한 원인으로 다른 법령에 따라 포상금 등을 지급받은 경우
3. 그 밖에 착오 등의 사유로 포상금이 잘못 지급된 경우

[본조신설 2015. 12. 10.]

12 징벌

제129조(징벌위원회의 소집) 법 제111조에 따른 징벌위원회(이하 이 장에서 "위원회"라 한다)의 위원장은 소장의 징벌요구에 따라 위원회를 소집한다.

제130조(위원장의 직무대행) 위원회의 위원장이 불가피한 사정으로 그 직무를 수행하기 어려운 경우에는 위원장이 미리 지정한 위원이 그 직무를 대행한다.

제131조(위원의 제척) 위원회의 위원이 해당 징벌대상 행위의 조사를 담당한 경우에는 해당 위원회에 참석할 수 없다.

제132조(징벌의결 통고) 위원회가 징벌을 의결한 경우에는 이를 소장에게 즉시 통고하여야 한다.

제133조(징벌의 집행) ① 소장은 제132조의 통고를 받은 경우에는 징벌을 지체 없이 집행하여야 한다.

② 소장은 수용자가 징벌처분을 받아 접견, 서신수수 또는 전화통화가 제한된 경우에는 그의 가족에게 그 사실을 알려야 한다. 다만, 수용자가 통지를 원하지 아니하면 그러하지 아니하다. 〈개정 2014. 6. 25.〉

③ 삭제 〈2017. 9. 19.〉

④ 소장은 법 제108조 제13호 및 제14호의 징벌집행을 마친 경우에는 의무관에게 해당 수용자의 건강을 지체 없이 확인하게 하여야 한다.

⑤ 의무관이 출장, 휴가, 그 밖의 부득이한 사유로 법 제112조 제5항 및 이 조 제4항의 직무를 수행할 수 없는 경우에는 제119조 제2항을 준용한다. 〈개정 2019. 10. 22.〉

제134조(징벌집행의 계속) 법 제108조 제4호부터 제14호까지의 징벌 집행 중인 수용자가 다른 교정시설로 이송되거나 법원 또는 검찰청 등에 출석하는 경우에는 징벌집행이 계속되는 것으로 본다.

제135조(징벌기간의 계산) 소장은 법 제113조 제1항에 따라 징벌집행을 일시 정지한 경우 그 정지사유가 해소되었을 때에는 지체 없이 징벌집행을 재개하여야 한다. 이 경우 집행을 정지한 다음날부터 집행을 재개한 전날까지의 일수는 징벌기간으로 계산하지 아니한다.

제136조(이송된 사람의 징벌) 수용자가 이송 중에 징벌대상 행위를 하거나 다른 교정시설에서 징벌대상 행위를 한 사실이 이송된 후에 발각된 경우에는 그 수용자를 인수한 소장이 징벌을 부과한다.

제137조(징벌사항의 기록) 소장은 수용자의 징벌에 관한 사항을 수용기록부 및 징벌집행부에 기록하여야 한다.

13 권리구제

제138조(소장 면담) ① 소장은 법 제116조 제1항에 따라 수용자가 면담을 신청한 경우에는 그 인적사항을 면담부에 기록하고 특별한 사정이 없으면 신청한 순서에 따라 면담하여야 한다.

② 소장은 제1항에 따라 수용자를 면담한 경우에는 그 요지를 면담부에 기록하여야 한다.

③ 소장은 법 제116조 제2항 각 호의 어느 하나에 해당하여 수용자의 면담 신청을 받아들이지 아니하는 경우에는 그 사유를 해당 수용자에게 알려주어야 한다.

제139조(순회점검공무원에 대한 청원) ① 소장은 법 제117조 제1항에 따라 수용자가 순회점검공무원(법 제8조에 따라 법무부장관으로부터 순회점검의 명을 받은 법무부 또는 그 소속기관에 근무하는 공무원을 말한다. 이하 같다)에게 청원하는 경우에는 그 인적사항을 청원부에 기록하여야 한다.

② 순회점검공무원은 법 제117조 제2항 단서에 따라 수용자가 말로 청원하는 경우에는 그 요지를 청원부에 기록하여야 한다.

③ 순회점검공무원은 법 제117조 제1항의 청원에 관하여 결정을 한 경우에는 그 요지를 청원부에 기록하여야 한다.

④ 순회점검공무원은 법 제117조 제1항의 청원을 스스로 결정하는 것이 부적당하다고 인정하는 경우에는 그 내용을 법무부장관에게 보고하여야 한다.

⑤ 수용자의 청원처리의 기준·절차 등에 관하여 필요한 사항은 법무부장관이 정한다.

제139조의2(정보공개의 예상비용 등) ① 법 제117조의2 제2항에 따른 예상비용은 「공공기관의 정보공개에 관한 법률 시행령」 제17조에 따른 수수료와 우편요금(공개되는 정보의 사본·출력물·복제물 또는 인화물을 우편으로 송부하는 경우로 한정한다)을 기준으로 공개를 청구한 정보가 모두 공개되었을 경우에 예상되는 비용으로 한다.

② 법무부장관, 지방교정청장 또는 소장은 법 제117조의2 제2항에 해당하는 수용자가 정보공개의 청구를 한 경우에는 청구를 한 날부터 7일 이내에 제1항에 따른 비용을 산정하여 해당 수용자에게 미리 납부할 것을 통지할 수 있다.

③ 제2항에 따라 비용납부의 통지를 받은 수용자는 그 통지를 받은 날부터 7일 이내에 현금 또는 수입인지로 법무부장관, 지방교정청장 또는 소장에게 납부하여야 한다.

④ 법무부장관, 지방교정청장 또는 소장은 수용자가 제1항에 따른 비용을 제3항에 따른 납부기한까지 납부하지 아니한 경우에는 해당 수용자에게 정보공개 여부 결정의 유예를 통지할 수 있다.

⑤ 법무부장관, 지방교정청장 또는 소장은 제1항에 따른 비용이 납부되면 신속하게 정보공개 여부의 결정을 하여야 한다.

⑥ 법무부장관, 지방교정청장 또는 소장은 비공개 결정을 한 경우에는 제3항에 따라 납부된 비용의 전부를 반환하고 부분공개 결정을 한 경우에는 공개 결정한 부분에 대하여 드는 비용을 제외한 금액을 반환하여야 한다.

⑦ 제2항부터 제5항까지의 규정에도 불구하고 법무부장관, 지방교정청장 또는 소장은 제1항에 따른 비용이 납부되기 전에 정보공개 여부의 결정을 할 수 있다.

⑧ 제1항에 따른 비용의 세부적인 납부방법 및 반환방법 등에 관하여 필요한 사항은 법무부장관이 정한다.

[본조신설 2010. 7. 9.]

제3장

수용의 종료

01 가석방

제140조(가석방자 준수사항의 고지 등) 소장은 법 제122조 제2항의 가석방 허가에 따라 수형자를 가석방하는 경우에는 가석방자 교육을 하고, 준수사항을 알려준 후 증서를 발급하여야 한다.

02 석 방

제141조(석방예정자 상담 등) 소장은 수형자의 건전한 사회복귀를 위하여 필요하다고 인정하면 석방 전 3일 이내의 범위에서 석방예정자를 별도의 거실에 수용하여 장래에 관한 상담과 지도를 할 수 있다.

제142조(형기종료 석방예정자의 사전조사) 소장은 형기종료로 석방될 수형자에 대하여는 석방 10일 전까지 석방 후의 보호에 관한 사항을 조사하여야 한다.

제143조(석방예정자의 교정성적 등 통보) ① 소장은 석방될 수형자의 보호 및 재범 방지 등을 위하여 필요하다고 인정하면 그의 성격·교정성적 또는 보호에 관한 의견을 그의 거주지를 관할하는 경찰관서 또는 그를 인수하여 보호할 법인 또는 개인에게 통보할 수 있다. 다만, 법인 또는 개인에게 통보하는 경우에는 해당 수형자의 동의를 받아야 한다. 〈개정 2017. 9. 19.〉

② 제1항에 따라 교정성적 등을 통보하는 경우 「형사사법절차 전자화 촉진법」 제2조 제4호에 따른 형사사법정보시스템을 이용하여 통보할 수 있다. 〈신설 2017. 9. 19.〉

제144조(석방예정자의 보호조치) 소장은 수형자를 석방하는 경우 특히 필요하다고 인정하면 한국법무보호복지공단에 그에 대한 보호를 요청할 수 있다. 〈개정 2009. 3. 18.〉

제145조(귀가여비 등의 회수) 소장은 법 제126조에 따라 피석방자에게 귀가 여비 또는 의류를 빌려준 경우에는 특별한 사유가 없으면 이를 회수한다.

제145조의2(증명서의 교부) 소장은 다음 각 호에 해당하는 사람의 신청에 따라 교정시설에 수용된 사실 또는 수용되었다가 석방된 사실에 관한 증명서를 교부할 수 있다.

1. 수용자
2. 수용자가 지정한 사람
3. 피석방자
4. 피석방자가 지정한 사람

[본조신설 2017. 3. 27.]

제145조의3(고유식별정보의 처리) 소장은 제145조의2에 따른 사무를 수행하기 위하여 불가피한 경우 「개인정보 보호법 시행령」 제19조에 따른 주민등록번호, 여권번호, 운전면허의 면허번호 또는 외국인등록번호가 포함된 자료를 처리할 수 있다.

[본조신설 2017. 3. 27.]

03 사망

제146조(사망통지) 소장은 법 제127조에 따라 수용자의 사망 사실을 알리는 경우에는 사망 일시·장소 및 사유도 같이 알려야 한다.

제147조(검시) 소장은 수용자가 사망한 경우에는 그 시신을 검사하여야 한다. 〈개정 2014. 6. 25.〉

제148조(사망 등 기록) ① 의무관은 수용자가 질병으로 사망한 경우에는 사망장에 그 병명·병력(病歷)·사인 및 사망일시를 기록하고 서명하여야 한다.

② 소장은 수용자가 자살이나 그 밖에 변사한 경우에는 그 사실을 검사에게 통보하고, 기소된 상태인 경우에는 법원에도 통보하여야 하며 검시가 끝난 후에는 검시자·참여자의 신분·성명과 검시 결과를 사망장에 기록하여야 한다.

③ 소장은 법 제128조에 따라 시신을 인도, 화장(火葬), 임시 매장, 집단 매장 또는 자연장(自然葬)을 한 경우에는 그 사실을 사망장에 기록하여야 한다. 〈개정 2015. 12. 10.〉

제149조 삭제 〈2015. 12. 10.〉

제150조(임시 매장지의 표지 등) ① 소장은 시신을 임시 매장하거나 봉안한 경우에는 그 장소에 사망자의 성명을 적은 표지를 비치하고, 별도의 장부에 가족관계 등록기준지, 성명, 사망일시를 기록하여 관리하여야 한다. 〈개정 2015. 12. 10.〉

② 소장은 시신 또는 유골을 집단 매장한 경우에는 집단 매장된 사람의 가족관계 등록기준지, 성명, 사망일시를 집단 매장부에 기록하고 그 장소에 묘비를 세워야 한다. 〈개정 2015. 12. 10.〉

제4장

교정위원 등

제151조(교정위원) ① 소장은 법 제130조에 따라 교정위원을 두는 경우 수용자의 개선을 촉구하고 안정된 수용생활을 하게 하기 위하여 교정위원에게 수용자를 교화상담하게 할 수 있다.

② 교정위원은 수용자의 고충 해소 및 교정·교화를 위하여 필요한 의견을 소장에게 건의할 수 있다.

③ 교정위원의 임기, 위촉 및 해촉, 준수사항 등에 관하여 필요한 사항은 법무부장관이 정한다.

제152조(외부인사의 준수사항) 교정위원, 교정자문위원, 그 밖에 교정시설에서 활동하는 외부인사는 활동 중에 알게 된 교정시설의 안전과 질서 및 수용자의 신상에 관한 사항을 외부에 누설하거나 공개해서는 아니 된다.

제153조(기부금품의 접수 등) ① 소장은 법 제131조의 기부금품을 접수하는 경우에는 기부한 기관·단체 또는 개인(이하 이 장에서 "기부자"라 한다)에게 영수증을 발급하여야 한다. 다만, 익명으로 기부하거나 기부자를 알 수 없는 경우에는 그러하지 아니하다.

② 소장은 기부자가 용도를 지정하여 금품을 기부한 경우에는 기부금품을 그 용도에 사용하여야 한다. 다만, 지정한 용도로 사용하기 어려운 특별한 사유가 있는 경우에는 기부자의 동의를 받아 다른 용도로 사용할 수 있다.

③ 교정시설의 기부금품 접수·사용 등에 관하여 필요한 사항은 법무부장관이 정한다.

부칙 〈제30134호, 2019. 10. 22.〉

이 영은 2019년 10월 24일부터 시행한다.

3

형의 집행 및 수용자의 처우에 관한 법률 시행규칙

(약칭: 형집행법(수용자처우법) 시행규칙)

[시행 2019. 10. 24.] [법무부령 제960호, 2019. 10. 22, 일부개정]

제1장

총칙

제1조(목적) 이 규칙은 「형의 집행 및 수용자의 처우에 관한 법률」 및 같은 법 시행령에서 위임된 사항과 그 시행에 필요한 사항을 규정함을 목적으로 한다.

제2조(정의) 이 규칙에서 사용하는 용어의 뜻은 다음과 같다. 〈개정 2010. 5. 31., 2014. 11. 17.〉

1. "자비구매물품"이란 수용자가 교도소·구치소 및 그 지소(이하 "교정시설"이라 한다)의 장의 허가를 받아 자신의 비용으로 구매할 수 있는 물품을 말한다.
2. "교정시설의 보관범위"란 수용자 1명이 교정시설에 영치하여 보관할 수 있는 물품의 수량으로서 법무부장관이 정하는 범위를 말한다.
3. "수용자의 소지범위"란 수용자 1명이 교정시설 안에서 소지한 채 사용할 수 있는 물품의 수량으로서 법무부장관이 정하는 범위를 말한다.
4. "교부금품"이란 수용자 외의 사람이 교정시설의 장(이하 "소장"이라 한다)의 허가를 받아 수용자에게 교부할 수 있는 금품을 말한다.
5. "처우등급"이란 수형자의 처우 및 관리와 관련하여 수형자를 수용할 시설, 수형자에 대한 계호의 정도, 처우의 수준 및 처우의 내용을 구별하는 기준을 말한다.
6. "외부통근자"란 건전한 사회복귀와 기술습득을 촉진하기 위하여 외부기업체 또는 교정시설 안에 설치된 외부기업체의 작업장에 통근하며 작업하는 수형자를 말한다.
7. "교정장비"란 교정시설 안(교도관이 교정시설 밖에서 수용자를 계호하고 있는 경우 그 장소를 포함한다)에서 사람의 생명과 신체의 보호, 도주의 방지 및 교정시설의 안전과 질서유지를 위하여 교도관이 사용하는 장비와 기구 및 그 부속품을 말한다.

제3조(범죄횟수) ① 수용자의 범죄횟수는 징역 또는 금고 이상의 형을 선고받아 확정된 횟수로 한다. 다만, 집행유예의 선고를 받은 사람이 유예기간 중 고의로 범한 죄로 금고 이상의 실형이 확정되지 아니하고 그 기간이 지난 경우에는 집행이 유예된 형은 범죄횟수에 포함하지 아니한다. 〈개정 2014. 11. 17.〉

② 형의 집행을 종료하거나 그 집행이 면제된 날부터 다음 각 호의 기간이 지난 경우에는 범죄횟수에 포함하지 아니한다. 다만, 그 기간 중 자격정지 이상의 형을 선고받아 확정된 경우는 제외한다. 〈개정 2013. 4. 16., 2014. 11. 17.〉

1. 3년을 초과하는 징역 또는 금고: 10년
2. 3년 이하의 징역 또는 금고: 5년

③ 수용기록부 등 수용자의 범죄횟수를 기록하는 문서에는 필요한 경우 수용횟수(징역 또는 금고 이상의 형을 선고받고 그 집행을 위하여 교정시설에 수용된 횟수를 말한다)를 함께 기록하여 해당 수용자의 처우에 참고할 수 있도록 한다.

제2장

수용자의 처우

01 물품

제1절 생활용품 지급

제4조(의류의 품목) ① 수용자 의류의 품목은 평상복·특수복·보조복·의복부속물·모자 및 신발로 한다.

② 제1항에 따른 품목별 구분은 다음 각 호와 같다. 〈개정 2013. 4. 16., 2014. 11. 17.〉

1. 평상복은 겨울옷·봄가을옷·여름옷을 수형자용(用), 미결수용자용 및 피보호감호자(종전의 「사회보호법」에 따라 보호감호선고를 받고 교정시설에 수용 중인 사람을 말한다. 이하 같다)용과 남녀용으로 각각 구분하여 18종으로 한다.
2. 특수복은 모범수형자복·외부통근자복·임산부복·환자복·운동복 및 반바지로 구분하고, 그 중 모범수형자복 및 외부통근자복은 겨울옷·봄가을옷·여름옷을 남녀용으로 각각 구분하여 6종으로 하고, 임산부복은 봄가을옷·여름옷을 수형자용과 미결수용자용으로 구분하여 4종으로 하며, 환자복은 겨울옷·여름옷을 남녀용으로 구분하여 4종으로 하고, 운동복 및 반바지는 각각 1종으로 한다.
3. 보조복은 위생복·조끼 및 비옷으로 구분하여 3종으로 한다.
4. 의복부속물은 러닝셔츠·팬티·겨울내의·장갑·양말로 구분하여 5종으로 한다.
5. 모자는 모범수형자모·외부통근자모·방한모 및 위생모로 구분하여 4종으로 한다.
6. 신발은 고무신·운동화 및 방한화로 구분하여 3종으로 한다.

제5조(의류의 품목별 착용 시기 및 대상) 수용자 의류의 품목별 착용 시기 및 대상은 다음 각 호와 같다. 〈개정 2010. 5. 31., 2013. 4. 16., 2014. 11. 17.〉

1. 평상복: 실내생활 수용자, 교도작업·직업능력개발훈련(이하 "직업훈련"이라 한다) 수용자, 각종 교육을 받는 수용자 및 다른 교정시설로 이송되는 수용자가 착용
2. 모범수형자복: 제74조 제1항 제1호의 개방처우급에 해당하는 수형자가 작업·교육

등 일상생활을 하는 때, 가석방예정자가 실외생활을 하는 때 및 수형자가 사회봉사활동 등 대내외 행사 참석 시 소장이 필요하다고 인정하는 때 착용

3. 삭제 〈2013. 4. 16.〉
4. 외부통근자복: 외부통근자로서 실외생활을 하는 때에 착용
5. 임산부복: 임신하거나 출산한 수용자가 착용
6. 환자복: 의료거실 수용자가 착용
7. 삭제 〈2013. 4. 16.〉
8. 운동복: 소년수용자로서 운동을 하는 때에 착용
9. 반바지: 수용자가 여름철에 실내생활 또는 운동을 하는 때에 착용
10. 위생복: 수용자가 운영지원작업(이발·취사·간병, 그 밖에 교정시설의 시설운영과 관리에 필요한 작업을 말한다. 이하 같다)을 하는 때에 착용
11. 조끼: 수용자가 겨울철에 겉옷 안에 착용
12. 비옷: 수용자가 우천 시 실외작업을 하는 때에 착용
13. 러닝셔츠·팬티·겨울내의 및 양말: 모든 수형자 및 소장이 지급할 필요가 있다고 인정하는 미결수용자가 착용
14. 장갑: 작업을 하는 수용자 중 소장이 지급할 필요가 있다고 인정하는 자가 착용
15. 삭제 〈2013. 4. 16.〉
16. 모자
    가. 모범수형자모: 모범수형자복 착용자가 착용
    나. 외부통근자모: 외부통근자복 착용자가 착용
    다. 삭제 〈2013. 4. 16.〉
    라. 방한모: 외부작업 수용자가 겨울철에 착용
    마. 위생모: 취사장에서 작업하는 수용자가 착용
17. 신발
    가. 고무신 및 운동화: 수용자가 선택하여 착용
    나. 방한화: 작업을 하는 수용자 중 소장이 지급할 필요가 있다고 인정하는 사람이 착용

제6조(침구의 품목) 수용자 침구의 품목은 이불 2종(솜이불·겹이불), 매트리스 2종(일반매트리스·환자매트리스), 담요 및 베개로 구분한다.

제7조(침구의 품목별 사용 시기 및 대상) 수용자 침구의 품목별 사용 시기 및 대상은 다음 각 호와 같다. 〈개정 2013. 4. 16.〉

1. 이불
    가. 솜이불: 환자·노인·장애인·임산부 등의 수용자 중 소장이 지급할 필요가 있다고 인정하는 자가 겨울철에 사용
    나. 겹이불: 수용자가 봄·여름·가을철에 사용

2. 매트리스
   가. 일반매트리스: 수용자가 겨울철에 사용
   나. 환자매트리스: 의료거실에 수용된 수용자 중 의무관이 지급할 필요가 있다고 인정하는 사람이 사용
3. 담요 및 베개: 모든 수용자가 사용

제8조(의류 · 침구 등 생활용품의 지급기준) ① 수용자에게 지급하는 의류 및 침구는 1명당 1매로 하되, 작업 여부 또는 난방 여건을 고려하여 2매를 지급할 수 있다. 〈개정 2013. 4. 16.〉

② 의류 · 침구 외에 수용자에게 지급하는 생활용품의 품목, 지급수량, 사용기간, 지급횟수 등에 대한 기준은 별표 1과 같다.

③ 생활용품 지급일 이후에 수용된 수용자에 대하여는 다음 지급일까지 쓸 적절한 양을 지급하여야 한다.

④ 신입수용자에게는 수용되는 날에 칫솔, 치약 및 수건 등 수용생활에 필요한 최소한의 생활용품을 지급하여야 한다.

제9조(의류 · 침구의 색채 · 규격) 수용자 의류 · 침구의 품목별 색채 및 규격은 법무부장관이 정한다.

제2절 음식물 지급

제10조(주식의 지급) 소장이 「형의 집행 및 수용자의 처우에 관한 법률 시행령」(이하 "영"이라 한다) 제28조 제2항에 따라 주식을 쌀과 보리 등 잡곡의 혼합곡으로 하거나 대용식을 지급하는 경우에는 법무부장관이 정하는 바에 따른다.
[전문개정 2014. 11. 17.]

제11조(주식의 지급) ① 수용자에게 지급하는 주식은 1명당 1일 390 그램을 기준으로 한다. 〈개정 2013. 4. 16., 2014. 11. 17.〉

② 소장은 수용자의 나이, 건강, 작업 여부 및 작업의 종류 등을 고려하여 필요한 경우에는 제1항의 지급 기준량을 변경할 수 있다.

③ 소장은 수용자의 기호 등을 고려하여 주식으로 빵이나 국수 등을 지급할 수 있다. 〈개정 2014. 11. 17.〉

제12조(주식의 확보) 소장은 수용자에 대한 원활한 급식을 위하여 해당 교정시설의 직전 분기 평균 급식 인원을 기준으로 1개월분의 주식을 항상 확보하고 있어야 한다.

제13조(부식) ① 부식은 주식과 함께 지급하며, 1명당 1일의 영양섭취기준량은 별표 2와 같다.

② 소장은 작업의 장려나 적절한 처우를 위하여 필요하다고 인정하는 경우 특별한 부식을 지급할 수 있다.

제14조(주·부식의 지급횟수 등) ① 주·부식의 지급횟수는 1일 3회로 한다.

② 수용자에게 지급하는 음식물의 총열량은 1명당 1일 2천500 킬로칼로리를 기준으로 한다.

제15조(특식 등 지급) ① 영 제29조에 따른 특식은 예산의 범위에서 지급한다. 〈개정 2014. 11. 17.〉

② 소장은 작업시간을 3시간 이상 연장하는 경우에는 수용자에게 주·부식 또는 대용식 1회분을 간식으로 지급할 수 있다.

제3절 자비구매물품 등

제16조(자비구매물품의 종류 등) ① 자비구매물품의 종류는 다음 각 호와 같다.

1. 음식물
2. 의약품 및 의료용품
3. 의류·침구류 및 신발류
4. 신문·잡지·도서 및 문구류
5. 수형자 교육 등 교정교화에 필요한 물품
6. 그 밖에 수용생활에 필요하다고 인정되는 물품

② 제1항 각 호에 해당하는 자비구매물품의 품목·유형 및 규격 등은 영 제31조에 어긋나지 아니하는 범위에서 소장이 정하되, 수용생활에 필요한 정도, 가격과 품질, 다른 교정시설과의 균형, 공급하기 쉬운 정도 및 수용자의 선호도 등을 고려하여야 한다.

③ 법무부장관은 자비구매물품 공급의 교정시설 간 균형 및 교정시설의 안전과 질서유지를 위하여 공급물품의 품목 및 규격 등에 대한 통일된 기준을 제시할 수 있다.

제17조(구매허가 및 신청제한) ① 소장은 수용자가 자비구매물품의 구매를 신청하는 경우에는 법무부장관이 교정성적 또는 제74조에 따른 경비처우급을 고려하여 정하는 영치금의 사용한도, 교정시설의 보관범위 및 수용자의 소지범위에서 허가한다. 〈개정 2013. 4. 16.〉

② 소장은 감염병(「감염병의 예방 및 관리에 관한 법률」에 따른 감염병을 말한다)의 유행 또는 수용자의 징벌집행 등으로 자비구매물품의 사용이 중지된 경우에는 구매신청을 제한할 수 있다. 〈개정 2014. 11. 17.〉

제18조(우선 공급) 소장은 교도작업제품(교정시설 안에서 수용자에게 부과된 작업에 의하여 생산된 물품을 말한다)으로서 자비구매물품으로 적합한 것은 제21조에 따라 지정받은 자비구매물품 공급자를 거쳐 우선하여 공급할 수 있다.

제19조(제품 검수) ① 소장은 물품공급업무 담당공무원을 검수관(檢收官)으로 지정하여 제21조에 따라 지정받은 자비구매물품 공급자로부터 납품받은 제품의 수량·상태 및 유통기한 등을 검사하도록 하여야 한다.

② 검수관은 공급제품이 부패, 파손, 규격미달, 그 밖의 사유로 수용자에게 공급하기에 부적당하다고 인정하는 경우에는 소장에게 이를 보고하고 필요한 조치를 하여야 한다.

제20조(주요사항 고지 등) ① 소장은 수용자에게 자비구매물품의 품목·가격, 그 밖에 구매에 관한 주요사항을 미리 알려주어야 한다.

② 소장은 제품의 변질, 파손, 그 밖의 정당한 사유로 수용자가 교환, 반품 또는 수선을 원하는 경우에는 신속히 적절한 조치를 하여야 한다. 〈개정 2013. 4. 16.〉

제21조(공급업무의 담당자 지정) ① 법무부장관은 자비구매물품의 품목·규격·가격 등의 교정시설 간 균형을 유지하고 공급과정의 효율성·공정성을 높이기 위하여 그 공급업무를 담당하는 법인 또는 개인을 지정할 수 있다.

② 제1항에 따라 지정받은 법인 또는 개인은 그 업무를 처리하는 경우 교정시설의 안전과 질서유지를 위하여 선량한 관리자로서의 의무를 다하여야 한다.

③ 자비구매물품 공급업무의 담당자 지정 등에 관한 세부사항은 법무부장관이 정한다.

제22조(교부금품의 허가) ① 소장은 수용자 외의 사람이 수용자에게 금원(金員)을 교부하려고 신청하는 경우에는 현금·수표 및 우편환의 범위에서 허가한다. 다만, 수용자 외의 사람이 온라인으로 수용자의 예금계좌에 입금한 경우에는 금원의 교부를 허가한 것으로 본다.

② 소장은 수용자 외의 사람이 수용자에게 음식물을 교부하려고 신청하는 경우에는 법무부장관이 정하는 바에 따라 교정시설 안에서 판매되는 음식물 중에서 허가한다. 다만, 제30조 각 호에 해당하는 종교행사 및 제114조 각 호에 해당하는 교화프로그램의 시행을 위하여 특히 필요하다고 인정하는 경우에는 교정시설 안에서 판매되는 음식물이 아니더라도 교부를 허가할 수 있다.

③ 소장은 수용자 외의 사람이 수용자에게 음식물 외의 물품을 교부하려고 신청하는 경우에는 다음 각 호의 어느 하나에 해당하지 아니하면 법무부장관이 정하는 교정시설의 보관범위 및 수용자의 소지범위에서 허가한다.

1. 오감 또는 통상적인 검사장비로는 내부검색이 어려운 물품
2. 음란하거나 현란한 그림·무늬가 포함된 물품
3. 사행심을 조장하거나 심리적인 안정을 해칠 우려가 있는 물품
4. 도주·자살·자해 등에 이용될 수 있는 금속류, 끈 또는 가죽 등이 포함된 물품
5. 위화감을 조성할 우려가 있는 높은 가격의 물품
6. 그 밖에 수형자의 교화 또는 건전한 사회복귀를 해칠 우려가 있거나 교정시설의 안전 또는 질서를 해칠 우려가 있는 물품

02 의료

제23조(의료설비의 기준) ① 교정시설에는 「의료법」 제3조에 따른 의료기관 중 의원(醫院)이 갖추어야 하는 시설 수준 이상의 의료시설(진료실 등의 의료용 건축물을 말한다. 이하 같다)을 갖추어야 한다.

② 교정시설에 갖추어야 하는 의료장비(혈압측정기 등의 의료기기를 말한다)의 기준은 별표 3과 같다.

③ 의료시설의 세부종류 및 설치기준은 법무부장관이 정한다.

제24조(비상의료용품 기준) ① 소장은 수용정원과 시설여건 등을 고려하여 적정한 양의 비상의료용품을 갖추어 둔다.

② 교정시설에 갖추어야 하는 비상의료용품의 기준은 별표 4와 같다.

03 전화통화 및 접견 〈개정 2016. 6. 28.〉

제25조(전화통화의 허가) ① 소장은 전화통화(발신하는 것만을 말한다. 이하 같다)를 신청한 수용자에 대하여 다음 각 호의 어느 하나에 해당하는 사유가 없으면 전화통화를 허가할 수 있다.

1. 범죄의 증거를 인멸할 우려가 있을 때
2. 형사법령에 저촉되는 행위를 할 우려가 있을 때
3. 「형사소송법」 제91조 및 같은 법 제209조에 따라 접견·서신수수 금지결정을 하였을 때
4. 교정시설의 안전 또는 질서를 해칠 우려가 있을 때
5. 수형자의 교화 또는 건전한 사회복귀를 해칠 우려가 있을 때

② 소장은 제1항에 따른 허가를 하기 전에 전화번호와 수신자(수용자와 통화할 상대방을 말한다. 이하 같다)를 확인하여야 한다. 이 경우 수신자에게 제1항 각 호에 해당하는 사유가 있으면 제1항의 허가를 아니할 수 있다.

③ 전화통화의 통화시간은 특별한 사정이 없으면 3분 이내로 한다.

제26조(전화이용시간) ① 수용자의 전화통화는 매일(공휴일 및 법무부장관이 정한 날은 제외한다) 「국가공무원 복무규정」 제9조에 따른 근무시간 내에서 실시한다.

② 소장은 제1항에도 불구하고 평일에 전화를 이용하기 곤란한 특별한 사유가 있는 수용자에 대해서는 전화이용시간을 따로 정할 수 있다.

제27조(통화허가의 취소) 소장은 다음 각 호의 어느 하나에 해당할 때에는 전화통화의 허가를 취소할 수 있다.

1. 수용자 또는 수신자가 전화통화 내용의 청취·녹음에 동의하지 아니할 때
2. 수신자가 수용자와의 관계 등에 대한 확인 요청에 따르지 아니하거나 거짓으로 대답할 때
3. 전화통화 허가 후 제25조 제1항 각 호의 어느 하나에 해당되는 사유가 발견되거나 발생하였을 때

제28조(통화내용의 청취·녹음) ① 소장은 제25조 제1항 각 호의 어느 하나에 해당하지 아니한다고 명백히 인정되는 경우가 아니면 통화내용을 청취하거나 녹음한다.

② 제1항의 녹음기록물은 「공공기록물 관리에 관한 법률」에 따라 관리하고, 특히 녹음기록물이 손상되지 아니하도록 유의해서 보존하여야 한다.

③ 교도관은 수용자의 전화통화를 청취하거나 녹음하면서 알게 된 내용을 누설 또는 권한 없이 처리하거나 타인이 이용하도록 제공하는 등 부당한 목적으로 사용하여서는 아니 된다.

④ 전화통화 녹음기록물을 관계기관에 제공하는 경우에는 영 제62조 제4항을 준용한다.

제29조(통화요금의 부담) ① 수용자의 전화통화 요금은 수용자가 부담한다.

② 소장은 교정성적이 양호한 수형자 또는 영치금이 없는 수용자 등에 대하여는 제1항에도 불구하고 예산의 범위에서 요금을 부담할 수 있다. 〈개정 2013. 4. 16.〉

제29조의2(소송사건의 대리인인 변호사의 접견 등 신청) ① 소송사건의 대리인인 변호사가 수용자를 접견하고자 하는 경우에는 별지 제32호서식의 신청서에 다음 각 호의 자료를 첨부하여 소장에게 제출하여야 한다.

1. 소송위임장 사본 등 소송사건의 대리인임을 소명할 수 있는 자료
2. 소송계속 사실을 소명할 수 있는 자료

② 소송사건의 대리인인 변호사가 영 제59조의2 제3항에 따라 접견 시간을 연장하거나 접견 횟수를 추가하고자 하는 경우에는 별지 제33호서식의 신청서에 해당 사유를 소명할 수 있는 자료를 첨부하여 소장에게 제출하여야 한다.

[본조신설 2016. 6. 28.]

04 종교와 문화

제1절 종 교

제30조(종교행사의 종류) 「형의 집행 및 수용자의 처우에 관한 법률」(이하 “법”이라 한다) 제45조에 따른 종교행사의 종류는 다음 각 호와 같다.

1. 종교집회: 예배·법회·미사 등
2. 종교의식: 세례·수계·영세 등
3. 교리 교육 및 상담
4. 그 밖에 법무부장관이 정하는 종교행사

제31조(종교행사의 방법) ① 소장은 교정시설의 안전과 질서를 해치지 아니하는 범위에서 종교단체 또는 종교인이 주재하는 종교행사를 실시한다.

② 소장은 종교행사를 위하여 각 종교별 성상·성물·성화·성구가 구비된 종교상담실·교리교육실 등을 설치할 수 있으며, 특정 종교행사를 위하여 임시행사장을 설치하는 경우에는 성상 등을 임시로 둘 수 있다.

제32조(종교행사의 참석대상) 수용자는 자신이 신봉하는 종교행사에 참석할 수 있다. 다만, 소장은 다음 각 호의 어느 하나에 해당할 때에는 수용자의 종교행사 참석을 제한할 수 있다.

1. 종교행사용 시설의 부족 등 여건이 충분하지 아니할 때
2. 수용자가 종교행사 장소를 허가 없이 벗어나거나 다른 사람과 연락을 할 때
3. 수용자가 계속 큰 소리를 내거나 시끄럽게 하여 종교행사를 방해할 때
4. 수용자가 전도를 핑계삼아 다른 수용자의 평온한 신앙생활을 방해할 때
5. 그 밖에 다른 법령에 따라 공동행사의 참석이 제한될 때

제33조(종교상담) 소장은 수용자가 종교상담을 신청하거나 수용자에게 종교상담이 필요한 경우에는 해당 종교를 신봉하는 교도관 또는 교정참여인사(법 제130조의 교정위원, 그 밖에 교정행정에 참여하는 사회 각 분야의 사람 중 학식과 경험이 풍부한 자를 말한다)로 하여금 상담하게 할 수 있다.

제34조(종교물품 등 소지범위) ① 소장은 수용자의 신앙생활에 필요하다고 인정하는 경우에는 외부에서 제작된 휴대용 종교서적 및 성물을 수용자가 소지하게 할 수 있다.

② 소장이 수용자에게 제1항의 종교서적 및 성물의 소지를 허가하는 경우에는 그 재질·수량·규격·형태 등을 고려하여야 하며, 다른 수용자의 수용생활을 방해하지 아니하도록 하여야 한다.

제2절 신문·잡지 또는 도서

제35조(구독신청 수량) 법 제47조에 따라 수용자가 구독을 신청할 수 있는 신문·잡지 또는 도서(이하 이 절에서 "신문등"이라 한다)는 교정시설의 보관범위 및 수용자의 소지범위를 벗어나지 아니하는 범위에서 신문은 월 3종 이내로, 도서(잡지를 포함한다)는 월 10권 이내로 한다. 다만, 소장은 수용자의 지식함양 및 교양습득에 특히 필요하다고 인정하는 경우에는 신문등의 신청 수량을 늘릴 수 있다.

제36조(구독허가의 취소 등) ① 소장은 신문등을 구독하는 수용자가 다음 각 호의 어느 하나에 해당하는 사유가 있으면 구독의 허가를 취소할 수 있다.

1. 허가 없이 다른 거실 수용자와 신문등을 주고받을 때
2. 그 밖에 법무부장관이 정하는 신문등과 관련된 준수사항을 위반하였을 때

② 소장은 소유자가 분명하지 아니한 도서를 회수하여 비치도서로 전환하거나 폐기할 수 있다.

제3절 방 송

제37조(방송의 기본원칙) ① 수용자를 대상으로 하는 방송은 무상으로 한다.

② 법무부장관은 방송의 전문성을 강화하기 위하여 외부전문가의 협력을 구할 수 있고, 모든 교정시설의 수용자를 대상으로 통합방송을 할 수 있다.

③ 소장은 방송에 대한 의견수렴을 위하여 설문조사 등의 방법으로 수용자의 반응도 및 만족도를 측정할 수 있다.

제38조(방송설비) ① 소장은 방송을 위하여 텔레비전, 라디오, 스피커 등의 장비와 방송선로 등의 시설을 갖추어야 한다. 〈개정 2019. 10. 22.〉

② 소장은 물품관리법령에 따라 제1항의 장비와 시설을 정상적으로 유지·관리하여야 한다.

제39조(방송편성시간) 소장은 수용자의 건강과 일과시간 등을 고려하여 1일 6시간 이내에서 방송편성시간을 정한다. 다만, 토요일·공휴일, 작업·교육실태 및 수용자의 특성을 고려하여 방송편성시간을 조정할 수 있다.

제40조(방송프로그램) ① 소장은 「방송법」 제2조의 텔레비전방송 또는 라디오방송을 녹음·녹화하여 방송하거나 생방송할 수 있으며, 비디오테이프에 의한 영상물 또는 자체 제작한 영상물을 방송할 수 있다.

② 방송프로그램은 그 내용에 따라 다음 각 호와 같이 구분한다.

1. 교육콘텐츠: 한글·한자·외국어 교육, 보건위생 향상, 성(性)의식 개선, 약물남용 예방 등
2. 교화콘텐츠: 인간성 회복, 근로의식 함양, 가족관계 회복, 질서의식 제고, 국가관 고취 등
3. 교양콘텐츠: 다큐멘터리, 생활정보, 뉴스, 직업정보, 일반상식 등
4. 오락콘텐츠: 음악, 연예, 드라마, 스포츠 중계 등

5. 그 밖에 수용자의 정서안정에 필요한 콘텐츠

③ 소장은 방송프로그램을 자체 편성하는 경우에는 다음 각 호의 어느 하나에 해당하는 내용이 포함되지 아니하도록 특히 유의하여야 한다.

1. 폭력조장, 음란 등 미풍양속에 반하는 내용
2. 특정 종교의 행사나 교리를 찬양하거나 비방하는 내용
3. 그 밖에 수용자의 정서안정 및 수용질서 확립에 유해하다고 판단되는 내용

제41조(수용자 준수사항 등) ① 수용자는 소장이 지정한 장소에서 지정된 채널을 통하여 텔레비전을 시청하거나 라디오를 청취하여야 한다. 다만, 제86조에 따른 자치생활 수형자는 법무부장관이 정하는 방법에 따라 텔레비전을 시청할 수 있다. 〈개정 2013. 4. 16.〉

② 수용자는 방송설비 또는 채널을 임의 조작·변경하거나 임의수신 장비를 소지하여서는 아니 된다.

③ 수용자가 방송시설과 장비를 손상하거나 그 밖의 방법으로 그 효용을 해친 경우에는 배상을 하여야 한다.

05 특별한 보호

제1절 여성수용자

제42조(임산부수용자 등에 대한 특칙) 소장은 임산부인 수용자 및 법 제53조에 따라 유아의 양육을 허가받은 수용자에 대하여 필요하다고 인정하는 경우에는 교정시설에 근무하는 의사(공중보건의사를 포함한다. 이하 "의무관"이라 한다)의 의견을 들어 필요한 양의 죽 등의 주식과 별도로 마련된 부식을 지급할 수 있으며, 양육유아에 대하여는 분유 등의 대체식품을 지급할 수 있다. 〈개정 2014. 11. 17.〉

제2절 노인수용자

제43조(전담교정시설) ① 법 제57조 제6항에 따라 법무부장관이 노인수형자의 처우를 전담하도록 정하는 시설(이하 "노인수형자 전담교정시설"이라 한다)에는 「장애인·노인·임산부 등의 편의증진보장에 관한 법률 시행령」 별표 2의 교도소·구치소 편의시설의 종류 및 설치기준에 따른 편의시설을 갖추어야 한다. 〈개정 2015. 12. 10.〉

② 노인수형자 전담교정시설에는 별도의 공동휴게실을 마련하고 노인이 선호하는 오락용품 등을 갖춰두어야 한다.

제44조(수용거실) ① 노인수형자 전담교정시설이 아닌 교정시설에서는 노인수용자를 수용하기 위하여 별도의 거실을 지정하여 운용할 수 있다.

② 노인수용자의 거실은 시설부족 또는 그 밖의 부득이한 사정이 없으면 건물의 1층에 설치하고, 특히 겨울철 난방을 위하여 필요한 시설을 갖추어야 한다.

제45조(주·부식 등 지급) 소장은 노인수용자의 나이·건강상태 등을 고려하여 필요하다고 인정하면 제4조부터 제8조까지의 규정, 제10조, 제11조, 제13조 및 제14조에 따른 수용자의 지급기준을 초과하여 주·부식, 의류·침구, 그 밖의 생활용품을 지급할 수 있다.

제46조(운동·목욕) ① 소장은 노인수용자의 나이·건강상태 등을 고려하여 필요하다고 인정하면 영 제49조에 따른 운동시간을 연장하거나 영 제50조에 따른 목욕횟수를 늘릴 수 있다.

② 소장은 노인수용자가 거동이 불편하여 혼자서 목욕하기 어려운 경우에는 교도관, 자원봉사자 또는 다른 수용자로 하여금 목욕을 보조하게 할 수 있다.

제47조(전문의료진 등) ① 노인수형자 전담교정시설의 장은 노인성 질환에 관한 전문적인 지식을 가진 의료진과 장비를 갖추고, 외부의료시설과 협력체계를 강화하여 노인수형자가 신속하고 적절한 치료를 받을 수 있도록 노력하여야 한다.

② 소장은 노인수용자에 대하여 6개월에 1회 이상 건강검진을 하여야 한다.

제48조(교육·교화프로그램 및 작업) ① 노인수형자 전담교정시설의 장은 노인문제에 관한 지식과 경험이 풍부한 외부전문가를 초빙하여 교육하게 하는 등 노인수형자의 교육 받을 기회를 확대하고, 노인전문오락, 그 밖에 노인의 특성에 알맞은 교화프로그램을 개발·시행하여야 한다.

② 소장은 노인수용자가 작업을 원하는 경우에는 나이·건강상태 등을 고려하여 해당 수용자가 감당할 수 있는 정도의 작업을 부과한다. 이 경우 의무관의 의견을 들어야 한다.

제3절 장애인수용자

제49조(정의) "장애인수용자"란 「장애인복지법 시행령」 별표 1의 제1호부터 제15호까지의 규정에 해당하는 사람으로서 시각·청각·언어·지체(肢體) 등의 장애로 통상적인 수용생활이 특히 곤란하다고 인정되는 수용자를 말한다. 〈개정 2013. 4. 16.〉

제50조(전담교정시설) ① 법 제57조 제6항에 따라 법무부장관이 장애인수형자의 처우를 전담하도록 정하는 시설(이하 "장애인수형자 전담교정시설"이라 한다)의 장은 장애종류별 특성에 알맞은 재활치료프로그램을 개발하여 시행하여야 한다. 〈개정 2015. 12. 10.〉

② 장애인수형자 전담교정시설 편의시설의 종류 및 설치기준에 관하여는 제43조 제1항을 준용한다.

제51조(수용거실) ① 장애인수형자 전담교정시설이 아닌 교정시설에서는 장애인수용자를 수용하기 위하여 별도의 거실을 지정하여 운용할 수 있다.
② 장애인수용자의 거실은 시설부족 또는 그 밖의 부득이한 사정이 없으면 건물의 1층에 설치하고, 특히 장애인이 이용할 수 있는 변기 등의 시설을 갖추도록 하여야 한다.

제52조(전문의료진 등) 장애인수형자 전담교정시설의 장은 장애인의 재활에 관한 전문적인 지식을 가진 의료진과 장비를 갖추도록 노력하여야 한다.

제53조(직업훈련) 장애인수형자 전담교정시설의 장은 장애인수형자에 대한 직업훈련이 석방 후의 취업과 연계될 수 있도록 그 프로그램의 편성 및 운영에 특히 유의하여야 한다.

제54조(준용규정) 장애인수용자의 장애정도, 건강 등을 고려하여 필요하다고 인정하는 경우 주·부식 등의 지급, 운동·목욕 및 교육·교화프로그램·작업에 관하여 제45조·제46조 및 제48조를 준용한다.

제4절 외국인수용자

제55조(전담교정시설) 법 제57조 제6항에 따라 법무부장관이 외국인수형자의 처우를 전담하도록 정하는 시설의 장은 외국인의 특성에 알맞은 교화프로그램 등을 개발하여 시행하여야 한다. 〈개정 2015. 12. 10.〉

제56조(전담요원 지정) ① 외국인수용자를 수용하는 소장은 외국어에 능통한 소속 교도관을 전담요원으로 지정하여 일상적인 개별면담, 고충해소, 통역·번역 및 외교공관 또는 영사관 등 관계기관과의 연락 등의 업무를 수행하게 하여야 한다.
② 제1항의 전담요원은 외국인 미결수용자에게 소송 진행에 필요한 법률지식을 제공하는 등의 조력을 하여야 한다.

제57조(수용거실 지정) ① 소장은 외국인수용자의 수용거실을 지정하는 경우에는 종교 또는 생활관습이 다르거나 민족감정 등으로 인하여 분쟁의 소지가 있는 외국인수용자는 거실을 분리하여 수용하여야 한다. 〈개정 2013. 4. 16.〉
② 소장은 외국인수용자에 대하여는 그 생활양식을 고려하여 필요한 수용설비를 제공하도록 노력하여야 한다.

제58조(주·부식 지급) ① 외국인수용자에게 지급하는 음식물의 총열량은 제14조 제2항에도 불구하고 소속 국가의 음식문화, 체격 등을 고려하여 조정할 수 있다.
② 외국인수용자에 대하여는 쌀, 빵 또는 그 밖의 식품을 주식으로 지급하되, 소속 국가의 음식문화를 고려하여야 한다. 〈개정 2014. 11. 17.〉
③ 외국인수용자에게 지급하는 부식의 지급기준은 법무부장관이 정한다.

제59조(위독 또는 사망 시의 조치) 소장은 외국인수용자가 질병 등으로 위독하거나 사망한 경우에는 그의 국적이나 시민권이 속하는 나라의 외교공관 또는 영사관의 장이나 그 관원 또는 가족에게 이를 즉시 통지하여야 한다.

제5절 소년수용자 〈신설 2015. 12. 10.〉

제59조의2(전담교정시설) ① 법 제57조 제6항에 따라 법무부장관이 19세 미만의 수형자(이하 "소년수형자"라 한다)의 처우를 전담하도록 정하는 시설(이하 "소년수형자 전담교정시설"이라 한다)의 장은 소년의 나이·적성 등 특성에 알맞은 교육·교화프로그램을 개발하여 시행하여야 한다.

② 소년수형자 전담교정시설에는 별도의 공동학습공간을 마련하고 학용품 및 소년의 정서 함양에 필요한 도서, 잡지 등을 갖춰 두어야 한다.

[본조신설 2015. 12. 10.]

제59조의3(수용거실) ① 소년수형자 전담교정시설이 아닌 교정시설에서는 소년수용자(영 제81조 제4항에 따른 소년수용자를 말한다. 이하 같다)를 수용하기 위하여 별도의 거실을 지정하여 운용할 수 있다.

② 소년수형자 전담교정시설이 아닌 교정시설에서 소년수용자를 수용한 경우 교육·교화프로그램에 관하여는 제59조의2 제1항을 준용한다.

[본조신설 2015. 12. 10.]

제59조의4(접견·전화) 소장은 소년수형자등의 나이·적성 등을 고려하여 필요하다고 인정하면 제87조 및 제90조에 따른 접견 및 전화통화 횟수를 늘릴 수 있다.

[본조신설 2015. 12. 10.]

제59조의5(사회적 처우) 제92조 제1항에도 불구하고 소장은 소년수형자등의 나이·적성 등을 고려하여 필요하다고 인정하면 소년수형자등에게 같은 항 각 호에 해당하는 활동을 허가할 수 있다. 이 경우 소장이 허가할 수 있는 활동에는 발표회 및 공연 등 참가 활동을 포함한다.

[본조신설 2015. 12. 10.]

제59조의6(준용규정) 소년수용자의 나이·건강상태 등을 고려하여 필요하다고 인정하는 경우 주·부식의 등의 지급, 운동·목욕, 전문의료진 등 및 작업에 관하여 제45조부터 제48조까지의 규정을 준용한다.

[본조신설 2015. 12. 10.]

제3장

수형자의 처우

01 분류처우

제1절 분류심사

제60조(이송 · 재수용 수형자의 개별처우계획 등) ① 소장은 해당 교정시설의 특성 등을 고려하여 필요한 경우에는 다른 교정시설로부터 이송되어 온 수형자의 개별처우계획(법 제56조 제1항에 따른 개별처우계획을 말한다. 이하 같다)을 변경할 수 있다.

② 소장은 형집행정지 중에 있는 사람이 기간만료 또는 그 밖의 정지사유 소멸로 재수용된 경우에는 석방 당시와 동일한 처우등급을 부여할 수 있다. 〈개정 2010. 5. 31.〉

③ 소장은 제260조에 따른 가석방의 취소로 재수용되어 잔형(殘刑)이 집행되는 경우에는 석방 당시보다 한 단계 낮은 처우등급(제74조의 경비처우급에만 해당한다)을 부여한다. 다만, 「가석방자관리규정」 제5조 단서를 위반하여 가석방이 취소되는 등 가석방 취소사유에 특히 고려할 만한 사정이 있는 때에는 석방당시와 동일한 처우등급을 부여할 수 있다. 〈개정 2010. 5. 31.〉

④ 소장은 형집행정지 중이거나 가석방기간 중에 있는 사람이 형사사건으로 재수용되어 형이 확정된 경우에는 개별처우계획을 새로 수립하여야 한다.

제61조(국제수형자 및 군수형자의 개별처우계획) ① 소장은 「국제수형자이송법」에 따라 외국으로부터 이송되어 온 수형자에 대하여는 개별처우계획을 새로 수립하여 시행한다. 이 경우 해당 국가의 교정기관으로부터 접수된 그 수형자의 수형생활 또는 처우 등에 관한 내용을 고려할 수 있다.

② 소장은 군사법원에서 징역형 또는 금고형이 확정되거나 그 형의 집행 중에 있는 사람이 이송되어 온 경우에는 개별처우계획을 새로 수립하여 시행한다. 이 경우 해당 군교도소로부터 접수된 그 수형자의 수형생활 또는 처우 등에 관한 내용을 고려할 수 있다.

제62조(분류심사 제외 및 유예) ① 다음 각 호의 사람에 대해서는 분류심사를 하지 아니한다. 〈개정 2013. 4. 16.〉

1. 징역형·금고형이 확정된 사람으로서 집행할 형기가 형집행지휘서 접수일부터 3개월 미만인 사람
2. 구류형이 확정된 사람
3. 삭제 〈2017. 8. 22.〉

② 소장은 수형자가 다음 각 호의 어느 하나에 해당하는 사유가 있으면 분류심사를 유예한다.

1. 질병 등으로 분류심사가 곤란한 때
2. 법 제107조 제1호부터 제5호까지의 규정에 해당하는 행위 및 이 규칙 제214조 각 호에 해당하는 행위(이하 "징벌대상행위"라 한다)의 혐의가 있어 조사 중이거나 징벌 집행 중인 때
3. 그 밖의 사유로 분류심사가 특히 곤란하다고 인정하는 때

③ 소장은 제2항 각 호에 해당하는 사유가 소멸한 경우에는 지체 없이 분류심사를 하여야 한다. 다만, 집행할 형기가 사유 소멸일부터 3개월 미만인 경우에는 분류심사를 하지 아니한다. 〈개정 2013. 4. 16.〉

제63조(분류심사 사항) 분류심사 사항은 다음 각 호와 같다. 〈개정 2010. 5. 31.〉

1. 처우등급에 관한 사항
2. 작업, 직업훈련, 교육 및 교화프로그램 등의 처우방침에 관한 사항
3. 보안상의 위험도 측정 및 거실 지정 등에 관한 사항
4. 보건 및 위생관리에 관한 사항
5. 이송에 관한 사항
6. 가석방 및 귀휴심사에 관한 사항
7. 석방 후의 생활계획에 관한 사항
8. 그 밖에 수형자의 처우 및 관리에 관한 사항

제64조(신입심사 시기) 개별처우계획을 수립하기 위한 분류심사(이하 "신입심사"라 한다)는 매월 초일부터 말일까지 형집행지휘서가 접수된 수형자를 대상으로 하며, 그 다음 달까지 완료하여야 한다. 다만, 특별한 사유가 있는 경우에는 그 기간을 연장할 수 있다.

제65조(재심사의 구분) 개별처우계획을 조정할 것인지를 결정하기 위한 분류심사(이하 "재심사"라 한다)는 다음 각 호와 같이 구분한다.

1. 정기재심사: 일정한 형기가 도달한 때 하는 재심사
2. 부정기재심사: 상벌 또는 그 밖의 사유가 발생한 경우에 하는 재심사

제66조(정기재심사) ① 정기재심사는 다음 각 호의 어느 하나에 해당하는 경우에 한다. 다만, 형집행지휘서가 접수된 날부터 6개월이 지나지 아니한 경우에는 그러하지 아니하다.

1. 형기의 3분의 1에 도달한 때

2. 형기의 2분의 1에 도달한 때
3. 형기의 3분의 2에 도달한 때
4. 형기의 6분의 5에 도달한 때

② 부정기형의 재심사 시기는 단기형을 기준으로 한다.

③ 무기형과 20년을 초과하는 징역형·금고형의 재심사 시기를 산정하는 경우에는 그 형기를 20년으로 본다.

④ 2개 이상의 징역형 또는 금고형을 집행하는 수형자의 재심사 시기를 산정하는 경우에는 그 형기를 합산한다. 다만, 합산한 형기가 20년을 초과하는 경우에는 그 형기를 20년으로 본다.

제67조(부정기재심사) 부정기재심사는 다음 각 호의 어느 하나에 해당하는 경우에 할 수 있다. 〈개정 2010. 5. 31., 2014. 11. 17.〉

1. 분류심사에 오류가 있음이 발견된 때
2. 수형자가 교정사고(교정시설에서 발생하는 화재, 수용자의 자살·도주·폭행·소란, 그 밖에 사람의 생명·신체를 해하거나 교정시설의 안전과 질서를 위태롭게 하는 사고를 말한다. 이하 같다)의 예방에 뚜렷한 공로가 있는 때
3. 수형자를 징벌하기로 의결한 때
4. 수형자가 집행유예의 실효 또는 추가사건(현재 수용의 근거가 된 사건 외의 형사사건을 말한다. 이하 같다)으로 금고이상의 형이 확정된 때
5. 수형자가 「숙련기술장려법」 제20조 제2항에 따른 전국기능경기대회 입상, 기사 이상의 자격취득, 학사 이상의 학위를 취득한 때
6. 삭제 〈2014. 11. 17.〉
7. 그 밖에 수형자의 수용 또는 처우의 조정이 필요한 때

제68조(재심사 시기 등) ① 소장은 재심사를 할 때에는 그 사유가 발생한 달의 다음 달까지 완료하여야 한다.

② 재심사에 따라 제74조의 경비처우급을 조정할 필요가 있는 경우에는 한 단계의 범위에서 조정한다. 다만, 수용 및 처우를 위하여 특히 필요한 경우에는 두 단계의 범위에서 조정할 수 있다. 〈개정 2010. 5. 31.〉

제69조(분류조사 사항) ① 신입심사를 할 때에는 다음 각 호의 사항을 조사한다. 〈개정 2014. 11. 17.〉

1. 성장과정
2. 학력 및 직업경력
3. 생활환경
4. 건강상태 및 병력사항
5. 심리적 특성

6. 마약·알코올 등 약물중독 경력
7. 가족 관계 및 보호자 관계
8. 범죄경력 및 범행내용
9. 폭력조직 가담여부 및 정도
10. 교정시설 총 수용기간
11. 교정시설 수용(과거에 수용된 경우를 포함한다) 중에 받은 징벌 관련 사항
12. 도주(음모, 예비 또는 미수에 그친 경우를 포함한다) 또는 자살기도(企圖) 유무와 횟수
13. 상담관찰 사항
14. 수용생활태도
15. 범죄피해의 회복 노력 및 정도
16. 석방 후의 생활계획
17. 재범의 위험성
18. 처우계획 수립에 관한 사항
19. 그 밖에 수형자의 처우 및 관리에 필요한 사항

② 재심사를 할 때에는 제1항 각 호의 사항 중 변동된 사항과 다음 각 호의 사항을 조사한다. 〈개정 2014. 11. 17.〉

1. 교정사고 유발 및 징벌 관련 사항
2. 제77조의 소득점수를 포함한 교정처우의 성과
3. 교정사고 예방 등 공적 사항
4. 추가사건 유무
5. 재범의 위험성
6. 처우계획 변경에 관한 사항
7. 그 밖에 재심사를 위하여 필요한 사항

제70조(분류조사 방법) 분류조사의 방법은 다음 각 호와 같다.

1. 수용기록 확인 및 수형자와의 상담
2. 수형자의 가족 등과의 면담
3. 검찰청, 경찰서, 그 밖의 관계기관에 대한 사실조회
4. 외부전문가에 대한 의견조회
5. 그 밖에 효율적인 분류심사를 위하여 필요하다고 인정되는 방법

제71조(분류검사) ① 소장은 분류심사를 위하여 수형자의 인성, 지능, 적성 등의 특성을 측정·진단하기 위한 검사를 할 수 있다.

② 인성검사는 신입심사 대상자 및 그 밖에 처우상 필요한 수형자를 대상으로 한다. 다만, 수형자가 다음 각 호의 어느 하나에 해당하면 인성검사를 하지 아니할 수 있다.

1. 제62조 제2항에 따라 분류심사가 유예된 때

2. 그 밖에 인성검사가 곤란하거나 불필요하다고 인정되는 사유가 있는 때

③ 이해력의 현저한 부족 등으로 인하여 인성검사를 하지 아니한 경우에는 상담 내용과 관련 서류를 토대로 인성을 판정하여 경비처우급 분류지표를 결정할 수 있다. 〈개정 2010. 5. 31.〉

④ 지능 및 적성 검사는 제2항 각 호의 어느 하나에 해당하지 아니하는 신입심사 대상자로서 집행할 형기가 형집행지휘서 접수일부터 1년 이상이고 나이가 35세 이하인 경우에 한다. 다만, 직업훈련 또는 그 밖의 처우를 위하여 특히 필요한 경우에는 예외로 할 수 있다.

제72조(처우등급) 수형자의 처우등급은 다음 각 호와 같이 구분한다.

1. 기본수용급: 성별·국적·나이·형기 등에 따라 수용할 시설 및 구획 등을 구별하는 기준
2. 경비처우급: 도주 등의 위험성에 따라 수용시설과 계호의 정도를 구별하고, 범죄성향의 진전과 개선정도, 교정성적에 따라 처우수준을 구별하는 기준
3. 개별처우급: 수형자의 개별적인 특성에 따라 중점처우의 내용을 구별하는 기준

[전문개정 2010. 5. 31.]

제73조(기본수용급) 기본수용급은 다음 각 호와 같이 구분한다. 〈개정 2010. 5. 31.〉

1. 여성수형자
2. 외국인수형자
3. 금고형수형자
4. 19세 미만의 소년수형자
5. 23세 미만의 청년수형자
6. 65세 이상의 노인수형자
7. 형기가 10년 이상인 장기수형자
8. 정신질환 또는 장애가 있는 수형자
9. 신체질환 또는 장애가 있는 수형자

[제목개정 2010. 5. 31.]

제74조(경비처우급) ① 경비처우급은 다음 각 호와 같이 구분한다.

1. 개방처우급: 법 제57조 제2항 제1호의 개방시설에 수용되어 가장 높은 수준의 처우가 필요한 수형자
2. 완화경비처우급: 법 제57조 제2항 제2호의 완화경비시설에 수용되어 통상적인 수준보다 높은 수준의 처우가 필요한 수형자
3. 일반경비처우급: 법 제57조 제2항 제3호의 일반경비시설에 수용되어 통상적인 수준의 처우가 필요한 수형자
4. 중(重)경비처우급: 법 제57조 제2항 제4호의 중(重)경비시설(이하 "중경비시설"이라 한다)에 수용되어 기본적인 처우가 필요한 수형자

② 경비처우급에 따른 작업기준은 다음 각 호와 같다. 〈개정 2013. 4. 16.〉

1. 개방처우급: 외부통근작업 및 개방지역작업 가능
2. 완화경비처우급: 개방지역작업 및 필요시 외부통근작업 가능
3. 일반경비처우급: 구내작업 및 필요시 개방지역작업 가능
4. 중(重)경비처우급: 필요시 구내작업 가능

[전문개정 2010. 5. 31.]

第75조 삭제 〈2010. 5. 31.〉

第76조(개별처우급) 개별처우급은 다음 각 호와 같이 구분한다. 〈개정 2010. 5. 31., 2013. 4. 16.〉

1. 직업훈련
2. 학과교육
3. 생활지도
4. 작업지도
5. 운영지원작업
6. 의료처우
7. 자치처우
8. 개방처우
9. 집중처우

[제목개정 2010. 5. 31.]

第77조(소득점수) 소득점수는 다음 각 호의 범위에서 산정한다.

1. 수형생활 태도: 5점 이내
2. 작업 또는 교육 성적: 5점 이내

第78조(소득점수 평가 기간 및 방법) ① 소장은 수형자(제62조에 따라 분류심사에서 제외되거나 유예되는 사람은 제외한다)의 소득점수를 별지 제1호서식의 소득점수 평가 및 통지서에 따라 매월 평가하여야 한다. 이 경우 대상기간은 매월 초일부터 말일까지로 한다. 〈개정 2013. 4. 16.〉

② 수형자의 소득점수 평가 방법은 다음 각 호로 구분한다.

1. 수형생활 태도: 품행·책임감 및 협동심의 정도에 따라 매우양호(수, 5점)·양호(우, 4점)·보통(미, 3점)·개선요망(양, 2점)·불량(가, 1점)으로 구분하여 채점한다.
2. 작업 또는 교육 성적: 법 제63조·제65조에 따라 부과된 작업·교육의 실적 정도와 근면성 등에 따라 매우우수(수, 5점)·우수(우, 4점)·보통(미, 3점)·노력요망(양, 2점)·불량(가, 1점)으로 구분하여 채점한다.

③ 제2항에 따라 수형자의 작업 또는 교육 성적을 평가하는 경우에는 작업 숙련도, 기술력, 작업기간, 교육태도, 시험성적 등을 고려할 수 있다.

④ 보안·작업 담당교도관 및 관구(교정시설의 효율적인 운영과 수용자의 적정한 관리 및 처우를 위하여 수용동별 또는 작업장별로 나누어진 교정시설 안의 일정한 구역을 말한

다. 이하 같다)의 책임교도관은 서로 협의하여 소득점수 평가 및 통지서에 해당 수형자에 대한 매월 초일부터 말일까지의 소득점수를 채점한다. 〈개정 2013. 4. 16.〉

제79조(소득점수 평가기준) ① 수형생활 태도 점수와 작업 또는 교육성적 점수는 제78조 제2항의 방법에 따라 채점하되, 수는 소속 작업장 또는 교육장 전체 인원의 10퍼센트를 초과할 수 없고, 우는 30퍼센트를 초과할 수 없다. 다만, 작업장 또는 교육장 전체인원이 4명 이하인 경우에는 수·우를 각각 1명으로 채점할 수 있다.

② 소장이 작업장 중 작업의 특성이나 난이도 등을 고려하여 필수 작업장으로 지정하는 경우 소득점수의 수는 5퍼센트 이내, 우는 10퍼센트 이내의 범위에서 각각 확대할 수 있다.

③ 소장은 수형자가 부상이나 질병, 그 밖의 부득이한 사유로 작업 또는 교육을 받지 못한 경우에는 3점 이내의 범위에서 작업 또는 교육 성적을 부여할 수 있다.

제80조(소득점수 평정 등) ① 소장은 제66조 및 제67조에 따라 재심사를 하는 경우에는 그 때마다 제78조에 따라 평가한 수형자의 소득점수를 평정하여 경비처우급을 조정할 것인지를 고려하여야 한다. 다만, 부정기재심사의 소득점수 평정대상기간은 사유가 발생한 달까지로 한다. 〈개정 2010. 5. 31.〉

② 제1항에 따라 소득점수를 평정하는 경우에는 평정 대상기간 동안 매월 평가된 소득점수를 합산하여 평정 대상기간의 개월 수로 나누어 얻은 점수(이하 "평정소득점수"라 한다)로 한다.

제81조(경비처우급 조정) 경비처우급을 상향 또는 하향 조정하기 위하여 고려할 수 있는 평정소득점수의 기준은 다음 각 호와 같다. 다만, 수용 및 처우를 위하여 특히 필요한 경우 법무부장관이 달리 정할 수 있다. 〈개정 2010. 5. 31., 2013. 4. 16.〉

1. 상향 조정: 8점 이상(제66조 제1항 제4호에 따른 재심사의 경우에는 7점 이상)
2. 하향 조정: 5점 이하

[제목개정 2010. 5. 31.]

제82조(조정된 처우등급의 처우 등) ① 조정된 처우등급에 따른 처우는 그 조정이 확정된 다음 날부터 한다. 이 경우 조정된 처우등급은 그 달 초일부터 적용된 것으로 본다. 〈개정 2010. 5. 31.〉

② 소장은 수형자의 경비처우급을 조정한 경우에는 지체 없이 해당 수형자에게 그 사항을 알려야 한다. 〈개정 2010. 5. 31.〉

[제목개정 2010. 5. 31.]

제2절 처우등급별 처우 등 〈개정 2010. 5. 31.〉

제83조(처우등급별 수용 등) ① 소장은 수형자를 기본수용급별·경비처우급별로 구분하여 수용하여야 한다. 다만 처우상 특히 필요하거나 시설의 여건상 부득이한 경우에는 기본수용급·경비처우급이 다른 수형자를 함께 수용하여 처우할 수 있다. 〈개정 2010. 5. 31.〉

② 소장은 제1항에 따라 수형자를 수용하는 경우 개별처우의 효과를 증진하기 위하여 경비처우급·개별처우급이 같은 수형자 집단으로 수용하여 처우할 수 있다. 〈개정 2010. 5. 31.〉

[제목개정 2010. 5. 31.]

제84조(물품지급) ① 소장은 수형자의 경비처우급에 따라 물품에 차이를 두어 지급할 수 있다. 다만, 주·부식, 음료, 그 밖에 건강유지에 필요한 물품은 그러하지 아니하다. 〈개정 2010. 5. 31.〉

② 제1항에 따라 의류를 지급하는 경우 수형자가 개방처우급인 경우에는 색상, 디자인 등을 다르게 할 수 있다. 〈개정 2010. 5. 31.〉

제85조(봉사원 선정) ① 소장은 개방처우급·완화경비처우급·일반경비처우급 수형자로서 교정성적, 나이, 인성 등을 고려하여 다른 수형자의 모범이 된다고 인정되는 경우에는 봉사원으로 선정하여 담당교도관의 사무처리와 그 밖의 업무를 보조하게 할 수 있다. 〈개정 2010. 5. 31.〉

② 소장은 봉사원의 활동기간을 1년 이하로 정하되, 필요한 경우에는 그 기간을 연장할 수 있다. 〈개정 2010. 5. 31., 2014. 11. 17.〉

③ 소장은 봉사원의 활동과 역할 수행이 부적당하다고 인정하는 경우에는 그 선정을 취소할 수 있다.

④ 소장은 제1항부터 제3항까지의 봉사원 선정, 기간연장 및 선정취소에 관한 사항을 결정할 때에는 법무부장관이 정하는 바에 따라 분류처우위원회의 심의·의결을 거쳐야 한다. 〈신설 2010. 5. 31.〉

제86조(자치생활) ① 소장은 개방처우급·완화경비처우급 수형자에게 자치생활을 허가할 수 있다. 〈개정 2010. 5. 31.〉

② 수형자 자치생활의 범위는 인원점검, 취미활동, 일정한 구역 안에서의 생활 등으로 한다.

③ 소장은 자치생활 수형자들이 교육실, 강당 등 적당한 장소에서 월 1회 이상 토론회를 할 수 있도록 하여야 한다.

④ 소장은 자치생활 수형자가 법무부장관 또는 소장이 정하는 자치생활 준수사항을 위반한 경우에는 자치생활 허가를 취소할 수 있다.

제87조(접견) ①수형자의 경비처우급별 접견의 허용횟수는 다음 각 호와 같다. 〈개정 2010. 5. 31., 2013. 4. 16.〉

1. 개방처우급: 1일 1회

2. 완화경비처우급: 월 6회
3. 일반경비처우급: 월 5회
4. 중(重)경비처우급: 월 4회

② 제1항 제2호부터 제4호까지의 경우 접견은 1일 1회만 허용한다. 다만, 처우상 특히 필요한 경우에는 그러하지 아니하다. 〈신설 2013. 4. 16.〉

③ 소장은 교화 및 처우상 특히 필요한 경우에는 수용자가 다른 교정시설의 수용자와 통신망을 이용하여 화상으로 접견하는 것(이하 "화상접견"이라 한다)을 허가할 수 있다. 이 경우 화상접견은 제1항의 접견 허용횟수에 포함한다. 〈신설 2013. 4. 16.〉

제88조(접견 장소) 소장은 개방처우급 수형자에 대하여는 법무부장관이 정하는 바에 따라 접촉차단시설이 설치된 장소 외의 적당한 곳에서 접견을 실시할 수 있다. 다만, 처우상 특히 필요하다고 인정하는 경우에는 그 밖의 수형자에 대하여도 이를 허용할 수 있다. 〈개정 2010. 5. 31.〉

제89조(가족 만남의 날 행사 등) ① 소장은 개방처우급·완화경비처우급 수형자에 대하여 가족 만남의 날 행사에 참여하게 하거나 가족 만남의 집을 이용하게 할 수 있다. 이 경우 제87조의 접견 허용횟수에는 포함되지 아니한다. 〈개정 2010. 5. 31.〉

② 제1항의 경우 소장은 가족이 없는 수형자에 대하여는 결연을 맺었거나 그 밖에 가족에 준하는 사람으로 하여금 그 가족을 대신하게 할 수 있다.

③ 소장은 제1항에도 불구하고 교화를 위하여 특히 필요한 경우에는 일반경비처우급 수형자에 대하여도 가족 만남의 날 행사 참여 또는 가족 만남의 집 이용을 허가할 수 있다. 〈개정 2010. 5. 31.〉

④ 제1항 및 제3항에서 "가족 만남의 날 행사"란 수형자와 그 가족이 교정시설의 일정한 장소에서 다과와 음식을 함께 나누면서 대화의 시간을 갖는 행사를 말하며, "가족 만남의 집"이란 수형자와 그 가족이 숙식을 함께 할 수 있도록 교정시설에 수용동과 별도로 설치된 일반주택 형태의 건축물을 말한다. 〈개정 2013. 4. 16.〉

제90조(전화통화의 허용횟수) ① 수형자의 경비처우급별 전화통화의 허용횟수는 다음 각 호와 같다. 〈개정 2010. 5. 31., 2014. 11. 17.〉

1. 개방처우급: 월 5회 이내
2. 완화경비처우급: 월 3회 이내
3. 일반경비처우급·중(重)경비처우급: 처우상 특히 필요한 경우 월 2회 이내

② 소장은 제1항에도 불구하고 처우상 특히 필요한 경우에는 개방처우급·완화경비처우급 수형자의 전화통화 허용횟수를 늘릴 수 있다. 〈개정 2010. 5. 31.〉

③ 제1항 각 호의 경우 전화통화는 1일 1회만 허용한다. 다만, 처우상 특히 필요한 경우에는 그러하지 아니하다. 〈신설 2013. 4. 16.〉

제91조(경기 또는 오락회 개최 등) ① 소장은 개방처우급·완화경비처우급 또는 자치생활 수형자에 대하여 월 2회 이내에서 경기 또는 오락회를 개최하게 할 수 있다. 다만, 소년수형자에 대하여는 그 횟수를 늘릴 수 있다. 〈개정 2010. 5. 31.〉

② 제1항에 따라 경기 또는 오락회가 개최되는 경우 소장은 해당 시설의 사정을 고려하여 참석인원, 방법 등을 정할 수 있다.

③ 제1항에 따라 경기 또는 오락회가 개최되는 경우 소장은 관련 분야의 전문지식과 자격을 가지고 있는 외부강사를 초빙할 수 있다.

제92조(사회적 처우) ① 소장은 개방처우급·완화경비처우급 수형자에 대하여 교정시설 밖에서 이루어지는 다음 각 호에 해당하는 활동을 허가할 수 있다. 다만, 처우상 특히 필요한 경우에는 일반경비처우급 수형자에게도 이를 허가할 수 있다. 〈개정 2010. 5. 31.〉

1. 사회견학
2. 사회봉사
3. 자신이 신봉하는 종교행사 참석
4. 연극, 영화, 그 밖의 문화공연 관람

② 제1항 각 호의 활동을 허가하는 경우 소장은 별도의 수형자 의류를 지정하여 입게 한다. 다만, 처우상 필요한 경우에는 자비구매의류를 입게 할 수 있다.

③ 제1항 제4호의 활동에 필요한 비용은 수형자가 부담한다. 다만, 처우상 필요한 경우에는 예산의 범위에서 그 비용을 지원할 수 있다.

제93조(중간처우) ① 소장은 개방처우급 혹은 완화경비처우급 수형자가 다음 각 호의 사유에 모두 해당하는 경우에는 교정시설에 설치된 개방시설에 수용하여 사회 적응에 필요한 교육, 취업지원 등 적정한 처우를 할 수 있다.

1. 형기가 3년 이상인 사람
2. 범죄 횟수가 2회 이하인 사람
3. 중간처우를 받는 날부터 가석방 또는 형기 종료 예정일까지 기간이 3개월 이상 1년 6개월 이하인 사람

② 소장은 제1항에 따른 처우의 대상자 중 중간처우를 받는 날부터 가석방 또는 형기 종료 예정일까지의 기간이 9개월 미만인 수형자에 대해서는 지역사회에 설치된 개방시설에 수용하여 제1항에 따른 처우를 할 수 있다.

③ 제1항에 따른 중간처우 대상자의 선발절차는 법무부장관이 정한다.

[본조신설 2015. 12. 10.]

제94조(작업·교육 등의 지도보조) 소장은 수형자가 개방처우급 또는 완화경비처우급으로서 작업·교육 등의 성적이 우수하고 관련 기술이 있는 경우에는 교도관의 작업지도를 보조하게 할 수 있다. 〈개정 2010. 5. 31.〉

제95조(개인작업) ① 소장은 수형자가 개방처우급 또는 완화경비처우급으로서 작업기술이 탁월하고 작업성적이 우수한 경우에는 수형자 자신을 위한 개인작업을 하게 할 수 있다. 이 경우 개인작업 시간은 교도작업에 지장을 주지 아니하는 범위에서 1일 2시간 이내로 한다. 〈개정 2010. 5. 31.〉

② 소장은 제1항에 따라 개인작업을 하는 수형자에게 개인작업 용구를 사용하게 할 수 있다. 이 경우 작업용구는 특정한 용기에 보관하도록 하여야 한다.

③ 제1항의 개인작업에 필요한 작업재료 등의 구입비용은 수형자가 부담한다. 다만, 처우상 필요한 경우에는 예산의 범위에서 그 비용을 지원할 수 있다.

제96조(외부 직업훈련) ① 소장은 수형자가 개방처우급 또는 완화경비처우급으로서 직업능력 향상을 위하여 특히 필요한 경우에는 교정시설 외부의 공공기관 또는 기업체 등에서 운영하는 직업훈련을 받게 할 수 있다. 〈개정 2010. 5. 31.〉

② 제1항에 따른 직업훈련의 비용은 수형자가 부담한다. 다만, 처우상 특히 필요한 경우에는 예산의 범위에서 그 비용을 지원할 수 있다.

제3절 분류처우위원회

제97조(심의·의결 대상) 법 제62조의 분류처우위원회(이하 이 절에서 "위원회"라 한다)는 다음 각 호의 사항을 심의·의결한다. 〈개정 2010. 5. 31.〉

1. 처우등급 판단 등 분류심사에 관한 사항
2. 소득점수 등의 평가 및 평정에 관한 사항
3. 수형자 처우와 관련하여 소장이 심의를 요구한 사항
4. 가석방 적격심사 신청 대상자 선정 등에 관한 사항
5. 그 밖에 수형자의 수용 및 처우에 관한 사항

제98조(위원장의 직무) ① 위원장은 위원회를 소집하고 위원회의 사무를 총괄한다.

② 위원장이 부득이한 사유로 그 직무를 수행할 수 없을 때에는 위원장이 미리 지정한 위원이 그 직무를 대행할 수 있다.

제99조(회의) ① 위원회의 회의는 매월 10일에 개최한다. 다만, 위원회의 회의를 개최하는 날이 토요일, 공휴일, 그 밖에 법무부장관이 정한 휴무일일 때에는 그 다음 날에 개최한다.

② 위원장은 수형자의 처우와 관련하여 필요한 경우에는 임시회의를 개최할 수 있다. 〈개정 2019. 8. 29.〉

③ 위원회의 회의는 재적위원 3분의 2이상의 출석으로 개의하고, 출석위원 과반수의 찬성으로 의결한다.

제100조(간사) ① 위원회의 사무를 처리하기 위하여 분류심사 업무를 담당하는 교도관 중에서 간사 1명을 둔다.

② 간사는 위원회의 회의록을 작성하여 유지하여야 한다.

02 교육 및 교화프로그램

제1절 교 육

제101조(교육관리 기본원칙) ① 소장은 교육대상자를 소속기관(소장이 관할하고 있는 교정시설을 말한다. 이하 같다)에서 선발하여 교육한다. 다만, 소속기관에서 교육대상자를 선발하기 어려운 경우에는 다른 기관에서 추천한 사람을 모집하여 교육할 수 있다.

② 소장은 교육대상자의 성적불량, 학업태만 등으로 인하여 교육의 목적을 달성하기 어려운 경우에는 그 선발을 취소할 수 있다.

③ 소장은 교육대상자 및 시험응시 희망자의 학습능력을 평가하기 위하여 자체 평가시험을 실시할 수 있다.

④ 소장은 교육의 효과를 거두지 못하였다고 인정하는 교육대상자에 대하여 다시 교육을 할 수 있다.

⑤ 소장은 기관의 교육전문인력, 교육시설, 교육대상인원 등의 사정을 고려하여 단계별 교육과 자격취득 목표를 설정할 수 있으며, 자격취득·대회입상 등을 하면 처우에 반영할 수 있다.

제102조(교육대상자 준수 기본원칙) ① 교육대상자는 교육의 시행에 관한 관계법령, 학칙 및 교육관리지침을 성실히 준수하여야 한다.

② 제110조부터 제113조까지의 규정에 따른 교육을 실시하는 경우 소요되는 비용은 특별한 사정이 없으면 교육대상자의 부담으로 한다.

③ 교육대상자로 선발된 자는 소장에게 다음의 선서를 하고 서약서를 제출하여야 한다.
"나는 교육대상자로서 긍지를 가지고 제반규정을 준수하며, 교정시설 내 교육을 성실히 이수할 것을 선서합니다."

제103조(교육대상자 선발 등) ① 소장은 각 교육과정의 선정 요건과 수형자의 나이, 학력, 교정성적, 자체 평가시험 성적, 정신자세, 성실성, 교육계획과 시설의 규모, 교육대상인원 등을 고려하여 교육대상자를 선발하거나 추천하여야 한다.

② 소장은 정당한 이유 없이 교육을 기피한 사실이 있거나 자퇴(제적을 포함한다)한 사실이 있는 수형자는 교육대상자로 선발하거나 추천하지 아니할 수 있다.

제104조(교육대상자 관리 등) ① 학과교육대상자의 과정수료 단위는 학년으로 하되, 학기의 구분은 국공립학교의 학기에 준한다. 다만, 독학에 의한 교육은 수업 일수의 제한을 받지 아니한다.

② 소장은 교육을 위하여 필요한 경우에는 외부강사를 초빙할 수 있으며, 카세트 또는 재생 전용기기의 사용을 허용할 수 있다.

③ 소장은 교육의 실효성을 확보하기 위하여 교육실을 설치·관리하여야 하며, 교육목적을

위하여 필요한 경우 신체장애를 보완하는 교육용 물품의 사용을 허가하거나 예산의 범위에서 학용품과 응시료를 지원할 수 있다.

제105조(교육 취소 등) ① 소장은 교육대상자가 다음 각 호의 어느 하나에 해당하는 경우에는 교육대상자 선발을 취소할 수 있다. 〈개정 2017. 8. 22.〉

1. 각 교육과정의 관계법령, 학칙, 교육관리지침 등을 위반한 때
2. 학습의욕이 부족하여 구두경고를 하였는데도 개선될 여지가 없거나 수학능력이 현저히 부족하다고 판단되는 때
3. 징벌을 받고 교육 부적격자로 판단되는 때
4. 중대한 질병, 부상, 그 밖의 부득이한 사정으로 교육을 받을 수 없다고 판단되는 때

② 교육과정의 변경은 교육대상자의 선발로 보아 제103조를 준용한다.

③ 소장은 교육대상자에게 질병, 부상, 그 밖의 부득이한 사정이 있는 경우에는 교육과정을 일시 중지할 수 있다.

제106조(이송 등) ① 소장은 특별한 사유가 없으면 교육기간 동안에 교육대상자를 다른 기관으로 이송할 수 없다.

② 교육대상자의 선발이 취소되거나 교육대상자가 교육을 수료하였을 때에는 선발 당시 소속기관으로 이송한다. 다만, 다음 각 호의 어느 하나에 해당하는 경우에는 소속기관으로 이송하지 아니하거나 다른 기관으로 이송할 수 있다.

1. 집행할 형기가 이송 사유가 발생한 날부터 3개월 이내인 때
2. 제105조 제1항 제3호의 사유로 인하여 교육대상자 선발이 취소된 때
3. 소속기관으로의 이송이 부적당하다고 인정되는 특별한 사유가 있는 때

제107조(작업 등) ① 교육대상자에게는 작업·직업훈련 등을 면제한다.

② 작업·직업훈련 수형자 등도 독학으로 검정고시·학사고시 등에 응시하게 할 수 있다. 이 경우 자체 평가시험 성적 등을 고려해야 한다. 〈개정 2019. 10. 22.〉

제108조(검정고시반 설치 및 운영) ① 소장은 매년 초 다음 각 호의 시험을 준비하는 수형자를 대상으로 검정고시반을 설치·운영할 수 있다. 〈개정 2016. 6. 28.〉

1. 초등학교 졸업학력 검정고시
2. 중학교 졸업학력 검정고시
3. 고등학교 졸업학력 검정고시

② 소장은 교육기간 중에 검정고시에 합격한 교육대상자에 대하여는 해당 교육과정을 조기 수료시키거나 상위 교육과정에 임시 편성시킬 수 있다.

③ 소장은 고등학교 졸업 또는 이와 동등한 수준 이상의 학력이 인정되는 수형자를 대상으로 대학입학시험 준비반을 편성·운영할 수 있다.

제109조(방송통신고등학교과정 설치 및 운영) ① 소장은 수형자에게 고등학교 과정의 교육기회를 부여하기 위하여 「초·중등교육법」 제51조에 따른 방송통신고등학교 교육과정을 설치·운영할 수 있다.

② 소장은 중학교 졸업 또는 이와 동등한 수준 이상의 학력이 인정되는 수형자가 제1항의 방송통신고등학교 교육과정을 지원하여 합격한 경우에는 교육대상자로 선발할 수 있다.

③ 소장은 제1항의 방송통신고등학교 교육과정의 입학금, 수업료, 교과용 도서 구입비 등 교육에 필요한 비용을 예산의 범위에서 지원할 수 있다.

제110조(독학에 의한 학위 취득과정 설치 및 운영) ① 소장은 수형자에게 학위취득 기회를 부여하기 위하여 독학에 의한 학사학위 취득과정(이하 "학사고시반 교육"이라 한다)을 설치·운영할 수 있다.

② 소장은 다음 각 호의 요건을 갖춘 수형자가 제1항의 학사고시반 교육을 신청하는 경우에는 교육대상자로 선발할 수 있다. 〈개정 2013. 4. 16.〉

1. 고등학교 졸업 또는 이와 동등한 수준 이상의 학력이 인정될 것
2. 교육개시일을 기준으로 형기의 3분의 1(21년 이상의 유기형 또는 무기형의 경우에는 7년)이 지났을 것
3. 집행할 형기가 2년 이상일 것

제111조(방송통신대학과정 설치 및 운영) ① 소장은 대학 과정의 교육기회를 부여하기 위하여 「고등교육법」 제2조에 따른 방송통신대학 교육과정을 설치·운영할 수 있다.

② 소장은 제110조 제2항 각 호의 요건을 갖춘 개방처우급·완화경비처우급·일반경비처우급 수형자가 제1항의 방송통신대학 교육과정에 지원하여 합격한 경우에는 교육대상자로 선발할 수 있다. 〈개정 2010. 5. 31.〉

제112조(전문대학 위탁교육과정 설치 및 운영) ① 소장은 전문대학과정의 교육기회를 부여하기 위하여 「고등교육법」 제2조에 따른 전문대학 위탁교육과정을 설치·운영할 수 있다.

② 소장은 제110조 제2항 각 호의 요건을 갖춘 개방처우급·완화경비처우급·일반경비처우급 수형자가 제1항의 전문대학 위탁교육과정에 지원하여 합격한 경우에는 교육대상자로 선발할 수 있다. 〈개정 2010. 5. 31.〉

③ 제1항의 전문대학 위탁교육과정의 교과과정, 시험응시 및 학위취득에 관한 세부사항은 위탁자와 수탁자 간의 협약에 따른다.

④ 소장은 제1항부터 제3항까지의 규정에 따른 교육을 위하여 필요한 경우 수형자를 중간처우를 위한 전담교정시설에 수용할 수 있다. 〈신설 2015. 12. 10.〉

제113조(정보화 및 외국어 교육과정 설치 및 운영 등) ① 소장은 수형자에게 지식정보사회에 적응할 수 있는 교육기회를 부여하기 위하여 정보화 교육과정을 설치·운영할 수 있다.

② 소장은 개방처우급·완화경비처우급·일반경비처우급 수형자에게 다문화 시대에 대처할 수 있는 교육기회를 부여하기 위하여 외국어 교육과정을 설치·운영할 수 있다. 〈개정 2010. 5. 31.〉

③ 소장은 외국어 교육대상자가 교육실 외에서의 어학학습장비를 이용한 외국어학습을 원하는 경우에는 계호 수준, 독거 여부, 교육 정도 등에 대한 교도관회의(「교도관 직무규칙」 제21조에 따른 교도관회의를 말한다. 이하 같다)의 심의를 거쳐 허가할 수 있다.

④ 소장은 이 규칙에서 정한 교육과정 외에도 법무부장관이 수형자로 하여금 건전한 사회복귀에 필요한 지식과 소양을 습득하게 하기 위하여 정하는 교육과정을 설치·운영할 수 있다.

제2절 교화프로그램

제114조(교화프로그램의 종류) 교화프로그램의 종류는 다음 각 호와 같다.

1. 문화프로그램
2. 문제행동예방프로그램
3. 가족관계회복프로그램
4. 교화상담
5. 그 밖에 법무부장관이 정하는 교화프로그램

제115조(문화프로그램) 소장은 수형자의 인성 함양, 자아존중감 회복 등을 위하여 음악, 미술, 독서 등 문화예술과 관련된 다양한 프로그램을 도입하거나 개발하여 운영할 수 있다.

제116조(문제행동예방프로그램) 소장은 수형자의 죄명, 죄질 등을 구분하여 그에 따른 심리측정·평가·진단·치료 등의 문제행동예방프로그램을 도입하거나 개발하여 실시할 수 있다.

제117조(가족관계회복프로그램) ① 소장은 수형자와 그 가족의 관계를 유지·회복하기 위하여 수형자의 가족이 참여하는 각종 프로그램을 운영할 수 있다. 다만, 가족이 없는 수형자의 경우 교화를 위하여 필요하면 결연을 맺었거나 그 밖에 가족에 준하는 사람의 참여를 허가할 수 있다.

② 제1항의 경우 대상 수형자는 교도관회의의 심의를 거쳐 선발하고, 참여인원은 5명 이내의 가족으로 한다. 다만, 특히 필요하다고 인정하는 경우에는 참여인원을 늘릴 수 있다. 〈개정 2017. 8. 22.〉

제118조(교화상담) ① 소장은 수형자의 건전한 가치관 형성, 정서안정, 고충해소 등을 위하여 교화상담을 실시할 수 있다.

② 소장은 제1항의 교화상담을 위하여 교도관이나 제33조의 교정참여인사를 교화상담자로 지정할 수 있으며, 수형자의 안정을 위하여 결연을 주선할 수 있다.

제119조(교화프로그램 운영 방법) ① 소장은 교화프로그램을 운영하는 경우 약물중독·정신질환·신체장애·건강·성별·나이 등 수형자의 개별 특성을 고려하여야 하며, 프로그램의 성격 및 시설 규모와 인원을 고려하여 이송 등의 적절한 조치를 할 수 있다.

② 소장은 교화프로그램을 운영하기 위하여 수형자의 정서적인 안정이 보장될 수 있는 장소

를 따로 정하거나 방송설비 및 방송기기를 이용할 수 있다.

③ 소장은 교정정보시스템(교정시설에서 통합적으로 정보를 관리하는 시스템을 말한다)에 교화프로그램의 주요 진행내용을 기록하여 수형자 처우에 활용하여야 하며, 상담내용 등 개인정보가 유출되지 아니하도록 하여야 한다.

④ 교화프로그램 운영에 관하여는 제101조부터 제107조까지의 규정을 준용한다.

03 외부통근작업 및 직업훈련

제1절 외부통근작업

제120조(선정기준) ① 외부기업체에 통근하며 작업하는 수형자는 다음 각 호의 요건을 갖춘 수형자 중에서 선정한다. 〈개정 2010. 5. 31., 2013. 4. 16., 2014. 11. 17.〉

1. 18세 이상 65세 미만일 것
2. 해당 작업 수행에 건강상 장애가 없을 것
3. 개방처우급·완화경비처우급에 해당할 것
4. 가족·친지 또는 법 제130조의 교정위원(이하 "교정위원"이라 한다) 등과 접견·서신수수·전화통화 등으로 연락하고 있을 것
5. 집행할 형기가 7년 미만이고 가석방이 제한되지 아니할 것
6. 삭제 〈2013. 4. 16.〉

② 교정시설 안에 설치된 외부기업체의 작업장에 통근하며 작업하는 수형자는 제1항 제1호부터 제4호까지의 요건(같은 항 제3호의 요건의 경우에는 일반경비처우급에 해당하는 수형자도 포함한다)을 갖춘 수형자로서 집행할 형기가 10년 미만이거나 형기기산일부터 10년 이상이 지난 수형자 중에서 선정한다. 〈신설 2013. 4. 16., 2014. 11. 17.〉

③ 소장은 제1항 및 제2항에도 불구하고 작업 부과 또는 교화를 위하여 특히 필요하다고 인정하는 경우에는 제1항 및 제2항의 수형자 외의 수형자에 대하여도 외부통근자로 선정할 수 있다. 〈개정 2013. 4. 16.〉

제121조(선정 취소) 소장은 외부통근자가 법령에 위반되는 행위를 하거나 법무부장관 또는 소장이 정하는 준수사항을 위반한 경우에는 외부통근자 선정을 취소할 수 있다.

제122조(외부통근자 교육) 소장은 외부통근자로 선정된 수형자에 대하여는 자치활동·행동수칙·안전수칙·작업기술 및 현장적응훈련에 대한 교육을 하여야 한다.

제123조(자치활동) 소장은 외부통근자의 사회적응능력을 기르고 원활한 사회복귀를 촉진하기 위하여 필요하다고 인정하는 경우에는 수형자 자치에 의한 활동을 허가할 수 있다.

제2절 직업훈련

제124조(직업훈련 직종 선정 등) ① 직업훈련 직종 선정 및 훈련과정별 인원은 법무부장관의 승인을 받아 소장이 정한다.

② 직업훈련 대상자는 소속기관의 수형자 중에서 소장이 선정한다. 다만, 집체직업훈련(직업훈련 전담 교정시설이나 그 밖에 직업훈련을 실시하기에 적합한 교정시설에 수용하여 실시하는 훈련을 말한다) 대상자는 집체직업훈련을 실시하는 교정시설의 관할 지방교정청장이 선정한다. 〈개정 2010. 5. 31., 2013. 4. 16.〉

제125조(직업훈련 대상자 선정기준) ①소장은 수형자가 다음 각 호의 요건을 갖춘 경우에는 수형자의 의사, 적성, 나이, 학력 등을 고려하여 직업훈련 대상자로 선정할 수 있다. 〈개정 2013. 4. 16.〉

1. 집행할 형기 중에 해당 훈련과정을 이수할 수 있을 것(기술숙련과정 집체직업훈련 대상자는 제외한다)
2. 직업훈련에 필요한 기본소양을 갖추었다고 인정될 것
3. 해당 과정의 기술이 없거나 재훈련을 희망할 것
4. 석방 후 관련 직종에 취업할 의사가 있을 것

② 소장은 소년수형자의 선도(善導)를 위하여 필요한 경우에는 제1항의 요건을 갖추지 못한 경우에도 직업훈련 대상자로 선정하여 교육할 수 있다. 〈신설 2013. 4. 16.〉

제126조(직업훈련 대상자 선정의 제한) 소장은 제125조에도 불구하고 수형자가 다음 각 호의 어느 하나에 해당하는 경우에는 직업훈련 대상자로 선정해서는 아니 된다. 〈개정 2013. 4. 16.〉

1. 15세 미만인 경우
2. 교육과정을 수행할 문자해독능력 및 강의 이해능력이 부족한 경우
3. 징벌대상행위의 혐의가 있어 조사 중이거나 징벌집행 중인 경우
4. 작업, 교육·교화프로그램 시행으로 인하여 직업훈련의 실시가 곤란하다고 인정되는 경우
5. 질병·신체조건 등으로 인하여 직업훈련을 감당할 수 없다고 인정되는 경우

제127조(직업훈련 대상자 이송) ① 법무부장관은 직업훈련을 위하여 필요한 경우에는 수형자를 다른 교정시설로 이송할 수 있다.

② 소장은 제1항에 따라 이송된 수형자나 직업훈련 중인 수형자를 다른 교정시설로 이송해서는 아니 된다. 다만, 훈련취소 등 특별한 사유가 있는 경우에는 그러하지 아니하다.

제128조(직업훈련의 보류 및 취소 등) ① 소장은 직업훈련 대상자가 다음 각 호의 어느 하나에 해당하는 경우에는 직업훈련을 보류할 수 있다.

1. 징벌대상행위의 혐의가 있어 조사를 받게 된 경우
2. 심신이 허약하거나 질병 등으로 훈련을 감당할 수 없는 경우
3. 소질·적성·훈련성적 등을 종합적으로 고려한 결과 직업훈련을 계속할 수 없다고 인정되는 경우
4. 그 밖에 직업훈련을 계속할 수 없다고 인정되는 경우

② 소장은 제1항에 따라 직업훈련이 보류된 수형자가 그 사유가 소멸되면 본래의 과정에 복귀시켜 훈련하여야 한다. 다만, 본래 과정으로 복귀하는 것이 부적당하다고 인정하는 경우에는 해당 훈련을 취소할 수 있다.

04 귀 휴

제1절 통 칙

제129조(귀휴 허가) ① 소장은 법 제77조에 따른 귀휴를 허가하는 경우에는 제131조의 귀휴심사위원회의 심사를 거쳐야 한다.

② 소장은 개방처우급·완화경비처우급 수형자에게 법 제77조 제1항에 따른 귀휴를 허가할 수 있다. 다만, 교화 또는 사회복귀 준비 등을 위하여 특히 필요한 경우에는 일반경비처우급 수형자에게도 이를 허가할 수 있다. 〈개정 2010. 5. 31.〉

③ 법 제77조 제1항 제4호에 해당하는 귀휴사유는 다음 각 호와 같다. 〈개정 2013. 4. 16., 2014. 11. 17.〉

1. 직계존속, 배우자, 배우자의 직계존속 또는 본인의 회갑일이나 고희일인 때
2. 본인 또는 형제자매의 혼례가 있는 때
3. 직계비속이 입대하거나 해외유학을 위하여 출국하게 된 때
4. 직업훈련을 위하여 필요한 때
5. 「숙련기술장려법」 제20조 제2항에 따른 국내기능경기대회의 준비 및 참가를 위하여 필요한 때
6. 출소 전 취업 또는 창업 등 사회복귀 준비를 위하여 필요한 때
7. 입학식·졸업식 또는 시상식에 참석하기 위하여 필요한 때
8. 출석수업을 위하여 필요한 때
9. 각종 시험에 응시하기 위하여 필요한 때
10. 그 밖에 가족과의 유대강화 또는 사회적응능력 향상을 위하여 특히 필요한 때

제130조(형기기준 등) ① 법 제77조 제1항의 형기를 계산할 때 부정기형은 단기를 기준으로 하고, 2개 이상의 징역 또는 금고의 형을 선고받은 수형자의 경우에는 그 형기를 합산한다. 〈개정 2014. 11. 17.〉

② 법 제77조 제1항의 "1년 중 20일 이내의 귀휴" 중 "1년"이란 매년 1월 1일부터 12월 31일까지를 말한다.

제2절 귀휴심사위원회

제131조(설치 및 구성) ① 법 제77조에 따른 수형자의 귀휴허가에 관한 심사를 하기 위하여 교정시설에 귀휴심사위원회(이하 이 절에서 "위원회"라 한다)를 둔다.

② 위원회는 위원장을 포함한 6명 이상 8명 이하의 위원으로 구성한다.

③ 위원장은 소장이 되며, 위원은 소장이 소속기관의 부소장·과장(지소의 경우에는 7급 이상의 교도관) 및 교정에 관한 학식과 경험이 풍부한 외부인사 중에서 임명 또는 위촉한다. 이 경우 외부위원은 2명 이상으로 한다.

제132조(위원장의 직무) ① 위원장은 위원회를 소집하고 위원회의 업무를 총괄한다.

② 위원장이 부득이한 사유로 직무를 수행할 수 없을 때에는 부소장인 위원이 그 직무를 대행하고, 부소장이 없거나 부소장인 위원이 사고가 있는 경우에는 위원장이 미리 지정한 위원이 그 직무를 대행한다.

제133조(회의) ① 위원회의 회의는 위원장이 수형자에게 법 제77조 제1항 및 제2항에 따른 귀휴사유가 발생하여 귀휴심사가 필요하다고 인정하는 때에 개최한다.

② 위원회의 회의는 재적위원 과반수의 출석으로 개의하고, 출석위원 과반수의 찬성으로 의결한다.

제134조(심사의 특례) ① 소장은 토요일, 공휴일, 그 밖에 위원회의 소집이 매우 곤란한 때에 법 제77조 제2항 제1호의 사유가 발생한 경우에는 제129조 제1항에도 불구하고 위원회의 심사를 거치지 아니하고 귀휴를 허가할 수 있다. 다만, 이 경우 다음 각 호에 해당하는 부서의 장의 의견을 들어야 한다.

1. 수용관리를 담당하고 있는 부서
2. 귀휴업무를 담당하고 있는 부서

② 제1항 각 호에 해당하는 부서의 장은 제137조 제3항의 서류를 검토하여 그 의견을 지체 없이 소장에게 보고하여야 한다.

제135조(심사사항) 위원회는 귀휴심사대상자(이하 이 절에서 "심사대상자"라 한다)에 대하여 다음 각 호의 사항을 심사하여야 한다. 〈개정 2014. 11. 17.〉

1. 수용관계
   가. 건강상태

나. 징벌유무 등 수용생활 태도
다. 작업·교육의 근면·성실 정도
라. 작업장려금 및 영치금
마. 사회적 처우의 시행 현황
바. 공범·동종범죄자 또는 심사대상자가 속한 범죄단체 구성원과의 교류 정도

2. 범죄관계
가. 범행 시의 나이
나. 범죄의 성질 및 동기
다. 공범관계
라. 피해의 회복 여부 및 피해자의 감정
마. 피해자에 대한 보복범죄의 가능성
바. 범죄에 대한 사회의 감정

3. 환경관계
가. 가족 또는 보호자
나. 가족과의 결속 정도
다. 보호자의 생활상태
라. 접견·전화통화의 내용 및 횟수
마. 귀휴예정지 및 교통·통신 관계
바. 공범·동종범죄자 또는 심사대상자가 속한 범죄단체의 활동상태 및 이와 연계한 재범 가능성

제136조(외부위원) ① 외부위원의 임기는 2년으로 하며, 연임할 수 있다.
② 소장은 외부위원이 다음 각 호의 어느 하나에 해당하는 경우에는 해당 위원을 해촉할 수 있다. 〈개정 2016. 6. 28.〉
1. 심신장애로 직무수행이 불가능하거나 현저히 곤란하다고 인정되는 경우
2. 직무와 관련된 비위사실이 있는 경우
3. 직무태만, 품위손상, 그 밖의 사유로 인하여 위원으로 적합하지 아니하다고 인정되는 경우
4. 위원 스스로 직무를 수행하는 것이 곤란하다고 의사를 밝히는 경우
③ 외부위원에게는 예산의 범위에서 수당과 여비를 지급할 수 있다.

제137조(간사) ① 위원회의 사무를 처리하기 위하여 귀휴업무를 담당하는 교도관 중에서 간사 1명을 둔다.
② 간사는 위원장의 명을 받아 위원회의 사무를 처리한다.
③ 간사는 다음 각 호의 서류를 위원회에 제출하여야 한다.
1. 별지 제2호서식의 귀휴심사부
2. 수용기록부

3. 그 밖에 귀휴심사에 필요하다고 인정되는 서류

④ 간사는 별지 제3호서식에 따른 위원회 회의록을 작성하여 유지하여야 한다.

제138조(사실조회 등) ① 소장은 수형자의 귀휴심사에 필요한 경우에는 법 제60조 제1항에 따라 사실조회를 할 수 있다.

② 소장은 심사대상자의 보호관계 등을 알아보기 위하여 필요하다고 인정하는 경우에는 그의 가족 또는 보호관계에 있는 사람에게 위원회 회의의 참석을 요청할 수 있다.

제3절 귀휴허가 후 조치

제139조(귀휴허가증 발급 등) 소장은 귀휴를 허가한 때에는 별지 제4호서식의 귀휴허가부에 기록하고 귀휴허가를 받은 수형자(이하 "귀휴자"라 한다)에게 별지 제5호서식의 귀휴허가증을 발급하여야 한다.

제140조(귀휴조건) 귀휴를 허가하는 경우 법 제77조 제3항에 따라 붙일 수 있는 조건(이하 "귀휴조건"이라 한다)은 다음 각 호와 같다.

1. 귀휴지 외의 지역 여행 금지
2. 유흥업소, 도박장, 성매매업소 등 건전한 풍속을 해치거나 재범 우려가 있는 장소 출입 금지
3. 피해자 또는 공범·동종범죄자 등과의 접촉금지
4. 귀휴지에서 매일 1회 이상 소장에게 전화보고(제141조 제1항에 따른 귀휴는 제외한다)
5. 그 밖에 귀휴 중 탈선 방지 또는 귀휴 목적 달성을 위하여 필요한 사항

제141조(동행귀휴 등) ① 소장은 수형자에게 귀휴를 허가한 경우 필요하다고 인정하면 교도관을 동행시킬 수 있다.

② 소장은 귀휴자의 가족 또는 보호관계에 있는 사람으로부터 별지 제6호서식의 보호서약서를 제출받아야 한다. 〈개정 2013. 4. 16.〉

③ 영 제97조 제1항에 따라 경찰관서의 장에게 귀휴사실을 통보하는 경우에는 별지 제7호서식에 따른다.

제142조(귀휴비용 등) ① 귀휴자의 여비와 귀휴 중 착용할 복장은 본인이 부담한다.

② 소장은 귀휴자가 신청할 경우 작업장려금의 전부 또는 일부를 귀휴비용으로 사용하게 할 수 있다.

제143조(귀휴조건 위반에 대한 조치) 소장은 귀휴자가 귀휴조건을 위반한 경우에는 법 제78조에 따라 귀휴를 취소하거나 이의 시정을 위하여 필요한 조치를 하여야 한다.

05 취업지원협의회 〈개정 2010. 5. 31.〉

제144조(기능) 영 제85조 제1항에 따른 수형자 취업지원협의회(이하 이 장에서 "협의회"라 한다)의 기능은 다음 각 호와 같다. 〈개정 2010. 5. 31.〉

1. 수형자 사회복귀 지원 업무에 관한 자문에 대한 조언
2. 수형자 취업·창업 교육
3. 수형자 사회복귀 지원을 위한 지역사회 네트워크 추진
4. 취업 및 창업 지원을 위한 자료제공 및 기술지원
5. 직업적성 및 성격검사 등 각종 검사 및 상담
6. 불우수형자 및 그 가족에 대한 지원 활동
7. 그 밖에 수형자 취업알선 및 창업지원을 위하여 필요한 활동

제145조(구성) ① 협의회는 회장 1명을 포함하여 3명 이상 5명 이하의 내부위원과 10명 이상의 외부위원으로 구성한다. 〈개정 2010. 5. 31.〉

② 협의회의 회장은 소장이 되고, 부회장은 2명을 두되 1명은 소장이 내부위원 중에서 지명하고 1명은 외부위원 중에서 호선(互選)한다.

③ 내부위원은 소장이 지명하는 소속기관의 부소장·과장(지소의 경우에는 7급 이상의 교도관)으로 구성한다.

④ 회장·부회장 외에 협의회 운영을 위하여 기관실정에 적합한 수의 임원을 둘 수 있다.

제146조(외부위원) ① 법무부장관은 위원회의 외부위원을 다음 각 호의 사람 중에서 소장의 추천을 받아 위촉한다. 〈개정 2010. 5. 31., 2013. 4. 16., 2014. 11. 17.〉

1. 고용노동부 고용지원센터 등 지역 취업·창업 유관 공공기관의 장 또는 기관 추천자
2. 취업컨설턴트, 창업컨설턴트, 기업체 대표, 시민단체 및 기업연합체의 임직원
3. 변호사, 「고등교육법」에 따른 대학(이하 "대학"이라 한다)에서 법률학을 가르치는 강사 이상의 직에 있는 사람
4. 그 밖에 교정에 관한 학식과 경험이 풍부하고 수형자 사회복귀 지원에 관심이 있는 외부인사

② 외부위원의 임기는 3년으로 하며, 연임할 수 있다.

③ 법무부장관은 외부위원이 다음 각 호의 어느 하나에 해당하는 경우에는 소장의 건의를 받아 해당 위원을 해촉할 수 있다. 〈개정 2016. 6. 28.〉

1. 심신장애로 직무수행이 불가능하거나 현저히 곤란하다고 인정되는 경우
2. 직무와 관련된 비위사실이 있는 경우
3. 직무태만, 품위손상, 그 밖의 사유로 인하여 위원으로 적합하지 아니하다고 인정되는 경우
4. 위원 스스로 직무를 수행하는 것이 곤란하다고 의사를 밝히는 경우

제147조(회장의 직무) ① 회장은 협의회를 소집하고 협의회 업무를 총괄한다.

② 회장이 부득이한 사유로 직무를 수행할 수 없을 때에는 소장이 지정한 부회장이 그 직무를 대행한다.

제148조(회의) ① 협의회의 회의는 반기마다 개최한다. 다만, 다음 각 호의 어느 하나에 해당하는 경우에는 임시회의를 개최할 수 있다. 〈개정 2010. 5. 31., 2013. 4. 16.〉

1. 수형자의 사회복귀 지원을 위하여 협의가 필요할 때
2. 회장이 필요하다고 인정하는 때
3. 위원 3분의 1 이상의 요구가 있는 때

② 협의회의 회의는 회장이 소집하고 그 의장이 된다.

③ 협의회의 회의는 재적위원 과반수의 출석으로 개의하고, 출석위원 과반수의 찬성으로 의결한다.

제149조(간사) ① 협의회의 사무를 처리하기 위하여 수형자 취업알선 및 창업지원 업무를 전담하는 직원 중에서 간사 1명을 둔다.

② 간사는 별지 제8호서식에 따른 협의회의 회의록을 작성하여 유지하여야 한다.

제4장

사형확정자의 처우

제150조(구분수용 등) ① 사형확정자는 사형집행시설이 설치되어 있는 교정시설에 수용하되, 다음 각 호와 같이 구분하여 수용한다.

1. 교도소: 교도소 수용 중 사형이 확정된 사람, 교도소에서 교육·교화프로그램 또는 신청에 따른 작업을 실시할 필요가 있다고 인정되는 사람
2. 구치소: 구치소 수용 중 사형이 확정된 사람, 교도소에서 교육·교화프로그램 또는 신청에 따른 작업을 실시할 필요가 없다고 인정되는 사람

② 사형확정자의 심리적 안정 도모 또는 교정시설의 안전과 질서유지를 위하여 특히 필요하다고 인정하는 경우에는 제1항 각 호에도 불구하고 교도소에 수용할 사형확정자를 구치소에 수용할 수 있고, 구치소에 수용할 사형확정자를 교도소에 수용할 수 있다.

③ 소장은 사형확정자의 자살·도주 등의 사고를 방지하기 위하여 필요한 경우에는 사형확정자와 미결수용자를 혼거수용할 수 있고, 사형확정자의 교육·교화프로그램, 작업 등의 적절한 처우를 위하여 필요한 경우에는 사형확정자와 수형자를 혼거수용할 수 있다.

④ 사형확정자의 번호표 및 거실표의 색상은 붉은색으로 한다.

제151조(이송) 소장은 사형확정자의 교육·교화프로그램, 작업 등을 위하여 필요하거나 교정시설의 안전과 질서유지를 위하여 특히 필요하다고 인정하는 경우에는 법무부장관의 승인을 받아 사형확정자를 다른 교정시설로 이송할 수 있다.

제152조(상담) ① 소장은 사형확정자의 심리적 안정 및 원만한 수용생활을 위하여 소속 교도관으로 하여금 지속적인 상담을 하게 하여야 한다.

② 제1항의 사형확정자에 대한 상담시기, 상담책임자 지정, 상담결과 처리절차 등에 관하여는 제196조를 준용한다.

제153조(작업) ① 소장은 사형확정자가 작업을 신청하면 교도관회의의 심의를 거쳐 교정시설 안에서 실시하는 작업을 부과할 수 있다. 이 경우 부과하는 작업은 심리적 안정과 원만한 수용생활을 도모하는 데 적합한 것이어야 한다.

② 소장은 작업이 부과된 사형확정자에 대하여 교도관회의의 심의를 거쳐 제150조 제4항을 적용하지 아니할 수 있다.
③ 소장은 작업이 부과된 사형확정자가 작업의 취소를 요청하면 사형확정자의 의사(意思)·건강, 담당교도관의 의견 등을 고려하여 작업을 취소할 수 있다.
④ 사형확정자에게 작업을 부과하는 경우에는 법 제71조부터 제76조까지의 규정 및 이 규칙 제200조를 준용한다.

제154조(교화프로그램) 소장은 사형확정자에 대하여 심리상담, 종교상담, 심리치료 등의 교화프로그램을 실시하는 경우에는 전문가에 의하여 집중적이고 지속적으로 이루어질 수 있도록 계획을 수립·시행하여야 한다.

제155조(전담교정시설 수용) 사형확정자에 대한 교육·교화프로그램, 작업 등의 처우를 위하여 법무부장관이 정하는 전담교정시설에 수용할 수 있다.

제156조(전화통화) 소장은 사형확정자의 심리적 안정과 원만한 수용생활을 위하여 필요하다고 인정하는 경우에는 월 3회 이내의 범위에서 전화통화를 허가할 수 있다.

제5장

안전과 질서

01 교정장비

제1절 통 칙

제157조(교정장비의 종류) 교정장비의 종류는 다음 각 호와 같다.

1. 전자장비
2. 보호장비
3. 보안장비
4. 무기

제158조(교정장비의 관리) ① 소장은 교정장비의 보관 및 관리를 위하여 관리책임자와 보조자를 지정한다.

② 제1항의 관리책임자와 보조자는 교정장비가 적정한 상태로 보관·관리될 수 있도록 수시로 점검하는 등 필요한 조치를 하여야 한다.

③ 특정 장소에 고정식으로 설치되는 장비 외의 교정장비는 별도의 장소에 보관·관리하여야 한다.

제159조(교정장비 보유기준 등) 교정장비의 교정시설별 보유기준 및 관리방법 등에 관하여 필요한 사항은 법무부장관이 정한다.

제2절 전자장비

제160조(전자장비의 종류) 교도관이 법 제94조에 따라 수용자 또는 시설을 계호하는 경우 사용할 수 있는 전자장비는 다음 각 호와 같다.

1. 영상정보처리기기: 일정한 공간에 지속적으로 설치되어 사람 또는 사물의 영상 및 이에 따르는 음성·음향 등을 수신하거나 이를 유·무선망을 통하여 전송하는 장치

2. 전자감지기: 일정한 공간에 지속적으로 설치되어 사람 또는 사물의 움직임을 빛·온도·소리·압력 등을 이용하여 감지하고 전송하는 장치
3. 전자경보기: 전자파를 발신하고 추적하는 원리를 이용하여 사람의 위치를 확인하거나 이동경로를 탐지하는 일련의 기계적 장치
4. 물품검색기(고정식 물품검색기와 휴대식 금속탐지기로 구분한다)
5. 증거수집장비: 디지털카메라, 녹음기, 비디오카메라, 음주측정기 등 증거수집에 필요한 장비
6. 그 밖에 법무부장관이 정하는 전자장비

第161조(중앙통제실의 운영) ① 소장은 전자장비의 효율적인 운용을 위하여 각종 전자장비를 통합적으로 관리할 수 있는 시스템이 설치된 중앙통제실을 설치하여 운영한다.

② 소장은 중앙통제실에 대한 외부인의 출입을 제한하여야 한다. 다만, 시찰, 참관, 그 밖에 소장이 특별히 허가한 경우에는 그러하지 아니하다.

③ 전자장비의 통합관리시스템, 중앙통제실의 운영·관리 등에 관하여 필요한 사항은 법무부장관이 정한다.

第162조(영상정보처리기기 설치) ① 영상정보처리기기 카메라는 교정시설의 주벽(周壁)·감시대·울타리·운동장·거실·작업장·접견실·전화실·조사실·진료실·복도·중문, 그 밖에 법 제94조 제1항에 따라 전자장비를 이용하여 계호하여야 할 필요가 있는 장소에 설치한다. 〈개정 2013. 4. 16.〉

② 영상정보처리기기 모니터는 중앙통제실·관구실 그 밖에 교도관이 계호하기에 적정한 장소에 설치한다.

③ 거실에 영상정보처리기기 카메라를 설치하는 경우에는 용변을 보는 하반신의 모습이 촬영되지 아니하도록 카메라의 각도를 한정하거나 화장실 차폐시설을 설치하여야 한다.

第163조(거실수용자 계호) ① 교도관이 법 제94조 제1항에 따라 거실에 있는 수용자를 계호하는 경우에는 별지 제9호서식의 거실수용자 영상계호부에 피계호자의 인적사항 및 주요 계호내용을 개별적으로 기록하여야 한다. 다만, 중경비시설의 거실에 있는 수용자를 전자장비를 이용하여 계호하는 경우에는 중앙통제실 등에 비치된 현황표에 피계호인원 등 전체 현황만을 기록할 수 있다. 〈개정 2010. 5. 31.〉

② 교도관이 법 제94조 제1항에 따라 계호하는 과정에서 수용자의 처우 및 관리에 특히 참고할만한 사항을 알게 된 경우에는 그 요지를 수용기록부에 기록하여 소장에게 지체 없이 보고하여야 한다.

第164조(전자감지기의 설치) 전자감지기는 교정시설의 주벽·울타리, 그 밖에 수용자의 도주 및 외부로부터의 침입을 방지하기 위하여 필요한 장소에 설치한다.

제165조(전자경보기의 사용) 교도관은 외부의료시설 입원, 이송·출정, 그 밖의 사유로 교정시설 밖에서 수용자를 계호하는 경우 보호장비나 수용자의 팔목 등에 전자경보기를 부착하여 사용할 수 있다.

제166조(물품검색기 설치 및 사용) ① 고정식 물품검색기는 정문, 수용동 입구, 작업장 입구, 그 밖에 수용자 또는 교정시설을 출입하는 수용자 외의 사람에 대한 신체·의류·휴대품의 검사가 필요한 장소에 설치한다. 〈개정 2013. 4. 16.〉

② 교도관이 법 제93조 제1항에 따라 수용자의 신체·의류·휴대품을 검사하는 경우에는 특별한 사정이 없으면 고정식 물품검색기를 통과하게 한 후 휴대식 금속탐지기 또는 손으로 이를 확인한다.

③ 교도관이 법 제93조 제3항에 따라 교정시설을 출입하는 수용자 외의 사람의 의류와 휴대품을 검사하는 경우에는 고정식 물품검색기를 통과하게 하거나 휴대식 금속탐지기로 이를 확인한다.

제167조(증거수집장비의 사용) 교도관은 수용자가 사후에 증명이 필요하다고 인정되는 행위를 하거나 사후 증명이 필요한 상태에 있는 경우 수용자에 대하여 증거수집장비를 사용할 수 있다.

제168조(녹음·녹화 기록물의 관리) 소장은 전자장비로 녹음·녹화된 기록물을 「공공기록물 관리에 관한 법률」에 따라 관리하여야 한다.

제3절 보호장비

제169조(보호장비의 종류) 교도관이 법 제98조 제1항에 따라 사용할 수 있는 보호장비는 다음 각 호로 구분한다. 〈개정 2018. 5. 2.〉

1. 수갑: 양손수갑, 일회용수갑, 한손수갑
2. 머리보호장비
3. 발목보호장비: 양발목보호장비, 한발목보호장비
4. 보호대: 금속보호대, 벨트보호대
5. 보호의자
6. 보호침대
7. 보호복
8. 포승: 일반포승, 벨트형포승

제170조(보호장비의 규격) ① 보호장비의 규격은 별표 5와 같다.

② 교도관은 제1항에 따른 보호장비 규격에 맞지 아니한 보호장비를 수용자에게 사용해서는 아니 된다.

제171조(보호장비 사용 명령) 소장은 영 제120조 제1항에 따라 보호장비 사용을 명령하거나 승인하는 경우에는 보호장비의 종류 및 사용방법을 구체적으로 지정하여야 하며, 이 규칙에서 정하지 아니한 방법으로 보호장비를 사용하게 해서는 아니 된다.

제172조(수갑의 사용방법) ① 수갑의 사용방법은 다음 각 호와 같다.

1. 법 제97조 제1항 각 호의 어느 하나에 해당하는 경우에는 별표 6의 방법으로 할 것
2. 법 제97조 제1항 제2호부터 제4호까지의 규정의 어느 하나에 해당하는 경우 별표 6의 방법으로는 사용목적을 달성할 수 없다고 인정되면 별표 7의 방법으로 할 것
3. 진료를 받거나 입원 중인 수용자에 대하여 한손수갑을 사용하는 경우에는 별표 8의 방법으로 할 것

② 제1항 제1호에 따라 수갑을 사용하는 경우에는 수갑보호기를 함께 사용할 수 있다.

③ 제1항 제2호에 따라 별표 7의 방법으로 수갑을 사용하여 그 목적을 달성한 후에는 즉시 별표 6의 방법으로 전환하거나 사용을 중지하여야 한다.

④ 수갑은 구체적 상황에 적합한 종류를 선택하여 사용할 수 있다. 다만, 일회용수갑은 일시적으로 사용하여야 하며, 사용목적을 달성한 후에는 즉시 사용을 중단하거나 다른 보호장비로 교체하여야 한다. 〈개정 2013. 4. 16.〉

제173조(머리보호장비의 사용방법) 머리보호장비는 별표 9의 방법으로 사용하며, 수용자가 머리보호장비를 임의로 해제하지 못하도록 다른 보호장비를 함께 사용할 수 있다.

제174조(발목보호장비의 사용방법) 발목보호장비의 사용방법은 다음 각 호와 같다.

1. 양발목보호장비의 사용은 별표 10의 방법으로 할 것
2. 진료를 받거나 입원 중인 수용자에 대하여 한발목보호장비를 사용하는 경우에는 별표 11의 방법으로 할 것

제175조(보호대의 사용방법) 보호대의 사용방법은 다음 각 호와 같다.

1. 금속보호대는 수갑과 수갑보호기를 보호대에 연결하여 별표 12의 방법으로 할 것
2. 벨트보호대는 보호대에 부착된 고리에 수갑을 연결하여 별표 13의 방법으로 할 것

제176조(보호의자의 사용방법) ① 보호의자는 별표 14의 방법으로 사용하며, 다른 보호장비로는 법 제97조 제1항 제2호부터 제4호까지의 규정의 어느 하나에 해당하는 행위를 방지하기 어려운 특별한 사정이 있는 경우에만 사용하여야 한다.

② 보호의자는 제184조 제2항에 따라 그 사용을 일시 중지하거나 완화하는 경우를 포함하여 8시간을 초과하여 사용할 수 없으며, 사용 중지 후 4시간이 경과하지 아니하면 다시 사용할 수 없다. 〈개정 2013. 4. 16.〉

제177조(보호침대의 사용방법) ① 보호침대는 별표 15의 방법으로 사용하며, 다른 보호장비로는 자살·자해를 방지하기 어려운 특별한 사정이 있는 경우에만 사용하여야 한다.

② 보호침대의 사용에 관하여는 제176조 제2항을 준용한다.

제178조(보호복의 사용방법) ① 보호복은 별표 16의 방법으로 사용한다.
② 보호복의 사용에 관하여는 제176조 제2항을 준용한다.

제179조(포승의 사용방법) ① 포승의 사용방법은 다음 각 호와 같다. 〈개정 2018. 5. 2.〉

1. 고령자·환자 등 도주의 위험성이 크지 아니하다고 판단되는 수용자를 개별 호송하는 경우에는 별표 17의 방법으로 할 수 있다.
2. 제1호의 수용자 외의 수용자를 호송하는 경우 또는 법 제97조 제1항 제2호부터 제4호까지의 규정의 어느 하나에 해당하는 경우에는 별표 18(벨트형포승의 경우 별표 18의2)의 방법으로 한다.
3. 법 제97조 제1항 제2호부터 제4호까지의 규정의 어느 하나에 해당하는 경우 제2호의 방법으로는 사용목적을 달성할 수 없다고 인정되면 별표 19의 방법으로 한다. 이 경우 2개의 포승을 연결하여 사용할 수 있다.

② 제1항 제2호에 따라 포승을 사용하여 2명 이상의 수용자를 호송하는 경우에는 수용자 간에 포승을 다음 각 호의 구분에 따른 방법으로 연결하여 사용할 수 있다. 〈개정 2019. 10. 22.〉

1. 별표 18의 방법으로 포승하는 경우: 일반포승으로 연결
2. 별표 18의2의 방법으로 포승하는 경우: 별표 20에 따른 연승줄로 연결

③ 삭제 〈2018. 5. 2.〉

제180조(둘 이상의 보호장비 사용) 하나의 보호장비로 사용목적을 달성할 수 없는 경우에는 둘 이상의 보호장비를 사용할 수 있다. 다만, 다음 각 호의 어느 하나에 해당하는 경우에는 다른 보호장비와 같이 사용할 수 없다.

1. 보호의자를 사용하는 경우
2. 보호침대를 사용하는 경우

제181조(보호장비 사용의 기록) 교도관은 법 제97조 제1항에 따라 보호장비를 사용하는 경우에는 별지 제10호서식의 보호장비 사용 심사부에 기록하여야 한다. 다만, 법 제97조 제1항 제1호에 따라 보호장비를 사용하거나 중경비시설 안에서 수용자의 동행계호를 위하여 양손수갑을 사용하는 경우에는 호송계획서나 수용기록부의 내용 등으로 그 기록을 갈음할 수 있다.

제182조(의무관의 건강확인) 의무관은 법 제97조 제3항에 따라 보호장비 착용 수용자의 건강상태를 확인한 결과 특이사항을 발견한 경우에는 별지 제10호 서식의 보호장비 사용 심사부에 기록하여야 한다.

제183조(보호장비의 계속사용) ① 소장은 보호장비를 착용 중인 수용자에 대하여 별지 제10호 서식의 보호장비 사용 심사부 및 별지 제11호 서식의 보호장비 착용자 관찰부 등의 기록과 관계직원의 의견 등을 토대로 보호장비의 계속사용 여부를 매일 심사하여야 한다.

② 소장은 영 제121조에 따라 의무관 또는 의료관계 직원으로부터 보호장비의 사용 중지 의견을 보고받았음에도 불구하고 해당 수용자에 대하여 보호장비를 계속하여 사용할 필요가 있는 경우에는 의무관 또는 의료관계 직원에게 건강유지에 필요한 조치를 취할 것을 명하고 보호장비를 사용할 수 있다. 이 경우 소장은 별지 제10호서식의 보호장비 사용 심사부에 보호장비를 계속 사용할 필요가 있다고 판단하는 근거를 기록하여야 한다.

제184조(보호장비 사용의 중단) ① 교도관은 법 제97조 제1항 각 호에 따른 보호장비 사용 사유가 소멸한 경우에는 소장의 허가를 받아 지체 없이 보호장비 사용을 중단하여야 한다. 다만, 소장의 허가를 받을 시간적 여유가 없을 때에는 보호장비 사용을 중단한 후 지체 없이 소장의 승인을 받아야 한다. 〈개정 2013. 4. 16.〉

② 교도관은 보호장비 착용 수용자의 목욕, 식사, 용변, 치료 등을 위하여 필요한 경우에는 보호장비 사용을 일시 중지하거나 완화할 수 있다. 〈개정 2013. 4. 16.〉

[제목개정 2014. 11. 17.]

제185조(보호장비 착용 수용자의 관찰 등) 소장은 제169조 제5호부터 제7호까지의 규정에 따른 보호장비를 사용하거나 같은 조 제8호의 보호장비를 별표 19의 방법으로 사용하게 하는 경우에는 교도관으로 하여금 수시로 해당 수용자의 상태를 확인하고 매 시간마다 별지 제11호서식의 보호장비 착용자 관찰부에 기록하게 하여야 한다. 다만, 소장은 보호장비 착용자를 법 제94조에 따라 전자영상장비로 계호할 때에는 별지 제9호서식의 거실수용자 영상계호부에 기록하게 할 수 있다. 〈개정 2013. 4. 16.〉

제4절 보안장비

제186조(보안장비의 종류) 교도관이 법 제100조에 따라 강제력을 행사하는 경우 사용할 수 있는 보안장비는 다음 각 호와 같다. 〈개정 2014. 11. 17.〉

1. 교도봉(접이식을 포함한다. 이하 같다)
2. 전기교도봉
3. 가스분사기
4. 가스총(고무탄 발사겸용을 포함한다. 이하 같다)
5. 최루탄: 투척용, 발사용(그 발사장치를 포함한다. 이하 같다)
6. 전자충격기
7. 그 밖에 법무부장관이 정하는 보안장비

제187조(보안장비의 종류별 사용요건) ① 교도관이 수용자에 대하여 사용할 수 있는 보안장비의 종류별 사용요건은 다음 각 호와 같다. 〈개정 2014. 11. 17.〉

1. 교도봉·가스분사기·가스총·최루탄: 법 제100조 제1항 각 호의 어느 하나에 해당하는 경우
2. 전기교도봉·전자충격기: 법 제100조 제1항 각 호의 어느 하나에 해당하는 경우로서 상황이 긴급하여 제1호의 장비만으로는 그 목적을 달성할 수 없는 때

② 교도관이 수용자 외의 사람에 대하여 사용할 수 있는 보안장비의 종류별 사용요건은 다음 각 호와 같다. 〈개정 2014. 11. 17.〉

1. 교도봉·가스분사기·가스총·최루탄: 법 제100조 제2항 각 호의 어느 하나에 해당하는 경우
2. 전기교도봉·전자충격기: 법 제100조 제2항 각 호의 어느 하나에 해당하는 경우로서 상황이 긴급하여 제1호의 장비만으로는 그 목적을 달성할 수 없는 때

③ 제186조 제7호에 해당하는 보안장비의 사용은 법무부장관이 정하는 바에 따른다.

제188조(보안장비의 종류별 사용기준) 보안장비의 종류별 사용기준은 다음 각 호와 같다.

1. 교도봉·전기교도봉: 얼굴이나 머리부분에 사용해서는 아니 되며, 전기교도봉은 타격 즉시 떼어야 함
2. 가스분사기·가스총: 1미터 이내의 거리에서는 상대방의 얼굴을 향하여 발사해서는 안됨
3. 최루탄: 투척용 최루탄은 근거리용으로 사용하고, 발사용 최루탄은 50미터 이상의 원거리에서 사용하되, 30도 이상의 발사각을 유지하여야 함
4. 전자충격기: 전극침 발사장치가 있는 전자충격기를 사용할 경우 전극침을 상대방의 얼굴을 향해 발사해서는 안됨

제5절 무 기

제189조(무기의 종류) 교도관이 법 제101조에 따라 사용할 수 있는 무기의 종류는 다음 각 호와 같다. 〈개정 2014. 11. 17.〉

1. 권총
2. 소총
3. 기관총
4. 그 밖에 법무부장관이 정하는 무기

제190조(무기의 종류별 사용요건) ① 교도관이 수용자에 대하여 사용할 수 있는 무기의 종류별 사용요건은 다음 각 호와 같다. 〈개정 2014. 11. 17.〉

1. 권총·소총: 법 제101조 제1항 각 호의 어느 하나에 해당하는 경우
2. 기관총: 법 제101조 제1항 제3호에 해당하는 경우

② 교도관이 수용자 외의 사람에 대하여 사용할 수 있는 무기의 종류별 사용요건은 다음 각 호와 같다. 〈개정 2014. 11. 17.〉

1. 권총·소총: 법 제101조 제2항에 해당하는 경우
2. 기관총: 법 제101조 제2항에 해당하는 경우로서 제1호의 무기만으로는 그 목적을 달성할 수 없다고 인정하는 경우

③ 제189조 제4호에 해당하는 무기의 사용은 법무부장관이 정하는 바에 따른다.

제191조(기관총의 설치) 기관총은 대공초소 또는 집중사격이 가장 용이한 장소에 설치하고, 유사 시 즉시 사용할 수 있도록 충분한 인원의 사수(射手)·부사수·탄약수를 미리 지정하여야 한다.

제192조(총기의 사용절차) 교도관이 총기를 사용하는 경우에는 구두경고, 공포탄 발사, 위협사격, 조준사격의 순서에 따라야 한다. 다만, 상황이 긴급하여 시간적 여유가 없을 때에는 예외로 한다. 〈개정 2014. 11. 17.〉

제193조(총기 교육 등) ① 소장은 소속 교도관에 대하여 연 1회 이상 총기의 조작·정비·사용에 관한 교육을 한다.

② 제1항의 교육을 받지 아니하였거나 총기 조작이 미숙한 사람, 그 밖에 총기휴대가 부적당하다고 인정되는 사람에 대하여는 총기휴대를 금지하고 별지 제12호서식의 총기휴대 금지자 명부에 그 명단을 기록한 후 총기를 지급할 때마다 대조·확인하여야 한다.

③ 제2항의 총기휴대 금지자에 대하여 금지사유가 소멸한 경우에는 그 사유를 제2항에 따른 총기휴대 금지자 명부에 기록하고 총기휴대금지를 해제하여야 한다.

02 엄중관리

제1절 통 칙

제194조(엄중관리대상자의 구분) 법 제104조에 따라 교정시설의 안전과 질서유지를 위하여 다른 수용자와의 접촉을 차단하거나 계호를 엄중히 하여야 하는 수용자(이하 이 장에서 "엄중관리대상자"라 한다)는 다음 각 호와 같이 구분한다.

1. 조직폭력수용자(제199조 제1항에 따라 지정된 수용자를 말한다. 이하 같다)
2. 마약류수용자(제205조 제1항에 따라 지정된 수용자를 말한다. 이하 같다)
3. 관심대상수용자(제211조 제1항에 따라 지정된 수용자를 말한다. 이하 같다)

제195조(번호표 등 표시) ① 엄중관리대상자의 번호표 및 거실표의 색상은 다음 각 호와 같이 구분한다.

1. 관심대상수용자: 노란색
2. 조직폭력수용자: 노란색
3. 마약류수용자: 파란색

② 제194조의 엄중관리대상자 구분이 중복되는 수용자의 경우 그 번호표 및 거실표의 색상은 제1항 각 호의 순서에 따른다.

제196조(상담) ① 소장은 엄중관리대상자 중 지속적인 상담이 필요하다고 인정되는 사람에 대하여는 상담책임자를 지정한다.

② 제1항의 상담책임자는 감독교도관 또는 상담 관련 전문교육을 이수한 교도관을 우선하여 지정하여야 하며, 상담대상자는 상담책임자 1명당 10명 이내로 하여야 한다. 〈개정 2013. 4. 16.〉

③ 상담책임자는 해당 엄중관리대상자에 대하여 수시로 개별상담을 함으로써 신속한 고충처리와 원만한 수용생활 지도를 위하여 노력하여야 한다. 〈개정 2013. 4. 16.〉

④ 제3항에 따라 상담책임자가 상담을 하였을 때에는 그 요지와 처리결과 등을 제119조 제3항에 따른 교정정보시스템에 입력하여야 한다. 이 경우 엄중관리대상자의 처우를 위하여 필요하면 별지 제13호서식의 엄중관리대상자 상담결과 보고서를 작성하여 소장에게 보고하여야 한다. 〈개정 2013. 4. 16.〉

제197조(작업 부과) 소장은 엄중관리대상자에게 작업을 부과할 때에는 법 제59조 제3항에 따른 조사나 검사 등의 결과를 고려하여야 한다.

[전문개정 2013. 4. 16.]

제2절 조직폭력수용자

제198조(지정대상) 조직폭력수용자의 지정대상은 다음 각 호와 같다. 〈개정 2013. 4. 16., 2014. 11. 17.〉

1. 체포영장, 구속영장, 공소장 또는 재판서에 조직폭력사범으로 명시된 수용자
2. 공소장 또는 재판서에 조직폭력사범으로 명시되어 있지는 아니하나 「폭력행위 등 처벌에 관한 법률」 제4조·제5조 또는 「형법」 제114조가 적용된 수용자
3. 공범·피해자 등의 체포영장·구속영장·공소장 또는 재판서에 조직폭력사범으로 명시된 수용자
4. 삭제 〈2013. 4. 16.〉

[제목개정 2014. 11. 17.]

제199조(지정 및 해제) ① 소장은 제198조 각 호의 어느 하나에 해당하는 수용자에 대하여는 조직폭력수용자로 지정한다. 현재의 수용생활 중 집행되었거나 집행할 형이 제198조 제1호 또는 제2호에 해당하는 경우에도 또한 같다. 〈개정 2014. 11. 17.〉

② 소장은 제1항에 따라 조직폭력수용자로 지정된 사람에 대하여는 석방할 때까지 지정을 해제할 수 없다. 다만, 공소장 변경 또는 재판 확정에 따라 지정사유가 해소되었다고 인정되는 경우에는 교도관회의의 심의 또는 분류처우위원회의 의결을 거쳐 지정을 해제한다. 〈개정 2014. 11. 17.〉

제200조(수용자를 대표하는 직책 부여 금지) 소장은 조직폭력수용자에게 거실 및 작업장 등의 봉사원, 반장, 조장, 분임장, 그 밖에 수용자를 대표하는 직책을 부여해서는 아니 된다.

제201조(수형자 간 연계활동 차단을 위한 이송) 소장은 조직폭력수형자가 작업장 등에서 다른 수형자와 음성적으로 세력을 형성하는 등 집단화할 우려가 있다고 인정하는 경우에는 법무부장관에게 해당 조직폭력수형자의 이송을 지체 없이 신청하여야 한다.

제202조(처우상 유의사항) 소장은 조직폭력수용자가 다른 사람과 접견할 때에는 외부 폭력조직과의 연계가능성이 높은 점 등을 고려하여 접촉차단시설이 있는 장소에서 하게 하여야 하며, 귀휴나 그 밖의 특별한 이익이 되는 처우를 결정하는 경우에는 해당 처우의 허용요건에 관한 규정을 엄격히 적용하여야 한다.

제203조(특이사항의 통보) 소장은 조직폭력수용자의 서신 및 접견의 내용 중 특이사항이 있는 경우에는 검찰청, 경찰서 등 관계기관에 통보할 수 있다.

제3절 마약류수용자

제204조(지정대상) 마약류수용자의 지정대상은 다음 각 호와 같다. 〈개정 2014. 11. 17.〉

1. 체포영장·구속영장·공소장 또는 재판서에 「마약류관리에 관한 법률」, 「마약류 불법거래방지에 관한 특례법」, 그 밖에 마약류에 관한 형사 법률이 적용된 수용자
2. 제1호에 해당하는 형사 법률을 적용받아 집행유예가 선고되어 그 집행유예 기간 중에 별건으로 수용된 수용자

[제목개정 2014. 11. 17.]

제205조(지정 및 해제) ① 소장은 제204조 각 호의 어느 하나에 해당하는 수용자에 대하여는 마약류수용자로 지정하여야 한다. 현재의 수용생활 중 집행되었거나 집행할 형이 제204조 제1호에 해당하는 경우에도 또한 같다.

② 소장은 제1항에 따라 마약류수용자로 지정된 사람에 대하여는 석방할 때까지 지정을 해제할 수 없다. 다만, 다음 각 호의 어느 하나에 해당하는 경우에는 교도관회의의 심의 또는 분류처우위원회의 의결을 거쳐 지정을 해제할 수 있다. 〈개정 2014. 11. 17.〉

1. 공소장 변경 또는 재판 확정에 따라 지정사유가 해소되었다고 인정되는 경우
2. 지정 후 5년이 지난 마약류수용자로서 수용생활태도, 교정성적 등이 양호한 경우. 다만, 마약류에 관한 형사 법률 외의 법률이 같이 적용된 마약류수용자로 한정한다.

제206조(마약반응검사) ① 마약류수용자에 대하여 다량 또는 장기간 복용할 경우 환각증세를 일으킬 수 있는 의약품을 투약할 때에는 특히 유의하여야 한다.

② 소장은 교정시설에 마약류를 반입하는 것을 방지하기 위하여 필요하면 강제에 의하지 아니하는 범위에서 수용자의 소변을 채취하여 마약반응검사를 할 수 있다.

③ 소장은 제2항의 검사 결과 양성반응이 나타난 수용자에 대하여는 관계기관에 혈청검사, 모발검사, 그 밖의 정밀검사를 의뢰하고 그 결과에 따라 적절한 조치를 하여야 한다.

제207조(물품교부 제한) 소장은 수용자 외의 사람이 마약류수용자에게 물품을 교부하려고 신청하는 경우에는 마약류 반입 등을 차단하기 위하여 신청을 허가하지 아니한다. 다만, 다음 각 호의 어느 하나에 해당하는 물품의 교부 신청에 대하여는 예외로 할 수 있다.

1. 법무부장관이 정하는 바에 따라 교정시설 안에서 판매되는 물품
2. 그 밖에 마약류 반입을 위한 도구로 이용될 가능성이 없다고 인정되는 물품

제208조(영치품 등 수시점검) 담당교도관은 마약류수용자의 영치품 및 소지물의 변동 상황을 수시로 점검하고, 특이사항이 있는 경우에는 감독교도관에게 보고하여야 한다.

제209조(재활교육) ① 소장은 마약류수용자가 마약류 근절(根絕) 의지를 갖고 이를 실천할 수 있도록 해당 교정시설의 여건에 적합한 마약류수용자 재활교육계획을 수립하여 시행하여야 한다.

② 소장은 마약류수용자의 마약류 근절 의지를 북돋울 수 있도록 마약 퇴치 전문강사, 성직자 등과 자매결연을 주선할 수 있다.

제4절 관심대상수용자

제210조(지정대상) 관심대상수용자의 지정대상은 다음 각 호와 같다. 〈개정 2013. 4. 16., 2014. 11. 17.〉

1. 다른 수용자에게 상습적으로 폭력을 행사하는 수용자
2. 교도관을 폭행하거나 협박하여 징벌을 받은 전력(前歷)이 있는 사람으로서 같은 종류의 징벌대상행위를 할 우려가 큰 수용자
3. 수용생활의 편의 등 자신의 요구를 관철할 목적으로 상습적으로 자해를 하거나 각종 이물질을 삼키는 수용자
4. 다른 수용자를 괴롭히거나 세력을 모으는 등 수용질서를 문란하게 하는 조직폭력수용자(조직폭력사범으로 행세하는 경우를 포함한다)
5. 조직폭력수용자로서 무죄 외의 사유로 출소한 후 5년 이내에 교정시설에 다시 수용된 사람
6. 상습적으로 교정시설의 설비·기구 등을 파손하거나 소란행위를 하여 공무집행을 방해하는 수용자
7. 도주(음모, 예비 또는 미수에 그친 경우를 포함한다)한 전력이 있는 사람으로서 도주의 우려가 있는 수용자
8. 중형선고 등에 따른 심적 불안으로 수용생활에 적응하기 곤란하다고 인정되는 수용자
9. 자살을 기도한 전력이 있는 사람으로서 자살할 우려가 있는 수용자
10. 사회적 물의를 일으킨 사람으로서 죄책감 등으로 인하여 자살 등 교정사고를 일으킬 우려가 큰 수용자
11. 징벌집행이 종료된 날부터 1년 이내에 다시 징벌을 받는 등 규율 위반의 상습성이

인정되는 수용자

12. 상습적으로 법령에 위반하여 연락을 하거나 금지물품을 반입하는 등의 방법으로 부조리를 기도하는 수용자
13. 그 밖에 교정시설의 안전과 질서유지를 위하여 엄중한 관리가 필요하다고 인정되는 수용자

[제목개정 2014. 11. 17.]

제211조(지정 및 해제) ① 소장은 제210조 각 호의 어느 하나에 해당하는 수용자에 대하여는 분류처우위원회의 의결을 거쳐 관심대상수용자로 지정한다. 다만, 미결수용자 등 분류처우위원회의 의결 대상자가 아닌 경우에도 관심대상수용자로 지정할 필요가 있다고 인정되는 수용자에 대하여는 교도관회의의 심의를 거쳐 관심대상수용자로 지정할 수 있다. 〈개정 2013. 4. 16., 2014. 11. 17.〉

② 소장은 관심대상수용자의 수용생활태도 등이 양호하고 지정사유가 해소되었다고 인정하는 경우에는 제1항의 절차에 따라 그 지정을 해제한다. 〈개정 2013. 4. 16., 2016. 6. 28.〉

③ 제1항 및 제2항에 따라 관심대상수용자로 지정하거나 지정을 해제하는 경우에는 담당교도관 또는 감독교도관의 의견을 고려하여야 한다.

제212조 삭제 〈2010. 5. 31.〉

제213조(수용동 및 작업장 계호 배치) 소장은 다수의 관심대상수용자가 수용되어 있는 수용동 및 작업장에는 사명감이 투철한 교도관을 엄선하여 배치하여야 한다. 〈개정 2013. 4. 16.〉

[제목개정 2013. 4. 16.]

03 상벌 〈개정 2013. 4. 16.〉

제214조(규율) 수용자는 다음 각 호에 해당하는 행위를 하여서는 아니 된다. 〈개정 2014. 11. 17., 2017. 8. 22.〉

1. 교정시설의 안전 또는 질서를 해칠 목적으로 다중(多衆)을 선동하는 행위
2. 허가되지 아니한 단체를 조직하거나 그에 가입하는 행위
3. 교정장비, 도주방지시설, 그 밖의 보안시설의 기능을 훼손하는 행위
4. 음란한 행위를 하거나 다른 사람에게 성적(性的) 언동 등으로 성적 수치심 또는 혐오감을 느끼게 하는 행위
5. 다른 사람에게 부당한 금품을 요구하는 행위

5의2. 허가 없이 다른 수용자에게 금품을 교부하거나 수용자 외의 사람을 통하여 다른 수용자에게 금품을 교부하는 행위

6. 작업·교육·접견·집필·전화통화·운동, 그 밖에 교도관의 직무 또는 다른 수용자의 정상적인 일과 진행을 방해하는 행위
7. 문신을 하거나 이물질을 신체에 삽입하는 등 의료 외의 목적으로 신체를 변형시키는 행위
8. 허가 없이 지정된 장소를 벗어나거나 금지구역에 출입하는 행위
9. 허가 없이 다른 사람과 만나거나 연락하는 행위
10. 수용생활의 편의 등 자신의 요구를 관철할 목적으로 이물질을 삼키는 행위
11. 인원점검을 회피하거나 방해하는 행위
12. 교정시설의 설비나 물품을 고의로 훼손하거나 낭비하는 행위
13. 고의로 수용자의 번호표, 거실표 등을 지정된 위치에 붙이지 아니하거나 그 밖의 방법으로 현황파악을 방해하는 행위
14. 큰 소리를 내거나 시끄럽게 하여 다른 수용자의 평온한 수용생활을 현저히 방해하는 행위
15. 허가 없이 물품을 반입·제작·소지·변조·교환 또는 주고받는 행위
16. 도박이나 그 밖에 사행심을 조장하는 놀이나 내기를 하는 행위
17. 지정된 거실에 입실하기를 거부하는 등 정당한 사유 없이 교도관의 직무상 지시나 명령을 따르지 아니하는 행위

제214조의2(포상) 법 제106조에 따른 포상기준은 다음 각 호와 같다. 〈개정 2017. 8. 22.〉

1. 법 제106조 제1호 및 제2호에 해당하는 경우 소장표창 및 제89조에 따른 가족만남의 집 이용 대상자 선정
2. 법 제106조 제3호 및 제4호에 해당하는 경우 소장표창 및 제89조에 따른 가족만남의 날 행사 참여 대상자 선정

[본조신설 2013. 4. 16.]

제215조(징벌 부과기준) 수용자가 징벌대상행위를 한 경우 부과하는 징벌의 기준은 다음 각 호의 구분에 따른다. 〈개정 2010. 5. 31., 2014. 11. 17.〉

1. 법 제107조 제1호·제4호 및 이 규칙 제214조 제1호부터 제3호까지의 규정 중 어느 하나에 해당하는 행위는 21일 이상 30일 이하의 금치(禁置)에 처할 것. 다만, 위반의 정도가 경미한 경우 그 기간의 2분의 1의 범위에서 감경할 수 있다.
2. 법 제107조 제5호, 이 규칙 제214조 제4호·제5호·제5호의2 및 제6호부터 제8호까지의 규정 중 어느 하나에 해당하는 행위는 다음 각 목의 어느 하나에 처할 것
   가. 16일 이상 20일 이하의 금치. 다만, 위반의 정도가 경미한 경우 그 기간의 2분의 1의 범위에서 감경할 수 있다.
   나. 3개월의 작업장려금 삭감
3. 법 제107조 제2호·제3호 및 이 규칙 제214조 제9호부터 제14호까지의 규정 중 어느 하나에 해당하는 행위는 다음 각 목의 어느 하나에 처할 것

가. 10일 이상 15일 이하의 금치
나. 2개월의 작업장려금 삭감
4. 제214조 제15호부터 제17호까지의 규정 중 어느 하나에 해당하는 행위는 다음 각 목의 어느 하나에 처할 것
가. 9일 이하의 금치
나. 30일 이내의 실외운동 및 공동행사참가 정지
다. 30일 이내의 접견·서신수수·집필 및 전화통화 제한
라. 30일 이내의 텔레비전시청 및 신문열람 제한
마. 1개월의 작업장려금 삭감
5. 징벌대상행위를 하였으나 그 위반 정도가 경미한 경우에는 제1호부터 제4호까지의 규정에도 불구하고 다음 각 목의 어느 하나에 처할 것
가. 30일 이내의 접견 제한
나. 30일 이내의 서신수수 제한
다. 30일 이내의 집필 제한
라. 30일 이내의 전화통화 제한
마. 30일 이내의 작업정지
바. 30일 이내의 자비구매물품 사용 제한
사. 30일 이내의 텔레비전 시청 제한
아. 30일 이내의 신문 열람 제한
자. 30일 이내의 공동행사 참가 정지
차. 50시간 이내의 근로봉사
카. 경고

제215조의2(금치 집행 중 실외운동의 제한) 법 제112조 제4항 제4호에서 "법무부령으로 정하는 경우"란 다음 각 호와 같다.
1. 다른 사람으로부터 위해를 받을 우려가 있는 경우
2. 위력으로 교도관의 정당한 직무집행을 방해할 우려가 있는 경우
3. 소란행위를 계속하여 다른 수용자의 평온한 수용생활을 방해할 우려가 있는 경우
4. 교정시설의 설비·기구 등을 손괴할 우려가 있는 경우

[본조신설 2017. 8. 22.]

제216조(징벌부과 시 고려사항) 제215조의 기준에 따라 징벌을 부과하는 경우에는 다음 각 호의 사항을 고려하여야 한다. 〈개정 2018. 12. 28.〉
1. 징벌대상행위를 하였다고 의심할 만한 상당한 이유가 있는 수용자(이하 "징벌대상자"라 한다)의 나이·성격·지능·성장환경·심리상태 및 건강
2. 징벌대상행위의 동기·수단 및 결과
3. 자수 등 징벌대상행위 후의 정황
4. 교정성적 또는 그 밖의 수용생활태도

제217조(교사와 방조) ① 다른 수용자를 교사(敎唆)하여 징벌대상행위를 하게 한 수용자에게는 그 징벌대상행위를 한 수용자에게 부과되는 징벌과 같은 징벌을 부과한다.

② 다른 수용자의 징벌대상행위를 방조(幇助)한 수용자에게는 그 징벌대상행위를 한 수용자에게 부과되는 징벌과 같은 징벌을 부과하되, 그 정황을 고려하여 2분의 1까지 감경할 수 있다.

제218조(징벌대상행위의 경합) ① 둘 이상의 징벌대상행위가 경합하는 경우에는 각각의 행위에 해당하는 징벌 중 가장 중한 징벌의 2분의 1까지 가중할 수 있다.

② 제1항의 경우 징벌의 경중(輕重)은 제215조 각 호의 순서에 따른다. 이 경우 같은 조 제2호부터 제5호까지의 경우에는 각 목의 순서에 따른다.

제219조(조사 시 준수사항) 징벌대상행위에 대하여 조사하는 교도관이 징벌대상자 또는 참고인 등을 조사할 때에는 다음 각 호의 사항을 준수하여야 한다.

1. 인권침해가 발생하지 아니하도록 유의할 것
2. 조사의 이유를 설명하고, 충분한 진술의 기회를 제공할 것
3. 공정한 절차와 객관적 증거에 따라 조사하고, 선입견이나 추측에 따라 처리하지 아니할 것
4. 형사 법률에 저촉되는 행위에 대하여 징벌 부과 외에 형사입건조치가 요구되는 경우에는 형사소송절차에 따라 조사대상자에게 진술을 거부할 수 있다는 것과 변호인을 선임할 수 있다는 것을 알릴 것

제219조의2(징벌대상자에 대한 심리상담) 소장은 특별한 사유가 없으면 교도관으로 하여금 징벌대상자에 대한 심리상담을 하도록 해야 한다.

[본조신설 2018. 12. 28.]

제220조(조사기간) ① 수용자의 징벌대상행위에 대한 조사기간(조사를 시작한 날부터 법 제111조 제1항의 징벌위원회의 의결이 있는 날까지를 말한다. 이하 같다)은 10일 이내로 한다. 다만, 특히 필요하다고 인정하는 경우에는 1회에 한하여 7일을 초과하지 아니하는 범위에서 그 기간을 연장할 수 있다.

② 소장은 제1항의 조사기간 중 조사결과에 따라 다음 각 호의 어느 하나에 해당하는 조치를 할 수 있다. 〈개정 2013. 4. 16.〉

1. 법 제111조 제1항의 징벌위원회(이하 "징벌위원회"라 한다)로의 회부
2. 징벌대상자에 대한 무혐의 통고
3. 징벌대상자에 대한 훈계
4. 징벌위원회 회부 보류
5. 조사 종결

③ 제1항의 조사기간 중 법 제110조 제2항에 따라 징벌대상자에 대하여 처우를 제한하는 경우에는 징벌위원회의 의결을 거쳐 처우를 제한한 기간의 전부 또는 일부를 징벌기간에 포함할 수 있다.

④ 소장은 징벌대상행위가 징벌대상자의 정신병적인 원인에 따른 것으로 의심할 만한 충분한 사유가 있는 경우에는 징벌절차를 진행하기 전에 의사의 진료, 전문가 상담 등 필요한 조치를 하여야 한다.

⑤ 소장은 징벌대상행위에 대한 조사 결과 그 행위가 징벌대상자의 정신병적인 원인에 따른 것이라고 인정하는 경우에는 그 행위를 이유로 징벌위원회에 징벌을 요구할 수 없다.

⑥ 제1항의 조사기간 중 징벌대상자의 생활용품 등의 보관에 대해서는 제232조를 준용한다. 〈신설 2010. 5. 31.〉

제221조(조사의 일시정지) ① 소장은 징벌대상자의 질병이나 그 밖의 특별한 사정으로 인하여 조사를 계속하기 어려운 경우에는 조사를 일시 정지할 수 있다.

② 제1항에 따라 정지된 조사기간은 그 사유가 해소된 때부터 다시 진행한다. 이 경우 조사가 정지된 다음 날부터 정지사유가 소멸한 전날까지의 기간은 조사기간에 포함되지 아니한다.

제222조(징벌대상자 처우제한의 통지) 소장은 법 제110조 제2항에 따라 접견·서신수수 또는 전화통화를 제한하는 경우에는 징벌대상자의 가족 등에게 그 사실을 알려야 한다. 다만, 징벌대상자가 통지를 원하지 아니하는 경우에는 그러하지 아니하다.

제223조(징벌위원회 외부위원) ① 소장은 법 제111조 제2항에 따른 징벌위원회의 외부위원을 다음 각 호의 사람 중에서 위촉한다. 〈개정 2014. 11. 17., 2019. 10. 22.〉

1. 변호사
2. 대학에서 법률학을 가르치는 조교수 이상의 직에 있는 사람
3. 교정협의회(교정위원 전원으로 구성된 협의체를 말한다)에서 추천한 사람
4. 그 밖에 교정에 관한 학식과 경험이 풍부한 사람

② 제1항에 따라 위촉된 위원의 임기는 2년으로 하며, 연임할 수 있다.

③ 소장은 외부위원이 다음 각 호의 어느 하나에 해당하는 경우에는 해당 위원을 해촉할 수 있다. 〈개정 2016. 6. 28.〉

1. 심신장애로 직무수행이 불가능하거나 현저히 곤란하다고 인정되는 경우
2. 직무와 관련된 비위사실이 있는 경우
3. 직무태만, 품위 손상, 그 밖의 사유로 인하여 위원으로서 직무를 수행하기 적합하지 아니하다고 인정되는 경우
4. 위원 스스로 직무를 수행하는 것이 곤란하다고 의사를 밝히는 경우
5. 특정 종파나 특정 사상에 편향되어 징벌의 공정성을 해칠 우려가 있는 경우

④ 제1항에 따라 위촉된 위원이 징벌위원회에 참석한 경우에는 예산의 범위에서 수당, 여비, 그 밖에 필요한 경비를 지급할 수 있다.

제224조(징벌위원회 위원장) 법 제111조 제2항에서 "소장의 바로 다음 순위자"는 「법무부와 그 소속기관 직제 시행규칙」의 직제순위에 따른다.

제225조(징벌위원회 심의·의결대상) 징벌위원회는 다음 각 호의 사항을 심의·의결한다.

1. 징벌대상행위의 사실 여부
2. 징벌의 종류와 내용
3. 제220조 제3항에 따른 징벌기간 산입
4. 법 제111조 제5항에 따른 징벌위원에 대한 기피신청의 심의·의결
5. 법 제114조 제1항에 따른 징벌집행의 유예여부와 그 기간
6. 그 밖에 징벌내용과 관련된 중요 사항

제226조(징벌의결의 요구) ① 소장이 징벌대상자에 대하여 징벌의결을 요구하는 경우에는 별지 제14호서식의 징벌의결 요구서를 작성하여 징벌위원회에 제출하여야 한다.

② 제1항에 따른 징벌의결 요구서에는 징벌대상행위의 입증에 필요한 관계서류를 첨부할 수 있다.

제227조(징벌대상자에 대한 출석 통지) ① 징벌위원회가 제226조에 따른 징벌의결 요구서를 접수한 경우에는 지체 없이 징벌대상자에게 별지 제15호서식의 출석통지서를 전달하여야 한다.

② 제1항에 따른 출석통지서에는 다음 각 호의 내용이 포함되어야 한다.

1. 혐의사실 요지
2. 출석 장소 및 일시
3. 징벌위원회에 출석하여 자기에게 이익이 되는 사실을 말이나 서면으로 진술할 수 있다는 사실
4. 서면으로 진술하려면 징벌위원회를 개최하기 전까지 진술서를 제출하여야 한다는 사실
5. 증인신청 또는 증거제출을 할 수 있다는 사실
6. 형사절차상 불리하게 적용될 수 있는 사실에 대하여 진술을 거부할 수 있다는 것과 진술하는 경우에는 형사절차상 불리하게 적용될 수 있다는 사실

③ 제1항에 따라 출석통지서를 전달받은 징벌대상자가 징벌위원회에 출석하기를 원하지 아니하는 경우에는 별지 제16호서식의 출석포기서를 징벌위원회에 제출하여야 한다.

제228조(징벌위원회의 회의) ① 징벌위원회는 출석한 징벌대상자를 심문하고, 필요하다고 인정하는 경우에는 교도관이나 다른 수용자 등을 참고인으로 출석하게 하여 심문할 수 있다.

② 징벌위원회는 필요하다고 인정하는 경우 제219조의2에 따라 심리상담을 한 교도관으로 하여금 그 심리상담 결과를 제출하게 하거나 해당 교도관을 징벌위원회에 출석하게 하여 심리상담 결과를 진술하게 할 수 있다. 〈신설 2018. 12. 28.〉

③ 징벌위원회는 징벌대상자에게 제227조 제1항에 따른 출석통지서를 전달하였음에도 불구하고 징벌대상자가 같은 조 제3항에 따른 출석포기서를 제출하거나 정당한 사유 없이 출석하지 아니한 경우에는 그 사실을 별지 제17호서식의 징벌위원회 회의록에 기록하고 서면심리만으로 징벌을 의결할 수 있다. 〈개정 2018. 12. 28.〉

④ 징벌위원회는 재적위원 과반수의 출석으로 개의하고, 출석위원 과반수의 찬성으로 의결한다. 이 경우 외부위원 1명 이상이 출석한 경우에만 개의할 수 있다. 〈개정 2014. 11. 17., 2018. 12. 28.〉

⑤ 징벌의 의결은 별지 제18호서식의 징벌의결서에 따른다. 〈개정 2018. 12. 28.〉

⑥ 징벌위원회가 작업장려금 삭감을 의결하려면 사전에 수용자의 작업장려금을 확인하여야 한다. 〈개정 2018. 12. 28.〉

⑦ 징벌위원회의 회의에 참여한 사람은 직무상 알게 된 비밀을 누설하여서는 아니 된다. 〈개정 2018. 12. 28.〉

제229조(집행절차) ① 징벌위원회는 영 제132조에 따라 소장에게 징벌의결 내용을 통고하는 경우에는 징벌의결서 정본(正本)을 첨부하여야 한다.

② 소장은 징벌을 집행하려면 징벌의결의 내용과 징벌처분에 대한 불복방법 등을 기록한 별지 제19호서식의 징벌집행통지서에 징벌의결서 부본(副本)을 첨부하여 해당 수용자에게 전달하여야 한다.

③ 영 제137조에 따른 징벌집행부는 별지 제19호의2 서식에 따른다. 〈신설 2019. 10. 22.〉

④ 소장은 영 제137조에 따라 수용자의 징벌에 관한 사항을 징벌집행부에 기록한 때에는 그 내용을 제119조 제3항에 따른 교정정보시스템에 입력해야 한다. 〈신설 2019. 10. 22.〉

제230조(징벌의 집행순서) ① 금치와 그 밖의 징벌을 집행할 경우에는 금치를 우선하여 집행한다. 다만, 작업장려금의 삭감과 경고는 금치와 동시에 집행할 수 있다.

② 같은 종류의 징벌은 그 기간이 긴 것부터 집행한다.

③ 금치를 제외한 두 가지 이상의 징벌을 집행할 경우에는 함께 집행할 수 있다.

제231조(징벌의 집행방법) ① 작업장려금의 삭감은 징벌위원회가 해당 징벌을 의결한 날이 속하는 달의 작업장려금부터 이미 지급된 작업장려금에 대하여 역순으로 집행한다.

② 소장은 금치를 집행하는 경우에는 징벌집행을 위하여 별도로 지정한 거실(이하 "징벌거실"이라 한다)에 해당 수용자를 수용하여야 한다.

③ 소장은 금치 외의 징벌을 집행하는 경우 그 징벌의 목적을 달성하기 위하여 필요하다고 인정하면 해당 수용자를 징벌거실에 수용할 수 있다.

④ 소장은 징벌집행을 받고 있거나 집행을 앞둔 수용자가 같은 행위로 형사 법률에 따른 처벌이 확정되어 징벌을 집행할 필요가 없다고 인정하면 징벌집행을 감경하거나 면제할 수 있다.

제232조(금치 집행 중 생활용품 등의 별도 보관) 소장은 금치 중인 수용자가 생활용품 등으로 자살·자해할 우려가 있거나 교정시설의 안전과 질서를 해칠 우려가 있는 경우에는 그 물품을 따로 보관하고 필요한 경우에만 이를 사용하게 할 수 있다.

제233조(징벌집행 중인 수용자의 심리상담 등) ① 소장은 징벌집행 중인 수용자의 심리적 안정과 징벌대상행위의 재발방지를 위해서 교도관으로 하여금 징벌집행 중인 수용자에 대한 심리상담을 하게 해야 한다.

② 소장은 징벌대상행위의 재발방지에 도움이 된다고 인정하는 경우에는 징벌집행 중인 수용자가 교정위원, 자원봉사자 등 전문가의 상담을 받게 할 수 있다.

[전문개정 2018. 12. 28.]

제234조(징벌의 실효) ① 법 제115조 제1항에서 "법무부령으로 정하는 기간"이란 다음 각 호와 같다. 〈개정 2013. 4. 16.〉

1. 제215조 제1호부터 제4호까지의 징벌 중 금치의 경우에는 다음 각 목의 기간
   가. 21일 이상 30일 이하의 금치: 2년 6개월
   나. 16일 이상 20일 이하의 금치: 2년
   다. 10일 이상 15일 이하의 금치: 1년 6개월
   라. 9일 이하의 금치: 1년
2. 제215조 제2호에 해당하는 금치 외의 징벌: 2년
3. 제215조 제3호에 해당하는 금치 외의 징벌: 1년 6개월
4. 제215조 제4호에 해당하는 금치 외의 징벌: 1년
5. 제215조 제5호에 해당하는 징벌: 6개월

② 소장은 법 제115조 제1항·제2항에 따라 징벌을 실효시킬 필요가 있으면 징벌실효기간이 지나거나 분류처우위원회의 의결을 거친 후에 지체 없이 법무부장관에게 그 승인을 신청하여야 한다.

③ 소장은 법 제115조에 따라 실효된 징벌을 이유로 그 수용자에게 처우상 불이익을 주어서는 아니 된다.

제235조(양형 참고자료의 통보) 소장은 미결수용자에게 징벌을 부과한 경우에는 그 징벌대상행위 등에 관한 양형(量刑) 참고자료를 작성하여 관할 검찰청 검사 또는 관할 법원에 통보할 수 있다.

제6장

가석방

01 가석방심사위원회

제236조(심사대상) 법 제119조의 가석방심사위원회(이하 이 편에서 "위원회"라 한다)는 법 제121조에 따른 가석방 적격 여부 및 이 규칙 제262조에 따른 가석방 취소 등에 관한 사항을 심사한다.

제237조(심사의 기본원칙) ① 가석방심사는 객관적 자료와 기준에 따라 공정하게 하여야 하며, 심사 과정에서 알게 된 비밀은 누설해서는 아니 된다.

② 삭제 〈2013. 4. 16.〉

제238조(위원장의 직무) ① 위원장은 위원회를 소집하고 위원회의 업무를 총괄한다.

② 위원장이 부득이한 사정으로 직무를 수행할 수 없을 때에는 위원장이 미리 지정한 위원이 그 직무를 대행한다.

제239조(위원의 임명 또는 위촉) 법무부장관은 다음 각 호의 사람 중에서 위원회의 위원을 임명하거나 위촉한다.

1. 법무부 검찰국장·범죄예방정책국장 및 교정본부장
2. 고등법원 부장판사급 판사, 변호사, 대학에서 교정학·형사정책학·범죄학·심리학·교육학 등 교정에 관한 전문분야를 가르치는 부교수 이상의 직에 있는 사람
3. 그 밖에 교정에 관한 학식과 경험이 풍부한 사람

제239조의2(위원의 해촉) 법무부장관은 위원회의 위원이 다음 각 호의 어느 하나에 해당하는 경우에는 해당 위원을 해촉할 수 있다.

1. 심신장애로 직무수행이 불가능하거나 현저히 곤란하다고 인정되는 경우
2. 직무와 관련된 비위사실이 있는 경우
3. 직무태만, 품위손상, 그 밖의 사유로 인하여 위원으로 적합하지 아니하다고 인정되는 경우

4. 위원 스스로 직무를 수행하는 것이 곤란하다고 의사를 밝히는 경우
[본조신설 2016. 6. 28.]

제240조(위원의 임기) 제239조 제2호 및 제3호의 위원의 임기는 2년으로 하며, 한 차례만 연임할 수 있다. 〈개정 2016. 6. 28.〉

제241조(간사와 서기) ① 위원장은 위원회의 사무를 처리하기 위하여 소속 공무원 중에서 간사 1명과 서기 약간 명을 임명한다.
② 간사는 위원장의 명을 받아 위원회의 사무를 처리하고 회의에 참석하여 발언할 수 있다.
③ 서기는 간사를 보조한다.

제242조(회의) ① 위원회의 회의는 재적위원 과반수의 출석으로 개의하고, 출석위원 과반수의 찬성으로 의결한다.
② 간사는 위원회의 결정에 대하여 결정서를 작성하여야 한다.

제243조(회의록의 작성) ① 간사는 별지 제20호서식의 가석방심사위원회 회의록을 작성하여 유지하여야 한다.
② 회의록에는 회의의 내용을 기록하고 위원장 및 간사가 기명날인 또는 서명하여야 한다. 〈개정 2013. 4. 16.〉

제244조(수당 등) 위원회의 회의에 출석한 위원에게는 예산의 범위에서 수당과 여비를 지급할 수 있다.

02 가석방 적격심사신청 〈개정 2010. 5. 31.〉

제245조(적격심사신청 대상자 선정) ① 소장은 「형법」 제72조 제1항의 기간을 경과한 수형자로서 교정성적이 우수하고 뉘우치는 빛이 뚜렷하여 재범의 위험성이 없다고 인정하는 경우에는 분류처우위원회의 의결을 거쳐 가석방 적격심사신청 대상자를 선정한다. 〈개정 2010. 5. 31.〉
② 소장은 가석방 적격심사신청에 필요하다고 인정하면 분류처우위원회에 담당교도관을 출석하게 하여 수형자의 가석방 적격심사사항에 관한 의견을 들을 수 있다. 〈개정 2010. 5. 31.〉
[제목개정 2010. 5. 31.]

제246조(사전조사) 소장은 수형자의 가석방 적격심사신청을 위하여 다음 각 호의 사항을 사전에 조사하여야 한다. 이 경우 특히 필요하다고 인정할 때에는 수형자, 가족, 그 밖의 사람과 면담 등을 할 수 있다. 〈개정 2010. 5. 31.〉
1. 신원에 관한 사항

가. 건강상태
나. 정신 및 심리 상태
다. 책임감 및 협동심
라. 경력 및 교육 정도
마. 노동 능력 및 의욕
바. 교정성적
사. 작업장려금 및 작업상태
아. 그 밖의 참고사항

2. 범죄에 관한 사항
가. 범행 시의 나이
나. 형기
다. 범죄횟수
라. 범죄의 성질·동기·수단 및 내용
마. 범죄 후의 정황
바. 공범관계
사. 피해 회복 여부
아. 범죄에 대한 사회의 감정
자. 그 밖의 참고사항

3. 보호에 관한 사항
가. 동거할 친족·보호자 및 고용할 자의 성명·직장명·나이·직업·주소·생활 정도 및 수형자와의 관계
나. 가정환경
다. 접견 및 서신의 수신·발신 내역
라. 가족의 수형자에 대한 태도·감정
마. 석방 후 돌아갈 곳
바. 석방 후의 생활계획
사. 그 밖의 참고사항

제247조(사전조사 유의사항) 제246조에 따른 사전조사 중 가석방 적격심사신청과 관련하여 특히 피해자의 감정 및 합의여부, 출소 시 피해자에 대한 보복성 범죄 가능성 등에 유의하여야 한다. 〈개정 2010. 5. 31.〉

제248조(사전조사 결과) ① 소장은 제246조에 따라 조사한 사항을 매월 분류처우위원회의 회의 개최일 전날까지 분류처우심사표에 기록하여야 한다.
② 제1항의 분류처우심사표는 법무부장관이 정한다.

제249조(사전조사 시기 등) ① 제246조 제1호의 사항에 대한 조사는 수형자를 수용한 날부터 1개월 이내에 하고, 그 후 변경할 필요가 있는 사항이 발견되거나 가석방 적격심사신청을 위하여 필요한 경우에 한다. 〈개정 2010. 5. 31.〉

② 제246조 제2호의 사항에 대한 조사는 수형자를 수용한 날부터 2개월 이내에 하고, 조사에 필요하다고 인정하는 경우에는 소송기록을 열람할 수 있다.

③ 제246조 제3호의 사항에 대한 조사는 형기의 3분의 1이 지나기 전에 하여야 하고, 그 후 변경된 사항이 있는 경우에는 지체 없이 그 내용을 변경하여야 한다.

제250조(적격심사신청) ① 소장은 법 제121조 제1항에 따라 가석방 적격심사를 신청할 때에는 별지 제21호서식의 가석방 적격심사신청서에 별지 제22호서식의 가석방 적격심사 및 신상조사표를 첨부하여야 한다. 〈개정 2010. 5. 31.〉

② 소장은 가석방 적격심사신청 대상자를 선정한 경우 선정된 날부터 5일 이내에 위원회에 가석방 적격심사신청을 하여야 한다. 〈개정 2010. 5. 31.〉

③ 소장은 위원회에 적격심사신청한 사실을 수형자의 동의를 받아 보호자 등에게 알릴 수 있다. 〈개정 2010. 5. 31.〉

[제목개정 2010. 5. 31.]

제251조(재신청) 소장은 가석방이 허가되지 아니한 수형자에 대하여 그 후에 가석방을 허가하는 것이 적당하다고 인정하는 경우에는 다시 가석방 적격심사신청을 할 수 있다. 〈개정 2010. 5. 31.〉

03 가석방 적격심사 〈개정 2010. 5. 31.〉

제252조(누범자에 대한 심사) 위원회가 동일하거나 유사한 죄로 2회 이상 징역형 또는 금고형의 집행을 받은 수형자에 대하여 적격심사할 때에는 뉘우치는 정도, 노동 능력 및 의욕, 근면성, 그 밖에 정상적인 업무에 취업할 수 있는 생활계획과 보호관계에 관하여 중점적으로 심사하여야 한다. 〈개정 2010. 5. 31.〉

제253조(범죄동기에 대한 심사) ① 위원회가 범죄의 동기에 관하여 심사할 때에는 사회의 통념 및 공익 등에 비추어 정상을 참작할 만한 사유가 있는지를 심사하여야 한다.

② 범죄의 동기가 군중의 암시 또는 도발, 감독관계에 의한 위협, 그 밖에 이와 유사한 사유로 인한 것일 때에는 특히 수형자의 성격 또는 환경의 변화에 유의하고 가석방 후의 환경이 가석방처분을 받은 사람(「보호관찰 등에 관한 법률」에 따른 보호관찰대상자는 제외한다. 이하 "가석방자"라 한다)에게 미칠 영향을 심사하여야 한다.

제254조(사회의 감정에 대한 심사) 다음 각 호에 해당하는 수형자에 대하여 적격심사할 때에는 특히 그 범죄에 대한 사회의 감정에 유의하여야 한다. 〈개정 2010. 5. 31.〉

1. 범죄의 수단이 참혹 또는 교활하거나 극심한 위해(危害)를 발생시킨 경우
2. 해당 범죄로 무기형에 처해진 경우
3. 그 밖에 사회적 물의를 일으킨 죄를 지은 경우

제255조(재산범에 대한 심사) ① 재산에 관한 죄를 지은 수형자에 대하여는 특히 그 범행으로 인하여 발생한 손해의 배상 여부 또는 손해를 경감하기 위한 노력 여부를 심사하여야 한다.

② 수형자 외의 사람이 피해자의 손해를 배상한 경우에는 그 배상이 수형자 본인의 희망에 따른 것인지를 심사하여야 한다.

제256조(관계기관 조회) ① 위원회는 가석방 적격심사에 필요하다고 인정하면 수형자의 주소지 또는 연고지 등을 관할하는 시·군·구·경찰서, 그 밖에 학교·직업알선기관·보호단체·종교단체 등 관계기관에 사실조회를 할 수 있다. 〈개정 2010. 5. 31.〉

② 위원회는 가석방 적격심사를 위하여 필요하다고 인정하면 위원이 아닌 판사·검사 또는 군법무관에게 의견을 묻거나 위원회에 참여시킬 수 있다. 〈개정 2010. 5. 31.〉

제257조(감정의 촉탁) ① 위원회는 가석방 적격심사를 위하여 필요하다고 인정하면 심리학·정신의학·사회학 또는 교육학을 전공한 전문가에게 수형자의 정신상태 등 특정 사항에 대한 감정을 촉탁할 수 있다. 〈개정 2010. 5. 31.〉

② 제1항에 따른 촉탁을 받은 사람은 소장의 허가를 받아 수형자와 접견할 수 있다.

제258조(가석방 결정) 위원회가 법 제121조 제2항에 따라 가석방의 적격 여부에 대한 결정을 한 경우에는 별지 제23호서식의 결정서를 작성하여야 한다. 〈개정 2010. 5. 31.〉

제259조(가석방증) 소장은 수형자의 가석방이 허가된 경우에는 주거지, 관할 경찰서 또는 보호관찰소에 출석할 기한 등을 기록한 별지 제24호서식의 가석방증을 가석방자에게 발급하여야 한다.

04 가석방의 취소

제260조(취소사유) 가석방자는 가석방 기간 중 「가석방자관리규정」 제5조부터 제7조까지, 제10조, 제13조 제1항, 제15조 및 제16조에 따른 준수사항 및 관할 경찰서장의 명령 또는 조치를 따라야 하며 이를 위반하는 경우에는 「형법」 제75조에 따라 가석방을 취소할 수 있다. 〈개정 2018. 12. 28.〉

제261조(취소신청) ① 수형자를 가석방한 소장 또는 가석방자를 수용하고 있는 소장은 가석방자가 제260조의 가석방 취소사유에 해당하는 사실이 있음을 알게 되거나 관할 경찰서장으로부터 그 사실을 통보받은 경우에는 지체 없이 별지 제25호서식의 가석방 취소심사신청서에 별지 제26호서식의 가석방 취소심사 및 조사표를 첨부하여 위원회에 가석방 취소심사를 신청하여야 한다.

② 위원회가 제1항의 신청을 받아 심사를 한 결과 가석방을 취소하는 것이 타당하다고 결정한 경우에는 별지 제23호서식의 결정서에 별지 제26호서식의 가석방 취소심사 및 조사표를 첨부하여 지체 없이 법무부장관에게 가석방의 취소를 신청하여야 한다.

③ 소장은 가석방을 취소하는 것이 타당하다고 인정하는 경우 긴급한 사유가 있을 때에는 위원회의 심사를 거치지 아니하고 전화, 전산망 또는 그 밖의 통신수단으로 법무부장관에게 가석방의 취소를 신청할 수 있다. 이 경우 소장은 지체 없이 별지 제26호서식의 가석방 취소심사 및 조사표를 송부하여야 한다.

제262조(취소심사) ① 위원회가 가석방 취소를 심사하는 경우에는 가석방자가 「가석방자관리규정」 등의 법령을 위반하게 된 경위와 그 위반이 사회에 미치는 영향, 가석방 기간 동안의 생활태도, 직업의 유무와 종류, 생활환경 및 친족과의 관계, 그 밖의 사정을 고려하여야 한다.

② 위원회는 제1항의 심사를 위하여 필요하다고 인정하면 가석방자를 위원회에 출석하게 하여 진술을 들을 수 있다.

제263조(잔형의 집행) ① 소장은 가석방이 취소된 경우에는 지체 없이 잔형 집행에 필요한 조치를 취하고 법무부장관에게 별지 제27호서식의 가석방취소자 잔형집행보고서를 송부하여야 한다.

② 소장은 가석방자가 「형법」 제74조에 따라 가석방이 실효된 것을 알게 된 경우에는 지체 없이 잔형 집행에 필요한 조치를 취하고 법무부장관에게 별지 제28호서식의 가석방실효자 잔형집행보고서를 송부하여야 한다.

③ 소장은 가석방이 취소된 사람(이하 "가석방취소자"라 한다) 또는 가석방이 실효된 사람(이하 "가석방실효자"라 한다)이 교정시설에 수용되지 아니한 사실을 알게 된 때에는 관할 지방검찰청 검사 또는 관할 경찰서장에게 구인하도록 의뢰하여야 한다.

④ 제3항에 따라 구인 의뢰를 받은 검사 또는 경찰서장은 즉시 가석방취소자 또는 가석방실효자를 구인하여 소장에게 인계하여야 한다.

⑤ 가석방취소자 및 가석방실효자의 잔형 기간은 가석방을 실시한 다음 날부터 원래 형기의 종료일까지로 하고, 잔형집행 기산일은 가석방의 취소 또는 실효로 인하여 교정시설에 수용된 날부터 한다.

⑥ 가석방 기간 중 형사사건으로 구속되어 교정시설에 미결수용 중인 자의 가석방 취소 결정으로 잔형을 집행하게 된 경우에는 가석방된 형의 집행을 지휘하였던 검찰청 검사에게 잔형 집행지휘를 받아 우선 집행하여야 한다.

제7장

교정자문위원회

제264조(기능) 법 제129조 제1항의 교정자문위원회(이하 이 편에서 "위원회"라 한다)의 기능은 다음 각 호와 같다. 〈개정 2019. 10. 22.〉

1. 교정시설의 운영에 관한 자문에 대한 응답 및 조언
2. 수용자의 급양(給養)·의료·교육 등 처우에 관한 자문에 대한 응답 및 조언
3. 노인·장애인수용자 등의 보호, 성차별 및 성폭력 예방정책에 관한 자문에 대한 응답 및 조언
4. 그 밖에 지방교정청장이 자문하는 사항에 대한 응답 및 조언

제265조(구성) ① 위원회에 부위원장을 두며, 위원 중에서 호선한다.

② 위원 중 4명 이상은 여성으로 한다. 〈개정 2019. 10. 22.〉

③ 지방교정청장이 위원을 추천하는 경우에는 별지 제29호서식의 교정자문위원회 위원 추천서를 법무부장관에게 제출하여야 한다. 다만, 재위촉의 경우에는 지방교정청장의 의견서로 추천서를 갈음한다. 〈개정 2019. 10. 22.〉

제266조(임기) ① 위원의 임기는 2년으로 하며, 연임할 수 있다.

② 지방교정청장은 위원의 결원이 생긴 경우에는 결원이 생긴 날부터 30일 이내에 후임자를 법무부장관에게 추천해야 한다. 〈개정 2019. 10. 22.〉

③ 결원이 된 위원의 후임으로 위촉된 위원의 임기는 전임자 임기의 남은 기간으로 한다.

제267조(위원장의 직무) ① 위원장은 위원회를 소집하고 위원회의 업무를 총괄한다.

② 위원장이 부득이한 사유로 직무를 수행할 수 없을 때에는 부위원장이 그 직무를 대행하고, 부위원장도 부득이한 사유로 직무를 수행할 수 없을 때에는 위원장이 미리 지명한 위원이 그 직무를 대행한다.

제268조(회의) ① 위원회의 회의는 위원 과반수의 요청이 있거나 지방교정청장이 필요하다고 인정하는 경우에 개최한다. 〈개정 2013. 4. 16., 2019. 10. 22.〉

② 위원회는 재적위원 과반수의 출석으로 개의하고 출석위원 과반수의 찬성으로 의결한다.

③ 위원회의 회의는 공개하지 아니한다. 다만, 위원회의 의결을 거친 경우에는 공개할 수 있다.

제269조(준수사항) ① 위원은 다음 사항을 준수하여야 한다.

1. 직위를 이용하여 영리 행위를 하거나 업무와 관련하여 금품·접대를 주고받지 아니할 것
2. 자신의 권한을 특정인이나 특정 단체의 이익을 위하여 행사하지 아니할 것
3. 업무 수행 중 알게 된 사실이나 개인 신상에 관한 정보를 누설하거나 개인의 이익을 위하여 이용하지 아니할 것

② 위원은 별지 제30호서식의 서약서에 규정된 바에 따라 제1항의 내용을 준수하겠다는 서약을 하여야 한다.

제270조(위원의 해촉) 법무부장관은 외부위원이 다음 각 호의 어느 하나에 해당하는 경우에는 지방교정청장의 건의를 받아 해당 위원을 해촉할 수 있다. 〈개정 2019. 10. 22.〉

1. 심신장애로 직무수행이 불가능하거나 현저히 곤란하다고 인정되는 경우
2. 직무와 관련된 비위사실이 있는 경우
3. 제269조의 준수사항을 위반하였을 경우
4. 직무태만, 품위 손상, 그 밖의 사유로 인하여 위원으로서 직무를 수행하기 적합하지 아니하다고 인정되는 경우
5. 위원 스스로 직무를 수행하는 것이 곤란하다고 의사를 밝히는 경우

[전문개정 2016. 6. 28.]

제271조(간사) ① 위원회의 사무를 처리하기 위하여 위원회에 간사 1명을 둔다. 간사는 해당 지방교정청의 총무과장 또는 6급 이상의 교도관으로 한다. 〈개정 2019. 10. 22.〉

② 간사는 회의에 참석하여 위원회의 심의사항에 대한 설명을 하거나 필요한 발언을 할 수 있으며, 별지 제31호서식의 교정자문위원회 회의록을 작성하여 유지하여야 한다.

제272조(수당) 지방교정청장은 위원회의 회의에 참석한 위원에게는 예산의 범위에서 수당을 지급할 수 있다. 〈개정 2019. 10. 22.〉

부칙 〈제960호, 2019. 10. 22.〉

이 규칙은 10월 24일부터 시행한다.

INDEX
찾아보기

(ㅈ)

교정학

초판발행 2020년 3월 5일
지은이 김옥현
펴낸이 안종만·안상준

편 집 김보라
기획/마케팅 조성호
표지디자인 박현정
제 작 우인도·고철민

펴낸곳 (주) 박영사
서울특별시 종로구 새문안로3길 36, 1601
등록 1959. 3. 11. 제300-1959-1호(倫)
전 화 02)733-6771
f a x 02)736-4818
e-mail pys@pybook.co.kr
homepage www.pybook.co.kr
ISBN 979-11-303-0907-1 93350

정 가 38,000원